Contemporary Chinese Philosophy

(First Edition)

Edited by

Chung-Ying Cheng and Nicholas Bunnin

현대 중국 철학

청중잉 · 니콜라스 버닌 편집
정인재, 이임찬, 박경숙, 허윤영 옮김

서광사

옮긴이 정인재

고려대학교 철학과 및 대학원 철학과 졸업, 대만 중국문화대학 졸업(국가문학박사).
전 영남대 조교수, 중앙대 부교수, 현 서강대학교 철학과 교수, 한국양명학회 회장 역임.
《중국철학사》(馮友蘭 저), 《중국철학사(고대, 한당, 송명, 명청 편)》(勞思光 저),
《중국 근세 종교윤리와 상인정신》(余英時 저) 등 번역 다수.

이 책은 Chung-Ying Cheng과 Nicholas Bunnin이 편집한
Contemporary Chinese Philosophy
(Blackwell Publishing Ltd, 2002)를 완역한 것이다.

현대 중국 철학

청중잉 · 니콜라스 버닌 편집
정인재, 이임찬, 박경숙, 허윤영 옮김

펴낸이—김신혁
펴낸곳—서광사
출판등록일—1977.6.30
출판등록번호—제 6-0017호

(130-820) 서울시 동대문구 용두 2동 119-46
대표전화 · 924-6161 팩시밀리 · 922-4993 전자우편 · phil6161@chol.com
http://www.seokwangsa.co.kr

ⓒ 서광사, 2005

제1판 제1쇄 펴낸날 · 2005년 5월 20일

ISBN 89-306-2935-0 93150

옮긴이의 말

2002년 봄 토론토 대학 구내서점 철학 코너의 수많은 서적들 중에서 유독 한 권의 책이 시선을 끌었는데 그것이 바로 《현대 중국 철학》(*Contemporary Chinese Philosophy*)이었다. 펑요우란(馮友蘭)의 《중국 현대 철학사》(1992년 홍콩 중화서국)를 완역하고(1993) 출간되기를 고대하고 있던 참에 새로운 시각에서 쓰여진 이 책을 접하게 된 것이다. 2002년 가을 귀국한 뒤 서강대 대학원생들과 한 학기 강독을 한 것이 이 책의 초고가 되었다. 서양 철학 전공자들은 동양 철학 내용을 이해하기 힘들었고, 동양 철학 전공자들은 서양 철학의 방법론이 생소하였다. 그러나 동서 철학이 어떻게 만나서 새로운 현대 철학이 이루어지는지 그 과정을 익히며 토론하는 유익한 시간들이었다.

우리는 서양의 현대 철학에 대해서는 어느 정도 알고 있어도 동양의 현대 철학에 대해서는 거의 모르고 있다. 동아시아 삼국에서 현대 철학은 어떤 내용을 가지고 있는가? 우리에게 익숙한 동양 현대 철학에 해당하는 인물은 누구인가? 특히 한국에서 우리의 현대를 이끌어 가고 있는 동양 철학사상은 무엇인가? 이렇게 질문을 하다 보면 정말 아무것도 모르겠다는 말밖에 나오지 않는다.

일본은 서세동점하에서 탈아입구(脫亞入歐)정책에 힘입어 일찍이 서양사상을 받아들여 명치유신으로 근대화에 성공하였다. 그 후 현대 일본 철학은 니시다키타로(西田)를 필두로 경도(京都)학파가 주도해 왔다는 것을 어렴풋이 알 수 있을 뿐이다. 중국의 현대 철학 사상에 대한 소개가 없었던 것은 아니었다. 그러나 그것은 개혁개방으로 중국에서조차 폐기하려는 경직된 마르크스주의 입장에서 쓴 것이므로 이데올로기를 벗어나지 못한 것이었다. 따라서 현대 중국 철학을 있는 그대로 알 수 있는 입문서가 절실히 필요하였다. 근현대 중국은 아편전쟁 이후 서양의 강점을 배우

기 위하여 노력하였다. 위원(魏源)은 서양의 뛰어난 기술을 스승으로 삼아서 배우고 난 뒤에 서양을 제어한다(師夷之長技以制夷)고 하였다. 서양의 장기(長技)가 무엇인가에 대한 물음이 근대 중국인을 지배하였다. 태평천국은 종교에서, 양무운동은 서양의 기술에서, 변법유신은 제도에서 각각 그 해답을 찾으려 하였고, 마침내 신해혁명으로 중국은 서양의 민주제도를 도입하였다. 그러나 문화적으로 서양과 대비하여 부족한 것을 찾아내어 철학적 반성을 한 것은 5·4 신문화 운동에서 비롯된 것이라 할 수 있다. 따라서 대체적으로 중국의 근대 철학은 아편전쟁 이후에서 신해혁명 이전까지, 현대 철학은 5·4 신문화 운동 이후부터 현재까지를 다루고 있다.

그런데 이 책에서는 근대 철학에 속한다고 생각되어 왔던 리앙치차오(梁啓超)를 현대 철학의 첫번째 인물로 서술하고 있다. 사실 중국의 근대와 현대는 모두 서양사상의 영향과 그 대응이라는 점에서 공통적이다. 그러나 철학적으로 살펴볼 때 근대는 서구의 근대를 지향하면서도 아직 중화 문화 중심주의를 벗어나지 못하였다. 따라서 중체서용(中體西用)의 사고가 지배적이었다. 그러나 현대는 서구 모더니티의 틀 속에서 서양의 과학과 민주주의 철학을 받아들여 중국 철학을 재구성하면서 그 보편이념을 추구하였다고 할 수 있다. 리앙치차오는 중국에서 처음으로 서구 근대적 의미의 국가 국민 개념을 만들어 낸 인물이다. 따라서 그의 사상이 현대 중국의 형성에 중요한 역할을 하였다고 볼 수 있다.

이 책은 모두 4부로 구성되어 있다. 제1부에서는 서양으로부터 새로운 사상을 개척하기, 제2부에서는 신유가 안에서 철학하기, 제3부에서는 변증법적 유물론에 대한 이념적 노출, 제4부에서는 현대 신유가의 후기 발전을 다루고 있다. 여기서는 모두 16명의 현대 중국 철학자를 소개하고 있는데 그 가운데 절반이 현대 신유학자들이다.

중국대륙은 그동안 공산주의 정권하에 특히 마오쩌뚱의 통치하에서 중국적으로 변형된 마르크스 이데올로기만 용인되었을 뿐이었다. 중국 철학사로 세계적 명성을 떨친 평요우란도 문화대혁명의 거센 정치적 압박 하에서는 자아비판을 하지 않을 수 없는 수모를 겪기도 하였다. 철학을 할 수 없었던 시대였다고 할 수 있다. 물론 변증법적 유물론을 철학의 주제로 삼아 진지하게 철학적 사색을 펼치던 철학자가 없던 것은 아니다. 평치, 장따이니엔, 리쩌호우가 그들이다. 왕꾸어웨이, 후스, 진예린의 철학은 개혁 개방 이후에야 비로소 관심의 대상이 되고 있다. 사실 현대 신유학자들은 홍콩 타이완에서 그들의 사상을 펼쳤고 세계로 확산되어 있으며 그들의 철학사상도 떵시아오핑(鄧少平)의 실용주의 노선 이후 중국에서 활발히 연구되고 있다. 중국이 정치적으로는 사회주의를, 경제적으로는 자유주의 기업을 중심으로 성장

하고 있는데 전자는 사회적 평등을, 후자는 개인의 자유를 각각 지향하고 있다는 것은 주지의 사실이다. 양자를 어떻게 다 살리면서 성장을 해 나가느냐가 초미의 관심사이다. 그런데 유학은 가족적 공동체주의 입장에서 개인의 자유를 어느 정도 신장시킨다는 점에서 중국에 맞는 중국식 사회주의 정치노선에 잘 부합되는 것이다. 이렇게 볼 때 중국학자들이 현대 신유학에 관심을 가지고 연구하는 것은 당연한 일인지도 모른다.

현대 중국 철학은 아직도 계속 형성되고 있는 과정 중에 있다. 최근에 들어서 서양의 고전 철학은 물론 현대 철학까지 광범위하게 걸쳐서 그들의 저서를 번역, 연구, 소개하고 있을 뿐만 아니라 이를 토대로 저서를 활발히 하고 있다. 중국 철학자들은 21세기 《신편 현대 서방 철학》의 편저를 통하여 서양의 실증주의부터 포스트모던까지 소개하고 있으며 20세기의 서양 철학의 동점사 시리즈를 간행하여 도론에서부터 중국에서의 실용주의, 중국에서의 현상학사조, 중국에서의 분석철학, 중국에서의 유의지론(唯意志論), 중국에서의 구조주의와 후기구조주의, 중국에서의 후현대식민주의 현대 타이완 홍콩에서의 서양 철학 등을 한권씩 정리하고 있다. 그것은 아마도 현대 중국 철학을 더욱 내실있게 발전시켜 나가는 데 커다란 역할을 할 것이라고 생각한다.

이처럼 개혁개방 이후 중국은 활발히 서양 철학을 받아들이는 동시에 그것을 자신들의 전통철학과 새로운 융합을 시도하고 있다. 그 가운데 역자의 눈에 들어온 것은 바로 서양의 해석학을 중국의 주석전통과 결합시켜 중국식 해석학을 만들어 가고 있다는 것이다. 그 대표자가 바로 이 책의 공동 편집자인 청중잉인데 그는 이른바 존재도덕전석학(Onto-moral-hermaneutics)을 제창하였는데 중국 내에서는 탕이제(湯一介)의 중국전석학(中國詮釋學: Chinese hermaneutics)이다. 타이완에서는 황준지에(黃俊傑)가 해석학의 방법을 도입하여 맹자의 주석을 역대로 어떻게 했는가를 보여 주는 영문 저서 *Mencius Hermaneutics*를 출간(2003)하였다 이러한 작업들은 종래의 근대적 입장에서 중국 철학을 격의(格義)하려는 태도를 지양하고 포스트모던적 입장에서 중국 철학을 재해석하려는 시도라고 볼 수 있다.

이 번역은 원래 당시 수업을 받던 대학원생들 박태홍, 한재혁, 김칠경, 이석호, 허윤영, 박경숙, 박혜순, 신대원, 이임찬이 한 두 장씩을 맡아 제출한 것인데 그대로 출간하기에는 너무 미흡하여 최종적으로 이임찬, 박경숙, 허윤영이 다시 새로 번역하고 검토하여 출간하게 되었다. 물론 수업시간에 한 장씩 발표하기 전에 사전에 역자의 연구실에서 일일이 검토 과정을 거쳐야 했기에 워낙 시간이 많이 걸렸고 세 학생들이 검토한 원고를 다시 교정하는 데 막대한 시간을 투자하지 않을 수 없었다.

8

그러나 아직도 부족한 점이 많이 발견되어 독자들에게 미안한 감을 떨칠 수 없다. 끝으로 이 책을 기꺼이 출간해주신 서광사 김신혁 사장님 이하 직원 여러분께 감사 드린다.

2005년 5월
정인재

차 례

필자 소개

옌 밍 안(Yanming AN)은 클렘슨(Clemson) 대학의 철학부 조교수이다. 그는 전에 미시간(Michigan) 대학과 프린스턴(Princeton) 대학에서 가르쳤다. 그는 푸딴(復旦) 대학교에서 1982년에 학사 학위를, 1985년에 석사 학위를 받았으며 미시간 대학에서 1997년에 박사 학위를 받았다. 그는 독일 철학과 중국 철학에 관해 20편 이상의 논문을 썼으며 학술서 네 권을 번역했다. 그의 최근 저서는 《빌헬름 딜타이의 역사해석학 이론(Wilhelm Dilthey的 歷史詮釋理論)》(遠流出版社, 1999)을 포함한다.

니콜라스 버닌(Nicholas BUNNIN)은 옥스퍼드 대학교 중국학 연구소의 철학 기획 이사이며 중국, 영국, 오스트레일리아가 참여하는 중국에서의 여름 철학학교의 영국 위원장이다. 그는 하버드 대학교에서 문학사를 그리고 옥스퍼드 대학교에서 박사 학위를 받았는데 그곳 코퍼스 크리스티 대학(Corpus Christi College)에서 로즈 장학생(Rhodes Scholar)이었다. 그는 이전에 글래스고우(Glasgow)와 에섹스(Essex) 대학교에서 가르쳤다. 그는 제임스 최(E. P. Tsui-James)와 《철학의 벗》(The Blackwell Companion to Philosophy, Blackwell, 1996)의 공동 편집자였고, 지위엔 위(Jiyuan YU)와 《영·중 서양철학사전》(Dictionary of Western Philosophy: English-Chinese, 人民出版社, 2001)의 공동 편찬자였다. 그는 산동(山東) 사회과학원의 철학 연구소와 중국 사회과학원의 사회발전연구소에서 명예 방문교수였다.

신 예 찬(Sin Yee CHAN)은 버몬트(Vermont) 대학 철학부 조교수이다. 그녀는 홍콩 대학에서 학사 학위를 받았으며, 미시간 대학에서 중국학으로 석사 학위를, 철학으로 박사 학위를 받았다. 그녀의 주요 관심사는 선진 유교와 여성주의 윤리학에

있다. 그녀는 유교, 특히 공자와 맹자의 저서가 어떻게 여성주의의 보살핌의 윤리를 발전시키는 데 도움이 될 수 있을지에 관심을 가지고 있다. 그녀의 책은 선진 유교에서의 정감(情感), 가족주의, 서(恕; reciprocity)와 보살핌의 윤리 사상, 충서(忠恕; doing-one's-best-for-others and likening-to-oneself) 개념에 관한 논문을 포함한다.

청중잉(成中英)은 난징(南京)에서 태어났고 1949년에 타이완(臺灣)으로 갔다. 그는 국립 대만 대학교에서 문학사, 워싱턴 대학교에서 석사 그리고 하버드 대학교에서 박사 학위를 받았는데 거기서 산타야나 장학금을 받았다. 그는 1963년 이래로 마노아의 하와이 대학교에서 가르쳐 왔다. 그는 예일대, 뉴욕 시립대 가운데 하나인 퀸즈 대학(Queens College), 국립 대만 대학교, 동경의 국제 기독교 대학교, 북경 대학교, 베를린 공대(Berlin Technical University) 그리고 홍콩 침례 대학교에서 방문 교수직을 가졌으며, 모스크바에 있는 러시아 과학원의 극동연구소로부터 명예 박사 학위를 받았다. 청 교수는 국제중국철학회를 창립했으며 1983년 이래 국제중국철학회의 명예회장으로 있다. 그는 1972년에 《중국철학잡지》(*Journal of Chinese Philosophy*)를 창간했고 그 후 지금까지 편집장으로 있어 왔다. 그는 또한 1985년에 국제역경학회를 창립했다. 그는 중국어로 열 두 권의 책, 영어로 네 권의 책 그리고 중국어와 영어로 중국 철학에 관한 수많은 논문을 발표했다. 그의 주된 영어 저서는 《유가/신유가 철학의 신차원》(*New Dimensions of Confucian/Neo Confucian Philosophy*, SUNY Press, 1991)이다.

청 리엔(CHENG Lian)은 베이징(北京) 대학교 철학부 부교수이다. 그는 1986년 우한(武漢) 대학교에서 이학사, 1994년 뉴욕(New York) 대학교에서 문학석사 그리고 1998년 라이스(Rice) 대학교에서 철학박사를 받았다. 2001~2년 동안 그는 프린스톤(Princeton)의 고등연구협회 초빙연구원이었다.

지웨이 치(Jiwei CI)는 홍콩 대학교 철학과 부교수이다. 그의 주요 철학적 관심은 정의, 자본주의에 대한 철학적 분석 그리고 중국 공산주의자와 후기 공산주의자의 윤리학과 정치학을 포함한다. 그는 에딘버러(Edinburgh) 대학교에서 철학박사 학위를 받았다. 그는 브라운(Brown) 대학교, 스탠포드(Stanford) 대학교, 버지니아(Virginia) 대학교, 그리고 노스캐롤라이나(North Carolina) 삼각연구소에서 박사 후 과정을 지냈으며, 프린스턴(Princeton)의 고등연구협회 초빙연구원이었다. 그는 영문으로 쓴 《중국혁명의 변증법: 유토피아주의에서 쾌락주의까지(*Dialectic of the*

Chinese Revolution: From Utopianism to Hedonism》(Stanford University Press, 1994) 와 중문으로 쓴 정의에 관한 하버드 옌칭(Harvard-Yenching) 시리즈 도서인 *Zhengyi de liangmian*(正義的兩面)(三聯書店, 근간)의 저자이다.

그의 주요 관심 분야는 윤리학과 정치 철학이다.

존 쯔지앙 띵(John Zijiang DING)은 캘리포니아 폴리테크닉-포모나 주립 대학교(California State Polytechnic University at Pomona) 조교수이다. 그는 베이징(北京) 대학교에서 석사학위를, 퍼듀(Purdue) 대학에서 박사학위를 받았으며, 이전에 베이징 대학교와 인디아나 폴리스 소재 인디아나(Indiana) 대학교에서 가르쳤다. 존 쯔지앙 띵 박사는 시카고와 노스웨스턴(Northwestern) 대학에서 방문 학자로 있었고, 홍콩 국제 아시아 연구센터(Hong Kong International Center for Asian Studies), 현대 중국 센터(Center for Modern China), 중국 남동 대학교 동서센터(East-West Center of Chinese Southeastern University)에서 연구원으로 있었다. 그는 1979년부터 1999년까지 미국의 중국철학자 협회(the Association of Chinese Philosophers in America) 부회장을 역임하였다. 존 쯔지앙 띵 박사의 주요 관심사는 현대 철학과 사회정치 철학에 있다. 그는 《중국의 르네상스: 중국에서의 사적 경제의 재출현(*Chinese Renaissance: The Reemergence of a Private Economy in China*)》(M. E. Sharpe, 1998)의 공동 저자이며, 《중-미간의 결혼(*Sino-American Intermarriage*)》의 저자이다. 그는 또한 수많은 논문과 두 권의 소설을 출간하기도 했다.

후쥔(胡軍)은 베이징(北京) 대학교에서 1991년 철학박사 학위를 수여받았으며, 같은 학교 철학부 교수이다. 그는 중국 철학과 인식론을 강의한다. 중국어로 쓴 그의 출판물 가운데 《진위에린(金岳霖)》(東大出版公司, 1993), 《20세기 지식론과 중국 철학 입문(*An Introduction to Theory of Knowledge and Chinese Philosophy in the Twentieth Century*)》(山東人民出版社)이 있다.

후 신허(HU Xinhe)는 중국 사회과학원 출판사 철학연구소 교수이다. 그는 난징(南京) 보통 대학교에서 물리학 학사 그리고 중국 사회과학원 대학원에서 철학석사 학위를 받았다. 그의 주요 관심 분야는 과학철학, 특히 물리철학, 실재론과 생명윤리에 관한 주제들이다. 그는 런던 경제연구소에서 연구하였다. 그의 저술에는 《양자계 탐험: 어윈 쉬르딩거의 일대기(*Exploring the Quantum Realm: A Biography of Erwin Schroedinger*)》(福建教育出版, 1993), "상대성 이론과 양자 역학에 기초한 세계의 풍

경"(Frontiers of Science and Philosophy, 求實出版), "자연적 실재론 관점의 개혁으로 부터 상관적 실재론까지"(Dialectics of Nature, 3, 1993), "실재 개념과 상관적 실재론의 구별"(《哲學研究》, 8, 1996), "분리하기에서 혼합하기까지: 인간과 자연의 관계에 대하여"(New Conceptions of Nature, 求實出版, 1998) 그리고 "생명윤리학의 상관적 패러다임에 대하여"(근간)가 있다.

후앙 용(HUANG Yong)은 펜실베니아 쿠츠타운(Kutztown) 대학의 조교수이다. 그는 푸딴(復旦) 대학에서 철학박사 학위를, 하버드 대학에서 신학박사 학위를 받았다. 그는 현재 미국 중국철학자 협회의 회장직을 역임하고 있다. 그의 연구의 주요 관심사는 종교철학과 사회정치철학 그리고 비교철학과 비교종교학이다. 영어로 쓴 12개의 논문과 중국어로 쓴 더 많은 논문 이외에 그는 최근에 《종교적 선과 정치적 정의: 자유주의와 공동체주의간의 논쟁을 넘어서(Religious Goodness and Political Rightness: Beyond the Liberal and Communitarian Debate)》(the Harvard Theological Studies series: Trinity Press International, 1998)를 발행하고 있다. 그는 현재 《유교 종교철학: 이정(二程) 연구(Confucian Philosophy of Religion: A Study of the Cheng Brothers)》를 집필하고 있다.

신옌 지앙(Xinyan JIANG)은 레드랜드(Redlands) 대학교 철학부 조교수이다. 그녀는 베이징(北京) 대학교에서 학사 및 석사 학위를 받았고, 신시내티(Cincinnati) 대학에서 박사 학위를 받았다. 그녀는 전에 베이징 대학, 곤자가(Gonzaga) 대학, 멤피스(Memphis) 대학, 그랜드 밸리(Grand Valley) 주립 대학에서 가르쳤다. 그녀의 주요 철학적 관심사는 중국 철학과 윤리학을 포괄한다.

천양 리(Chenyang LI)는 센트럴 워싱턴 대학교의 철학과장이며 부교수이다. 그는 북경 대학에서 문학사와 석사, 코넥티컷 대학에서 박사 학위를 받았다. 그의 저서들은 《서양과 만난 도: 비교철학 탐구》(The Tao Encounters the West: Explorations in Comparative Philosophy, Open Court, 2000)와 《성인(聖人)과 제 2의 성(性): 유가, 윤리 그리고 성》(The Sage and the Second Sex: Confucianism, Ethics, and Gender(ed.)(Sunny Press, 1999)을 포함한다. 그는 "Hypatia: A Journal of Feminst Philosophy", "International Philosophical Quarterly", "Philosophia", "Journal of Chinese Philosophy", "Philosophy East & West", "Journal of Value Inquiry" 그리고 "Review of Metaphysics"와 같은 잡지들에 논문을 발표해 왔다. 1995~7년, 그는 미국의 중국 철

학자 협회의 초대 회장이었다.

페이민 니(Peimin NI)는 미시간(Michigan)의 그랜드밸리(Grand Valley) 주립 대학교의 부교수이며, 이전에는 하트포드(Hartford)의 트리니티(Trinity) 대학, 코넥티컷(Connecticut) 대학교 그리고 몬타나(Montana) 주립 대학교에서 가르쳤다. 그는 푸딴(復旦) 대학교에서 문학사와 문학석사를 받았으며, 코넥티컷 대학교에서 철학박사를 받았다. 그는 워드워즈(Wadsworth) 철학가 시리즈에서 《레이드에 대하여(On Reid)》(Wadsworth, 2001)와 《공자에 대하여(On Confucius)》(Wadsworth, 2002)를 출판하였으며, 《무위의 기능, 서예와 철학적 시가(詩歌)에서 동서양(Action of Non-action, East-West in Calligraphy and Philosophical Verse)》(근간)을 공저하였다. 그는 30여 편이 넘는 잡지 논문과 책의 장(章)들을 썼다. 니의 주요 철학적 관심 분야는 중국 철학과 비교철학, 인간 관계의 형이상학 그리고 근대 서양 철학사이다. 니 박사는 미국의 중국 철학자 협회의 창립 회원이며, 부회장(1995~7)과 회장(1997~9)을 역임하였다.

로렌 피스터(Lauren PFISTER)는 홍콩 침례 대학교 종교 철학과의 부교수이다. 그는 마노아의 하와이 대학교에서 비교 철학으로 박사 학위를 받았다. 그의 주된 연구 관심사는 19~20세기 유교, 유교와 기독교의 대화 그리고 유럽의 중국학 역사를 포함한다. 그는 "Journal of Chinese Philosophy"의 부편집장이며, 현재 펑요우란(馮友蘭)의 《신편중국철학사》(新編中國哲學史, New History of Chinese Philosophy)의 주석을 단 영역과 제임스 레게의 《중국 고전》(Chinese Classics)의 비평 연구판에 대하여 공동 연구를 하고 있다. 그는 뉴 사우스 웨일즈(New South Wales) 대학교에서 방문 연구원으로 그리고 본 대학교의 중국학 연구소에서 객원 교수로 있다.

러펑 탕(Refeng TANG)은 중국 사회과학원, 철학연구소의 부교수이다. 그녀는 베이징 대학에서 심리학으로 이학사를 중국 사회과학원 대학원에서 철학으로 M. Phil을 획득하였다. 그녀는 홀, 옥스퍼드 그리고 런던 대학교에 학술 방문을 하였다.

커펑 왕(Keping WANG)은 베이징 제 2외국어 학원(北京弟二外國語學院) 영어 학부의 교수이자 부학장이다. 그는 캔버라(Canberra) 대학에서 석사 학위를 받았다. 그의 주요 학문적 관심사는 미학과 간문화적(intercultural) 연구에 있다. 그의 저서에는 《도덕경: 새로운 연구(The Classic of the Dao: A New Investigation)》(Foreign

Language Press, 1998), 《중서 미적문화에 대한 에세이》(旅游敎育出版社, 1999), 《여행의 미학》(旅游敎育出版社, 2000), 《미적 행위로서의 관광》(旅游敎育出版社, 1991)이 있다. 그는 토론토(Toronto) 대학과 옥스퍼드(Oxford) 대학에 학술 방문을 하였다.

이앙 시아오(YANG Xiao)는 미들베리(Middlebury) 대학 철학부의 부교수이다. 그의 주요 철학적 관심사는 윤리학, 정치 철학, 철학사 그리고 중국 철학이다. 그는 우한(武漢) 대학교에서 물리학을 공부하고 중국 사회과학원 대학원, 옥스퍼드(Oxford) 대학교 그리고 신사회조사연구소에서 철학을 공부하였으며, 여기에서 1999년 철학 박사를 획득하였다. 그는 5년 간 중국 사회과학원의 보조연구원이었으며, 1999~2000년에는 중국학연구소, 캘리포니아(California) 대학교, 버클리(Berkeley) 대학교의 박사 후 연구생이었다. 그의 저서 《인권과 역사(*Human Rights and History*)》가 곧 출간될 예정이다.

지위엔 위(Jiyuan YU)는 버팔로에 있는 뉴욕 주립 대학교의 조교수이다. 그는 고대 그리스 철학과 그리스-중국 비교 철학을 전공하였다. 그는 이 분야에서 많은 논문을 발표해 왔다. 그는 니콜라스 버닌과 《영·중 서양철학사전》(*Dictionary of Western Philosophy : English and Chinese*, 人民出版社, 2001)의 공동 편찬자이며, Jorge J. E. Gracia와 《고대에서 초기 중세까지 합리성과 행복》(*Rationality and Happiness from the Ancients to the Early Medievals*, 근간)의 공동 편집자이다. 현재 아리스토텔레스와 유가의 덕 윤리의 비교에 관하여 연구하고 있다.

서문

　서구 학술계들이 지난 30여년 간 중국 철학에 관하여 많은 것을 알게 되었지만 그들이 안 것은 대분분 기본적으로 전통적 중국 철학에 한정되어 있었다. 최근 수많은 학자들의 노력을 통하여 몇 명의 신유가들과 신도가들 그리고 철학자들이 중국 연구와 비교연구에서 자기 자리를 발견하게 되었다. 현대 중국 철학에 대하여 서양에 있는 학생들이나 학자들이 거의 아무런 지식을 가지고 있지 못하며 그러한 지식에 거의 접근하지 못하고 있다. 우리는 그 출처와 원시 자료 등의 복잡성과 그에 대한 설명, 번역 그리고 평가의 전문가들이 부족하기 때문이라는 것을 쉽게 알 수 있다. .

　수년 동안 나는 동서 대화의 문맥상에서 중국 철학을 활성화시키기 위하여 새로운 길을 열어 놓는 하나의 방법으로써 현대 중국 철학에 관한 분석적인 견해를 써 보고 싶었다. 그것은 쉬운 일은 아니었으나 한번 도전해 볼 만한 일이었다. 왜냐하면 분석·평가하는 데는 서로 다른 여러 가지 많은 입장이 있기 때문이다. 분석적 기조 속에서 나는 이러한 다른 입장들을 공통적인 주제 하에서 통합시킨 다음 어떤 깊은 패턴들과 주요 방향으로 특징지을 수 있는 가능성을 발견하였다. 말 할 것도 없이 나는 이 탐구에 개인적인 관심 또한 가지고 있다. 왜냐하면 나는 수많은 이 철학자들의 저서에 대하여 내 자신의 어떤 철학적 견해들을 연관시킬 수 있기 때문이다. 나는 또한 이 몇몇의 철학자들을 개인적으로나 전문적으로 알게 되기도 하였다.

　나는 북경 대학과 중국사회과학원에서 1985년 강의 초청을 받았을 때 리앙수밍 (梁漱溟), 허린(賀麟) 교수와 짧은 접촉을 했다. 그것은 1949년 이후 중국에 첫번째

귀환이었다.

1982년 하와이 마노아 대학에서 개최한 국제 주자학대회에서 펑요우란(馮友蘭) 교수를 알게 되었다. 나는 홍콩에서 탕쥔이(唐君毅), 모우쫑산(牟宗三) 교수를 알았다. 그러나 내가 처음 그들을 만난 것은 1965년 호놀룰루에서 개최된 제5회 국제 동서철학회에서였다. 타이페이에서 물론 나는 팡동메이(方東美, Thom'e Fang) 교수를 알았다. 그는 타이완 국립 대학에서 수년 동안 나를 가르친 스승이었다. 그리고 쉬푸꾸안(徐復觀) 교수는 문학과 시(詩) 방면에서 나의 부친의 좋은 친구였다. 1987년 화동사법대학(華東師範大學)에서 동서철학에 관한 일련의 강의를 해 달라고 초청 받았을 때 상하이(上海)에서 나는 펑치(馮契) 교수와 철학토론을 하였다. 같은 시기에 베이징(北京)에서 나는 장따이니엔(張岱年) 교수를 방문하였으며 동료와 친구로서 리쩌호우(李澤厚)를 알게 되었다.

나는 사적인 명료화의 높은 수준에 직면했던 사유방법과 표현형식을 개발하기 위한 노력을 통하여 중국 철학의 본질 또는 모습을 꼭 명확히 하려고 애썼던 뛰어난 현대 중국 철학자들을 보았다. 그들 모두는 자기들의 사상을 서양 철학적 관념들과 연결시키려고 노력하였다. 그러나 그들은 또한 인간성과 인류의 복지의 관점에서 서양 전통을 비판적으로 평가하기도 하였다. 많은 사람들이 서양 철학자들과 대화하고 논쟁하거나 이야기할 기회가 없었다.

그러나 그들은 중심 주제(thema)로 담론의 다양성을 형성하는 데 성공하였다. 즉 중국인의 마음으로 서양을 이해하고 그와 반대로 서양의 마음으로 중국을 이해하였다. 그들 가운데 어떤 사람은 서양 철학을 방법으로 사용하였으며 심지어는 베르그송, 듀이, 러셀 그리고 칸트와 같은 서양 철학자들로부터 근본적인 주제를 채용하기도 하였다. 그러나 그들은 드러났건 숨겨져 있건 간에 언제나 중국의 전통에서 나온 깊은 본체론적, 인식론적, 그리고 윤리적 통찰들을 논의하고 명료하게 하려고 하였다. 그들은 언제나 서양에서 채용한 모델과 표준을 비판하기를 원하지 않았다. 설령 그들이 합리적인 현대화에 눈을 뜨게 되었다고 해도 그들은 현안의 여러 문제들을 깊이 이해하기 위하여 중국 전통의 여러 면모를 조심스럽게 원용하였다. 그들의 시야는 언제나 범위에서 세계적이었다. 그리고 철학적 발전의 새로운 길을 열어 놓은 자기 수양으로서 낙관적인 전망을 제시하였다. 아무리 적게 말해도 그들은 철학적 사고의 임무는 끝이 없는 가능성을 가지고 있어 어느 하나 또는 두 가지 도식(paradigms)에 한정될 필요가 없음을 우리에게 상기시켰다. 인간성과 문화는 결코 하나의 전통으로 완결되지 않을 것이며 하나의 학파에 의하여 지배되어서도 안 된다. 우리의 질문은 강제와 지배에 의해서가 아니라 설득과 평등을 통하여 철학적인

창조성을 어떻게 효과적으로 만들어 내고 즐길 수 있을까이다.

1997년 나는 베를린 과학기술 대학의 철학 방문 교수였을 때 옥스퍼드에서 닉 버닌(Nick Bunnin)을 방문하였다. 그가 옥스퍼드 대학의 중국학 연구소에서 젊은 중국 학자들과 현대 중국 철학에 관하여 집중적인 작업을 하고 있는 데 많은 감명을 받았다. 결과적으로 나는 블랙웰(Blackwell) 출판사에서 출간하기로 되어 있는 현대 중국 철학에 관한 한 권의 책을 그와 함께 합작할 것을 제안하였다. 현대 중국 철학자들의 소개(presentation)는 어떠한 분석적 작업이 이루어지기 전에 그들의 저작을 발췌한 번역물과 함께 싣는 것이 쓸모 있고 필요할 것이라고 생각하였다. 그는 이에 동의하였고 우리는 이 선구적인 과제에 관하여 2년 남짓 지구의 반을 거리에 두고 열심히 함께 일하였다. 여기에 16명의 중국 철학 전공의 젊은 학자들이 공저자로서 참여하였다. 우리는 그들에게 이 과제에 합류하도록 초청하였다. 각 저자는 우리가 선택하고 우리가 개발한 테두리 안에 있는 명단으로부터 철학자 한 명씩 한 장(章)을 썼다.

우리는 현대 중국 철학을 대강 4단계로 구분하면서 시작하였다. 그것은 20세기 중국 철학의 주요한 철학적 발전과 철학적 위치를 모두 다 포괄하고 있다. 그 4단계들은,—서양에서 유래한 선구적인 새로운 사상, 신유가 정신의 철학화, 변증법적 유물론에로의 이념적 노출, 새로운 신유가의 후기 발전—또한 현대 중국 철학의 4가지 방향 설정을 구성하기도 하였다. 그것은 바로 1. 서구적 오리엔테이션, 2. 초기 신유가의 방향 정립, 3. 중국 마르크스주의의 방향 정립, 4. 후기 신유가의 방향 정립이다. 이 기초 위에서 우리는 각 단계마다 주도적인 철학들을 포함시키고 각 장마다 저자들이 따라야 할 공통적인 기준과 가이드라인을 만들기 위하여 이 책을 4부분으로 설정하였다. 우리 두 사람은 기고된 각 장들을 살펴보고 수정을 위한 소견을 제시하였다. 나 자신은 그 장들의 구성, 내용 그리고 관념들을 논리-비평적인 동시에 역사적인 관점에서 의견을 제시하였다. 모든 저자들은 자기들의 기고문의 질을 개선하기 위하여 적극적으로 우리들의 소견을 원용하였다.

닉은 각 장의 내용과 목적을 서술하기 위하여 일반적인 소개를 할 것이다. 나는 연구를 최신의 것까지 할 수 있도록 가장 최근의 중국 철학자들에 관하여 쓸 것이며 또 현대 중국 철학과 그 성격을 그 기원과 차별화의 분석에 기초를 두고 개관하고 평가함으로써 결론을 지을 것이다. 나는 또한 중국 철학의 가장 최근의 관심사와 방향 그리고 미래 발전을 위한 전망을 탐구할 것이다. 최대한 겸손하게 나는 이 책이 새로운 시대와 현대 중국 철학과 문화 연구의 새로운 장을 주도해 나갈 것이라고 생각한다.

나는 우리의 훌륭한 협동작업을 위하여 닉에게 감사드리고 우리와 함께 손잡고
열심히 집필한 분들에게도 감사드리고 싶다.

청잉 청(成中英)
호놀룰루 하와이 2001년 2월 28일

편집자 서문

《현대 중국 철학(*Contemporary Chinese Philosophy*)》은 지난 세기 동안 가장 창의성과 영향력이 있는 중국 철학자 16명의 사상을 소개한다. 이 시기는 중국이 계속해서 현대성에 적응을 하는 동안 중요한 역할을 했던 철학적 개념, 이론 그리고 체계에 있어서 혼란스러운 시기였다. 우리의 주요 목표는 창조성과 중국과 서양 사상의 특징에 대한 면밀한 해석에서 가장 철학적인 주의를 기울일 가치가 있는 사람들의 연구를 명확하고 자세히 설명하고 비판적으로 탐구하는 것이다. 전체적으로 이 책은 복잡한 철학적 문화를 그려내며 한 걸음 나아간 연구와 혁신적인 철학적 작업을 위한 발판을 제공한다. 또한 편집자는 중국, 홍콩, 미국에서 연구하는 매우 유능한 기고가들에게 전시장을 제공하는 데 자부심을 가진다. 우리 가운데 중국인이 아닌 한 기고가는 홍콩에서 중국 철학의 전문가로 활동해 왔다. 우리는 많은 저자들에게 그들의 다양한 관점, 박식한 지식 그리고 비판적인 통찰의 측면에서 도움을 받았다.

우리의 목표가 철학적이기 때문에 우리는 보다 큰 대중적인 영향력을 가졌지만 중요성이 떨어지는 철학자들을 제외하였다. 마오쩌뚱(毛澤東, 1893~1976)은 이 가운데 가장 눈에 띄는 사람이다. 우리는 또한 그들의 작품이 전적으로 서양 철학에 대한 공헌으로 간주될 수 있는 훌륭한 중국인 철학자들을 제외하였다. 예를 들어, 매우 정교한 중국의 과학철학(자연에 대한 변증법)은 중국 철학의 배경과 관계없이 이해될 수 있다. 우리 독자들의 반응은 이 책을 만든 우리의 판단에 대한 시험이다. 우리는 그러한 지적, 문화적 역사에 대한 보다 포괄적인 연구를 추구하는 것도 포함된 철학자들의 깊고 복합적이며, 독창적이고 호기심을 자극하는 사상을 연구하는 즐거움에 의해 유발될 수 있기를 바란다. 이것은 특히 중요하다. 왜냐하면 20세기 한

가운데의 고통스런 정치적 갈등과 망명에 의해 산산히 붕괴된 중국의 철학적 문화가 지금은 다시 통합되고 있기 때문이다. 중국, 홍콩, 대만 그리고 미국에 있는 철학자들 사이의 교류가 풍부하게 그리고 생산적으로 증가하고 있다. 비교 철학과 세계 철학에 대한 새로운 접근은 중국 철학에 대한 관심이 집중되도록 서양 철학자들을 장려하였다. 청중잉은 마지막 부분의 두 장에서 한걸음 나아간 중국 철학의 발전을 위해 이러한 발전과 그들의 관계를 검토하고 현대 중국 철학에 대한 해석을 내놓는다. 현재로써 우리는 독자들이 그들 자신의 한걸음 나아간 연구와 창조적인 철학적 탐구를 위하여 문제들의 의제를 결정하는 데 도움이 되도록 《현대 중국 철학》을 이용하기 바란다.

독자들은 또한 고찰되는 저작들에서 가치 있는 것과 경시되어야 할 것을 구별할 자신이 생길 것이다. 예를 들어, 그 철학자들 가운데 몇몇은 처음에는 서양이 성공한 비밀을 배우기 위해, 다음에는 중국 문화와 제도의 가치를 옹호하기 위해서 서양 철학의 본질과 중국 철학의 본질을 결정지으려고 시도했다. 또 다른 사람들은 문화와 철학 사상에 대하여 단선적 발전 모델을 사용하였다. 이러한 접근들은 서양의 힘에 대한 중국의 반응의 맥락 속에서 이해될 수 있고 많은 부분이 더욱더 정밀한 분석 안에서 전개되도록 회복될 수 있지만 이러한 본질주의적 또는 발전적 모델들은 중국 또는 서양 사상의 복합성과 다양성을 이해하고 평가하기 위한 적절한 틀을 제공하지 못한다.

이 책의 중요한 특징은 논의된 저자들에 대한 중국과 서양의 영향의 다양성이다. 그리고 이 다양성 자체가 두 전통 모두 획일적인 또는 지나치게 단순화된 시각을 서서히 약화시키는 데 도움을 준다. 중국의 영향은 《역경(易經)》, 공자, 맹자 그리고 순자, 도가인 노자와 장자, 법가인 한비자, 묵자와 후기 묵가들, 유식과 선불교, 주희와 육구연, 왕양명과 다른 신유학자들 그리고 청대 고증학파를 포함한다. 서양의 영향은 플라톤, 아리스토텔레스, 라이프니츠, 흄, 칸트, 쉴러, 밀, 헤겔, 맑스, 쇼펜하우어, 니체, 하이데거, 그린, 베르그송, 우드브릿지, 듀이, 러셀, 무어, 비트겐슈타인 그리고 포퍼를 포함한다. 현대 중국 철학자들 대부분이 일본, 미국, 영국, 프랑스, 독일 또는 오스트리아에서 연구함으로 인하여 깊은 영향을 받았다.

비록 《현대 중국 철학》에서 논의되는 철학자들 사이에 개인적인 경쟁과 종파적 구분이 있을지라도 스승과 제자 그리고 동료 사이에 우정과 영향은 중요하다. 또한 그 사람들 가운데 다수의 지적인 시각은 중국의 고전과 불교, 도가 사상 또는 서양의 과학, 정치, 철학 사상에 대한 그들의 초기 교육에 의해 형성되었다. 제도적 요소 또한 중요하다. 여러 다른 도시들, 제도들, 철학적이고 지성적인 잡지들과 간행물들

은 그 안에서 활동했던 철학자들의 사상을 형성하는 데 도움을 주었다. 그 시기 전체를 걸친 북경 대학과 20세기의 전반의 청화 대학 그리고 1950년대 창립이래 중국 사회과학 철학 연구소는 베이징에서 중국 철학 사상의 영향력 있는 중심지였다. 복단 대학은 상하이(上海)에서 비슷한 역할을 수행했다. 1930년과 1940년대 일본의 점령 동안 충칭(重慶)의 서남 연합 대학교와 후에 쿤밍(昆明)은 베이징(北京)과 티엔진(天津)으로부터의 망명 가운데 지적인 삶의 중심지를 제공하였다. 몇몇 중요한 사람들은 1949년 인민 공화국 수립 이후 신아 서원(新亞書院, 후에 홍콩 중문 대학으로 통합됨)과 대만 국립 대학교 그리고 타이페이(臺北)에 있는 중앙연구원(Academia Sinica)으로 떠났다. 하버드 대학교와 마노아에 있는 하와이 대학교는 미국에서 중국 철학 사상을 위한 중심을 제공해 왔다.

천뚜시우(陳獨秀, 1879~1942)가 1915~21년에 편집한 "신청년(New Youth)"은 새롭고 흥미로운 사상의 초점으로서 주목을 받았지만 많은 다른 잡지들은 20세기 초반 중국에서 사상을 대중화시키기 위한 광장을 제공하였다. 철학 평론(Philosophical Review)은 1930년과 1940년대 전문적인 철학 논문의 발표에서 높은 지적 기준을 유지하였다. 영어권 독자들은 지난 몇 십 년 동안 현대 중국 철학에 대한 토론을 위한 잡지 "동서 철학(Philosophy East and West)"과 "중국 철학 잡지(Journal of Chinese Philosophy)"를 가까이 해 왔다. 출판사들과 상무인서관은 모두 중국에서 철학적 논의를 촉진시키는 매우 눈에 띄는 기록을 가졌지만 다른 간행물들 또한 중요하다.

비록 이 책 안의 인물들이 그들의 공적인 개입의 정도와 지향에서 다양할지라도 위기 속에서 중국을 뒤덮은 현실은 그들의 철학적 작업의 많은 부분에 어두운 그림자를 던졌다. 현대 중국의 위기의 원인과 증상 그리고 변형에 관한 탐구는 우리의 주제를 벗어나 있지만 개략의 역사적인 개요는 철학자들이 해 왔던 열망과 좌절의 불안정과 변화 양태의 문맥에서 암시할 것이다. 이러한 상황 안에서 그들의 철학적 탐구의 깊이와 창조성은 주목할 만하다.

현대 철학은 대략 19세기 말 청왕조의 쇠약, 완고함 그리고 붕괴에 대한 대응의 한 부분으로서 중국에서 시작되었다. 지식인들은 외세의 힘이 통합된 국가로서의 중국을 파괴하고 중국 문화를 압도할 것을 두려워하였다. 메이지유신 이후 빠른 속도로 현대화된 일본은 특별한 위협으로 간주되었다. 그것은 중국의 사상과 문화의 많은 측면과 너무 가까웠기 때문이었다. 1911년 신해혁명 이후 초기 공화정의 실패와 군벌 통치로의 빠져듦은 유럽에서 제1차 세계 대전의 대량 학살에 대한 환멸이 추가되어 중국의 현대화를 위한 서양의 자유주의 모델에 매료되는 것을 은밀히 손상시켰다. 전통적인 유교 문화 거부의 요구는 신문화 운동과 5·4 운동 시기에 절정에

이르렀다. 그러나 자유주의적 운동은 곧 국민당과 공산당의 형성으로 대체되었다. 군이라는 날개를 가진 이러한 레닌주의적 혁명 정당들 사이의 경쟁은 내전과 한걸음 나아가 불안정을 조성하였다. 정치적, 군사적 갈등과 국민당 정부의 부패와 무능함은 1931년 일본의 만주 점령과 1937년 더욱더 광범위한 침입의 서막을 형성하였다.

다시 개시된 내전에서 공산당이 승리한 이후 마오쩌뚱(毛澤東, 1893~1976)의 지도하에 1949년에 인민 공화국이 수립되었고 지앙카이스(蔣介石, 1887~1975) 하의 국민당 통치는 타이완에 한정되었다. 중국에서는 완전하진 못하지만 효과적인 국민당원에 대한 검열이 더욱 체계화된 지적 통제로의 길을 내주었다. 정부와 정당은 옌안(延安)에서의 문화적이고 지적인 정책에 대한 마오의 연설에서 표현된 말에 근거하여 대학교들을 새로운 모습으로 만들었다. 정치적 운동은 과거와 현재의 지적 경쟁자들을 규탄하도록 조직되었다. 백화시기의 짧은 휴식은 반우파운동이라는 재개된 통제로 이끌었다. 대약진 운동의 실패는 1966년에서 77년까지 10년 간의 문화 혁명을 낳았는데 이로 인해 교육은 붕괴되었고 지식인들은 지방으로 보내졌다(下放). 개방과 개혁의 정책 아래에서의 상대적인 안정과 경제적 성공 그리고 증대되는 지적인 자유의 20년은 1989년 6·4사건에 의해 중단되었다. 근년에 베이징 대학살의 여파 속에서 지식인들 사이의 좌절과 허무주의가 토론에 도움을 주는 마르크스주의, 자유주의 그리고 유가의 사상과 함께 개혁을 공고히 하고 확장시키는 것에 대한 조심스러운 기대로 넘어갔다. 1949년 이후 본토에서의 정치적 독재는 타이완에서의 정치적 독재로 반영되었지만 장기간에 걸친 경제적 성공은 더욱더 커진 지적 자유와 민주적인 개혁을 낳았다.

비록 이 책의 모든 장 사이에 중복되는 연결, 관계, 문제 그리고 논쟁들이 있을지라도 우리는 독자들이 네 부분—서양으로부터의 새로운 사상을 개척하기, 신유가 정신 안에서 철학하기, 변증법적 유물론에 대한 이념론적 노출, 현대 신유가의 후기 발전—으로 나눈 것에 의해 도움받기를 바란다. 중요한 각 장들마다 참고문헌과 일련의 토론 문제가 덧붙여져 있다. 청중잉(成中英)은 중국과 서양에서의 중국 철학의 최근 경향에 대한 설명으로 이 장들을 보충하며 20세기 중국 철학의 본체 해석학적 풀이—정체성과 전망—를 내놓는다.

서양으로부터의 새로운 사상을 개척함

캉요우웨이(康有爲, 1858~1927)와 옌푸(嚴復, 1854~1921)는 현대성에 대한 중국의 지적인 반응의 개시자로 간주될 수 있다. 캉은 1898년 백일 개혁을 유발시켰던 변화에 대한 전망을 드러내었다. 이러한 움직임은 청왕조의 통치를 현대화시킬 희망을 제안했지만 서태후의 궁정 쿠데타로 무너졌다. 캉이 비록 서양 문화에 대하여 높이 평가했을지라도 그의 사상은 유가, 도가 그리고 불교의 사상에 토대를 두었다. 그는 청왕조 말기의 중국에 대한 비평과 개혁에 대한 자신의 희망을 옛날 한(漢)왕조의 금문경학과 고문경학 사이의 논쟁의 배경 안에 두었다.

그는 중국의 진시황의 분서로부터 구해내졌다고 하는 고문경전은 위서이며 진본은 전한(前漢) 왕조의 금문학파의 경전이라고 주장하였다. 이러한 관점에서 캉은 공자는 인(仁)의 덕과 덕치(德治) 아래에서 크게 화합하는 사회에 대한 궁극적인 전망을 가진 개혁자인 동시에 이상주의자였다고 주장하였다. 그의 정책은 실패했지만 개혁을 위해서 유용한 지적인 원천을 정리하고 이상적인 사상에 의지하는 전략은 되살아났다.

옌푸는 서양의 강점과 중국의 약점을 이해하기 위한 수단으로써 토마스 헉슬리, 아담 스미스, 존 스튜어트 밀 그리고 다른 사상가들의 작품에 대한 번역서와 광범위한 철학적인 주석서를 출판하였다. 그의 멋진 주석들은 이러한 작품들을 중국 사상과 관련지었고, 그의 작품의 대중성은 중국 지식인의 삶과 공적인 제도들을 평가하고 변화시키려는 사람들의 시도의 범위를 확장시켰다.

다른 철학자들은 청조 말 지식인의 삶의 회복에 공헌하였다. 캉요우웨이와 장타이옌(章太炎, 1868~1936)의 초기 협력은 청조 통치를 전복시키는 것(打倒淸朝)에 대한 장의 개입과 캉의 더욱 제한된 개혁적인 목표 사이의 갈등 때문에 깨졌다. 문헌학과 문헌 비평에 대한 장의 숙련됨은 유가, 도가 그리고 불교의 문헌에 대한 그의 정밀한 평가와 캉의 금문경학에 대한 그의 거부를 뒷받침하였다. 장의 언어학적 지식과 논리에 대한 이해는 그의 성숙된 철학 체계를 형성하였고, 거기서 지각에 대한 그의 설명은 칸트의 관념론에 의해 영향을 받았다.

20세기 초 장은 훗날 중국의 지도적인 교육자가 된 뛰어난 경학자인 차이위엔페이(蔡元培, 1868~1940)와 함께 급진적인 교육 실험에 참여하였다. 미학, 종교 그리고 도덕 철학에 대한 차이(蔡)의 작품들은 유가의 경전들에 대한 그의 정통한 지식과 독일에서의 서양 철학에 대한 그의 연구에 토대를 두고 있다. 그는 비합리적인 종교적 신념에 초점을 맞춘 감정들은 미적인 대상으로 더 잘 향할 수 있으며 미학은 문

화적 합일과 생명력의 근원으로서 종교를 대신할 수 있다고 주장하였다.

차이는 1916~26년까지 북경 대학의 총장으로서 자주적인 정신을 지닌 상상력이 풍부한 학자들을 끌어 모았다. 신문화와 5·4운동은 근대화를 포용하고 유교 문화를 중국의 취약함의 원천으로 비판하는 이러한 환경으로부터 일어났다. 5·4운동의 다양한 요소와 특징들은 현대성에 대한 중국의 관심을 확정지움에 있어서 그들의 상징적인 지위 때문에 계속해서 연구가 이루어지도록 제안되었다. 과학과 민주주의를 통한 중국 문화의 변화를 주장한 천뚜시우(陳獨秀)와 중국에 마르크스 이론을 연구하기 위한 최초의 단체를 창설한 리따자오(李大釗, 1879~1927)는 이러한 급진적인 환경에서의 지도적인 인물들이었다.

우리는 중국 철학 사상에 유용한 서양 사상의 범위를 확장시킨 세 명의 철학자들의 연구에 주목할 수 있다. 주꽝치엔(朱光潛, 1897~1986)은 그의 미학과 심리학 작품들에서 크로체의 논문들을 소개하였다. 시인 쫑바이화(宗白華, 897~1986)는 가득 참과 텅빔(盈虛)의 관점에서 미학과 공간 사이의 관계를 탐구하기 위해 칸트, 괴테, 도가 사상 그리고 《역경》으로부터 도출된 미학 이론을 발전시켰다. 홍치엔(洪謙, 1909~92)은 모리츠 슐릭의 제자로서 비엔나 학파에 참여하였다. 모순되지 않고 일관성 있는 논리적 경험주의를 위한 그의 명석하고 엄밀한 연구는 동시대 중국 철학자들에게 많은 영향을 미쳤다.

《현대 중국 철학》의 첫 부분에서 우리는 상세한 주의를 기울일 다섯 명의 철학자들—리앙치차오(梁啓超, 1873~1929), 왕꾸어웨이(王國維, 1877~1927), 장똥쑨(張東蓀, 1886~1973), 후스(胡適, 1891~1958) 그리고 진위에린(金岳霖, 1895~1984)—을 선택하였다. 각각의 철학자들은 새로운 사상과 새로운 가치를 위해 강도 깊은 연구의 한 국면을 취한다.

1장에서 이앙시아오(YANG Xiao)가 논의한 리앙치차오는 유교의 개혁에 대한 계획을 발전시킴에 있어서 캉요우웨이와 협력한 이후 역사, 정치, 문화 그리고 법에 대한 철학적으로 정밀하고 영향력 있는 해석을 발전시켰다. 그는 중국과 서양의 사상과 제도들을 비교하기 위한 방법론을 수립했고 중국 철학의 현대적 역사를 위한 계획을 세웠다. 본질주의에 대한 그의 거부는 그가 중국의 유교 문화를 보존하는 것으로부터 자주 국가로서 중국을 보호하는 데로 관심을 돌리도록 하였다. 민주주의, 시민권, 민족주의, 자유, 권리, 인간 관계 그리고 시민법에 대한 그의 재평가는 시민 사회에 대한 현대 중국의 이해를 수립하였다. 특유의 관심사 가운데에는 정치적이고 법적인 자유와 사회적이고 윤리적인 자유 사이의 구분에 대한 그의 논거와 국가의 권리와 국민의 권리 사이의 관계에 대한 그의 이해가 있다.

2장에서 커핑 왕(Keping WANG)이 논의한 왕꾸어웨이는 주목할 만한 관점과 감수성으로 이루어진 미학이론을 세우기 위해 칸트, 쉴러, 쇼펜하우어 그리고 니체의 사상에 반응하였다. 그의 이론은 독일 미학 사상을 전통적인 중국의 예술 이론 안으로 통합시켰고 과감한 비판적 연구를 위한 토대를 제공하였다. 그의 비평철학은 여섯 가지 관심사—미학 교육, 무아지경, 놀이로서의 예술, 천재로서의 예술가, 고아(高雅)와 경계(境界)—에 집중되었다. 이 가운데 경계와 고아에 관한 그의 설명은 가장 훌륭한 독창성을 나타낸다. 관념론의 형이상학적, 미학적 그리고 윤리적인 이론에 대한 왕의 관심과 실증주의, 쾌락주의 그리고 경험주의에 대한 그의 지적인 존경은 왕으로 하여금 자신의 지적인 삶에서 일찍이 철학을 포기하도록 하였다. 왕조 부흥에 대한 그의 이상주의적인 헌신은 1927년 그를 자살로 이끌었다.

3장에서 신옌 지앙(Xinyan JIANG)이 논의한 장똥쑨 또한 칸트의 영향을 받았지만 그의 철학은 인식론에 초점을 맞추었다. 인식에서 독립적이고 환원할 수 없는 요소들을 구분하는 다원적 인식론은 지식을 구성하는 문화적이고 언어적인 요소들에 관한 연구로 이끌었다. 그는 그의 인식론을 불교 사상에 깊은 영향을 받은 범구조주의적 우주론에 근거를 두었다. 실제로 존재하는 모든 것이 구조 또는 질서라고 하는 것에 따라 장은 실체 개념을 거부했고 정밀한 구조주의를 제안하였다. 비록 여전히 논의의 여지가 있을지라도 다른 철학적 지향의 근원으로서 중국과 서양 언어 사이의 형태상의 차이점에 대한 그의 검증은 중국과 서양 철학자들의 후대의 연구를 위한 틀을 제공하였다.

4장에서 후 신허(HU Xinhe)가 논의한 후스는 중국의 가장 영향력 있는 자유주의적 사상가로서 장똥쑨의 뒤를 이었다. 《신청년》에 발표한 논문은 중국 문학에서의 백화문(白話文) 개혁(일상어의 혁명)을 주도하였다. 콜롬비아 대학교에서의 그의 박사 학위 논문은 중국 사상이 과학적 실용을 뒷받침할 수 있다고 주장하였다. 그는 중국 철학의 현대 역사적 연구에 관한 패러다임을 만들어내기 위해 지앙의 인도를 따랐고 중국의 국가적 유산을 체계화시키려는 시도에서 지앙의 역사적 이론과 시각을 사용하였다. 명확함, 대담한 가설(大膽假說) 그리고 면밀한 논증(小心論證)에 대한 그의 요구는 듀이의 경험주의적 실용주의로부터 도출되었고 문화, 교육 그리고 정치학에 대한 그의 해석으로 확장되었다. 그의 정치학은 점진적이고 민주적이었다. 1919년 리따자오와의 유명한 교류에서 후(胡)는 완전한 혁명적 변화에 반대하여 유용하면서도 점진적인 개혁을 지지하였다.

5장에서 후쥔(胡軍, HU Jun)이 논의한 진위에린은 신헤겔주의 관념론에 대한 초기에의 열정을 현대 논리학에 대한 열정으로 대체하였다. 그는 현대 논리와 그 근저의

철학 사상을 중국에 소개하기 위해 많은 노력을 했다. 그는 러셀의 분석 철학 견해에 이끌렸지만 분석의 방법이 형이상학 이론의 발전을 방해했다는 주장을 거부하였다. 자신의 형이상학에서 그는 중국의 도(道)개념에 초점을 맞췄지만 이러한 연구는 또한 논리적 가능성이라는 개념에 집중하는 그의 형식 전개에서도 주목할 만하다. 그의 논증의 명확함과 정밀함은 중국에 폭넓은 영향을 미쳤다.

신유가 정신 안에서 철학하기

중국 철학사상의 복합적인 전통에 대한 재평가는 세기가 나아감에 따라 점점 더 중요한 역할을 했다. 현대화와 전통적인 가치에 대한 철학자들 간의 다양한 참여는 1923년 과학과 현학(玄學) 논전에서 드러났다. 이것은 지앙쥔마이(張君勱, 1887~1969)가 이끌어 갔으며 일부 철학자들은 서양의 현대화 모델에 대한 5. 4운동의 낙관적인 지지에 대하여 강하게 이의를 제기하였다.

고대 유가, 도가, 묵가, 법가 그리고 불교의 문헌에 대한 새로운 해석을 포함하는 학문적 부흥은 매우 중요하지만 전통 중국 사상으로부터의 중요한 영감은 송, 명대의 훌륭한 신유가의 종합 특히 주희(朱熹, 1130~1200)와 왕양명(1472~1529)의 작품들로부터 나왔다. 주희의 실재론과 왕양명의 심(心)에 대한 초점 사이의 그들의 철학적 이해력과 긴장의 미묘성과 범위는 그들의 저작에 관한 반성적인 해석을 할 여지를 제공하였다.

책의 두 번째 부분에서 우리는 네 명의 철학자들—슝스리(熊十力, 1885~1968), 리앙수밍(梁漱溟, 1893~1988), 펑요우란(馮友蘭, 1895~1990) 그리고 허린(賀麟, 1902~92)—에 초점을 맞춘다.

6장에서 지위엔 위(Jiyuan YU)가 논의한 슝스리는 유식 불교에 관한 초기 연구에 만족하지 못하고 중국의 부흥을 위한 토대로서 유학과 공자의 참된 도를 재발견하려는 계획을 하였다. 이러한 연구에서 그는 왕양명으로부터 영감을 이끌어냈지만 또한 서양의 학문을 현대 유가 사상의 체계 안에 통합시키기를 원했다. 그는 《역경》을 활용하여 유교 윤리와 적극적인 유교의 자아 개념을 위한 형이상학적 토대를 확정지으려 시도하였다. 그것은 어떤 의미에선 본체와 작용의 합일을 변화의 과정과 인간덕성(仁德)의 토대와 연결시킨 것이다. 슝의 체계는 철학과 과학 모두를 위한 적절한 역할을 세웠지만 그 두 영역을 날카롭게 구분하였다. 그가 집중적으로 논의한 사상은 형이상학과 도덕의 관계에 대한 심오한 물음을 야기시켰다.

7장에서 옌밍 안(Yanming AN)이 논의한 리앙수밍은 신유가 왕심재(王心齋,

1483~1541)의 사상에 토대를 두었고 또한 앙리 베르그송의 작품에 영향을 받은 유교의 자발성에 관한 설명을 전개하였다. 그는 직각(直覺)과 이지(理智)는 인식의 근원이라고 주장했으며 후에 실천적으로 지향된 이성 개념 안에 직각에 대한 그의 통찰을 구체화하였다. 그는 자연과 일치하여 살아가려는 직각, 조화 그리고 우리의 능력에 대한 유가의 관심이 자연을 정복하려는 서양의 요구 또는 자아와 자연을 허환(虛幻)으로 부정한 인도(印度)보다 우월했던 문화를 위한 토대를 제공했다고 주장하였다. 그는 이러한 세 문화적 경향에 해당하는 시간적 질서의 결과를 인식했고 중국의 약점을 유교적 이상의 조숙에까지 거슬러 올라갔다. 인간의 문화에 대한 그의 비교이론은 인간의 성격 유형에 대한 비교 연구와 함께 나왔으며, 경제적 수요를 만족시킨 후 유교적 문화와 유교적 자아를 위한 때가 올 것이라는 확신에서 나왔다.

8장에서 로렌 피스터(Lauren PFISTER)가 논의한 펑요우란은 신리학에서 주희의 실재론적 리(理)개념을 수정하고 발전시키고자 시도했던 철학 체계를 위하여 현대의 논리적 분석법을 사용하였다. 슝스리와 마찬가지로 펑은 철학과 과학을 날카롭게 구분했지만 이러한 구분을 실제와 진제 사이의 기본적인 차이점 위에 세웠다. 그의 사상은 실재의 합일에 대한 지적 관조에 기초한 철학적 신비주의의 여지를 제공하였다. 그의 윤리학과 정치학은 현대성의 맥락 안에서 전통적 가치의 핵심을 포함하였다. 펑의 체계의 정교함과 넓이는 중국 철학 사상의 복합성과 다양함에 대한 자세한 역사적 이해 때문에 알려졌다. 이 이해는 세 중국 철학사 주저에서 명백하게 드러났는데 철학사에서 펑은 중국 철학 문헌의 격언적, 비체계적인 외형 아래 깔려 있는 논증들을 재구성하려고 시도하였다. 이들 철학사에 대한 포부와 강조점의 변화는 펑의 지적인 발전과 유물론으로의 전향을 반영한다. 중국의 현대화에 대한 펑의 헌신과 합법적인 통치자에 대한 펑의 참되고 충실한 국민 개념은 마오 정권과 그의 애매모호한 관계에 이론적인 토대를 제공한다.

9장에서 지웨이 치(Jiwei CI)가 논의한 허린은 육구연(陸九淵, 1139~93)과 왕양명(王陽明, 1472~1529)의 심학파 이론을 재해석하려고 노력하였는데 보편적으로 참된 헤겔의 관념론적 철학 체계에다 중국인의 기여를 제공하기 위해서였다. 그렇게 하여 그는 참된 철학으로 되돌아감으로써 중국의 현대 문화적 위기를 해결하는 것을 목표로 삼았다. 그는 마음(心)을 심리학의 관점에서 주관적이기보다 오히려 논리학의 관점에서 객관적으로 구축하였고, 칸트의 선험적 원리들 또는 신유가의 리(理)의 전체로 간주하였다. 헤겔과 마찬가지로 그는 마음을 정적이기보다 오히려 역동적이고 발전하는 것으로 간주하였다. 마음과 리 그리고 마음과 물질 사이의 구분을 없애기 위하여 실체와 작용의 일치를 이용하여 그는 신유가의 심학과 리학 전통을 조화시

키려 시도하였다. 또한 자신의 유심론적 구조 내에서 문화, 자연, 정신 그리고 도(道)를 오직 하나뿐인 지성적 질서로 이르게 하려고 하였다. 그의 철학적 보편주의는 서양 철학에선 분명하고 중국 철학에선 단지 암시적인 진리로 유가의 리(理)철학의 강점을 확인하였다.

변증법적 유물론에 대한 이념론적 노출

러시아에서 볼셰비키주의가 승리한 이후 마르크스 사상이 중국의 급진적인 사상을 지배하게 되었다. 천뚜시우와 리따자오는 중국 최초의 중요한 마르크스 이론가가 되었고 마오쩌뚱(毛澤東, 1893~1976) 및 다른 사람들과 함께 중국 공산당을 창립하였다. 제 1대 당지도자로서 천은 무정부주의와 같은 그러한 초기 중국의 급진적 운동으로부터 이탈한 많은 지식인들을 이끌었으며 상호 의존적인 도덕적, 경제적 혁명에 대한 리의 논증은 중국의 마르크스 윤리 사상을 수립하였다. 중국의 훌륭한 현대 작가이면서 공산당의 급진적인 목표에 대한 지지자인 루쉰(魯迅, 1881~1976)의 정치적이고 사회적인 비평은 민주주의적 권리에 대한 대중적인 개혁과 인식을 불러일으켰다.

1927년 《논리철학논고》를 번역한 지앙션푸(張申府, 1893~1986)는 중국에 비트겐슈타인의 철학을 소개하였으며 공자, 버트란트 러셀 그리고 변증법적 유물론의 철학을 통합하려고 시도하였다. 도시에 기반을 둔 공산당의 지도부가 거의 무너진 후 마오쩌뚱 하의 공산당의 재건은 투쟁과 최종적인 승리의 해로 이끌었다. 마오의 대중 영합적이고 자의적인 마르크스주의는 철학을 포함하여 폭넓은 영역의 주제에 대한 대중적인 논의의 척도를 수립하였다. 비록 마오의 모순론이 적대적 모순과 비적대적 모순을 구분할 수 있었을지라도 마오 사상의 이상적인 목표와 이념적 경직성은 토론의 범위를 제한하는 데 계속해서 사용되었다. 정통에 대한 강요는 마르크스 이론의 잠재적인 창조성을 상당 부분 감소시켰다. 그럼에도 불구하고 많은 철학자들이 심오한 마르크스 사상과 중국 철학의 역사적 재평가에 기여하였다. 우리는 꿔모뤄(郭末若, 1892~1978)의 영향력에 주목할 수 있는데 그의 변화하는 작품 양식의 토대에 근거한 중국 철학의 시대구분과 그 결과로 나온 진보적 또는 보수적이었던 철학자들에 대한 그의 견해는 중국에서 철학사 연구를 발전시키는 큰 역할을 했다. 20세기 초 열린 교류 속에서 중국 사회와 사상의 정적인 본질에 대한 꿔의 거부는 역사적 이해의 발전에 기여를 했지만 정통에 의해 강요된 그의 시각은 철학적 연구를 곡해하고 저해하였다.

책의 세 번째 부분에서 우리는 세 명의 철학자—평치(馮契, 1915~95), 장따이니엔(張岱年, 1909~2004), 리쩌호우(李澤厚, 1931~2004)—에 초점을 맞춘다. 이들은 마르크스주의에 대한 그들의 해석과 다른 지적인 원천들을 사용하는 데에는 독창적으로 비정통적이었다.

10장에서 후앙 용(HUANG Yong)이 논의한 평치는 도가, 유가, 불교, 칸트, 헤겔 그리고 마르크스의 통찰의 토대 위에서 독창적인 가치 철학을 수립하였다. 그의 주요 연구는 지혜에 대한 이론과 관련이 있는데 거기서 그는 도(道)에 대한 지식을 우주와 인간의 삶에 대한 근본적인 원리로 이해하였다. 지혜는 우리의 인식과 실천 활동 그리고 우리의 도덕적 수양 안에서 자신의 적용을 확립하였다. 철학자들은 대상과 자아에 대한 집착을 요구하는 지식을 그러한 집착 없이 실재를 전체로서 간주하는 지혜로 변형시킬 임무를 지닌다. 이러한 변형은 지적 직각에 대한 돈오(頓悟)를 통해 다가와서 명명할 수 있는 영역에서 명명할 수 없는 영역으로 나아간다. 평은 도에 대한 이론을 방법과 덕으로 변형시키고자 시도하였다. 이러한 변형은 분석적 방법과 종합적 방법 사이의 변증법, 지식과 실천 사이의 변증법, 논리적 방법과 역사적 방법 사이의 변증법, 일치와 불일치 사이의 변증법을 포함하였다. 이러한 최종적인 변증적 운동은 비조망적(non-perspectival)이지만 비토대주의적(non-foundational)인 객관성 개념을 실현하였다. 덕에 대한 평의 설명은 자각적이고 자발적이며 자연스러운 행위로서 자유에 대한 이해를 요구하였다. 그리고 이러한 자유 개념은 개인 안에서 실현되었다.

11장에서 논의되는 청 리엔(CHENG Lian)이 논의한 장따이니엔은 핵심적인 철학 문제에 대한 탐구와 중국이 직면한 문화적 문제에 대한 고찰 안에서 분석적 방법과 변증법적 유물론 그리고 전통적인 중국 철학을 통합시키려는 그의 형 지앙션푸에 의해 영향을 받았다. 장에 따르면 철학은 자연스럽게 자연의 종으로 간주되는 인간과 함께 하는 자연의 원리와 인간의 삶의 규칙에 관한 학문이다. 물질은 삶과 정신의 기본토대이지만 장은 이상을 물질의 범주로 격하시키는 것은 잘못이라고 주장하였다. 그는 유물론과 관념론을 종합하기 위하여 근원과 완성 사이의 구분을 활용하였다. 그의 역사적 연구에서 장은 중국 사상의 체계적인 성격을 명백히 나타내려고 노력하였으며 연대학적이기보다 오히려 근본적인 범주와 학설들에 대한 분석을 통하여 자신의 임무에 접근하였다. 《중국 고전철학 개념범주요론(中國古典哲學槪念範疇要論)》은 중국 사상에 대한 그의 성숙한 이해를 대가의 솜씨로 표현한 것이다. 장은 중국 철학의 유물론적 전통을 연구하였고 그것의 변증적이고 인도주의적인 사상을 해석하였다. 그의 문화적 연구들은 인간과 자연, 개인과 사회 그리고 분석적이고 변

증적인 사상에 대한 중국적이면서 서양적 접근의 종합을 논의하였다.

12장에서 존 쯔지앙 띵(John Zijiang DING)이 논의한 리쩌호우는 그의 미학 이론과 칸트 철학에 대한 해석으로 유명하다. 리는 실천 이성의 지도적인 역할과 중국 미학사 전체를 통하여 유가와 도가 사상의 상보성을 강조해 왔다. 그의 일반 철학에서 리는 인간의 주체성에 대한 자신의 설명의 토대 위에서 "인간학적 존재론"을 발전시켰다. 인간 주체성의 포스트 마르크스주의적 실천 철학에서 리는 마르크스 이론의 다른 측면을 버리는 반면에 마르크스의 근본적인 사상을 유지하려고 노력하였다. 그는 마르크스 철학은 비평의 임무에서 인도주의적인 철학적 건설의 임무로 전환해야 한다고 주장하였다. 그는 자연의 인간화를 통하여 인간 본성 안의 이성과 사회성이 지각적이고 자연스러운 것을 변형시킨다고 주장하였다. 리는 마르크스 사상을 변형시키면서 인간 주체성의 역할을 설명하고 후기 마르크스 철학에 대한 자신의 시각을 표현하기 위해 칸트, 하이데거, 비트겐슈타인 그리고 포퍼의 사상을 사용하였다.

현대 신유가의 후기 발전

1949년 이후 대만과 홍콩의 철학자들은 서양 철학 특히 플라톤, 칸트 그리고 헤겔의 작품에 대한 보다 깊고 더욱 정통한 이해에 비추어서 전통적인 중국 문화와 철학에 대한 더욱 체계적인 재해석을 제공하는 데 전념했다. 이 전념에 대한 흔적이 탕쥔이, 장똥쑨, 모우쫑산 그리고 쉬푸꾸안에 의해 발표되었는데 이것이 현대 신유가 운동을 일으킨 1957년 중국 문화 성명이었다.

책의 네 번째 부분에서 우리는 네 명의 철학자들—팡동메이(方東美, 1899~1977), 쉬푸꾸안(徐復觀, 1903~82), 탕쥔이(唐君毅, 1909~78), 모우쫑산(牟宗三, 1909~95)—에 초점을 맞춘다.

13장에서 천양 리(Chenyang Li)가 논의한 팡동메이는 비교 문화와 철학의 포괄적인 체계 안에서 유가, 도가, 묵가, 불교 그리고 서양 사상을 종합하려고 시도하였다. 그는 문화적 지혜의 구별되는 유형 위에 이성과 감정을 통합하는 개인적 지혜의 가능성을 두었다. 그의 이론은 생에 대한 보편적인 충동에 의해 고무되었고 도(道), 조화, 자연과 가치의 합일 그리고 창생의 개념에 중요한 역할을 부여하였다. 그는 실재에 대한 설명을 수립하면서 변화의 형이상학으로서 《역경》의 중요성을 강조하였다. 그는 경쟁적인 시각에 대하여 편협한 배척을 하는 정통 신유가 사상을 비판하였다. 문화적 세목에 대한 그의 견해와 통합적인 시각은 그의 철학적 해석에 역동적인

힘을 부여하였다. 그는 물리학과 생물학의 대상인 자연계에서 심리학, 미학, 도덕 그리고 종교의 대상인 인간계에 이르기까지 세계의 일면들을 여러 층의 단계적 구분으로 조직된 것으로 여겼지만 조화로운 전체의 부분으로서 각각의 층에 환원될 수 없는 자율성을 부여하였다.

14장에서 페이민 니(Peimin NI)가 논의한 쉬푸꾸안은 네 번째 부분에서 논의되는 다른 철학자들보다 체계적이고 형이상학적인 견해가 약한 방식으로 신유학적 시각을 표현했다. 그는 서양 철학의 근원인 호기심과 반대로 중국 철학적 사색의 핵심에 우환(憂患)을 두었으며 인간의 삶과 마음(心)에 대한 중국인의 관심을 이해하기 위하여 이러한 주장의 결과를 밝혀내려고 시도하였다. 인간의 체화(體化, embodiment)와 마음의 합일 때문에 그는 체인(體認)을 구체적이고 정서적으로 근거지워진 앎의 방법과 인간 인식의 중요한 측면으로 간주하였다. 과거 철학자들에 대한 그의 학문적인 평가는 체인과 추인(追認)의 방법에 토대를 두었지만 그는 체인을 인간의 진정한 주체성을 발견하고 변형시키는 방법으로 간주하였다. 정치사상에서 쉬는 비록 유가 전통이 민주적인 차원은 부족할지라도 체득된 자아와 덕의 실천개념은 모두 민주주의와 양립할 수 있으며 민주주의의 완전한 실현을 위해 필수적이라고 주장하였다. 그는 장자의 형이상학적 도(道)개념이 삶에서 체득될 때 삶과 예술 사이의 합일 가운데 자유의 실현으로서 중국 미학 정신의 가장 훌륭한 대표가 된다고 주장하였다.

15장에서 신예 찬(Sin Yee CHAN)이 논의한 탕쥔이는 육구연(1139~93)과 왕양명(1472~1529)의 신유가 사상과 지적, 도덕적 수양에서 마음에 부여했던 역할을 해석하였다. 그는 보편적인 형이상학적, 도덕적인 실체에 대한 이론 안에서 이러한 윤리적 관심사를 확립하려고 시도하였다. 도덕적 삶은 우리에게 극기와 보편적인 이성적, 도덕적 실체―윤리적 자아―로서 우리 자신을 깨달음으로써 현실적 자아를 넘어설 것을 요구한다. 도덕적인 세계를 창조할 수 있는 순간 순간에 자성하고 자각하는 사고를 통하여 우리는 방종함을 막아내야만 한다. 우리는 도덕적 행위에 참여함으로써 우리의 현실적 자아를 넘어설 수 있다. 그의 윤리적 설명의 중심에는 인식, 감정, 의지를 포함하는 마음(心)과 우리의 감통(感通) 능력이 있다. 우리는 객관 세계, 자의식 그리고 주관과 객관의 초월을 다루는 구경(九境)과 관련하여 우리의 감통을 사용한다. 자아의 초월은 그의 윤리적이고 형이상학적인 시각을 하나로 묶었던 주제이다. 탕은 문화를 윤리적 자아인 마음의 다양한 드러남으로 이해하였고 서양 문화에 대한 유교의 우위를 주장하였다. 인(仁)과 조화를 포함하는 유교에 대한 그의 견해는 어떠한 제도의 유형으로부터 추출함으로써 민주주의와 개혁을 위한 여지

를 허용하였다.

16장에서 레펑 탕(Refeng TANG)이 논의한 모우쭝산은 중국과 서양 학설 사이의 우연한 유사물에 관심을 기울이거나 또는 단일한 서양 학파에 의해 형성된 구조 안에서 중국 사상을 확립하려는 사람들을 비판하기 위하여 중국과 서양 철학에 대한 자신의 깊은 이해를 활용하였다. 그는 이러한 해설의 위험을 피하면서 중국 철학을 부흥시키려고 노력하였다. 현대 논리학에 대한 연구 이후 그는 자아에 대한 칸트의 이론과 도가, 유가 그리고 불교 철학에 대한 평가로 방향을 전환했다. 비록 그가 칸트에 매료되었을지라도 모우는 칸트의 주장에 대한 비평을 통하여 자신의 사상을 발전시켰다. 도덕 철학에 대한 그의 깊이 있는 체계는 칸트적 자아와 달리 지의 직각이라는 세계를 창조하는 능력을 지닌 무한심(無限心)에 참여하는 도덕적 주체로서의 인간에 초점을 두었다.

중국에서 공식적으로 승인된 유가 철학의 부흥과 중국, 홍콩 그리고 대만의 철학자들 사이의 보다 큰 교류와 함께 현대 신유학은 정치적으로 강요된 반세기 동안의 분할 이후 중국인의 철학적 삶을 재통합하는 데 기여할 수 있다. 또 다른 중국과 서양의 영향 또한 이러한 재통합에 기여할 수 있다. 또한 그들의 기원에서 현대적 해석에 이르기까지 중국 철학의 학파들은 서양 철학과의 융합을 위한 토대와 서양 철학이 건설적으로 비판되어질 수 있는 기준을 제공한다. 이러한 배경 안에서 중국 철학자들은 중국 철학이 세계 철학에서 자리를 차지함에 따라 다양한 시각을 유지하되 복합적인 지적 문화를 공유하면서 대화에서의 미묘함, 역동성과 개방성을 드러낼 수 있다.

나는 중국에서의 여름 철학 학교—중국, 영국, 오스트레일리아—와의 연구를 통하여 현대 중국 철학에 흥미를 가지게 되었다. 1988년 이래로 여름 학교는 영국인 진행원들과 뛰어난 젊은 세대 중국 철학자들 가운데 선발된 사람들과 함께 베이징(北京), 천진(天津), 상하이(上海), 판위(番禺) 그리고 수조우(蘇州)에서 집중적인 세미나를 열어 왔다. 최근에는 오스트레일리아의 진행원들과 홍콩과 타이완으로부터 온 철학자들도 참여해 왔다.

청중잉과 나는 여름 학교에 의해 함께 후원 받은 회의에서 처음 만났다. 우리의 기고가들 가운데 몇몇은 여름 학교 멤버였거나 또는 여름 학교의 시작으로부터 성장한 프로젝트에 참여하였다. 나는 특히, 중국 사회과학원 철학 연구소의 치우런쭝(丘仁宗, Qiu Renzong) 교수와 그의 동료들 그리고 너무나 큰 우정과 훌륭한 철학을 만들어 온 여름 학교를 오랜 시간 유지해 온 진행원들에게 감사의 마음을 전한다. 나는 그들이 《현대 중국 철학》을 우리가 함께 연구한 것에 대한 한걸음 나아간 결

실로 간주하기를 희망한다.

마지막으로 나는 청중잉의 박학함과 우정에 그리고 우리 기고가들의 열정과 힘든 연구에 감사의 마음을 전한다. 나는 독자들이 내가 그들의 연구에서 얻은 것보다 훨씬 더 많은 것을 얻기를 희망한다.

니콜라스 버닌

제1부

서양으로부터의 새로운 사상을 개척하기

1. 리앙치차오(梁啓超)의 정치·사회 철학

이앙시아오

리앙치차오(梁啓超, 1873~1929)는 중국 현대의 일류 지성적 지도자들 가운데 한 사람이며 중요한 정치적 인물의 하나였다. 그는 청(淸) 왕조 말기에서 중화민국(中華民國) 초기까지 변혁기 동안 의심할 여지없이 가장 널리 읽힌 대중적 지성인이었다. 프랑스의 디드롯(Diderot)이나 러시아의 헤르젠(Herzen)처럼 그의 견해와 활동은 중국의 사회사상과 정치사상의 방향을 바꾸어 놓았다. 리앙과 그의 스승 캉요우웨이(康有爲, 1858~1927)는 '캉-리앙'(康-梁)으로 불리는데, 전통 중국 철학을 오늘날 중국에 관해 우리가 알고 있는 종류의 철학으로 변형시켰다. 현대 중국 철학자들의 저작에서 우리가 접하는 거의 모든 기본적 가정과 관념들은 캉과 리앙에까지 거슬러 올라갈 수 있다. 이 장은 리앙치차오의 정치와 사회 철학에 초점을 맞출 것이다.

리앙은 정치 철학자나 이론가 이상이었다. 대중적 지성인, 언론인 그리고 정치 활동가로서 그의 경력은 그가 아주 젊었을 때부터 시작되었다. 리앙은 1895년 캉과 함께 베이징(北京)에서 학자들의 항의단을 조직하였는데 그의 나이 22세였다. 그것은 중국에서 민주적 대중운동 시대의 개막을 나타내는 사건이었다.

캉과 리앙의 저작들은 젊은 황제 구앙쉬(光緖)의 주목을 받게 되었으며, 1898년 유명한 '백일유신(戊戌變法)'을 이끄는 데 도움을 주었다. 이 기간 동안 황제는 황제 제도를 개혁하려는 이 학자들의 제안에 적극적이었다. 제안된 변화는 근대학교를 세우는 것, 2000년간 지속된 과거제도를 개조하는 것 그리고 정치와 역사에 관한 서양 서적을 보다 많이 번역, 출판하는 것을 포함하고 있다. 리앙은 황제에게 추천되었고

알현이 허락되었다. 황제는 새로이 흠정한 정부 번역국의 일을 그에게 맡겼다. 리앙이 정식적인 표준어를 구사할 수 있었다면 더 많은 영향을 끼쳤을 것이다.―황제는 그의 광동(廣東) 사투리를 알아들을 수 없었다.

　개혁운동은 시태후(西太后)에 의하여 탄압을 받았다. 1898년 9월 21일 그녀는 황제를 납치하도록 명령을 내려 그를 집에 감금하고, 정부의 통제권을 장악하였다. 캉과 리앙 그리고 다른 개혁가들에 대한 체포령 또한 공포되었다. 그 운동의 이론적 지도자 6명이 체포되어 사형에 처해졌다. 리앙은 일본으로 도망쳐 그곳에서 중국 황실이 멸망할 때까지 14년 동안 망명 생활을 하였고, 중화민국이 건립된 뒤 1912년 중국으로 돌아왔다. 독재적인 총통 위안스카이(袁世凱)가 중화민국을 전복하고 자신이 황제라고 선포하려 하였을 때, 리앙은 그의 학생이었던 차이얼(蔡鍔) 장군과 함께 성공적인 무력저항을 조직하였다(리앙, 1916). 리앙은 1913년 9월~1914년 2월 법무부 장관, 1917년 7월~11월 재무부 장관 등 두 차례 각료 자리를 차지했는데 그 기간은 매번 짧았다. 그는 일생동안 이론적이며 학술적 문제에 대해 글을 썼음에도 불구하고 사망하기 10년 전 대학 교수가 되었다. 1920년 리앙은 왕꾸어웨이(王國維), 천인거(陳寅恪) 그리고 짜오 위안런(趙元任)과 함께 칭후아(淸華) 대학의 '4대 선생' 중 한 사람으로 추대되었고 56세에 세상을 떠났다.

　리앙은 다작의 저술가였다. 그는 23세에 출판하기 시작했고, 《리앙치차오전집(梁啓超全集)》은 대략 천만 글자를 포함하고 있다. 리앙은 매우 광범위한 영역의 문제들에 관하여 저술했다. 정치철학(특히 국가주의, 입헌주의, 무정부주의, 인권 그리고 여성의 권리), 법철학(최초의 중국 법철학 약사를 포함), 국제관계, 철학사, 과학철학, 형이상학(특히 자유의지와 인과율), 역사학 방법론, 교육, 정보, 언론, 경제, 재정 그리고 현대 정치, 사회, 경제, 재정 정책 등은 단지 몇 가지 예에 지나지 않는다.

　그와 동시대인들 중에서 리앙은 가장 국제적이었다. 그는 버트란트 러셀(Bertrand Russell)을 초청하여 중국에서 일련의 강의를 하기도 하였다. 리앙은 일본에서 16년을 보냈으며, 광범위하게 미국, 영국, 프랑스, 스웨덴, 네덜란드, 독일, 캐나다, 오스트레일리아 그리고 뉴질랜드를 여행하였다. 그는 테오도어 루즈벨트(Theodore Roosevelt) 대통령과 재계의 모건(J. P. Morgan)을 만났으며, 철학자 앙리 베르그송(Henri Bergson)과 담론하였다. 리앙은 상상력이 풍부하고 비판적이며 천재적인 사회 관찰가였다. 미국과 유럽을 여행한 후 쓴 그의 책은 정치, 관습, 특성 그리고 지적 흐름에 대한 통찰로 가득 차 있다. 학자들은 앞으로 신세계를 여행한 그의 책과 토크빌(Tocqueville)의 《미국 민주주의(Democracy in America)》(1954, 처음엔 두 권으로 출판됨, 1835, 1840)를 비교하는 것이 좋을 것이다. 그는 다음의 서양 철학자 각

각에 대하여 짧은 논문을 썼다. 아리스토텔레스(Aristotle), 스피노자(Spinoza), 홉스 (Hobbes), 루소(Rousseau), 칸트(Kant), 피히테(Fichte), 몽테스키외(Montesquieu), 베이컨(Bacon), 벤담(Bentham), 스펜서(Spencer) 그리고 다윈(Darwin)이다. 중국의 많은 사람들은 리앙의 저작을 통하여 이러한 인물들을 처음 알게 되었다. 리앙은 중국의 독자들에게 자유주의, 무정부주의, 공민적 국가주의, 입헌주의, 역사주의 그리고 보편적 세계사의 개념을 소개하였다. 1980년대 중국어로 저술하는 가장 중요한 철학자 중에 한 사람인 리쩌호우(李澤厚)는 리앙을 "부르조아 계몽운동의 가장 영향력 있는 선전가"(리, 1979, 438면)로 평가하였다. 실제로 리앙의 저작이 얼마나 그들의 삶과 사상을 변화시켰는지를 열정적으로 말하는 사람들의 목록은, 그들의 정치적 입장을 떠나서, 근대 중국 역사의 주요 인물들의 인명록이 될 것이다.

리앙의 공민적 국가주의와 문화단일주의에 대한 그의 비판

리앙의 주요한 관심사 중의 하나는 어떻게 역사적 변화를 정당화할 것인가라는 문제였다. 그것은 '중국을 제국에서 민국으로 변화시키는 것'과 '변법'(개혁; 즉 제도와 법률을 바꾸는 것)을 포함한다. 리앙에게 변법은 철도, 신문, 근대학교(여학교 포함), 의회제도 그리고 민권의 보호와 같은 새로운 제도를 창조해내는 것을 뜻한다. 리앙에 따르면, 이러한 제도들은 근대국가의 본질적 구성요소들이다. 19세기 후반 대부분의 중국인들에게 이러한 제도들은 새롭고 비중국적인 것들이었다. 그러므로 그것들을 새로 만들어 내는 것은 불합리하고 정당화될 수 없는 것이었다.

그의 동시대 사람들에게 역사적 변화를 어떻게 정당화시킬 것인가라는 문제는 리앙이 출간한 첫번째 논문 "변법통론(變法通論)"(1896)의 중심 과제였다. 그 문제에 대한 리앙의 혁신적인 해법은 이미 그의 논문 속에 들어있다. 캉과 리앙 이전에 어떻게 역사적 변화를 정당화시킬 것인가 하는 문제에 대한 몇 가지 해법이 있었다. 리앙의 혁신은 세기의 전환기에 그의 동시대인들이 당연시했던 뿌리 깊은 억측 또는 전제를 그가 매우 예리하고 사려 깊게 인식한 데 있다. 이 억측들은 '문화단일주의의 구조'라고 불러도 좋은 일반적 구조를 명백히 보여 준다. 리앙은 모든 뿌리 깊은 억측들을 '이상'(理想; 상상된 원리)이라고 불렀다.

'이상'(理想)이 무엇이었던가? 누구나 상상하고 보통 가장 합리적인 원리라고 여겨지는 것들이다. 어느 나라 사람들의 마음속에도 몇 천 년 동안 내재해 온 사회 관습이 있고, 그들의 위대한 철학자들의 가르침은 마침내 모든 사람의 머릿속에 박혀버려 지워지거나 씻겨지지 않는다. 이것이

'이상'(理想)이다. 그것은 세상에서 가장 강력한 것이다. 그 힘은 여러 가지 관습과 모든 사건들을 만들어 낸다. 오랫동안 세계를 지배해 왔던 낡은 이상(理想)이 있을 때 우리가 갑자기 어떤 반대되는 이상으로 그것을 바꾸려 한다면, 언제나 거대한 힘이 필요하였다(리앙, 1999, 1권, 413면).

여기서 우리는 문화단일주의의 구조를 명백하게 보여 주는 어떤 특별한 한 쌍의 '이상'(理想)에 대해 초점을 맞추어야 할 것 같다. 리앙은 그러한 구조를 기술한 첫 번째 인물이며, 그의 설명은 분명히 드 레벤손(Levenson)의 '문화주의'라는 개념에 영감을 주었다(레벤손, 1959, 1968). 이 구조 내의 많은 억측들은 중국은 문명국이거나 전세계(天下)라는 것, 유가의 도(道) 또는 유가의 예(禮)와 예의(禮儀)는 보편적으로 참이라는 것 그리고 제국(天下)의 주권은 하늘(天)의 아들인 천자(天子)에게 있다는 견해에 집중되어 있다.

리앙의 저작에서 문화단일주의는 그의 전 생애를 통하여 주요한 공격 목표로 남아있다. 예를 들면, 중국은 하나의 국가이며 국가의 주권은 국민이나 공민에게 있다고 주장하는 그의 공민적 국가주의는 문화단일주의라는 억측을 정면으로 부정한 결과인 것이다. 리앙은 다음의 세 가지 뿌리깊은 억측이 국가 체제의 근대 세계에서 중국이 쇠약해지고 끊임없이 패배하는 주된 원인이라고 생각하였다.

첫째, '국가'(國家)와 '천하'(天下, 세계, 제국)를 구분하는 의식이 없었다. 중국인은 그 '국'(國)이 [많은 것 중]의 한 나라 또는 국가임을 깨닫지 못하였다. 왜냐하면 중국은 고대부터 통일된 채로 남아있었고, 문명 혹은 정부를 가지고 있지 못하여 국가 혹은 나라라고 부를 수 없는 '작은 오랑캐들'로 둘러싸여 있었기 때문이다. 우리 중국인들은 그들을 동등하게 보지 않았다. 그러므로 몇 천년 동안 중국은 고립되어 왔다. 우리는 중국을 천하라고 일컬었지 하나의 국가라고 하지 않았다. … 둘째, 국가와 왕조(혹은 왕실)를 구분하는 의식이 없었다. 중국인의 가장 큰 문제는 국가가 어떤 것인지 알지 못하고 국가와 왕실을 혼동하여 국가를 왕실의 소유물로 잘못 믿고 있다는 것이다. … 셋째, 국가 혹은 나라(國)와 국민(國民)의 관계를 깨닫지 못하였다. 한 국가는 국민으로 구성되어 있다. 누가 국가의 주인인가? 그 나라의 인민이다. … 서양 사람들은 국가를 국왕과 인민이 공유하는 것으로 간주한다. … 중국의 실정은 그렇지 않다. 하나의 가족이 국가를 소유하고 나머지 모든 인민은 그 가족의 노예이다. 이것이 중국에 4억의 인구가 있음에도 불구하고 사실상 인간(人)은 몇 십 명만 있는 이유이다. 그러한 몇 십 명의 인간뿐인 국가가 인간이 수백 만 명인 [서양] 국가들과 만났을 때, 어떻게 패배하지 않을 수 있겠는가?(리앙, 1999, 1권, 413~14면; 또한 리앙, 1999, 2권, 657면, 736면을 보라.)

그의 초기 논문에서 '중국' 학과 '서양' 학을 구분하는 대신 리앙은 의도적으로 '정치' 학(政學)에 관해 말하기로 결정했는데, 이것은 그가 강조하였듯이 중국학과 서양학 양자를 포함하고 있다. 이것은 리앙이 중국을 근대국가로 바꾸어서 강하게 만들기 위해 서양과 중국의 정치학을 연구해야 한다고 주장할 수 있게 하였다. 리앙은 질문을 바꿈으로써 그 주제를 바꾸었다. 리앙 이전에는 질문이 "어째서 우리는 '서양' 학을 연구해야 하는가?"였다. 리앙은 다른 질문을 하기 시작하였다. "어째서 그리고 어떻게 우리는 '정치' 학을 연구해야 하는가?" 리앙의 대답은 "우리가 참으로 오늘날 중국의 자강(自彊)에 대하여 생각하기를 원한다면, 우리는 정치학을 장려하는 데서 시작해야 한다"는 것이었다(리앙, 1999, 1권, 43면). "정치(政)에는 중국과 서양의 구분이 없다. … 이 [규칙과 법칙들]은 고대나 현대, 서양과 중국이 모두 같다. 그것들은 모든 국가들의 공통적 원리이다"(리앙, 1999, 1권, 137면).

리앙은 초점을 '문명'으로부터 '국가'로, '서양학 대 중국학'으로부터 '모든 국가의 보편적인 법'으로 전환시켰다. 그는 1899년 다음과 같이 기술했다.

> 그로티우스(Grotius)와 홉스 같은 서양 사람들은 모두 평민이었는데 모든 국가들의 보편법(萬國公法)을 저술하였고 전 세계가 그 법을 따른다. 공자(孔子)가 저술한 《춘추(春秋)》 역시 모든 시대의 보편법이었다. 공자가 그로티우스나 홉스만큼 현명하지 않은 게 틀림없다고 말하는 것은 얼마나 웃기는 일인가!(리앙, 1999, 1권, 154면)

1899년에 리앙이 모든 진리의 원천은 공자라는 억측을 여전히 가지고 있었다는 점에 주목하라. 이것이 위의 구절에서 공자가 이미 모든 국가의 보편적인 법들을 알고 있었다고 그가 주장했던 이유이다. 1900년 경 리앙은 더 이상 이 억측을 주장하지 않았다. 그는 이제 역사를 연구함으로써 역사에 관한 보편적 인과법칙을 알게 된다고 생각하였다. 그는 공자에게 호소하는 것을 멈추었다. 리앙에게 가장 중요한 법은 국가주의와 서양 국가의 번영 사이의 인과적 관계였다. 1902년에 그는 다음과 같이 썼다.

> 16세기 이래 유럽이 흥기하고 세계가 발전한 것은 모두 'nationalism'[리앙은 영어 단어를 사용하였다]의 떠오르는 힘 때문이었다. 국가주의란 무엇인가? 같은 종족, 언어, 종교와 관습을 가진 다양한 지역의 사람들이 서로가 서로를 동료로 보면서 독립적인 자치를 추구하고, 공동의 선을 추구하거나 다른 종족을 정복하기 위하여 정부를 조직하는 것이다. 그리고 19세기 말까지(지난 20년 혹은 30년), 이 '주의'가 극도로 발달하고 더 나아가 'national imperialism'[리앙은 영어 단

어를 사용하였다]이 되었다(리앙, 1999, 2권, 656면).

역사적 변화와 새로운 제도의 창설를 위한 초기 리앙의 정당화는 이와 같은 보편적 법칙에 기반을 두고 있었다. 예를 들어, 중국에 시민공동체와 정당을 만들기 위한 그의 정당화는 다음과 같은 것이었다. "서양과 동양의 강대국 가운데 정당이 없는 국가가 없고 공동체에 가입하지 않은 사람이 없다"(리앙 1999, 1권, 148면). 그 당시 국가 종교를 만들기 위한 그의 정당화는 그의 스승 캉요우웨이의 정당화와 다르지 않다. 그는 이렇게 말하였다. "종교를 가지고 있지 않은 사람들을 통치할 수 없으며, 종교를 가지고 있지 않은 나라가 없다"(리앙 1999, 1권, 150면). 지방 자치정부를 만들기 위한 그의 정당화는 다음과 같다. "지방 자치정부 형태를 촉진하는 것이 국가를 강하게 하는 출발점이다. 오늘날 우리가 이 지구상에서 국가를 건설하려 한다면, 그것을 실현하는 유일한 방책은 시민의 자치정부를 거치는 것이다"(리앙, 1999, 2권, 758면).

1920년대 그의 생애의 마지막 10년 동안 리앙의 역할은 정치활동가에서 역사가로 변하였다. 리앙이 말하는 '참됨에 관한 역사가의 덕'은 그로 하여금 역사에 보편적인 인과법칙이 '존재한다'는 초기의 믿음을 거부하게 만들었다. 그러나 1900년대에 설령 그가 여전히 보편적 역사 법칙의 존재를 믿었다 하더라도 리앙은 보편적인 인과율의 어떤 '내용'에 관해서는 견해를 이미 바꾸었다. 예를 들면, 그는 종교(기독교)와 서양 각국의 번영 사이에 인과적 관계가 있다는 그의 스승 캉의 주장에 반대되는 논변을 펼쳤다. 그는 오히려 사상의 자유가 서구 각국의 번영에 부분적으로 책임이 있다고 주장하였다. 같은 이유로 그는 기독교를 모델로 하여 국가 종교로서 공자교(孔子敎)를 수립하려는 캉의 계획에 반대하였다. 그러나 이 단계에서 리앙은 여전히 사상의 자유를 국가를 부강하게 만드는 목적을 위한 하나의 방법, 즉 도구적 가치로 간주하였다. 그의 후기 생애에서 리앙은 마침내 진리(와 참됨)을 내재적 가치로 간주하고 이 입장을 결코 바꾸지 않았다. 그는 일관되게 사상의 자유를 가치 그 자체로 생각한 매우 드문 중국 지성인 가운데 하나이다. (자세한 토론은 시아오, 근간을 보라.)

리앙은 공민적 국가주의의 기본적 관념을 분명하게 밝히고 소개한 중국 국가주의의 제1세대 중 가장 독창적이었다. 그의 독창성은 그의 중요한 두 가지 사상, 즉 그의 공민적 국가주의 및 국가주의와 국가에 관한 역사적 개념에 있다. 그는 국권(주권)과 민권 사이에는 밀접한 관계가 있다고 믿었다. 그는 언제나 양쪽 차원에서 추론하였다. "한 국가가 독립적인 주권(自主之權)을 갖는 이유는 그 국민이 독립적인

주권을 가지고 있기 때문이다"(리앙, 1999, 1권, 344면). 이 두 가지 권리는 자주와 독립의 똑같은 원리에 기반을 두고 있다.

> 국가주의는 세계에서 가장 공평하고 가장 커다란 학설이다. 어떤 국가도 우리 국가의 자유를 침범해서는 안 되며 우리 국가도 다른 나라의 자유를 침범해서는 안 된다. 이 학설이 우리 국가에 적용될 때 그것은 인간(人)의 독립을 의미하며, 그 학설이 세계에 적용되었을 때 그것은 국가의 독립을 의미한다(리앙, 1999, 1권, 459면).

리앙에게 국민 안에 주권을 설정하고 그 구성원들 사이의 기본적인 평등을 인정하는 것은 공민적 국가주의의 본질을 이루는 것이며 동시에 민주주의의 기본적인 교의였다. 그의 논문 "지난 50년간 중국이 만든 진보에 관하여"(1922)에서 리앙은 중국의 발전은 이 두 가지 원리를 시민들이 알고 있었기 때문이었다고 주장한다. 첫 번째 원리는 "중국인이 아닌 사람은 누구도 중국의 문제를 간섭할 권리가 없다"이다. 두 번째는 "중국인이면 누구나 중국의 문제를 취급할 권리를 가지고 있다"이다. 그는 첫째 원리를 '국가 건설의 정신', 그리고 둘째 원리를 '민주주의 정신'이라고 불렀다(리앙, 1999, 7권, 4031면). 우리가 보아 왔듯이 문화적 국가주의자나 다른 국가주의자와는 달리, 리앙은 국가주의는 역사의 산물로 그것은 시작을 가지고 있으며 또 장차 사라질 것이라고 믿었다. 그래서 그는 하나의 중화적 국가(a Chinese nation)가 언제나 존재해 왔다고 믿지 않았다. 차라리 우리가 중화(China)를 하나의 국가로 건설해야만 한다. 그는 국가주의를 역사화하고 그것이 어느 한 역사적 시기, 즉 근대의 산물이었음을 나타내려 노력하였다. "18, 19세기는 국가주의의 시대이다. 프랑스 혁명은 [국가주의를 일으킴으로써] 역사상 이제까지 가장 큰 성과를 거두었다"(리앙, 1999, 1권, 459면). 그는 보편 법칙에 따라 중국은 하나의 국가가 되어야 하고 될 것이라고 주장하였다. "국가주의 단계를 거치지 않은 어떤 '국'(國, 지역)도 '국'(國, 국가)이라고 부를 수 없다"(리앙, 1999, 1권, 460면).

리앙은 중국에 공민적 국가주의 개념을 소개하면서 동시에 민(民) 개념을 소개하였다. 국가주의와의 연결 이전에 민(民)은 어떤 지역의 인구를 의미하는 데 지나지 않았다. 리앙은 '민'(民, 인민)을 '국민주의화' 하는 과정에서 중요한 역할을 하였다. 그리고 그는 새로운 용어인 '국민'(國民, 국가의 인민, 시민)을 사용하였다. 그는 한 국가의 삶과 죽음은 그 국민의 삶과 죽음에 달려있다고 주장하였다(리앙, 1999, 1권, 259면).

국가란 무엇인가? 그것은 인민(民)으로 구성되어 있다. 국가 정책이란 무엇인가? 그것은 단순히 인민의 자치일 뿐이다. 국가에 대한 사랑이란 무엇인가? 그것은 인민이 자신을 사랑하는 것이다. 그러므로 인민의 권리가 신장되었을 때 국가의 권리도 수립된다. 인민의 권리 혹은 권력(權)이 사라지면 국가의 권리 혹은 권력도 사라진다(리앙, 1999, 1권, 273면).

위의 마지막 문장으로부터 우리는 리앙의 '권'(權) 개념이 '권리'와 같은 규범적이고 형식적인 개념 그 이상임을 분명히 알 수 있다. 그것은 또한 '권력'을 의미한다. 그것이 '자유'와 로올즈(Rawls, 1971)가 '자유의 가치'(worth of liberty)라고 불렀던 것 양자를 다 포함한다고 말하고 싶을지도 모른다. 그러나 그것은 한나 아렌트(Hannah Arendt)의 권력 개념과 비교하는 것이 더 적절할 것이다. 아렌트와 리앙 두 사람에게 권력은 국민이 함께 행동했을 때 생겨날 것이며, 권력을 통하여 국민은 새로운 공화국을 건설하여 역사를 만들 수 있을 것이다. 아렌트가 제안하듯이 "권력은 사람들이 함께 행동할 때 사람들 사이에서 솟아 나오고, 그들이 흩어지는 그 순간 사라져 버린다"(1958, 200면). 아렌트가 "권력과 자유는 함께 있어야 한다. … 개념적으로 말해 정치적 자유는 '나는 원한다'에 있지 않고 '나는 할 수 있다'에 있다"(1965, 148면)고 말할 때 리앙은 거기에 동의하였을 것이다. 아렌트와 달리 리앙은 국민의 지성이 권력의 생성에 필수 불가결한 것임을 강조하기도 하였다. (리앙과 아렌트의 권력 개념 간의 유사성과 차이점에 대한 토론은 시아오, 근간를 보라.) 다음 문장에서 '권'(權)이라는 용어는 분명히 '권력'으로 번역되어야 할 것 같다.

중국에 대해서 말하는 사람들은 반드시 '민권(權)의 신장'을 말해야 한다. 민권의 신장은 필수적인 것이다. 그러나 민권은 밤새 성취될 수 있는 것이 아니다. 이 권력은 지성으로부터 성장한다. 한 단계의 지성이 존재할 때 한 단계의 권력이 존재한다. 여섯 혹은 일곱 단계의 지성이 존재할 때 여섯 혹은 일곱 단계의 권력이 존재하게 될 것이다. 열 단계의 지성이 존재할 때 열 단계의 권력이 존재하게 될 것이다(리앙, 1999, 1권, 177면).

이런 이유 때문에 리앙은 중국 인민을 새로운 시민(新民)으로 교화시키는 자신의 사명을 그의 권리 정치철학의 중요한 부분으로 간주하였다. 공교육을 표준화시키기 위한 그의 정당화는 시민권을 확보하는 수단인 것이다. 리앙에게 국민의 권리 또는 권력을 신장시키는 것은 그들의 자치에 대한 의지를 신장시키는 것이었다. "인민이 '권'(權, 권리 또는 권력)을 갖는 이유는 그들이 자치에 대한 의지를 가지고 있기 때문이다"(리앙, 1999, 1권. 334면). 이 자치라는 목적을 획득하기 위하여 신유학의

자기 수양(修身)의 사상과 방법은 매우 유용한 원천이 될 수 있다. 그것은 리앙의 가장 잘 알려진 논문인 "신민설(新民說)"(새로운 국민에 관하여, 혹은 인민을 새롭게 함)에서 논의되었다. 이것은 전통적 중국 철학을—이 경우 도덕적 마음과 정신적 수련—현대의 담론으로 바꾸는 그의 능력의 또다른 예를 보여 준다. (자세한 논의는 창, 1971을 보라) 그러나 역사적 경험의 한계 때문에 리앙은 '권'(權)의 두 가지 의미가 서로 상충될 가능성을 깨닫지 못했으며, 국민을 새롭게 한다는 의제가 위험스럽게도 국민을 강제로 자유롭게 만드는 의제가 될 수 있다는 가능성을 의식하지 못했다. 또한 그는 국권과 민권 간의 예상되는 충돌을 의식하지 못하였다. 국가 권력과 인권 사이의 예상되는 충돌은 말할 것조차 없다.

자유에 관한 리앙의 두 가지 개념

이사야 벌린(Isaiah Berlin)과 엘리 케도리(Elie Kedourie)는 칸트주의자의 개별적 자기 결정 사상이 유럽 국가주의(국가적 자결 사상)의 원천 가운데 하나였다고 각각 독자적으로 주장하였다.(케도리의 1960년 책 《국가주의(Nationalism)》, 그리고 벌린의 1972년 논문 "국가주의의 생소한 원천으로서 칸트(Kant as an Unfamiliar Source of Nationalism)", 베를린, 1996을 보라) 우리가 보았듯이 리앙치차오에서 개인과 국가의 자결권 사상은 보조를 맞추어 나갔다.

중국 근대 용어 '주권'(主權)은 자주지권(自主之權, 문자적으로는 자결권 또는 자기 지배의 권리 또는 자율권)의 줄임말이다. 이 구절은 미국 법학자인 헨리 휘이튼(Henry Wheaton)의 국제법 교과서인 《국제법 원리(Elements of International Law)》의 중국어판에서 '[national] rights' 또는 '[national] sovereignty'의 번역어로 나타났다. 이 책은 1836년 미국에서 처음 출판되었으며 개정판이 몇 개 있다. 미국 선교사 마틴(W. A. P. Martin)은 1862년 미국에서 중국으로 돌아왔을 때 번역을 시작하였다 (마틴, 1966, 221~2, 233~5면). 마틴은 그 책의 1846년 판을 사용하였다. 중국학자 네 명의 도움을 받으며 그는 1864년 경 그의 초고를 마쳤다. 《만국공법(萬國公法)》(모든 나라의 보편적인 법)으로 제목을 단 그의 번역본은 번역이라고 말할 수가 없다. 원전의 많은 내용이 생략되었고, 게다가 번역자가 한 글자 한 글자 번역한 것이라기보다는 주로 단락들을 요약했기 때문이다. 서문에서 마틴은 모든 인간은 권리를 가지고 있다는 사상을 (국가) 권리의 사상을 설명하기 위한 예로 사용하였다.

그 뒤 얼마 되지 않아 우리는 또한 캉요우웨이, 리앙치차오, 탄스퉁(譚嗣同) 그리고 기타 학자들이 '자주지권'(自主之權)이라는 용어를 '인'(人, 인간) 또는 '인인'(人

人, 모든 사람, 사람마다)에게 적용시켰음을 발견하게 된다. 따라서 '인인유자주지권'(人人有自主之權, 모든 사람은 자기 지배권 또는 자율권을 가지고 있다)이라는 문장은 그 당시 매우 인기 있는 표어가 되었다. 우리는 또한 크리스천 선교사들이 쓰고 편집하고 간행한 책과 잡지에서 이 인기 있는 표어를 발견할 수 있는데, 이 표어는 반드시 정치적인 것으로만 읽히지는 않았다. 캉과 리앙의 창의성은 그것을 단순히 인간 본성에 관한 '형이상학적' 요청으로만 간주하지 않았다는 점이다. 그들은 그것을 '정치적' 원리로 삼고, 더 나아가 이 원리를 정치, 법률 그리고 사회적 문제에까지 적용시켰다. 이 적용의 결과 중 하나가 그들의 '민권'설(民權, 국민의 권리, 대중의 주권)이고, 다른 하나는 가족은 미래에 없어질 것이라는 캉의 유토피아 사상이다. 몇몇 보수주의자들이 이 표어를 주요 공격 목표로 들고 나온 것은 이상할 것이 없다. 우리는 장즈동(張之洞)의 저서 《권학편(勸學編)》(배움을 권장함, 장, 1995)에 나오는 "권리를 바로잡음에 관하여(正權論)"라는 논문에서 그러한 공격을 발견할 수 있다. 이 저서는 1898년에 출간되었으며 황제에 의하여 공식적으로 배포되었다. 장의 논문은 또한 《익교총편(翼敎總編)》(유교 교리를 옹호하는 것에 관해 쓴 글 모음) 안에 수록되어 있다. 그것은 급진적 개혁에 관한 캉-리앙의 의제들을 공격하는 논문들을 모아놓은 것이다(수, 1898). 장은 '자주지권'(自主之權) 사상을 정치이념으로 채택하는 것을 반대하였다.

> 최근 서양학설을 추종하는 몇몇 사람들이 모든 사람은 '자주지권'(自主之權)을 가지고 있다고 주장한다. 이것은 웃기는 것이다. **이 구절은 기독교의 책으로부터 유래하였으며, 그 의미는 바로 하느님이 인간에게 정신과 영혼을 주었다는 것 그리고 모든 사람은 지성, 지혜를 가지고 있으므로 일정한 목표에 도달할 수 있다**(강조는 필자)는 것이다. 그러므로 번역자가 "모든 사람은 '자주지권'을 가지고 있다"고 번역한 것은 커다란 오류이다(장즈동의 정권론(正權論), 수, 1898, 127면).

이 구절은 캉요우웨이와 리앙치차오가 이미 그 표어를 '정치적'인 것으로 바꾸었음을 나타낸 것이다. 따라서 장의 전략이 그 표어를 인간본성에 대한 '비정치적'이고 무해하며 형이상학적/종교적 요구로 재해석해야만 하는 것은 놀라운 것이 아니다.

마틴의 번역 《만국공법(萬國公法)》이 간행되고 얼마 되지 않아 캉요우웨이는 1888년 경에 《실리공법(實理公法)》(실체적 공리들 그리고 공공의 또는 보편적인 정리들)이라는 저서의 초고를 완성하였다. 그 양식은 기하학의 유클리드적 공리 체계와 휘

이른의 국제법 체계를 모델로 하였다. 그 원고는 캉요우웨이의 생전에 간행되지 않은 채로 남아 있었다. 그러나 그 기본 사상은 이미 간행된 그의 작품들, 특히 유토피아에 관해 영향력 있는 책인 《대동서(大同書)》(커다란 통일체에 관한 책)에서 그 사상의 길이 보인다. 더욱 중요한 것은 캉이 원고를 리앙치차오를 포함한 그의 학생들에게 보여 주었다는 것이다(리앙, 1999, 2권, 958면).

"인간은 자기 지배의 권리를 가지고 있다"(人有自主之權)는 명제는 캉요우웨이 공리 체계의 첫번째 보편적 정리(公法)이다. 캉요우웨이는 이 보편적 정리를 유가의 5가지 기본 관계인 오륜(五倫), 즉 부부(夫婦), 부모(父母), 사제(師弟), 군신(君臣) 그리고 형제(兄弟)에 적용시켰다. 그는 유가의 도덕적 가르침의 핵심적인 면을 비판할 때 이 보편적 정리에 호소하였다. 예를 들면, 그는 가족을 없애기를 원하였다. 그의 미래 유토피아에서는 어린이들이 정부가 운영하는 단위에서 길러질 것이다. "[그들이 성장하였을 때], 그들은 자기의 부모들을 만날 수도 있다. 그러나 '공법'(公法)에 의하면 부모들은 아이들에게 효도를 요구해서는 안 된다. 그리고 어린이들도 부모에게 자애를 요구해서는 안 된다. 왜냐하면 인간은 자율권을 가지고 있기 때문이다"(캉, 1987, 285면).

캉의 접근법은 혁명적인 동시에 이상적이었다. 그는 부모와 자녀를 마치 자주권으로 무장한 타인처럼 보았다. 그는 타인간의 관계에 좀더 잘 적용되었던 도덕 원리를 친밀한 인간관계에 부과하기를 원했다. 1910년대와 1920년대의 신문화운동과 1960년대와 1970년대의 문화 대혁명은 캉요우웨이와 아주 유사한 급진적 유토피아의 과제를 수행하려고 노력하였다. 이 시기에 급진적 개인주의자들, 무정부주의자들 그리고 유토피아 사회주의자들이 무엇보다도 효도와 가족제도 및 결혼제도의 폐기를 촉진시켰다.

그러나 리앙은 결코 그처럼 멀리 나아가지 않았다. 그는 권리의 개념을 친밀한 인간관계의 영역에까지 적용시켜야 된다고 믿지 않았다. 신문화운동 동안 급진적 개인주의자, 무정부주의자, 결혼 폐기주의자들이 국민의 문화 생활을 지배했을 때, 리앙의 저서가 읽히지 않았던 주요한 이유가 바로 이것이었다. 리앙은 캉의 가르침이 잘못 적용된 것을 이렇게 비판하였다.

> 사람들이 [캉의] 유토피아 원리를 들으면, 그들은 자기 가족을 타인으로 간주해야 한다는 것 이외에 아무 것도 배우지 못한다. … 그들이 록크(Locke), 칸트(Kant)의 자유론을 들으면, 곧바로 자연권이란 이름 아래 과도하며 통제되지 않은 행동에 빠지게 된다(리앙, 2권, 763면).

리앙은 정치적, 법률적 자유를 사회적, 윤리적 자유와 구분하였는데, 이 방식은 대체로 이사야 벌린이 부정적 자유와 긍정적 자유를 구분한 것과 일치한다. 리앙은 자유와 평등의 원리에 관한 대중적 공산주의 단체의 비판에 대응하기 위해 이 구분을 사용하였다. 그는 그것들이 오직 정치 영역에만 적용할 수 있는 정치적, 법률적 원리임을 인식시켜 줌으로써 이 원리들을 옹호하였다.

> 나는 자유와 평등의 기능은 정치에 적용될 수 있는 것임을 우리 나라의 구세대들이 이해하기를 바란다. 정치영역 밖에서 우리는 자기 행동에 대한 이유로서 이들 [두 원리]에 호소해서는 안 된다. 그것들이 정치에 적용될 때, 그것들은 누구나 법에 의하여 보호받을 자유를 가지고 있으며 누구나 법 앞에서는 평등하다는 것을 뜻하는 데 지나지 않는다. 그것들은 이 영역을 벗어나 해석되어서는 안 된다(리앙, 1999, 5권, 2845면).

그는 구세대가 자유와 평등의 원리를 반대하는 것이 자유와 평등에 관한 부정적 개념과 자유와 평등에 관한 적극적인 윤리적 개념을 혼동하는 데에 있다고 주장하였다. 그는 또 자유와 평등의 법률적 개념은 의미 있는 삶을 위한 필요조건이라고 주장하였다.

> 자유와 평등은 수많은 정치적 원리들이 유래하는 두 가지 원리이다. 그런데 어떻게 우리가 그것을 가볍게 볼 수가 있겠는가? 누구나 법에 의하여 보호받을 자유를 가지고 있다. 누구나 법 앞에서는 평등하다.—이것은 인민들의 삶이 의존하는 두 가지 원리가 아닌가? 지난 2년간 정부는 인민을 착취하기 위하여 온갖 종류의 세금을 고안해냈는데, 이것은 인민에게서 사적 소유의 자유를 빼앗는 것이다. 정부는 인민을 감시 하에 두고 길거리에서 인민들의 이야기를 엿듣는데, 이것은 인민에게서 언론 결사의 자유를 빼앗는 것이다. 정부는 날조된 증거를 가지고 인민을 곤경에 빠뜨리며 재판 없이 인민을 사형시키는데, 이것은 인민에게서 생존의 자유를 빼앗는 것이다. 정부는 강제력을 사용하여 인민의 의지를 조작하는데, 이것은 인민에게서 양심의 자유를 빼앗는 것이다. 그러한 정치 제도 하에서 어떻게 의미 있는 삶을 소유할 수 있겠는가?(리앙, 1999, 5권, 2845면)

리앙은 그러나 법률적 영역을 넘어선 자유의 개념은 매우 다른 어떤 것을 뜻한다고 주장하였다.

> 자유의 원리와 평등의 원리가 성격과 행동에 적용되는 경우도 있다. 윤리적 이론가들은 자유를 최고로 존중한다. 그들이 의미하는 '자유'는 육체적 욕망에 사로잡히지 않음으로써 양심(良知)을

[육체적 욕망으로부터] 완전히 자유롭게 하는 것이다. 만일 당신이 과도한 성생활에 빠져서 천한 행위를 하다가 당신의 본래적 양심으로 되돌아가려 했다면, 당신은 분명히 이와 같이 행동해서는 안 된다는 것을 알고 있는 것이다. 당신의 육체적 욕망이 일어나 간섭하였다면 당신은 그것을 통제할 수 없다. 도리어 당신이 욕망에 의하여 통제 당하게 되고 욕망의 노예가 된다. 이것은 자유의 반대이다. 만일 당신이 여전히 "나는 자유롭다"고 감히 말한다면 이것은 비애가 아니겠는가?(리앙, 1999, 5권, 2845면)

그는 평등의 윤리적 개념도 역시 법률적 영역 밖에서는 아주 다른 것을 의미한다고 주장하였다.

이른바 '평등'이라는 윤리적 개념은 모든 인간이 똑같은 기본 능력을 가지고 있다는 것을 의미한다. 만일 어떤 사람이 이 능력을 확충시킬 수 있다면 그는 성인이 될 수 있다. [여기서 리앙은 맹자의 용어를 사용하였다] 만약 어떤 사람이 그것을 포기하고 윤리적으로 열등하기를 원한다면 그들은 인간성을 상실하고 짐승이 될 것이다. 그렇다면 어떻게 그들이 다른 사람과 평등할 수가 있겠는가?(리앙, 1999, 5권, 2845면)

리앙은 평등의 윤리적 개념이 인성에 관한 맹자의 형이상학에 근거를 둔 것이라고 주장했지만, 평등의 법률적 개념은 어떤 형이상학에 근거를 둔 것이라고 주장하지는 않았다. 이 점은 매우 흥미롭다. 유교로부터 민주주의를 열어 내는(開出) — 모우쫑산(牟宗三)의 용어를 사용하여 — 현대 신유가의 프로그램은 맹자의 평등 개념으로부터 정치적인 인권 사상을 이끌어 내려는 몇몇 시도와 함께 근래 많은 인기를 얻었다. (예를 들면, William Theodore de Bary, *Asian Values and Human Rights: A Confucian Communitarian Perspective*, Cambridge: Harvard University Press, 1998; William Theodore de Bary and Tu Wei-ming, eds, *Confucian and Human Rights*, New York: Columbia University Press, 1997을 보라.) 리앙의 설명과 대조적으로 이러한 접근법의 단점은, 만약 우리가 맹자 형이상학에 대한 확신을 잃어버린다면, 우리는 인권 개념에 대한 확신도 잃게 될 것이라는 점이다. 존 롤즈(John Rawls) 후기의 저작 《정치적 자유주의(*Political Liberalism*)》(1993)의 용어에 초점을 맞춘다면, 인권에 관한 리앙의 '정치적' 개념은 견고한 반면 다른 사람들의 '형이상학적' 개념은 그렇지 못하다.

차별로서의 근대성: 리앙의 여섯 번째와 일곱 번째 인륜 창안

《정치적 자유주의》(1993)의 후기 롤즈처럼, 리앙은 기본적인 친밀한 인간관계를 강조하는 공동체주의자를 수용할 수 있는 동시에 자유와 평등의 정치적, 법률적 개념을 강조하는 자유주의자를 끌어들일 수 있었다. 유가 오륜(五倫)의 특징을 바꾸려 애쓰는 대신, 리앙은 두 가지 새로운 관계, 즉 (a) 타인과 타국의 개인을 포함한 일반적인 개인 간의 관계(一般私人)(리앙, 1999, 3권, 1310면) 그리고 (b) 국가와 그 '국민'(國民)의 관계이다. 그는 이 새로운 관계들이 권리와 법률의 규정 안에 있다고 주장하였다. 나는 이 두 가지 새로운 관계를 '여섯 번째(六倫)', '일곱 번째(七倫)' 관계라고 명명하겠다.

리앙은 전통 중국 법체계의 가장 유감스러운 두 가지 특징은 여섯 번째 관계를 관리하는 사법(私法)이 없다는 것과 일곱 번째 관계를 관리하는 공법(公法)의 기본 요소로서 헌법이 없는 것이라고 생각하였다(리앙, 1999, 3권, 1311~12면). 리앙에 의하면 사법(私法)은 일반인의 권리와 의무를 결정하며(리앙, 1999, 3권, 1310면), 헌법은 국가에 관련된 국민의 권리와 의무를 규정한다(리앙, 1999, 3권, 1312면). 리앙은 계속하여 이렇게 말하였다.

> 로마법의 가장 소중한 점은 그 공민법이 포괄적이었다는 것이다. … 근대 문명은 로마법에 대한 연구로부터 시작되었다. 그 영향은 매우 커서 모든 근대국가의 법률 체계는 의무-기초가 아니라 권리-기초가 되었다. 이것은 모두 로마법의 영향 때문이었다. 권리가 법의 기초였으므로 법의 목적은 인민의 자유를 제한하는 것이 아니라 인민의 자유를 보호하는 것이었다. 이 때문에 인민이 자연스럽게 법을 갖기를 즐겨하고 법을 존중하게 되었을 것이다. 이 [법] 원리의 혁명적 변화는 매우 중요한 것이 아닌가? 중국은 3천 년의 법률 역사를 가지고 있었으며, 셀 수 없이 많은 법률 문서가 있었다. 그러나 시민법에 관한 것은 거의 전무하였다(리앙, 1999, 3권, 1311면).

1906년에 중요한 혁신적인 아이디어가 있었으나 불행하게도 많은 사람들이 리앙의 사상노선을 따르지 않았다. 그러나 장따이니엔(張岱年)의 자서전으로부터 우리는 1918년 국회의 한 성원이었던 장의 부친 장종친이 인간관계에 대한 이 새로운 접근법을 매우 진지하게 받아들였으며, 전통적 오륜 이외에 사람과 사람 사이의 또 한가지 관계, 즉 친구가 아닌 사람들의 관계가 있다는 것을 믿었다는 것을 알 수 있다. 그는 심지어 자신이 새롭게 '육륜(六倫)'(여섯 번째 관계)이라고 명명하였다.

아주 최근 중국은 1988년 "무엇이 법의 기초였는가, 권리인가 의무인가?"라는 문

제에 대한 토론을 포함한 '기초 법률 범주에 관한 제1차 회의'에서 시작된 '권리-기초의 법률 운동'을 선보였다. 그 이후 이 문제에 관한 수백 개의 논문들이 잡지와 신문에 발표되었다. 기고가들은 대부분 중국의 의무-기초의 법률 개념과 권리보다 의무를 강조하는 일방적 경향을 비판하였다. 이 운동의 한 탁월한 사람은 "정부가 시민의 권리를 진지하게 다룰 때에야 인민은 법을 신뢰하고 존경하며 복종할 수 있을 것이다"라고 썼다. 이 주장은 80년 전 권리-기초의 법 체계를 주장한 리앙의 사상을 되풀이한 것이다.

리앙의 시민적 국가주의에 있는 일곱 번째 관계는 헌법학자적 형태를 취하였다.

그러나 만약 우리가 헌법을 갖고 있지 않다면 우리는 법의 규정을 가질 수 없게 될 것이다. 어째 서인가? 헌법은 기초 법률이며 그것이 없다면 모든 법들은 근거가 없고 보호장치가 없기 때문이 다. 영국인 프레스톤(Preston)은 "중화 제국의 헌법"이라는 논문을 쓴 적이 있다. 그것은 영원히 불변하는 기초적인 법이며 헌법과 같은 것이라고 하는 《대청회전(大淸會典)》에 관해 언급한 것이 다. … 그러나 이것은 터무니없는 말이다. 모든 국가의 헌법은 그것이 좋은 것이건 나쁜 것이 건 일반적으로 세 부분을 가지고 있다. 1) 국가 조직의 체계, 2) 국가 행정에 대한 규정 그리고 3) 국가에 대한 국민의 권리와 의무. 이 세 가지 중 어느 하나라도 빠진다면 그것은 헌법이라고 부를 수 없다. 《대청회전(大淸會典)》은 두 번째 부분만 갖고 있을 뿐 첫째와 셋째 부분이 없다. … 그러므로 '회전'(會典)과 헌법 간의 차이는 정도의 문제가 아니라 종류의 문제이다(리앙, 1999, 3 권, 1312면).

마오쩌뚱(毛澤東)이 젊고 아직 마르크스-레닌주의자가 아니었을 때, 리앙은 그의 영웅이었다. 그는 심지어 리앙의 이름에서 따온 글자를 포함한 새로운 이름을 자신에게 붙이기도 하였다. 리앙의 저서의 영양 하에 젊은 마오는 민주주의, 개혁 그리고 지방 자치정부를 신봉하는 시민적 국민주의자와 입헌주의자가 되었다. 1910년 16세의 학생으로서 마오는 리앙의 논문 "국민의식에 관하여"를 읽고 특별히 다음 구절에 감명을 받았다.

국가 또는 나라는 회사와 같다. 정부는 경영진이고 정부의 수반은 단지 그 부문의 경영자일 뿐이 다. … 이것이 "짐이 국가이다"라는 프랑스 왕의 말이 오늘날 절대적으로 맞지 않는 것으로 간주 되는 이유이다. 유럽의 어린이들이 이 말을 들으면 비웃어 버릴 것이다(리앙, 1999, 2권, 663면).

이 구절의 여백에 마오는 이렇게 썼다.

국가가 합법적으로 건국되었을 때 그것은 입헌국가이다. 헌법은 인민에 의하여 만들어지며 왕관은 인민에 의하여 주어진다. 국가가 합법적으로 건국되지 않았을 때 그것은 전체주의 국가이다. 법률은 인민에 의하여 존중받지 못하는 황제에 의해 만들어진다. 오늘날 영국과 일본이 앞의 범주에 속하는 반면 중국의 오랜 역사에 있는 왕조들은 후자에 속한다(마오, 1990, 5면).

불행하게도 권력을 잡은 후기에 마오는 그가 읽고 믿었던 것을 완전히 잊었다는 것을 우리는 이제 알고 있다.

두 가지 윤리적 관계를 추가하자는 리앙의 제안은 정치적 법률적 질서에 대한 전통 유가의 사상을 비판한 결과로서 나온 것이지만 그는 이 사상의 어떠한 요소도 제거하지는 않았다. 그는 유가경전의 사서(四書) 가운데 하나인 《대학(大學)》에서 강력하게 정식화된 몇몇 전제들을 받아들였다. 그 유가적 이상은 자기수양(修身)의 교화력이라는 역동적인 개념이었다. 이것은 자신으로부터 가족, 국가, 천하에까지 이른다. 자기수양(修身)과 집안 다스리는 것(齊家)을 '뿌리'(根)로 보고 나라 다스리는 것(治國)과 천하를 평정하는 것(平天下)을 '가지'(末)로 보았다. 리앙은 수신과 가족을 시민 관계의 새로운 규정에서 여전히 뿌리로 간주하였다. 이러한 주장은 그의 새로운 시민(新民) 이념을 옹호하기 위해 수신과 그것의 결정적인 중요성에 대해 쓴 방대한 저작에 반영되어 있다(일례로 "신민설"을 보라).

기본적 인간관계에 대한 그의 설명에 '시민'과 '개인 일반'이란 요소를 추가한 리앙의 독창성은 전통적 요소의 본질적 변화와 전통적 관계의 구조적 변화를 이끌었다. 이제 '국가'와 '제국'은 다른 의미를 갖게 되었으므로 리앙도 역시 유교이념의 구조를 바꾸기를 원하였다. 그는 시민 협회들과 기타 공동체가 국가(國)와 가족(家) 사이에서 빠져 있는 고리라고 주장하였다.

유럽과 미국에서의 통치는 개인을 하나의 단위로 삼는다. 중국에서의 통치는 가족을 단위로 [삼는다]. 이것이 유럽과 미국에서는 인민들이 직접 국가에 속하는 데 반하여 중국에서는 간접적으로 국가에 속하는 이유이다. 유가의 성인은 국가의 근본이 가족에 있으며 가족이 잘 다스려졌을 때 국가가 잘 다스려질 수 있다고 말한다. 그러한 사회에서는 가족 이외에 아무런 협회가 없다. … 그러므로 나는 중국에는 가족의 성원(族民)만이 있고 시민(市民)이 없다고 말한 적이 있다. 왜냐하면 중국은 영국에서 말하는 'citizen'이라는 '시민'(市民)을 결코 갖지 못했기 때문이다(리앙, 1999, 2권, 730면).

시민 협회와 공동체를 강조한 것은 리앙의 가장 중요한 혁신 가운데 하나였으며,

그것은 오늘날 우리와 뚜렷한 관련을 갖고 있다. 이것을 평가하기 위하여 우리는 이 문제를 다루는—혹은 회피하는 현대 유학자들의 노력을 살펴보아야 한다.《대학》에서는 인간의 수양과 정치적 교화의 연속체가 자신으로부터 가족, 국가, 그리고 세계에까지 전개되어 있다. 가족에서 국가에 이르는 연속체에서 '공동체' 혹은 '시민 협회'가 언급되지 않았다는 것을 주목해 보라.《대학》에 관한 주석에서 뚜웨이밍(杜維明)은 가족에서 국가에 이르는 연속체에 늘 '공동체'라는 말을 삽입한다. 여기에 뚜웨이밍의 전형적인 진술이 있다. "가족이 근본이며 조화는 **공동체**(강조는 필자)와 국가에서 얻는 것이다. 그리고 세계는 질서가 잘 잡힌 가족의 자연스런 결과이다. 이러한 의미에서 우리 자신의 가정의 사생활에서 우리가 한 행위는 국가 전체의 삶의 질을 깊이 있게 만들어 나간다"(뚜, 1988, 115~16면). 유가의 주장에는 빠져있고 뚜웨이밍이 삽입해 넣은 것은 바로 리앙이 만들어 내기를 원하였던 것, 즉 가족과 국가 사이에 빠진 고리로써의 시민적 회합과 공동체이다.

만일 생활 영역의 차이를 인정하는 것으로 근대성을 특징지을 수 있다고 하는 막스 베버(Max Weber), 니클라스 루만(Niklas Luhmann) 그리고 위르겐 하버마스(Jürgen Habermas)에 동의한다면, 우리는 리앙치차오의 정치·사회 철학이 중국 근대화에 충분히 명확한 기획을 제공했다고 결론지어야 한다. 그러므로 만일 우리가 근대 중국을 이해하고자 한다면 리앙치차오를 이해하는 것은 필수적이다.

감사의 글

나는 우선 니콜라스 버닌(Nicholas Bunnin)과 청충잉(成中英)이 매우 유익한 편집상의 충고와 비평을 해준 데에 감사드린다. 나는 청충잉이 아주 오래된 초기의 원고에 대해 통찰력있는 비평을 해준 것에 매우 많은 도움을 받았다. 이 장의 초기 원고는 미국철학회(American Philosophical Associations) 동양 분과 회의의 현대 중국 철학 토론회(보스턴, 199년 12월 30일)와 캘리포니아 대학교 동아시아학회(Institute of East Asian Studies)의 지역 합동 세미나 "동아시아의 역사와 기억"(버클리, 2000년 4월 28일)에 제출되었다. 나는 내 발표에 이어진 토론을 통해 크게 도움을 받았다. 이 장은 내가 버클리의 캘리포니아 대학교에서 박사후 과정을 밟는 동안 착수한 보다 큰 기획의 부분이다. 나는 특히 아래의 친구들과 동료들에게 내 감사의 마음을 전하고 싶다. 프레드 웨크만(Fred Wakeman), 예먼신, 신리우, 존 팡(John Pang), 피터 캐롤(Peter Carrol), 그리고 로렌 피스터(Lauren Pfister)이다. 나는 또한 이 장의 초기 원고를 논평해준 스테펀 앵글(Stephen Angle)과 리차드 아서(Richard Author)에게 감사

드린다. 2년 동안 '리앙치차오'와 살아준 안나 시아오 동순에게도 고마움을 전한다. 끝으로 니콜라스 버닌의 격려와 끝임없는 후원에 깊이 감사드린다.

참고도서

리앙치차오의 저작

리앙치차오 연보(梁啓超年譜)

개인, 정치가, 언론인, 정치 해설가와 정치 실천가로서 리앙의 삶뿐만 아니라, 리앙 사상의 역사적, 지적 배경 및 특히 그의 사상의 발전을 이해하는 매우 유용한 도구는 리앙치차오의 연보이다. 연보는 연대기적으로 배열된 전기적 자료와 지적 자료를 수집해 놓은 것이다. 이 두 개의 연보는 전기작가의 이상이 될 만하다. 그것들은 리앙의 수천 통의 편지(거의 1만 통의 편지에서 뽑은 것), 개요, 그의 논문에 대한 배경과 반응들 그리고 주제 논문들과 편집자의 논평을 싣고 있다.

丁文江, 《梁啓超年譜長編》, 上海: 上海人民出版社, 1983. 초고 형태의 초판본은 1958, 타이완(臺灣)에서 나왔다.
Wu, Tianren, 《民國梁任公先生啓超年譜》 4권, 臺灣, 商務印書館, 1998.

리앙치차오전집(梁啓超全集)

많은 판본의 리앙치차오전집이 있으나 아직 비평적인 판본은 없다. 리앙치차오의 첫 번째 전집은 허치앙이에 의해 편집되었다(《飮水室文集》, 上海: 廣智書局, 1902). 최근의 전집은 1999년에 출판되었다. 두 판본 사이에 대략 40개의 다른 판본이 있다. 1999년까지 가장 포괄적이고 잘 편집된 것은 링찌중에 의해 편집된 《飮水室合集》이다. 그것은 두 부분, 즉 '문집'(文集, 논문 모음)과 '전집'(專集, 주제 논문과 저작 모음)으로 구성되어 있다.

梁啓超, 1936a: 《飮水室合集: 文集》, 24책 103권, 上海: 中華書局, 1936a.
梁啓超, 1936b: 《飮水室合集: 專集》, 16책 45권, 上海: 中華書局, 1936b. 1999년 판은 이 1936년 판에 기초하였으며 그것의 모든 장점과 결점을 물려받았다. 예를 들어 논문의 날짜는 언제나 믿을 수는 없을 뿐만 아니라 그 새로운 판본은 결코 포괄적이지 않다.

梁啓超,《梁啓超全集》10권, 北京: 北京出版社, 1999. 이 장의 모든 인용문은 연속적으로 면수를 매긴 이 판본에 속하는 것이다.

리앙의 저술을 가려뽑은 비평적 개정판이 오직 두 개 있다.

梁啓超,《梁啓超選集》, 李華興, 吳嘉勵 共編, 上海: 上海人民出版社, 1984. 앞으로 리앙의 저술을 가려 뽑는 비평적 판본은 꼼꼼하게 편집된 이 책을 본받아야 한다. 그것이 포함하고 있는 모든 글들은 원본과 비교 검토되어 있어서 인쇄상의 오류과 다른 잘못들이 바로잡혀 있다. 또한 초기 판본들의 잘못된 날짜도 바로잡혀 있다. 그것은 1936년과 1999년 사이의 판본에는 나타나지 않는 25개의 중요한 논문을 싣고 있다. 유감스럽게도 1999년 《전집》의 편집자는 이 비평적 판본을 활용하지 않았다.

梁啓超,《梁啓超論淸學史二種》, 朱維錚 校注. 上海: 復旦大學出版社, 1985. 이것 역시 비평적 판본이다. 편집자는 다른 판본에 있는 많은 오류들을 바로잡았다. 이것 역시 앞으로 리앙 저술의 비평적 판본을 위한 모범이 될 것이다.

리앙 저술의 영역본

梁啓超, 1916: *The So-Called People's Will*, English and Chinese texts. Shanghai, n.d.

梁啓超, 1930: *History of Chinese Political Thought During the Early Tisn Period*, trans. L. T. Chen, New York: Harcourt, Brace & Company.

梁啓超, 1959: *Intellectual Trends in the Ch'ing Period*, trans. Immanuel C. Y. Hsu, Cambridge: Harvard University Press[original work: (1920): 淸代學術槪論].

梁啓超, 1999: "On Rights Consciousness", trans. Steven Angle, in *Sources of Chinese Tradition*, William Theodore de Bary, Wing-tsit Chan, and Richard John Lufrano eds, New York: Columbia University Press.

2차 문헌

현대 중국 철학자들 가운데 리앙치차오만큼 학문적인 관심을 받는 사람은 거의 없다. 아래에 선택된 참고 도서들은 최고의 연구 성과를 담고 있다.

영문 저작

Angle, Stephen C. 2000a: "Should We All Be More English? Liang Qichao, Rudolf von Jhering and Rights", *Journal of the History of India*, 61: 2(April, 2000).

58

Angle, Stephen C. 2000b: *Human Rights in Comparative Perspective: Challenge of China* (book manuscript).

Arendt, Hannah 1958: *The Human Condition*, Chicago: The University of Chicago Press

Arendt, Hannah 1965: *On Revolution*, New York: The Viking Press.

Berlin, Isaiah 1996: *The Sense of Reality: Studies in Ideas and their History*, London: Chatto and Windus.

Chang, Hao 1971: *Liang Ch'i-ch'ao and Intellectual Transition in China, 1890~1907*, Cambridge: Harvard University press.

Cohen, Paul A. 1974: *Between Tradition and Modernity: Wang Tao and Reform in Late Ching China*, Cambridge: Harvard University press.

Cohen, Paul A. 1984: *Discovering History in China: American Historical Writings on the Recent Chinese Past*, New York: Columbia University Press.

Crossley, Pamela Kyle 1999: *A Translucent Mirror: History and Identity in Qing Imperial Ideology*, Berkeley: University of California Press.

de Bary, William Theodore 1991: *The Trouble with Confucianism*, Cambridge: Harvard University press.

Diköter, Frank 1992: *The Discourse of Race in Modern China*, Stanford: Stanford University Press.

Elliott, Mark C. 2001: *The Manchu Way: The Eight Banners and Ethnic Identity in Late Imperial China*, Stanford: Stanford University Press.

Elman, Benjamin 1984: *From Philosophy to Philology: Intellectual and Social Aspects of Change in Late Imperial China*, Cambridge: Harvard University press.

Elman, Benjamin 1990: *Classicism, Polities, and Kinship: The Chang-chou School of New Text Confucianism in Late Imperial China*, Berkeley: University of California Press.

Hsiao, Kung-chuan 1975: *A Modern China and a New World: Kang Yu-wei, Reformer and Utopian*, Seattle: University of Washington Press.

Huang, Philip C. 1972: *Liang Ch'i-ch'ao and Modern Chinese Liberalism*, Seattle: University of Washington Press.

Karl, Rebecca 1993: "Global Connections: Liang Qichao and the 'Second World' and the Turn of the Twentieth Century." Durham: Asian/Pacific Studies Institute, Duke University.

Kedourie, Elie 1960: *Nationalism*, London: Hutchinson.

Levenson, Joseph R. 1959: *Liang Ch'i-ch'ao and the Mind of Modern China*, Second revised edition, Cambridge: Harvard University press.

Levenson, Joseph R. 1968: *Confucian China and Its Modern Fate: A Trilogy*, Berkeley and Los Angeles: University of California Press.

Martin, W. A. P. 1966: *A Cycle of Cathay: China, South and North*, Third edition. Distributed by Paragon Book Gallery, Ltd. (Original edition published by Fleming H. Revell Company, 1900).

McAleavy, Henry 1953: *Wang Tao: The Life and Writings of a Displaced Person*, London: China Society.

Pusey, James Reeve 1983: *China and Charles Darwin*, Cambridge: Council on East Asian Studies.

Rawls, John 1971: *A History of Justice*, Cambridge: Harvard University press.

Rawls, John 1993: *Political Liberalism*, New York: Columbia University Press.

Tang, Xiaobing 1996: *Global Space and the Nationalist Discourse of Modernity: The Historical Thinking of Liang Qichao*, Stanford: Stanford University Press.

Tocqueville, Alexis de 1954: Democracy in America, 2 vols, New York: Vintage Books.

Tu, Wei-ming 1988: *Centrality and Commonality: An Essay on Confucian Religiousness*, Albany: Press of State University of New York.

Wakeman, Frederic, Jr. 1973: *History and Will: Philosophical Perspectives of Mao Tse-tung' Thought*, Berkeley: University of California Press.

Wakeman, Frederic, Jr. 1975: *The Fall of Imperial China*, New York: Free Press.

Xiao, Yang, *Human Right and History*, Forthcoming.

중문 저작

張朋園, 《梁啓超與淸季革命》, 臺北: 中央研究院近代史研究所, 1964.

張朋園, 《梁啓超與國民革命》, 臺北: 中央研究院近代史研究所, 1969.

馮契, 《中國現代哲學的革命化進程》, 上海: 華東大學, 1997.

簫公權, 《中國政治思想史》, 《簫公權先生全集》4권, 臺北: 聯經出版社, 1982.

Huang, Ko-Wu, 《一個被放棄的選擇: 梁啓超調試思想之研究》, 臺北: 中央研究院近代史研究所, 1994.

康有爲, 《康有爲全集》1권, 上海: 上海人民出版社, 1987.

李澤厚, "梁啓超王國維兼論", 《中國近代思想史論》, 北京: 人民出版社, 1979.

毛澤東, 《毛澤東早期文稿: 1912. 6∼1920. 11》, 長沙: 湖南出版社, 1990.

Su Yu, 《翼教叢編》, 臺北: Tailin Quaofen出版社, 1970 재판. 초판 1898.

Sun, HuiWen, 《梁啓超的民權與君憲思想》, 臺北: 臺灣大學校出版社, 1966.

王爾敏, 《晚清政治思想史論》, 臺北: 臺灣商務印書館, 1969.

王爾敏, 《中國近代思想史論》, 臺北: 臺灣商務印書館, 1977.

《萬國公法》, Henry Wheaton *Elements of International Law*의 중역본, W. A. P. Martin과 그 동료들이 번역.

1986년에 창간된 한 잡지는 리앙치차오에 대한 연구에 참여하고 있다. 《梁啓超研究》, Xinhui, 廣東省.

토론 문제

1. 어떻게 우리는 제도의 개혁을 정당화할 수 있는가?

2. 문화단일주의에 대한 리앙치차오의 비판은 근거가 충분한가?

3. 진리, 진리성 그리고 사상의 자유는 도구적 가치인가 혹은 내재적 가치인가?

4. 자주(自主) 개념은 국가의 권리와 국민의 권리 사이의 관계를 이해하는 데 도움을 주었는가?

5. 정치적, 법률적 권리는 형이상학에 근거를 두어야 하는가?

6. 우리는 정치적, 법적 자유를 사회적, 윤리적 자유로부터 구분해야 하는가?

7. 전통적인 유가의 오륜(五倫)에 일반적 개인들 사이의 관계 및 국가와 그 국민의 관계를 보충하는 것으로부터 어떤 결과가 뒤따라 나오는가?

8. 전통 중국은 헌법을 가지고 있었는가?

9. 수신(修身)과 가족은 국가 통치에 중요한가?

10. 시민 협회와 공동체는 시민과 국가의 관계에 어떻게 영향을 주어야 하는가?

2. 왕꾸어웨이(王國維): 심미비평의 철학

커핑 왕

　20세기 전환기 즈음 중국은 서양 사상의 급속한 도입을 특징으로 하는 신문화운동을 목격했다. 왕꾸어웨이(1877~1927)가 철학, 미학, 문예비평, 중국사, 어원학, 금석학, 고대 지리학과 같이 다양한 분야에서 선구적인 학자로 자리매김한 것은 이렇게 이데올로기적으로 격앙된 시기였다. 그는 또한 일찍이 송대(960~1279)에 성행했던 사(詞)의 고전적인 형식의 시인으로도 높이 평가받았다.

　왕꾸어웨이는 애국적인 학자-관료 전통을 집안 배경으로 1877년 쯔지앙성(浙江省) 하이닝(海寧)에서 태어났다. 그는 16세에 수재(秀才)에 올랐고, 문학적 재능과 폭넓은 학식을 인정받아 자신의 고향에서 '네 명의 수재' 중 한 사람으로 알려졌다. 1893년과 1897년에 그는 거인(舉人) 시험을 보았지만 동기가 부족한데다 시험을 중도에서 그만 두어 낙제하였다. 그는 개인교사가 되어 결혼하였다. 1898년에는 상하이로 가서 '시무보(時務報)'의 사서(司書)이자 교정원으로 일했다. 동문학사(東文學社)에서 수업에 참석하면서 그는 일본인 선생인 다까레이운(田風佐代治: 1870~1912)의 에세이를 통해 쇼펜하우어와 칸트의 글을 접하였고, 서양 철학에 대한 관심과 영어 학습에의 열망을 키웠다. 1901년에 그는 도쿄 물리학교에 들어가 낮에는 영어를, 저녁에는 수학을 공부했다. 그렇지만 얼마 되지 않아 병 때문에 중국으로 돌아가서 루오전위(羅振玉)의 후원으로 저널 "교육세계(敎育世界)"를 발행하기 시작했다. 그는 윤리학, 미학, 일반 철학뿐만 아니라 교육, 사회학, 심리학, 문학과 같은 분야에서도 글을 쓰고 번역하였다. 1903년부터 1907년까지 그는 칸트의 《순수이

성비판(1968)》을 궁극적으로는 쇼펜하우어의 《의지와 표상으로서의 세계(1964)》를 통해 이해하면서 네 번 읽었다. 얼마 후 그는 철학적 사색에 대한 관심과 시작(詩作)에서의 성공 사이에서 괴로워하는 자신을 발견하였다(王國維, 1907, 《自敍》王國維, 1997. 달리 표시하지 않은 한, 인용된 구절은 커핑 왕이 번역한 것이다). 자신의 철학, 윤리학, 미학에의 몰두에 의혹이 늘어가면서 그는 "믿을 수는 있지만(可信) 좋아할 수는 없는 것(不可愛)과 좋아할 수는 있지만(可愛) 믿을 수는 없는 것(不可信)", 즉 실증주의와 경험론의 냉철한 합리성과 그가 좋아하는 철학적, 윤리학적, 미학적 체계를 구분하였다. 이러한 긴장은 그가 1907년 철학에서 문학으로, 그리고 다시 1912년 중국사로 전환한 이유 중의 하나이다.

1911년 중국혁명 이후, 왕꾸어웨이는 일본에 가서 중국 고전, 점사(占辭), 역사학, 어원학을 공부했다. 이러한 모든 분야에서의 그의 두드러진 성취는 그로 하여금 중국문화유산을 긍정적으로 재평가하고 서양문명의 가치관에 대해 회의하도록 만들었다. 따라서 그는 1919년의 신문화 운동과 5·4운동의 반전통주의자들의 급진주의에 거리를 두었다.

1916년부터 1922년까지 왕꾸어웨이는 실라스 하둔(Silas Hardoon)이 재정적으로 지원하는 "학술잡지(學術雜誌)"를 발행하면서 하둔이 세운 상하이의 사립대학에서 가르쳤다. 이 기간 동안에 그는 역사학, 금석학, 어원학에서의 선구자적인 탐구와 새로운 연구결과로 중국 지식인들 사이에서 명성이 자자했다. 1923년 그는 상하이를 떠나 베이징으로 가서 마지막 황제 부의(溥儀)의 개인 교사가 되었다. 왕꾸어웨이는 1925년 칭화 대학교(淸華大學校) 교수가 되었지만 1927년 이화원(頤和園)에 있는 쿤밍호(昆明湖)에서 자살했다. 이는 어느 정도 중국의 내전으로 야기된 정치적 혼란, 그리고 왕권복고와 문화의 재건을 보고자 하는 열망의 좌절 때문이었다(Chen Hongxiang, 1998, 268~93면).

학문

왕꾸어웨이 학문의 발전은 그의 중점적인 관심과 성취 분야의 변화가 특징이다. 그 과정은 세 시기로 나눌 수 있다:

1. 1898년에서 1907년까지의 철학적, 미학적 추구.
2. 1907년에서 1911년까지의 문예비평.
3. 1911년에서 1927년까지의 역사학적, 어원학적, 금석학적 연구.

이러한 구분은 그가 여러 분야를 동시에 탐구한데다 거의 전 생애에 걸쳐 시작(詩作)에 신들린 듯이 몰두한 관계로 중복되어서 결코 뚜렷하지는 않다.

진지한 사상가이자 다작의 작가로서 왕꾸어웨이의 성과와 영향은 대체로 여섯 개의 작품으로 대표된다. 첫째는 《홍루몽평론(紅樓夢評論)》(1904), 즉 《홍루몽》에 대한 문예비평이다. 이는 인간실존에 대한 그의 염세적인 이해를 드러내고, 쇼펜하우어·초기 도교·불교의 영향을 반영한다. 둘째는 《인간사화(人間詞話)》(1908)로, 그의 시론의 정수를 구체화한 논문 선집(選集)이다. 셋째는 《송원희곡고(宋元戲曲考)》(1912)인데, 중국 희곡에 대한 역사적 비평이다. 이는 문학의 진보와 변화에 대한 그의 진화론적 관찰을 드러낸다. 마지막 주요 작품들은 1917년에 쓴 에세이로, 《은의 복사에서 드러나는 선공선왕 연구(殷卜辭中所見先公先王考)》, 《은의 복사에서 드러나는 선공선왕 연구 II(殷卜辭中所見先公先王續考)》, 《은주제도론(殷周制度論)》이 그것이다. 앞의 두 에세이는 거북 등껍질과 동물뼈에 새겨진 은 왕조의 지배자와 왕에 관한 고대의 점사를 철학적·금석학적으로 연구한 것이다. 마지막 에세이는 은·주 왕조의 제도와 청동기 시대 문화에 대한 역사학적 연구이다.

이러한 분야에 대한 그의 풍부한 연구는 문화연구라는 구식의 무대에 새로운 바람을 일으켰고, 학술계에 그의 탁월한 지위를 자리매김하게 하였다. 그의 가치는 독특한 방법론, 그리고 전통적인 연구의 문화적 속물주의에 반기를 드는 대담함에 있다. 그의 방법론의 과학적 측면은 주로 두 가지 주요한 원천, 즉 중국 건가학파(乾嘉: 1736~1820)에서 드러난 중국 문헌학 연구의 유산과 서양 철학의 진리를 향한 접근으로부터 실질적으로 배움으로써 고무되었다. 그의 방법론은 서로 연관된 세 가지 측면을 특징으로 한다: (a) 발굴된 유물들과 그에 관련된 역사기록의 비교를 통한 상호 해석과 입증, (b) 다른 민족 집단의 고서와 중국의 현존하는 고전의 비교를 통한 상호 보완과 교정, (c) 서양의 개념과 중국문학에서의 유용한 자료 모두를 사용한 상호 진찰과 정당화(陳寅恪, 1934). 왕꾸어웨이는 앞의 두 가지 전략을 역사학·금석학·어원학 연구에 적용했고, 마지막 전략은 미학사상과 문예비평에 사용했다. 그러나 그는 서양의 개념과 중국문학에서 끌어온 자료들을 기계적으로 결합하지 않고, 일종의 간문화적 전환을 통해 양자의 유기적인 융합을 모색했다.

그는 일찍이 미학과 문예비평에 몰두하면서 일부는 독일 관념론, 일부는 중국예술전통에서 영감을 받았다. 서양 철학에서는 특히 칸트, 쉴러, 쇼펜하우어, 니체의 영향을 받았고, 중국문학에 대한 그의 재평가는 송사(宋詞)에 대한 선호가 특징이다. 그의 심미비평의 철학은 예술의 가치에 중추적인 역할을 부여했다. 그는 순수예술이 비록 도구적으로는 무용(無用)하지만, 계몽이라는 측면에서 매우 중요한 가치가 있

으며 의미있다고 생각했다. 이것은 바로 예술작품이 철학적, 미적, 정신적, 윤리적 가치를 표현하기 때문이다. 예술의 철학적 차원은 이미지와 예술적 형식을 통해 보편적인 의미와 개별적인 의미 모두에서 인간 실존의 진리를 드러낸다. 따라서 왕꾸어웨이의 설명은 앎의 대상, 혹은 예술의 기원으로서의 쇼펜하우어의 '표상(Idea)'과 관련된다. 예술의 미학적 차원은 우리가 고요한 관조(contemplation)라는 심미적 상태로 들어감으로써 살려는 의지와 세속적 욕망에서 벗어나도록 도와 주는 무관심(disinterestedness)에 있다. 이러한 관조적 상태로부터 우리는 무한한 기쁨과 즐거움의 형식(form)을 얻는다. 놀이로서 예술이 갖는 정신적 측면은 고통과 우울을 야기하는 억압된 느낌과 정서를 표현하고 방출한다. 예술은 위안과 해방을 제공함으로써 인생에서 겪는 고통과 무의미함을 줄여 준다. 윤리적 측면에서 예술은 거친 바다에서 우리를 보호해주는 배와 같고, 세속적 근심에서 벗어나게 해준다. 예술은 단지 인간 세상의 고통을 묘사할 뿐만 아니라 조난자들이 그들 자신을 인간적인 곤경에서 구해낼 수 있도록 도와 줄 수 있는 자기 계발을 통해 대안이 유용하다는 것을 보여 준다.

이러한 예술적 가치의 측면들은 왕꾸어웨이의 미학적 고찰 전체를 관통한다. 왕꾸어웨이에게 이 측면들은 여섯 가지 주요 학설과 나란히 간다: 미육설(美育說: 미적 교육), 해탈설(解脫說: 정신적 초월), 유희설(遊戲說: 놀이로서의 예술), 천재설(天才說: 천재로서의 예술가), 고아설(古雅說: 우아함), 경계설(境界說: 시적 경지). 왕꾸어웨이는 이론적 고찰을 통해 서양에서 빌려온 개념의 날개로 중국문화의 광대한 영역을 맴돌았다. 그의 미학은 그의 중국적 유산에 근거했지만 동서문화 모두에 걸쳐 있는 그의 능력에 힘입은 바가 더욱 크다.

동서양을 넘어: 간문화적 전환

중국과 외국의 문화 모두를 향한 왕꾸어웨이의 적극적 태도는 그의 초기 작품 도처에서 볼 수 있는데, 이는 그가 모든 형태의 학문이 갖는 보편적 특성을 간파한 때문일 수 있다. 그는 학문이란 과학적 분석과 사실의 정당화로 진리를 향해야 한다고 생각했다. 그는 그 자신을 일방적인 견해에서 해방시켜 줄 간문화적 관점을 모색했다. 이 전략의 주요 동기는 일부는 중국 문화유산을 재건하려는 의도에서, 그리고 일부는 전세계적인 의미에서 번영하는 학술연구란 의미있는 현재의 문화 안에서 진실하고 치우치지 않은 연구를 통한 진보에 의지해야 한다는 자신의 신념에서 비롯되었다. 따라서 그는 사상사의 지적 다양성을 인정하는 "진정한 다문화적 탐구 안에

서 어떠한 편애나 차별도 넘어서는 것(學無中西)"의 필요성을 주장했다(王國維, 1905, "論近年之學術界", Keping Wang, 1997):

> 내가 학문이란 신구(新旧)도 없고, 중국·서양도 없고, 유용(有用)·무용(無用)도 없다고 말하는 것은 상세히 설명할 수 있다. 어찌하여 학문에는 신구(新旧)가 없는가? 무릇 천하의 사물은 과학에서 보는 경우와 역사학에서 보는 경우, 그 주장이 각각 다르다. 그러나 모두 진리를 찾는 것을 목표로 한다. … 세상의 학문은 과학, 역사학, 문학을 넘지 않는다. 중국의 학문은 서양 국가들이 대개 모두 가지고 있고, 서양의 학문은 우리 중국 역시 대개 모두 가지고 있다. 다른 점은 넓고 좁은 정도(廣狹), 거칠고 정교한 정도(疏密)일 뿐이다. 속되게 말하면 중국 학문과 서양 학문 간의 어떠한 구분도, 즉 서양 학문의 성행이 중국 학문을 방해한다고 생각하거나, 중국 학문의 성행이 서양 학문을 방해한다고 생각하는 것은 모두 근거없는 말이다. 중국은 오늘날 사실상 그러한 우환은 없었으나, 중국 학문과 서양 학문의 편중은 벗어나지 못했다. 북경은 중국의 수도이자 학문의 중심지이지만 참되고 돈독한(誠篤) 전통 학문에 통달한 이는 열 손가락을 꼽아 세어도 다 차지 않는다. 서학을 연구하는 자는 대부분 수박 겉핥기 식이며 그 심원한 정신과 광범위함에는 거의 정통하지 못한다. 우리는 목표 과제에 헌신하는 사람을 한 두 사람조차도 손꼽기 힘들며, 중국 고전 연구에 일생을 바치는 이들과 비교하기도 힘들다. 기풍이 공교롭게도 막히고 풍습이 또한 황폐하여 타락한 것이 하루 이틀 일이 아니다! 나는 중국과 서양의 학문이 융성하면 함께 융성하고 쇠락하면 함께 쇠락하며, 기풍이 열리면 서로 추동시켜 준다고 생각한다. 또한 오늘날의 세상에 살면서 오늘날의 학문을 논하자면, 서학(西學)이 흥하지 않는데 중국 학문이 흥할 수 있었던 적은 없었고, 또한 중국 학문이 흥하지 않는데 서학이 흥할 수 있었던 적도 없었다(王國維, 1911, 《國學從刊》序, Keping Wang, 1997).

왕꾸어웨이의 문화적 개방성과 관용성은 관찰에 기초하였다. 예를 들면 그는 중국언어는 의미상의 애매성을 특징으로 하고, 중국의 사고방식은 따라서 서양언어에 의해 촉진된 사고방법보다는 논리적으로 약한 것 같다고 생각했다. 서양문화의 정체성은 과학적 고찰을 더욱 강조한다는 점에 있다. 따라서 추상화와 분류의 능력이 월등하다. 그러므로 일반화와 특수화는 서양에서 가시적인 면과 비가시적인 면 모두에 폭넓게 적용된 두 개의 전략이다. 그것들은 왕꾸어웨이에 따르면 이성에 대한 칸트의 분석과 쇼펜하우어의 충족이유율에서 잘 드러난다. 반면, 중국 민족의 정체성은 실용적, 혹은 도구적 차원에 있다. 이론적 추구에서 그들은 상식적인 사실적 지식에 쉽게 만족하는 경향이 있으며, 사물(物)의 밑바닥까지 파고드는 것을 꺼린다. 따라서 사물(物)에 대한 이론적 특수화(詳述)는 실제적인 필요에 의해 요구되지 않는 한 거

의 행해지지 않는다(王國維, 1905 "論新學語之輸入", Keping Wang, 1997).

그는 자신의 관찰을 증명하기 위해 간문화적 전환이라는 전략을 중국 철학에서의 세 가지 기본적인 쟁점, 즉 성(性: human nature), 리(理: principal), 명(命: fate)에 대한 문제를 다루는 데 사용했다. 그는 성(性)을 본유적인 선(善) 혹은 악(惡)으로 특징지움으로써 야기된 이원론의 덫에서 벗어나기 위해 칸트식의 선험적인(a priori) 앎과 후험적인(a posteriori) 앎 사이의 인식론적 구분을 사용했다. "논성(論性)"에서 그는 선험적인 앎은 이론적인 가정에 근거하는 반면 후험적인 앎은 경험적인 관찰과 그에 연관된 상황에 근거한다고 주장했다. 인간의 성(性)에 대한 중국식의 설명에서 선험적인 관점은 두 가지 상반되는 견해를 야기하는데, 첫째는 모든 인간은 태어나면서부터 선하다는 주장이고, 둘째는 모든 인간은 태어나면서부터 악하며 교육과 문화화가 일부 사람들을 선하게 만든다는 주장이다. 전자는 공자와 맹자로 대표되며, 후자는 순자로 대표된다. 마찬가지로 후험적인 관점도 성(性)의 선악에 대한 상반된 견해를 가져온다. 선험적 관점과 후험적 관점 모두 모순되는 견해를 야기하기 때문에 성(性)을 '인간의 인식을 넘어서는' 것이라고 불가지론적으로 기술할 여지도 있다:

> 우리의 경험상 선(善)·악(惡) 두 본성은 서로 대립된다. 따라서 경험에 말미암아 인성을 논하는 것은 성(性)에 상응하는 징후가 경험과 서로 모순되지 않을 때만이 그 주장을 견지할 수 있다. 절대적 일원론 또한 경험적 사실과 조화를 이루려면 역시 현저한 모순을 드러내지 말아야 한다. 성선, 성악의 이원론을 견지하려면 성 자체에서 성을 논할 때만이 성을 우리가 경험할 수 없는 것으로 여겨 대개 그 설을 지지할 수 있다. 그러나 그것으로 경험을 설명하거나 수신(修身)의 일에 적용하려 한다면 모순이 그것을 따라 일어난다. 나는 따라서 후학으로 하여금 헛되이 이러한 무익한 논의를 하지 말도록 이 사실을 지적한다(王國維, 1904, "論性", Keping Wang, 1997).

왕꾸어웨이는 리(理)를 쇼펜하우어의 충족이유율 및 칸트의 이론이성과 실천이성의 구분에 관련하여 연구하였다. 그는 리가 좁은 의미에서 이유(理由)이며, 넓은 의미에서 이성(理性: intellectual reason)이라고 생각했다. 리(理)의 두 가지 기본적인 의미 중에 이유는 인간 앎의 보편적인 형태에 관련되는 반면, 이성은 생각을 만들어내고 규정짓는 지적 능력에 관계된다. 앎의 대상으로서의 리는 형이상학적 가치(眞)와 윤리적 가치(善) 모두를 포함한다. 진(眞)과 선(善)은 고대 중국사상에서 미분화되어 있었다. 형이상학적 가치와 윤리적 가치의 구분의 결핍은 주희(朱熹)의 천리(天理) 개념에서 분명히 드러난다(王國維, 1904, "釋理", Keping Wang, 1997).

왕꾸어웨이는 비록 자유의지와 결정론 문제의 기초를 이루는 가정들을 거부했더라도, 명(命)에 대한 중국의 전통적인 해석과 서양의 운명론·인과율을 비교했다. 이점에서 그는 명(命)·성(性)·리(理)를 상호 연결한 주희의 분석을 받아들여서, 그로부터 실천적인 도덕적 책임감의 의미를 끌어냈다(王國維, 1906, "原命", Keping Wang, 1997).

왕꾸어웨이는 간문화적 관점을 사용하면서 중국문화와 서양문화 사이의 근본적인 상이성을 간파하는 것을 결코 놓치지 않았다. 중국문화가 인간관계를 조화시키고 사회적 안정을 유지할 수 있는 인격수양과 윤리적 덕목을 더욱 강조한다면, 서양문화는 자연과의 투쟁과 타인과의 투쟁에 적합한 권리와 권한을 강조한다. 왕꾸어웨이는 간문화적 입장으로부터 이러한 모든 특징들이 통합되어 매우 의미있는 보완관계를 확립할 수 있다고 생각했다.

왕꾸어웨이가 서양을 배울 필요성을 역설하기는 했어도, 그는 사회 행동가도 혁명론자도 아니었다. 그는 그의 일생 동안 일편단심의 학자이자 간문화적 방법의 성실한 주창자로 남았다. 그는 그의 시대의 정치적 도구였던 문화적 선호에 대해 비교적 표면적인 논쟁을 피하는 데 성공했고, 그 앞선 세대가 착수한 서양화의 첫번째 물결과 1919년 5·4운동 시기 전후의 진보적 지식인 그룹에 의해 형성된 신문화 운동 간의 문화적 가교 역할을 했다.

역사연구에 대한 왕꾸어웨이의 새로운 접근도 간문화적 특징을 구현하였는데, 그것은 '이중증거법(二重證據法)'이라고 불렸다. 이러한 접근은 그가 독일관념론과 청대에 성행했던 중국의 문헌학 전통(고증학)에 전념한 데서 도움을 받았다. 실제로 내가 앞에서 상호 해석과 입증, 상호 보완과 교정, 상호 진찰과 정당화라고 언급한 것은 이러한 특징들로부터 유래한 것이다(陳寅恪, 1934). 중국 글자 순(旬)에 대한 그의 어원학적 연구를 예로 들어보자. 그는 "모든 유용한 점사를 통해 연구"하면서 한편 《주역》과 《설문해자(說文解字)》 같은 고전을 연구함으로써 이중증거법적 접근을 적용했다. 새롭게 발굴된 역사 자료로서의 점사와 오래된 역사서로서의 텍스트 사이의 상호 해석과 입증을 모색하면서, 그는 그 글자가 사용되었던 맥락을 확인하고 그 가능한 해석을 평가하기 위해 고대 신기(神器)와 그에 새겨진 기록의 증거를 연구했다. 그는 '순(旬)'이란 천간(天干)과 관련된 '열흘'로서 운수를 말하기 시작하던 은(殷) 혹은 상(商) 왕조(1766~1154 B.C.)로 거슬러 올라갈 수 있다고 결론지었다(王國維, 1918, "釋旬", Keping Wang, 1997).

결국 서양문화 전체에 대한 왕꾸어웨이의 관심은 삶(윤리)과 예술(미학)에 대한 독일관념론의 설명을 강조함으로써 독일관념론을 소개하고 활성화시키고자 하는 강

렬한 열망으로 드러났다. 그는 이를 선택적으로 행했고, 그의 중국적 감수성과 표현법은 자신이 수용한 학설들을 수정했다. 예를 들면 중국 문학텍스트에 대한 심미비평에서 그는 무관심적 관조(disinterested contemplation), 미적 놀이(aesthetic play), 삶에의 의지, 천재, 아름다움과 숭고함, 순수주체(pure subject), 고요한 관조(serene contemplation), 실재론과 관념론의 대립과 같은 관념론자의 개념을 채택하여 확장했다.

따라서 왕꾸어웨이는 그의 심미비평 철학을 여섯 개의 학설로 구성했다. 이러한 미학이론은 그의 간문화적 전환력을 예증한다. 창조적 오해가 아니라면 말이다. 앞의 네 학설은 미학교육, 정신적 초월, 미적 놀이, 천재로서의 예술가와 관련된다. 비록 모두 독일관념론에서 최소한의 수정만 가하여 빌려 온 것이기는 하지만, 그것들이 중국에 일으킨 계몽은 중국의 지적·미적 문화의 중요한 특징으로 남아 있다. 반면에 그 통찰력은 고아(古雅)와 경계(境界)에 대한 고찰에서 나왔다. 그의 독창성은 경계에 대한 고찰에서 가장 잘 설명된다. 이것은 고전적인 중국 문예비평의 종말과 현대 중국의 미학사상의 시작을 보여 준다. 경계는 또한 오늘날 돌봄과 교화를 불러오는 간문화적 전환의 산물로 볼 수도 있다.

경계설(境界說)

예술과 문학에 대한 그의 다른 에세이와 비교해 보면 왕꾸어웨이의《인간사화(人間詞話)》는 특히 중요하다.《인간사화》가 공식화한 '경계(境界)'라는 개념은 그의 미학사상의 행로에 중심이 된다.

《인간사화》는 64개의 작은 부분으로 이루어져 있다. 그 구조는 두 개의 주요 부분, 즉 이론적 숙고와 실천적 비판으로 나눌 수 있다. 1절에서 9절까지는 경계에 대한 이론적 검토에 할애했으며, 남은 절들은 예로 든 텍스트를 통해 문학에서의 경계를 창조하고 감상하는 예를 제시하였다(Ye Jiaying, 1997, 186~8면). 경계는 관례적으로 산스크리트어 'visaya'의 중국 번역어로 채택되었다. 'visaya'는 불교경전에서 감각적 지각의 범위와 감각적 경험의 특성을 뜻하기 위해 사용되었다. 이 말의 원래 뜻은 경계(境界), 조의(造意: 학문적, 혹은 예술적 성취), 경상(景像: 풍경), 의경(意境: 예술작품의 분위기, 경지, 의미)과 같은 함의를 가지고 복잡한 방향으로 확대되어 왔다.

이러한 배경과는 반대로, 왕꾸어웨이는 경계를 문예비평에서 예술의 본질적인 특성을 위한 하나의 용어로 사용했다. 어떤 경우에 그는 경계를 의경(意境: 예술적 경

지)과 호환 가능하게 사용했다. 그것들은 많은 중국 학자들에 의해 동일하게 간주되었다. 나는 이 전례를 따라서 경계를 특히 뛰어난 시적 경지로 번역했다. 왕꾸어웨이에게 경계는 '사(詞) 연구에서 가장 중요한 요소'였다.

사(詞)는 경계를 최상으로 여긴다. 경계가 있으면 저절로 높은 격조를 이루게 되고, 저절로 명구(名句)를 갖게 된다. 5대(五代)·북송(北宋)의 사(詞)가 독특하고 기발한 이유는 이에 있다. … 경(境)은 경물(景物)만을 말하는 것이 아니다. 희노애락 또한 인간의 마음 안에 있는 일종의 경계이다. 따라서 진경물(眞景物)과 진감정(眞感情)을 묘사할 수 있는 시는 경계를 가지고 있다고 말하고, 그렇지 않으면 경계를 결여하고 있다고 말한다. "붉은 살구 가지 끝에 봄기운이 움직거리네(紅杏枝頭春意鬧)." '뇨(鬧)' 한 글자로 경계가 충분히 표현된다. "구름이 걷히고 달이 나오니, 꽃은 그 그림자와 노니네(雲破月來花弄影)." '롱(弄)' 한 글자로 경계가 전부 표현된다(王國維, 1908,《人間詞話》, Rickett. 옮김, 1977, 42면).

다른 곳에서 중국 희곡을 논의하면서 왕꾸어웨이는 '경계' 대신 '의경'을 사용했다:

문학작품의 미묘함은 '유의경(有意境)' 한 구절로 요약할 수 있다. 그렇다면 의경은 무엇인가? 그것은 마음의 떨림과 정신의 활기인 정감(情)의 표현에 있고, 생생하고 매력적인 풍경(景)의 묘사에 있으며, 또한 [훌륭한 이야기꾼의] 입에서 갓 나온 듯한 알기 쉽고 믿을 만한 일(事)에 대한 서술에도 있다. 그것은 예외없이 고사(古事)와 사(詞)에서의 모든 가장 뛰어난 구절들의 진리이다. 그것은 또한 원(元) 왕조의 곡(曲)의 경우도 마찬가지다(王國維, 1912, "宋元戲曲考", Keping Wang, 1997, 389면).

첫번째 인용문에 따르면, 경계나 의경은 진경물(眞景物)과 진감정(眞感情)이라는 두 가지 요소를 가져야 한다. 두 번째 인용문에서 우리는 유사한 것을 알 수 있다. 감정(感情)의 짧은 형태로서의 정(情), 진물(眞物)의 짧은 형태로서의 경(景), 사(事)가 그것이다. 이 요소들은 함께 엮여서 예술작품으로 표현되면 모두 참되고 진실하며, 생생하여 감동을 주고, 자연스럽고 암시적인 것이 될 것이다. 그것들이 이러한 장점 없이 존재한다면 경계의 측면에서 이해되지 않을 것이다. 정(情) 혹은 감정(感情)은 주관적인 반면, 경(景) 혹은 경물(景物), 사(事)는 객관적이다. 따라서 경계는 경험의 주관적 측면과 객관적 측면의 융합으로 볼 수 있다. 어떤 이론가에 따르면 경계는 의경처럼 '의(意)와 경(景)의 예술적 통합'이다. 그러한 통합 속에서 의(意)

는 정의(情意)를 의미하고, 경(景)은 경물(景物)을 의미한다(李澤厚, 1983, 161~74면).
천용(Chen Yong)에 따르면 경계는 '정감적 요소'와 '독특한 분위기'를 포함하는
'예술에서의 특수한 이미지'이다. 그것은 객관적 풍경이나 사건이 시인의 마음과 미
적 감수성 안에 어떻게 반영되고 관조되는지에 대한 예술적 표현에서 유래한다
(Chen Yong, 1983, 210~14면). 경계에 대해 가장 자주 논의되는 정의는 리쩌호우(李
澤厚)가 제안했다: "왕꾸어웨이의 용법에서 보이는 대로 경계는 의경이라고 부를 수
있다. … 그것은 미학에서 형상(形象)이나 정감(情感)보다 높은 범주이다. 형상과 정
감을 결합하기 때문이다." 형상은 의경의 기초로 작용하면서 형사(形似: 형태의 유
사성)뿐만이 아니라 신사(神似: 정신의 유사성)도 의미한다. 정감은 정(情: 정감적
측면)을 일컬을 뿐만 아니라 진리, 개념, 본질적 법칙이나 규범에 관계하는 지적 측
면으로서의 리(理)도 함축한다. 정감적 측면은 지적 측면의 중재가 없으면 극도로
거칠어질 것이다. 특히 뛰어난 시적 경지로서의 의경은 따라서 "의(意)와 경(境)의
통일체로 정의될 수 있다. 이 통일체에서 전자(意)는 정(情: 정감적 측면)과 리(理:
지적 측면)의 융합이고, 후자(境)는 형(形: 형태의 유사성)과 신(神: 정신)의 융합이
다. 달리 말하면 의경은 객관적 풍경이나 사건과 주관적 느낌이나 관심을 예술적으
로 통일시킨 것의 결실이다(李澤厚, 1983)."

　이러한 해석상의 모든 시도에도 불구하고, 우리는 의경이나 경계를 쉽게 단일한
정의로 밝혀낼 수 없다. 그 미묘하고 오묘한 안개는 왕꾸어웨이가 시적 경지의 의미
로 사용한 경계를 연구함으로써 어느 정도 걷어낼 수 있다.

조경(造境: 창조적 경지)과 사경(寫境: 묘사적 경지)

　시는 창조적 경지와 묘사적 경지를 모두 갖는다. 그러나 이 양자를 구분하는 것은
어려운데 위대한 시가 창조하는 경지(境)는 자연(自然)스러운 것과 조화되어야 하
며, 그러한 시가 묘사하는 경지는 이상(ideal)에 접근해야 하기 때문이다(王國維,
Rickett 옮김, 1977, 40면). 이러한 구별은 예술작품의 창작이라는 관점에서 생긴다.
대개 이상주의자나 낭만주의자의 작품에서 구현되는 창조적 경지(造境)는 주관적
느낌을 표현하고 사회의 이상적인 모델이나 낭만적인 환상을 묘사하기 위해 상상,
발명, 과장, 괴기함과 같은 수단을 사용한다. 사실주의자의 작품에서 자주 반영되는
묘사적 경지(寫境)는 현실의 풍경이나 인간 조건의 실재를 표현하고 드러낸다. 그러
나 창조적 경지와 묘사적 경지는 모두 본래 시적 경지(境界)를 공통적으로 추구한
다.

유아지경(有我之境)과 무아지경(無我之境)

시는 유아지경과 무아지경을 모두 갖는다. 유아지경은 다음의 구절에 나타난다: "눈물을 머금은 눈으로 꽃에게 물어도 꽃은 말이 없고, 어지러이 흩어진 붉은 꽃잎은 날아올라 그네 너머로 떨어지네(淚眼問花花不語, 亂紅飛過鞦韆去)." 반면에 무아지경은 다음과 같은 구절에 함축되어 있다: "동쪽 울타리 밑에서 국화를 캐다가 물끄러미 남산을 바라본다(採菊東籬下, 悠然見南山)." 유아지경에서 시인은 대상을 그 자신의 입장에서 이기적으로 본다. 따라서 모든 것을 그 자신의 색안경으로 바라본다. 무아지경에서는 시인이 대상 그 자체를 보며, 시인 자신에게 귀속되어야 한다거나 대상에 귀속시켜야 한다고 말하지 않는다. 유아지경은 의식적 행위를 좇는 고요함 안에서 얻어진다. 전자는 아름답고, 후자는 숭고하다(王國維, Rickett 옮김, 41~2면).

왕꾸어웨이는 표면적으로 구분되는 이 두 개의 경지를 주로 미적 감상의 측면에서 비교했다. 유아지경은 주관적이고 정감적이며 고도로 인격화되어 나타나는 대상과의 자기 동일화를 사용한다. 그것은 립스(Theodor Lipps)가 그의 《공간미학》에서 서술한 감정이입의 조건과 어느 정도 유사하다(Lipps, 1897). 무아지경에서 자아는 보이지 않는 듯한 대상에 너무 깊이 잠겨 있다. 따라서 무아지경은 유아지경보다 더욱 시적으로 미묘하고 자연스러우며 조화롭고 암시적이다. 그러나 두 경지의 차이는 질적이라기보다는 양적이다. 유아지경은 좀더 '명시적인 자아의 경지(顯)'가 될 경향이 있다. 반면에 무아지경은 좀더 '묵시적인 자아의 경지(陰)'이다(朱光潛, "詩的陰與顯", Yao Kefu, 1983, 87~9면).

무아지경은 선불교의 무념(無念) 개념이나 쇼펜하우어의 순수한 인식주체 개념에 의해 더 나아가 탐구될 수 있다. 무아지경에 있는 사람은 자신을 주체와 객체 간의 어떠한 구별로부터도 분리시켜서 물(物)을 순수하게 객관적인 방식으로 관조할 것이다.

넓은 시적 경지와 좁은 시적 경지

시적 경지로서의 경계는 넓거나 좁을 것이다. 그러나 시의 탁월함과 열등함을 정하기 위한 근거로서 이러한 구분을 사용할 수는 없다:

왜 "작은 물고기는 가랑비에 뛰어 오르고, 제비는 산들바람에 날개를 파닥이네(細雨魚兒出, 微風燕子斜)"와 같은 행에서[의 경계]는 "커다란 깃발은 지는 해에 빨갛게 불타오르고, 말들은 바스락

거리는 바람에 울음을 우네(落日照大旗, 馬鳴風蕭蕭)"와 같은 행의 경계와 견주어질 수 없는가? 왜 "옥으로 장식한 발은 작은 은고리에 한가로이 걸려있네(寶簾閑挂小銀鉤)"와 같은 행에서[의 경계]는 "안개로 누대 보이지 않고, 달빛 희미하여 나루터 보이지 않네(霧失樓臺, 月迷津渡)"라는 행에서의 경계처럼 감동적이지 않은가?(王國維, Rickett 옮김, 1977, 42~3면: Keping Wang, 1970, 5면 참조)

첫번째 예에서 물고기와 제비는 크기가 작고, 비와 바람은 유쾌하게 부드럽다. 이러한 이미지는 작음과 온화함뿐만 아니라 즐거움(playfulness), 기쁨(delight), 섬세함(delicacy), 평화(peace)도 암시한다. 왕꾸어웨이에 따르면 이 구절들은 작은 경계를 담고 있다. 반면에 깃발들과 말들은 크기가 크고, 태양과 바람은 역동적으로 힘차다. 이러한 이미지들은 위대함, 힘, 장대한 전장(戰場), 흥분, 충동 유발(motivating drive), 압박 그리고 공포까지 수반한다. 왕꾸어웨이에 따르면 이 구절들은 큰 경계를 담고 있다. 이 일련의 구절들 모두 미학적으로 매력적이며 똑같이 표현이 풍부하다. 어떠한 대상이나 장면도 시에서는 표현된다. 에드먼드 버크(Edmund Burke)의 《우리의 숭고와 미 개념의 기원에 대한 철학적 고찰》과 관련하여 우리는 작은 유형의 경계는 미의 범주와 어떠한 특징들을 공유하며, 큰 유형의 경계는 숭고의 범주와 어떠한 특징들을 공유한다고 말할 수 있다.

가려짐(隔)과 가려지지 않음(不隔)

우리는 또한 시적 경지를 격(隔)과 불격(不隔)으로 구분할 수 있다. 왕꾸어웨이에 따르면 가려진 시적 경지는 풍경의 묘사가 약하고 마치 안개 너머로 꽃을 보듯이 시에 접근하도록 우리를 이끈다. 오히려 "봄풀이 연못가에서 돋아나는구나(池塘生春草)"라든가 "빈 들보에 제비가 흙을 떨어뜨리는구나(空深落燕泥)"와 같은 행의 예술적 탁월함은 베일에 가려지지 않은 데 있다. 송사(宋詞)에서도 마찬가지다. 예를 들면 구양수(歐陽修)의 사(詞) "소년유(少年遊)"의 첫째 연에는 다음과 같은 행이 있다:

열두굽이 난간에 홀로 기대어 있는 봄날
맑고 푸른 하늘은 저 멀리 구름에 잇닿아 있구나.
천리 만리로
두 달 세 달

떠나려는 기색은 사람의 마음을 아프게 한다.

闌干十二獨憑春

晴碧遠連雲

千里萬里

二月三月

行色苦愁人.

왕꾸어웨이에 의하면 "각 이미지는 바로 거기에 있지, 베일에 가려져 있지 않다. '사령운의 연못가, 강엄의 개울가(謝家池上, 江淹浦畔)'와 같은, 같은 시의 다른 행들을 보면 우리는 우리가 베일을 통해 보고 있다는 것을 알게 된다"(王國維, Richett 옮김, 1977, 56~7면; cf. Keping Wang 1970, 26~7면).

마지막 두 행이 가려져 있는 이유는 두 개의 암시를 사용했기 때문이다. 하나는 "봄풀이 연못가에서 돋아난다(池塘生春草)"라는 행에서 사령운의 묘사를 참조하게 한다. 다른 하나는 '별부(別賦)'에서의 강엄(江淹)의 묘사와 관련이 있다:

봄 풀은 푸른 빛,

봄 물은 초록 물결,

남포에서 그대를 보내니

슬픔을 어이하나.

春草碧色,

春水綠波,

送君南浦,

傷如之何

원래의 행들은 직접적이고 생생한 반면, 그 행들을 암시하는 행들은 간접적이며 당황스럽다. 마치 그것들이 베일에 가려져 있는 듯이 말이다. 첫번째 인용된 연은 감각경험과 즉각적인 지각에서 얻은 요소들로 직관적으로 자연스러운 양식을 묘사한다. 왕꾸어웨이가 가려져 있다고 본 다른 두 행은 이성적이고 연상적인 추론을 위한 기초로서 암시를 사용하는 관조적인 양식을 드러낸다.

왕꾸어웨이에게 가려진 시는 주로 암시의 현학적인 사용, 지나치게 장식적인 구

절, 독자로부터 진실된 느낌과 대리경험을 빼앗는 과장된 스타일로 구체화된다. 가려지지 않은 시는 독자가 직관적으로 이해하고 깊이 완미할 수 있게 하는 실제 느낌과 풍경의 자연스런 표현을 통해 가능하다(Ye Jiaying, 1997, 220면). 이러한 능력은 진실된 느낌과 정감(眞情感), 그리고 진실된 풍경과 사물(眞景物) 모두의 표현에 달려있는 경계의 주요 특징과 조화된다:

마음으로서의 '진정감'이 몸에 해당하는 '진경물'의 멋진 이미지에 찾아들 때만이 경계의 독특한 매력은 충분히 드러날 수 있다. 따라서 '진정감'은 경계의 생명으로 간주될 수 있다. 반면 '진경물'은 이러한 생명을 현시하고 상징화한 것이다(Zhang Bennan, 1992, 231~2면).

창조력과 마음으로 느끼는 진실함뿐만 아니라 각고의 노력을 통해 경계에 도달하는 어려움을 인식하면서 왕꾸어웨이는 다음의 말을 인용한다: "모든 글에서 나는 다만 피로 쓴 것만을 사랑한다[피로 써라. 그러면 그대는 피가 곧 정신임을 알게 될 것이다]"(《짜라투스트라는 이렇게 말했다》 I, (1883) Nietzsche, 1976).

특수한 미적 범주로서의 경계에 대한 마지막 분석은 필자가 제안한 복잡한 구분법을 통해 전체적으로 볼 수 있다. 경계는 양식(style), 이미지, 기교(mechanism), 미적 가치, 의미있는 형식, 진실된 내용, 판단의 기준, 창조적인 시작(詩作) 활동과 관련된다. 그러나 모두 "예술의 본질을 일반적으로 고찰"하기 위함이다(Nie Zhenbin, 1997, 139면).

왕꾸어웨이의 경계설은 중국 비평철학의 풍부한 토양에 깊이 뿌리박고 있으며, 그 맥락 안에서 꽃피웠다. 그의 견해는 위로는 언(言)과 의(意)에 대한 장자(莊子)의 고찰로 거슬러 올라갈 수 있으며, 아래로는 왕창령(王昌齡)·엄우(嚴羽)·왕사정(王士禎)·유희재(劉熙載) 그리고 시경(詩境)이나 의경(意境)에 대해 고찰했던 다른 사람들에게로 내려올 수 있다. 이러한 전통에 대해 왕꾸어웨이가 진 빚은 예를 들면 그의 진술에서 명백히 드러난다:

엄우(嚴羽)는 그의 《창랑시화(滄浪詩話)》에서 다음과 같이 말하였다: "당대(唐代) 황금기의 시는 단지 흥취(興趣)에만 관심을 가졌다. 땅에는 식별 가능한 흔적을 남기지 않고 뿔에 의해 매달려 있는 영양처럼, 그 시들의 탁월함은 크리스탈 같은 투명함에 있다. 이는 허공의 소리, 얼굴색의 변화, 물에 비친 달이나 거울에 비친 상(像)처럼 파악할 수 없다. 말이란 한계가 있지만 그 의미는 영원하다." 그러나 엄우가 흥취(興趣)라고 부른 것과 왕사정이 신운(神韻)이라고 부른 것은 겉핥기식일 뿐이다. 반면 내가 고른 경계(境界)라는 두 글자로 된 용어는 실제로 시의 근본을 규명한

다(王國維(1970), Rickett 옮김, 1977, 43면).

　왕꾸어웨이의 중국 미학전통과의 관련성은 강하다. 그는 주로 엄우(嚴羽)의 '흥취(興趣)'설과 왕사정(王士禎)의 '신운(神韻)'설이 갖는 통찰력에 고무되었다. 그러나 그는 경계가 시의 창조와 그것의 미적 가치에 대한 가장 기본적인 통찰력을 제공한다고 여겼기 때문에 이러한 이론들을 경시하였다. 왕꾸어웨이에게 경계는 시의 미적 감동과 계몽의 효과로서의 흥취(興趣) 그리고 문체의 결과와 이미지의 마술적 능력으로서의 신운(神韻) 모두를 그 자체 안에 가지고 있다. 게다가 흥취는 신비적인 선불교와 관련된 미묘한 계몽을 내포한다. 반면에 신운은 정교함과 아득함(精遠)의 측면에서 시적 양식의 어슴푸레한 관조를 나타낸다. 이러한 설명들은 그 모호함과 애매함 때문에 명확하게 공식화될 수 없다. 그러나 왕꾸어웨이에게 경계는 '진경(眞景)'이나 '진정(眞情)'과 같은 비교적 좀더 명백한 용어로 묘사될 수 있다. 어떤 주석자는 따라서 경계를 주관과 객관, 관념과 실재, 정감과 자연의 합일체로 여긴다.

　왕꾸어웨이는 그의 저서와 심미적 판단을 통해 그리고 서양을 원천으로 하는 관련 요소들을 병합하는 능력을 통해 경계의 범위를 넓혔다. 많은 중국학자들은 경계에 대한 그의 설명을 쉴러(Schiller)가 그의 27번째 편지에서 정교화한 '심미적 상태(aesthetic state)'라는 개념과 관련시킨다. 그러나 쉴러의 사상이라는 특수 맥락에서 그 개념은 심미적 문화, 심미적 인간, '가꾸어진 취향'과 같은 것들을 이상화하도록 의도되었고, 예술의 창조와 감상의 원칙을 결정하기보다 심미적 교육의 이점에 대한 쉴러의 관심에 우선적으로 관련되었다.

　쉴러의 영향은 경계설에서보다 미육설(美育說), 해탈설(解脫說), 유희설(遊戲說)과 관련된 왕꾸어웨이의 다른 이론에서 더욱 많이 발견된다. 이에는 칸트의 《판단력 비판(1788)》에서 제기된 것과 같이 경계와 정신(혹은 마음)의 좀더 직접적인 관계가 있다:

　　최소한 부분적으로나마 아름다운 예술이라고 여겨질 것으로 기대되는 어떤 작품에 대해 우리는 그것들이 정신이 결여되어 있다고 말한다. 비록 그 작품에 흥미의 면에서는 비난할 것이 없더라도 말이다. 어떤 시는 매우 곱고 우아할지는 모르나 정신이 결여되어 있다. … 어떤 여인에 대해서도 그녀는 예쁘고 상냥하며 품위 있지만 정신이 결여되어 있다고 말하는 경우가 있다. 그렇다면 우리가 정신(spirit)으로 의미하는 것은 무엇인가? 미적 감각에서 '정신(Geist; spirit)'이란 마음에 생기를 넣어 주는 원리를 의미한다. 그러나 이 원리가 영혼(Seele)에 생기를 넣어 주기 위해 사용하는 것, 즉 그러한 목적을 위해 사용하는 재료는 이 원리가 정신적 능력을 합목적적으로 움

직이게끔 하는 것, 즉 스스로 지속되는 활동 그리고 그러한 지속적 활동을 위한 능력을 강화시키는 활동을 하게끔 하는 것이다. 이 원리란 단지 미적 관념을 표현하는 능력일 뿐이라는 것이 지금 나의 주장이다(Kant, 1951, 156~7면).

그것들이 어떠한 차이가 있든 경계와 정신은 대개 본질, 생기, 예술의 의미와 관련된다.

왕꾸어웨이는 그의 경계이론을 예술적 가치의 궁극적 척도로서 뿐만 아니라 예술적 창조의 이상으로서 발전시켰다. 그러나 그의 설명은 쉽게 이해할 수 있는 정의나 체계적으로 일관된 설명을 제공하는 데 실패했다. 경계는 독자가 붙잡았다고 여길지도 모르나 단지 그것이 그의 손가락 사이로 빠져 나갔다는 것을 알게 되는 뱀장어와 같다. 그러므로 맥락적 독서는 시적 경지로서의 경계에 대한 이해와 평가에 확신을 갖는 데 필요하다.

고아설(古雅說)

왕꾸어웨이는 문학 창작을 천재의 일이라고 간주했지만(예를 들면 왕꾸어웨이의 "文學小言", 1906), 비평가이자 시인으로서의 폭 넓은 경험은 그를 창조적 작업의 다른 측면을 고찰하도록 이끌었다. 문자를 사용하는 사람들 중에 단지 몇몇만 천재적 재능을 타고난다. 그러나 그는 다른 작품들이 매력적이고 미학적으로 의미있을 수 있다고 보았다. 이것이 어떻게 그럴 수 있는지에 대한 의문은 예술적 창조의 2차적 형식으로서의 고아에 대한 가설에 이르렀다:

세상에는 독창적인 예술작품도 아니고 실용적으로 유용한 도구도 아닌 물건들이 있다. 그것들을 만든 사람은 결코 천재가 아니다. 그러나 이러한 종류의 작품들은 천재가 창작한 것과 거의 차이가 없는 것처럼 보인다. 그것을 위해 마련된 이름이 없기 때문에 고아(古雅)라고 부를 수 있다(王國維, 1907, "古雅之在美學上之地位").

고아라는 용어는 고(古)와 아(雅)라는 두 개의 중국문자를 결합한 것이다. 왕꾸어웨이는 그 용어를 주로 예술에서의 일종의 고전적인 우아함이나 정제된 우아함에 사용했다. 우리는 고아를 '정제됨(the refined)'으로 표현할 수 있을 것이다. 왕꾸어웨이는 고아를 천재적 재능과 대조를 이루는 일종의 창조성으로, 또한 아름다움이나 숭고함과 대조를 이루는 미적 범주로서 제안했다. 그는 고아를 그 기본적인 특징과

관련하여 기술하였다: 일종의 예술적 창조로서, 고아는 천재에 의해서가 아니라 높은 인격을 가진 학식있는 사람에 의해 생겨난다. 그것의 산출은 천부적인 재능보다 개인적인 노력에 달려 있다. 일종의 예술적 형태로서, 고아는 단지 예술 안에서만 유용하다. 따라서 자연 안에서도 발견되는 아름다움이나 숭고함과는 구분된다. 일종의 미적 가치로서, 고아는 아름다움과 숭고함이라는 특성을 가지지 않는다는 점에서 독립적이다. 일종의 기교로서, 고아는 정제나 우아를 자연 안에서는 아름답지 않은 것, 예를 들면 풍경화에 부여한다. 일종의 미적 대상으로서, 고아는 아름다움과 숭고함이라는 초월적인 미적 범주의 보편적이고 선험적인 판단과는 반대로 경험에 근거한 후험적인 판단에 종속된다.

예술의 새로운 범주로서의 고아에 대한 이해를 촉진하기 위해서는 더 많은 설명이 필요하다. 첫째, 왕꾸어웨이는 형식을 넓은 의미로 이해했다. 그는 모든 아름다움(美)은 정의를 내리자면 형식의 대칭·다양성·조화에 있는 형식적 아름다움이라고 주장했다. 예를 들면, 영웅과 그가 처한 상황은 소설과 희곡의 소재를 제공한다. 그러나 이러한 소재는 단지 적절한 형식을 통해서만이 심미적 대상이 될 수 있다. 형식에는 일반적으로 두 가지 타입이 있다. 일차적 형식 안에서 자연스럽고 완벽하게 표현되는 것은 우아미(優雅美)와 장엄미(莊嚴美)의 심미적 대상을 산출할 것이고, 이차적 형식 안에서 노련하게(skillfully) 표현되는 것은 고아의 심미적 대상을 산출할 것이다. 이 점에 대해 형식은 심미적 느낌을 일으키거나 자극함으로써 어떤 것을 심미적 대상으로 전환시킨다. 그러나 소재를 그 내용으로 사용한다.

둘째, 고아는 우아미와 장엄미를 포함하는 일차적 형식을 보완하기 위한 이차적 형식으로서 제안된다. 첫번째 형식을 세분하는 것은 버크(Burke), 칸트(Kant)에 의해 공식화된 것으로, 천재의 창조적 산물만을 배타적으로 표현하고, 다른 예술가에게는 모방을 위한 모범적인 모델을 제공한다. 반면에 고아한 작품은 천재가 아닌, 그러나 고도로 가꾸어진 심미적 취향을 가진 예술가에 의해 만들어진다. 이러한 취향은 학습·모방·정제로부터 자연스럽게 출현한다. 고아를 산출하는 예술가는 그가 만든 것에 관해서는 가장 으뜸가는 재능을 가진 예술가로 인정된다. 그럼에도 그의 작품은 대체로 그의 타고난 재능보다는 오히려 그의 노력에 의해 만들어지고 정제된 것이다.

셋째, 고아는 독립적인 가치를 지닌다고 할 수 있다. 그것은 비록 우아미나 장엄미의 타고난 특성을 결여하고 있지만, 아름다움의 미(美)를 증가시키는 데 도움을 준다. '형식미의 특수한 양식'이 됨으로써, 고아는 우아미와 장엄미의 첫번째 형식에 없어서는 안 될 요소로 기능한다. 이러한 맥락에서 고아는 우아하거나 장엄한 예

술작품이 그것 없이는 생산될 수 없는 필수적인 방법·기술·기교이다.

마지막으로 우리는 고아 개념을 천재 개념과 관련하여 접근해야 한다. 미적 창조에서 이 두 가지 사이에는 보완적인 관계가 존재한다. 독창적이고 모범이 되는 작품을 제공하는 예술적 천재는 극히 드물다. 탁월한 미적 가치를 지닌 우수한 작품으로서 고아를 생산하는 예술가들은 천재의 생산을 보완하고, 그 외관상의 간극을 메운다. 보완적인 예술작품으로서, 고아는 천재의 독창적이고 모범적인 창작물의 가치를 부정하기보다, 오히려 예술적 창조의 과정에서 학습·취향·노력의 필요성을 확실히 한다. 이러한 연관 속에서 고아는 그 독립적인 가치를 갖는다.

그러한 설명에도 불구하고 고아 개념은 여전히 복잡하며 어떤 면에서는 절망적이다. 일차적 형식과 이차적 형식 간의 차이를 예로 들어보자. 우아미와 장엄미를 구성하는 전자는 두 가지 다양성, 즉 자연적 다양성과 예술적 다양성을 갖는다. 예술적 다양성 측면에서 일차적 형식은 오직 예술적 다양성 안에서만 유용한 이차적 형식인 고아에 의해 보완된다. 이 때문에 모든 사물의 아름다움은 형식적이며, 이차적 형식을 통해 표현될 때 증가될 수 있을 것이다. 그러나 이는 고아가 예술에서만 유용하고 자연에서는 그렇지 않다는 주장에 모순된다. 왕꾸어웨이는 이러한 제한이 왜 자의적이지 않은지를 설명해야 했다. 나아가 고아에 대한 왕꾸어웨이의 서구화된 기술(記述)은 중국에서의 수용과 대중성을 가로막았다.

어떤 중국 비평가들은 고아를 너무 문자 그대로 다루어서, 해석을 위해 그 용어를 고(古)와 아(雅)로 분리하였다. 그들은 고(古)를 근(近)의 반대말로 보았고, 아(雅)를 속(俗)의 반대말로 보았다. 따라서 고(古)와 아(雅)의 작품은 배타적으로 고전적이거나 수준 높은 예술, 즉 소수의 교양인이 감상하고 오늘날의 현실과는 관련이 없는 예술에 속한다고 간주된다. 근(近)과 속(俗)의 작품은 다수의 서민이 감상하며 오늘날의 상황을 반영하는 전형적인 대중예술로 여겨진다. 이러한 기초 위에서 왕꾸어웨이는 보수주의자, 혹은 엘리트주의자로 간주되었고, 그의 고아설은 현실과 삶에서 멀어지고, 사회적 측면과 아름다움에 대한 대중들의 감상 모두에 적대적이라는 이유로 비난받았다(Chen Yuanhui, 1989, 71~5면 참조). 이러한 비판은 내가 언급했던 맥락적 함의를 무시한 것이고, 따라서 왕꾸어웨이의 실제 견해, 특히 대중예술에 관한 견해에 응수하는 데 실패했다. 중국희곡과 경극에 대한 그의 역사적 견해는 학자들이 이전에는 정제되지도 않았고 진지하게 고찰할 가치가 없다고 여겼던 예술 장르에 대한 선구자적 연구를 제공하였다. 이 연구의 서문에서 그는 고급예술과 대중예술 모두에 대한 평가를 보여 준다:

각 시기마다 고유의 문학이 있다. 당(唐) 왕조의 시(詩), 송(宋) 왕조의 사(詞), 원(元) 왕조의 곡(曲)과 같이 특수한 장르의 문학은 단지 그 시기에만 성행하며, 후대에 계속해서 부흥할 수는 없다(王國維, 1912, "宋元戲曲考").

문학의 발전에 대한 왕꾸어웨이의 진화론적 견해는 고전에 대한 어떠한 제약이나 대중에 반(反)하는 어떠한 편견으로부터도 자유롭다. 따라서 그가 주장하는 엘리트주의적 입장에 대한 비판은 적절하지 못하다.

결론

왕꾸어웨이의 경계설과 고아설은 그의 심미비평의 주요한 혁신적 특징이다. 그것들은 중국과 서양의 미학 전통, 특히 정(情)·경(景)·재(才)·학(學)·상(像)·의(意)·흥취(興趣)·신운(神韻)과 같은 중국의 개념 그리고 이상주의(idealism)와 사실주의(realism), 미(the beautiful)와 숭고(the sublime), 천재(genius)와 정신(Geist)과 같은 서양 개념에 창조적으로 응답한 결과이다.

경계설과 고아설은 시의 미적 특징을 설명하고, 시인의 가꾸어진 취향과 높은 창조성을 드러내기 위해 고안되었다. 그것들은 또한 예술, 특히 시에 대한 미적 판단을 위한 중요한 기준으로 추천된다. 철학적으로 그것들은 인간 실존의 상황 그리고 인간의 가치체계와 관련하여 우주적·사회적·도덕적·육체적·예술적 진리에 대한 끝없는 추구를 향한다. 왕꾸어웨이가 세 개의 잘 알려진 송사의 구절들을 통해 설명한 것처럼, 이 이론들은 윤리적으로 인격 발달과 정신 보양의 과정을 제안한다:

고금의 성대한 사업(事業)에서 위대한 학자(學問者)는 반드시 세 가지 경계를 경험해야 했다. "지난 밤 서쪽 바람이 푸른 나무를 시들게 했다. 나는 혼자 누각에 올라 아득히 먼 길을 마음껏 바라보았다(昨夜西風凋碧樹, 獨上高樓, 望盡天涯路, 晏殊, 蝶戀花)." 이것은 첫번째 경계(境)이다. "내 옷은 날마다 조금씩 헐거워지지만 나는 후회 않네. 그대로 인해 초췌해지는 것이라면(衣帶漸終不悔, 爲伊消得人憔悴(柳水, 鳳棲梧[왕꾸어웨이는 실수로 구양수의 "접연화"라고 보았다]). 이는 두 번째 경계를 표현한다. "나는 군중 속에서 그녀를 수백, 수천 번 찾았다. 돌연히 머리를 돌려서 보니 그녀는 바로 등불이 희미해지는 곳에 있었다(衆里尋他千百度, 回頭驀見, 那人正在燈火闌珊處, 辛棄疾, 靑玉案)." 이것은 세 번째 경계이다. 이와 같은 말들은 위대한 사(詞) 작가들이 아니고서는 말할 수 없다. 그러나 우리가 그 시 자체의 의미를 해석하기 위해 이러한 경계 관념을 사용하게 되면, 관련된 세 작가들이 허락하지 않을까 염려된다(王國維(1970), Rickett 옮김, 1977, 50면;

Yao Kefu, 1983, 10~11면 참조).

왕꾸어웨이에게 인격 발달의 과정은 계몽과 성취를 통해 필연의 영역에서 자유의 영역으로 진보하여 인간의 정신을 승화시키고 인간의 삶을 아름답게 가꾸어 준다.

참고문헌

왕꾸어웨이의 저서

王國維 1970:《人間詞話》, trans. Ching-I Tu, 臺灣: 中華書局.

王國維 1987a:《王國維美論文選》, Liu Gangqiang ed., 長沙: 湖南人民出版社.

王國維 1987b:《王國維文學美學論著集》, Zhou Xishan, ed. 太原: 北岳文藝出版社.

王國維 1996:《王國維學術文化隨筆》, Fo Chu, ed., 北京: 中國靑年出版社.

王國維 1997:《王國維文集》, Yao Ganming and Wang Yan, eds, 北京: 中國文史出版社.

기타 중국저서

北京大學校, 哲學科, ed,s, 1985:《中國美學史資料選集》, 北京: 中華書局.

Cai, Yuanpei(蔡元培) 1983:《蔡元培美學文選》, 北京: 北京大學出版社.

Chen, Hongxiang 1998:《王國維傳》, 北京: 天地出版社.

陳寅恪 1934: "王靜安遺書序", 北京: 商務印書館, 再版 1940.

Chen, Yong 1983: "略談'境界'說", in Yao, Kefu, 1983, 210~14면.

Chen, Yuanhui 1989:《王國維論》, 長春: 東北師範大學出版社.

Fo, Chu 1987:《王國維詩學研究》, 北京: 北京大學出版社.

Li, Zehou(李澤厚) 1980:《美學論集》, 上海: 上海文藝出版社.

Li, Zehou(李澤厚) 1983: "意境淺談", in Yao, Kefu, 1983, 160~78.

Liu, Kesu 1999:《矢行孤雁: 王國維別傳》, 北京: Huxia 出版社.

Liu, Xuan 1996:《王國維評傳》, 南昌: 百花文藝出版社.

Lu Shanqing 1988:《王國維文藝美學觀》, 貴陽: 人民出版社.

Nie, Zhenbin 1997:《美學思想評述》, 瀋陽: 遼寧大學出版社.

Yao, Kefu, ed., 1983:《人間詞話及評論匯編》, 北京: Shumu Wenxian 出版社.

Ye, Jiaying 1983: "對《人間詞話》中境界一辭之義界的探討", in Yao, Kefu 1983, 147~59

면.

Ye, Jiaying 1997:《王國維及其文學批評》, 石家莊: 華北敎育出版社.

Zhang, Bennan 1992:《王國維美學思想硏究》, 臺灣: 文津出版社.

Zhu, Guangqian(朱光潛) 1982:《朱光潛美學文集》, II, 上海: 上海文藝出版社.

기타 외국저서

Burke, Edmund 1958: *A Philosophical Enquiry into the Origin of our Ideas of the Sublime and Beautiful*, London: Routledge & Kegan Paul, (original date 1757).

Kant, Immanuel 1951: *Critique of Judgment*, trans. J. B. Bernard, New York: Hafner Press(original date 1788).

Kant, Immanuel 1968: *Critique of Pure Reason*, trans. N. Kemp Smith, London: Macmillan, (original dates 1781, second edn 1787).

Lipps, Theodor 1897: *Raumaesthetik und geometrisch-optische täschungen*, Leipzig: J. A. Barth.

Nietzsche, Friedrich 1976: *The Portable Nietzsche*, trans. and ed. Walter Kaufmann, Harmondsworth: Penguin Books.

Rickett, Adele Austin 1977: *Wang Kuo-wei's Jen-Chien Tzu-Hua: A Study in Chinese Literary Criticism*, Hong Kong: Hong Kong University Press.

Schiller, Friedrich 1967: *On the Aesthetic Education of Man*, trans. E. M. Wilkinson and L. A. Willoughby, Oxford: Oxford University Press(original date 1794~5).

Schopenhauer, Arthur 1897: *The Art of Literature*, trans. T. Bailey Saunders, London and New York: Swan Sonnenschein &The Macmillan Press.

Schopenhauer, Arthur 1964: *The World as Will and Idea*, trans. R. B. Haldane and J. Kemp, London: Routledge & Kegan Paul(original date 1883).

토론 문제

1. 간문화적 관점은 중국 철학의 기본 개념을 이해하는 데 도움이 되는가?
2. 성(性)은 인간의 인식 너머에 있는가?
3. 형이상학적인 것과 윤리적인 것은 구분되어야 하는가?
4. 왕꾸어웨이는 경계에 대해 일관된 설명을 제공하는가?

5. 우리는 시적 창작을 이해하는 경우와 비판적 평가를 위한 기준을 제공하는 경우
   에 같은 개념을 사용할 수 있나?

6. 창조와 묘사는 경계 안에서 어떻게 통합되는가?

7. 유아지경과 무아지경의 구분은 시를 이해하는 데 도움을 주는가?

8. 가려진 시보다 가려지지 않은 시를 선호하는 어떤 일반적인 근거가 있는가?

9. 왕꾸어웨이의 중국미학 전통과의 연관성은 그의 비평철학을 정당화하는 데 도움
   을 주는가?

10. 미학 비평에서 천재 개념을 거부한다면 고아 개념도 거부해야 하는가?

3. 장뚱쑨(張東蓀): 다원주의 인식론과 중국 철학

신옌 지양

장뚱쑨(1886~1973)은 1920년대부터 1940년대까지 중국에서 가장 중요한 철학자 중의 한 사람이었다. 그는 젊은 시절 일본에 가서 도쿄 제국 대학에서 5년 넘게 철학을 공부했다. 1911년 중국으로 돌아간 뒤, 베이징 대학을 포함하여 여러 대학에서 가르쳤고, 많은 철학책을 출간했다. 가장 널리 알려진 작품으로는 《과학과 철학(科學與哲學, 1924)》, 《철학 ABC(哲學 ABC, 1929b)》, 《인생관 ABC(人生觀 ABC, 1929a)》, 《신철학논총(新哲學論叢, 1929c)》, 《도덕철학(道德哲學, 1931)》, 《현대윤리학(現代倫理學, 1932)》, 《인식론(認識論, 1934a)》, 《가치철학(價値哲學, 1934c)》, 《지식과 문화(知識與文化, 1946a)》, 《이상과 사회(理想與社會, 1946b)》, 《이상과 민주(理想與民主, 1946c)》가 있다.

장뚱쑨은 전통 중국 철학과 서양 철학 모두에 깊이 영향을 받았다. 유교 교육은 나라와 국민에 대한 그의 강한 책임의식에 많은 도움이 되었다. 우주에 대한 불교적 관점은 그의 우주론을 크게 고무시켰다. 칸트 인식론과 서양의 다른 인식이론들은 그의 다원주의적 인식론(認識的多元論)을 위한 기초를 제공해주었다. 서양 철학을 중국에 도입하는 데서 이룬 그의 뛰어난 업적은 그가 매우 영향력있는 인물이 된 이유 중의 하나이다. 그러나 현대 중국 철학에서 장뚱쑨이 갖는 의미는 주로 자기 자신의 철학 이론, 특히 인식론을 확립한 최초의 현대 중국 철학자로서의 그의 역할 때문이다.

다른 중국 현대 철학자들과 달리, 장뚱쑨은 그의 철학적 기초를 전통 중국 철학을

개혁하는 것보다 서양 철학을 소화하여 종합하는 작업에 두었다. 찬윙칫(Chan Wing-tsit)이 지적했듯이 장똥쑨은 논란의 여지없이 "서양사상을 가장 잘 소화했고, 가장 포괄적이며 조화된 체계를 확립했으며, 서구 지향의 중국 철학자들 가운데 가장 큰 영향력을 발휘한" 인물이다(陳榮捷, 1963, 744면). 인식론은 장똥쑨의 철학에서 중심이었으며, 이는 다원론적 인식론으로 시작하여 문화인식론에서 절정에 이르렀다. 그의 다원론은 수정된 칸트철학(revised version of Kantian Philosophy)에 기원을 두었다. 그러한 인식론을 정당화하기 위해 그는 우주론, 즉 범구조주의(汎架構主義)를 제안했다. 그의 문화인식론은 다원론적 인식론에 근거하고 있기는 하지만 지식의 사회·문화적 특징을 탐구하고자 하였다. 그의 철학의 이러한 단계는 오늘날 매우 흥미로우며, 이 장(章)의 논점을 제공할 것이다. 장똥쑨은 또한 자신의 문화인식론을 설명하고 논증하기 위해 중국 철학과 서양 철학에 대한 포괄적이고 심도 깊은 비교 연구를 착수했다. 특히 언어의 차이가 철학의 차이에 어떻게 영향을 주는지, 문화적 차이가 논리적 사고의 차이를 어떻게 결정하는지에 대한 그의 연구는 통찰력이 있다. 비록 중국 철학과 서양 철학에 대한 장똥쑨의 비교 연구가 반세기 전에 쓰이기는 했지만 그 가치는 매우 크다고 할 수 있다. 그의 연구는 문화적 이슈에 대한 오늘날의 논쟁에 대해 도움을 주며 우리 시대의 비교철학을 고무시킬 것이다.

다원론적 인식론(多元認識論)

장똥쑨에게 지식(knowledge)이란 사회적이고 문화적이다. 이를 논하기 위해 그는 우선 인식의 과정을 논의했다. 인식의 내용이 외부 실재를 객관적으로 표상하지 않는다는 것을 보여 주기 위해서였다. 그는 이러한 목적을 달성하기 위해 자신의 다원론적 인식론(多元認識論) 혹은 인식의 다원론(認識的多元論)을 확립했다.

장똥쑨은 인식에 대한 자신의 설명을 '인식의 다원론'이라고 불렀다. 우리의 인식을 가능하게 해주는 다양한 요소들이 상호 독립적이며 서로 환원 불가능하다고 생각했기 때문이다. 그가 보기에 감각, 외적 질서, 초월적 형식, 논리적 가설(postulates), 개념(concepts)들은 모두 인식을 위해서 없어서는 안 되는 것들이다. 각각 모두 그 고유의 원천을 가지고 있고, 다른 것으로 환원될 수 없다: "감각으로부터 외물(外物)을 알 수 없다; 형식으로부터 감각을 알 수 없다; 가설로부터 형식을 알 수 없다; 개념으로부터 가설을 알 수 없다"(張東蓀, 1934a, 106면). 그는 이러한 다원론자의 입장이 자신의 이론을 인식내용을 인식주관으로 환원시키는 인식의 일원론, 주관과 대상 사이의 이분법만을 인정하는 인식의 다원론 모두와 구분지어 준다고 생각

했다(張東蓀, 1934a, 45면).

이 절에서는 장똥쑨의 인식의 다원론을 간략히 소개하고, 감각·외적 질서·초월적 형식·가설·개념들이 우리의 인식에서 어떻게 다른 역할을 하게 되는지를 설명하겠다.

첫째, 감각은 외물의 표상(representation)이 아니다. 감각의 내용은 외계의 대상과 정확한 대응관계를 갖지 않는다는 의미에서 존재하지 않는다. 예를 들어서 우리가 우리 앞에 자주색 옷 한 벌이 있는 것을 본다면, 외부 세계에 자주색이 있는 것이 아니라 우리가 사물을 그렇게 보게 만드는 무엇이 있는 것이다. 따라서 우리는 감각을 통해서는 외부세계가 실제로 어떠한지 알 수 없다. 그러나 장똥쑨은 감각에 외적 근거가 있으며, 단지 마음에만 기인하는 것은 아니라고 생각했다. "그것은 외적 존재가 아니다. 그러나 마음 안에 존재하는 것도 아니다. 그것은 세계 안에 존재하지 않는 것 사이의 무엇이다"(張東蓀, 1934a, 47면). 외부세계에는 우리의 감각을 자극하는 무엇이 있다:

> 우리가 아직 우리를 자극하는 외물의 본성을 알지 못하더라도, 그것들 사이에 분명 일종의 상관관계가 있을 것이다. 그 대상이 이미 변화한 동안에 우리의 감각은 틀림없이 어떠한 조건 하에서 어떠한 변화에 영향받기 때문이다. … 그렇다면 이러한 관련 속에서 버트란트 러셀(Bertrand Russell)의 인과적 지각이론(causal theory of perception)은, 어떤 의미에서 이와 유사하다. 내가 그를 잘못 이해한 것이 아니라면 말이다(張東蓀, 1932b, 10~11면).

감각의 변화와 외부세계의 변화 사이에는 상관관계가 있다. 결국 감각이란 외부세계에 그 원인이 있고, 우리의 외부에 있는 것이 달라질 때 감각도 달라진다. 우리가 옷 한 벌을 자주색으로 지각할 때, 옷에는 우리로 하여금 자주색을 지각하게 만드는 무엇이 있다. 만일 그러한 것이 그 안에 없다면, 우리는 그 옷을 자주색으로 지각하지 않을 것이다. 그러나 우리 감각의 외적 원인은 실체가 아니라, 오히려 우리 바깥의 질서나 구조이다. 우리의 감각에 반영되는 것은 이러한 외적 질서인 것이다(張東蓀, 1932b, 12면; 張東蓀, 1934a, 47~9면).

둘째, 외적 질서는 우리와 독립적으로 존재한다. 비록 우리가 그것에 대해 거의 어떠한 지식도 가질 수 없다고 하더라도 말이다. 그러나 장똥쑨에게는 우리가 알 수 있는 세 가지 종류의 외적 질서가 있다. 첫째는 원자성(原子性)으로, 실체와 어떠한 관련도 없는 물리적 세계의 원자적 구조를 의미한다(張東蓀, 1932b, 16면). 원자성은 가분성과 같은 뜻이다. 물리적 원자와 달리 우주의 궁극적인 요소를 구성하는 가장

작은 물리적 입자이다. 장뚱쑨의 원자성 개념은 실체보다는 구조와 관련된다. 구조적으로 물리적 세계는 더 작은 단위로 무한하게 나누어질 수 있다. 두 번째 외적 질서는 연속성이다. 나누어질 수 있는 어떠한 것도 연속성을 갖는다. 원자성과 연속성은 하나의 대상에 대한 두 측면이다: "연속적인 것은 무한하게 나누어질 수 있어야 한다"(張東蓀, 1932b, 19면). 세 번째 질서는 창변성(創變性)이다. 세상에 새로운 어떤 것도 생겨나지 않는다면 세상에는 아무런 변화도 없을 것이다. 그러나 의심의 여지없이 세상에는 변화가 있다. 따라서 세상에는 새로운 것이 있어야 한다. 이러한 새로운 것들은 우리의 마음이 창조하는 것이 아니다. 우리는 그것을 인식하지만 그것을 야기하지는 않는다. 그들은 외부세계에 원인을 가지고 있다. "따라서 우리는 새로이 출현하는 것이 있는 이유는 이러한 새로운 것들에 상응하는 어떤 것이 있기 때문이라고 말해야 한다. 그것은 일종의 질서이다"(張東蓀, 1934a, 61면). 그러나 우리가 지각하는 창변성과 외부세계에 있는 것 사이의 대응은 단지 구조에 관련되는 것이지 내용에 관련되는 것은 아니다(張東蓀, 1934a). 따라서 외부세계의 변화는 구조의 변화를 포함할 뿐이다:

> 우리는 외적 세계와 접촉할 수는 있으나 그에 대해서는 거의 알아낼 수 없다. 마치 우리 앞에 매우 적은 빛만이 눈에 닿을 수 있는 두꺼운 장막이 있는 것 같다. 우리에게 닿을 수 있는 것은 세 가지 질서, 즉 원자성, 연속성, 창변성이다. 그 이외에는 아무것도 우리에게 확실하게 알려지지 않는다(張東蓀, 1934a, 63면).

외적 질서의 존재에 대한 장뚱쑨의 신념은 그의 인식론에서 매우 중요하다. 비록 그에 대한 타당한 근거를 제공하지는 않았지만 말이다. 장뚱쑨은 자신이 외적 질서의 존재를 인정하는 것이 그의 견해와 칸트 견해의 차이라고 생각했다. 장뚱쑨이 이해하기에 칸트는 경험 대상의 질서는 단지 우리의 의식 안에서만 존재한다고 믿었다(張東蓀, 1934a, 51면; 1932b, 14면). 그러나 이러한 측면에서 칸트에 대한 장뚱쑨의 비판은 매우 약하다. 그는 우리가 외적 질서가 있다는 것을 어떻게 아는지를 보여주지 못했고, 우리가 원자성·연속성·창변성이 우리 바깥에 있다는 것을 어떻게 확신할 수 있는지에 대한 설명을 시도하지 않았기 때문이다.

내적 질서는 인식의 또 다른 요소이다. 얼마나 많은 종류의 외적 질서가 존재할 수 있든지간에 우리는 내적 질서가 없이는 인식할 수 없다. 장뚱쑨은 내적 질서를 두 가지, 즉 인식의 선험적 형식(초월적 직관형식)과 논리의 선험적 형식(논리적 가설)으로 나눈다. 그에 의하면 인식의 선험적 형식 혹은 초월적 직관 형식은 인식의

세 번째 요소이다. 그것들은 우리의 인식에 앞서는 조건인데, 그러한 조건하에서만 이 우리의 인식은 가능하다(張東蓀, 1932b, 28면). 초월적 직관 형식에는 세 가지 종류, 즉 공간·시간·주객 관계가 있다. 시간과 공간에 대한 그의 견해는 칸트의 견해와 유사하다. 칸트처럼 장뚱쑨은 공간과 시간이 주관적인 형식이지 경험에서 유래하는 것이 아니라고 주장했다. 그것들은 경험을 가능하게 하는 선험적 조건이자 모든 직관의 기초가 되는 필수적인 표상이다. 공간은 우리의 외적 감각이 모두 드러나는 형식일 뿐이고, 시간은 우리의 내적 감각이 모두 드러나는 형식일 뿐이다(張東蓀, 1932b, 26~7면; 1934a, 69, 72면). 주객관계에 대해 장뚱쑨은 모든 인식, 가장 낮은 종류의 의식조차도 주관과 대상을 전제로 한다고 생각했다. 그는 인식에서 인식되는 것과 인식하는 자 사이의 관계는 내적이며, 양자는 분리될 수 없다고 주장한다(張東蓀, 1934a, 80면). 인식경험이나 이해가 있을 때는 반드시 경험된 대상과 그것을 경험하는 주체가 있어야 한다(張東蓀, 1932b, 32면).

장뚱쑨에 의하면 논리의 선험적 형식 혹은 논리적 가설은 인식의 네 번째 요소이다. 그러한 형식들은 논리를 가능케 하는 근본적인 원리들이다. 그것들은 칸트적 의미에서 가설 혹은 범주, 그리고 논리적 함의(implication)의 관계를 포함한다(張東蓀, 1934a, 84~5면). 정적이고 고정된 가설은 많은 짝(set)으로 나누어진다. 각각의 가설은 반대면을 가지고 있는데, 예를 들면 옳고 그름, 단순함과 복잡함 등이다(張東蓀, 1934a, 89면). 모든 가설은 유용하지만 어떤 것은 다른 것보다 더 편리하다(張東蓀, 1934a). 장뚱쑨에 따르면 가설은 문화적이거나 사회적이다. 모든 인식주관에게 공통된 인식의 선험적 형식과는 달리, 가설은 문화에 따라 다양하다. 가설의 변화는 문화에 달려 있다(張東蓀, 1934a, 128면). 가설과 달리 함의 관계(implicative relations) 혹은 논리적 함의는 상이한 논리적 함의가 서로에게로 변화할 수 있고, 그것들이 모두 같은 논리 법칙의 현현이라는 점에서 역동적이며 가동(可動)적이다(張東蓀, 1934a, 93면). 그것들은 모든 판단과 추론의 토대이다. 그것들이 없으면 어떠한 명제도 가능하지 않다. 모든 명제는 논리적 함의의 표현이기 때문이다. 장뚱쑨의 함의 관계는 논리적 규칙 혹은 법칙이다. 그에게 논리의 세 가지 법칙, 즉 동일률·모순율·배중률은 모두 함의 관계이다(張東蓀, 1934a, 90면). 함의 관계가 없으면 논리도 없을 것이다. 논리는 그러한 관계로부터 연역되지만 이러한 관계는 논리로부터 연역될 수 없다. 따라서 함의 관계는 더 분석될 수 없는 논리의 선험적 근거이다.

개념은 인식의 다섯 번째 요소이다. 장뚱쑨에 따르면 개념에는 단계(hierarchy)가 있다. 가장 높은 개념은 실체, 실재, 물질, 정신, 힘과 같은 형이상학적 개념이다. 두 번째 높은 개념은 물리학 개념이며, 심리학, 생물학, 논리학, 윤리학 개념이 그 다음

에 온다(張東蓀, 1934a, 95~6). 가설과 달리 개념들은—가장 높은 형이상학적 개념까지 포함하여—경험적이다. 개념은 경험으로부터 일반화되어 형성된다. 논리학에서 개념의 기능과 관련하여 장똥쑨은 개념은 추론이 시작되는 논리적 가정이 아니라 추론에서 유래하는 논리적 결과물이라고 생각한다(張東蓀, 1934a, 97면). 이는 개념을 형성하기 위해서는 가설을 경험에 적용해야 하기 때문이다. 그 밖에 다른 방법은 없다. 이러한 의미에서 개념이 논리적 결과물이라고 말하는 것은 개념이 경험적이라고 말하는 것과 모순되지 않는다. 논리학에서 가설과 개념의 서로 다른 기능은 양자간의 또 다른 차이에 이른다. 가설은 전적으로 쓸모없을 수는 없으나 개념은 잘못될 수도 있고 시대에 뒤떨어질 수도 있다(張東蓀, 1932b, 43면). 가설이 조건인 반면 개념은 내용이다. 우리가 알 수 있는 것은 곧 우리가 개념을 통해서 아는 것이다. 개념은 본성상 상징적이다. 개념은 상징이거나 집합명(class name)이다. 같은 개념에 포함되는 개별자들은 공통의 속성을 공유할 필요는 없다. 그러나 그것들에 대한 우리의 반응이 유사하기 때문에 같은 종류로 분류되는 것이다(張東蓀, 1934a, 99~100면). 예를 들어 펜과 잉크는 아주 다른 물건이지만 우리는 그것들을 사용하는 방식 때문에 둘 다 문구용품으로 분류한다(張東蓀, 1934a, 116면). 장똥쑨에 따르면 모든 개념은 우리의 경험적 관례 때문에 비교적 고정화된(張東蓀, 1934a, 118면) 우리가 경험한 태도(experience-attitude) 혹은 작용의 집합이다(張東蓀, 1932b, 46면). 이러한 의미에서 집합명은 외적 세계의 자연적인 종류와 상응하는 것이 아니라 우리의 주관적인 분류에 상응하는 것이다. 따라서 집합명이나 개념이 표현하는 것은 실제로는 존재하지 않는다(張東蓀, 1934a, 100면). 개념은 외물이 실제로 존재하는 방식을 드러내는 상징이 아니라 우리가 외물에 반응하는 방식에 의해 결정된다. 개념은 일종의 반응의 집합이다. 예를 들어 오렌지라는 개념은 '만져지는', '먹을 수 있는', '냄새가 나는', '달콤한', '줄 수 있는', '테이블에 놓을 수 있는', '3차원의 둥근 물체로 표현되는', '짜서 즙으로 만들 수 있는'과 같이 우리가 오렌지를 다루는 방식군(方式群)을 드러낸다(張東蓀, 1934a, 111~12면).

우리가 사물을 분류하는 것은 주관적이지만 전적으로 임의적이지는 않다. 분류에는 얼마간 객관적인 근거가 있고, 사물을 분류할 때 우리의 자유에 대한 얼마간의 제한이 있다. 예를 들어 우리는 노새를 육식의 호랑이로 분류할 수는 없다(張東蓀, 1934a, 114면). 비록 사물에 대한 분류가 사물을 대하는 우리의 반응에 기초하고는 있지만 우리의 반응은 사물의 일정한 특징과 관계된다. 이를테면 오렌지에 대한 우리의 반응 중에 하나는 그것을 먹는 것이다. 먹을 수 있기 때문이다. 그러나 우리는 돌에도 그렇게 반응하지는 않는다. 비록 '먹을 수 있음'이 오렌지에 내재하는 것이

아니라 오렌지와 우리의 관계에 달려 있는 상관적인 특징이라고는 하지만, 이러한 상관적인 특징은 오렌지의 알려지지 않은 일정한 특징과 관계가 있다(張東蓀, 1934a, 116~17면). 따라서 집합명으로서의 개념이 주관적이라고는 하나 어떤 식으로든지 외적 세계와 여전히 서로 관련된다.

장똥쑨의 인식의 다원론에 따르면, 지식이란 이러한 인식의 다섯 가지 요소가 연결되는 것이다. 그는 또한 단일한 파지(simple apprehension)가 각각 전체이며, 따라서 모든 표상(representation)을 그 자체의 모습(실재)과 같게 만들어 주는 칸트의 통각의 초월적 통일은 필요치 않다고 믿었다. 장똥쑨에게 칸트의 이론과 자신의 이론의 주요한 차이는 다음과 같이 설명할 수 있을 것이다: 칸트는 우리가 무질서한 요소들을 먼저 지각한 다음에 그것을 파지의 초월적 통일에 의해 통합하고 질서지운다고 생각한다. 장똥쑨의 생각은 먼저 전체를 인식하고 나서 그것을 구분한다는 것이다(張東蓀, 1934a, 119~20면). 장똥쑨은 인식의 다섯 가지 요소들이 서로 환원될 수 없으며 인식에서 똑같이 중요하다고 생각했기 때문에 자신의 인식론을 일종의 다원론이라고 보았다. 따라서 그에게 인식의 궁극적인 근원에 대한 합리론과 경험론 간의 논쟁은 의미가 없다(張東蓀, 1934a, 123면). 장똥쑨의 다원론적 인식론은 칸트의 영향을 깊이 받아서 스스로 자신의 인식론을 일종의 칸트 인식론의 개정판이라고 보았다(張東蓀, 1937, 96면). 그럼에도 불구하고 그는 자신의 이론이 많은 면에서 독특하다고 주장했다. 그가 생각하기에 자신의 혁신은 이론의 어떤 특정 부분에 있는 것이 아니라 그 모든 부분들을 통합하는 방식에 있었다. 그 통합이 새롭기 때문에 그의 다원론적 인식론도 새로운 것이다(張東蓀, 1937, 96면).

장똥쑨의 다원론적 인식론은 그가 생각한 대로 독창적이든 그렇지 않든, 지식이 외적 세계와 대응하지 않으며 일반적으로 그러한 대응의 측면에서 이해되었던 진리가 존재하지 않는다는 것을 논하였다. 과학 지식조차도 재창조이지, 표상이 아닌 것이다(張東蓀, 1924, 101~2면). 과학 지식이 문화를 넘어서 타당할 것이라는 사실은 그것이 객관적이고 문화로부터 자유롭다는 것을 증명하지는 않는다. 인간(human beings)으로서 다양한 문화의 사람들은 많은 특징을 공유하며, 사고방식과 인식방식에서 공통점을 가질 수밖에 없다. 문화를 가로지르는 과학의 타당성은 문화가 갖는 인간의 주관성과 모순되지 않는다. 장똥쑨은 한편으로는 과학지식이 전세계적으로 타당하다는 것을 믿으면서도, 다른 한편으로는 그것이 외적 세계를 진정으로 반영하지는 않는다고 생각했다. 따라서 모든 종류의 지식은 본래적으로 주관적이다. 그렇다면 우리는 왜 지식이 필요한가? 다음 두 절(節)에서 논의될 내용과 같이 장똥쑨은 편의를 위해서, 의미있는 삶을 위해서 지식이 필요하다고 생각했다(張東蓀, 1964a, 40

면). 따라서 지식은 사회적으로 가치있는 것으로 그리고 문화의 일부로 보일 것이다. 이렇게 장뚱쑨의 다원론적 인식론은 문화 인식론을 향한 하나의 예비 단계이다. 그러나 장뚱쑨은 자신의 다원론적 인식론을 정당화하기 위해 실체, 물질, 물리적 실재라는 개념이 없이 우주를 설명할 수 있는 우주론이 필요했다.

범구조주의(汎架構主義)

장뚱쑨은 그의 철학이 우주론은 제공하면서도 형이상학은 포함하지 않는다고 주장했다. 그가 보기에 이것은 칸트 철학과 그의 철학의 또 다른 차이를 이룬다. 칸트의 경우 인식론이 우선시되어 형이상학의 역할이 근본적으로 바뀌었더라도 형이상학이 포기되지 않는다.

장뚱쑨의 수정된(revised) 칸트 철학은 그의 다원론적 인식론에 국한되고, 그의 우주론에는 적용되지 않는다. 그의 우주론에 주로 영향을 준 것은 불교이다. 초기에 철학으로 흥미를 돋군 것은 능엄경(楞嚴經)과 대승기신론(大乘起信論)과 같은 불교 경전이었다(Zuo, 1998, 8면). 그는 나중에 불교에 대해 진지한 비판을 가하기는 했지만, 항상 불교의 우주론, 특히 대승불교(大乘佛敎)의 사상을 상당부분 수용한 듯하다. 장뚱쑨의 우주론과 불교 우주론 간의 밀접한 관계는 장뚱쑨의 범구조주의에 대한 다음의 논의에서 드러날 것이다.

그의 다원론적 인식론에서 장뚱쑨은 이미 실체란 없다고 말하였다(張東蓀, 1934a, 127면). 감각의 대상은 존재론적 지위를 갖지 않는다(張東蓀, 1934a, 116~17면). 앞에서 살펴보았듯이 장뚱쑨에게 외적 세계는 다양한 구조로 이루어져 있다. 그중 우리는 일부, 즉 원자성, 연속성, 창변성만을 알고 있다. 그러한 결론을 기초지우는 것은 이러한 구조 혹은 질서가 우주에 실제로 존재하는 전부라고 생각하는 우주론이다. 거칠게 말하면, 이러한 구조들은 세 가지 수준, 즉 이른바 '물질', '삶(life)', '마음'으로 배열된다. 이러한 구조는 모두 텅 비어 있으며, 어느 것도 특정한 본질을 지닌 실체가 아니다. 물질적 실체라기보다는 물리적 관계와 물리법칙이 있는 것이다 (張東蓀, 1934a, 128~9면). '물질'이란 물리적 특성에 대한 많은 특수 개념들의 전 범위를 포괄하는 일반 개념이다. 물질에 대한 우리의 개념과 그 자체로 대응하는 것은 아무 것도 없다. 물질에 대한 논의에서 장뚱쑨은 다음과 같이 썼다:

> 첫째, 이른바 물질이란 무엇인가? 잘 알려져 있듯이 그것은 우리가 감각으로 지각하는 색깔도 아니고 향기도 아니며 소리나 크기도 아니다. 이것들은 주관적인 경향이 있기 때문이다. 따라서 '물

질' 로써 우리는 대상의 부피, 점성, 속도를 언급한다. 이는 단지 물질을 일련의 물리학 법칙에 알 맞게 해준다. 따라서 우리는 물질이 아닌 물리법칙만 가질 뿐이다(張東蓀, 1934a, 128면).

이른바 '삶' 이란 생물학적 현상의 범위를 포괄하는 일반개념이다. '마음' 역시 일 반개념이기는 하지만 그것은 생물학적 기능과는 다른 심리적 현상을 포괄한다(張東蓀, 1934a, 130면). 따라서 우리의 언어에서는 '물질'을 '물리법칙'으로 대체하고, '삶'을 '생물학적 원칙'으로 대체하는 것이 더 좋다(張東蓀, 1934a, 131면). 요컨대 속성의 운반자인 실체라는 개념은 구조나 질서의 개념으로 대체되어야 한다. 대체로 우주는 어떠한 실체나 본질도 포함하지 않는다. 단지 구조 혹은 질서를 가질 뿐이 다. 그러나 우주의 구조나 질서는 순수하게 자연적이거나 객관적인 것이 아니라 우 리의 인식활동에 달려 있다(張東蓀, 1934a, 133면):

많은 구조들이 있다. 예를 들면 질량은 일종의 구조이다. 밀도, 속도, 중력도 그렇다. … 나는 이것 들이 정말 구조라고 생각하지만, 전적으로 외재적이고 실재적이지는 않다. 구조는 우리의 내적 세 계에 영향을 미친다. 즉 앞서 논의했던 부분[인식하는 자와 인식되는 것 사이] 사이를 통과한다. 달리 말하면 우리는 구조의 형성 안에서 다양한 인식 형식과 유형의 역할을 고려해야 한다(張東 蓀, 1934a, 130면).

장똥쑨은 자신의 우주론을 설명하면서 그것을 불교 우주론에 비교하였다. 그는 실체를 부정하고 관계를 강조한다는 면에서 양자가 매우 유사하다고 믿었다. 그는 자신의 이론에서 '구조' 란 불교에서의 '인연(因緣)'과 유사하다고 말했다. 불교, 특 히 대승불교에 따르면 모든 것은 인연에 의해 구성되며 실체는 없다. 우주는 하나의 큰 그물과 같이 서로에게 의존되어 있는 무한한 관계로 이루어지며, 다양한 방식과 다양한 수준으로 결합한다. 이는 우주의 텅 비어 있음(空)을 보여 준다. 불교사상에 서 '공(空; emptiness)'은 '무(無; nothingness)'가 아니라 실체도 없고, 고정된 본성 도 없으며, 자기 충족적 존재(self-sufficient being)도 없음을 의미한다. 오직 우주 안 에 인연만 존재하기 때문에 홀로 독립적인 존재는 없다. 그러므로 실체란 없고, 세 계는 단지 기능적 관계의 집합일 뿐이다. 장똥쑨은 그의 우주론이 이러한 불교 사상 과 일치한다고 생각했다(張東蓀, 1979, 39면). 불교는 우주가 실체가 아닌 관계의 구 조로 구성되어 있다고 생각하기 때문이다. 장똥쑨의 우주론과 불교의 우주론 간에는 유사점이 더 있다. 불교는 만물(萬物)이 인연에 의해 결정되며 그 자체로 본성을 갖 지 않는다고 여기면서, 보편적이며 불변하는 법칙이 우주를 지배한다고 생각한다.

이러한 의미에서 우주에는 객관적인 무엇이 있다. 장똥쑨은 이러한 객관성이 우주의 구조가 어떤 객관성을 갖는다는 그의 주장과 일치한다고 주장했다(張東蓀, 1979, 40면).

그러나 장똥쑨에게는 우주론에서 그의 사상과 불교 간의 중요한 차이가 있는데, 즉 그는 진화를 인정하지만 불교 우주론은 부정한다는 것이다. 그는 많은 아이디어를 서양의 진화론에서 흡수한 듯하다. 아마도 그에게 가장 도움이 되었던 것은 당시의 모건(C. Lloyd Morgan : 1852~1936)과 알렉산더(Samuel Alexander : 1859~1938)로 대표되는 발생진화론(theory of emergent evolution)이었을 것이다. 장똥쑨이 해석하기에 발생진화론은 '진화는 새로운 종류의 발생을 포함한다', '계층체계(hierarchy)와 각각의 하위 레벨이 더 높은 레벨에 의해 제어되는 방식의 다양한 수준의 진화가 있다', '진화로부터 생긴 새로운 존재는 구조의 변화 때문이지 실체상의 변화 때문은 아니다' 등을 담고 있다(Zhang Uaonan, 1998, 232~3면). 불교의 공(空: nonsubstance) 사상과 진화론을 결합함으로써, 장똥쑨은 우주의 구조가 비록 공(空)하기는 하지만 진화 중에 있으며, 다양한 구조의 결합 안에서의 변화로 인해 새로운 종류의 진화가 출현할 것이라고 생각했다. 그러나 진화는 단순한 변화가 아니다:

> 진화를 이해하기 위해 우리는 우선 '진화'가 왜 '변화'와 다른지를 알아야 한다. 우리가 '물질'의 구조에서 '인생'의 구조로, 나아가 '마음'의 구조로 진화하는 것에는 몇 가지 특징이 있다. … 따라서 진화는 다음과 같은 것을 말한다: 구조는 단순하고 분산된 것에서 밀접하게 관련되어 있고 통일된 것으로 변화해 왔다. 비록 그것들이 여전히 구조라고는 하지만 이전과는 다른 종류이다(張東蓀, 1979, 40~1면).

진화는 구조를 전보다 더 높고 복잡한 수준에 이르게 하는 변화이다. 비록 존재하는 모든 것이 단지 인연 혹은 구조라고 하더라도 그것들은 전진적인 패턴으로 변화한다. 장똥쑨에게 실체가 없다고 생각하는 것과 진화가 있다고 믿는 것 사이에는 모순이 없다.

장똥쑨의 우주론은 그의 다원론적 인식론을 보강할 뿐만 아니라 장똥쑨이 주창한 지적 지향의 인생관에도 도움이 된다. 그는 인생관이 우주론에 근거해야 한다고 굳게 믿었다. 그가 다음과 같이 쓴 것처럼 말이다:

> 오늘날, 사람들은 인생관에 대해 말하기를 좋아한다. 그러나 사실 인생관은 그 사람의 우주론과

분리될 수 없다. 인생관은 주로 세상에서 어떻게 살아야 하는가, 즉 무엇을 해야 하는가를 정밀히 고안하는 것을 목표로 한다. 그러나 어떻게 살아야 하는가를 이해하기 위해서는 인생이란 무엇인지를 명확히 알아야 한다. … 일반적으로 말해서 자연(Nature)을 말하지 않고서 인생에 대해 말할 수 없고, 자연의 체계를 말하지 않고서 자연의 본질을 이야기할 수 없다. 삶의 의미는 우주 안에서의 인생의 위치에 달려 있기 때문에, 인생관은 우주론 없이는 이루어질 수 없다(張東蓀, 1979, 42~3면).

장뚱쑨의 우주론에 따르면 '마음'이란 우주의 전체 구조 중에서 가장 높은 레벨에 있고, 반면 '문화'는 마음의 레벨의 가장 상층에 있다. 문화에는 하위 층(sublayer)이 많이 있다. 다른 모든 구조들처럼 문화도 진화 중에 있다. 문화의 진화는 자연발생적인 것이 아니라 개개인의 정신이 갖는 창변성에 의존한다. 문화는 지금 여기의(here and now) 유한한 삶을 초월하는 것을 목표로 한다. 삶은 그 자체로 어떠한 본래적인 의미나 가치도 없는 사실(fact)이다. 삶의 의미와 가치는 탄생에 수반되지 않기 때문이다. 우선 우리는 세상에 살게 되고, 그 다음 우리의 삶을 위해 의미와 가치를 만든다(張東蓀, 1972, 562~3, 567면). 삶의 이상은 지금 여기의 삶을 초월하는 것이다(張東蓀, 1972, 570면). 지금 여기에서의 삶은 시공간적으로 통합된 지점이다. 삶의 가치는 그러한 지점을 초월하고, 따라서 삶 그 자체를 확장하는 데 있다. 삶 그 자체는 램프의 심지와 같고, 확장된 삶은 램프 심지로 밝혀진 공간과 같다. 서로 다른 램프 심지가 서로 다른 크기의 범위를 밝히듯이 서로 다른 사람들은 자신들의 삶을 서로 다른 정도로 확장시킨다(張東蓀, 1972, 562면). 우리가 삶 자체를 더 많이 넓힐수록 삶의 의미와 가치는 더욱 커진다(張東蓀, 1972, 568면). 문화는 우리의 삶을 의미있고 가치있게 만들기 위해 창조되었다. 그것은 삶 자체를 초월하려는 우리 노력의 산물이다(張東蓀, 1972, 570, 574면). 삶 자체를 초월하고 확장하기 위해 우리는 먼저 지식을 가져야 한다: "아는 것이 사는 것"이며 "사는 것이 아는 것이다"(張東蓀, 1972, 565면):

나는 '계몽'을 논의할 필요가 있다. '계몽되는 것'은 '아는 것'이다. 아는 것은 지금 여기의 삶을 초월하는 첫번째 단계이다. … 아는 것은 이러한 삶을 넓히는 것이다. 우리의 삶 자체는 지금 여기에서 제한된다. 그러나 우리는 그것을 확대하기를 바란다. 아는 것은 그러한 확대를 가능케 한다. 아는 것이 사는 것이라고 말하는 것이 적절하다. 이러한 의미에서 인간은 지식 없이는 살 수 없다(張東蓀, 1972, 564~5면).

인간의 인생 자체는 램프와 같고, 지식은 램프 불과 같다. 불이 램프를 가치있게 하듯이 지식이 우리의 삶을 가치롭게 한다. 지식은 삶을 확장시키며 삶 자체를 초월하게 한다. 지식이 더 많을수록 우리의 인생은 더욱 확대되며 더 가치있게 된다(張東蓀, 1972, 10~11면).

장뚱쑨은 우리가 자신의 삶을 확장시키기 위해 추구해야 할 지식이 어떠한 종류인지에 대해 많은 설명을 하지는 않았다. 이에 대해 그가 말한 것은 다음과 같다:

아는 것은 '이것(此)'을 '무엇(何)'으로, '변화'를 '영원한 것'으로, '무질서'를 '안정성'으로, '혼돈'을 '분류'로 바꾸는 것이다. 따라서 오직 '지식'만이 시공간적으로 통합된 지점, 즉 우리의 삶 자체가 있는 곳을 넘어설 수 있게 해준다. … 오직 '지식'만이 마음의 특징이며, 오직 '지식'만이 우리로 하여금 자신의 삶을 이상(理想)으로 이끌어 갈 수 있다 … (張東蓀, 1972, 570면).

그는 순간적인 경험을 초월하고, 인간 삶의 의미를 창조하며, 인간의 삶에 가치를 부여하고, 개별적 삶의 존재를 특정한 시공간을 넘어서 문화적 의미에서 불멸하도록 만드는 것이 인간의 인식활동이라고 말하고 있는 듯하다. 따라서 '아는 것'은 인간의 삶을 구별지어 주는 것이다. 이러한 의미로, 인간에게 산다는 것은 아는 것이다. "사는 것은 아는 것이다"를 주장함으로써 장뚱쑨은 지적인 삶을 살아야 한다고 말하고자 하였다.

게다가 '아는 것'은 욕망을 다루는 적절한 방식을 요구하는 진보적이고 창조적인 삶을 살기 위한 전제조건이다. 장뚱쑨이 보기에 진보적이고 창조적인 삶을 살기 위해서는 욕망을 제어하거나 제거해야 할 뿐만 아니라 그것들을 전환하여 올바른 방향으로 이끌어야 한다.

장뚱쑨에 따르면 불교의 욕망 제거는 일종의 이상 심리학(abnormal psychology)이며, 유교의 욕망 제어는 서양문화에 일단 직면하면 더 이상 작동할 수 없다(張東蓀, 1922; Zuo, 1998, 172면). 우리가 해야 할 일은 욕망을 제거하거나 제어하는 것이 아니라 전환시켜서 낮은 수준의 욕망을 고차원적 욕망으로 향상시키는 것이다. 이기적 욕망을 억누르기보다 우리의 인정(仁情: benevolent feeling)을 확충해야 한다(張東蓀, 1922, Zuo, 1998, 172면).

욕망에 대한 장뚱쑨의 설명은 또한 사회적·정치적인 측면이 있다. 그는 개인의 다양한 욕망을 조정하여 숭고한 욕망으로 만드는 것이야말로 경이롭다고 생각했다. 그렇게 되면 서로 대립하기보다 개개인의 행복이 인류의 큰 행복이 될 것이다. 달리 말하면 자기의 이익과 타인의 이익 모두가 충족될 것이고 높은 단계로 발전할 것이

다. 그러한 삶의 길은 활기있고 진취적이다. 그것은 생각과 욕망에 관련하여 양 극단 사이에서 중용을 잡아야 하는 삶의 길이 아니다(執中意欲, 張東蓀, 1922). 이러한 삶의 방식을 살아가는 것은 지식과 높은 수준의 지적 발달을 전제로 한다. 지적 계몽의 초기에 인간은 이기적이며 욕망이 어디로 이끌든지 그것을 따르려고 할지도 모른다(張東蓀, 1979, 43~4면; Zuo, 1998, 181~2면). 이기심은 계몽 초기 단계의 징후이다:

소아(小兒)[이기적 자아]를 [도덕을 위한] 일시적인 기준으로 삼는 것은 관습에 근거한 도덕의 전복을 수반하는 부득이한 현상이다. 관습의 전복은 지성(理知)이 눈뜨는 발단이다. 거기에는 자신을 인식하지 못한 상태에서 자기 인식으로, 나아가 완전한 자기인식으로의 과정이 있다. 이기주의는 반(半) 자기인식 단계에서 일어나는 병적 징후이다. 달리 말하면 그것은 변환기 동안의 부득이한 비정상적 상태이다(張東蓀, 1979, 432~3면).

이기주의를 극복하기 위해서 지성(理知)의 더 많은 계몽이 필요하다. 장똥쑨은 5·4운동 기간 이후에 이기주의가 유행했다고 하여 5·4운동과 신문화 운동으로 중국에 도입된 새로운 사상을 비난하지는 않았다. 그러나 이러한 이기주의를 넘어서기 위해서는 중국에 더 많은 지식이 필요하다고 믿었다:

우리는 다음과 같은 것을 이해해야 한다: 지식 습득에 의해 야기되는 모든 부작용은 오직 더 나은 지식 습득으로써만 극복될 수 있다는 것이다. 목 메이는 것이 두려워 먹는 것을 포기해서는 안 되듯이 지식을 포기하고 무지로 돌아가서는 안 된다. … 이기주의가 합리성의 자각 초기에 발생하는 부작용이며, 전통적인 도덕과 관습의 전복을 수반한다는 것을 알아야 한다. 그것은 오로지 이지(理知)가 더욱 발달하여 대아(大我)를 깨닫게 될 때만이 바로잡을 수 있다(張東蓀, 1979, 433면).

사람의 지적 수준이 일단 상승하고 합리성이 그의 감정을 이끌 수 있으면, 그 사람은 자신의 욕망을 전환하고 자신의 자아를 확장할 수 있게 되어 욕망이 공익(公益)과 사회에 널리 공헌하게 된다. 창조적이고 진취적인 삶을 살기 위해서 인간은 지식과 우수한 지성이 필요하다. 지식이 좋은 삶으로 인도해주는 기능을 한다는 장똥쑨의 견해는 고대 그리스 철학자들의 견해와 유사해 보인다. "어떤 사람도 고의적으로 악을 행하지는 않는다"는 소크라테스의 유명한 사상이다. 소크라테스에게 무지는 악행의 근원이다. 도덕적으로 선한 것은 개인에게 최상(the best)이다. 공익을 증

진하는 것은 또한 개인의 이익을 증진하는 것이기도 하다. 일단 이것을 이해하면 도덕적으로 선해지기를 바라며, 사회에 기여하기를 바랄 것이다. 그러한 지식이 부도덕한 행위와 사회에 대한 피해를 야기하는 낮은 수준의 욕망을 도덕성과 공익을 낳는 고차원적 욕망으로 전환시킬 것이다. 대체로 장똥쑨에게 이상적인 삶을 향한 열쇠는 지식임이 분명하다. 이러한 인생철학의 견지에서 우리는 왜 지식론이 장똥쑨의 철학에서 가장 중요한 부분이었는지를 알 수 있다.

문화 인식론

다원론적 인식론은 지식이 외물에 대한 객관적인 반영이 아니라는 것을 드러냈고, 범구조주의는 우리가 아는 어떠한 실체도 없다고 논하였다. 안다는 것은 우리 밖에 있는 것을 반영하는 것이 아니라 우주의 구조와 관련하여 앎의 내용을 구성하거나 재창조하는 것이다. 이 때문에 지식의 주관적 요소에 대한 필요는 명백하다. 그러나 그리고 나서 앎의 주관적인 내용이 결정되는가? 장똥쑨은 자신의 다원론적 인식론의 입장에서 논의된 인간 지식의 공통적인 구조 외에, 문화는 우리의 지식 형성에 중요한 역할을 하며, 지식이란 문화적·사회적으로 결정된다고 믿었다. 따라서 지식에 대해 이야기하기 위해서는 문화를 말해야 한다. 이러한 의미에서 인식하는 정신은 집합적인 정신이다. 장똥쑨에 따르면 과거의 인식론은 오로지 고립심(孤立心; solitary mind)에 대해 이야기했지만, 지식에 관해 어떠한 고립심도 없다. 우리는 인식론을 크게 개혁해야만 새로운 철학을 가질 수 있다(張東蓀, 1946a, 140면).

전통적인 인식론을 개혁하기 위해 장똥쑨은 문화적 요소가 우리의 인식에 어떤 영향을 주며 인식을 어떻게 형성하는지에 대한 설명을 꾀하는 인식론을 내세웠다. 그 이론을 '문화인식론'이라고 부르는 것이 적절할 것이다.

언어와 같은 문화적 산물이 철학과 과학의 발전에 어떤 영향을 주는지에 대한 고찰을 바탕으로 장똥쑨은 상이한 문화들은 상이한 인식의 방식을 어느 정도 가지고 있다고 생각했다. 그는 중국 철학과 서양 철학의 차이를 자신의 문화 인식론의 증거로 사용했다. 문화의 지식 결정에 대한 장똥쑨의 이론을 설명하려면 일종의 인간 지식으로서의 철학이 어떻게 문화에 의해 형성되는지에 대한 그의 견해를 고찰해야 하며, 중국 철학과 서양 철학에 대한 그의 비교연구를 논의해야 한다.

장똥쑨은 철학의 성질에 대해 논하면서 철학은 최고(最高)의 개념, 즉 지배(支配)와 규범(規範)이라는 가장 중요한 기능을 갖는 개념과 관련된다고 생각했다(張東蓀, 1946a, 68면). 그러나 모든 개념과 같이 이 최고의 개념도 어떠한 객관적인 실재와도

대응하지 않고 외적 세계의 어떤 것도 언급하지 않는다. 철학은 실재에 대응하는 진리에 관한 것이 아니라, 인간의 희망을 표현하고 인간의 감정을 만족시키는 이상(理想)에 관한 것이다. "모든 철학자는 열렬히 이상을 찾는 사람이지 진리(眞知)의 학자가 아니다"(張東蓀, 1946a, 74면). 철학적 지식은 입증의 필요성이나 가능성이 없어도 가치로우며 의미있다(張東蓀, 1946a, 74면). 철학은 무의미하지 않다. 인간의 희망을 표현하고 인간의 감정을 충족시키는 문화적 기능이 있기 때문이다. 예를 들면, 불평등의 현실은 우리로 하여금 평등을 원하게 이끈다. 사회평등과 사회정의에 대한 우리의 지식은 평등에 대한 우리의 희망을 표현한다. 마찬가지로 각각의 철학적 쟁점은 결국 문화적 쟁점이다(張東蓀, 1946a, 77면). 철학은 문화에 관한 문제이고 문화는 역사적이므로, 철학은 역사적이다. 철학을 이렇게 이해했기 때문에 장뚱쑨은 형이상학이 궁극적 진리를 찾을 수 있다고 믿는 사람들이나 형이상학이 무의미하다고 생각하는 논리실증주의자들에게 모두 동의하지 않았다:

> 형이상학에 반대하며 그것이 허튼 소리라고 생각하는 사람들은 옳지 않다. 그러나 형이상학이 인간의 정감에서 독립적이고 궁극적인 진리를 찾아낼 것이라고 생각하는 사람들도 옳지 않다. 오히려 형이상학이 표현하는 것은 이상(理想)적이며, 그 이상은 인간의 희망을 표현한다. 인간은 공허함을 느끼기 때문에 '우주와의 합일'을 욕망한다. 우리는 희망이나 욕망을 갖기 때문에 노력을 할 것이다. 문화는 우리의 욕망과 희망 때문에 형성된다. 그것은 우리의 불만족에서 발원하는 것이지, 세상에 대한 정확한 표상에서 발원하는 것이 아니다. 모든 철학이론은 그 문화적 작용과 위치를 가지고 있다. 그러나 무의미한 것은 아니다(張東蓀, 1946a, 74면).

철학에 대한 이러한 이해를 바탕으로 장뚱쑨은 모든 현존하는 철학은 실제로 도덕적 문제와 인생관으로 끝난다고 주장했다. 서양 철학에서는 인식론, 우주론, 존재론이 인생철학의 전주곡이다. 플라톤, 아리스토텔레스, 에피쿠로스에서 흄, 칸트, 헤겔에 이르기까지 서양 철학자들은 모두 이러한 방식으로 그들의 철학을 건설하였다(張東蓀, 1946a, 74~5면). 이것은 철학이 인간의 이상(理想)에 대한 것이므로 어쩔 수 없었다. 이러한 이유로 장뚱쑨은 모든 서양 형이상학이 본질적으로 그 자체로는 사회정치적이며, "서양 철학의 순수한 이론적 측면은 오직 사회정치 사상의 변장한 형태일 뿐이다"(張東蓀, 1959, 321면)라고 주장했다. 중국 철학에서 인생철학은 곧 인생철학에 확실히 기여하는 다른 철학적 논의와 함께 가장 처음에 위치한다. 이러한 구조상의 차이에 상관없이 서양과 중국의 철학은 모두 인간의 이상을 표현하며, 궁극적으로는 인생의 문제에 관심을 갖는다. 이러한 기능상의 유사성에도 불구하고 상

이한 문화의 철학은 상이하게 구성되고 발전하며, 중국 철학과 서양 철학의 차이점은 지식이 문화적으로 어떻게 결정되는지를 증명한다.

장뚱쑨에 따르면 중국 철학과 서양 철학 사이에는 몇 개의 중요한 차이점이 있다. 첫째, 서양 철학과는 달리 중국 철학은 인생의 문제에 우선 순위를 부여한다. 이러한 의미에서 장뚱쑨은 중국 철학이 직접적(坦白)이라고 말한다(張東蓀, 1946a, 75면).

> 엄밀히 말하면 중국에는 '순수철학'은 없고 '실천철학(practical philosophy)'만 있다고 할 수 있다. … 중국인에게는 형이상학이 인생과 무관하다면 그것이 필요없으며, 심지어 자연(自然)에 대한 연구가 우리 삶에 아무런 관계가 없다면 그것 또한 불필요한 것 같다. 따라서 중국 철학은 명백히 인생 문제를 우선시하며 사람들로 하여금 다른 문제는 인생문제에서 나온다는 것을 알게 한다(張東蓀, 1946a, 75면).

장뚱쑨은 서양문화가 지성 혹은 이성에 집중되어 있기 때문에 서양 철학은 중국 철학과는 똑같은 기능을 할 수 없다고 주장했다. 지성을 선한 삶의 핵심으로 간주하는 문화에서 이상(ideal)을 바람직한 것으로 제안하기 위해서는 그 제안을 우주에 대한 이론적 지식으로 정당화해야 한다. 그러나 중국문화는 도덕성에 집중되어 있다. 중국사람들은 인생, 인격, 품행에 대해 직접적(率直)으로 말하는 데 익숙하기 때문에 인생에 대한 그들의 신념을 우주론에 호소함으로써 정당화하는 것이 필요하다고 느끼지 않는다(張東蓀, 1946a, 75면). 따라서 중국 철학에서는 어떻게 살아야 하는지에 대한 견해를 서양 철학에서 요구되는 방식으로 정당화할 필요가 없다. 그러나 중국인들이 인생에 대한 그들의 견해를 우주론으로 정당화할 필요성을 느끼지 않는다고 하는 것은 정확하지 않을 수도 있다. 유교, 특히 신유교에는 유교적인 삶의 방식을 정당화하는 데 도움이 되는 우주론이 있다. 실제로 장뚱쑨도 그의 저서에서 우주론은 중국사상과 떨어질 수 없는 부분이며, 그것은 특정한 종류의 사회질서와 삶의 방식을 정당화하는 데 사용된다고 언급하였다(張東蓀, 1946a, 101면). 아마도 그가 중국 철학의 직접적인 특성에 대해 말할 때 실제로 이야기하고자 한 것은 중국 철학이 도덕적, 사회적, 정치적 신념을 정당화하기 위해 우주론에 호소하는 방식이 서양 철학보다 더욱 직접적이라는 사실이었던 것 같다.

둘째, 중국 철학은 서양 철학과는 달리 실체에 대한 철학이 아니다. 장뚱쑨은 중국 철학이 실체의 개념이 없고, 따라서 존재론이 없다고 생각했다. 중국 철학은 궁극적인 본질이나 실체보다는 가능한 변화와 관계에 관심을 갖는다. 비록 중국의 우주론이 완전한 전체의 개념을 포함하고는 있지만, 이 개념은 기체(基體; substratum)

나 궁극적인 물질(ultimate stuff)의 의미인 실체와는 같지 않다. 오히려 중국 철학은 완전한 전체 안에서 부분들이 어떻게 적응하는지에 관심이 있으며, 이러한 이유로 중국 철학은 천인합일에 대한 논의에 초점을 맞춘다. 장똥쑨은 이러한 유형의 철학을 전체 안에서 서로 다른 부분 간의 관계와 그 기능에 초점을 맞춘 '공능(功能)철학(functional philosophy)'이라고 간주한다:

우리는 중국 철학의 근원이 되는 선조격이 《역경(易經)》임을 알아야 한다. 그러나 《역경》은 단지 복서(卜筮)를 위해 사용되었을 뿐이다. … 나중에 사람들이 그것을 합리적으로 해석하여 철학화했다. 《역경》이 합리적으로 해석될 수 있었던 이유는 복서가 상징을 사용해야 했기 때문이다. 각각의 상징은 가능한 변화의 길을 한가지씩 대표한다. 우주의 모든 변화가 가능한 몇 가지 종류의 변화로 귀납될 것이다. 그렇게 되면 우주의 질서와 패턴(條理)에 관심을 갖는 우주관(宇宙觀)이 형성된다. … 유교든 도교든 우주의 구조에 대한 관점은 《역경》이 제공한 원리에서 벗어나지 않는다. … 그러한 철학은 서양 철학의 의미에서 소위 본질 혹은 본체의 철학(substance philosophy)이나 인과원칙의 철학(causality philosophy)이 아니다. 오직 가능한 변화와 그 상호 관계에만 관심을 갖고 그 배후의 유일한 본질 혹은 본체에는 관심을 갖지 않기 때문이며, 그 상호관계가 특정 질서에 의해서 결정되고, 인과의 고리에는 연결되지 않기 때문이다. 거칠게 말해서 이러한 종류의 철학은 서양에서의 '공능철학(功能哲學: function philosophy)'과 유사하다. 그러나 함수철학은 서양에서는 매우 늦게 출현했다(張東蓀, 1946a, 99면).

장똥쑨은 서양의 어떤 철학이 '공능철학'인지는 명확히 밝히지 않았다. 그는 플라톤이 '공능적인 전체(functional whole)'로서의 사회에 대해 말했다는 점에서 플라톤 철학이 중국 철학과 어느 정도 유사하다고 말하였다. 그리고 상이한 계급들은 사회 안에서 서로 다른 공능(功能 혹은 職司)을 갖는다고 생각했다(張東蓀, 1946a, 100면). 그러나 장똥쑨이 서양에 공능철학이 많다고 생각하지 않았다는 것은 명백하다.

장똥쑨이 중국 철학에 실체 개념과 본체론이 있다는 것을 부정한 것은 매우 논의의 여지가 많다. 슝스리와 같은 그와 동시대의 철학자들은 장똥쑨의 결론에 반대했다. 우리가 궁극적인 물질이나 기체(substratum)로서의 실체에 대한 장똥쑨의 입장을 취하더라도 중국 철학 전통에 실체에 해당하는 몇몇 개념들이 있다는 것을 부인하기는 여전히 힘들다. 예를 들어 도가에서 도(道)는 모든 사물이 생겨나는 궁극적인 원천을 말한다. 만일 도에 대한 이해가 증거가 되기에는 의문의 여지가 있다면, 중국 철학 전통에서 널리 수용된 기(氣: vital energy) 개념이 더 좋은 예가 될 것이다. 우주의 궁극적 물질인 기는 실체의 개념에 더 잘 들어맞는 듯하다. 게다가 우주의

상이한 부분끼리의 관계와 공능을 강조하는 것은 실체의 개념을 배제해서는 안 된다. 궁극적 실체가 있다고 믿는 것과 궁극적 실체에 의해 생성된 다양한 사물들이 어떻게 동시에 관계를 맺는지를 연구하는 것은 논리적으로 모순되지 않는다. 아마도 실체를 그렇게 역동적인 방식으로 이해하는 것이 중국 철학의 가장 큰 장점일 것이다. 지적했듯이 중국 철학에는 실재에 대한 전체적이고 과정적인 이해가 있다. 그러나 장뚱쑨이 실체와 존재론에 대한 서양과 중국의 태도를 비교한 것은 매우 통찰력이 있다. 중국 철학에 실체개념과 존재론이 있다는 사실을 부인하는 것은 전적으로 옳지는 않지만, 중국 철학에 기초를 둔 실체개념과 존재론은 서양 철학의 그것과 정확히 같지는 않으며, 중국 철학은 서양 철학보다 관계와 변화에 더 많은 관심을 가지고 있다는 것은 주목할 가치가 있다.

중국 철학에는 실체개념과 존재론이 없다는 장뚱쑨의 주장은 중국과 서양의 언어에 어떠한 차이가 있고, 그러한 차이는 형이상학의 형성에 매우 큰 영향을 준다는 그의 믿음을 바탕으로 한다. 그에 따르면, 우선은 한 민족의 사고방식이 그 언어의 형식에 매우 큰 영향을 미치기는 하지만, 일단 그 언어가 발전하면 그것은 사고방식에 큰 영향을 준다. 한편으로 언어의 구조는 민족의 특성과 심성을 표현하고, 다른 한편으로 그것은 그 민족의 사고방식을 결정짓는다(張東蓀, 1946a, 50면). 언어는 사회적이기 때문에 사회 개개인의 사고 방향을 결정짓는 어떠한 능력을 갖는다(張東蓀, 1946a, 50면). 예를 들어 중국문법은 중국의 철학함(philosophizing)의 방식에 일정한 영향을 미쳐 왔다. 중국언어는 접미사나 혹은 다른 방식에서의 변화를 통해 주어와 서술적 표현 간의 차이를 표시하지 않기 때문에 주부와 술부 간의 뚜렷한 구분이 결여되어 있다. 장뚱쑨은 이러한 문법적 특징이 중국사상에 크게 영향을 끼쳤다고 주장했다. 중국언어에서 주어가 구분되지 않기 때문에 중국인은 주체의 개념이 없고, 주어가 구분되지 않기 때문에 서술어 또한 구분되지 않는다(張東蓀, 1946a, 160면). 또한 문장의 주어를 생략하는 것이 예외적인 경우인 서양언어와 달리, 중국언어는 문장의 주어를 자주 생략한다. 중국어의 이러한 특징은 주어가 없어도 된다는 인상을 준다(張東蓀, 1946a, 180면). 또 다른 차이는 중국어는 '그것(it)'이라는 표현의 상당어구가 없다는 것이다. 중국어에서 '저(這)'와 '차(此)'는 'this'의 동의어이지 'it'의 동의어는 아니다. 'it'은 부정 대명사지만, 'this'는 아니다. 중국어는 'It is' 형식의 문장이 없다. 'It is'는 단지 어떤 것의 존재를 표현할 뿐이지 그 속성을 표현하지는 않는다. 이렇게 속성에서 존재를 분리하는 것은 실체 개념을 형성하기 위한 기본 조건이다(張東蓀, 1946a, 180면). 가장 중요한 것은 중국어에는 서양언어의 'to be'라는 표현에 해당하는 것이 없다는 것이다. 'to be'는 '존재하다(to exist)'를 의미

하며, being은 존재이다. 중국어 구어체에서의 '是(is)'는 'to exist'를 의미하지 않는다. 고대 중국어는 '有(to have)'와 '成(to become)'이라는 표현은 있었지만 'to be'에 해당하는 표현은 없었다(張東蓀, 1946a, 180면). 중국어는 'to be'에 해당하는 표현이 없기 때문에, 표준 논리학의 주-술 명제를 만드는 데 어려움이 있다.

이러한 모든 이유 때문에 중국사상은 주체와 실체 개념을 발전시키지 못했다. 실체라는 철학개념은 논리상의 주어에서 유래한다(張東蓀, 1946a, 161면). 주어-서술어 형식은 속성을 지닌 실체가 있다는 것을 의미한다(張東蓀, 1946a, 179면). 서양논리학에는 주어가 있어야 하기 때문에 서양 철학은 주체를 탐구한다. 그리고 서양논리학에서의 주어의 중요성은 서양언어 구조에서 유래한다(張東蓀, 1946a, 162면). 중국어의 구조는 주어를 강조하지 않고 주어-술어 형식의 문장이 없기 때문에 중국사상은 주어로부터 실체를 이끌어내지 못하며 존재로서의 존재(being as being)라는 근본적인 형이상학적 개념이 없다.

또한 중국어와 서양 언어 간의 차이 때문에 아리스토텔레스적 의미에서 범주라는 개념도 중국 철학에서는 잘 발달하지 못했다. 아리스토텔레스의 10가지 범주는 전적으로 그리스의 문법 형식에서 끌어낸 것이다. 근본적으로 서양 철학은 대상에 결부되어 있는 형식인 범주 개념에 근거한다. 형식과 대상 간의 이러한 관계는 접미사의 변화로 쉽게 표현될 수 있다. 중국어는 접미사의 변화가 없기 때문에 (술어로서의) 범주개념은 형성되기 힘들다(張東蓀, 1946a, 166면).

중국어와 그리스어의 차이, 그리고 그것이 중국과 그리스의 철학적 사유에 끼친 영향에 대한 장똥쑨의 분석은 매우 통찰력있고 가치있는 것이다. 그러나 철학적 사유방식이 어느 정도 언어방식에 의해 영향을 받는지는 논의의 여지가 있을 수 있다. 그러한 차이는 중국 철학으로 하여금 존재론을 전적으로 중지하게 할 것인가 아니면 단지 중국 철학이 서양 철학과는 다른 궁극적 실재에 대한 이해를 제안하게 할 것인가? 중국어와 서양 언어에 차이가 있다고는 하지만 중국인과 서양인은 형이상학적 고찰에서 반드시 서로 엄청나게 차이가 나지는 않을 것이다. 중국어에서 'being'과 'substance'가 정확히 동의어는 아니지만 그것이 중국 철학이 근원적인 실재와 궁극적인 물질에 관심이 없다는 것을 의미하지는 않는다. 중국 철학자들은 그들의 형이상학적 사고를 표현하는 그들만의 방식을 가지고 있을 것이다. 'being'의 문제가 실체 문제의 하나로 이해될 수 있고 실체가 궁극적인 물질 혹은 근원적인 실재로 이해된다면, 최소한 어느 정도의 중국 철학자들은 'being'에 관심을 가져왔던 것 같다. 예를 들면 기(氣), 도(道), 리(理)는 궁극적인 물질이나 근원적인 실재에 대한 그들의 표현으로 간주될 수 있을 것이다. 그렇지만 중국 철학 전통에 'being'

의 철학이 있는지 여부는 이 장(章)의 범위를 넘어선다. 여기서 지적해야 할 것은 이러한 문제가 단지 중국어의 구조를 연구함으로써만 대답할 수 있지는 않다는 것이다. 그러나 이는 장뚱쑨이 말한 것처럼 철학과 언어 간의 상호작용이 있다는 것을 부인하는 것은 아니다.

장뚱쑨에 의하면 중국 철학과 서양 철학의 세 번째 차이점은 중국 철학이 지식의 문제에 많은 관심을 갖지 않는다는 것이다. 중국 철학은 실체개념이 없기 때문에 현상론으로 기우는 경향이 있다: 우리는 우주에서 부분들이 어떻게 서로 관계하는지를 앎으로써 우주에 대한 진리를 알게 되기 때문에 실체가 우주의 모든 변화의 기초가 되는지 여부를 연구할 필요가 없다. 중국 철학은 현상론을 취하기 때문에 현상과 실재를 구분하지 않으며, 따라서 지식의 문제가 발생하지 않는다. 인식론은 주체가 지각하는 것과 실제 대상 사이의 차이가 있다는 것을 전제로 한다. 지식의 문제는 의심에서 출발한다. 만일 누군가가 주체가 본 것이 실제 대상이라고 가정하면, 그 사람은 지식의 문제를 갖지 않게 될 것이다(張東蓀, 1946a, 101면).

넷째, 장뚱쑨은 중국과 서양의 철학이 상이한 논리적 사고 유형을 갖는다고 생각했고, 이 차이를 중국어와 서양 언어의 차이로 잘 설명했다. 그는 아리스토텔레스 논리학이 인간 이성의 보편적인 규칙에서라기보다는 서양 언어의 구조에서 파생했다고 주장하였다. 논리학의 대상은 언어상의 추론 규칙이다. 추론은 언어로 표현되어야 하므로 언어 없이는 추론 규칙이 있을 수 없고, 추론의 표현은 언어형식에 암암리에 영향을 받지 않을 수 없다. 따라서 상이한 언어는 상이한 형식의 논리학을 형성하는 데 영향을 줄 것이다. 중국어와 중국의 사고방식을 서양 언어와 아리스토텔레스 논리학에 비교해 본다면 이는 매우 명백할 것이다(張東蓀, 1946a, 178면). 중국사상은 아리스토텔레스 논리학은 없지만 그것이 논리학을 결여하고 있다는 것을 뜻하지는 않는다. 오히려 중국사상은 다른 유형의 논리학이 있는 것이다.

그렇다면 장뚱쑨에 따르면 아리스토텔레스 논리학과 중국 논리학의 주요한 차이는 무엇인가?

첫번째 차이점은 아리스토텔레스 논리학이 주어-술어 형식과 동일률에 기초하는 반면, 중국 논리학은 상반되는 것끼리의 상관 관계에 근거한다는 것이다. 장뚱쑨은 전자를 '동일률 명학(同一律名學)'이라고 부르고, 후자를 '상관율 명학(相關律名學)' 혹은 '양원상관율 명학(兩元相關律名學)'이라고 불렀다. 그는 아마도 상관적 사유를 중국 철학의 특성으로 귀속시킨 최초의 학자일 것이다.

장뚱쑨에 따르면 명제의 주어-술어 형식과 동일률(A=A 혹은 어떤 것은 그것이면서 동시에 그것이 아닐 수는 없다)이 서양의 논리적 분할(division), 정의

(definition), 삼단논법과 그 밖의 형식들을 결정한다. 동일률은 서양 논리학의 토대이며, 모순율(p인 동시에 p가 아닐 수 없다)과 배중률(모든 명제는 p이거나 p가 아니다)은 단지 동일률의 필연적인 귀결이다(張東蓀, 1946a, 181면). 동일률 때문에 아리스토텔레스 논리학은 모순(A이면서 A가 아닌)과 관련하여 이분법의 논리적 분할에 의해 구성된 것이다. 이러한 분할은 원칙적으로 배타적인데, 즉 그 용어밖에는 아무것도 남기지 않는다. x라는 대상은 A이거나 A가 아니다. 반면에 'A이면서 B인' 형식의 분할은 A도 아니고 B도 아닌 무엇을 허용한다. 이러한 비배타적인 분할은 중국 논리학에서 종종 발견된다. 아리스토텔레스 논리학에서의 논리적 정의는 동일성의 기호(sign)가 정의되는 것(definiendum)과 정의하는 것(definiens) 사이에 놓이는 동일화이다. 예를 들어 삼각형은 세 개의 직선으로 둘러싸인 평면 도형이다(張東蓀, 1946a, 181면). 그러나 그러한 분할법은 중국 논리학에서는 자주 볼 수 없다.

주어-술어 명제가 서양 논리학의 기본 명제인 것과 마찬가지로 관계명제(relational proposition)는 중국 논리학의 기본적인 명제이다. 중국 논리학에서 위와 아래, 앞과 뒤 같은 반의어 간의 상관성은 출발점으로 간주되어 강조된다. 중국사상에서 음(陰: 소극적 원리 혹은 힘)과 양(陽: 적극적 원리 혹은 힘)으로 대표되는 반의어들은 서로 배타적이지 않다. 오히려 서로 의존적이며, 서로를 완성해준다. 따라서 중국 논리학에서 의미(meaning)란 "큰 형상은 형체가 드러나지 않는다(大象無形)"나 "복에는 화가 숨어 있다(福兮, 禍之所伏)"와 같이 종종 반대로 표현된다. 이러한 논리학에 의하면 한 단어의 의미는 그 반의어를 봄으로써 이해되고 명백해질 수 있다. 이러한 이유로 서양 논리학에서 보이는 정의(definition)는 중국 논리학에는 존재하지 않는다. 한 단어의 의미는 정의에 의해 분명해지는 것이 아니라 그것을 반의어와 대비시킴으로써 분명해진다. 예를 들면 '아내'는 '남편이 있는 여자'이며, '남편'은 '아내가 있는 남자'이다(張東蓀, 1946a, 182~3면). 이는 엄밀한 정의가 아니라 관계적 측면에서의 설명이다.

중국 철학에서 이름(名)을 고치는 것은 중요한 문제였으나 이름의 개정은 정의를 내리는 것이 아니라 명명하는 것이다. 명명하는 것은 이름과 사물 간의 상응관계를 확립하고 규제하지만, 그렇게 하는 목적은 정치적이고 사회적이다. 이름의 개정은 사회 안에서 사람들의 지위를 확립하고 강화하는 데 도움을 주는 것을 목표로 한다. 정의를 내리는 것은 사물을 그 속성의 측면에서 묘사하는 것이고 실체의 개념, 실체와 그 속성 간의 분리를 전제로 한다. 장똥쑨에게 중국 철학은 실체개념이 없기 때문에 중국 논리학에는 그에 따라 엄밀한 정의가 없다. 한층 더 나아간 결론은 중국 철학은 유(類; genus) 개념이 없다는 것이다. 사물을 유(類)로 분류하려면 실체와 속

성간의 명확한 구분과 각각의 종류를 정의 내릴 수 있는 능력이 필요하다.

중국 논리학과 서양 논리학의 차이를 설명하기 위해 언어학적 근거를 대는 것 외에, 장뚱쑨은 중국 철학의 정치적·사회적 지향과 중국 상관논리학의 발생 간의 연관을 연구했다. 그는 남성과 여성 간의 관계나 지배자와 백성 간의 관계와 같은 사회적 현상은 항상 상대적이라고 생각했다(張東蓀, 1946a, 191면). 관찰을 통해 인간은 모든 사회적 현상이 상대적이며, 상반되는 것들이 서로 의존해 있다는 생각을 자연스럽게 하게 될 것이다. 이를 바탕으로 그는 상관적 사유가 정치·사회를 지향하는 사유의 특성이라고 결론지었다(張東蓀, 1946a, 191면).

서양 논리학과 중국 논리학 간의 또 다른 차이는 추론방식과 관련된다. 서양 동일률의 논리학에서 사용되는 삼단논법의 추론 그리고 그것을 현대적으로 계승한 방식과는 대조적으로, 중국 논리학은 유추(analogy；比附)를 사용한다(張東蓀, 1946a, 190면). 유추적 사유는 중국 논리학에서 특징적인 추론 방식이다. 이러한 의미에서 우리는 중국 논리학을 '유추 논리학(logic of analogy)'이라고 부를 수 있고, 중국 논리학에서의 추론을 '유추 논증(analogical argument)'이라고 부를 수 있다.《맹자(孟子)》와 같은 중국의 철학적 저작에는 수많은 유추적 주장들이 있다. "인간 본성이 선한 것은 물이 아래로 흐르는 것과 같다(人性之善也, 猶水之就下也)"를 예로 들 수 있다. 이러한 종류의 추론 또한 중국 철학의 정치적·사회적 지향과 관련된다. 유추 논증은 종종 과학적 사고에는 적절하지 못하지만, 사회·정치적 논증에서는 일반적으로 가치가 있다. 유추 논증은 정치적 사고의 특징 중 하나이다(張東蓀, 1946a, 190면).

장뚱쑨은 중국 철학과 서양 철학 간의 모든 차이의 기초가 되는 것이 더 넓은 문화적 배경의 차이라는 사실을 분명히 깨달았다. 그는 서양의 형이상학과 논리학이 종교적 문화에 기초를 두고 있다면, 중국의 우주론과 논리학은 정치적 문화에 근거한다고 생각했다(張東蓀, 1946a, 189면). 서양 철학과 중국 철학이 같은 질문을 제기하지 않는 것은 그들의 상이한 문화적 배경 때문이다.

> 나는 서양 철학이 종교와 타락에서 유래하였고, 따라서 그것이 제기하는 문제들도 종교에서 전개되었다고 생각한다. 중국 철학은 정치론의 확장이며, 따라서 그것이 제기하는 문제들은 사회와 인생에 대한 고찰에서 비롯되었다(張東蓀, 1946a, 101면).

장뚱쑨에 따르면 서양에서는 종교의 영향이 매우 강했고, 종교와 정치는 고대 그리스 시기 이후로 날카롭게 구분되어 왔다. 서양 철학이 최고의 궁극적인 실체를 추구하는 것은 분명 서양종교의 영향이다. 중국에서는 빠르면 춘추시기(770~476

B.C.)에 종교적인 권력이 약화되기 시작했고, 계속해서 중국인의 삶에서 그 중요성이 사라지게 되었다. 결국 종교의 영향은 거의 사라졌다(張東蓀, 1946a, 189면). 따라서 종교가 아닌 정치가 사유방식을 지배하였다. 이러한 이유로 궁극적인 존재의 문제가 아니라 관계와 변화양식의 문제가 중국 철학을 차지하였다.

　중국사상은 네 가지 부분, 즉 우주론, 도덕이론, 사회이론, 정치이론으로 이루어져 있다. 이 네 부분은 하나의 전체로 통일되어 있으며, 어떠한 식으로든 사회적·정치적 목적에 도움이 된다. 우주론은 사회조직을 유추하는 데 사용되며, 사회조직은 사회에서의 개개인의 위치를 결정하고, 사회에서의 개개인의 위치는 그들의 도덕적 수양을 규정한다(張東蓀, 1946a, 101면). 중국 철학은 특정 종류의 사회질서를 정당화하려는 필요에서 발생한 듯하다. 중국 철학이 사물을 어떻게 다루는지보다 사물의 본성에 관심을 더 적게 가진 이유는 그러한 실용적 태도 때문이다. 예를 들어, 중국인들은 하늘이 실제로 어떠한지에 대해서는 많이 묻지 않고, 하늘의 의지와 그것이 자신들의 행동에 미치는 영향을 더 많이 알고 싶어한다(張東蓀, 1946a, 188면). 장뚱쑨은 이러한 태도를 "'어떻게?'를 앞세우는 태도(如何在先的態度; how priority attitude)"라고 불렀다. 반면에 서양사상은 '사물이 무엇인지'를 '어떻게 그것을 다룰 것인지'에 대한 연구를 하기 전에 먼저 묻는 "'무엇?'을 앞세우는 태도(是何在先的態度; what priority attitude)"를 갖는다(張東蓀, 1946a, 189면). 동일률 논리학과 주어-술어 문장, 실체개념과 범주가 서양의 종교적 배경에 기초를 두듯이, 상관적 논리학과 비배타적 정의는 중국 철학의 정치적 배경과 관련된다(張東蓀, 1946a, 189면). 장뚱쑨의 일부 다른 생각들처럼 이러한 견해 역시 논쟁의 여지가 있다. 그러나 그것은 분명 흥미로우며 우리의 사고를 자극한다.

　장뚱쑨의 비교연구는 중국 철학과 서양 철학의 구분에 초점을 맞추고 있다. 그에 따르면 비교연구에서 비교대상 간의 차이점을 찾는 것이 그들 간의 유사점을 찾는 것보다 더욱 중요하다. 그는 유사점을 찾는 것을 비교연구의 올바른 방법론으로 여기지 않았다. 그는 중국의 학자들이 비교연구에서 유사성을 찾기 위해 너무 많은 작업을 했다고 주장하며 당대의 대부분의 비교연구와 자신의 작업을 구분해주는 새로운 방향을 개척하고자 했다(張東蓀, 1946a, 157면). 그는 비교연구를 할 때 자신의 문화를 고려해야 한다고 믿었다. "한 나라가 그 자신의 문화를 업신여기면 그 나라는 자신감(self-confidence)을 잃게 된다. … 사실상 우리는 분명 우리의 단점을 알아야 하지만 또한 우리의 장점도 보아야 한다"(張東蓀, 1935. 張耀南, 1995a, 409면 참조). 중국 철학과 서양 철학을 비교함으로써 장뚱쑨은 그 차이가 정말로 문화적 차이이기는 하지만, 그것은 고대와 현대의 사고의 차이는 아니라고 결론지었다(張東蓀,

1935. 張耀南, 1995a, 408면 참조). 이들은 모두 그들만의 장점이 있다. 중국 철학과 서양 철학은 양립 가능하며, 잠재적으로 보완적이다. 서양문화는 외물에 초점을 맞추지만 중국 철학은 내적 수양을 강조한다. 공자가 가르친 것은 인류에게 독특한 가치가 있다(張東蓀, 1935. 張耀南, 1995a, 409면 참조). 철학자로서 공자는 적어도 플라톤이나 아리스토텔레스만큼이나 위대하다. 중국인에게 실행 가능한 정치 시스템으로서 개인의 도덕수양은 나라의 부흥을 위해 없어서는 안 된다. 현대 중국의 문제는 유교 철학 자체가 잘못된 것이 아니라 그것이 실제로 많이 실행되지 않았다는 것이다. 더 많은 중국인들이 유교를 실천한다면, 중국은 다시금 강한 나라가 되리라는 큰 희망을 갖게 될 것이다(張東蓀, 1935. 張耀南, 1995a, 413면 참조).

중국 철학과 서양 철학에 대한 장뚱쑨의 비교연구는 그의 문화인식론을 확립하고, 우리의 인식이 어떻게 문화에 영향을 받는지를 보여 주는 데 도움이 되었다. 그의 연구는 또한 비교철학 자체에도 많은 기여를 하였고, 가치있는 통찰력을 중국 철학과 서양 철학 간의 차이에 많이 제공하였다. 중국 철학의 발전에 끼친 중국어의 영향에 대한 그의 연구는 매우 영향력있는 개척자적 작업이다. 상관적 사유가 중국 철학의 특징이고 유추 논증이 중국의 추론방식이라는 그의 제안은 비교철학자들에 의해 널리 받아들여졌다(Hall, 1992, xi~xii면; Graham, 1985, 1992). 그의 명성과 공헌이 서양에는 비교적 알려져 있지 않지만, 장뚱쑨은 중국 철학과 비교철학에서 인정받을 만하다.

감사의 글

책의 편집자 그리고 이 장(章)의 초고에 귀중한 논평과 제안을 해준 다른 독자들에게 감사드린다. 또한 2000년에 이 장의 교정을 위해 교수연구비를 지급해준 Grand Valley State University에도 감사드린다.

참고문헌

장뚱쑨의 저서에 대한 몇 가지 번역서를 제외하고 그에 대한 영어로 된 문헌은 없다. 그러나 그에 대한 중국어 문헌은 1990년대에 두드러지게 증가하였다. 장뚱쑨에 대한 가장 완성도 있는 전기는 쭈어 위허의 《장뚱쑨전(張東蓀傳)》(濟南: 山東人民出版社, 1998)이다. 장뚱쑨 철학에 대한 가장 최근의 세밀한 연구는 장야오난(張耀南)의 《장뚱쑨 지식론 연구(張東蓀知識論硏究)》(臺北: 洪葉文化事業有限公司, 1995a)와 《장

뚱쑨(張東蓀)》(臺北 : 東大圖書公司, 1998)이다.

장뚱쑨의 저서

張東蓀 1992: "讀東西文化及其哲學", 《學燈》, March 19, 1922.

張東蓀 1924: 《科學與哲學》, 上海: 商務印書館.

張東蓀 1926: "由自利的我到自製的我", 東方雜誌, 23:3.

張東蓀 1929a: 《人生觀 ABC》, 上海: 世界書局.

張東蓀 1929b: 《哲學 ABC》, 上海: 世界書局.

張東蓀 1929c: 《新哲學論叢》, 上海: 商務印書館, reprinted 臺北: 天華出版公司, 1979.

張東蓀 1931: 《道德哲學》上海: 中華書局, reprinted 臺北: 盧山出版社, 1972.

張東蓀 1932a: 《現代倫理學》, 新有書店.

張東蓀 1934a: 《認識論》, 上海: 世界書局.

張東蓀 1934b: 《唯物辨證法論戰》2 vols, 北京: 北平民有書店.

張東蓀 1934c: 《價值哲學》, 上海: 世界書局.

張東蓀 1935: "現代的中國怎樣要孔子", 正風半月刊, 1:2(reprinted in 張耀南 1995b).

張東蓀 1937: "多元認識論中述", 《張菊生先生七十生日紀念論文集》, 上海: 商務印書館(이 논문의 이전 버전은 東方雜誌에서 발표됨), 33:19.

張東蓀 1946a: 《知識與文化》, 上海: 商務印書館.

張東蓀 1946b: 《理想與社會》, 上海: 商務印書館.

張東蓀 1946c: 《理想與民主》, 上海: 商務印書館.

張東蓀 1948: 《民主主義與社會主義》, 上海: Guan Chushi.

張東蓀 1972: 《道德哲學》, 臺北: 盧山出版社(초판은 1931년 발행, 앞 목록 참고).

張東蓀 1979: 《新哲學論叢》, 臺北: 天華出版公司(초판은 1929년 발행, 앞 목록 참고).

張東蓀 1995: 《知識與文化-張東蓀文化論著輯要》, 張耀南, ed., 北京: 中國廣播電視出版社.

장뚱쑨 저서 번역본

Zhang, Dongsun 1932b: *Epistemological Pluralism*(多元認識論), trans. C. Y. Chang, with the collaboration of Zhang Congsun. unpublished.

Zhang, Dongsun 1959: "A Chinese philosopher's theory of knowledge," in S. I. Hayakawa, ed. *Our Language and Our World*, New York: Harper.

2차 자료

Chan, Wing-tsit(陳榮捷) 1963: "Chang Tung-sun's theory of lnowledge" in Chan, ed., *A Source Book in Chinese Philosophy*, Princeton: Princeton University Press, 743~50면.

Chen, Shaofeng(陳少峯) 1997: 《中國倫理學史》, 北京: 北京大學出版社.

Fang, Keli(方克立) and Wang Qibing(王其水) 1997: 《二十世紀中國哲學》, vols 2a and 3a, 北京: 華下出版社.

Fang, Songhua 1997: 《二十世紀中國哲學與文化》, 上海: 學林出版社.

Graham, A. C. 1985: Reason and Spontaneity, London: Curzon Press.

Graham, A. C. 1992: "Conceptual schemes and linguistic relativism in relation to Chinese", in *Unreason within Reason*, Lasalle: Open Court.

Guo, Zhanbo(郭湛波) 1935: 《近五十年中國思想史》, 北京: 北平人文書店.

Hall, David Lynn 1992: "Foreword", in Graham 1992.

He, Lin(賀麟) 1947: 《當代中國哲學》, 中慶: 勝利出判公司.

Jian, Guozhu(姜國珠) 1989: 《中國認識論史》, 鄭州: 河南人民出版社.

Li, Zhenxia(李振霞) and Fu, Yunlong(付雲龍), eds, 1991: 《中國現代哲學人物評傳》, 北京: 中央黨校出版社.

Pan, Fu'en (潘富恩), ed., 1992: 《中國學術名著提要: 哲學券》, 上海: 復旦大學出版社.

Tang, Yijie(湯一介) 1995: 《張東蓀的多元認識論輯要》. 張耀南(1995a) 참고.

Xie, Fuya(謝扶雅) 1976: "懷念張東蓀先生", 《傳記文學》, 29:6.

Xiong, Shili(熊十力) 1936: "與張東蓀論學術", 《中西評論》, 9.

Xu, Quanxing(許全興), Chen, Zhannan(陳戰難), and Song, Yixiu(宋一秀), eds, 1998: 《中國現代哲學史》, 北京: 北京大學出版社.

Ye, Qing(葉青) 1931: 《張東蓀哲學批判》, 上海: Xinken 書店.

Ye, Qing 1934: "張東蓀道德哲學批判", 《二十世紀》, 2:8.

Yu, Songhua 1947: "論張東蓀", 《人物雜誌》, 2:6.

Zhan, Wenhu, ed., 1936: 《張東蓀的多元認識論及其批判》, 上海: 世界書局.

Zhang, Heng 1931~3: "評張東蓀式的哲學觀", 《教育社會》, 1:4~6.

Zhang, Yaonan(張耀南) 1995a: 《張東蓀知識論研究》, 臺北: 洪葉文化.

Zhang, Yaonan 1995b: *Preface to Zhang, Dongsun 1995*.

Zhang, Yaonan 1998: 《張東蓀》, 臺北: 東大圖書公司.

Zuo, Yuhe 1998: 《張東蓀傳》, 濟南: 山東人民出版社.

토론문제

1. 우리의 개념이 외적 실재에 상응하지 않는다면 진리란 있을 수 있는가?

2. 인식론의 요소들은 상호 독립적인가?

3. 우리는 우리의 지식이론을 정당화하기 위해 우주론이 필요한가?

4. 지식이 사회적, 문화적, 역사적이라는 사실을 받아들인다면 우리는 상대론자가 되어야 하는가?

5. 언어의 차이가 철학의 차이에 영향을 준다는 주장을 우리는 어떻게 평가해야 하는가?

6. 특별히 중국 논리학이라는 것이 있는가?

7. 우리의 세계는 실체의 세계라기보다 구조의 세계인가?

8. 구조의 조화는 있는가?

9. 무엇이 상이한 특징(particular)들을 같은 개념 하에 위치지우는 것을 정당화하는가?

10. 문화를 넘나드는 과학의 타당성은 인간 주체성에 대한 장뚱쑨의 설명과 양립 가능한가?

4. 후스(胡適)의 계몽철학

후 신허

후스(胡適)는 그의 동시대인들에게 거대한 영향을 미쳤으며, 현재의 지적인 토론에서도 점점 중요해지고 있다. 비록 그의 학문적 저작에 대해 상반된 평가들이 있어 왔지만, 주석가들은 후스가 '20세기 중국 학술사상사에서 중심적인 인물'(위, 1984)이었다는 것에 동의한다. 문학, 역사, 철학 그리고 정치사상에 대한 그의 영향은 그의 시대의 산물일 뿐만 아니라 그의 혁신적인 지성의 창조물이었다.

후스는 1891년 어느 하급관리의 막내 아들로 태어났다. 4년 후 아버지가 사망했고, 어머니는 그의 교육에 "그녀의 모든 희망을 걸었다." 후스는 "오랫동안 죽어있는 고전 언어(文言文)"와 "살아있는 구어(白話文)" 사이의 차이를 깊이 깨달았다. 고전 연구와 더불어 그는 자신의 고향에서 모든 백화(白話, 구어)소설을 탐독하였다. 1904년 후스는 상하이(上海)로 갔는데, 그곳에서 그는 서양식 "신교육"을 배웠고 서양 사상가들에 대한 입문서와 그들 저작의 번역서들을 읽었다. 베이징(北京)에서 그는 미국 의화단 배상장학금 시험에 통과하였고 1910~17년 동안 유학하였다.

미국에서 후스는 존 듀이(John Dewey)의 실험주의자적인 실용주의(pragmatism)를 배워 그의 전 생애에 걸쳐서 그 자신의 철학을 형성하였다. 또한 서양의 정치 학설들과 제도들을 연구하고 학생 정치 운동에 참여함으로써 그의 정치적 이념과 실천에 대한 기초를 확립하였다. 후에 《고대 중국의 논리적 방법의 발전(The Development of Logical Method in Ancient China)》으로 출판된 그의 박사논문은 중국 철학사에 대한 근대적 탐구를 창시하였고, 이후 그 자신의 학문적 저작들을 위한 틀

을 제공하였다. 그의 논문 "문학의 개선을 위한 10가지 시험적인 제안들"은 중국에서 모국어 문학 혁명을 이끌어 냈다.

미국에서 코넬(Cornell) 대학교의 한 농학도(農學徒)로서 3학기를 마친 뒤, 부분적으로는 중국의 1911년 혁명(辛亥革命)이 정치학사에 대한 그의 관심을 고조시켰기 때문에, 후스는 코넬 대학교의 철학과로 전과하였다. 코넬 대학교에서 학부와 일년간의 대학원 과정을 마치고, 후스는 듀이의 철학을 공부하기 위해 콜럼비아(Columbia) 대학교로 옮겼다.

1917년 듀이의 지도 아래 박사학위를 취득한 뒤, 후스는 중국으로 돌아와 베이징 국립 대학교 중국 및 서양 철학과의 교수가 되었다. 1917년부터 1937년까지의 기간이 후스의 학문적 생애에서 가장 창조적인 시기였다. 천뚜시우(陳獨秀) 및 차이위엔삐이(蔡元培)와 함께 후스는 자신이 시작한 문학혁명(文學革命)을 촉진시켰다. 이것은 곧 신(新)지식과 신(新)사고를 선전하고 사회 진보를 촉진하는 것을 목적으로 삼는 뜻 깊고 중요한 근대화운동, 즉 신문화운동(新文化運動)으로 발전하였다. 그것은 쇠퇴한 고전 문학에 반대하여 신(新)문학의 형성을, 전통 윤리에 반대하여 신(新)윤리의 발전을 그리고 외국의 침략에 직면하여 민족 문화의 위기를 극복하기 위한 문화의 새로운 양식의 창조를 주장하였다. 후스는 시와 희곡을 쓰고 번역함으로써 스스로 새로운 모국어 문학을 실천하였다. 그는 또한 기본적인 인권, 입센주의(Ibsenism), 건전한 개인주의를 주장하였는데, 이로써 그는 정치적 혁신과 신문화를 증진시키기 위해 사람들마다 숨막히는 전통적인 중국의 윤리 규약들로부터 자신을 자유롭게 해야 함을 강조하였다. 이러한 모든 일은 그에게 계몽 사상가이며 스승이라는 명성을 안겨 주었다.

후스는 또한 '과학적 실험에 대한 태도', '역사에 대한 태도' 그리고 '모든 가치들에 대한 재평가'라는 회의론적인 정신을 제의하면서 실용주의, 실험주의 그리고 과학적 탐구 방법을 중국에 소개하였다. 실험주의에 대한 관심은 존 듀이의 성공적인 중국 순회 강연을 통해 고무되었다. 이 철학에 대한 후스의 해석은 중국에서 사상 해방이라는 5·4운동의 강령에 근간이 되었다.

역사, 문학, 철학에서 후스의 학문적 성과의 세 번째 측면은《중국철학사대강(中國哲學史大綱)》에 의해 대표되는데, 원전 비평 방법과 역사에 대한 근대적 관념을 이용하여 중국 철학사에 대한 새로운 전형을 확립하였다. 그의 저작들은 또한 중국 고전소설, 중국문학사, 중국불교사에 대한 많은 문헌학적 연구와 증거에 의거한 탐구를 포함하고 있다. 이러한 연구를 통해 후스는 1920년대와 1930년대 중국 사상과 문화의 가장 영향력 있는 지도자들 가운데 한 사람이 되었다.

후스의 지적 탁월함은 1930년대 중반 절정에 이르렀고, 그 이후 국내외의 격렬한 변화는 그의 교수직을 중단시켰다. 비록 그는 국민당(國民黨)의 일원은 아니었지만, 그는 주미 중국 대사직(1938~42)을 포함해 유럽과 미국의 외무(外務)에서 중요한 지위에 임명되었다. 그는 뒤에 베이징 대학교 총장(1946~8)과 타이완(台灣) 중앙연구원 원장(1958~62)이 되었다. 그러나 그는 중국 지식인 사회에서 그의 지도적인 역할을 회복하지 못했고, 그의 선구자적인 학문적 작업의 전집(全集)에 의미있게 추가할 것도 없었다. 이 기간에 그의 학문적 작업은 수경주(水經注)에 대한 문헌학적 연구에 집중하였다.

문학혁명(文學革命)과 그 의미

문학혁명(文學革命)은 중국 신문화운동의 첫 단계이고, 후스는 문학혁명(文學革命)에 첫발을 내딛었다. 1916년 《신청년(新靑年)》 잡지에 실린 그의 논문 "문학의 개선을 위한 10가지 시험적인 제안들"은 언어와 문학에 대한 논쟁이 급증하도록 자극하였다. 천뚜시우는 신문화운동을 촉진시키는 데에서는 후스와 협력하였다. 문학혁명에 대한 후스의 주장은 네 가지 논점들로 요약될 수 있다.

1. 당신이 말하고자 하는 것만 말하라.
2. 당신이 말해야 하는 것을 말하라. 그리고 그것이 말하여지는대로 (백화로) 말하라.
3. 다른 사람의 언어가 아니라 당신 자신의 언어를 말하라.
4. 당신 자신의 시대의 언어로 말하라("건설적인 문학혁명에 대하여", 후, 1921, 79면).

모국어를 장려하기 위한 후스의 정당화는 주로 그것의 역사적 시간선상에 놓여져 있다. 그는 각 시대마다 고정된 사어(死語)가 생산해낼 수 없는 인간의 감성과 생각을 표현하는 생명력을 지닌 그것만의 살아있는 문학을 가지고 있다고 생각했다.

진화론과 적자생존의 사회-다원주의자의 이론은 후스의 문학혁명론에서 중요한 역할을 하였다. 후스는 중국의 고착된 벽을 깨는 것과 더 나아간 사회 개혁을 위한 수단을 제공함으로써 중국이 생존할 수 있는 민족 언어를 제공하기 위해 문학혁명을 추구하였다. 후스는 각 주요 문학 장르에 대해 논문을 발표하였으며, 자신의 원칙에 따라 소설, 희곡, 시를 썼다.

모국어 문학혁명은 4년만에 기본적인 목적을 달성하였다. 1920년 베이징 정부는 초등학교에서 문언문(文言文) 교과서를 모국어 교과서로 교체할 것을 지시하였다. 이 개혁 이전에 중국의 문학은 주로 특권 지식계급에 제한되어 있었으나, 이제 문학의 패러다임은 대중적인 모국어 작품들로 전환되었다. 문학 창작의 새로운 양식과 새로운 사고방식을 발전시킴으로써 문학혁명은 낡고 막힌 전통을 유지했던 제도들의 토대를 침식하였고, 전통적 가치들의 전 영역에 대한 비평적인 태도를 고무시켰다.

신사상의 진정한 중요성은 오직 새로운 태도에 달려있다. 이 태도는 '비평적 태도'라고 불릴 수 있다. 단순하게 말해서 비평적 태도는 그것들이 좋은지 아닌지에 관한 새로운 판단을 모든 것들에 적용하는 것으로 요약할 수 있다. 보다 자세하게 말해서 비평적 태도는 몇 가지 특정한 요구를 포함한다.

1. 습관에 의해서 우리에게 전해 내려온 제도와 관행에 대해 우리는 다음과 같이 질문해야 한다. "이러한 제도들은 현재 그것들의 존재를 정당화하는 어떤 가치를 보유하는가?"
2. 선조들에 의해서 우리에게 전해 내려온 성인의 가르침에 대해 우리는 다음과 같이 질문해야 한다. "오늘날 이 문구는 여전히 진리를 담고 있는가?"
3. 혼란스런 방식으로 사회에 의해 상식적으로 승인된 행위와 신념[의 기준]에 대해 우리는 다음과 같이 질문해야 한다. "어떤 것이 모두에 의해 일반적으로 그렇게 여겨진다고 해서 그것이 반드시 옳은 것인가? 만일 다른 사람들이 이것을 한다면, 나 또한 이것을 해야 하는가? 이보다 더 나은 다른 행동 방식이 없는 것이 보다 합리적이고 보다 유익한 것일 수 있는가?

니체(Nietzsche)는 현재가 '모든 가치들에 대한 재평가'의 때라고 말했다. 이 '모든 가치들에 대한 재평가'라는 말은 비평적 태도에 대한 최고의 해석이다("신사상의 의미", 후, 1919, 1921에 수록, 1023면).

후스는 전통적 도덕들에 대한 니체의 '두려움 없는 비평'과 그의 철학에 고유한 '파괴적 장점'을 칭송하였지만, 그는 비평적 태도를 전통적인 선입관에 대해 사용하는 것에 제한하지 않았다. 그것은 "어떤 사상이든 그것의 기원에 상관없이 무비평적으로 수용하는 것을 경계할 것이다"(후, 1921, 1031면).

비평적 태도는 후스에게 각 사람마다 어떤 사상을 판단하고서 수용하거나 거부해

야 하는 이성의 법정을 설립해주었다. 그것은 지성적 독단주의와 굴종이라는 전통에 대항하는 지성적 기준을 마련했다. 후스에 의하면 신사상은 서양의 코페르니쿠스적 전회와 같이 중국의 일반적인 사고 구조에 대한 근본적인 변화를 만들어냈다.(후, 1998, I, 415면).

신사상의 정신과 마찬가지로 "비평적 태도는 실제로 두 경향을 표현한다. 하나는 다양한 사회적, 정치적, 종교적 그리고 문학적 문제들을 토론한다. 다른 하나는 서양 으로부터 신사상, 신학설, 신문학 그리고 새로운 신앙을 소개한다"("신사상의 의미", 후, 1998). 후스는 중국인들에게 '문제를 연구할 것'을 강력히 권했는데, 왜냐하면 중국 사회의 급격한 변화 과정에서 과거에는 결코 말썽을 일으키지 않았던 많은 관 행과 제도들이 당대의 요구에 부적합해졌기 때문이다. 그것들은 유가 전통과 고전 문학의 언어에서 비롯된 어려움들의 원천이 되어 왔다. 현재의 요구에 적합할 것 같 은 제도를 확립하기 위해서 이러한 문제들의 핵심과 그것들을 해결할 방법을 탐색 하는 것은 필수적이다. 중국 사회는 '이론들을 수입해'야 하는데, 중국 근대화는 진 보한 산업과 기술뿐만 아니라 새로운 관념과 새로운 학설들도 부족했기 때문이다. 중국은 자신의 어려움들을 풀기 위해 서양의 근대 사상으로부터 교훈을 끌어내야 한다. 전통 중국 학설이라는 유산에 대해 '맹목적 추종'과 '순응' 정책을 추구하기 보다는 그것들을 시험하기 위해서 비평적 태도를 이용해야 한다. 이 비평적 평가는 '국고(國故)를 정리(整理)'할 수 있으며, 중국의 문명을 재건할 수 있을 것이다("신 사상의 의미", 후, 1998, I, 551~8면). 후스에게 문제들을 연구하는 것, 이론들을 수입 하는 것, 국고를 정리하는 것, 그리고 문명을 재건하는 것은 신문화운동의 참의미를 구성하였고 그가 자신의 전 생애를 걸쳐 따랐던 강령을 제공하였다.

우주에 대한 자연주의적 개념과 실험주의적 방법

후스 철학의 핵심에 놓여있는 비평적 태도는 그 자신의 회의론과 수입된 이론들 양쪽에 근거하고 있다. 비평적 태도에 대한 수입된 이론들의 영향은 상하이에서 헉 슬리(Huxley)와 다른 사람들에 대한 그의 독서에서 시작되었지만, 주로 미국에서 그 가 공부하는 동안 발전되었다. 그 당시 중국의 지식인에게 과학은 서양 문명 가운데 가장 설득력 있고 수용할 만한 것이었다. 과학에 대한 이러한 일반적인 존중과 그가 자신의 초기의 배움으로부터 이끌어낸 자연주의적 경향을 기초로 하여, 후스는 삶과 우주에 대한 그의 자연주의적 개념을 정식화하였다. 그는 이러한 '신사조(新思潮)' 를 과학과 형이상학(玄學)에 대한 유명한 1923년 논쟁의 논문집인 《과학과 인생관

《科學與人生觀)》(1923, 上海)의 서문에서 요약하였다.

1. 천문학과 물리학에 대한 우리의 지식을 기초로 하여, 우리는 공간 세계가 무한하게 크다는 것을 인정해야 한다.
2. 우리의 지질학적, 고생물학적 지식을 기초로 하여, 우리는 우주가 무한한 시간에 걸쳐 확장한다는 것을 인정해야 한다.
3. 모든 우리의 증명 가능한 과학적 지식을 기초로 하여, 우리는 우주와 그 안의 모든 것들이 운동과 변화의 자연 법칙에 따른다는 것을 인정해야 한다. 따라서 중국어로 '자연적'이란 '스스로 그러하다'는 뜻이며, 거기에 초자연적 주재자나 창조주라는 개념은 필요 없다.
4. 생물학을 기초로 하여, 우리는 생물계에서의 생존경쟁을 위한 가공할 만한 소모와 냉혹성 그리고 그 결과로서 인자한 주재자 가설이 유지될 수 없다는 것을 인정해야 한다.
5. 생물학, 생리학, 심리학을 기초로 하여, 우리는 인간이 동물의 왕국에서 한 종족에 불과하고, 종(種)에 의해서가 아니라 정도에 의해서 다른 종족과 구별된다는 것을 인정해야 한다.
6. 인류학, 사회학, 생물학으로부터 이끌어낸 지식을 기초로 하여, 우리는 역사 및 살아있는 유기체와 인간 사회의 진화에 대한 원인을 이해해야 한다.
7. 생물학, 심리학을 기초로 하여, 우리는 모든 심리학적 현상이 인과율을 통해 설명될 수 있다는 것을 인정해야 한다.
8. 생물학적, 역사적 지식을 기초로 하여, 우리는 도덕과 종교가 변화에 종속되고, 그러한 변화의 원인이 과학적으로 연구될 수 있다는 것을 인정해야 한다.
9. 물리학과 화학에 대한 우리의 새로운 지식을 기초로 하여, 우리는 물질이 운동으로 가득 차 있지 정적이지 않다는 것을 인정해야 한다.
10. 생물학, 사회학, 역사학적 지식을 기초로 하여, 우리는 소아(小我)가 죽고 부패하게 되어 있다는 것은 인정해야 한다. 그러나 개인적 성취의 총합은 더 좋거나 더 나쁘거나 대아(大我)의 영원성 안에서 계속 살고 있다. 종(種)과 후세를 위해 사는 것은 가장 고등한 종교이다. 하늘에서나 정토(淨土)에서 미래의 삶을 찾는 그러한 종교들은 이기적인 종교들이다. 이 신사조(新思潮)는 일반적으로 받아들일 만한 지난 이삼백 년의 과학적 지식에 기초한 가설이다. 불필요한 논쟁을 피하기 위해, 나는 그것을 '과학적 사조'가 아니라 단지 '삶과 우주에 대한 자연주의적 개념'이라 부를 것을 제안한다.

이러한 자연주의적 우주에서, 이러한 무한한 시공간의 우주에서 인간, 즉 평균 신장이 약 168cm이고 수명은 100세를 좀처럼 넘지 못하는 두 손을 가진 동물은 참으로 그저 지극히 작은 미생물이다. 이러한 자연주의적인 우주에서 하늘의 모든 운동은 그것의 규칙적인 궤도를 갖고 있고, 모든 변화들은 자연 법칙을 따르며, 인과율은 인간의 생활은 지배하고 생존을 위한 경쟁은 그의 행동을 몰아댄다.―이와 같은 우주에서 인간은 참으로 아주 적은 자유만을 갖고 있다. 그러나 두 손을 가진 이 작은 동물은 무한한 크기의 세계에서 자신의 적절한 지위와 가치를 갖는다. 자신의 손과 커다란 두뇌를 잘 이용하여, 그는 실제로 수많은 도구를 만드는 것, 방법과 수단을 고안해내는 것, 그 자신의 문명을 창조하는 데에 성공해 왔다. 그는 야생동물을 길들일 뿐만 아니라 상당히 많은 자연의 비밀과 법칙들을 연구하고 발견하였다. 그것을 이용하여 그는 자연력을 지배하게 되었으며, 이제는 전기로 자신의 차를 움직이고 하늘로 자신의 메시지를 전달하고 있다.

그의 지식의 증가는 그의 능력을 확장시켜 왔지만, 그것은 또한 그의 시야를 넓히고 그의 상상력을 향상시켜 왔으며, … 심지어 인과율의 절대적인 보편성조차 그의 자유를 반드시 제한하는 것은 아닌데, 왜냐하면 인과율은 그로 하여금 과거를 설명하고 미래를 예견할 수 있게 할 뿐만 아니라, 그로 하여금 그의 지능을 이용하여 새로운 원인을 창안하고 새로운 결과를 얻을 수 있게 고무하기 때문이다. 심지어 생존경쟁에서의 뚜렷한 잔인함조차 반드시 그를 비정한 야수로 만드는 것은 아니다. 반대로 그것은 동료 인간에 대한 그의 동정을 증강하고, 그로 하여금 협동의 필요성을 더욱 확고하게 믿도록 하며, 자연 경쟁의 냉혹함과 소모를 감소시키는 유일한 수단으로서 의식적인 인간적 노력의 중요성을 그에게 납득시킬지도 모른다. 요컨대 우주와 삶에 대한 이러한 자연주의적 개념이 반드시 아름다움, 시(詩), 도덕적 책임감, 인간의 창조적 지능의 훈련을 위한 최대한의 기회를 결여하고 있는 것은 아니다(후, 《科學與人生觀》, 서문; 또한 후, 1931, 260~3면 참고).

이 긴 단락은 후스의 '신생활개념(新生活槪念)'과 그의 과학주의적 경향에 대한 최고의 묘사이다. 이러한 특징들은 과학이 서양 문명의 가장 중요한 성과라는 당시 근대적 중국 지식인들의 관점과 과학이 중국의 믿을 수 없는 전통적이고 봉건적인 윤리 규약과 신념에 대한 가장 합리적으로 받아들일 수 있는 대체물이라는 그들의 믿음을 반영하였다. 이 상황은 또한 왜 후스가 듀이의 실험주의자적 이론에 매료되

었고 그것의 강력한 옹호자가 되었는지를 부분적으로 설명해준다. 후스에 따르면, 과학의 본질은 그것의 방법에 놓여있다. "과학 자체는 단지 방법, 태도, 정신에 지나지 않는다"("유고(遺稿)", 위, 1984, 41면 참고). 그는 '실험주의'가 '실용주의'보다 이 이론에 대한 더 좋은 이름이라고 생각했다. 왜냐하면 다음과 같은 이유 때문이다.

비록 그것 역시 실천적인 노력에 주의를 기울였더라도, 이 철학이 실험적인 방법에 최선의 주의를 기울였다는 것을 보다 더 지적할 수 있었다. 실험의 방법은 과학자들이 실험실에서 사용하는 바로 그 방법이다. 이 철학파의 창시자인 피어스(Peirce)는 그의 새로운 철학이 다만 '마음에 대한 실험실적인 태도'일 뿐이라고 종종 말했다.

실험주의는 이른바 '진리'가 영원한 진리라는 것을 결코 인정하지 않으며, 그것은 오로지 모든 '진리'가 가설의 적용이라는 것만을 인정한다. 가설의 참이나 거짓은 그것이 일으켜야 할 결과를 그것이 야기하는지의 여부에 달려있다. 그것이 '마음에 대한 실험실적인 태도'이다. 실험주의와 본질적인 관계를 갖고 있는 다른 과학적 이론은 다윈의 진화론인데, 그것은 우리에게 종(種)은 불변하지 않다고 말하였다. 종(種)이 변할 수 있을 뿐만 아니라 진리 역시 마찬가지다. 종(種)의 변화는 환경에 대한 적응의 결과이고, 진리는 환경을 다루는 일종의 도구일 뿐이다. 환경이 변할 때 진리의 변화가 뒤따를 것이다. 그러므로 삼강오륜(三綱五倫)과 같이 한때 영원한 진리로 인정되었던 봉건 윤리 규약은 이제 진리가 아니게 되었다. 진화 개념을 철학에 적용하는 것은 물질이 어떻게 생겨났는가? 그것은 어디로부터 왔는가? 그것은 어떻게 그것의 현재 상태로 진화하였는가? 를 묻는 '유전학적 방법'으로 귀착된다. 그것은 실험주의의 두 가지 본질적 개념에 대한 짧은 논의이다. 첫째는 마음에 대한 실험적 태도이고, 둘째는 유전학적 방법이다. 이 두 기본적 개념들은 모두 19세기 과학의 결과이다. 따라서 우리는 실험주의가 철학에 대한 과학적 방법의 적용일 뿐이라고 말할 수 있다("실험주의", 후, 1998, II, 208~13면).

후스의 실험주의는 그의 과학주의적 경향에 대한 중요한 표현이었는데, 그것에 의하여 그는 사회와 역사 연구를 포함한 모든 분야에서 과학적 방법을 전능한 것으로 생각하였다. 그의 과학주의는 그로 하여금 듀이 철학을 탐구하고 그것을 받아들이도록 하였다. 그러나 듀이 철학에 대한 후스의 이해는 어떤 것인가? 후스에 따른다면, 이 강력한 과학적 방법은 어떻게 구체적인 문제를 푸는 데 이용되는가? 후스는 생각을 인도하기 위한 형식적 절차인 듀이의 '5단계 방법'에 의하여 다음과 같이 대답하였다.

듀이 철학의 기본 개념은 "지적 관념은 인간이 그의 환경에 대응하는 도구이다"라는 것이다. 지적 관념은 인간 삶의 필수 불가결한 도구이지 철학자의 사치스런 장난감이 아니다. 한마디로 듀이 철학의 기초적인 목적은 인간으로 하여금 어떻게 '창조적인 지능'을 신장하게 하고, 그로 하여금 만족스런 방식으로 그의 환경에 대응하도록 하는가이다. 여기서 관념은 이미 알고 있는 것들을 기초로 해서 다른 것들을 추론할 수 있는, 즉 5단계로 나누어질 수 있는 방법으로 이끄는 기능을 갖는다. (1) 문제 상황을 발견하는 것. (2) 문제를 규정하고 설정하는 것. (3) [문제를] 해결하기 위해 다양한 계획을 마련하는 것. (4) 문제를 해결할 수 있는 계획을 결정하는 것. (5) 이 해결이 참인지 거짓인지 검증하는 것("실험주의", 후, 1998, II, 232~3면).

후스는 세 가지 원리들로 이 접근법을 요약하였다.

1. 구체적인 사실이나 상황으로부터 진행하는 것.
2. 변경할 수 없는 원리들로서가 아니라 입증된 가설들로서 모든 이론들, 이념들, 또는 지식들을 다루는 것.
3. 다만 진리의 시금석으로서의 실험을 가지고 실천적으로 모든 이론들과 이념들을 시험해 보는 것("듀이와 중국", 후, 1998, II, 533~7면).

보다 단순화해서 후스는 실제적인 사회 문제들을 풀기 위해 과학적 방법일 뿐만 아니라 보편적인 방법으로서 '대담한 가설, 면밀한 논증'을 요구하였다. 중국이 지닌 문제들에 대처하기 위한 방법을 찾는 것은 후스에게 핵심적으로 중요하였다. 이것은 '수입된 이론들'에 대한 그의 원래의 동기였고 그가 듀이 철학에 매력을 느낀 강력한 바탕이었다.

후스는 조국의 요구와 그것들에 응답해야 하는 자신의 책임을 명백하게 의식하였다. 그의 일기에서, 그는 자신의 연구가 '전 국민들의 스승이 되기 위한 준비'여야 한다고 기록하였다(후, 1947). 그는 "오늘날 우리 민족의 절박한 요구는 참신한 이론 내지 발전된 철학이 아니라, 질문을 활용하고, 배우며, 문제들을 토론하고, 상황을 조사하고 나라를 경영하는 방법들이다"라고 생각하였다(후, 1947). 심지어 듀이의 학설로 전향하기 이전에도 그는 다음과 같이 쓰고 있다. "나의 관점에서 말한다면, 죽어가는 것을 되살리는 데 적합한 만병통치약인 세 가지 방법, 즉 (1) 귀납적 방법, (2) 역사적 시각, (3) 진화 개념이 있다"(위, 1984, 18면, 37면 참고). 방법론과 실천적 적용에 관한 후스의 관심은 호의적인 실험주의에 또 다른 동기를 제공하였다. 마르크스는 일찍이 "철학자들이 한 것은 다만 다른 방식으로 세계를 설명하는 것이다.

그러나 문제는 세계를 바꾸는 것이다"(마르크스와 엥겔스 전집, 1976, 8면)라고 말했다. 다른 철학자들도 실천적인 적절성을 보편적으로 받아들여질 수 있는 이론들에 대한 기준으로 여겼다. 그것이 중국의 지식인들에게 크게 영향을 미쳤던 듀이 철학의 실천적 특성이었는데, 사상이 행동의 계획이며 환경에 대응하는 도구이고 철학은 사회적 계획들을 고안하는 데 초점을 맞춰야 한다는 그의 주장에 표현되어 있다. 그들의 대답은 부분적으로 근대 세계에 진입하는 중국의 요구를 반영하며, 또한 지행합일(知行合一)을 갖고 있는 전통 중국의 학설에 연결되어 있다.

중국 철학사와 국고정리(國故整理)

중국 철학사에 대한 후스의 실험주의자적 방법의 적용은 국고정리(國故整理)에 대한 그의 기획을 구체화하였다. 그의 활동의 시작에서부터 후스는 문명의 재건이 반드시 국고정리(國故整理)에 기초해야 한다고 생각했다. 유가는 관학적인 사고와 정치에서 여전히 우세하였고, 그것의 탐구 방법은 여전히 교조적이었다. 후스는 이같은 우세를 어떻게 바꾸어 놓을 것인가, 비평적 태도를 중국 철학의 탐구에 어떻게 이용하여 모든 가치들에 대한 재평가를 성취할 것인가, 철학사에서의 다른 지적 자원을 어떻게 이용하여 신문화를 위한 기초를 놓을 것인가를 물었다.

> 그러므로 진정한 문제는 다음과 같이 다시 말해져야 한다. 어떻게 우리는 근대 문명을 우리 자신이 만든 문명과 동질적이고 조화로우며 연속적인 것으로 만드는 방식으로 그것을 가장 잘 흡수할 수 있는가? 이렇게 큰 문제는 옛 문명과 새로운 것의 거대한 갈등의 모든 국면에서 스스로를 드러낸다. 사실상 문학, 정치 그리고 사회생활 일반에서 근원적인 문제는 기본적으로 같다. 내가 알 수 있는 한, 이 거대한 문제의 해결은 오직 신(新)중국의 지적인 지도자들의 역사적 연속성에 대한 선견지명과 감각에, 그들이 성공적으로 근대 문명의 최선의 것과 우리 문명의 최선의 것을 연결시킬 수 있는 예민한 감각과 기술에 의존할 것이다. 현재 우리의 목적을 위해서 보다 특수한 문제는 다음과 같은 것이다. 우리가 근대 유럽과 미국의 사유 체계와 유기적으로 연결시킴으로써 옛것과 새로운 것의 내적인 조화라는 새로운 기초 위에 우리 자신의 과학과 철학을 더욱 쌓아 올릴 수 있는 동질의 바탕을 우리는 어디에서 찾을 수 있는가?("서론", 후, 1922b, 7면)

후스는 철학적 방법 문제에서 출발했는데, 왜냐하면 그는 "철학은 그것의 방법에 의해 조건지워지며, 철학의 발전은 논리적 방법의 발전에 의지한다"("서론", 1922b, 1면)고 생각했기 때문이다. 중국 철학이 결여하고 있으며 서양의 학문에서 흡수할

필요가 있는 것은 타당한 방법이다. 위잉스(余英時)는 다음과 같이 주장하였다.

> 후스의 관념에는 아주 명백하게 환원주의적 경향이 있다. 그는 모든 학문적 사유를, 심지어 문화 전체조차도 방법으로 환원한다. … 그가 중시한 것은 항상 방법, 태도, 한 학파를 기초짓는 정신이 었지 그것의 구체적인 내용이 아니었다. 진화론과 실험주의자적 방법의 거대한 영향 아래서, 그는 모든 학설의 구체적인 내용들이 배경, 역사적 상황 그리고 저자의 인격을 포함하며, 영속적이고 보편적인 타당성을 가질 수 없다고 생각하였다. 그러나 방법들, 특히 장기간의 사용에 의해 검증 된 과학적 방법들은 주관의 다양성, 즉 저자 자신의 특정한 요소들에 열려있지 않는 그것들만의 객관적인 독립성을 갖는다. … 그가 학설들은 오직 방법들로 환원된 뒤에야 그것들의 가치를 보 여 줄 수 있을 것이라는 의미로 모든 학설들을 '가설', '확증된 재료', 사상의 '도구'로서 취급한 것은 명백하다(위잉스, 1984, 40~1면).

따라서 "특정한 명제들의 적용은 유한한 반면 방법들의 적용은 무한하다"("듀이 와 중국", 후, 1998, II, 280면). 철학사는 철학적 방법의 변천사이며, 우리는 각 학설 의 방법에 대한 객관적 평가에 의해서 중국 철학의 역사적 발전을 소급적으로 분석 할 수 있다.

중국 철학에 대한 후스의 해설에 또 다른 실험주의자적 영향은 자료의 선정이라 는 기본적인 문제와 관련된다. 후스의 《중국철학사대강(中國哲學史大綱)》에 붙인 자 신의 서문에서 차이위엔베이(蔡元培, 후, 1919)는 자료의 선택이 고대 중국 철학사를 쓰는 데에 큰 어려움이 있다는 것을 지적하였다. 고대로부터 믿을 만한 것과 믿을 수 없는 자료들이 뒤섞였고, 심지어 믿을 만한 자료조차 많은 잘못을 포함하고 있 다. 그러한 자료들을 다룰 때, 후스의 접근은 간결하고 적절하다는 장점을 가졌다. 노자(老子)와 공자(孔子) 이전의 대량의 반(半)신화적이고 반(半)정치적인 역사적 자 료로부터 순수하게 철학적인 체계를 식별하는 것은, 특히 면밀한 검증에 대한 실험 주의자적인 요구를 강요 당한다면 난해할 것이다. 그러므로 후스는 자신이 평가할 수 없는 초기의 자료들에 대한 고찰을 버리고, 노자와 공자에 대한 명확하고 충분히 믿을 만한 전거를 가지고 자신의 해설을 시작하였다. 이러한 진행은 전설 시기의 바 로 그 시초부터 시작하는 강연을 듣고자 했던 학생들에게 충격을 주었다(꾸지강, 1926, 36면). 후스는 한학(漢學)의 고증적인 탐구와 서양 철학사에 이용되는 연구 방 법에서 착실한 훈련을 받았다. 후스는 유용하고 대조될 수 있는 자료들에 세밀한 주 의를 기울였다. 그의 《중국철학사대강》(후, 1919)의 서론에서, 후스는 서양 철학사를 쓰는 데에 이용될 수 있는 탐구 방법을 고려하였고, 역사적 자료들을 다루는 방법에

세심한 주의를 기울였다고 말한다. 그는 철학사를 위해 역사적 자료를 포함시키는 것과 그것의 타당한 심사를 구성하는 것을 고려하였다. 그는 문헌 비판, 용어 해설 그리고 문헌에 대한 통관(通觀)과 같은 방법들을 어떻게 사용할 것인지, 자료들을 어떻게 순서에 따라 배열할 것이지를 연구하고, 그와 같은 학문적 작업이 철학사를 기술하는 데에 기초를 제공한다고 주장하였다. 방법론에 대한 이러한 정교한 설명은 그의 학생들에게 자신의 자료 선정은 일관성이 있으며 그의 사상과 방법들이 그들의 지식을 검토하고 체계화하는 타당하고 새로운 시각을 제공할 것임을 확신시켰다. 그들은 또한 후스가 능력 있는 철학자라고 확신하였다.

　중국 철학사 연구에 대한 후스의 접근법의 가장 기본적인 특징은 차이(蔡)가 그의 '대등한 시각'이라고 부른 것인데, 그것은 중국 철학사의 기본적인 문제들을 검토하기 위해 근대적인 방법과 시각을 채용함으로써 유가 경전의 전통적인 우위를 깨뜨렸다. 적어도 한(漢) 왕조 이래로 유가 학파는 도가, 묵가(墨家) 그리고 다른 학파들보다 우수한 것으로 여겨졌다. 유가 경전에 대한 독단주의적 편애는 학자들이 다른 학파들의 학설에 대해 정당하고 객관적인 평가를 부여하는 것을 막았다. 대조적으로 후스는 철학사를 위한 새로운 모범의 밑그림을 그렸다. 그는 먼저 철학을 정의한다. "삶의 중대한 문제들을 연구하고 그것들의 근본적인 해결을 탐구하는 모든 학문이 철학이다"(후, 1919). 자신의 견해를 뒷받침하기 위해 그는 그와 같은 문제들에 대한 예를 제시하였는데 각각 우주론, 인식론, 윤리학, 교육 철학, 정치 철학 그리고 종교 철학에 속한다. 그는 철학사가 이것들 및 그와 유사한 문제들을 연구하고 해결하기 위해 다른 철학자들에 의해 제공된 모든 방법들의 연대기적이고 체계화된 기록으로 이루어져 있다고 주장하였다. 철학사는 다음과 같은 것을 목적으로 해야 한다.

　(1) 고대와 근대의 사상을 이해하기 위해 진화론적인 실마리를 깨달아라. (2) 이러한 진화의 원인을 탐구하라. 그리고 (3) 각 학설의 가치를 판단하라. 이 판단들은 객관적이어야 하는데, 그것은 그들이 각 학설의 결과에 대한 세 가지 측면, 즉 당대와 후대의 사상에 대한 그것의 영향, 관습과 정치에 대한 그것의 영향, 인격 형성에 대한 그것의 영향을 명백하게 해야 한다는 것을 의미한다 ("서론", 후, 1919, 또한 후, 1998, 164~5면에서도 보인다).

　이러한 목적들을 확립하고 이러한 기준들을 설정함으로써 후스는 유가와 비(非)유가의 학설을 대등한 지위에 배치했는데, 그것은 그로 하여금 학설들을 객관적으로 평가하고 근대 서양의 사상들을 중국 사상에 참여할 수 있도록 하는 성과를 끌어낼

수 있게 하였다.

그 문제에 대한 나 자신의 추측은 다음과 같다. 유가는 오래전에 생명력을 잃었다. 송명(宋明)의 새로운 학파는 결코 그것에 속하지 않는 두 가지 논리적 방법으로 곡해함으로써 오랫동안 죽어있던 유가를 활기있게 하였다. 이 두 가지 방법은 다음과 같다. 첫번째로 인간의 지식을 극도로 확장하려는 목적을 위해 모든 것에서 이치를 연구한 학설로, 그것은 송학(宋學)의 방법이다. 직관적 지식에 관한 학설로, 그것은 왕양명(王陽明) 학파의 방법이다. 왕양명 철학의 장점을 충분히 깨닫는 동안, 나는 그의 논리적 이론이 과학의 정신 및 절차와 전적으로 양립할 수 없다고 생각하지 않을 수 없었다. 송(宋)의 철학자들은 '격물(格物)'론에 대한 그들의 해석에서 옳았다. 그러나 그들의 논리적 방법은 (1) 실험주의적 절차의 부재에 의해, (2) 사물을 탐구하는 데에서 마음에 의해 움직여지는 행위와 직접적인 역할을 깨닫는 데 그것이 실패한 것에 의해서 그리고 (3) 무엇보다 가장 잘못된 '물(物)'이 '사(事)'를 의미한다는 그것의 해석에 의해 결실이 없게 되었다. 이 두 학파를 제외하고 유가는 오랫동안 죽은 것이었다. 나는 중국 철학의 미래가 유가의 도덕주의적이고 합리주의적인 족쇄로부터 그것이 해방되는 것에 달려있다고 확신한다. 이 해방은 서양 철학들 가운데 하나에 대한 어떤 대대적인 수입에 의해서도 성취되어질 수 없다. 그것은 오직 유가를 그것의 적합한 자리로 되돌려 놓는 것, 즉 그것을 그것의 역사적 배경으로 되돌려 놓는 것에 의해 성취되어질 수 있다. 유가는 일찍이 고대 중국에 번성했던 많은 경쟁적인 체계들 가운데 하나였다. 그러므로 그것이 정신적, 도덕적, 그리고 철학적 권위의 유일한 원천으로서가 아니라, 단지 철학적 선각자의 위대한 은하계에서 하나의 별로서 간주될 때, 유가의 폐위는 납득될 수 있을 것이다. 달리 말하면, 중국 철학의 미래는 고대 중국에서 일찍이 공자 학파와 함께 나란히 번성했던 그렇게 위대했던 철학 학파들의 부흥에 크게 의지하는 것처럼 보인다. … 나 자신에 관해서 말하면, 나는 비(非)유가 학파의 부흥이 절대적으로 필수적이라고 믿는다. 왜냐하면 우리가 서양의 철학과 과학의 최고의 생산물을 이식하기 위한 동질의 토양을 찾기를 바랄 수 있는 것은 바로 이 학파들에서이기 때문이다. 이것은 방법론의 문제에 관해서 특히 옳다. 독단주의와 이성주의에 대한 반대로서 경험에 대한 강조, 실행에 대한 그것의 모든 측면에서 고도로 발전된 과학적 방법, 그리고 진리와 도덕에 대한 역사적 또는 진화론적 관점, 내가 서양 근대 철학의 가장 중요한 공헌으로 간주하는 이점들은 기원전 5, 4, 그리고 3세기의 위대한 비(非)유가 학파에서 그들의 희미하지만 고도로 발전된 선구자들을 모두 찾을 수 있다. 그러므로 근대 서양 철학에 비추어서 그리고 그것의 도움으로 이렇게 오래 간과했던 소박한 체계를 연구하는 것이 신(新)중국의 의무일 것 같다. 고대 중국 철학이 근대 철학의 견지에서 재해석될 때, 그리고 근대 철학이 중국의 소박한 체계들의 견지에서 해석될 때, 그때 오직 그때에야 중국 철학자들과 철학도들은 진실로 사색과 탐구의 새로운 방법과 수단에 편안함을 느낄 수 있다(후, 1922b, 7~9면).

이것은 국고정리(國故整理) 문제에 대한 그의 신중한 대답이다.《고대 중국의 논리적 방법의 발전(*The Development of Logical Method in Ancient China*)》과 《중국철학사대강》 이외에 후스는 중국 철학사에 대해 많은 작품을 썼다. 이것들의 대부분은 방법론에 주의를 기울일 필요성을 강조하였지만, 그것들의 일부는 또한 의문을 갖는 것, 지식을 탐구하는 것, 우주에 대한 자연주의적 개념, 증거에 의한 탐구, 그리고 원문 연구와 같은 중국 철학에서 과학적 정신과 방법을 강조하였다(후, 1962). 그는 근대 사상과의 연결점을 찾았으며, 중국 사상의 새로운 성장에 적합한 토양을 가꾸기 위하여 국내 자원에 대한 활용을 반복적으로 주장하였다.

정치 철학과 자유주의

후스의 생각에서 문제들을 연구하고 이론들을 수입하며 국고를 정리하는 그의 노력의 목적은 신(新)중국의 문명을 재건하려는 것이었다. 그러나 어떤 것이 신(新)중국 문명을 위한 이상적인 모델인가? 우리는 그와 같은 모델을 어떻게 선택해야 하는가? 이러한 문제들은 후스의 정치사상으로 이끌어 간다.

후스의 정치 이념과 견해는 잡다하고 진화론적이며 변화를 쉽게 받아들이지만, 그의 정치 철학의 기본적 특징은 이상주의, 점진주의, 자유주의에 대한 그의 참여에 의해 그의 생애를 걸쳐 동일하게 유지되었다. 후스는 미국 정치에 면밀한 관심을 기울였다. 그는 윌슨(Wilson) 대통령의 정치에 대한 이상주의적이고 휴머니즘적인 접근에 매혹되었으며, 그가 참여했던 학생 운동과 협회에 의해 옹호되었던 국제주의, 평화주의 그리고 세계주의의 이념들에 의해 자극되었다. 그는 미국의 정치 제도를 민주주의의 이상적인 모델과 중국의 개혁에 대한 그의 후기 계획의 목표로 받아들였다.

후스의 이상과 대조적으로, 초기 중화민국의 정치 현실은 위협과 황폐함으로 가득했다. 위엔스카이의 황제극, 창춘(張純)의 청(靑) 왕조 복원 시도 그리고 군벌들 사이의 장기간의 냉혹한 전쟁은 일군의 엘리트 중국인들로 하여금 정치에 종사하려는 시도를 포기하게 하였다. 정치에 대한 이러한 거부는 성공과 개인적 만족을 위해 국가 공무원이 가장 매력 있고 명예로운 길이었던 전통적 중국인의 태도와 뚜렷한 대조를 보였다.

내가 상하이에 도착해서 출판계의 빈곤과 결핍 그리고 교육계의 타성을 보았을 때, 나는 창춘(張純) 복고의 대성공이 아주 자연스런 현상이었다는 것을 깨달았다. … 나는 20년 동안 정치에 참여

하는 것을 자제하기로 결심하였고, 사상과 문학에 기초하여 중국 정치의 개혁을 위한 기반을 놓기를 희망하였다("나의 십자로", 후, 1924, II, iii, 96면, 108면).

후스의 결심은 실제 정치에 어울리지 않는 소박한 이상주의를 보여 주며, 그의 동료들 사이에 유행하였던 엘리트주의적 관점을 나타냈다. 문화적, 지적 작업에 집중할 것을 선택함으로써 그들의 영향은 지적이고 교양 있는 사람들에게 제한되었다. 그들의 노력이 정치 개혁을 위한 기반을 놓을 것이라는 그들의 희망은 중국의 지식층을 보충하는 것이 개혁을 위한 충분한 조건을 만들 것이라는 신념과 동일시 될 수 있다. 게다가 후스와 그의 동료들은 그들의 활동이 지식인 집단 전체를 납득시킬 것이라는 믿음에 대해 비현실적으로 낙천적이었다. 사실상 정치적 사건의 압력과 민족적 위기는 곧 후스를 생생한 정치적 삶으로 이끌었다. 그는 "중국 정치의 개혁을 위한 최소의 요구로서 '좋은 정부'라는 목적"을 추구하였으며, 정치 개혁의 세 가지 기본적인 원리로서 입헌 정부, 공화 정부 그리고 계획을 가진 정부를 제기하였다. 그는 "정치 개혁 작업을 시작하는 유일한 길[로서] 사회의 모든 상위의 구성원이 악한 세력과 싸우기 위해 나서야 한다"("우리의 정치적 제안", 후, 1924, II, iii, 27~31면)고 요구하였다. 후스의 동료들은 신문화 운동에서 민족적 위기에 대해 여러 가지 방법으로 대응하였다. 천뚜시우와 리따짜오는 중국 공산당의 창설자가 된 반면 다른 이들은 정부로 들어갔고 후스조차도 관직을 받아들이게 되었다.

정치에 대한 후스의 점진주의는 그가 주창할 수 있는 또 다른 이유를 제공하였다. 그는 정치 개혁의 목적에 관한 이상주의를 그 방법으로서 점진주의자의 접근법과 결합하였다. 그의 평화주의자적 경향은 그로 하여금 격렬한 혁명을 싫어하도록 하였으며, 듀이에 대한 그의 찬미는 그를 듀이의 사회, 정치 철학의 점진주의를 채택하도록 이끌었는데, 이는 '문제와 주의(Isms)'에 대한 리따짜오와의 유명한 논쟁에서 드러난다. 그의 견해에 따르면, "물론 실험주의도 주의의 한 종류이지만, 실험주의는 구체적인 사실과 문제들을 강조하기에 결과적으로 그것은 어떤 근본적인 해결도 인정하지 않는다. 그것은 오직 조금씩 성취되는—지성에 의해 인도되는 각 단계, 자동적인 검사를 대비하는 각 단계—그러한 과정만을 승인한다. 오직 이것만이 진정한 과정이다"("나의 십자로", 후, 1924, II, iii, 99면).

후스는 "해외에서 수입된 '주의'에 대한 공허한 이야기"를 경계하였는데, 왜냐하면 이론들, 즉 '주의'는 다만 특수한 문제들의 해결을 위해 제출된 구체적인 제안으로서 특정 시간과 장소에서 고안된 사상의 일반화된 진술일 뿐이다. 그것들 본래의 맥락과 새로운 상황에 대한 그것들의 응용 가능성에 대한 연구가 없다면, 그들은 구

체적인 사회 문제를 해결하는 데 도움이 되지 못할 뿐만 아니라 사회적 진보를 이끌지도 못하는 관념적인 제안일 것이다. "'주의'의 큰 위험은 그것들이 인간을 만족하고 안심하게 한다는 것인데, 왜냐하면 그들이 '근본적인 해결'이라는 만병통치약을 발견했으며 이런저런 구체적인 문제를 해결하는 방법을 연구함으로써 자신들의 에너지를 낭비할 필요가 없다고 믿기 때문이다." 후스에 따르면, 특정한 문제에 대한 연구는 사회 개혁을 향한 첫번째 필수불가결한 단계이다. 각 지식인은 "이런저런 문제의 해결을 연구하는 것에 보다 전념해야 하며, 이 이론의 새로움이나 그것의 교묘함에 대한 과장된 이야기에 보다 적게 빠져들어야 한다"("더 많은 문제들을 연구하고, '주의'를 더 적게 말하라", 후, 1921, ii, 484~7면). '문명 재건'의 임무는 '주의'에 대한 공허한 이야기를 통해서보다는 문제의 해결, '비평적 태도' 그리고 개성 독립의 신장을 통해서 성취될 것이다.

> 문명은 불분명하고 막연한 방식으로 창조되는 것이 아니라, 조금씩 그리고 점차적으로 창조된다. 진보는 하루 저녁에 불분명하고 막연한 방식으로 성취되지 않고, 조금씩 그리고 점차적으로 성취된다. … 문명 재건의 첫번째 단계로서 힘써야 할 일은 이런저런 문제에 대한 연구이다. 문명의 재건과 같은 진보는 그저 이런저런 문제의 해결을 의미한다(후, 1921, iv, 1029~30면).

그의 점진주의자적인 접근법에도 불구하고, 후스는 혁명을 완전히 반대하지는 않았다.

> 나는 혁명들을 비난하지 않는데, 왜냐하면 나는 그것들이 진화 과정의 필연적인 단계라고 믿기 때문이다. 그러나 나는 설익은 혁명을 좋아하지 않는데, 왜냐하면 그것들이 대체로 소모적이고 결실이 없는 것이기 때문이다. … 비록 내가 혁명가들에 대해 깊은 교감을 갖고 있을지라도, 중국에서 현재 진행중인 혁명에 대해 많은 희망을 품지 않는 것은 바로 이러한 이유 때문이다. 개인적으로 나는 처음부터 쌓아 나가는 것을 좋아한다. 나는 정치적 품위와 효율성으로 나아가는 지름길이 없다는 것을 믿어 왔다. … 내 개인적 의견은 "무슨 일이 생기든 인민들을 교육하자, 우리 후세들이 의지할 수 있도록 기초를 놓자"는 것이다. 이것은 필연적으로 매우 더딘 과정이지만 인간은 조급하다. 그러나 내가 아는 한, 이 더딘 과정이 유일한 과정이며 진화뿐만 아니라 혁명의 선결 조건이다(후, 1947, 842~3면).

여기서 우리는 부드럽고 안정된 개혁을 위한 후스의 계획의 핵심, 즉 교육에 이르게 된다. 심지어 이전에 듀이의 점진주의에 매력을 느꼈을 때조차, 후스는 "파괴로

부터 중국을 구하려는 기본적 계획"은 "우리의 교육을 융성하게 해야 한다…"라고 제창하였다(후, 1947, 584면).

나는 지금에서 생산적인 운동의 적절한 방법이 인재의 양성에 달려 있다고 믿는다. 이것은 당연히 교육에 의지한다. 그러므로 나는 최근 지나칠 것 없는 희망을 품어 왔으며, 고국으로 돌아온 후 나는 오직 사회 교육 사업에 몰두하려 노력하였는데, … 이것이 100년에 걸친 인재 양성을 위한 오직 [가능한] 계획이라고 믿으면서 말이다. 나는 인재의 양성이 장기적인 설계라는 것을 잘 알지만, 최근에 나는 국가나 세계적인 일에서 효과적일 수 있는 지름길이 없다는 것을 깨닫게 되었다(후, 1947, 832~3면).

교육을 통한 개혁에 대한 후스의 주장은 그의 민주주의적 이상과 자유주의에 대한 그의 참여를 나타내었다. 후스는 중국 자유주의 일세대의 가장 중요한 대변자로서 넓게 인식되었다.

동양의 자유주의 운동은 끝내 정치적 자유의 특수한 중요성을 파악하지 못했으므로 결국 민주 정치의 길을 따라가지 못했다. 서양 자유주의의 위대한 공헌은 그들이 오직 민주 정치라야 비로소 인민의 기본적인 자유를 보장할 수 있다는 점을 깨달은 데 있다. 따라서 자유주의의 정치적 의의는 민주를 지지하는 것을 강조한 것이다("자유주의(自由主義)", 후, 1998, XII, 807~9면).

후스는 그의 초기 개인주의적 자유주의를 '입센주의'로 불렀다. 인간의 삶을 파괴하는 숨막힐 듯한 전통 윤리에 직면했을 때, 그는 "어떤 사회악도 개인의 개성에 대한 파괴와 그의 자유로운 발전을 막는 것보다 큰 것이 없다"는 입센(Ibsen)에 동의한다. 계몽의 주요 목표로서 그는 각 개인들이 전통적 윤리 규약의 속박으로부터 스스로를 자유롭게 할 것, 자기 자신의 권리와 독립을 깨달을 것 그리고 "자기 자신의 자연적 능력 … 자기 자신의 개성을 최대한도로 발전시킬 것"을 주장하였다. "내가 당신에게 가장 원하는 것은 참되고 순수한 이기주의이다. … 때때로 나는 세계 전체가 바다에 가라앉고 있는 배처럼 느껴지며, 가장 중요한 것은 자신을 구하는 것이다라고 느낀다." 왜냐하면 "사회는 개인들로 구성되기 때문에 … 한 명이라도 더 많은 사람을 구제하는 것이 사회의 재건을 위해 한 사람 더 준비하는 것이기 때문이다. … 그와 같은 이기주의는 사실상 가장 가치 있는 상대주의이다"("입센니즘", 후, 1953, IV, 902~3면).

그와 같은 이기주의는 개인과 사회의 조화로운 관계에 개인주의적인 기초를 제공

하였다. 어떻게 한 개인이 자신을 구할 수 있으며, 어떻게 후스의 개인주의적 이상
이 성취될 수 있는가? 후스는 한 사람이 고립된 상태에서 자신을 구할 수 없다는
것과 '독립된 개성'이 사회에서 독립하여 길러질 수 없다는 것을 의식하고 있었다.
"개인은 사회 안에서 다수의 영향력에 의해 만들어진다. 사회 개혁은 사회와 개인을
만들어내는 이러한 다수의 영향력에 대한 개혁으로부터 시작해야 한다. 사회의 개혁
은 바로 개인의 개혁이다"("비(非)개인적인 새로운 삶", 후, 1953, IV, 1053면). 그는
'개인의 개혁'과 '사회의 개혁'을 구별하려는 시도들을 비판하였다.

> 이러한 관념의 기본적인 잘못은 … 개인을 사회의 밖에 놓여질 수 있고 개혁될 수 있는 어떤 것
> 으로 간주하는 데 있다. 개인이 다수의 다양화된 영향력에 의한 결과이고 … 함께 사회 제도, 관
> 습, 생각, 교육 등을 만들어낸다는 것을 이해하는 것이 중요하다. 이러한 영향력들이 향상되어질
> 때, 그만큼 역시 사람도 향상되어진다("비(非)개인적인 새로운 삶", 후, 1953, IV, 1052~3면).

후스는 그의 자유주의의 원리를 개인이 거주하고 활동하는 정치적 환경을 탐구하
기 위해 사용하였다.

> 자유주의의 가장 간단한 의미는 자유의 존중을 강조하는 것입니다. … 저의 비천한 견해를 말씀
> 드린다면, 자유주의는 자유를 옹호하며, 자유를 존중하고, 자유를 위해 싸우며, 자유를 풍부하게
> 하고 퍼뜨리는 인간사의 위대한 운동입니다. … 우리가 지금 논하는 '자유'는 외적인 힘에 의해
> 제한되거나 억압받아서는 안 되는 권리이며, 종교적 신앙의 자유, 사상의 자유, 언론과 출판의 자
> 유와 같은 삶의 일정한 측면에서 제한될 수 없는 권리입니다. 이러한 권리들은 전혀 내재적이거
> 나 신(神)에 의해 부여받은 것이 아니라, 장기간의 투쟁을 통해서 어떤 진보된 나라들에 의해 획
> 득된 것입니다(라디오 방송, 라디오 베이징, 1948).

자유의 두 번째 의미는 정치적 자유인데, 오직 민주 정치만이 이 기본적인 자유를
보장할 수 있다고 주장한다. 그리고 세 번째는,

> 그것의 200년간의 역사적 진화에서 특별하고 선례가 없는 자유주의의 정치적 의미인데, 그것은
> 반대 세력을 관용하고 소수자의 자유 권리를 보장하는 것입니다. 서양의 근대 민주주의 정치는
> 일종의 관대함과 의견을 달리하는 사람을 관용하는 분위기를 점차적으로 신장시켜 왔습니다. …
> 이것이 근대 자유주의의 가장 매력적이고 가장 기본적인 측면입니다. 관용은 자유의 원천이고 그
> 것이 없다면 결코 자유가 없기 때문에, "관용은 자유보다 더 중요합니다." …

마지막으로 나는 현재의 자유주의가 또한 '평화로운 개혁'을 내포한다는 것을 지적하고 싶습니다. … 반대 세력을 관용하는 것과 소수자의 권리를 존중하는 것은 평화로운 정치적, 사회적 개혁의 유일한 토대입니다. 첫째로 반대 세력에 대한 관용은 감시라는 가장 비판적인 기제를 세웁니다. 두 번째로 그것은 선택의 기회를 인민에게 부여하고 국가 안에서 합법적이고 평화로운 방법으로써 권력의 이양을 승인합니다(라디오 방송, 라디오 베이징, 1948).

'철저한 개혁'을 원하는 성급한 젊은이들에게 후스는 다음과 같이 말했다.

내가 진심으로 지적하고자 하는 것은, 지난 160~170년 역사가 매우 분명하게 우리에게 보여 주는 것은 철저한 개혁을 주장했던 사람들 가운데 정치에서 절대 전제(專制)의 길을 가지 않은 사람이 한 사람도 없다는 것이다. 이것은 매우 자연스러운 것인데, 왜냐하면 절대적인 전제 정권만이 모든 반대 세력을 근절시킬 수 있고, 모든 저항 세력을 소멸할 수 있으며, 또한 절대적인 전제 정치만이 수단을 가리지 않고 어떤 대가를 치르더라도 가장 잔혹한 방법으로 자신들이 근본적인 개혁으로 여기는 목적을 실행할 수 있기 때문이다. 그들은 그들의 견해에 잘못이 있을 수 있다는 것을 인정하지 않으며, 그들은 또한 반대하는 사람에게 고려해 볼 만한 이유가 있을 수 있다는 것도 인정할 수 없으므로, 그들은 결코 자신과 다른 것을 관용할 수 없고, 또한 자유로운 사상과 언론을 허용할 수 없다. 그러므로 나는 자유주의는 자유와 관용을 존경하기 때문에, 당연히 폭력 혁명과 폭력 혁명이 필연적으로 초래하는 폭력 전제 정치를 반대한다고 솔직하게 말한다. 총결해 보면, 자유주의의 첫번째 의의는 자유이고, 두 번째 의의는 민주이며, 세 번째 의의는 관용, 즉 반대 세력을 관용하는 것이고, 네 번째 의의는 평화적이고 점진적인 개혁이다(후, 1998, XII, 806~10면).

국민당과 공산당 사이의 결정적인 전쟁이 절정에 이르러감에 따라, 후스는 그가 추구하였던 지적 환경과 정치적 제도들을 어떻게 확립할 수 있는지 말할 수 없었다. 그럼에도 불구하고 그가 밑그림을 그렸던 자유와 자유주의적 이상에 대한 개념은 중국 근대화의 과정에서 지속적인 주제로서 살아남았다.

계몽 철학자로서 후스

우리는 후스를 그의 사상의 내용 때문에 그리고 근대 중국의 지적 문화적 재건에서의 그의 역할 때문에 계몽 철학자로 가장 잘 이해할 수 있다. 신문화운동을 통해서 그는 보수화되고 쇠퇴하는 전통 문화를 극복하고, 무지와 미신을 반대하여 합리

성과 과학의 권위를 확립하려고 노력하였다. 문화적 갱신을 위한 그의 작업은 그에게 계몽 사상가로서의 명예를 얻게 하였다. 그는 방법론의 보편성과 불변성을 강조하는 실험주의의 철학적 이론을 수입하였고, 그의 《중국철학사대강》은 실험주의를 적용하여 중국에서 학문적 연구를 위한 새로운 가능성을 열었다. 그는 민주주의, 인권 그리고 자유주의를 주장하였고, 비평적 태도와 사상의 독립을 옹호하였다. 또한 자유롭고 관용적인 사회적 환경을 요청하였으며, 새로운 개인의 형성을 계몽의 주요한 목표로 보았다.

후스 철학의 이러한 큰 장점들은 또한 그것의 약점을 드러내었다. 비록 중국이 계몽 철학을 필요로 하고 후스의 사상이 학생과 지식인들에게 인기를 얻었다고 할지라도 그의 작업은 깊이가 없었다. 실로 이러한 결핍은 그것의 대중적 지지의 한 가지 이유였다. 후스는 실험주의가 중국을 계몽하는 데 도움이 되기 때문에 그것을 포용하였지만, 형이상학에 대한 그의 거부는 보다 큰 지적인 깊이를 획득하는 하나의 방법을 포기한 것이었다. 계몽주의의 주창자로서 그는 "그 사조를 시작하지만 대가(大家)는 되지 않는다"는 것에 만족했다. 그는 그가 수입한 보편적인 문제 해결 방법의 기초 위에서 다른 사람들이 대가가 될 것을 기대하였다. 그는 창시자와 개척자로서 넓은 학문적 영역을 열었지만, "내 작업의 방향들이 참으로 많았으나 그것들은 모두 초보적인 것이었고 더 나아간 탐구는 없었다"(후, 1984, 117면)는 것을 인식하였다. 형이상학과 사변 철학에 대한 그의 적개심 때문에, 그는 인간과 세계에 관한 형이상학적 문제들을 기피하였다. 그가 실재 개념과 같은 기본적인 개념들을 언급했을 때, 그는 그것들을 단지 어떤 실용주의적 방식으로만 다루었다. 이를테면, 그는 "실재란 오직 우리가 개조한 실재일 뿐이다"라고 주장하였다("실험주의", 후, 1921, ii, 440면). 후스는 자신의 철학적 관심들을 주로 실천적인 사회적・정치적 문제들을 다루는 데 제한하였고, 철학 학설들을 문제를 풀고 이론들을 정당화하기 위한 방법들로 축소하였다. 그의 철학은 비교적 중요한 공리주의의의 가정들을 강조했지만 탐구하지는 않았다. 분리되고 제한된 구체적인 문제들을 해결하는 데 집중함으로써 후스의 철학은 방법을 강조하지만 체계를 결여하였다. 후스는 일관된 철학적 체계를 구성하는 데 거의 노력을 기울이지 않았기 때문에, 그의 철학은 그의 논의들과 추론들을 지지할 깊이 있는 구조를 결여했다. 그는 우주에 대한 그의 자연주의적 개념의 토대를 위해 철학보다는 과학에 의지하였다. 게다가 증거에 대한 그의 엄격한 요구는 철학과 그것의 역사를 일반화하는 데에 거의 여지를 남기지 않았다. 그는 주제를 파악하는 시각을 세우는 데에 실패했다. 이러한 이유 때문에, 그는 《중국 철학사대강》을 완성하는 것보다 오히려 중요하지 않은 연구를 위해 증거를 찾는 데 그의 후

기의 대부분을 소비하였다.

후스 철학에 대한 마지막 비판은 그가 독창성을 결여하고 있다는 것과 관계된다. 그의 철학은 그가 스스로 창안한 범주들과 원리들을 거의 담고 있지 않다. 비록 그가 국고정리의 중요성을 깨달았을지라도, 그는 중국 철학사의 풍부한 자원을 사용함으로써 중국 철학의 근대적인 창조적 변형을 성취하는 데 거의 노력을 기울지 않았다. 그의 유명한 슬로건인 '대담한 가정과 면밀한 검증'을 제외하고, 그는 실험주의를 발전시키기보다는 그것을 단순화했고 응용하였다. 후스는 오직 한 논문에서 실험주의를 체계적으로 설명하였을 뿐이고, 문제 해결의 전제로서 실험주의자들의 결론을 무비판적으로 적용하기를 더 좋아하였다. 그는 실험주의를 보편적이고 불변적인 것으로 여겼으며, 그것을 진리에 대한 비평적 태도와 진화 개념으로부터 면제된 것으로 여긴 것처럼 보였다. 이러한 이유들 때문에, 후스는 아마도 자기 자신의 범주와 논증을 가진 자신의 철학 체계를 건립한 철학자가 아니라, 응용 철학자나 철학사가로서 여겨질 것이다. 그의 철학은 그 이론의 상세함보다 그것의 지적이고 문화적 영향 때문에 중요하다.

후스 철학의 한계와 가치는 그것의 역사적 맥락을 통해서 또한 그것의 지적인 산출량을 통해서 접근되어질 수 있다. 그것의 장점과 단점은 그가 살았던 혼란한 시대의 중국 상황과 그의 인상적인 능력의 결과이다. 후스는 철학적 이해가 더 깊고 더 체계적이며 보다 독창적인 그의 동시대인들보다 훨씬 더 직접적인 영향력을 갖는다. 그러나 선구자로서 그는 계몽주의에 대한 그의 계획이 성취된 훨씬 뒤에 떠올리게 될 지적·문화적 혁신의 강력한 사조를 개시하였다.

참고문헌

후스 저작

胡適,《中國哲學史大綱上卷》, 上海: 商務印書館, 1919.

胡適,《胡適文存》, 上海: Oriental Book, 1921.

胡適,《胡適文存》II, 上海, 1924.

胡適,《胡適文存》III, 上海: 亞東圖書館, 1930.

胡適,《胡適文存》IV, 臺北: 遠東圖書公司, 1953.

胡適,《胡適文集》, 北京: 北京大學出版社, 1998.

胡適, 1922a: "Literary Revolution in China," *The Chinese Social and Political Science*

Review, 6:2 91~100.

胡適, 1922b: *The Development of Logical Method in Ancient China*. 上海: Oriental Book(Hyman Kublin 譯, New York: Paragon Book Company, 1963).

胡適, 1931: "My Credo and its evolution," in *Living Philosophies*, New York: Simon & Schuster, 235~63면.

胡適, 《胡適留學日記》, 上海 商務印書館, 1947.

胡適, 1962: "The Scientific Spirit and Method in Chinese Philosophy," in Charles A. Moore, ed., *Philosophy and Culture: East and West*, Honolulu: University of Hawaii Press, 199~222면.

胡適, 1981: Autobiography by Hu Shi's Oral Account, Tang De-Gang trans. & notes(《胡適文集》 I, 1998에 수록).

胡適, 《胡適之先生晚年談話錄》, Hu Song-Ping, 臺灣: 聯經出版社.

다른 저작들

Chou, Min-chih 1984: *Hu Shi and Intellectual Choice in Modern China*, Ann Arbor: University of Michigan Press.

Grieder, Jerome B. 1970: *Hu Shih and the Chinese Renaissance: Liberalism in the Chinese Revolution, 1917~37*. Cambridge, MA: Harvard University Press.

顧頡剛, "自序", 《古史辨·自序》, 北京: Pu 출판사, 1926, 36면.

李澤厚, 《中國現代思想史論》, 北京: Oriental 출판사, 1987.

Marx, K. and Engels, F. 1976: *Collected Works*, vol. 5, Moscow: Progress Publishers.

殷海光 1982: "The trend of liberalism," in Schwartz, Benjamin I. et al., eds, *Modern Chinese Scholars on Liberalism*, 臺灣: 時報文化.

余英時, 《中國近代思想史上的胡適-'胡適之先生年譜編初稿' 序》, 臺灣: 聯經出版社.

토론 문제

1. 후스의 비평적 태도는 새로운 사상을 평가하는 데 수용할 만한 토대를 제공하는가?
2. 우리는 우주에 대한 후스의 자연주의적 개념을 받아들여야 하는가?
3. 실험주의는 적절한 진리론을 제공하는가?

4. 진화 개념은 우리가 어떤 철학적 문제들을 다루는 데 도움이 되는가?

5. 후스의 실험주의는 추측과 논박이라는 포퍼(Popper)의 방법론의 입장에서 어느 정도까지 이해될 수 있는가?

6. 똑같은 방법이 이론적인 학문적 문제들과 실천적인 사회적 문제들을 다루는 데 사용될 수 있는가?

7. 후스는 중국의 국고를 정리하기 위한 관점을 제공하는 데 성공하였는가?

8. 후스는 그의 정치 철학의 이상주의, 점진주의 그리고 자유주의에서 정당화되었는가?

9. 개인의 개혁과 사회 개혁의 관계는 무엇인가?

10. 어떤 측면에서 후스는 계몽 철학자인가?

5. 진위에린(金岳霖)의 도론(道論)

후쿽

  진위에린(1895~1984)은 중국 후난성(湖南省) 창사(長沙)에서 태어났다. 1914년 칭후아(淸華) 대학을 졸업한 후, 그는 펜실베니아(Pennsylvania) 대학교에서 정치학 학사 학위를 받았다. 1917년 그는 콜럼비아(Columbia) 대학교에 등록하여 정치학 석사 학위를 위한 공부를 계속하였으며, 그 다음에 콜럼비아 대학교에서 "T. H. 그린의 정치론(The Political Theory of T. H. Green)"에 대한 논문으로 박사 학위를 취득하였다. 그린의 영향 아래 진은 철학, 보다 전문적으로는 신헤겔주의 사상에 강한 흥미를 키워 나갔다. 박사 학위를 마무리한 후, 진은 특히 영국, 프랑스, 독일 그리고 이탈리아에서 시간을 보내며 유럽 학문 여행에 그 다음 5년의 시간을 들였다. 이 여행의 가장 중요한 효과는 진이 영국 철학을 더 깊이 접할 수 있게 되었다는 것이며, 흄(Hume)과 러셀(Russell)의 작업에 대한 정밀한 연구는 그의 더 깊은 철학적 발전에 막대한 영향을 미쳤다. 흄의 귀납 문제는 진의 인생 전반에 걸쳐 중심적인 관심사로 남아 있었으며, 러셀의 《수학 원리(Principia Mathematica)》로부터 그는 "분석이 철학이다"라는 주장에 접하게 되었다. 이러한 영향 아래 진은 신헤겔주의에 대한 그의 초기의 참여를 포기하였다.

  진은 철학이 독자적인 철학 개념들의 체계라기보다는 우리가 논리와 수학, 과학, 또는 우리의 일상생활에서 사용하는 개념들에 대한 깊고 엄밀한 분석이라는 주장에 매료되었다. 러셀과 마찬가지로 그는 철학적 방법으로서 분석에 전념하였지만, 진은 러셀 철학의 충성스런 추종자는 결코 아니었다. 왜냐하면 그는 분석 방법을 철학의

고유한 부분으로 생각하지 않았기 때문이다. 진에게 분석은 단지 철학적 사유에 매우 유용한 도구일 뿐이며, 자신의 철학 체계를 구성하는 데 이용되어야 하는 것이었다. 방법상에서 우리는 진과 러셀의 유사성을 볼 수 있지만, 진이 분석 철학자였다고 주장하는 것은 잘못일 것이다. 철학적 사유의 견지에서 진은 러셀과 매우 다르다.

진은 또한 중국 철학에 깊이 영향을 받았다. 도(道)는 그의 형이상학에서 가장 중요한 개념이었는데, 그는 도(道)가 그의 행위와 감정에 활력을 주는 자신의 궁극적 관심사이고 위탁처라는 것을 인정하였다. 비록 그가 중국 철학을 정식으로 연구한 것은 아닐지라도, 그는 어렸을 때 《사서(四書)》와 다른 중국 철학 서적들을 읽기 시작했으며 중국적 사유와 중국적 삶을 받아들였다.

중국으로 돌아온 후, 진은 칭후아 대학교와 베이징(北京) 대학교에서 철학을 가르쳤다. 1926년 그는 칭후아 대학교에 철학과를 설립하였는데, 그곳에서 그는 철학 교수이면서 철학과 과장이었다. 그는 1925년부터 1955년까지 베이징 대학교에서 비슷한 직책을 맡았으며, 그 후에 중국 사회과학원 철학연구소 부소장이 되었다.

1930년대의 10년 동안, 진은 지식론과 형이상학의 두 분야에서 철학 체계를 발전시켰다. 중국어로 쓰여진 그의 수많은 철학 저서 가운데 3개의 주요한 출판물, 즉 《논리(邏輯)》(1935), 《논도(論道)》(1940), 《지식론(知識論)》(1983)이 있는데, 이 출판물들은 1948년 경에 완성되었으며 4권으로 된 《진위에린문집(金岳霖文集)》(1995a)에 포함되어 있다. 진의 영문 출판물인 《도, 자연과 인간(道, 自然與人間)》(1995b)은 《논도》를 기초로 작성되었다.

비록 진위에린의 철학 체계가 지식론과 형이상학으로 구성되었으며 자신의 형이상학적 통찰로부터 뒤따라 나오는 인식론이 있음에도 불구하고, 진은 자신의 형이상학을 자기 철학의 핵심이라고 생각하였다. 따라서 이 장은 주로 그의 형이상학을 다룰 것이다. 진의 형이상학은 또한 도론(道論)이라 불릴 수 있다. 왜냐하면 도(道)는 그의 기본적인 형이상학적 개념이며 도(道)에 대한 그의 논의는 그의 철학의 가장 중요한 특징이기 때문이다. 진에 따르면 도(道)는 능(能)과 식(式)이라는 요소로 분석될 수 있다.

능(能, matter)과 식(式, form)

진은 능(能)으로써 가공하지 않은 원료를 의미했다. 그는 "모든 개별적 사물이나 객체에는 표현할 수 없는 '이것임'이나 '저것임' 또는 X인 어떤 것이 있다"(진,

1995b, 575면)고 주장하였다. 표현할 수 없는 X는 개별이나 개별들의 집합이 아니며, 또한 보편이나 보편들의 집합도 아니다. 그는 표현할 수 없는 X가 알려질 수 없다고 주장하였다. 비록 진이 모든 것들은 능(能)을 갖는다는 지적 근거에서 결론을 내렸더라도, 이 능(能)은 개념적 지식이나 감각적 경험의 객체가 될 수 없다. 능(能)을 파악하기 위해 요구되는 것은 일종의 지적 투영인데, 거기에서 지력의 한계에 대한 인식은 지성의 본질로 돌아가는 대신에 궁극에까지 확장된 명제로써 지적 과정을 벗어나는 도약을 동반한다.

진은 능(能)을 순수 가이(可以)와 동일시한다. 가이(可以)는 특정한 순간이 아니라 어느 때에나 어떤 것이 될 수 있는 사물의 능력이다. 비록 능(能)이 그 스스로 변화할 수 없을 지라도, 그것의 가이(可以)는 모든 변화에 대하여 책임이 있다. 어떤 현실로부터라도 구별됨으로써 능(能)은 순수 가이(可以)이다. 진은 또한 능(能)의 활동이 절대적으로 무제약적이기 때문에 능(能)은 순수 활동이라고 주장하였다. 능(能)이 활동적이며 사물로 현실화될 수 있는 것은 전적으로 그 자신을 위해서이다. 능(能)은 또한 순수 실체성이다. 능(能)은 표현할 수 있는 가이(可以)나 물건이나 사건의 활동 또는 상태와 과정도 아닌 것과 똑같이 어떤 실체도 아니다. 능(能)은 순수 가이(可以)이기 때문에, 그것은 어떤 특정한 범주에 제한될 수 없다. 능(能)은 순수 활동이기 때문에, 그것은 어느새 지나가는 사건들, 불안정한 객체들 그리고 우연적인 사실들로 구성된 변화의 연쇄에 속하는 것이 아니다. 그러나 능(能)이 그 자체로는 실체가 아니더라도, 모든 실체를 기초지우기 때문에 순수 실체성이다. 능(能)이 없다면, 보편은 구체적인 사례를 결여한 공허한 가능(可能)일 것이고, 개별은 물건도 없고 사건도 없기 때문에 존재하지 않게될 것이다. 진에 따르면 능(能)은 질(質)은 전혀 없고, 양(量)적으로는 불변한다.

그것의 활동과 가이(可以)에 의해서, 능(能)은 가능(可能)으로 들어가거나 가능(可能)으로부터 나온다. 진에게 가능(可能)은 능(能)을 담고 있는데 사용될 수 있는 틀이나 양식과 같은 어떤 것이다. 가능(可能)은 능(能)이 그것으로 들어갔을 때 실현되고, 가능(可能)은 능(能)이 그것으로부터 벗어났을 때 실현되기를 그만 둔다. 가능(可能)으로써 진은 논리적 가능(可能)을 나타낸다. 모순인 것은 어떤 것이라도 불가능하지만, 그 밖의 모든 것은 가능(可能)이다. 진은 가능(可能)이라는 용어를 사용하여 식(式)을 정의한다. "식(式)은 모든 가능(可能)들에 대한 철저한 선언(選言)에 의해 형성되는 가능(可能)이다"(진, 1940, 22면). '모든 가능(可能)들'이라는 말은 가능(可能)들의 총체를 망라하며, 또한 가능(可能)의 상이한 단계, 순서, 유형들을 망라한다. 선언(選言)은 잘 알려진 논리적 선언(選言)이기 때문에, 식(式)은 내용이 없으며

그 자체는 절대적으로 무식(無式)이다. 외부의 식(式)이 전혀 없다는 단순한 이유 때문에, 식(式)이 모든 가능(可能)들을 다 드러낸 이래로 외부의 식(式)인 어떤 것으로부터 내부의 식(式)인 어떤 것을 구분하는 아무런 경계도 없다. 모든 것은 식(式)의 범위 안에 있어야만 한다. 모든 가능(可能)들을 다 드러냄으로써 식(式)은 필연을 결정짓는다. 필연에 대한 학문으로서 논리학은 본질적으로 식(式)의 제시이다. 우리는 식(式)이 논리이다라고 말할 수 있다.

능(能)과 식(式)은 도(道)의 기본적인 분석 요소이다. 그것들은 서로 고립되어 있다기보다는 오히려 밀접하게 관련되어 있다. 능(能)은 언제나 식(式) 안에 머물러 있어야 하며, 식(式)은 한정되지 않는다. 진에 따르면, 능(能) 없는 식(式)이나 식(式) 없는 능(能)은 모순이다. 능(能)은 활동적이다. 즉 능(能)이 특정한 가능(可能)으로 들어감으로써 그 가능(可能)은 실현된다. 그것이 가능(可能)으로부터 나오게 되면, 그 가능(可能)은 실현되기를 멈춘다. 능(能)이 가능(可能)으로 들어가든지 가능(可能)으로부터 나가든지, 반드시 그것은 식(式) 안에 있어야 한다. 보통의 원료와 틀에 대해서, 우리는 언제나 틀이 원료에 잘 맞는지 아닌지 물음을 제기할 수 있다. 식(式)의 절대적인 유동성은 실로 그것을 놀랄 만한 틀이 되게 한다. 한 측면에서 보면 그것은 모든 모양을 가지고 있고, 다른 측면에서 보면 그것은 아무 모양도 없다. 능(能)과 식(式)에 관해서 원료가 틀에 맞지 않을 가능성은 전혀 없다.

가능(可能)

우리는 가능(可能)의 실현이라는 견지에서 네 종류의 가능(可能)을 구별할 수 있다.

1. 가능(可能)은 그것이 실현되지 않을 수 없다면 필연이고,
2. 가능(可能)은 그것이 실현될 수 없다면 모순이며,
3. 가능(可能)은 그것이 실현되어야 한다면 언제나 실현된 것이고,
4. 가능(可能)은 그것이 실현될 수도 실현되지 않을 수도 있다면, 또는 일단 실현되고서 그것이 실현되기를 멈출 수도 있다면 우연이다.

가능(可能)이 우연적 가능(可能)들의 총합이 실현되었을 때만 실현될 수 있다면, 그것은 언제나 실현된다. 언제나 실현되는 것은 아닌 가능(可能), 즉 실현되어야 할 언제나 실현되는 가능(可能)의 실패는 모순이 아니며 조금도 우연이 아니다.

필연적 가능(可能)이 실재에 관한 절대적 최저치를 제공해주는 반면, 모순적 가능(可能)은 실제로 주어진 것의 궁극적 근거를 제공하기 때문에, 처음의 두 가지 가능(可能)은 중요하다. 나머지 두 가지의 가능(可能)도 역시 중요하지만 다른 이유에서이다. 우연적 가능(可能)들의 실현은 우리에게 도(道)의 풍부함, 다양함, 완전함을 제공하는 반면에 영구히 실현되지 않는 가능(可能)들은 생각과 사유의 영역에서 우리에게 수단을 제공한다.

가능(可能)의 실현은 다만 능(能)이 특정한 가능(可能)으로 들어간 것이다. 가능(可能)이 실현될 때, 그것은 보편이 된다. 가능(可能) 개념을 통해서 우리는 보편을 실현된 가능(可能)으로 정의할 수 있다. 진은 보편이란 용어를 적극적인 의미로 사용하였으므로 존재는 보편이다. 그러나 비존재는 하나의 가능(可能)이 아니라, 오히려 보편들이나 가능(可能)들의 무한이다. 결론적으로 보편은 언제나 객체들의 집합을 지시하며, 공집합은 어떤 하나의 보편에도 포함되지 않는다. 또한 어떤 하나의 보편이라는 이 관념은 그 보편의 논리적 결합을 보편적 '실재'와 연관시킨다. 대다수의 가능(可能)들이 하나이며 동일한 능(能)에 의해 실현된다면, 실재는 구체적이다.

능(能)과 식(式)에 대한 진의 이론은 아리스토텔레스에 의해 시작된 서양의 이론과 유사하다. 그러나 진의 논의와 아리스토텔레스의 이론의 차이점은 쉽게 발견할 수 있다. 예를 들어, 아리스토텔레스의 《형이상학》에서 형상(form)은 결정적인 측면이다. 즉 그것은 활동적이며 질료(matter)의 목적이다. 질료는 활기 없고 수동적인 것으로 보인다. 진의 형이상학에서는 능(能)이 결정적인 측면이다. 즉 그것은 활동적이고 가능(可能)으로 들어가거나 나올 수 있다. 진에게 식(式)은 정적이고 활기가 없으며, 단지 활동적인 능(能)을 위한 텅 비고 필연적인 틀이다. 이러한 관점에서 아리스토텔레스의 형상과 질료의 관계는 필연적이지 않다. 다시 말해서, 형상이나 질료의 실현은 필연적인 것이 아니며, 질료는 형상 안에 존재할 필요가 없다. 그러나 진에 따르면, 식(式)과 능(能)의 관계는 필연적이고, 능(能)이 식(式) 밖에 존재하는 것은 불가능하다. 능(能)이 가능(可能)들을 실현하는 것은 필연적이고, 실현된 가능(可能)들은 보편들이며, 보편들은 모든 관련된 개별들을 포함한다. 우리는 진의 형이상학 이론과 그리스, 유럽의 형이상학 이론들의 차이를 쉽게 알 수 있다. 더욱이 진의 이론에서 능(能)과 식(式)은 도(道)의 가장 기본요소들로 포함된다.

도(道)

이러한 배경지식을 가지고 도(道)를 소개할 차례이다. 도(道)는 다만 능(能)화된

식(式)이나 식(式)화된 능(能)이므로, 순수 식(式)도 아니고 순수 능(能)도 아니다. 도(道)가 만일 순수 식(式)이라면 텅 비어 있을 것이며, 순수한 질료라면 유동적일 것이다.

> 그러나 여기서 사용된 도(道)는 사상의 표현과 내용에 한정되지 않으며, 그것은 또한 사상의 대상들에 관련된다. 도(道)가 있다고 말할 때, 우리는 단순히 사상이 있다거나 사고하고 있다는 것을 말하고 있을 뿐만 아니라, 우주가 존재하고 있다는 것을 말하고 있는 것이다(진, 1995b, 624면).

우리는 도(道)를 적어도 두 가지 다른 방식, 즉 하나로서의 도(道一)와 무한으로서의 도(道無限)로 말할 수 있다. 하나로서의 도(道)는 내포를 최소치로 하는 도(道)이고, 무한으로서의 도(道)는 최소치의 내포 본질을 갖는 도(道)이다. 무한으로서의 도(道)를 가지고 진은 특정한 세계의 무한한 가능(可能)들을 의미한다. 로고스(logos)를 긍정함으로써 우리가 물리학이나 화학 또는 역사학이 자연현상을 묘사하고 설명한 것과 같은 세계의 실재를 긍정하는 것과 똑같이, 하나로서의 도(道)를 긍정함으로써 우리는 부수적으로 우리 현재 세계의 실재를 긍정한다. 우리가 하나로서의 도(道)를 가질 수 있지만, 그럼에도 불구하고 우리의 현재와 같은 세계가 존재할 필요는 없다. 다시 말해서, 도(道)를 긍정할 때 우리는 어떤 것도 긍정하지 않으며, 어떤 그 무엇이라도 긍정할 때 우리는 또한 하나로서의 도(道)를 긍정한다. 그러므로 어떤 것도 도(道)의 범(氾)충만성을 벗어날 수 없다. 하나로서의 도(道)와 무한으로서의 도(道)의 관계에 관하여 진은 다음과 같이 말했다.

> 이 둘의 관계는 두 가지 다른 측면으로 분석될 수 있으며, 두 측면 모두 우리가 도(道)를 이해하는 데 중요하다. 이 가운데 하나는 유기적 전체에 대한 유기적 부분의 관계이고, 다른 하나는 다른 집합에 대한 한 집합의 포함관계이다(진, 1995b, 31면).

집합의 포함 관계에 의해 우리는 한 집합에서 참인 것이 그것을 포함한 어떤 집합에서도 참이라는 것을 말할 수 있다. 유기적 부분과 전체의 관계는 외적, 내적 관계의 체계를 포함한다. 이 체계에서 부분들이 다른 부분들에 의존적이거나, 상호 의존적이거나, 또는 다른 부분들에 독립적일 수도 있는 반면, 전체는 언제나 그것의 부분들에 의존한다. 집합의 포함 관계와 유기적 전체와 부분들의 관계 모두가 장점과 단점을 가지고 있다고는 해도, 두 관계의 조합은 우리에게 무한으로서의 도(道)의 견지에서 하나로서의 도(道)를 말할 수 있게 한다. 왜냐하면 무한으로서의 도

(道)는 하나로서의 도(道)에 포함될 뿐만 아니라 하나로서의 도(道)와 유기적으로 관련되기 때문이다. 하나로서의 도(道)에 대한 무한으로서 도(道)의 관계를 가정하면, 우리는 무한으로서의 도(道)의 총합이 하나로서의 도(道)의 전체를 구성한다는 것뿐만 아니라, 하나로서의 도(道)에 대한 그것의 유기적 관계를 통하여 무한으로서의 도(道)가 하나로서의 도(道)의 통일성을 구성한다는 것을 알 수 있다. 그러므로 도(道)의 관점에서, 개별적 대상이나 사건은 우주 전체를 반영한다. "인식론의 관점으로부터, 나는 개별 객체들이나 사건들은 서로 내적으로 또한 외적으로 관련된다고 생각한다"(진, 1995b, 631면).

진의 형이상학에서 도(道)는 가장 기본적인 개념일 뿐만 아니라, 최고로 관념적인 영역이다. 진은 도(道)가 기본적인 개념이며 게다가 중국 철학의 최고로 관념적인 영역이라고 생각하였다. 그러나 그는 중국 철학이 논리-인식론적 의식의 견지에서 특징적으로 발달이 불충분하다는 것을 분명하게 깨닫고 있었다. 만일 이러한 의식의 발달이 서양 과학의 출현에 부분적으로 원인이 된다면, 그것의 결핍은 중국 과학의 부재에 부분적으로 원인이 될 것임에 틀림없다. 중국 사회를 근대화하기 위하여 중국 철학은 서양 철학으로부터 논리학을 받아들여야 한다. 진은 근대 수학적 논리학을 완전하게 이해할 수 있었고, 그것을 중국에 도입한 최초의 중국학자였다. 근대 논리학의 도입을 통하여 진은 현대 중국 철학에 거대한 공헌을 하였다. 중국의 논리학자들—그들 가운데 진의 제자가 많았는데—을 통해서, 논리는 계속해서 중국인에게 새로운 사고방식을 제공하고, 그들의 정신 상태를 바꾸었다. 그러나 진에게 논리는 사고의 도구일 뿐만 아니라 형이상학적 의미 또는 존재론적 지위도 갖고 있었다. 그의 형이상학에서 논리는 사고의 표현과 내용이자 사고에서 독립된 객체이다. 논리를 통해서 사상은 세계에 종사할 수 있다. 논리는 식(式)의 표현이다. 즉 식(式)이 논리이다. 도(道)의 분석적 요소로서 식(式)은 모든 가능(可能)들을 드러낸다. 그리고 모든 사물들은 기본적 요소로서 식(式)이나 가능(可能)을 갖는다. 이러한 관점에서 진은 논리적 구성주의자라고 불려질 수 있다.

진에게 논리가 아무리 중요하다고 할지라도, 그것이 그 자체로 그의 기본적 개념은 아니다. 도(道)의 분석적 요소로서 그것은 진이 그의 가장 깊은 존경을 표시했던 중국 철학의 기본 개념인 도(道) 아래로 포섭된다. 진은 논리를 지나치게 곧고, 지나치게 엄밀하며, 지나치게 냉정하고, 지나치게 분명한 것으로 생각했다. 그것은 사람들을 불편하고 불쾌하게 한다. 그러나 논리 의식에 의해 강화된 도(道)는 이 모든 점들에서 논리 그 자체와 다르다. 도(道)는 지나치게 곧고, 엄밀하며, 냉정하고, 분명할 필요가 없다. 도(道) 안에서 사람은 극도의 편안함과 극도의 행복을 느낄 수 있

다.

중국 철학은 관념들의 상호 연관성에 관해서는 너무 간결하고 불분명하여 그것이 암시하는 것이 거의 무제한적이다. 진은 중국 철학의 느낌이나 정취에 정서적으로 조화되어, 형이상학에 대한 자기 저술의 제목으로서 《논도》를 사용하였다. 그의 형이상학은 당연히 도론(道論)이라고 불릴 수 있다. 비록 그가 사고의 도구로서 논리의 중요성을 강조하였지만, 그는 논리학자로 불려질 수 없으며 오히려 신도가(Neo-Daoist)였다.

우주적 감응

진의 도론(道論)의 중요성은 그것이 인류에 대한 특수한 설명이 아니라, 오히려 모든 가능한 존재들에 대한 답변인 매우 광범위한 시각을 제공한다는 것이다. 이러한 시각은 서양의 복합적인 그리스와 유대 전통과 다르다. 서양의 사고는 인간을 자연의 그 나머지 것들과의 관계에서 인간 중심적으로 만들었고, 인류의 그 나머지 사람들과의 관계에서 자아 중심적으로 만들었다. 그리스의 영광과 헤브라이의 친절함은 인간의 독단, 우리가 현재와 같이 존재하는 것에 대한 자만 그리고 세상의 소금으로서 우리 자신에 대한 뿌리 깊은 신념이라는 왜곡을 산출해냈다. 이러한 전통에 따라 인간은 당연히 객체 자연을 정복되어야 할 적이나, 인간의 욕망에 따라 변형되어야 할 가소성(可塑性)의 물질로 간주하며, 당연히 다른 인간을 자신의 의지에 따라 정복되어야 할 적으로 간주한다. 자연 및 다른 인간과의 투쟁에서 그 자신에 의해 자연에 굴복될 수도 있고, 다른 사람에 의해 정복될 수도 있다. 진은 객체 자연과 다른 인간에 대한 이러한 태도를 온당치 못한 것으로 여겼다.

> 과거에 문명은 빙하, 홍수, 지진이나 산사태, 또는 가뭄이나 부패에 의해 파괴될 수 있었지만, 가까운 미래에 그것들은 이러한 요인에 의해 파괴될 것 같지 않다. 만일 그것들이 멸망된다고 하면, 그 파괴자는 인간 자신일 가능성이 매우 크다(진, 1995b, 744면).

대조적으로 진의 형이상학은 단순히 우리가 우주 안에 있다는 것이 아니라 우주가 우리 안에 있다는 생각에 근거해서 우주적 감응을 주장한다. "하늘과 땅(天地) 그리고 나 자신은 공존하는 것이며, 나는 다른 만물과 합일되어 있다." 우주적 감응 및 그것과 함께 자기 자신의 범(氾)충만성 그리고 자기 자신의 영원성을 획득하는 것은 오직 자신이 능(能)화된 식(式) 또는 식(式)화된 능(能)이라는 바다에서 떠다

니고 있다는 것을 깨닫는 것에 의해서일 뿐이다. 진의 우주적 감응에서 보면, 우리
는 사람이 동물이면서 동시에 사물(objects)이라는 것을 잊지 말아야 한다. 사람이
동물로 존재한다는 점에서 사물과 다르고, 사람으로 존재한다는 점에서 동물들과 다
르다는 것은 완전히 참이다. 다른 사람들뿐만 아니라 다른 동물 및 사물과 함께 사
람으로 존재한다는 것에 의해서, 우리는 개별 자아로 존재한다는 것에 대해 거의 흥
분할 수 없다. 이러한 깨달음은 우리에게 세계 및 그 안에 있는 모든 것과 합일되었
다는 것을 느낄 수 있게, 즉 우주적 감응을 획득할 수 있게 한다. 우리는 우리들 각
각이 그것들 가운데 하나이기 때문에 다른 사물들을 멸시하지 못한다. 존재자들의
민주주의에서 사람은 그가 받은 것만큼 내어준다. 우리는 우리와 마찬가지로 그들
각각의 본질에 일치하여 역할을 다하는 다른 동물들을 불쾌하게 여기지 못한다. 우
리는 우리 자신에게 있는 어떤 동물적 기질을 비난하지 않는데, 그것은 인간으로 존
재한다는 것이 우리에게 우리의 동물적 본질을 깨달아야 하는 임무를 면제해주지
않기 때문이다. 인간에게 행복은 내적으로 조화와, 외적으로 살아갈 수 있는 능력으
로 구성된다. 우리는 우리가 자연과 떨어질 수 없으며 자연의 주인이 될 수도 없다
는 것을 깨달아야 한다. 왜냐하면 그렇게 함으로써 우리는 우리 자신을 보호하기 위
해서 자연에 지나지 않는 것을 능가한다기보다는 다만 우리 안에 있는 자연에 편안
함을 느끼게 할 수 있기 때문이다.

가능세계

여기서 우리는 진의 가능세계론을 살펴보아야 한다. 식(式)은 모든 가능(可能)들
을 드러내는 가능(可能)들의 세계이다. 진은 가능(可能)을 이용하여 보편 개념을 정
의한다. 보편들 사이에는 필연적인 관계가 있는데, 그것을 진은 '보편적 관계'라 불
렀다. 그것들은 필연적이기 때문에, 보편적 관계들 또한 가능한 관계들이지만 모든
가능한 관계들이 보편적 관계는 아니다. 가능세계라는 개념은 라이프니츠(Leibniz)
에 의해 처음으로 제기되었으나, 크립키(Kripke)와 힌티카(Hintikka)가 1950년대에
라이프니츠의 가능세계론에 근거하여 양상논리 의미론으로 발전시킬 때까지 철학사
에서 크게 중시되지 않았다. 그러나 1930년대 초기에 진은 가능세계론을 이용하여
그의 체계적 형이상학을 발전시켰다. 그는 필연론을 제출하였으며, 가능세계의 견지
에서 필연과 우연의 관계를 설명하였다.

실재와 과정

진은 대다수의 가능(可能)들이 동일한 능(能)에 의해 실현된다면 현실은 구체적이라고 생각했다. 식(式)의 실현이 대다수 가능(可能)들의 실현과 식(式) 안에서 동일해야 하는 재료들을 포함하기 때문에 도(道)는 필연적으로 구체적이다. 여기서 진은 실재에 관한 세 가지 원칙을 도입한다. 첫번째는 조화의 원칙(和諧原則)으로, 실재는 조화와 함께 전개된다. 만일 우리가 다르게 실현된 가능(可能)들을 길로 간주하고, 도달한 같거나 다른 실재들을 목적지로 간주한다면, 조화의 원칙은 우리에게 실재의 최소한의 특성, 즉 구체성을 제공한다. 이 원칙은 조화가 실재의 이러한 최소한의 특성을 제공한다는 의미에서만 구체성의 원칙이다. 대다수의 식(式)이 실현된 능(能)은 동일한 것으로 한정되어야 하기 때문에, 가능(可能)들이 실현된 조화는 구체성으로 귀결된다.

이 구체적 책상이나 저 구체적 사과에 이용되는 구체 관념은 도(道)에 운용된 구체 관념으로부터 차용되었다. 도(道)의 구체성은 다수의 가능(可能)들이 동일한 능(能)에 의해 실현되기 때문에 의심할 수 없다. 어떤 것이든지 그것의 전체나 총합은 자신과 동일해야 하며, 모든 질료는 모두 식(式) 안에 있기 때문에 질료도 자신과 동일해야 한다. 이 경우는 이 구체적 책상이나 저 구체적 사과와 다르다. 다수의 가능(可能)들은 각각의 상황에서 실현되지만, 포함된 질료는 오직 대략적이고 불명확하게만 동일한 것으로 불릴 수 있다.

구체성은 조화의 원칙의 최소 내용이다. 최대로 이 원칙은 또한 일치의 원칙(一致原則)의 기초이다. 우리는 명제들이 일치해야 한다는 주장에 매우 익숙하다. 일치가 무엇을 의미하든지간에, 그 규칙은 우리의 의식과정에서 불일치하는 관념이 발생하는 것을 막지 못한다. 오히려 그것은 우리의 사유구조 속에서 불일치하는 명제를 논리적으로 무용하게 만든다. 만일 불일치하는 명제들이 무용하게 되지 않는다면, 사유구조는 가능한 실재의 도안(圖案)을 반영하지 못할 것이다.

일치의 궁극적인 기초는 구체적 실재가 조화롭다는 것이다. 가장 넓은 의미에서 일치는 단지 모순의 배제를 의미한다. 대부분의 명제들은 모두 거짓이면서도 일치될 수 있지만, 하나의 명제와 그것의 부정(또는 그 자신의 부정을 포함하는 어떤 명제)은 모순이며, 일치될 수 없다. 우리는 일치의 더 좁은 의미에 우리 자신을 제한하기 쉽다. 즉 어떤 명제들을 참으로 가정했을 때, 그것들과 함께 참일 수 있는 명제집단은 주어진 명제들과 일치하는 것이다. 만일 우리가 어떤 주어진 명제들의 참에 대해 논리 이외의 고려에 의해 인도된다면, 일치의 기준은 종종 매우 풍부해질 것이다.

그러나 이러한 풍부함은 필연적이지 않으면서도 참인 어떤 명제의 진리가 가정된 조건에서만 획득된다. 필연적이고 언제나 실현되는 실재들의 차원에서, 조화의 원칙은 다만 실재의 구체화로 귀결된다. 그러나 어떤 우연적 가능(可能)의 실현을 가정했을 때, 이 원칙은 또한 우리에게 가능한 경향을 제공해준다. 우연적 가능(可能)의 실현이 없다면, 이것은 그렇게 되지 않을 것이며 조화의 원칙은 단지 구체성의 원칙이 될 것이다.

도대체 우리는 어떤 우연적 가능(可能)들이 실현될 것이라고 확신할 수 있는가? 진은 형이상학적 원칙의 결과로서 시간과 변화가 실현되어야 하기 때문에, 한 집합으로서 우연적 가능(可能)들은 실현되어야 하는데, 그렇지 않으면 시간과 변화가 없을 것이기 때문이라고 주장하였다. 우연적 가능(可能)들이 반드시 실현되어야 한다고 말하는 것은 실재가 우연과 함께 자신을 전개한다고 말하는 것이다. 만일 실재가 단지 조화와 함께 자신을 전개한다면, 우리는 정적이면서 구체적 세계를 가졌을 것이다. 실재는 또 우연과 함께 자신을 전개하기 때문에, 우리는 구체적일 뿐만 아니라 역동적인 세계를 갖는다. 진은 세계를 역동적인 것으로 이해하기 위해 우리가 두 번째 원칙, 즉 우연성 원칙(偶然性原則)을 필요로 한다고 주장하였다. 조화의 원칙과 우연성 원칙은 함께 우리에게 어떤 면에서는 정적이고 다른 면에서는 역동적인 세계를 보장해준다.

우연성 원칙이 우리에게 다양성을 갖도록 해줄지라도, 그것은 우리에게 상호 작용하는 요소들의 경제(經濟)를 제공해주지 않는다. 경제가 없다면, 우리는 연속적인 시간적 변화와 다양성을 가질 수는 있지만, 공간적 풍부함, 즉 함께 존재하는 풍부함은 갖지 못할 것이다. 우리는 변화하기는 하지만 모양이나 색의 어떤 풍부함도 없이 서툴게 구획된 세계를 갖게 될 것이다. 우리에게 그와 같은 풍부함을 채워 주기 위해서 우리는 '경제 원칙(經濟原則)'이라는 세 번째 원칙을 필요로 하는데, 이것은 실재가 다양한 개체들과 함께 자신을 전개하는 것을 말한다. 이 원칙은 일련의 실현이 한 계열이 아니라 다수의 계열이므로, 그렇지 않았다면 하나의 구획된 세계일 수 있었던 것이 동일한 시공간에서 일치되어 실현될 수 있는 거의 모든 가능(可能)들을 실현할 수 있는 개체들로 통합된다는 것을 보장해준다. 만일 세계가 단일한 개체라면, 오직 소수의 가능(可能)들만이 언제든지 실현될 수 있을 뿐이다. 그러나 세계가 가지각색의 개체들로 통합되기 때문에 엄청나게 많은 가능(可能)들이 실현된다.

진은 우리가 아무리 회의적이거나 회의하려고 하더라도 조화의 원칙에 의해 우리에게 주어진 구체적인 세계를 부인할 수 없다고 생각한다. 우연성 원칙과 경제 원칙은 우리에게 과정 중에 있는 실재, 즉 개개의 물건과 사건들로 다양화되는 변화하는

시공간적 세계를 제공한다. 이러한 개체들은 시공이라는 뼈대에 의해 분류되는 개별들의 생사(生死)를 통해서 보편을 실현한다.

우연성 원칙에 의해 우리는 변화를 갖는다. 세계는 어떤 측면에서는 영원한 하나인데, 다시 말해서 '변화'라는 가능(可能)은 언제나 실현된다. 우연성 원칙뿐만 아니라 형이상학적 원칙도 실재의 이러한 특성을 함의한다. 만일 질료가 가능(可能)으로 들어가거나 나온다면, 분명히 거기에는 실현의 변화가 있다. 변화에는 실현되기를 멈추는 때가 없기 때문에 그것은 언제나 실현된다. 세계는 정적인 상태에서 시작하여 역동적이게 되는 것으로 나아가지 않으니, 오히려 변화가 언제나 실현되는 가능(可能)이다. 진은 감각 능력이 있는 존재로서 철학자들도 일상생활에서 변화를 경험하기 때문에 어떤 철학자도 변화라는 사실을 부인할 수 없을 것이라고 생각한다. 그러나 변화 개념이나 변화에 대해 추론하는 데에 철학적 어려움이 있는 것처럼 보인다. 변화 개념은 동일성과 차이성을 포함하므로 어떤 사물들에는 동일성이 있어야 하고, 다른 사물 중에는 차이가 있어야 한다. 동일성과 차이는 어느 하나도 자신의 힘만으로는 변화를 형성할 수 없기 때문에 양자 모두 상당히 중요하다. 만일 A가 B로 변했다고 말한다면, 차이가 있는 것뿐만 아니라 동일한 것도 있어야 한다. 만일 차이 난 것이 없다면 어떠한 변화도 없다. A와 B는 단지 같은 것에 대한 다른 이름일 뿐일 것이다. 그러나 만일 A와 B가 어떤 동일성도 없이 다르다면, 그것들은 단지 두 개의 분리된 실체이다. 하나가 시간 속에서 다른 것을 계승할 수도 있지만, 전자가 후자로 변했다고 말할 수는 없다.

변화 관념은 전부는 아니지만 대부분의 변화가 부분적인 경험으로부터의 추상인데, 부분적인 변화에 의해 동일성과 차이의 문제가 남는다. 부분적 변화가 있는 데에서 경험은 우리에게 구체적인 대상의 다른 측면들과 함께 동일한 측면들을 드러낸다. 그러나 경험은 종종 거칠고 즉각적이며, 종종 근거가 충분하지 못한 추론적 요소를 포함한다. 경험한 차이들은 결정적인 것일 수 있지만, 경험한 동일성들은 그렇지 않다. 경험되어진 동일성은 여러 측면들 가운데 하나이고, 여러 측면들의 동일성은 그저 동일성에 대한 표시일 뿐, 그 밖의 다른 것들에 대한 보다 근본적인 동일성에 근거한 결론이 아니다. 이러한 측면들의 경험되어진 동일성으로부터 근원적인 동일성을 추론하는 것은 우리를 실제적인 어려움으로 이끌지는 않지만, 이론적 어려움은 여전히 남아 있다.

두 개의 다른 객체가 동일한 측면을 갖는 것은 반드시 가능한 것은 아니지만, 결코 불가능한 것은 아니다. 여기서 경험되어진 동일한 측면들은 결코 결정적으로 기본적이거나 본질적인 동일성을 표시하지 않는다. 이러한 이유 때문에 심지어 부분적

인 동일성과 부분적인 차이가 있는 경우조차 어떤 변화도 발생할 필요가 없다. A가 둘 사이의 부분적인 동일성과 부분적인 차이에 근거하여 B로 변했다고 경험적으로 말할 때조차, A와 B가 시작부터 두 개의 다른 실체일 수 있었기 때문에 변화가 발생했다는 것을 이론적으로 결코 확신하지 못한다.

이 어려움을 해결하기 위해, 진은 객체들의 동일성의 기준은 동일한 측면에 있는 것이 아니며, 다른 측면들을 참작할 수 있다고 주장하였다. 객체와 측면들의 동일성과 차이는 같은 차원 위에 있지 않거나, 같은 종류의 실체들에 적용되지 않는다. 우리가 어떤 두 개의 사물이 동일한 측면들을 가질 수 있다고 말할 때, 우리는 '두 개의 사물'을 동일한 측면들의 동일한 결합으로 이해할 수 없다. 이러한 이해에 근거하여, 어떤 두 개의 사물도 동일한 측면들을 가질 수 없는데, 왜냐하면 그것들이 하나가 아니라 두 개의 사물이라고 말하는 것에 아무런 의미가 없을 것이기 때문이다.

그렇다면 우리는 다른 사물들과 똑같은 동일한 사물을 구분함으로써 무엇을 나타낼 수 있는가? 측면들은 보편과 개별로 나뉠 수 있다. 하나의 사물은 일련의 보편들과 동등할 수 없다. 왜냐하면 비록 변화하는 가운데 어떤 사물이 한 일련의 보편들로부터 나와서 다른 일련의 보편들로 들어갈지라도, 언제든지 이 사물은 변할 수 있는 반면 일련의 보편들은 변할 수 없기 때문이다. 하나의 사물도 일련의 개별들이 아니다. 왜냐하면 비록 변화하는 가운데 하나의 사물이 한 일련의 개별들로부터 나와서 다른 일련의 개별들로 들어갈지라도, 하나의 사물은 지속될 수 있는 반면 일련의 개별들은 지속될 수 없기 때문이다. 일련의 개별들 이외에 하나의 사물을 다른 사물들로부터 구별하는 어떤 것이 있어야 한다. 그 어떤 것이 표현할 수 없는 질료라는 것을 우리는 이미 확인하였다.

사물이나 객체의 동일성은 일련의 개별들이나 보편들의 동일성이 아니라, 그것의 질료의 동일성이다. 그것의 질료의 동일성은 그것의 일련의 개별들을 통해서 지시될 수 있는 그것의 '이것임'이나 '저것임'을 한 사물에 부여해주는 것이고, 그것으로 하여금 한 일련의 개별들로부터 다른 것으로 지속할 수 있도록 하는 것이다. 한 사물에서 변화를 형성하는 것은 다른 측면들을 갖는 동일한 질료이다. 진에 따르면, 어떤 변화이든 자신의 신사복을 벗어 버리고 야외복을 걸치거나, 자신의 밤색 구두를 내 버리고 검은색 구두를 신는 사람의 변화와 같다. 그의 옷과 구두를 제외하고 사용자는 어떤 것도 변하지 않았다. 결국 사용자가 질료이다.

변화는 시간과 공간을 요구한다. 진에게 시간은 물체들과 사건들의 흐름이며, 공간은 그것들의 그릇이나 뼈대이다. 따라서 세계에는 두 개의 측면, 즉 내용과 그것들의 공간과 시간상의 뼈대가 있다. 순간성과 공간성은 영원히 실현된 가능(可能)이

다. 이것은 그저 시간과 공간이 항상 존재한다고 말하는 다른 방식일 뿐이다.

뼈대의 관점으로부터이든 내용의 관점에서든 시간은 시작한다거나 끝난다고 말할 수 없으며, 공간도 역시 한계를 갖는다고 말할 수 없다. 시간성은 영원히 실현된 가능(可能)이고, 세계는 변화를 시작하지도 않고 변화를 멈추지도 않기 때문에, 시간이 시작하지도 끝나지도 않는다는 것을 알 수 있다. 공간적인 한계가 없다는 것은 조금 다르다. 뼈대로서 공간이 한계를 갖지 않는다는 것을 쉽게 알 수 있다. 예컨대 공간에 어떤 출발점이든 주어지면, 세 개의 다른 방향으로 난 세 개의 선은 최초의 점으로 돌아오지 않고 연장될 수 있다. 보다 중요하게 내용의 관점으로부터 한계를 부정하는 것은 기능상에서 말하는 것이다. 즉 세계의 내용은 반복되지 않는다.

시간과 공간의 절대적인 뼈대에 대해 순수하게 이론적인 설명을 제공하기 위하여, 진은 추상의 한계를 나타내는 용어를 도입하였는데, 뼈대의 구조에 더욱 정밀한 이론적 의미를 부여하기 위한 것이다. 시간의 한 조각은 지속의 관점에서 보면 불확정하여 1초나 한 세대를 의미할 수도 있다. 우리는 잘 알려진 순간 개념과 같이 확정적이고 불변적인, 그러나 이 개념과 어느 정도 구별되는 어떤 것이 필요하다. 진은 '순간'이라는 용어를 이용하여 어떤 시간적 차원이 조금도 없는 공간 전체를 의미한다. 순간은 공간적으로는 3차원이지만 지속되지 않는다. 그것은 시간적 두께가 없는 시간적 표면이다. 시간의 어떤 유한한 조각이든지 그것의 경계로서 두 개의 순간과 그 사이에 무한한 순간들을 갖는다. 어떤 시간 조각도 시간의 총체가 아니다. 시간 조각의 두 경계 순간 중에, 하나는 조각의 시작이고 다른 하나는 조각의 끝이다. 시간은 시작하지도 않고 끝나지도 않지만, 시간 조각만은 시작하거나 끝난다. 우리는 유한한 단위를 어떤 시간 조각에도 적용할 수 있고, 그것의 길이를 측정할 수 있다. 순간은 영원히 실현되지 않는 가능(可能)이다. 우리는 그것이 불가능하다고 말할 수는 없지만, 우리는 그것이 실재하지 않는다는 것을 확신한다. 용이 존재한다는 것의 가능(可能)과 달리, 순간의 비(非)실재는 그것의 현재의 비(非)사실이나 비(非)존재에 있지 않다. 오히려 순간은 영원히 실현되지 않기 때문에 실재하지 않는 것이다. 그것의 실현은 어떤 시간 조각의 무한 분할을 완성하는 가능(可能)에 의존할 것이다. 그러나 아무리 그 조각이 짧을지라도, 그것은 더 분할될 수 있으므로 그것의 무한 분할이 완성되는 데에 도달하는 단계는 없다.

비록 순간의 가능(可能)이 영원히 실현되지 않는다고 할지라도, 그것에 상응하는 개념이 무익한 것은 아니다. 따라서 '12시 정각'이라는 순간은 결코 실현되지 않지만, 그 개념은 작용들이 그것에 가까이 가기 위해서 수행될 수 있기 때문에 크게 유용하다. 대략적인 의미가 그 개념에 부여될 수 있기 때문에, 그것은 삶의 실제적인

목적에 이용될 수 있다. 순간의 비실재성은 뼈대를 실재하지 않는 것들에 의해 체계화되게 하는 것도 아니고 정돈되게 하는 것도 아니다. 순간에 의해 경계지워진 시간 조각들이 실재하고, 순간들이 서로 잇따라 일어나는 질서가 실재하기 때문에 뼈대는 실재한다.

순간이 시간적 차원이 없는 공간 전체인 것과 마찬가지로, 시공 라인은 공간적 차원이 없는 시간의 길이 전체이다. 순간이 일상적인 순간이 아닌 것과 마찬가지로, 시공 라인은 유클리드(Euclidean) 기하학의 점이 아니다. 유클리드적 공간은 시간이 없는 공간의 추상이기에, 결과적으로 사건과 물체가 없다. 그것의 공간은 시간 표면의 공간이거나 우리가 일상적으로 단일 순간의 공간이라고 부르는 것이다. 순간이나 시간 표면처럼, 시공 라인도 실재하지 않는다. 비록 그것이 실재하지 않지만, 그것에 상응하는 개념은 유용하다. 시간과 유클리드적 공간을 함께 받아들임으로써, 우리는 시간 표면과 시공 라인이 한계 순간에 교차하는 뼈대를 형성할 수 있다. 한계 순간은 유클리드의 점이지만, 반면에 시공 라인은 그렇지 않다. 시간이 시간 표면에 의해 질서지워질 수 있는 것처럼, 공간은 시공 라인에 의해 질서지워질 수 있다.

진은 뼈대가 과정과 실재로부터 동떨어진 어떤 것이 아니라고 주장하였다. 뼈대는 개별들과 풀릴 수 없이 결합되어 있어서, 개별들은 뼈대에 의해 확정된다. 어느 개별이나 모두 그것의 시간에서의 위치와 시공 라인에서의 장소에 의하여 뼈대에 명확하고 독특하게 고정된다. 어떤 개별도 시간에서의 그것의 위치나 시공 라인에서의 그것의 위치를 변화시킬 수 없다. 그것은 움직일 수 없다. 움직임은 오로지 우리가 사물들의 공간적 측면으로부터 시간적 측면을 완전히 분리했을 때만 가능하다.

진은 말하였다. "우리가 실재의 과정이 도안에 따라 흘러다닌다고 말할 때, 우리는 물체들과 사건들이 자연의 법칙에 복종한다는 것을 의미한다"(진, 1995b, 669면). 도안으로써 진은 보편들의 상호 연관을 의미한다. 보편들의 상호 연관에 대응하는 것은 보다 잘 알려진 개념들의 상호 연관이다. 그는 구체적인 실재가 자연법의 형식에 따라 실재가 충분히 이해될 수 있는 결과와 함께 자신을 펼친다고 주장하였다. 그것의 이해 가능성은 합리적이라거나 예측할 수 있다는 것을 의미하는 것이 아니다. 합리성은 목적에 기여하지 않는 어떤 것을 피하는 것뿐만 아니라 목적에 적합한 수단을 채택하는 것을 포함한다. 만일 어떤 사람이 합리적이라면, 그는 어떤 것들은 행하고 다른 것들은 배재한다. 실재는 자신을 펼칠 때, 심지어 어떤 것이 목적에 도움이 될 수 있을지라도 그것을 채택하고 또 다른 것들을 피하지는 않는다. 예측성은 과거와 미래의 연결을 포함하므로 과거가 주어졌을 때 현실화되지는 않았지만 미래는 어떤 의미에서 주어진 것이다. 우리가 실재의 과정은 합리적이라고 말하지 않더

라도, 그것을 비합리적이라고도 말하지 않는다. 실재는 여러 가지 점에서 예측할 수 있고, 다른 점에서는 예측할 수 없다. 개별들의 출현은 예측할 수 없지만, 반면에 가능(可能)들의 실현은 때때로 매우 높은 정도의 개연성을 가지고 예측될 수 있다. 이해 가능함은 합리성 및 예측성과 다르다. 그것은 과거에 의해서 현재를 설명하는 것과 보편과 가능(可能)에 의해서 사실을 설명하는 것을 포함한다. 적어도 실재의 이해 가능함을 부분적으로 이해한 사람은 사실에 관계된 무엇, 어떻게, 왜, 또는 언제라는 질문에 답할 수 있는 능력을 갖고 있다.

진은 실재가 자신을 펼치는 형식이 가능(可能)들과 보편들의 상호 연관의 형식이며, 이 형식은 또한 과학적 지식의 내용으로서 수용된 논리의 모든 대상이라고 주장하였다. 이러한 주장은 우리가 논리, 여러 과학들 그리고 그것들의 상호 관계에 관해 여기서 진행할 수 없는 많은 물음을 제기한다.

이제 우리는 개별들 및 개체적 물체와 사건들에 대한 진의 이론으로 넘어간다. 개별들은 개체적 물체들이나 사건들과 구별되는데, 전자는 측면이고 후자는 구체적인 것 전체이다. 개별들은 가리켜지고 명명되며 지칭될 수 있는 반면, 엄밀하게 말해서 개체적 물체이나 사건들은 말로 나타낼 수 없는 능(能)에 의해서 확정되기 때문에 표현될 수 없다. 먼저 개별들을 살펴보자. 하나의 개별은 단지 그것이 개별이기 때문에 보편과 다르다. 그것은 한 측면으로 머물러 있고, 그것만으로 보편처럼 형체가 없다. 하나의 측면은 그것이 시간에서의 특정한 위치와 공간에서의 특정한 장소를 고유하게 점유할 때, 개별이 된다. 개별들의 집합, 연계, 또는 연속은 그 자체로 하나의 개별이 되는데, 왜냐하면 이것들 전체 또한 시간에서의 위치와 공간에서의 장소를 고유하게 점유하는 것으로서 여겨지기 때문이다. 그러므로 개별들의 집합, 연계, 또는 연속의 배합은 보편의 형식에 놓여 있지 않고 시공의 뼈대에 놓여 있다. 하나의 개별은 시간 속에서 지속할 수 없다. 왜냐하면 그것은 그것이 개별이 되는 시간의 주기를 넘어서 그것이 개별이 아니게 되는 다른 주기로 들어가서는 존속하지 못하기 때문이다. 개별은 유한하다. 다시 말해서, 한계 순간을 점유하는 개별도 없으며 시공 전체를 점유하는 것도 없다. 개별은 변할 수 없는데, 그것은 한 개별에는 차이가 없을 뿐만 아니라, 두 개별들의 어떤 동일성도 없기 때문이다. 변할 수 없기 때문에, 움직일 수 없다. 각각의 개별은 개별이면서 개별들의 집합, 연계, 또는 연속이다. 어떠한 개별도 너무 단순해서 개별들의 집합, 연계 또는 연속이기를 그만두거나, 너무 복잡해서 단일한 개별이기를 그만두지는 않는다. 개별에서 궁극적인 단순성이나 복잡성은 없다.

다음으로 개체적 물체들과 사건들을 고찰해 보자. 이것들은 그것들이 측면들이

아니라 구체적인 것 전체이며, 말로 나타낼 수 없는 능(能)을 수용하거나 담고 있다는 점에서 개별들과 구별된다. 진은 실제로는 우리가 개체적인 물체나 사건을 특정 장소나 시간에서의 개별들의 집합과 동일시한다고 주장한다. 그러나 이러한 동일시는 비록 실제로는 큰 어려움을 야기하지는 않더라도, 이론적으로는 타당하지 않다. 만일 우리가 우선은 이론적인 문제를 무시하고 실제를 따른다면, 우리는 시공의 뼈대의 측면에서 개별들을 확정하기 때문임을 쉽게 알 수 있고, 또한 이러한 용어들로써 개체적 물체들과 사건들을 분류할 수 있다. 개체적 물체들과 사건들은 과정 속에서 구체적 실재의 내용을 형성하는 사실들이다. 그것들은 보편들의 형식에서 새어들어 오는 것들이다. 구체적 실재는 보편의 형식에 따라 진행할 뿐만 아니라, 시공의 뼈대를 개체적 물체들과 사건들로 채운다. 이러한 후자들은 가능(可能)들의 실현일 뿐만 아니라, 특정한 시간과 특정한 공간에서 발생한다. 그것들은 그것들이 실현하는 보편에 의해서 이해될 수 있고, 시간에서의 그것들의 위치와 공간에서의 그것들의 장소에 의해서 규명될 수 있다.

우리는 우리가 아무리 회의적이거나 회의하려고 노력할지라도, 조화의 원칙이 우리에게 부정될 수 없는 구체적인 세계를 제공해준다는 것을 보였다. 우연의 원칙과 유기적 연계의 원칙은 진행 중인 실재, 즉 개별들의 생멸을 통해서 보편들을 실현하고 시공의 뼈대에 의해서 분류되는 개체적 물체들과 사건들로 다양화된 변화하는 시간적, 공간적 세계를 우리에게 제공한다. 진의 관점에서는 이것이 우리가 경험하는 세계이다.

인간과 자연

비록 불가능하거나, 설사 가능해도, 또는 영원히 실현될 수 없는 어떤 것이 결코 발생하지 않을 것이라고 하더라도, 우리는 도(道)의 전개 속에서 또는 실재와 과정 속에서 무한한 사물들이 발생해 왔고, 무한한 사물들이 여전히 발생할 것이라는 것을 알 수 있다. 시간 조각으로서의 현재의 관점에서 말한다면, 어느 것이나 무한한 시간에서 실현될 것이다. 우리는 언제 어떤 것들이 발생할지 말할 수는 없지만, 그것들이 언젠가 또는 다른 때에 발생할 것이라는 것은 의심의 여지가 없다. 이러한 주장은 다른 관점으로부터의 해명을 필요로 한다. 우리는 사물들의 존재나 사실들의 출현을 어떤 초월적 이성의 활동, 초월적 신의 의지, 또는 초월적 목적의 실행의 탓으로 돌리지 않는다. 도(道)는 우주와 동일한 시공에 퍼져있기 때문에 도(道) 또는 그것의 전개를 초월하는 어떤 것은 있을 수 없다. 만일 있다면, 그것은 도(道)의 부

분이거나 도(道)의 전개 속의 기능인 어떤 것일 것이며, 또한 그것은 모든 사물에 대해서라기보다는 실재나 과정에서 일부의 사물에 대해서만 초월적일 것이다.

모든 종류의 사물들은 도(道)의 전개에서 발생하기 때문에, 모든 종류의 가치는 그 안에서 출현한다. 진은 목적과 마음의 출현이 이러한 방식으로 설명될 수 있다고 생각했다. 도(道)는 목적이 있지도 않고 목적이 없지도 않으며, 안다거나 이해할 수 있는 것도 아니고, 모른다거나 이해하지 못하는 것도 아니다. 그러나 목적은 도(道)의 전개에서 출현할 것이기 때문에, 그것이 출현하는 그 전개는 얼마간 목적이 있게 된다. 같은 것이 마음의 출현에 해당된다. 도(道)는 사실들이라는 매개를 통해서 자신을 펼친다. 어떤 것도 하나인 도(道)의 속성으로 보여질 수 없지만, 반면에 사실들의 속성으로 보여질 수 있는 모든 것들은 각각 무한한 도(道)의 작용일 뿐이다. 비록 도(道)가 그 자체에 목적이 있다고 말해질 수는 없더라도, 그것은 그것의 전개에서 목적적이게 된다. '목적'은 가장 일반적으로 욕망이나 요구와 함께 그것들의 충족을 위해 수단을 채택하는 것을 의미하는 데 사용된다. '목적'으로써 진은 수단이 의식적으로 채택되었든지 아니든지 수단에 의해 성취되는 목표(ends)를 의미했다. 이러한 의미에서 목표는 목적이고, 수단은 목적적인 행위나 목표를 성취하기 위한 활동이다. 목적의 출현은 그것과 함께 목적적인 행동을 할 수 있는 개체들의 출현을 초래한다. '목적성' 개념은 모순도 아니고 영원히 실현될 수 없는 것도 아니기 때문에 목적성은 우연적 가능(可能)이다. 그것의 실현은 어떤 특정한 시간이나 장소에 관해서는 우연적이다. 그것은 결코 실현되지 않을 것이라는 의미에서 우연적이지 않다. 실현되지 않을 우연적 가능(可能)은 없기 때문에 우리는 시간이 무한으로 흘러감에 따라 우연적 가능(可能)의 총합이 실현될 것이라고 말할 수 있다. 목적의 출현은 반드시 일어나는 것이지만, 언제 그것이 출현될 것인지를 결정하는 것은—이는 매우 다른 문제인데—역사의 문제이다. 목적이 있다는 것은 이제 사실의 문제이다.

목적의 출현과 함께 가장 의미 있는 어떤 것이 발생했다. 거기에는 실재의 극미한 이분화, 다른 것들로부터 자아의 실낱같은 분리, 또는 외부로부터 내부의 가냘픈 경계 설정이 있다. 어떤 특정한 시간과 장소에서 현실화된 실재의 영역 전체는 목적의 출현과 함께 더 이상 그다지 거친 것이 아니게 되었다. 사실들 사이의 어떤 일들은 시간과 공간에서 스스로를 꺼내는 것에 의해서가 아니라, 주관성을 끌어들임으로써 스스로를 따로 떼어놓는다.

의식적이든지 아니든지, 목표를 위한 수단의 채택은 만일 수단이 채택되지 않는다면 목표는 성취될 수 없다는 것을 의미했다. 목표를 위한 수단의 채택은 자아가 아니라 그 밖의 것, 내부가 아니라 외부, 주체가 아니라 객체인 실재의 저 부분에 대

한 변형을 의미했다. 목표를 위해 수단을 채택하는 능력은 종종 해로운 것을 피하는 능력을 동반한다. 객체화된 실재는 주체화된 실재가 원하거나 필요로 하는 방향으로 변형된다. 아무리 많거나 적은 변형이 있었을지라도, 변형된 것은 오직 객체화된 실재이다. 이분화 되지 않은 총체로서의 실재는 변형되지 않은 채로 남는다. 즉 그것은 그 자체이다. 혁신이 일어난 무엇이든지 시기(時機)와 선(先)배열이 그것들을 존재하도록 현실화시킨 것이다. 만일 어떤 사람이 목표를 위해 수단을 채택하는 능력을 갖고 있다면, 그는 마음을 갖고 있다. 마음은 작용하거나 작용하지 않을 수도 있는 어떤 것이지만, 그것이 작용할 때, 비록 그것의 지성에 정도의 문제가 있을지라도, 그것의 작용은 완전히 지적인 것이다.

비록 마음이 등장하는 시기가 다시 또 다른 문제가 될지라도, 목적의 출현과 마찬가지로 마음의 등장은 반드시 일어나는 것이다. 만일 세계가 기다릴 수 있는 것이라면, 그것은 마음의 등장을 위해 오랫동안 기다렸을 것이다. 이제 우리가 마음을 가지고 있다는 것은 본질적으로 철학적 의의가 전혀 없는 역사적 관심사항이다. 마음은 완전히 사라질 것인데, 다시 말해서 다른 조건하에서, 즉 지금 여기에서 실제하는 것과 다른 사실들의 맥락 속에서 다시 나타나기 위해서만 사라진다.

마음은 행동이다. 그것의 활동은 그 자체로는 객체화된 실재의 변형으로 향해져 있지 않다. 그것은 오히려 객체화된 세계를 이해하는 데 목적이 있다. 저 세계에 대한 지식을 통해서 세계를 과거나 현재 또는 미래의 모습대로 남겨 둔다. 즉 그것은 세계를 변형하지 않은 채로 남겨 둔다. 마음의 출현은 실재를 두 갈래로 나누지만, 목적의 출현이 실재를 능동적인 것과 수동적인 것으로 나눈 반면에 마음의 출현은 실재를 알려지는 객체와 알아가는 주체로 나눈다.

진은 목적의 출현과 마음의 출현 모두 각각 자기 나름대로 중요하다고 주장하였다. 그러나 개체들이 출현하기 위해 마음뿐만 아니라 목적이 부여되어 그들이 결합될 때, 사실들 사이의 같은 성질인 것과 다른 성질인 것의 상호 관계는 엄청나게 변화된다. 마음이 없는 목적은 때로는 효과적이고 때로는 비효과적이지만 반드시 한정된 범위의 목적적 활동에 제한되어야 한다. 목적이 없는 마음은 알려지는 것으로부터 알아가는 것을 구별하는데, 그것은 단독으로 알려지는 것의 변형으로 귀결될 수 없다. 그러나 목적과 마음이 결합될 때, 목표를 위해 채택된 수단의 적절함(adequacy)과 범위는 마음의 도움으로 증대되고, 목적은 폭 넓고 복잡하며 효과적인 것이 된다. 마음과 지식에 의해 하나의 목표는 다른 목표들을 위한 수단이 되고, 하나의 수단은 다른 수단들을 위한 목표가 될 수 있을 정도로 일련의 목표와 수단을 갖는 것이 가능하다. 일련의 수단들이 더 길어질수록, 목표는 더 멀어지고 복잡해지

며 궁극적 목표를 위한 매개 수단들을 혼동하는 것이 더 쉬워진다.

수단들을 서로 연결시키는 것은 지식이나 지식이라고 여겨지는 것 또는 지식으로 잘못 상상된 것에 근거할 수도 있다. 그러므로 목표를 위한 수단의 적절함은, 비록 목적이 마음과 결합될 때 활동의 범위가 확대되는 것이 제한되더라도, 한결같이 증대하지 못할 수 있다. 가치는 쟁점을 복잡하게 하는 데에서 생겨난다. 가치 판단의 어떤 기준에 근거하여, 수단이 비난을 받으면서도 목표는 현저하게 가치있을 수 있다. 도덕적 문제나 쟁점은 마음이 목적과 결합하지 않았다면 결코 제기되지 않을 것이다. 만일 언젠가 어떤 원죄가 있었다면, 그것은 목적과 마음의 제휴였다. 그것들의 제휴를 통해서 덕과 악덕은 실현되었다.

매우 많은 다른 것들은 마음과 목적의 결합된 출현과 함께 출현하였다. 문화가 태어났고, 가공품들이 창조되었으며, 정치학, 윤리학 그리고 다양한 과학들이 실재를 이전보다 훨씬 더 복잡하게 만들었다. 그것들이 문명의 발전에 중요하기는 하지만 우리는 이것들 가운데 어떤 것도 길게 논하지 않을 것이다. 무한히 전개되는 과정으로서의 시간의 관점에서, 문명이 지속되어야 할 이유가 없다. 완전히 다른 종류의 세계나 다른 종류의 문명은 미래의 시기와 선(先)배열에 의해서 현실화될 것이다.

실재는 목적과 마음 가운데 하나가 단독으로 출현하는 것에 의해서보다 그것들의 결합된 출현에 의해서 더욱 이분화된다. 우리는 이분화된 실재들을 객관적 실재와 주관적 실재로 부를 수 있다. 능동적인 것과 수동적인 것은 이 두 실재들과 관계되기 쉽다. 마음과 지식은 목적 혼자서 허용하는 것보다 주관적 실재를 훨씬 더 능동적인 것이 되게 할 수 있으며, 이로써 객관적 실재는 훨씬 더 수동적인 것이 된다.

능동적인 것은 거의 어떤 것이든지 수동적인 것을 변형시켜서 능동적인 것의 욕망이나 필요를 만족시키도록 만들어질 수 있다는 것을 쉽게 느끼게 된다. 그렇게 행동하는 동안 능동적인 것, 즉 주체는 사실의 세계에서 들어 올려져서 그것들의 독재적인 통치자가 된다. 객관적 실재에 대한 엄청난 변형이 달성될 것이며, 매우 많은 가공품들이 창조될 것이다. 주체의 목적에 관계하는 가치가 그것들의 변형에 배당될 것이다. 창조적 과정은 계속될 것이며, 적극적인 것은 노력의 다양한 방향에 만족을 느낄 것이다. 그러나 적극적인 것의 편에서는 일종의 부풀려진 자만으로 쉽게 귀결된 채, 객관적 실재와 주관적 실재 사이의 경계는 더 뚜렷해지고, 이 실재들의 분리는 갈수록 더 커진다. 객관적 실재를 변형하는 동안 주체는 또한 실재의 과정 전체나 도(道)의 전개를 변형하고 있다고 오해하기도 쉽다.

진의 관점에서, 현재까지 인간은 목적과 마음의 가장 효과적인 결합이다. 그는 인류의 출현이 우발적이지도 최종이지도 않다고 생각한다. 그것은 시간의 이런 특정

조각에서 발생한다는 점에서만, 즉 그것이 그래왔던 것처럼 야기되고 규정된다는 점에서만 우발적이다. 우연적 가능(可能)으로서 인류는 시간 속에서 출현하도록 제한되었다. 인류는 필연적인 것이 아니며, 그것은 영원히 실현되는 것도 영원히 실현될 수 없는 것도 아니다. 인류는 우연적 가능(可能)이기 때문에 그것의 실현은 시간 속에서 일어난다. 그것의 출현은 과장된 영예로 선전되지 말아야 하며, 그것의 존재 기간도 최후적인 것으로 오해되지 말아야 한다. 이미 알고 있는 자연사(自然史)의 짧은 기간에서 다른 시대의 사실들과 비교하거나, 다른 현실화의 기간들과 비교해서, 인류와 그들이 기능한 기간은 실로 영예로울 수 있다. 그러나 인류가 다른 시대의 종(種)들과 비교해서 아무리 영예로울지라도, 그들 또한 다른 종(種)들과의 협력에 의존한다. 그들이 기능한 기간이 아무리 영예스러울지라도, 그것은 도(道)의 전개에서 한 정거장이고, 그것을 하나의 중심이 되게 할 다른 기간들을 필요로 한다. 종(種)들 사이와 기간들 사이에는 일종의 상호 의존이나 상호 스며듦이 있다.

물론 인간은 그 자체로 매우 중요하다. 인간으로서 우리에게 우리의 욕망, 희망, 필요 그리고 변덕은 모두 중요하다. 그것들의 중요성은 정도만 다를 뿐인데, 왜냐하면 어떤 것들은 다른 것들에 비교해서 중요하지 않기 때문이다. 같은 것이 그것들의 만족에도 해당된다. 우리의 마음들만으로 우리를 자부심으로 채울 수 있다. 우리 목적의 힘의 도움으로, 우리 마음들은 우리에게 힘을 부여해준다. 어떤 종(種)도 인류보다 더 큰 힘이나 더 많은 능률로 세계를 통치하지 못했다. 이러한 통치가 호의적이든지 아니든지 임박한 혁명에 대한 전망은 없다. 어떤 종(種)도 현재는 인간의 권력을 전복시킬 만큼 강력하지 못하다.

그럼에도 불구하고 인류는 내부로부터의 어려움에 직면해 있다. 거기에는 탐욕과 내재적인 투쟁이 있다. 욕망은 맹렬하게 내달리는 것처럼 보이고, 사치는 필수품이 된다. 사회는 너무나 통합되고 너무나 차별화 되어서 개체들은 존재하기를 멈출 것이며, 상이한 사회적 또는 경제적 계층들은 거의 다른 종(種)처럼 된다. 이러한 어려움들은 극복될 것이며, 오랜 기간의 호의적이고 독재적인 통치가 발생할 것이다.

그러나 인류의 출현과 함께 제기된 가치의 문제가 있다. 진에게 가치는 기준들의 선택 문제이다. 많은 기준들이 인류를 자부심으로 채우려고 채택될 것이다. 다른 것들이 인류를 공포로 채우려고 선택될 것이다. 개체들처럼, 인류는 그것의 위력을 짊어지며, 개체의 위력처럼 그것의 위력은 또한 그것의 약점이다. 마음은 아마도 가장 강력한 인간의 자산일 것이다. 그러나 그럼에도 인간이 때로 더욱 타산적으로 부도덕해지며, 더욱 지겹도록 타락되고, 더욱 고통스럽고 거짓되게 비참해지며, 어떤 다른 종(種)보다 자신들과 더욱 불필요하고 잔인하게 싸우는 것은 놀랄 만한 마음을

가지고 있기 때문이다. 가치에 근거해서 볼 때, 인류가 생존해야 하는 결정적인 이유가 없다. 다행인지 아니면 불행인지 생존은 규범적 가치에 의존하지 않는다.

진에 따르면, 목적과 지식의 출현으로 실재는 주관적 실재와 객관적 실재로 이분화 된다. 인류는 목적과 지식 모두를 부여받았기 때문에, 그들은 객관 실재의 변형에 의존할 뿐만 아니라 어떻게 이러한 변형들이 수행되어야 하는지를 점점 더 알아나간다. 객관적 실재는 종종 이러한 변형들에 저항적인데, 그것의 성공이나 실패는 주체가 휘두르는 힘에 따른다. 이러한 힘은 주체의 지식에 비례한다. 일단 실재가 이분화되면, 투쟁과 저항은 피할 수 없는 것이다. 객관적 실재가 관련되는 한, 이 논쟁은 결정난 것처럼 보이는데 승리는 지금까지는 인간의 것이다. 요즘의 관점에서 이러한 결말은 그렇게 결정적일 필요가 없으며, 승리자는 정복된 것임이 밝혀질 것이다.

인간의 곤경에 대하여 할 말은 많다. 인류는 배태되고 태어나 목적과 지식을 획득해 나간다. 그들 가운데 어느 누구도 자신들의 동의를 얻어 인류가 되지는 않는다. 인간의 역할을 할당받았을 때, 그들은 인류로서 기능해야 한다. 그들은 생존하고, 먹고, 번식하며, 옷을 입어야 한다. 그들의 기본적인 욕망과 필요의 충족은 종종 극복할 수 없는 장애물이 있기 때문에 언제나 쉬운 것은 아니다. 인간 자신은 생존을 위해 투쟁해야 하고, 그들의 적을 지배해야 한다. 그들은 생존하기 위해서 지식과 그것의 권력을 획득해야 하고, 그들에게 요구된 기능을 실행하기 위해 생존해야 한다. 그것을 의식하든지 아니든지 그들 자신의 자연, 즉 인류의 본성은 그들을 권력의 획득으로 나아가게 한다. 그들은 그들의 필요와 욕망을 만족시키기 위해 객관적 실재를 변형하게 되어 있고, 그들의 목표 성취를 위해 수단을 채택하게 되어 있다.

목적과 지식의 결합은 인류에게 권력을 부여해주는데, 권력이 위험스러울 필요는 없지만 그것은 종종 위험스럽다. 그것은 단지 목표를 위한 수단이 되기는커녕 더 큰 권력에 대한 욕망을 기르며, 그 자체가 목표가 되는 경향이 있다. 생존을 위한 투쟁은 권력을 위한 투쟁으로 전환된다. 수단에 따라 권력은 제한된다. 목표가 달성될 때 기능하기를 멈춘다. 권력의 축적으로 인해 생존의 요구를 초과하는 꿈에도 생각하지 못한 욕망의 팽창이 있다. 진에 따르면 다음과 같다.

지식 그 자체로는 조화로운 것이지만, 목적은 국가나 인종 또는 다른 사람들 사이에서 뿐만 아니라 단일한 개체 자신 속에서도 종종 다른 목적과 충돌한다. 충돌하는 목적들을 가진 개체는 정신적 투쟁이라는 점에서 고립된 전쟁터이며, 비록 돌담이 감옥을 만들지 않고, 순전한 객관적 자연이 그의 열망에 어떤 장애가 되지 않더라도, 그는 여전히 그 자신의 죄수이다. 더 많은 권력을 획

득할수록 더욱더 노예가 될 것이다. 우리는 이미 지식의 도움을 빌려 목적들이 극도로 복잡해질 것이라고 지적하였다. 어떤 목표들이 다른 목표들의 수단이 되고, 어떤 수단들이 다른 수단들의 목표가 될 정도의 목표에 대한 수단의 연쇄가 있을 수 있다. 만일 어떤 사람이 이 연쇄 속에 머무른다면, 그 사람은 목표 대신에 수단을 취하기 쉽다. 그리고 가치는 복잡한 논쟁으로 들어갈 수 있다. 목표로써 수단을 정당화하는 문제가 제기될 수 있으며, 만일 어떤 사람이 특정한 수단에 머물러서 목표가 잊혀진다면, 목표들이 더 이상 보이지 않음에도 불구하고, 이전에 목표에 의해 정당화되었던 수단들은 이제 그렇지 않다. 만일 목표들이 수단들을 정당화할 것으로 기대되지 않는다면, 아무리 목표들이 멀리 떨어져 있더라도 그것들이 잊혀졌든지 아니든지, 수단들은 자기 자신의 근거에서 정당화되어야 하기 때문에 그것들은 수단들에게 영향을 미치지 않는다. 그러나 그때에 목표를 성취할 힘은 크게 감소된다. 둘째로 목표에 대한 수단의 연쇄가 길어질수록 목표들의 충돌은 점점 더 발생하기 쉬워진다. 순전한 객관적인 자연과의 충돌은 직접적인 문제로서, 용기를 가지고 그 속으로 행진해 들어갈 수 있다. 다른 인간들과의 충돌은 불안을 동반하기 쉬우며, 자신과의 충돌 비극으로 귀결될 것이다. 자신의 장점이 또한 자신의 약점이며, 자신의 승리가 있는 곳에 또한 자신의 패배가 있고, 자신이 있는 곳이 분열된 집이기 때문에 아무 것도 도저히 그를 위로할 수 없다. 셋째로 지식의 도움을 얻어 목표는 배가 되고, 욕망은 증대한다. 어떤 욕망들은 필요로 변형되는 반면, 변덕은 욕망으로 바뀐다. 그 변형은 그렇게 될 필요는 없지만 매우 만족스러울 것이다. 그러나 그것이 그렇든 그렇지 않든, 어떤 것이 그 과정에서 상실된다. 한때는 단지 온화함, 명랑함 그리고 시적 재능을 동반한 변덕이나 소망 또는 희망이었던 것이 성취하려는 의지에 수반되는 모든 추잡함과 야비함을 띤 욕망과 필요로 변형된다. 그러나 아마도 증대된 욕망의 중요한 결과는 우리가 그것들에 의해 더욱 노예화된다는 것이다. 만족시키기 위해 증대된 재주로 인해 욕망은 기하학적 비율로 증가하는 경향이 있다. 단순하고 선척적인 욕망에서는 목표가 보이고 수단들이 명백하기 때문에 우리는 노예화되는 것을 느끼지 못할 것이다. … 목표가 현재 지각되거나 감지된 필요가 아닌 곳에서는 단순한 욕망조차도 노예화의 느낌을 일으킬 수 있다(진, 1995b, 727~9면).

자기 노예화의 위험은 객관적 자연과 동료인 인류에 대한 증대된 인간의 권력에 의해 크게 증가하였다. 과거의 문명은 빙하, 홍수, 지진, 산사태 또는 쇠퇴에 의해 파괴되었을 것이지만, 가까운 미래에는 그러한 요인들에 의해 파괴될 것 같지 않다. 만일 문명의 멸망이 이제 발생한다면, 그것은 인류 자신에 의해서 초래될 것 같다.

노예화로부터 인간을 자유롭게 할 유일한 길은 자기중심주의와 인간중심주의로부터 그들을 자유롭게 하는 것이다. 진은 우리가 개체라고 부르는 것이 추상이라고 주장하였다. 한 개체는 수많은 사건들이 작용과 반작용으로 발생하는 곳 어디에서나

강조되는 유동적인 영역이다. 개체들의 보편적인 상호 스며듦을 인식하고 있는 마음은 개체의 차이를 초월하는 관점에서 사물들을 이해하게끔 되어 있다. 진은 이러한 공동의 상호 스며듦이 인류에게 제한되지 않는다는 것을 지적하였다. 각각의 개별 객체는 그것이 속한 개별 세계 전체를 반영한다. 즉 각각의 객체는 개별 세계의 다른 객체들이 존재하기 때문에 존재한다. 각각의 개별 객체는 다양한 방식으로 다른 모든 객체들과 관련되어 있다. 이런 관계들 가운데 내적인 것도 있고 외적인 것도 있지만, 어떤 단일 객체의 성질과 관계적 속성은 모든 다른 개별 객체의 성질과 관계적 속성에 의존한다. 이러한 상황은 인류로 하여금 자신이 자신과 공존하는 것들의 성질과 관계에 스며들어 있다는 것을 알게 하며, 그것의 모든 진실함과 순수함으로 우주적 감응을 하게 한다.

　인간중심주의적으로 되지 않음으로써 인간은 또한 자기중심주의적이지 않을 수 있다. 일단 인간중심주의를 떠나면, 더이상 자기 노예화의 문제로 애태우지 않게 된다. 그렇게 자기 자신을 자유롭게 함으로써 단순하게 사회적, 정치적 의미에서보다 훨씬 더 포괄적으로 삶에서 자신의 위치에 맞게 평화로워지는 자신의 명(命)을 알게 된다. 우리가 잊지 말아야 할 것은 인류 또한 동물이면서 물체라는 것이다. 우리가 동물로 존재한다는 점에서 어떤 물체와 다르고, 인간으로 존재한다는 점에서는 동물과 다르다는 것은 완전히 옳다. 그러나 만일 다른 동물들과 물체들뿐만 아니라 다른 인간들이 자기 자신으로 알고 있는 것에 스며들어 있다는 것을 우리가 깨닫는다면, 우리는 개별 자아로 존재한다는 것에 대해 흥분하지는 않을 것이다.

참고문헌

진위에린의 주요저술

金岳霖, 《邏輯》, 北京: 淸華大學出版社, 1935.

金岳霖, 《論道》, 上海: 商務印書館, 1940.

金岳霖, 《知識論》, 北京: 商務印書館, 1983.

金岳霖, 《羅素哲學》, 上海: 上海人民出版社, 1988.

金岳霖, 《金岳霖文集》, 蘭州: 甘肅人民出版社, 1995a.

金岳霖, *Tao, Nature and Man*, 金岳霖, 1995a, 2권, 568~749면, 1995b.

진위에린에 관한 주요 서적

陳曉龍,《知識與智慧 : 金嶽霖哲學研究》, 北京: 北京高等教育出版社, 1997.

胡軍,《金岳霖》, 臺北: 東大出版公司, 1993.

胡偉希,《金岳霖與中國實證主義認識論》, 上海: 上海人民出版社, 1988.

王中江,《理性與浪漫》, 鄭州: 河南人民出版社, 1993.

王中江, An Jimin,《金岳霖哲學思想研究》, 北京: 北京圖書出版社, 1998.

토론 주제

1. 철학적 이해라는 점에서 현실보다 가능(可能)이 더 중요한가?
2. 우리는 서양의 아리스토텔레스와 그의 후계자들에 의해 발전된 설명보다는 능(能)과 식(式)에 대한 진위에린의 설명을 선택해야 하겠는가?
3. 진위에린이 도(道)는 필연적으로 구체적이라고 주장하는 것은 정당한가?
4. 시간과 변화가 존재한다는 것은 어떻게 가능한가?
5. 우리는 개별에게 궁극적인 단순성이나 복잡성이 없다는 것에 동의해야 하는가?
6. 개체적 물체들과 사건들은 무엇인가?
7. 실현될 수 있는 모든 것은 발생하는가?
8. 도(道)와 그것의 전개를 초월하는 어떤 것이 있을 수 있는가?
9. 목적과 마음의 중요성은 무엇인가?
10. 인류는 노예화로부터 자유로워질 수 있는가?

신앙과 공식 안에서 생명을 풀어놓기

제2부

6. 슝스리(熊十力)의 덕(德)의 형이상학

지위엔 위

1919년 5·4운동 이래로 유교는 서구의 공격 앞에서 중국의 허약함과 쇠퇴의 원인으로 비난받아 왔다. 중국 지식인들의 주류는 통합된 국가로서의 중국을 구하는 것은 서구의 과학과 민주의 도입이 절실하게 요청된다고 믿었다. 그러나 이러한 주류 지식인의 추세에 대항하여 또 다른 목소리가 유교가 중국의 위기의 원인이었다는 주장에 이의를 제기하였으며 반대로 근원적인 문제는 진정한 유교의 도(道)의 상실이었다고 주장하였다. 따라서 해결책은 유교를 버리는 것이 아니라 그것의 진정한 정신을 재발견하고 되살리는 것이었다. 현대 중국 철학에 있어서 이러한 목소리의 주요 대표인물은 슝스리(熊十力, 1885~1968)였다. 그는 다음과 같은 방법으로 그의 사명을 선언하였다:

나는 인(仁)과 의(義)의 근원을 조명하려고 노력한다. 이것은 비실용적이고 무의미하다는 이유로 많은 사람들에 의해 비난받았다. 그러나 만약 널리 퍼진 이설과 그것의 흐름을 멈출 방법이 없다면 우리 나라와 우리 민족은 쇠퇴할 것이다. (중국을) 구할 다른 방법이 어떻게 가능한가(슝, 1985, 29면).

후베이성(湖北城)에서 태어난 슝스리는 정식으로 교육받지 않았다. 그는 마을 선생님이었던 그의 아버지가 죽었을 때인 10세 때 자신과 그의 가족을 부양하기 시작하였다. 청년기의 슝스리는 청왕조를 전복하려고 노력하던 열렬한 혁명가였다. 1920

년 그는 오늘날의 사람들이 불교의 유식학파(중국어로 唯識, 산스크리트어로 Vijanavada인 'mere consciousness'는 또한 'mere ideation', 'sonsciousness-only', 또는 'representation-only'로 번역된다)를 부흥시킨 사람으로 여기는 어우양징우(歐陽竟無 1871~1943)에 의해 조직된 난징(南京)에 있는 지나내학원(支那內學院)에서 불교를 연구하기 시작했다. 1922년에 슝스리는 베이징(北京) 대학에서 불교를 강의하게 되었는데 거기에서 그는 불교에 만족하지 못하였고 유학으로 되돌아왔다. 특히 그는 《역경(易經)》에 관한 그의 연구에 의해 영향을 받았는데 《역경》은 그가 유교의 기본적인 고전으로 간주한 책이었다. 1932년 그는 그의 주요 저서인 《신유식론(新唯識論)》의 초판을 출판하였는데 거기서 그는 불교를 비판하였으나 또한 유교의 재건을 위하여 불교의 관점을 많이 빌려 왔다. 그 책이 처음에 나왔을 때, 그는 그의 스승인 어우양징우를 포함한 불교학자들에 의해 격렬히 공격을 받았는데 그들은 불교에 대한 그의 연구가 충실하지 않다고 주장하였다. 그러나 슝스리의 철학적 목표는 '6경에 주석을 하는 것'이 아니었고 '자신을 위해 6경을 주석하는 것'이었다. 다시 말하면 그는 충실한 주석가가 되는 것을 목표로 삼지 않았고 그 자신을 고전을 그의 연구의 근거로 삼는 독창적인 사상가로 간주하였다. 《신유식론》에서 슝스리가 현대 중국 철학에 있어 가장 독창적인 철학적 체계를 세웠음은 지금 거의 보편적으로 받아들여진다.

유교를 재건하기 위한 슝스리의 임무는 중국의 사회적·문화적 위기를 극복하는 데 있어 도움을 주려는 것이었는데 사람들은 그가 언명한 철학이 진리 그 자체를 추구할 수 있는지의 여부를 궁금해할지도 모른다. 그리스 전통에 있어서 철학은 경이로움에 대한 자연스러운 인간의 느낌과 우리를 혼란스럽게 하는 사물들에 관한 진리를 알고자 하는 바람과 함께 출발한다. (그리스어에서 aletheia[truth]는 단지 'uncovering'(드러냄)을 의미한다.) 그러나 슝스리는 그의 철학에 있어서 그의 의도된 정치적 임무와 진리의 추구를 서로 대립하는 것으로 생각하지 않았다. 그는 단지 유교의 본래 의미와 정신에 대한 설명을 통해서 유교는 참된 도덕적, 정치적 효과를 가질 수 있다고 믿었다. 따라서 그의 정치적·사회적 관심은 그에게 진리를 찾도록 동기를 부여하였으며 편협한 민족주의자의 감정 표현이 아니었다. 실제로 유교의 초기에 공자 자신은 쇠퇴해 가는 주왕조의 문화를 구하기 위해 그의 생각을 제안하였는데, 그렇다고 해서 그것이 공자가 인간 본성에 대해 제안할 보편적인 통찰이 없다고 하는 결과를 낳지는 않는다.

어떤 의미에서 유교의 역사는 진정한 공자의 도(道)를 발견하고 재발견하는 과정이었다. 공자에게 있어서 진정한 도(道)는 옛날 성인의 도(道)와 주나라 문화였다.

맹자는 그의 사명이 묵가 및 양주의 위아주의(爲我主義)의 공격에 대항하여 유교를 보호하는 것이었다고 말하였다(《맹자》, 1970, 3B : 9; Chan을 보라, 1963).

당대에 한유(韓愈, 768~824)는 맹자 이후 공자의 도통(道通)은 끊겼으며 그가 그것을 계승한 사람이었다고 주장하였다. 송, 명대의 신유학자들은 그들이 맹자의 진정한 계승자였으며 불교의 공격에 직면하여 유학의 도(儒道)의 수호자였음을 믿었다. 숭스리는 신유학 특히, 왕양명의 철학의 공헌을 인정하였으나 여전히 유학의 도(儒道)를 설명하는 데 있어서 극복할 많은 문제점을 보았다. 그는 정주학파를 다음과 같이 비판하였다: "그들의 도(道)는 넓지 않다. 그들이 인륜(人倫)과 중용(中庸)에 초점을 둔 것은 옳지만 그들은 너무 한정되었다. 그들의 주요 성향은 약간의 새로운 발전과 함께 앞선 스승의 걸음을 따르는 것과 옛것을 지키는 것이다." 그는 또한 왕양명을 다음과 같이 비판한다: "그의 학설은 내적인 것을 강조하나 그것의 외적인 확장에 있어서는 불충분하다." 숭스리는 그의 임무를 서구 문화의 도전에 직면하여 진정한 공자의 도(道)를 찾고 발전시키는 것으로 간주하였다. "이제 다시 우리는 위태롭고 위험한 상황에 있다. 유럽 문화의 강한 도전과 함께 우리의 진정한 정신은 쇠퇴하여 왔다. 사람들은 자기 경시와 자포자기에 익숙해졌다. 약간의 자립성을 가지고 모든 것을 밖에서 모방하였다. 그렇게 하여 《신유식론》이 쓰여졌음에 틀림없다"("《신유식론》의 주요 특징에 관한 대강-모종삼에게 답함", 숭, 1949).

전승된 유학의 오랜 전통속에서 그 자신의 위치에 관한 숭스리의 이해는 일반적인 승인을 얻었다. 유학의 역사는 일반적으로 세 단계로 나뉘어진다: 경전유학(Classical Confucianism), 신유학(Neo Confucianusm), 현대 신유학(New Confucianism). 숭스리는 20세기에 있어 현대 유학으로서 유학의 재탄생의 토대를 놓은 사상가로 널리 알려져 있다.

그러나 신(Neo)유학이 도입된 불교와 격론을 벌인 것처럼 현대 유학은 서구 문화와 교전해야 했다. 숭스리는 마음속에 그 임무를 명확히 지녔지만 그는 외국에서 공부를 한 적도 없고 서양 언어도 읽을 수 없었다. 서양 철학에 관한 그의 지식은 그의 시대에 유효한 매우 제한된 번역서로부터 얻어졌다. 그 결과 서양 철학에 관한 숭스리의 논의는 불교에 관한 그의 세련되고 전문적인 논의와는 대조적으로 추상적이며 개략적이고 부분적이다. 그는 미래의 학문은 서양, 중국, 인도 철학의 조화에 기반을 두어야 함을 주장하였으나 그의 주된 강조는 "실제로 동양 철학의 전해진 고전들 속에는 굳건한 무언가가 있으며 나는 학자들이 이것을 진지하고 주의 깊게 연구할 수 있기를 바란다"였다(숭, 1994, 156면). 그의 중요한 철학적 공헌은 불교의 일부 견해를 빌려와 《역경》에 관한 그의 세련된 사상과 그것을 결합하는 것을 통해

서, 전통적으로 단지 윤리로서 간주되어 온 유교에 더욱더 견고한 형이상학적 토대와 더욱 역동적인 특징을 제공해 왔던 것이다.

《신유식론》의 1932년 초판은 문언본 판본으로 쓰여졌다. 1944년 슝스리는 백화문판본을 냈는데 그것은 단순한 번역이 아니라 오히려 원판에 대한 하나의 완전한 개작이었다. 그 백화문판본은 고대 중국어판 길이의 세 배이다. 1958~9년 슝스리는 《체용론(體用論)》과 《명심편(明心篇)》을 출판했다. 이 두 책은 《신유식론》에 대한 개정된 설명이었다. 슝스리에 따르면 일단 우리가 후기의 판본을 가지면 초기의 판본들은 포기될 수 있다(Xiong, 1994, 44면). 그럼에도 불구하고 일부 논의들은 이러한 후기의 개정판들에서보다 그의 구어판에서 더욱 세밀하고 명확하게 표현되었다. 슝스리의 사상에 관한 다음의 개략적인 설명 속에서 나는 그의 시각이 가장 잘 표현된 그 텍스트를 사용할 것이다. 슝스리는 수많은 다른 책들을 썼는데 그의 주요 저작들의 목록은 이 장의 끝에서 살펴보기로 한다. 나는 《웅십력논저집(熊十力論著集)》(중화서국)으로부터 나의 인용들의 대다수를 번역해 왔다: 그 첫째 권(1985)은 《신유식론》의 문언본판본, 백화문판본을 포함하며, 두 번째 권(1994)은 《체용론》과 《명심편》을 담고 있으며, 세 번째 권(1996)은 《십력어요(十力語要)》(일련의 짧은 논문, 에세이들, 강의 노트, 편지 글 등)를 담고 있다. 또한 그의 《독경시요(讀經示要)》의 발전인 《원유(原儒)》는 그의 정치철학을 보여 준다.

중화인민공화국의 수립 이후 슝스리는 본토에 머물렀고 북경 대학에서 교수직을 계속 역임하였다. 1954년 그는 상하이(上海)로 가서 전문적으로 일생을 집필에 바쳤다. 예외적으로 공산당 정부는 그에게 대다수의 다른 지식인들처럼 맑스주의의 입장에서 그 자신의 초기 사상을 비판하기를 요구하지 않았다. 슝스리는 자신의 철학을 바꾸고 발전시키기를 계속할 수 있었을 뿐 아니라 또한 1949년 이후 그의 많은 저작들을 출판하는 데 있어서 정부의 후원을 받기도 했다. 그럼에도 불구하고 그는 문화 혁명의 초기에 육체적 학대를 받았다. 유교가 또 다른 재난을 겪는 것을 보면서 그는 1968년 84세의 나이로 분노와 절망 속에서 세상을 떠났다.

일손(日損)과 일신(日新)

슝스리가 불교로부터 유교로 전환한 중요한 이유는 불교가 인간 본성의 부정적이고 수동적인 측면에 대해 너무 많은 강조를 하며 그것이 결과적으로 인간의 삶에 적극적이고 활발한 지침을 제공하지 못한다는 그의 인식이었다. 불교의 교의는 이 세계는 환영이고 불변하며, 공(空)이고, 이 세계 속의 삶은 고통의 바다(苦海)라고

주장한다. 따라서 그것은 구제를 통한 이 세계로부터의 벗어남을 주장한다. 슝스리는 노자의 표현["학문을 추구하는 사람은 매일 보태고 도를 추구하는 사람은 매일 덜어낸다"(노자, 1970, 48장 "爲學日益, 爲道日損"; Chan을 보라, 1963)]을 빌려 불교가 인간 본성의 어두운 측면을 드러내어 우리에게 그것을 제거하라고 지시하는 철학임을 의미하는 '매일 덜어내는[日損] 학문'으로 불교의 특성을 나타내었다: "매일 덜어내는 학문은 내심(內心)의 자각과 혼란과 더러움을 극복하는 데에 치중한다"(슝, 1994, 180면).

슝스리의 견해 속에서 불교는 인간 삶의 어두운 측면을 분석하는 데 있어 유례없는 심오함을 얻는다. 소승과 대승 두 학파 모두에 있어서 불교는 전문적으로 이러한 측면들에 집중하며 그것은 인간의 삶의 긍정적인 점은 무시하고 우리가 이 세계와 관계를 끊어야 한다고 결론 내린다. 그러나 인간의 본성은 또한 보다 밝은 측면을 가진다. 인간의 삶의 의미는 좋지 않은 욕구들을 제거하는 데 국한된 것이 아니라 또한 인간 본성의 이러한 보다 밝은 측면들을 넓히고 발전시킬 것을 포함한다. '매일 덜어내는' 학문으로서의 불교는 철저히 인간 본성의 좋은 요소들과 그것의 발전을 무시한다. 슝스리는 불교가 인간다움을 반대하는 학문이라고 주장한다(슝, 1994, 182~202, 259~60면).

슝스리에 따르면 유교 또한 인간 본성의 부정적인 측면에 관심을 가진다. 인[仁]('인간다움', '덕' 또는 '어짊'으로 다양하게 번역된다)이라는 중심적인 유교의 덕의 하나의 주요한 특징은 '스스로를 억제하고 예의바름으로 돌아가는 것'이다(공자, 1970, 12:1, [克己復禮] Chan을 보라, 1963). 맹자는 소체[小體](육체적 욕구)와 대체[大體](마음, 心; 맹자, 6A:15) 사이를 구분한다. 그러나 유교 사상은 불교와 대조적으로 인간의 이기심과 욕구의 상세함을 드러내려 하지 않는다: "공자는 현재의 인간의 삶을 부인하지 않으며 그래서 이 견해를 발전시키기를 원하지 않았다"(슝, 1985, 674면). 대신에 유교는 본래적인 인간의 선함, 즉 인간 본성의 밝은 측면을 강조한다. 맹자에서 왕양명에 이르기까지 정통 유교는 인간의 본성 속에 본래적인 어짊(仁)이 있다고 주장한다(순자의 경우는 예외. 슝스리는 순자가 유교의 본질에 이르지 못했다고 판단한다. 슝을 보라. 1991, 194면). 게다가 유교는 인간의 본성이 본래적으로 선하다고 주장할 뿐만 아니라 또한 인도(人道)의 역할은 이러한 본래적인 선함을 발전시키는 것이라고 주장한다. 맹자는 인간의 본성이 네 가지 선한 씨앗인 사단(四端)으로 이루어져 있다고 말하였다. 이러한 씨앗들은 개인에게 있어서 진정한 선한 사람으로 되기 위하여 길러져야만 한다. 인간 본성에 대한 이러한 역동적인 접근은 실로 유교의 특징이다.

따라서 슝스리는 불교를 매일 덜어내는 학문이라 부르는 반면 유교를 '날로 새로워지는 [日新]학문'으로 부르기 위해 《역경》의 용어("날로 새로워짐을 성대한 덕이라 한다." [日新之謂盛德] 《역경》의 "계사전", 상권, 5장을 보라; Chan을 보라, 1963)를 빌렸다:

> 그러한 공자의 도(道)에 대한 탐구는 인(仁)을 추구하는 것을 특징으로 하는 것이어서 직관적이며 밝은 앎을 모든 사물로 침투하는 데까지 확장하며, 그것은 차마 할 수 없는 마음의 씨앗을 어떠한 인륜(人倫)을 배제함이 없이 매일 확장한다. 따라서 도(道)에 관한 학문은 날로 덜어냄보다 오히려 날로 새로워짐에 초점을 둔다(슝, 1994, 185면).

정통 유교의 관점에 따라 슝스리는 인도(人道)는 본래적인 마음의 선한 뿌리를 확장하고 그것을 매일 기르는 데에 있다고 주장한다. 슝스리가 받아들이고 발전시키기로 결정했던 것은 이러한 날로 새로워짐의 학문이었다.

날로 덜어내는 학문과 날로 새로워지는 학문 사이의 차이점은 중요하다. 그것은 어떻게 유교가 불교와 구별되는지 뿐만 아니라 또한 어떻게 유교가 서양 윤리의 주요 전통에 대한 대안이 되는지를 드러낸다. 잘 알려져 있듯이 서양 윤리를 특징짓는 물음은 "왜 내가 도덕적이어야만 하는가?"이다. 이 물음은 일반적인 가정이 인간은 본성적으로 이기적이기 때문에 제기된 것인데 따라서 타인에게 선하게 대함을 의미하는 도덕적으로 된다는 것은 정당화할 필요가 있다. 이것은 플라톤의 《국가》, I권에서 트라시마코스(Thrasymachus)가 궁지로 몰아넣은 근본적인 도전이다. 다양한 체계들이 왜, 어떻게 인간의 이기적인 욕구가 억제되어야 하는가를 보여 주기 위하여 수립되었다. 윤리에 대한 이런 식의 접근은 또한 '날로 덜어내는 학문'으로 간주될 수 있으며 게다가 유교와 대조적이다. 유교는 인간 본성의 어짊에 관심을 가지며 이러한 선함을 발전시키기를 시도하는데 유교의 주된 물음은 "왜 내가 도덕적이어야만 하는가?"가 아니라 "어떻게 나는 나의 인간다움을 양성(養成)해야 하는가?"이다.

본체(本體)와 작용(作用)

슝스리의 이해 속에서 날로 덜어내는 학문인 불교의 근저에 깔린 것은 절대적이고 불변하는 실재(法性)와 끊임없이 변하고 조건적인 현상적인 세계(法相)사이에 다리를 놓을 수 없는 틈이 있다는 불교의 형이상학적인 신념이다(슝, 1994, 69~77, 84~5, 111~12면). 이 두 영역은 서로 배타적이라고 여겨지는데 그것은 법상은 그

자체의 어떠한 참된 본성을 상실한 사물들이고 많은 원인들에 의해 조건지어지는 단순한 집합체이기 때문이다. 불교는 우리에게 절대적인 앎을 얻기 위하여 그것들의 조건성과 상대성을 초월하기를 요구한다. 따라서 유일하게 가치 있는 삶은 우리에게 이러한 인간의 세계로부터 벗어나기를 요구한다. 논의의 편의를 위하여 나는 이것을 분리 정립(Separation Thesis)이라고 부른다.

따라서 날로 덜어내는 학문인 불교를 바로잡고 날로 새로워지는 학문인 유교를 확장하기 위하여 분리 정립을 거부하는 것이 필요하다. 슝스리는 반복해서 그의 《신유식론》의 중심 이론은 그가 체(體)라고 부르는 본체(本體)와 그가 용(用)이라 부르는 현상적인 세계가 하나이며 두 개의 분리된 영역으로 나눠질 수 없음을 보여 주기 위함이라고 주장하였다. 편의를 위해 나는 그것을 동일 정립(Sameness Thesis)이라고 부른다. 체(體)라는 용어는 일반적으로 'substance'(실체)로 번역된다. 그러나 이것은 우리들을 아리스토텔레스적인 개념의 틀을 슝스리에다 집어넣어 읽도록 이끌 것이다. 불필요한 혼란을 피하기 위해 나는 체(體)를 '본체(本體)'로 번역한다.

슝스리는 본체(本體)와 작용은 다른 표현들로 서술되어져야 함을 인정한다. 본체(本體)는 물질적인 형상을 가지지 않는 반면 작용은 물질적인 형상을 가진다; 본체(本體)는 모든 변형의 원인인 반면 작용은 이러한 변형들을 만들어낸다; 본체(本體)는 보이지 않는 반면 작용은 뚜렷하다; 본체(本體)는 하나인 반면 작용은 많다. 그럼에도 불구하고 모든 이러한 구별들은 단지 서술의 수준에 적용할 수 있다. 더욱 근본적으로 본체(本體)와 작용은 다른 본성을 지닌 두 사물이 아니라 하나의 것이다: 본체(本體)와 작용의 세계는 하나이다. 슝스리의 논거는 다음과 같다:

> 만약 그들이 분리된다면 작용은 본체(本體)와 다르며 독립적으로 존재하고 그러한 방식으로 작용은 그 자신의 본체(本體)를 지닐 것이다. 우리는 작용 밖에서 어떠한 실재를 찾아서는 안 되며, 작용을 본체(本體)라 부른다. 게다가 만약 본체(本體)가 작용과 독립적으로 존재한다면 그것은 쓸모 없는 실재이다. 그러한 경우에 만약 본체(本體)가 죽은 것이 아니라면 그것은 불가분의 것이다. 앞뒤로 생각해 보아 나는 본체(本體)와 작용은 분리되지 않는다고 믿는다. 이것은 아마 확실할 것이다(슝, 1985, 434면).

만약 사람들이 작용에 대해 말한다면, 작용은 본체(本體)와 다른 무엇이 아니다. 그렇지 않다면 우리는 작용을 위한 또 다른 근원을 찾아야만 할 것이다. 슝스리는 여기서 어떠한 작용도 근원을 전제로 해야 하며 따라서 본체(本體)로부터 작용을 분리하는 것은 무한으로 역행하게 될 것이라고 생각한다. 유사하게 사람들이 본체(本

體)에 대해서 말할 때 그것은 작용과 다른 무엇이 아니다. 그렇지 않다면 본체(本體)는 어떠한 변화나 변형도 수반하지 못하며 따라서 공(空)이 될 것이다. "어떻게 당신은 여전히 그것이 실재한다고 말할 수 있는가?"(승, 1985, 433면)

본체(本體)는 하나이지만 수많은 사물들로 드러난다. 본체(本體)는 그것이 여러 드러냄들로 그 자신을 드러낼 때 작용이 된다. 작용은 본체(本體)의 드러냄이다. 수많은 사물들은 본체(本體)가 무엇인지를 드러내는데, 비록 이것이 본체(本體)가 많은 작용들의 집합체임을 의미하지는 않을지라도 말이다:

> 본체(本體)는 하나이지만 작용으로 드러난다; 그러므로 그것은 구별되어져야만 한다. 만약 우리가 다른 부분들이 있다고 말한다면 우리는 작용의 현상들에 대해서 말하고 있다. 비록 작용의 현상들은 다양한 부분들로 구별되어지더라도 이러한 부분들은 본체(本體)에 대해서 다르지 않다. 그러므로 다른 부분들이 있는 한 이러한 부분들은 유기적인 전체 속에서 서로 융합할 수 있고 통합할 수 있다. 그것은 왜인가? 그것은 작용이 본체(本體)이고 작용은 본체(本體)로부터 분리되고 구별되는 어떤 것이 아니기 때문이다. 작용의 현상들은 다양하다. 만약 그것들이 서로 융합할 수 없다면 그것들은 전체를 이룰 수 없을 것이다. 그러나 만약 작용이 통합되거나 본체(本體)에 환원된다면 그렇다면 모든 작용의 현상들은 똑같아져 버릴 것이다(승, 1985, 446면).

승스리에게 있어서 본체(本體)와 작용의 동일함은 바다와 수많은 파도들의 비유의 표현 속에서 잘 설명되고 있다.

> 이 의미는 미묘하고 심오하다. 바다와 모든 파도 사이의 관계의 관점에서 가장 잘 설명되어진다: 1. 바다는 근원적인 실재와 유사하다: 2. 바다 속의 모든 물은 파도로 드러난다. 이것은 만가지 사물들의 작용, 즉 한 작용과 또 다른 작용들로서 근원적인 실재의 현시와 유사하다: 3. 모든 파도는 셀 수 없는 작용들과 유사하다: 4. 모든 파도는 서로 전체로 융합하는데 이것은 전체로의 모든 작용들의 상호 융합과 비슷하다. 이상으로부터 우리는 바다와 파도들의 비유가 근원적인 실재와 작용의 관계를 가장 잘 조명하고 있음을 볼 수 있다(승, 1985, 446면).

승스리에 따르면 동일 정립은 비록 유교의 경전들 속에서 설명되지 않을지라도 암시되고 있다. 공자가 다음과 같이 말했을 때: "하늘이 도대체 무슨 말을 하겠는가? 그러나 사계절은 순환하고 있으며 수많은 사물들이 생겨나고 있다. 하늘이 도대체 무슨 말을 하겠는가?"(공자, [天何言哉, 四時行焉, 百物生焉, 天何言哉] 1970, 17:19) 그는 본체(本體)로서 하늘이 그것의 작용들 속에서 드러내짐을 암시하고 있다. 동일

정립은 또한 《역경》의 정신속에도 있는데 그것은 다음과 같은 말을 담고 있다: "음(陰)과 양(陽)의 잇따른 움직임이 도(道)를 이룬다. … 그것은 인[仁](인간다움) 속에서 드러나지만 작용 속에 숨겨져 있다"([一陰一陽之謂道..顯諸仁, 藏諸用], 《역경》, 1968, "계사전", 상권, 5장). 슝스리의 설명 속에서 '장(藏)'이라는 단어는 본체(本體)는 '그것의 작용으로부터 분리되어 존재하지 않음'을 의미한다(슝, 1994, 119면).

슝스리는 철학자들에게 있어서 현상적인 세계로부터 실재를 분리하는 것은 거의 보편적이라고 말한다. 그러므로 그의 동일 정립은 불교의 분리 정립뿐만 아니라 또한 신(Neo)유학에서 이치(理)와 물질적인 힘(氣) 사이의 분리 그리고 서양 철학에서 현상계와 예지계 사이의 분리를 보완할 수 있다. 그러나 본체(本體)와 작용이 하나이며 둘이 아니고 따라서 같다는 주장을 뒷받침하는 슝스리의 논거는 꽤 빈약하다. 두 세계를 분리하는 형이상학은 일련의 논거들 위에 세워져 있다. 불교의 법성(法性)과 법상(法相) 사이의 분리는 변화와 인과의 이론에 근거를 두고 있다. 서양 철학 특히 플라톤적 전통에서 현상계와 예지계를 분리하기 위한 논거들은 언어상의 이유들(서술에 있어 주어와 술어 사이의 차이), 심리학적인 이유들(영혼과 육체 사이의 차이와 이성과 감성 사이의 차이), 인식론상의 이유들(억견과 진지[眞知] 사이의 구분과 감성과 이성 사이의 구분)과 형이상학적인 이유들(완전과 불완전, 원형과 그것의 모사들, 영원한 것과 변하는 것 사이의 차이)을 포함한다. 슝스리는 주장하는 바에 따라 그 나뉘어진 세계가 실제로 하나라는 설득력 있는 이론을 가지기 위하여 이러한 논거들의 전부 또는 적어도 가장 중요한 논거들을 다루어야만 했다. 그러나 슝스리는 그 동일 논제가 "미묘하고 심오하다"고 제안하면서도 예상되는 논거들을 대신할 바다와 파도의 비유를 자주 사용한다.

그러나 동일 정립은 날로 새로워지는 학문인 유학에 대해 큰 의미를 지닌다. 우리가 이전에 언급했듯이, 날로 덜어내는 학문인 불교에 있어 형이상학적인 토대는 실재는 변화하는 세계로부터 분리되어 있다는 논제이다. 따라서 이 세계 안에서 우리가 하는 무엇이라도 실재의 수준에선 의미가 없다. 슝스리가 본체(本體)와 작용이 하나라고 제안했을 때 그는 변화의 현상적인 흐름은 환영이 아닌 본질적으로 의미 있는 것임을 암시하고 있었다. 우리의 세계는 유형의 형식 속에서 궁극적인 실재가 무엇인지를 드러낸다. 만약 본체(本體)가 매일의 삶이라면 인간이 이 세계를 포기할 어떤 이유도 없다. 대신 그들의 삶은 본체(本體)에 대한 통찰력을 획득하기 위하여 매일 수양에 헌신해야만 할 것이다.

변화(Change)와 변이(Transformation)

세계는 단일체일 뿐만 아니라 또한 생성과 변형의 계속적인 과정이다. 불교는 이 변화를 이해하지만 그것을 법상(法相) 또는 현상계에 제한한다. 불교는 명백히 현상들은 일시적이고 변하고 있기 때문에 그것들이 환영적이라고 주장한다. 반대로 실재 또는 법성(法性)은 적정(寂靜) 속에 존재하는 것으로 여겨진다. 바다와 파도에 관한 그의 비유에 따라 슝스리는 불교의 관점을 "모든 파도들이 바닷물의 현시임을 모른 채 단지 모든 파도들을 실재로서 인식하는 해변을 따라 걷는 어린이"와 같은 존재로 비판하였다(슝, 1985, 313면).

슝스리는 세계는 변화 속에 있다고 믿었기 때문에 그는 다른 사람들이 현상 또는 법상(fan-xiang)이라고 부르는 것을 가리키기 위해 '작용'이라는 역동적인 용어를 사용하였다. "'작용'이라는 용어는 또한 '효과', '사용', '경향', '변화', '작용(work)' 그리고 '새로 다시 발생함과 끊임없이 흐름'을 의미한다"(슝, 1985, 1985, 432면). 그의 동일 논제에 근거하여 슝스리는 만약 작용이 변화하면 본체(本體) 또한 변화함(transforms)을 주장하였다. 슝스리의 관점 속에서 모든 사물로 변화하는 능력은 정확히 본체(本體)를 특징지우는 것이며 따라서 그는 또한 본체(本體)를 '끊임없는 변형' 또는 '변화하는 능력'이라고 불렀다(슝, 1985, 314, 352면). 본체(本體)는 매 순간 변화하며 영원히 그러한 상태 속에 있다. 그것의 끊임없는 변화 속에 다양한 현시 또는 작용들이 일어난다.

그의 변화의 형이상학을 발전시키는 데 있어서 슝스리는 《역경》으로부터 많은 것을 이어받았다. 화이트 헤드(A. N. Whitehead)는 모든 서양 철학은 플라톤에 대한 일련의 각주라고 주장한 것으로 유명하다. 《역경》에 대해 비슷한 태도를 취했던 슝스리는 다음과 같이 말한다: "모든 중국의 학문과 사상은 《역경》 속에서 그들의 근원을 가진다"(슝, 1994, 12면). 《역경》의 기본적인 주제들은 다음과 같다: "날로 새로워지는 것은 성대한 덕을 의미한다(日新之謂盛德)." 그리고 "낳고 낳는 것은 변역(易)을 의미한다(生生之謂易)"(《역경》, 1968, "계사전", 상권, 5장).

《역경》에 다음과 같은 말이 있다: "건(乾, 하늘)이 있는데 그것의 고요함은 전일하고 그것의 움직임은 곧다: 따라서 그것은 크게 낳는다: 곤(坤, 땅)이 있는데 그것의 고요함은 닫는 것이고(翕) 그것의 움직임은 열리는 것(闢)이다. 따라서 널리 낳는다"([夫乾其靜也專, 其動也直, 是以大生焉. 夫坤, 其靜也翕, 其動也闢, 是以廣生焉], 《역경》, 1968, "계사전", 상권, 6장; 나의 강조). 이 단락에 영향을 받아 곤(坤)의 두 측면을 근원적인 실재에 속하는 것으로 생각하는 슝스리는 본체(本體)의 끊임없는 변형

이 '닫힘'과 '열림'으로 이루어져 있다고 말하였다. 이 측면들은 변화의 두 경향이며 두 실재가 아니다.

"사물들을 형성하기 위하여 통합하는 변형의 경향은 '닫힘'으로 불린다"(슝, 1985, 317면). 닫힘은 통합하고 견고히 하는 경향이 있는데 다시 말하자면 물질화하는 것이다. 닫힘 때문에 다양한 물질적인 사물들이 형성된다. 그러나 닫힘의 경향이 일어날 때 동시에 일어나는 열림이라는 반대의 경향이 있다. "강하고 활발하며 물질화되지 않는 경향은 '열림'이라고 불린다"(슝, 1985, 318면). 열림의 경향 속에서 변형은 그 자신의 주인이며 물질화 되어지는 것을 거부함으로써 그 자신의 본성을 유지한다. 다음은 슝스리가 그의 생각을 요약한 것이다:

> 변형은 움직이는 경향으로서 그 자체를 드러내는데 닫힘과 열림이 있으며 그것은 간단치가 않다. 닫히는 경향은 고체화하는 것이다. 이러한 닫힘의 경향 때문에 구체화된 형태로 사물을 형성함이 있는데 그것을 우리는 가설로 물질 또는 물질의 작용이라고 부른다. 열림의 경향은 강하고 활발하며, 닫힘의 가운데에서 작용하며, 닫힘으로 하여금 열림 그 자체를 따르게 한다. 이러한 경향 때문에 우리는 가설로 마음 또는 마음의 작용이 있다고 말한다(슝, 1985, 319면).

두 경향은 동시에 그러나 반대의 방향 속에서 작용한다. 둘 다 없어서는 안 되는 경향들이다. 만약 닫힘이 없다면 단지 물질 없이 흐름만 있다. 그러한 경우 열림의 경향은 사용할 어떠한 도구도 가지지 못할 것이며 결과적으로 진정한 열림이 없을 것이다. 만약 열림이 없다면 실재는 완벽하게 물질화될 것이며 우주는 고체화되고 죽은 세계가 될 것이다.

닫힘과 열림은 두 가지 분리된 것들이 아니라 같은 실재에 대한 두 측면이고 경향이기 때문에 그리고 그것들은 물질과 마음 사이의 뚜렷한 구분에 대한 책임이 있기 때문에 슝스리는 물질과 마음의 양분은 참되지 않다고 결론내렸다. 이러한 근거 위에 슝스리는 유물론과 유심론 모두를 비판하였다. 그에 따르면 유심론은 단지 열림의 경향만을 인정하며 열림의 경향에 대한 닫힘의 경향을 축소시킨다. 반대로 유물론은 단지 닫힘의 경향만을 인정하며 닫힘의 경향에 대한 열림의 경향을 축소시킨다.

그러나 최종적인 분석 속에서 슝스리는 결국 심학자(心學者)가 된다. 그는 열림의 경향 속에서 본체(本體)가 그것의 참된 본성을 드러낸다고 주장하였다. 두 경향 중에서 열림은 변형의 전체 과정 속에서 결정적인 요인이며 주재하는 힘이다. 그것은 무수한 사물들 속에서 드러내지는 본체(本體)의 참된 본성이지만 실재의 끊임없는

변형 속에서 그 자체는 물질화되지 않는다. 승스리는 열림의 경향을 '마음'이라 불렀고, 또한 본체(本體)를 '마음(心)'이라 불렀다. 이들은 모두 다음과 같은 의미에서 마음이다: "마음의 의미는 주재하는 것인데 그 의미 속에서 비록 마음이 수많은 사물들의 근원적인 실재일지라도 그것은 물질 그 자체는 아니다"(승, 1985, 592면). 때때로 그는 심지어 직접적으로 열림의 경향을 우주의 마음이라고 불렀다: "닫힘 또한 우주의 마음으로 불려질 수 있는데 우리는 그것을 '우주의 정신'이라 부를 것이다"(승, 1985, 328면). 불교의 유식론처럼 승스리의 철학 속에서 심(心)은 궁극적인 실재로 남아 있다. 아마도 이것이 승스리가 그의 이론을 '신유식론'이라고 부른 이유일 것이다. 비록 승스리의 시각 속에서 심(心)이 실재로 정적인 존재라기보다는 과정이긴 하지만 말이다.

승스리는 게다가 변화는 반대 것들의 관점에서 이해될 수 있는 위대한 법칙을 따른다고 주장하였다: "우리는 그것이 반대되는 것들로부터 일어나는 위대한 법칙임을 믿는다. 우리가 변화에 대해서 말할 때 그것은 반대적이며 생동적이고 내부의 모순을 가진다; 그리고 변화에 대한 이유는 모순 안에 있다"(승, 1985, 315면). 변화는 반대되는 것들로부터 일어남이 틀림없다. 이러한 생각은 《역경》과 노자로부터 이어받았다. 《역경》은 괘의 관점에서 변화의 원리를 조명한다. 각각의 괘는 세 선을 포함한다. 왜 셋인가? 승스리에 따르면 그것은 "하나는 둘을 낳고, 둘은 셋을 낳는다"는 노자의 말을 빌려서 해석되어져야 한다. 세 선은 모순되는 것들로부터 생기는 원리를 상징하는데 그것들은 하나는 둘을 낳고, 둘은 셋을 낳음을 의미한다. 만약 하나가 있다면 둘이 있고 그들은 반대의 짝을 이룬다. 그때 셋은 결합이다. 이것이 의미하는 것은 변형(하나)은 닫힘의 경향으로서 그 자체를 드러낸다는 것이다. 닫힘 속에서 근원적인 실재는 물질화 되어지고 거의 그 자신의 본성을 잃는다. 따라서 닫힘은 둘이다. 이것은 하나가 둘을 낳는다고 말하는 것을 의미한다. 그러나 변형은 그 자신의 본성을 지닌다. 닫힘의 경향이 있을 때면 언제라도 동시에 열림의 경향이 있다. 이러한 열림이 셋이며 이것은 둘이 셋을 낳는다고 말하는 것을 의미한다.

여기서 그 숫자들, 하나, 둘 그리고 셋은 연속하는 순서를 나타내지 않으며 변화의 세 가지 실제 단계를 구성하지 않는다. 찰나의 생성과 파괴(刹那 生滅)에 관한 불교의 사상에 영향을 받은 승스리는 변화는 발전의 과정이 아니라 순간적이라고 주장하였다. 닫힘이 일어나자마자 그것은 사라진다; 그리고 열림에 있어서도 이와 같다. 둘 다 순간적이며 그들이 일어나는 바로 그 순간 사라진다: "모든 것이 이 순간에 일어나며 이 순간 사라진다. 따라서 우리는 탄생의 시간이 죽음의 시간이라고 말한다. 사물 중의 어떤 것도 짧은 시간동안 지속하지 못할 것이다. 세계에 지속하는

사물이 있다고 여기지만 그것은 잘못된 지각이다"(슝, 1985, 334~5면). 변화는 순간적이기 때문에 어떤 것도 정지하지 않는다는 점에서 이 세상의 어떤 것도 역사를 가지지 않는다. 슝스리에게 있어서 이러한 순간적인 변형은 《역경》이 '우주의 날로 새로움'의 뜻으로 말한 것이다. 그러나 슝스리는 결코 왜 순간적인 변형에 관한 그의 이론이 변화에 대한 연속 관점보다 더 나은지를 만족스럽게 설명하지 않는다.

게다가 비록 즉각적인 변형일지라도 본체(本體)는 변하지 않는 변화에 대한 그 자신의 본성을 유지하기 때문에 그것은 또한 어떤 의미에서 불변(不變)이다:

> 본체(本體)는 무수하고 무한한 작용들, 즉 모든 변형들로 드러나며 따라서 그것은 변하고 있다. 그러나 비록 본체(本體)가 모든 개별자들 또는 모든 변형들의 작용으로써 드러날지라도 그것은 그 자신의 본성을 변화시키지 않는다. 그 자신의 본성은 순수하고 역동적이며 방해받지 않는다. 이러한 의미에서 그것은 불변(不變)한다고 말해진다(슝, 1985, 314면).

변형에 관한 슝스리의 이론은 종종 앙리 베르그송(Henri Bergson)의 생철학 또는 화이트헤드의 과정 형이상학과 유사하다고 말해진다. 슝스리는 서양의 책들을 읽을 수 없었기 때문에 얼마나 그가 그들에 의해 영향을 받았는지를 말하기는 어렵다. 슝스리가 그 유사성을 설명하도록 요구받았을 때 그는 그의 관점들이 화이트헤드의 관점과 얼마나 유사한지를 확신할 수 없다고 말했지만 다른 학자들의 책 속에 있는 베르그송의 사상에 관한 설명에 근거하였기 때문에 베르그송과 그 자신 사이에 얼마간의 밀접한 유사성이 있다는 사실에 동의하였다. 그럼에도 불구하고 슝스리는 그 유사성들이 피상적이지 않을까 생각하였다. 그의 의심은 그와 베르그송이 실재를 파악하는 다른 방식을 가졌다는 믿음에 근거한다: "서양 철학자들이 말하는 근원적인 실재는 추론에 의한 증명을 통해 세워졌고 외적인 어떤 것으로 여겨졌다. 신유식론은 직접적으로 근원적인 마음을 가리키며 내적 자아와 외적 사물을 연결하고 그것들을 하나로 결합시킨다. 이것은 추론에 의한 증명을 통해서가 아니라 맹자가 '반성을 통해 진실하게 된다(反身而誠)'고 말한 것을 통해 이루어졌다. 따라서 나는 베르그송이 실제로 나와 유사한지 의심스럽다"(슝, 1985, 679면). 모든 철학자들이 실재를 정적인 것이라기보다 하나의 과정으로 간주했다고 가정하면 그들은 역동주의라는 공통적인 견해를 갖는다. 그러나 각자가 묘사한 역동적인 모습은 다른 근거들로부터였다. 슝스리는 끊임없는 변형에 관한 불교의 이론과 특히 《역경》에서 끌어냈고, 베르그송의 생기론은 그의 시대의 생물학의 발전과 관계 있으며, 화이트헤드의 과정 철학은 현대 물리학의 장(場)이론(field theory)에 근거를 둔다. 변화에 관한 이

세 가지 이론들의 상세한 비교를 하는 것은 비록 그 작업이 여기서 행해질 수 없을 지라도 확실히 흥미로울 것이다.

본체(本體)와 인간다움(仁)

과정 형이상학을 나타내는 데 있어서 슝스리는 가치 있는 인간의 삶은 날로 새로 워지는 과정이어야 한다는 윤리적인 함의를 끌어내는 것을 목표로 삼았다. 슝스리는 다음과 같은 말로 명확히 한다: "모든 것은 활력적이며 생기있고 끊임없는 변화의 과정 속에 있다. 우리는 이러한 변화를 위대한 작용의 변형이라 부른다. 이것은 의심할 수 없다. 우리가 우주론을 따라 우리 삶의 태도를 이끌 때 유일한 결론은 인간의 삶이 전진하고 발전하도록 노력해야만 한다는 것이다"(슝, 1985, 307면). 형이상학과 윤리학 사이의 연속을 위한 다리는 하늘과 인간은 하나이며(天人合一) 전체 우주의 마음은 또한 인간의 마음이라는 관점이다. 《신유식론》의 논조에 따르면 하늘은 인간 안에 있으며 그리고 인간은 하늘이다"(슝, 1996, 14면). "근원적인 실재는 나의 마음으로부터 분리되지 않는다"(슝, 1985, 251면). 본체(本體)는 수많은 사물들 속에서 드러나며 그것들 속에 있다. 인간의 마음은 인간 속에 있는 근원적인 실재의 현시이다. 따라서 인간의 삶과 우주의 위대한 삶은 둘이 아니다.

문언본판본과 백화문판본 모두에 있어 《신유식론》의 첫 문장은 다음과 같다:

> 오늘날 나는 형이상학에 대해 이해하고 연구하고자 하는 사람들에게 모든 사물의 본체(本體)는 마음에서 분리된 객관적인 세계도 아니며 또한 지식을 통해 이해될 수도 없음을 보여 주기 위해 이 이론을 고안한다. 그것은 반성적인 탐구와 긍정을 통해서 파악되어짐에 틀림없다(슝, 1985, 43, 247면).

이 문장은 다음의 두 가지를 암시한다: 첫째, 인간의 마음과 본체(本體)는 분리되지 않는다. 그리고 둘째로 본체(本體)는 인간의 마음속에 있는 것을 반성함을 통해 파악되어짐에 틀림없다. 이것은 모두 유가의 기본적인 학설들이다. 중국어에서 덕(德)이라는 단어는 '얻음', 즉 천도(天道)로부터 얻음에서 나온 것이다. 유교 전통에 있어서 덕은 인간 안에 있는 천도의 현시이다. 이것이 공자가 다음과 같이 말한 이유이다: "하늘은 내 안에 있는 덕을 낳았다"([天生德於予], 공자, 1970, 7:22). 인간의 마음과 실재는 같기 때문에 실재를 알기 위하여 사람은 자신의 마음을 알아야만 하고 그것은 우리가 우리의 덕을 수양하는 이러한 앎을 통해서라는 것이 뒤따른다.

《중용(中庸)》의 첫 문장은 다음과 같다: "하늘이 사람에게 준 것은 인간의 본성이라 불린다. 우리의 본성을 따르는 것은 도(道)라 부른다. 도를 닦는 것은 교육이라 부른다"(Legge〔天命之謂性, 率性之謂道, 修道之謂敎〕1893). 맹자 철학의 핵심 과제 중의 하나는 다음과 같다: "사람의 마음을 다하는 것은 자기의 본성을 아는 것이며 그 자신의 본성을 아는 사람은 하늘을 알 것이다"(〔盡心者, 知其性也. 知性則知天矣.〕, 맹자, 1970, 7A:1). 두 학설은 모두 신유학의 육왕학파 속에서 크게 발전하였다.

그의 시대에 일어난 도전에 대응하기 위하여 슝스리는 더욱더 이러한 유교의 두 학설들을 지키고 발전시켰다. 그의 동일 정립은 어떻게 인간의 마음과 본체(本體)가 같은지를 설명하기 위한 형이상학적 기초를 제공한다. 슝스리는 또한 인간의 마음을 '본래 마음(本心)'과 '습관화된 마음(習心)'으로 구별하였다. 습관화된 마음(習心)은 생각, 의지, 감정들의 복합이다. 습관화된 마음(習心)은 외부 세계를 전제로 하여 사물들을 아는 경향이 있으며 스스로의 편견과 스스로의 욕구에 의해 제약된다. 본래 마음(本心)은 우리의 참된 본성이며 '본래적 자아'이다. 본체(本體)와 하나인 것은 본래 마음(本心)이며 그 자신의 본성을 아는 사람이 또한 하늘의 본성을 안다는 것은 본래 마음(本心)의 본성을 다함으로써이다(슝, 1985, 251~2면). 우리의 심리적인 마음과 다른 마음이 있다는 가정은 비과학적으로 보일지도 모른다. 그러나 여기서 우리는 이데아의 주관적인 대응물인 《파이돈》에서 순수 영혼에 대한 플라톤의 언급과 아리스토텔레스의 《형이상학》에서 사고에 대한 사고와 《영혼론》에서 능동 지성 관념이 떠오를 것이다. 게다가 인간의 마음과 본래 마음(本心)이 하나라는 생각을 강화하기 위하여 슝스리는 직접적으로 본래 마음(本心)을 유교의 본질적인 덕인 인 (仁, 일반적으로 '인간다움' 또는 '어짊'으로 번역됨)이라 부른다: "인은 본래 마음 (本心)이며 우리 인간이 일반적으로 하늘, 땅, 무수한 사물들과 공유하는 본체(本體) 이다"(슝, 1985, 567면). 그렇다면 본체(本體)와 동일시되는 인의 내용은 무엇인가? "인은 끝없는 발생을 의미한다"(슝, 1985, 391, 517면; Xiong, 1994, 118~9면). 다시 말하자면 인은 정확히 본체(本體)의 낳고 낳는 덕이다.

《신유식론》이 처음 출판되었을 때 슝스리는 이것은 단지 '대상들'(Visaya)을 다루는 그의 철학의 일부분이며 '헤아림'(Pramana)에 대한 또 다른 부분이 있을 것이라고 말하였다. 이 부분은 어떻게 우리가 근원적인 마음을 알 수 있는가라는 물음에 답을 하기로 되어 있었다. 불행하게도 비록 《신유식론》이 여러 번 개정되었을지라도 '헤아림'에 관한 계획된 부분은 결코 완성되지 않았다. 그러나 《원유(原儒)》의 서문은 이 부분의 개요를 내포한다. 그 기본적인 생각은 《명심편(明心篇)》이라는 분리된 책으로 발전된 《신유식론》의 '명심' 장과 관련이 있다. 이 저술들을 함께 배합함으로

써 우리는 실재를 아는 것은 자신의 마음을 아는 것이라는 유교의 학설에 대한 슝스리의 기여를 살펴볼 수 있다.

그의 연구의 이러한 측면에서 슝스리의 중요한 업적은 '사량적 이해(量智)'와 '본성적 이해(性智)'를 구분한 것이다. 이 구분은 습관화된 마음(習心)과 본래 마음(本心) 사이의 구분에 대하여 인식론적으로 달리 해석한 것이다. 인식론의 관점에서 습관화된 마음(習心)은 사량적 이해(量智)이고 본래 마음(本心)은 본성적 이해(性智)이다. 게다가 슝스리는 과학적 지식을 사량적 이해(量智)와 철학을 본성적 이해(性智)와 관련시켰다. 이런 방식으로 그는 유교와 현대 과학 사이의 관계를 다루었다.

사량적 이해(量智)는 "사려와 추리 또는 사물을 구별하는 논리"이다(슝, 1985, 249면). 그것은 과학적 합리성이며 감각적 경험을 이해하는 것에 매여 있다. 본성적 이해(性智)는 마음 안의 본체(本體)를 발견하기 위해 마음 그 자체로 돌아감을 가리키는 직관적인 경험함의 내적인 과정이다. 이러한 이해는 본체(本體)에 대한 자각 또는 스스로의 직관이다. "본성적 이해(性智)는 진정한 자아에 대한 조명이다. 여기서 '진정한 자아'가 의미하는 것은 본체(本體)이다"(슝, 1985, 249면).

사량적 이해(量智)는 본성적 이해(性智)의 능력 안에서의 작용 또는 드러냄이다. 이러한 이해는 그것의 역할과 장소를 가지지만 본체(本體)가 무엇인지를 조명할 수 없다. 슝스리에 따르면 사량적 이해(量智)는 "외부 세계 내에서 근거를 찾기 위한 도구이다. 이 도구는 만약 일상적 삶의 영역, 즉 물질적 세계에서 사용한다면 부적절하다고 말할 수 없다. 그러나 만약 우리가 그것을 주의깊게 사용하지 않고 그것을 형이상학의 문제를 해결하기 위한 도구로 사용하려고 한다면 그리고 그러한 방식으로 우리가 본체(本體)를 추론하고 탐구할 외적 대상으로 다룬다면 그렇다면 그것은 근본적으로 잘못이다"(슝, 1985, 254면). 슝스리는 존재론은 주로 그것의 실천하는 사람과 비평가 둘 모두가 사량적 이해(量智)의 견지에서 그것을 다루기 때문에 논의의 여지가 있는 문제가 된다고 제안하였다. 슝스리가 과학에 대해 두었던 이러한 한계는 강하게 칸트의 《순수이성비판》(1929)을 반영하며 또한 하이데거의 기술론과 유사점을 가진다(하이데거, 1977).

그러나 칸트와 달리 슝스리는 본체(本體)는 파악될 수 있다고 주장하였다. 그는 우리의 탐구를 기다리는 우리 마음 밖의 무엇으로 진리를 간주할 수는 없지만 우리는 인간의 본성을 이해함을 통해 존재론을 연구해야만 한다고 주장하였다. 우리는 본체(本體)가 우리의 각자 안에 있으며 추론을 통하여 외적인 사물 속에서 찾아낼 수 없음을 깨달아야 한다. 우리는 내부로 향하여 본체(本體)가 그 자체를 드러내도록 해야 한다. 게다가 본체(本體)에 대한 그러한 직관적인 이해는 우리의 도덕적 수

양에 수반한다. 진리는 그것이 드러나기 전에 행해져야만 한다.

슝스리는 과학 그 자체를 거부하지 않았다. 그는 과학은 인간의 발전에 있어 중요하다고 믿었으며 심지어 과학을 '날로 증대하는 학문'이라고 불렀다(슝, 1994, 178~9면). 과학의 역할을 한계 짓는 데 있어 그의 목적은 과학이 날로 새로워지는 배움, 즉 덕의 수양에 기여할 수 없음을 보이는 것이었다. 그의 이해 속에서 과학은 두 가지 이유로 이러한 측면에 있어서 부족하다. 첫째, 과학적 이해는 단편적이다. 만약 본래 마음(本心)이 단편적인 상세한 것들과 관련이 있다면 그것은 조각들로 깨어져서 삶에 있어서 명확한 방향을 상실했을 것이다. 둘째로, 과학은 사람들에게 물질적인 세계에 애착심을 갖게 하도록 이끌며, 쉽게 이기적인 욕구를 조장할 수 있다. 슝스리는 서구 과학의 소개를 사람들에게 그들이 하늘과 땅과 공유하는 본래 마음(本心)을 무시하도록 이끄는 원인으로 여겼고 따라서 그는 그것을 그의 시대에 있어서 유교의 쇠퇴에 대해 책임이 있는 것으로 간주하였다.

슝스리의 과학과 철학 사이의 구분에 있어서 하나의 요점이 있다. 과학이 인간의 삶의 의미 문제를 해결할 수 없음은 사실이며 따라서 그것은 철학을 대신할 수 없다. 그러나 명백히 그들은 관심 분야가 다르기 때문에 우리는 과학적 합리성을 단지 형이상학이 이루려는 것을 할 수 없다는 이유로 비난할 수 없다. 과학적 활동에 참여함으로써 사람의 마음이 단편적이게 되고 인간의 삶의 일반적인 목적을 상실하게 된다는 것은 결과로서 일어나지 않는다. 게다가 과학은 분석뿐만 아니라 종합을 사용하며 심지어 직관적 통찰은 중요한 역할을 수행한다. 과학이 인간을 물질적인 욕망에 빠지게 하고 사량적이고 이기적으로 되도록 이끎에 틀림없다고 믿는 것은 잘못이다. 그것은 과학적 활동 그 자체와 다른 인간의 삶에 영향을 주는 과학의 결과에 대한 태도이다. 과학적 활동과 도덕 수양은 하나이면서 같은 과정이 아니다. 유학자들이 그것들을 혼동하고 타당한 입장에서 과학의 장점들을 평가하지 않는 것은 통상적인 문제이다. 게다가 슝스리는 특별한 문제를 가졌다. 현대 중국 철학에 있어서 주요 경향은 논리학과 과학적 방법론을 발전시켜 전통 중국 철학의 설명할 수 없는 직관적 사고를 대신하는 것이었다. 당연히 직관과 직접적 경험에 대한 슝스리의 강조는 그가 바라듯 널리 반향을 일으키지 못하였다.

게다가 철학과 과학 사이 또는 사량적 이해(量智)와 본성적 이해(性智) 사이의 날카로운 구분은 슝스리의 철학에 있어서 내적 긴장을 일으킨다. 한편, 그의 동일 정립은 본체(本體)는 작용으로부터 분리된 무엇이 아니며 그들은 하나이고 분리될 수 없다고 제안하였다. 다른 한편으로 작용에 관계하고 본래 마음(本心)의 작용 그 자체인 사량적 이해(性智)는 본체(本體)를 파악할 수 없다.

본성적 이해(性智)에 대한 슝스리의 이론은 불교의 '좌선(坐禪)' 방법과 왕양명의 치양지(致良知) 방법에 의해 많은 영향을 받았다. 그러나 이러한 방법들의 전제 조건과는 반대로 슝스리는 본래 마음(本心)의 드러남이 일시적인 작용이 아니라고 주장하였다. 오히려 그것은 끊임없는 변형의 과정이다. 게다가 그 변형은 명확한 방향을 가지며 이러한 의미에서 마음은 또한 의지라고 불린다:

> 본래 마음(本心)의 드러남이 명확한 방향을 가진다고 말하는 것은 무엇을 의미하는가? 그것은 본래 마음(本心)이 끝없이 그것의 근원적인 본성과 일치하여 그 자체를 나타냄을 의미하는데, 그것은 멈춤 없는 낳고 낳음이며 물질화되는 것을 거부한다. 따라서 이러한 명확한 방향은 또한 생명이 있는 곳이며 독특한 실재이다. 자아는 이러한 기초 위에 세워진다(슝, 1985, 594면).

슝스리 철학의 전체는 우리 각자가 우리 안에 우리의 참된 인간성인 창조적인 정신을 가지고 있음을 보이기 위하여 의도되었다. 만약 우리가 물질적인 욕구 속에 빠지고 우리의 편견에 제약된다면 우리는 이러한 정신을 차단하겠지만 끊임없는 발명과 창조 속에서 우리의 인간성을 드러낼 수 있고 또 확장해야만 한다.

덕(德)과 형이상학

슝스리의 주요 작업은 유교의 덕 윤리를 위해 형이상학적 토대를 재건하는 것이었다. 즉 그는 유교의 여러 주요 학설들을 종합하였고 덕의 수양이 존재론적이고 우주론적인 기초를 가진다는 것을 보이기 위해 그것들을 일관적인 체계 속으로 통합하였다. 그의 작업의 중요성은 유교의 발전에 대해선 명확한 것이지만 현대 서양 철학의 관점에서 평가되는 슝스리 철학의 지향은 무엇인가?

이러한 물음에 답하기 위해 우리는 오늘날의 덕 윤리의 부흥 속에서 아리스토텔레스의 형이상학의 수용에 의해 제공된 틀을 빌릴 수 있다. 슝스리처럼 아리스토텔레스는 인간의 덕은 그것의 형이상학적 토태를 가진다고 믿었는데 비록 아리스토텔레스에게 있어서 이 토태는 슝스리에 의해 제시된 인간의 마음과 우주적인 마음의 동일성이 아닌 목적론이었지만 말이다. 아리스토텔레스의 목적론에 따르면 각각의 사물은 그 자신의 본성, 즉 운동과 정지의 내적인 원리를 가진다. 본성은 두 원리인 질료와 형상을 지니며 각각의 사물의 결정적인 측면과 주요한 본질은 형상이다. 운동 원리로서 형상적 본성은 사물에게 가능태에서 현실태로 발전하도록 지시한다. 궁극적인 목적 안에서 그 자체를 발전시키고 실현하는 것은 형상 또는 본질 그 자체

이다. 최종적인 실현은 형상적 본성 그 자체의 실현일 뿐이다. 인간에게 이러한 이론을 적용하기 위해서 아리스토텔레스는 각각의 인간은 인간의 기능(ergon, function)인 형상적 본성을 가지며 이러한 형상적 본성은 이성이라고 생각하였다. 기능(ergon)은 어원상 현실태(energeia)와 관련이 있다(아리스토텔레스, *Metaphysics*, 1050a21). 따라서 인간의 기능(ergon)으로서의 이성은 능동적임에 틀림없다. 인간의 덕으로서 정의된 것은 이성을 잘 발휘하는 것이다. 그들의 모든 차이점에도 불구하고 슝스리의 형이상학과 아리스토텔레스의 형이상학은 여러 측면에 있어서 공통점이 있다. 특히, 둘 다 역동적인 관점을 보인다. 슝스리는 우리가 인간다움의 밝게 빛나는 빛인 근원적인 마음을 가진다고 믿었으며 아리스토텔레스는 우리가 인간의 본질인 이성을 가진다고 주장하였다. 슝스리는 덕은 근원적인 마음의 낳고 낳음인 끊임없는 현시라고 말하였다. 아리스토텔레스는 덕은 이성의 소유라기보다는 발휘라고 생각하였다(아리스토텔레스, 《니코마코스 윤리학》, 1098b33~4, 1175b34~5). 슝스리는 가장 높은 선은 하늘과 땅과 일체가 되는 것이라고 주장하였고 아리스토텔레스는 가장 높은 행복(eudaimonia)은 이성의 완전한 현시 또는 가장 자유로운 발휘라고 주장하였는데 그것은 관조의 삶 속에 있으며 그러한 삶 속에 인간은 신(God)과 하나가 된다. 슝스리의 용어로 아리스토텔레스의 윤리학은 또한 '날로 새로워지는 학문(日新之學)'이다.

현대 철학에서 아리스토텔레스의 덕 윤리에 대한 긍정적인 재평가가 있어 왔지만 부흥한 것은 윤리적인 덕에 관한 아리스토텔레스의 이론이다. 일부 현대 철학자들이 우리의 도덕적 삶으로 관점을 제공하는 데 있어서 칸트의 원리들(동기주의) 또는 밀의 공리적인 결과주의보다 뛰어난 것으로 간주하는 것이 도덕적 품성과 그것의 양성에 관한 아리스토텔레스의 강조이다. 반대로 아리스토텔레스의 목적론적 형이상학은 전혀 환영받지 못한다. 그의 기능론은 매우 논의의 여지가 있으며 최상의 선으로서 관조에 대한 그의 강조는 많은 비평을 초래한다. 일반적으로 학자들은 도덕적인 교육과 습관의 문제로 생각되는 덕의 수양이 형이상학적으로 결정되어 있음을 의심한다.

유교를 되살리기 위한 슝스리의 노력이 덕의 형이상학적 기초의 재건을 통해서이기 때문에 그를 최근의 덕 윤리학자들이 무시하고 싶어하는 어떤 것을 추구하는 사람으로 여기는 것은 매우 자연스럽다. 사람들은 유교가 인(仁), 가족 가치, 예(禮), 도덕 교육과 수양을 강조하는 것은 가치가 있으며 이러한 영역 속에서 유교는 제공할 많은 것을 가지고 있다고 말할지도 모른다. 인간의 마음과 하늘이 하나이며 가장 높은 인간의 선은 하늘과 일체가 되는 것(天人合一)이라는 현묘(玄妙)한 유교의 이론

은 이러한 시각에 의하여 아리스토텔레스의 목적론과 함께 포기될지도 모른다. 슝스리는 대다수의 중국의 지식인들이 유교의 전통을 대체하기 위해 서양의 과학과 민주주의를 소개하려고 노력할 때 그 당시에 동시에 유교를 포용하였다. 오늘날, 아리스토텔레스의 덕 윤리의 부흥은 또한 슝스리에 대한 신뢰로 여겨질지도 모르는데 만약 슝스리가 되살린 유교가 또한 덕 윤리의 전형이라면 말이다. 그러나 이러한 기대와 반대로 슝스리의 작업은 다시 한 번 철학의 주류와 반대로 나아가는 것처럼 보인다.

그러한 평가의 그럴싸함에도 불구하고 하나의 의문이 생긴다. 슝스리는 유교의 밖에 있고 그것에 의해 버려질 수 있는 종류의 형이상학을 제공하고 있지 않다. 만약 유교의 덕(德)이 천도(天道) 그 자체 속에서 구체적으로 나타나는 '얻음'의 문제라면 유교의 덕 윤리는 본래적으로 형이상학을 필요로 한다. 도덕적 이념, 우주론적 시각, 존재론적 요구가 분리될 수 없음이 유교의 정설로 존재해 왔다. 어떻게 사람이 존재해야 하는가는 본래적으로 세계는 실제로 어떻게 존재하는가와 관련이 있고 세계가 실제로 존재하는 바에 따라 사는 사람만이 훌륭한 사람이 될 수 있다는 것이 전형적인 유교의 신념이다. 따라서 슝스리가 덕의 형이상학적 기초를 발전시켰을 때 그는 유교의 진정한 전통에 공헌하고 있었다. 그는 다음과 같이 말한다: "진정한 철학자는 인간의 삶에 대한 이론과 우주론이 두 가지 것으로 여겨질 수 없음을 알아야만 한다. 만약 사람이 인간 삶의 참된 특성을 이해하지 않는다면 사람은 우주의 참된 본성을 이해할 수 없다. 사람이 자신의 본성을 다하는 것은 사물들의 본성을 다하는 것이다. 이것이 성인의 학문(聖學)에 대한 정신이며 이것은 나의 이론에 의해 계승되어진 것이다"(슝, 1994, 4면). 만약 사람들이 도덕적인 덕에 관한 유교의 설명을 되살렸지만 그것의 형이상학을 포기했다면 유교에 대하여 큰 폭력이 될 것이다.

따라서 우리는 현대의 덕 윤리학이 아리스토텔레스의 형이상학을 버림과 동시에 어떻게 그로부터 도덕적 덕에 관한 설명을 취할 수 있는가 하는 의문이 생긴다. 아리스토텔레스에게 있어서 그것들은 본래 분리될 수 있는가? 윤리 또는 도덕에 관한 서양의 개념은 사회적 관습(그리스어로 ethos, 라틴어로 mores)에 기초를 두기 때문에 우리는 쉽게 윤리가 어떤 형이상학적 토대라기보다는 사회와 연관이 있다고 생각할 수 있다. 그러나 그러한 관점의 장점이 무엇이든지 그것은 아리스토텔레스에게 있어서 신뢰할 만하지 않았다. 아리스토텔레스는 전체로서 인간의 삶을 결정하기 위해 인간이 된다는 것이 무엇인지 알아야만 한다고 믿었다. 이것은 심리학과 형이상학으로 이끈다. 그는 덕을 도덕적인 덕과 지적인 덕으로 나눈다. 도덕적인 덕은 사

회적 습관을 통해 얻어지지만 지적인 덕은 그렇지 않다. 아리스토텔레스는 가장 높은 행복은 지적인 덕에 관한 삶이며 반면에 도덕적인 덕에 관한 삶은 단지 차선이다고 결론지었다. 이것은 가장 높은 지적인 덕인 관조가 인간의 이성적 본성의 가장 완전한 실현을 보여 주는 반면 사람의 도덕적인 덕은 사람이 자란 사회적 환경과 관련이 있고 따라서 실용적인 지혜의 운용은 상대적이기 때문이다. 따라서 아리스토텔레스의 형이상학을 포기함으로써 현대 윤리학에 있어서 아리스토텔레스의 부흥은 단지 부분적이다. 이것은 실제로 형이상학적으로 근거지워지지 않은 덕 윤리학이 상대주의의 도전을 극복하는 데 있어서 가진 그러한 어려움과 같은 많은 문제들을 야기시켜 왔다. 이러한 문제들에 대한 충분한 논의는 여기서 하지 않는다. 이상의 간략한 논의로부터 우리가 결론 내릴 수 있는 것은 슝스리의 작업이 현대 윤리학의 주류에서 벗어나기 때문에 포기되어질 수 없다는 것이다. 오히려 우리는 진지하게 슝스리의 이론을 취해야만 하는데 그렇게 하는 것이 우리에게 덕에 관한 현대의 논의를 재검토하도록 고무시킬지도 모르기 때문이다. 만약 우리가 덕의 형이상학적 토대에 관한 슝스리 자신의 설명 속에서 난점을 발견한다면 우리는 덕의 형이상학을 완전히 포기하기보다는 더 나은 형이상학을 찾으러 나아가게 될지도 모를 것이다.

감사의 말

나는 이 장의 초판에 대한 Nick Bunnin, Chung-ying Cheng, Xinyan Jiang 그리고 Huang Yong의 조언들과 또한 텍스트를 얻는데 있어서 Ouyang Kang의 도움에 감사를 표한다.

참고문헌

슝스리(熊十力)의 주요 저서들

熊十力 1926:《인명대소주소(因明大疏删注)》, 상해(上海): 상무인서관(商務印書館).

熊十力 1932:《신유식론(新唯識論)》, 문언본판본, 항주(杭州): 절강성도서관(浙江省圖書館).

熊十力 1933:《파 '파신유식론' (破 '破新唯識論')》, 북경(北京): 평심서국(平心書局).

熊十力 1937:《불가명상통석(佛家名相通釋)》, 북경: 북경대학교.

熊十力 1944:《신유식론(新唯識論)》, 백화문판본, 3 vols, 중경(重慶): 상무인서관(商務

印書館).

熊十力 1945：《독경시요(讀經示要)》, 중경: 상무인서관.

熊十力 1935~46：《십력어요(十力語要)》, 4 vols, 호북성(湖北省) 정부.

熊十力 1949：《십력어요초속(十力語要初續)》, 홍콩 : Dongsheng 書局.

熊十力 1955~6：《원유(原儒)》(inquiry on Confucianism), 상해: 용문서국(龍門書局).

熊十力 1956：《원유(原儒)》(original Confucianism), 2 vols, 上海: 龍門書局.

熊十力 1958：《체용론(體用論)》, 上海: 龍門書局.

熊十力 1959：《명심편(明心篇)》, 上海: 龍門書局.

熊十力 1961：《건곤연(乾坤衍)》, 上海: 龍門書局.

熊十力, 《웅십력논저집(熊十力論著集)》, 北京: 中華書局.

Volume I(1985)은 《新唯識論》의 고전 중국어와 구어판을 담고 있다. Volume II(1994)
는 《體用論》과 《明心篇》을 담고 있다. Volume III(1996)은 《十力語要》(일련의 짧은
논문과 에세이, 강의 노트 그리고 편지 글들)를 담고 있다.

더 읽을 거리

*슝스리의 연구들에 대한 발췌된 영어 번역은 다음에서 찾을 수 있다.

Chan, Wing-tsit(陳榮捷) 1963："The New Idealistic Confucianism: Hsiung Shih-li," in *A
Source Book in Chinese Philosophy*, Princeton: Princeton University Press, 763~72면.

*다음은 중국어로 된 슝스리에 대한 가장 포괄적인 연구들이다.

Guo, Qiyong(郭齊勇) 1993：《웅십력사상연구(熊十力思想研究)》, 천진(天津)：天津人民
出版社.

*영어로 된 슝스리에 관한 단행본은 없다. 다음 논문들은 도움이 될 만하다.

Cheng, Chung-ying(成中英) 1987："熊十力哲學及當代新儒家的界定與評價-Xiong
Shili's philosophy and the definition and evaluation of contemporary Neo-Confucian
philosophy", in *Wenhua: Zhongguo yu shijie-Culture: China and the World*, 북경: 삼
련서점(三聯書店), 48~66면.

Tu, Wei-Ming(杜維明) 1979："Hsiung Shih-Li's Quest for Authentic Existence," in
Humanity and Self-Cultivation: Essay in Confucian Thought, Berkeley: Asian
Humanities Press, 219~56면.

또한 다음을 참고하라

Aristotle, 1984 : *Metaphysics, in The Complete Works of Aristotle*, J. Barnes, ed., 2 vols, Princeton, Princeton University Press.

Aristotle, 1984 : *Nicomachean Ethics, in The Complete Works of Aristotle*, J. Barnes, ed., 2 vols, Princeton University Press.

Confucius 1970 : *The Analects*, D. C. Lau 역, Harmondsworth : Penguin Books.

Hedegger, Martin 1977 : *The Question Concerning Technology, and Other Essays*, New York : Harper & Row.

Kant, Immanuel 1929 : *The Critique of Pure Reason*(first edn[A], 1781, second edn[B], 1787), trans. Norman Kemp Smith, 런던 : Macmillan.

Lao, Tzu(老子) 1970 : *Tao te ching*(道德經), D. C. Lau 역, 런던 : Penguin Books.

Legge, James 1893 : "The Doctrine of the Mean," James Legge 역 in *The Chinese Classics*, vol. 1, 옥스퍼드 : Clarendon Press.

Mencius(孟子) 1970 : *Mencius*, D. C. Lau 역, Harmondsworth : Penguin Books.

Whitehead, A. N. 1957 : *Process and Reality*, 런던 : Macmillan.

Yijing(易經) 1968 : *The I Ching, or, Book of Changes*, 1968 : third edn, trans. cary F. Baynes, from the German translation by Richard Wilhelm, 런던 : Routledge & Kegan Paul.

토론 문제

1. 중국 내의 위기의 근원은 유교인가, 아니면 유교의 상실인가?
2. 철학자들은 철학적 고전들에 대한 충실한 주석가가 되는 것을 목표로 삼아야만 하는가, 아니면 그들 자신의 독창적인 철학적 연구를 위해 고전들을 사용하는 것을 목표로 삼아야만 하는가?
3. 어떻게 우리는 공자의 진정한 도(道)를 깨달을 수 있는가?
4. 유교는 형이상학적 토대를 필요로 하는가?
5. 인간의 도(道)에서 인(仁)을 수양하는 임무는 무엇인가?
6. 슝스리는 體(근원적인 실재)와 用(작용)의 현상적인 세계가 같다는 것을 받아들이는 데 적절한 토대를 부여하는가?
7. 우리는 변화의 형이상학을 수용해야만 하는가? 변화는 순간적인가, 아니면 과정

인가?

8. 열림과 닫힘의 개념은 우리가 마음과 몸 사이의 관계를 이해하는 데 도움을 주는 가?

9. 우리는 근원적인 마음과 습관적인 마음 사이의 구별을 수용할 수 있는가?

10. 윤리학과 형이상학 사이의 관계는 어떠한가?

7. 리앙수밍(梁漱溟): 동서양 문화와 유교

옌밍 안

저명한 철학자이자 사회 개혁가인 리앙수밍은 1893년 10월 18일 학자관료 집안에서 태어났다. 그의 집안은 그 위로 3대가 베이징에서 살았지만, 자신들을 남서쪽의 외딴 도시인 꾸웨이린(桂林)의 토박이라고 여겼다. 그의 부친은 문화적 인습의 타파론자로, 사회·제도·교육의 개혁을 열렬히 지지했다. 부친의 장려 덕분에 리앙수밍은 철저하면서도 관습에 얽매이지 않는 조기교육을 받았다.

리앙수밍은 기초 한자를 간단히 공부한 후, 사서(四書; The Four Books)를 읽는 대신 세계 지리의 입문서인 《지구운언(地球韻言; The Earth in Rhyme)》을 읽었다. 그리고 나서 그는 전통적인 중국 교육보다 주로 수학, 과학, 외국어로 커리큘럼이 짜여 있는 '신식' 소학교와 중학교에 입학했다. 후에 회고했듯이, 그는 성인기에 이르기까지 '사서오경을 독송(전통적인 암기법)하지도 않았고' 그것들을 진지하게 공부하지도 않았다(《我的自學小史》, 梁漱溟, 1989~93, II, 667면). 그는 중학교를 졸업하고 나서 부친의 희망대로 대학에 지원하기보다 혁명적 그룹에 가입했고, 언론계에서 전문적 직업에 몸담게 되었다. 그는 대학에 가지도 않고 유학을 가지도 않았다. 그의 폭 넓은 지식은 주로 '독학'에서 나온 것이다(梁漱溟, 1989~93, II, 661면).

리앙수밍의 지적 발전은 크게 세 단계를 거쳤다. 리앙수밍은 청년기에 부친의 영향으로, 당시 그는 제레미 벤담이나 J. S. 밀이라는 이름조차 몰랐음에도 불구하고 영국 공리주의에 가까운 관점을 갖게 되었다.

당시 나는 나라와 세상을 구하고, 공훈과 업적을 세우는 일을 스스로 짊어지려 했으며, 나의 포부와 기개가 매우 비범한 줄 알았다. 그러나 사실 나의 인생철학은 매우 얕고 좁았다. 나는 인생의 더욱 심각한 문제들에 대해 근본적으로 이해한 적이 없다. … 나는 협소한 공리주의적 견해를 가지고 일의 성취는 중시하면서 학문은 경시하였다. 실용적인 가치가 있는 학문에는 관심을 가졌으나, 문학이나 철학은 사람들을 오도하고 기만하는 것이라고 생각하여 배척하였다(梁漱溟, 1989~93, II, 683면).

1913년에서 1916년 사이에 리앙수밍의 두 번째 발전 단계를 보게 된다. 그는 1913년에 심각한 심리적 위기를 맞는다. 그는 사회 활동을 지속할 수가 없어서 사회에서 물러나 불교를 연구하고 실천하는 데 전념하였다. 이러한 고독한 자기 수양은 1916년 중반까지 계속되었고 그는 위기에서 벗어나 다시 세상으로 나아갔다.

리앙수밍의 지성사에서 가장 중요한 단계는 유교로의 전환으로 시작된다:

나는 한때 불학에 힘쓴 이후로, 유가로 전환하였다. 처음 유가로 전입할 때 나를 가장 크게 계발시켜 주고, [유학의] 문으로 들어갈 수 있게 해준 이는 명대 유학자인 왕심재(王心齋, 왕간; 王艮, 1483~1541)였다. 그는 자연(自然)을 가장 칭송하였고, 나는 바로 이 지점에서 유가의 사상에 대해 어느 정도 이해하게 되었다(《中西學術之不同》, 梁漱溟, 1989~93, II, 126면).

자연스러움(自然; spontaneity)에 대한 관심은 리앙수밍이 유교를 철학 전통으로 이해하는 데 결정적인 영향을 주었다. 그것은 그의 나라와 그 자신이 직면해 있는 문제들을 가늠하고 평가하는 데 필요한 지적 기준을 제공해주었다. 리앙수밍에 따르면, 이러한 문제들은 인생의 문제와 중국 사회의 문제라는 상관된 제목으로 분류될 수 있다:

인생의 문제를 탐구하면서 나는 서양 철학, 인도 종교, 중국의 주(周)・진(秦)・송(宋)・명(明)대의 여러 학파 사이를 넘나들게 되어, 사람들이 나를 철학자로 간주하였다. 사회의 문제를 탐구하면서 나는 중국혁명에 참여하였고, 지금까지도 사회운동에 투신하고 있다(《我的自學小史》, 梁漱溟, 1989~93, II, 679면).

리앙수밍의 사회활동은 20세기 중국 지식인들이 벌인 정치적인 노력의 전체 역사를 반영한다. 유년기에 리앙수밍은 1898년 즈음에 있었던 입헌군주제 운동에 매료되었다. 그리하여 1911년의 혁명에 열광적으로 참여하였다. 1927년부터 그는 농촌재

건 운동을 활발히 장려했다. 1937년에서 1947년 사이의 10년간 그는 중국 진보인사들의 리더였다. 그는 이 기간의 전기 8년을 일본의 침략에 대항하여 전국적인 캠페인을 벌이는 데 바쳤다. 그 기간의 후기 3년 동안은 국민당과 공산당 간의 내전이 재개되는 것을 피하기 위해 '제3의 정치적 힘', 즉 민주동맹을 이끌었다.

1949년 공산주의자들이 승리한 이후, 리앙수밍은 정치적으로 박해받고 이론적으로 공격을 당했다. 중국 경제를 위해 소련 모델을 채택하기로 한 정부의 결정에 반대하고 자신의 이전 저작에서 제시했던 사상을 견지했기 때문이다. 리앙수밍을 향한 공격에는 마오쩌뚱의 맹렬한 비판도 포함된다(1953). 정부에 의해 강요된 은둔자의 처지에도 불구하고 리앙수밍은 중국의 사상과 사회에 대한 연구를 계속하였다. 놀랍게도 그의 연구에서는 당시 중국학계가 빠져있던 기회주의의 징후가 보이지 않는다. 리앙수밍 자신이 평가한 것처럼 "그는 자기 자신의 생각을 가지고 그 생각에 근거하여 행동한 사람"이었다는 것을 사람들은 대체로 인정한다(《中國文化要義》, 梁漱溟, 1989~93, III, 6면). 리앙수밍은 두 권의 새로운 책이 출간되고 그가 의장을 맡은 학회가 설립되는 것을 보고 나서 1988년 6월 23일에 사망하였다.

동서양문화

1921년 리앙수밍은 《동서문화 및 그 철학(東西文化及其哲學)》이라는 중요한 철학 책을 출판하였다. 이 책은 세 가지 측면에서 중요하다. 첫째, 중국에서 중국·인도·서양 철학에 대해 비교철학적 관점에서 고찰하는 작업을 개척하였다. 둘째, 리앙수밍의 후기 저작에서 발전되는 가장 핵심적인 사상을 초기 형태로 담고 있다. 셋째로 가장 중요한 점은, 현대 신유학 운동의 하나의 원천이 되었다는 것이다. 이 책에서 리앙수밍은 공자 학설의 핵심을 강력하고 적극적으로 해석한다. 즉 1919년 즈음 시작된 신문화 운동의 반전통주의와 반유교의 지적 풍조에 반대하고, 중국 사회에 대한 신문화운동의 영향을 약화시키는 데 일조한 것이다.

문화와 방향

리앙수밍의 관점에 따르면 인간이 직면한 문제에는 세 가지가 있다. 첫째는 의식주와 생식에 대한 인간의 기본적인 욕구이다. 둘째는 가정과 사회 안에서 조화로운 관계를 지속하고 상대적 빈곤 상태에서도 내적 만족을 얻을 수 있는 것을 포함하는 정서적 삶에 대한 욕구이다. 셋째는 삶의 궁극적 의미를 찾게 되는 초월적 영역의 욕구이다.

리앙수밍은 이 세 가지 문제들에 대응하여 그것을 해결하는 데 세 가지 문화적 접근 내지 방향이 있다고 생각하였다. 서양문화는 첫번째 방향을 대표한다. 그것은 바로 기본적인 욕구를 충족시키기 위해 자연과 타인을 포함하여 환경을 정복하고자 하는 것이다. 중국문화는 두 번째 방향을 대표한다. 환경과 정면으로 싸우기보다 간접적으로 환경과 자기 자신의 조화를 꾀하고 그 안에서 정신적 만족을 구하는 것이다. 세 번째 방향은 인도문화로 대표된다. 그것은 궁극적으로 인간과 환경 간의 긴장이 환상임을 강조하며, 인간의 행복은 정신적 깨달음에 있고 그를 통해 이러한 긴장은 완전히 부인함으로써 극복된다고 주장하는 것이다.

리앙수밍은 세 가지 방향 모두 적절하다고 주장했다. 그것들이 만족시키고자 애쓰는 것은 세 가지 수준에서의 인간의 욕구이기 때문이다. 인간은 세 가지 문제 모두 완전히 해결되지 않으면 절대적인 행복을 누릴 수 없다. 그러나 리앙수밍은 이 문제들을 해결하기 위한 '적절한 순서'와 '정상적인 과정'이 있다고 주장한다. 인간은 첫번째 문제를 해결할 첫번째 방향을 취하는 일부터 시작해야 한다. 첫번째 욕구가 충분히 해결되기 전까지 두 번째 혹은 세 번째 문제로 초점을 옮겨서는 안 된다. 서양인들은 다음과 같은 정상적인 과정을 확고히 견지함으로써 큰 성과를 거두었다. '과학'과 '민주'라는 말은 신문화운동의 선동자인 천뚜시우(陳獨秀, 1880~1942)에 의해 촉진된 것으로, 이는 각각 자연으로부터의 커다란 자유와 훌륭한 사회제도를 말하는 것이다. 반면에 중국과 인도문화는 때가 되기 전에 두 번째 혹은 세 번째 방향으로 전환하였다.

리앙수밍은 또한 세 가지 방향을 취하는 문화는 결코 외부적 힘의 자극 없이는 만나지 않는다고 주장하였다. 예를 들면, 중국이 외국에 완전히 문을 닫고 서양과 접촉하지 않았다면 기선, 철도, 비행기, 과학적 방법, 민주주의 정신과 같은 것들은 결코 만들어 내지 못했을 것이다. 그러나 중국인이 지적으로 약하다거나, 중국문화가 본질적으로 서양문화보다 뒤떨어진다고 단정지어서는 안 된다. 두 가지 길 사이의 차이점이 이와 관련된다:

> 만약 중국이 같은 노선으로만 가고 다른 길로 가지 않았다면, 천천히 가더라도 결국 서양을 따라잡을 날이 있었을 것이다. 만일 각자 다른 노선으로, 다른 방향으로 간다면 아무리 오래 가더라도 서양인이 도달한 지점에는 이르지 못할 것이다!(《東西文化及其這學》, 梁漱溟, 1989~93, I, 392면)

이지와 직각

앙리 베르그송(1859~1941)과 신유학자, 특히 왕심재는 '이지(理智)'와 '직각(直覺)'의 대립에 대한 리앙수밍의 통찰에서 두 원천이다. 리앙수밍에 따르면 이 두 개념은 각각 서양문화와 중국문화를 특징지우며, 그들 사이의 일차적 차이를 설명해준다. 이지의 전형적인 형식은 자연과 타인에 대해 '사량(打量)'하고 '계산'하는 태도이다.

리앙수밍은 "우리는 근대 서양인에게서 이지의 활동이 너무 왕성하고 강하다고 느낀다"고 하였다(梁漱溟, 1989~93, I, 485면). 이지에 대한 이러한 강조는 동시에 두 가지 결과를 초래한다. 지나치게 왕성하고 강한 이지는 효과적인 학문방법, 과학과 훌륭한 민주주의 제도의 성취를 가져온다. 그러나 바로 그러한 이지 때문에 서양 사람들은 자연과 타인으로부터 멀어졌다. 그들은 자연을 쉽게 조작하기 위해 인위적으로 작은 부분들로 나누었다. 또한 그들은 자기 자신과 타인 사이에 명확한 선을 그었으며, 자기 가족과의 관계에 대해서도 계산하고 사량하였다. 마찬가지의 일이 인간의 정신적 삶의 영역에서도 벌어졌다. 따라서 예술, 종교, 형이상학은 근대까지 누려왔던 높은 지위를 점차 잃고 있다.

반대로 중국문화는 직각에 기우는 경향이 있다. 중국 철학, 특히 공자의 학설은 철저히 직각을 탐구해 왔다. 리앙수밍이 보기에 중국 형이상학은 문제의식이나 방법 면에서 모두 서양이나 인도의 형이상학과는 근본적으로 차이가 있다. 형이상학의 문제와 관련해서 중국의 고대 철학자들은 일원론인가 이원론인가, 혹은 유물론인가 관념론인가와 같이 '정체되고 정적인 문제'를 토론하려고 애쓰지 않았다:

> 아주 옛날부터 전해 내려온 중국 형이상학에는 크건 작건, 깊이가 있건 없건 간에 모든 학문을 이루는 근본사상이 있으니, 전적으로 변화를 말한다는 것이다. 결코 정체를 말하는 것이 아니다. 그들[중국 철학자들]은 단지 변화의 추상적 도리를 말했을 뿐이지, 구체적인 문제를 따지려 들지는 않았다(梁漱溟, 1989~93, I, 442면).

중국 철학에서의 음과 양, 건(乾; 창조)과 곤(坤; 수용) 개념과 중국의학에서의 금(金)·목(木)·수(水)·화(火)·토(土) 개념은 인간의 몸이나 우주의 어떠한 가시적이고 물리적인 것도 지시하지 않는다. 대신에 그것들은 인체나 우주에서의 일종의 '추상적 의미'를 상징한다. 리앙수밍은 이러한 개념들을 다룰 때 매우 조심해야 한다고 경고한다. 이를테면, 중국의 오행 개념과 인도의 사대(四大) 개념, 즉 지(地)·수(水)·화(火)·풍(風)을 동일시해서는 안 된다. "전자는 추상적 의미이고, 후자는

구체적 실체이다(梁漱溟, 1989~93, I, 442면)." 문제의 특수성은 그것을 다루기 위해 그에 상응하는 방법을 요구한다:

> 이러한 의미나 경향을 알기 위해 우리는 무엇을 사용하는가? 바로 직각이다. 의미나 경향을 알려면 전적으로 직각을 사용하여 체득하고 완미해야 한다. 소위 '음'과 '양', '건'과 '곤'이라는 것은 본래 감각에 의해 파악할 수도 없고, 이지작용을 통해 형성되는 추상개념도 아니다. 이지에 의해 만들어지는 개념은 모두 확정적이고 고정적인 것인 반면에, 이것들은 역동적이고 조화로운 것이다(梁漱溟, 1989~93, I, 443면).

여기서 리앙수밍은 직각을 이지와는 다른 인식의 도구라고 묘사한다. 의미나 경향은 직각의 대상이며, 역동적이고 조화로운 개념들은 직각의 작용을 통해 형성된다. 리앙수밍의 말에 따르면 이 도구는 사물 간의 차이를 명확히 하는 데 쓰이지는 않는다. 따라서 자연과 사회의 구체적인 문제를 관찰하고 분석하는 데는 유용하지 않다. 그것은 계산하고 사량하는 태도에는 도움이 안된다.

《주역》에서 중심적인 위치를 차지하는 조화의 개념은 계산과 사량에 대한 중국적 태도의 형성에 또 다른 주요 원인이다:

> 우주에는 실제로 절대적이고, 단적이고, 극단적이고, 일편적이고, 조화롭지 못한 것은 없다. 만일 이러한 것들이 있다면 분명히 숨어있지 드러나 있지는 않을 것이다. 드러나는 것은 모두 상대(相對), 쌍(雙), 중용(中庸), 평형(平衡), 조화(調和)이다. 모든 존재는 이러하다. 이 말은 모두 변화를 관찰하고서 말하는 것이다. 정적인 우주를 본 것이 아니라, 우주의 변화와 유행(流行)을 본 것이다. 이른바 '변화'라는 것은 조화에서 부조화로, 혹은 부조화에서 조화로[의 과정]를 의미한다(梁漱溟, 1989~93, I, 444~5면).

이러한 생각은 중국인이 조화롭고, 양보하고, 타협하는 삶을 살도록 도와 주었다. 그들은 자신을 자연의 파트너이자 친구로, 자기 가정과 사회의 정다운 구성원으로 생각하고 싶어한다.

공자의 학설

리앙수밍에 따르면 공자는 이러한 직각과 조화의 철학을 고안한 사람 중 하나이며, 불굴의 실천가였다. 공자는 우주의 리듬과 일치되는 것을 가장 바람직하다고 보았다. 그는 우주가 거대한 흐름이며 생산과 재생산의 끊임없는 과정(生生不已)이라

고 믿었다. 우주와 같이 사회도 끊임없이 변화를 겪고 있다. 모든 도전에 올바로 대처하도록 보장해주는 고정된 규칙을 찾으려는 것은 단지 꿈이다. 행위의 정당한 진로는 오직 직각의 인도를 따르는 것이다:

> 직각[을 통해 선택된 길]은 언제나 옳다. 우리는 외부 세계에서 정확성을 추구할 필요가 없다. 우리 인간의 삶은 유행의 본체(流行之體)이다. 그것은 자연히 가장 옳바르고 가장 안정적이며 가장 적당한 길로 갈 것이다(梁漱溟, 1989~93, I, 452면).

《논어》에 나오는 대화는 직각에 대한 공자의 의견을 잘 보여 주는 예이다. 공자의 시대에는 '부모가 돌아가신 후 삼년상'을 치르는 것이 대부분의 사람들에게 불변의 규칙으로 받아들여졌다. 그러나 그의 제자 한 명이 부모상을 일년만 치를 수는 없는지 묻자, 공자는 명확한 답변을 해주는 대신 또 다른 질문을 던졌다. "부모로부터 받은 막대한 사랑을 위해 너는 (일년 뒤) 그때 가서 좋은 밥을 먹고, 비단옷을 입고도 편하겠느냐(논어, 17:21)?[1] 그렇지 않다면 전통적인 방법으로 상을 치러야 한다. 만약 그렇다면 사회나 친척, 친구들로부터 아무리 거센 압력을 받더라도 네가 좋은 방식으로 상을 치러라."

여기서 '편안함(安)'을 느낀다는 것은 곧 직각의 또 다른 표현이다. 공자는 분명 '3년상'을 치르는 것에 찬성하였다. 그러나 이러한 찬성은 어떠한 고정된 규칙이나 사회적 관습에 근거한 것이 아니라, 사람들의 감정이나 직각에 근거한 것이다. 직각은 일정하고 보편적이다. 그 존재와 운동이 항상 우주의 리듬을 따르기 때문이다. 반대로 규칙이란 부분적이며 일시적이다. 특수한 역사적 상황에 속하기 때문이다. 또한 모든 규칙은 머지않아 시대에 뒤떨어지고 만다. 이에 비추어 《논어》의 유명한 구절을 읽어보자: "공자는 네 가지를 끊어버렸으니, 억측이 없었고, 기필코 함이 없었으며, 고집이 없었고, 이기적 자아가 없었다(《논어》, 9:5)."[2] 이것이 공자가 그의 제자들과 중국 전체에 남긴 기본적인 학설이라고 리앙수밍은 말한다. 이지의 태도, 즉 타산적이고 사량적인 태도는 곧바로 부정된다.

끝으로 동서양 문화에 대한 리앙수밍의 분석은 19세기 중반 이래로 중국의 지식인들을 괴롭혀 온 사회적·지적 긴장을 드러낸다. 서양의 강력한 도전에 직면하여 그들은 중국이 그 고유 문화를 유지하면서도 서구와 같은 근대화를 이룰 수 있는지를 생각해야 했다. 이 물음에 대한 리앙수밍의 답변은 대체로 긍정적이며 낙관적이

---

1) 子曰, "食夫稻, 衣夫錦, 於女安乎?",《論語·陽貨》
2) 子絶四, 毋意, 毋必, 毋固, 毋我,《論語·子罕》

다. 중국은 중국 국민이 그들 문화의 본질과 인간 세상에서 그것이 차지하고 있는
위치에 대해 명확히 인식하는 한, 두 가지 목표에 모두 도달할 수 있다는 것이다.

서양문화, 인도문화, 중국문화의 비교를 통해 그는 공자 학설로 대표되는 중국문
화의 특성을 강조했다. 이렇게 이해한다면 유학을 재해석하고 부활시키는 것 또한
필연적이고 절박한 일이다. 또한 리앙수밍은 비교하는 방법을 통해 중국문화가 그
고유의 위치를 점하고 있는 인류 문화의 대체적인 지도를 그리게 되었다. 그 지도에
서 중국문화의 취약점뿐만이 아니라 강점 또한 찾을 수 있다. 전반적 서구화에 대한
지지가 판을 치고 국가적 신뢰를 완전히 상실한 시기에, 그가 중국문화의 긍정적인
면을 강조했다는 것은 특히 중요하고 뜻깊다. 결국 리앙수밍의 문화 비교와 발견은
미래를 위해 가장 훌륭한 문화, 즉 중국인과 인류 전체를 위한 보편적인 문화를 만
들고자 하는 전망과 희망, 노력을 드러낸다.

개념의 진화

《동서문화 및 그 철학》이 출판된 지 반세기가 더 지나서, 리앙수밍은 그의 문화이
론을 더 많은 출판물을 통해 전개시켰다. 그것들 중에서 가장 중요한 것은 다음과
같다: 《중국민족자구운동의 최후각오(中國民族自救運動의最後覺悟)(1930)》, 《향촌건설
이론(鄕村建設理論)(1937)》, 《중국문화요의(中國文化要義)(1949)》, 《인심과 인생(人心與
人生)(1984)》, 《동방학술개관(東方學術槪觀)(1986)》. 이 저작들의 기본적인 관심사는
여전히 같으나 리앙수밍은 새로운 개념인 '이성(理性)'을 도입한다. 그것은 첫번째
책에 나타난 직각의 역할을 대체하며, 중국문화를 특징짓는 것에 대한 리앙수밍의
최종 설명의 기초를 제공한다. 이러한 중요한 변화에 따라 리앙수밍은 본능, 직각,
이지와 그것들의 상호 관계에 대한 생각을 조정하였다.

양지(intuitive knowledge)

《동서문화 및 그 철학》을 면밀히 따져 보면 리앙수밍은 '직각'이라는 용어를 세
가지 의미로 사용하면서도 그 의미의 변화를 항상 파악하거나 확인하고 있지는 않
다는 것을 알게 된다. 그것들은 "인식의 방법으로서의 직각", "본능(本能)과 동의어
로서의 직각", "양지(良知)와 동의어로서의 직각"이다.

이러한 세 가지 쓰임에 담겨 있는 리앙수밍의 생각을 이해하는 것이 도움이 될
것이다. 《동서문화 및 그 철학》의 초판에서 그는 인식 방법으로서의 직각에 대해서
는 부정적인 견해를 갖고 있다. "직각은 주관적이고 정감적이지 결코 사심이 없다거

나 주관을 떠나있다거나 한 것이 아니니, 어떻게 진리를 얻을 수 있겠는가?(梁漱溟, 1989~93, I, 406면)" 많은 분야에서 중국이 퇴보한 것은 지식을 얻는 주요 방법으로 직각을 사용했다는 점에 책임이 있다. 본능과 동의어로서의 직각에 관해서, 리앙수밍은 책을 출판하고 나서 자신의 혼란을 바로 알아차리고 자신의 실수에 대해 가혹한 자아비판을 하였다. 이 두 가지 경우의 운명과는 달리, 양지와 동의어로서의 직각은 리앙수밍의 후기 저작에서도 계속 남아 있다. 비록 '이성'이라는 새로운 용어를 사용했지만 말이다.

'양지'는 유교의 주류에서 중요한 개념이다. 맹자는 철학적 맥락에서 이 용어를 도입하였다. 그는 "인간이 사려하지 않고도 알 수 있는 까닭은 양지 때문이다(《맹자》, 7A:15)"라고 적고 있다.[3] 양지는 인간의 마음(人心)에서 자연스럽게 발생하는 반면, '사려'는 마음의 추론작용을 수반하게 된다.

왕양명(1472~1529)은 "양지는 하늘의 명으로 부여받은 본성이며, 내 마음의 본체로서, 자연히 영명하고 밝아서 환하게 깨닫는 것이다. 무릇 생각(意念)이 일어나면, 내 마음의 양지는 스스로 알지 못하는 것이 없다"[4]라고 하였다(王陽明, 1986). 여기서 '양지'란 인간의 윤리적 판단의 기저에 있는 판단하는 마음의 기능인 듯하다. 그것은 항상 판단의 옳고 그름을 지적해주고, 사람들이 덕스러운 삶을 살 수 있도록 북돋아 준다.

이러한 분석은 리앙수밍이 왜 후기 저작에서 '직각'이라는 용어를 포기했는지를 설명해준다. 우선, 그 용어는 동시에 세 가지 의미로 사용됨으로써 이론적 혼란을 내포하고 있다. 리앙수밍에게 이러한 혼란은 인식의 주요 원천으로서의 직각의 효력을 무력화시킨다. 더 심각한 문제는 이러한 세 가지 용어의 혼용은 리앙수밍이 중국문화와 서양문화의 관계에 대한 자신의 입장을 선택할 때 동요되었음을 암시한다는 것이다. 후에 그는 《동서문화 및 그 철학》을 쓸 때 여전히 불교에서 유교로의 이론적 이행기에 있었고 "아직 최후의 종착지에 다다르지 못했다"고 인정하였다(《人心與人生》, 梁漱溟, 1989~93, III, 595~6면). 이론의 변동은 그가 '직각'이라는 용어를 여러 가지 의미로 사용한 것에 대해 일정부분 책임이 있다. 그가 마침내 유교로 전환했을 때, 그는 양지와 동의어로서의 직각의 독특한 의미를 유지하기 위해서 그리고 전통적인 유교 용어에 활력을 불어넣기 위해서 새로운 개념이 필요했다. 이 두 가지 기능을 '이성'이라는 용어가 충족시켜 주었다.

---

3) 孟子曰, "人之所不學而能者, 其良能也, 所不慮而知者, 其良知也."

4) 是故謂之良知, 是乃天命之性, 吾心之本體, 自然靈昭明覺者也. 凡意念之發, 吾心之良知無有不自知者 (《대학문(大學問)》, 왕양명).

이성

서양 철학에서의 실천이성은 리앙수밍의 이성 개념과 상응한다. 인간이 자신의 행동을 이끌어가는 데 사용하는 실천이성은 생각을 이끌어가는 데 사용하는 이론이 성과 대조된다. 아리스토텔레스에 의하면 실천이성은 인간으로 하여금 각각의 특수 상황에서 무엇이 공정하고 친절하며 관대한지, 무엇이 행하기에 옳은 일인지 결정할 수 있게 해준다(《니코마코스 윤리학》 VI). 같은 맥락으로 칸트는 실천이성이 '세계 전체'에서 실현되어야 한다고, 즉 모든 사람이 시간과 장소, 사회적 배경과 무관하 게 이성을 수행해야 한다고 강조했다. 이 두 가지 경우에서 이성이라는 용어는 사람 들이 도덕적으로 행위하도록 지시하고 자기 행위의 올바름을 정당화할 수 있는 원 리를 말하는 것 같다.

반대로 리앙수밍에게 이성은 행위를 지시하고 정당화하는 원리일 뿐만 아니라 도 덕적 행위를 일으키는 것이기도 하다. 이성은 사람들로 하여금 옳은 것을 행하고 덕 스러운 삶을 살도록 한다. 리앙수밍은 이러한 의미에서 이성이 중국 사회의 초석을 구성한다고 믿는다. 우선 그것은 사람들에게 고귀한 내적 수양과 도덕의식을 제공한 다. 이것은 일차적으로 공자의 영향에 기인한다:

> 그(공자)는 언제나 자기성찰을 하고, 스스로 주의깊게 생각하고, 변별력을 기르도록 가르쳤다. …
> 유가(儒家)는 남에게 어떠한 교조적 가르침도 주지 않는다. 다만 자기를 반성하여 하나를 구하도
> 록 가르칠 뿐이다. 자기의 이성을 신뢰하는 것을 제외하고, 그 외의 것은 더는 믿지 않는다. 유교
> 가 확립된 이래로, 중국에는 이러한 가르침이 스며들어 있다(《中國文化要義》, 梁漱溟, 1989~93,
> III, 107면).

둘째로, 이성은 도덕감과 윤리적 동기를 포함한다. "중국의 리(理)는 강력한 것이 고, 삶의 방향이다. 그것은 당신이 마땅히 어떠어떠해야 한다고 알려준다." 만약 당 신 자신을 포함하여 당신의 사회를 보고 싶지 않다거나 삶을 지속시키고 싶지 않은 것이 아니라면 말이다(《鄕村建設理論》, 梁漱溟, 1989~93, II, 267~8면).

더 나아가 리앙수밍은 이성을 "명석하고, 밝고, 평화로우며 조화로운 마음"이라고 기술하였다. 이성은 두 가지 면에서 명백히 드러난다. 첫째는 "앞으로 혹은 위로 나 아가는 경향이 있는 마음"—실수에 굴복하기를 거절하고, 옳은 것을 그른 것과 분 별하며, 공정함에 호소하고, 정의를 옹호하는 마음이라는 점이다. 실천적 삶에서 계 산하고 사량하는 것을 싫어하는 마음인 것이다. 둘째는 "개인 간의 관계에서의 정 직"이라는 측면이다(《中國文化要義》, 梁漱溟, 1989~93, III, 133면). 이는 가족 간의 사

랑에서 시작하여 확장되는 유교 전통의 사랑에 뒤따르는 것이다. 이러한 정서적인 애정을 가진 사람은 가족에 대한 사랑을 확장하여 타인, 새, 동물, 심지어 풀과 돌까지 포함할 것이다. 인간은 이러한 모든 것을 포괄하는 사랑을 통해 자신의 삶을 조화로운 공동체와 조화로운 우주 속에서 한껏 즐기게 된다.

리앙수밍은 이성에 대한 탐구와 광범위한 적용을 중국문화의 가장 기본적인 특징으로 보아야 한다고 주장하였다:

> 나는 항상 수천 년 동안 중국인이 모두 헛되이 살지 않았고 또 어떤 무엇에 공헌한 바가 있었다면, 그것은 인류의 인간된 바를 인식한 것이라고 말한다. 즉 매우 일찍부터 중국의 고대인들은 이성을 이해했다. … 중국인의 정신의 총화는 이러한 이성을 작동시키고 있는 것이다(梁漱溟, 1989~93, III, 130면).

> 이성은 어떻게 사회에서 항상 활력을 지닐 수 있었으며, 그 기능을 유지할 수 있었을까? 이는 '사인(士人)'이 이성을 대표했기 때문이다. 과거 중국사회는 사농공상(士農工商) 네 계층의 백성으로 구성되어 있었는데, 사(士)는 네 계층의 리더였다. 사인은 생산에 종사하지는 않았으나 사회에서 절대적인 역할을 담당하였다. 그들은 이성을 대표하고, 교화를 주관하며, 질서를 유지했다(《鄕村建設理論》, 梁漱溟, 1989~93, II, 185면).

이러한 분석에 의하면, 이성의 승리는 궁극적으로 사(士)가 계속해서 사회를 전반적으로 통제할 수 있음을 의미했다. 그들의 노력으로 이성은 중국 전역에 힘을 떨쳤고, 다른 사회 계층은 사회 구조 속에서 적절한 위치를 얻었다.

이성과 이지

이성 개념의 도입에 따라 리앙수밍은 본능, 이지, 이성의 관계에서 새로운 모델을 발전시켰다. 그것은 이지와 직각 사이의 대립을 해결해주었을 뿐만 아니라, 중국문화와 서양문화의 관계도 재고하게 하였다.

리앙수밍은 본능을 생물학적 유전을 통해 개인에게 전달된 타고난 능력이라고 정의한다. 그것은 개인의 경험으로부터 배출되어 나올 수도 없고, 개인이 일생 동안 얻을 수도 없다. "동물의 삶은 특히 본능에 의존해 있기 때문에, 본능은 마땅히 동물식 본능을 표준으로 삼아야 한다(《人心與人生》, 梁漱溟, 1989~93, III, 562면)." 본능과는 달리, 이지와 이성은 인간의 삶을 특징지운다. 그것들은 인간에게 "심사작용(心思作用)의 두 가지 측면"이다:

지적 측면을 '이지'라고 하며, 정서적 측면을 '이성'이라 한다. 양자는 본래 밀접하게 관련되어 분리될 수 없다. 수를 계산하는 것에 비유하자면 계산하는 마음은 이지이고, 정확성을 추구하는 마음은 이성이다(《中國文化要義》, 梁漱溟, 1989~93, III, 125면).

《동서문화 및 그 철학》에서의 이지와 직각의 관계와는 달리, 이 모델은 매우 새로운 점이 있다. 첫째는 그것이 본능에 대한 분석과 함께 시작하였고, 본능이 갖는 이지·이성과의 차이를 분명히 드러낸다는 것이다. 둘째로는 이지와 이성의 완전한 통일체를 의미하기 위해 '마음의 작용'이라는 새로운 용어를 사용한다는 것이다. 셋째로는 이 두 개념이 더 이상 대립되는 것이 아니라 인심(人心)의 통일체를 세우는 데 서로 보완한다는 것이다.

그러나 여전히 우리는 이 두 단계의 저작에서 어떠한 유사점을 확인할 수 있다. 리앙수밍은 이지와 이성의 발전과 관련하여 중국문화와 서양문화에 어느 정도의 차이가 있다고 믿는다. "중국은 이성의 측면에서는 발전했으나 이지의 측면에서는 뒤떨어진 반면, 서양인들은 이지의 측면에서는 발전했으나 이성의 측면에서는 뒤떨어졌다(《理性與理智的分別》, 梁漱溟, 1989~93, VI, 406면)." 그의 최종 분석에서 이성은 이지보다 우위에 있고, 따라서 중국문화가 서양의 그것보다 수준이 높은 것이 된다.

리앙수밍은 이러한 우월성을 증명하기 위해 두 가지 접근방식을 사용한다. 첫째로, 그는 이성이 인간존재의 진정한 본질을 드러낸다고 주장하였다:

분석, 계산, 가설, 추리 등 이지의 작용은 무궁하다. 그럼에도 불구하고 그것은 어떤 결정도 할 수 없다. 결정을 하는 것은 이성이다(《理性與理智的分別》, 梁漱溟, 1989~93, VI, 412면).

둘째로 이성과 이지의 관계는 체(體)와 용(用)의 관계와 비교될 수 있다:

'이지'라는 것은 인심의 묘한 작용이고, 이성이라는 것은 인심의 미덕이다. 후자는 본체요, 전자는 작용이다. 비록 체와 용은 둘이 아니나, 인심을 알기 위해서는 그것을 분별할 필요가 있다(《人心與人生》, 梁漱溟, 1989~93, III, 603면).

여기서 체와 용은 행위자와 그 도구로 이해할 수 있다. 이지는 선과 악의 의미에서 가치 중립적이다. 그것은 누구나 어떤 목적을 위해서도 사용될 수 있기 때문이다. 반대로 이성은 도덕적으로 옳은 결과만을 가져오기 때문에 절대적으로 선하다. 예를 들어 무기는 청일전쟁에서는 효과적인 도구였다. 이성을 지닌 중국군은 그것을 정의

(正義)의 목적을 위해서 이용할 수 있었고, 이성이 없거나 부족한 일본군은 그것을 불의의 목적을 위해 사용할 수 있었다. 일본군의 수중에 있는 무기는 더 발달된 것일수록 더 흉악한 죄악을 초래했을 것이다.

중국 사회 분석

리앙수밍 철학사상의 발전은 중국 사회에 대한 그의 역사학적, 경제학적, 사회학적 연구에 영향을 주었다. 그는 더 나아가 이성의 개념으로 중국 사회를 탐구하고, 어떠한 특징들이 중국 사회의 구조를 구성하는지를 밝혀내기 위해 노력하였다.

조숙함(早熟)

리앙수밍은 《동서문화 및 그 철학》에서 처음 등장한 '중국문화의 조숙함'이라는 아이디어를 그의 가장 중요한 연구결과 중의 하나라고 여겼다. 그는 후에 그것이 "'인류 이성의 조숙한 개발'로 가장 정확하게 표현되었다"고 말하였다(《鄕村建設理論》, 梁漱溟, 1989~93, II, 181면). 그는 이러한 생각을 다음과 같이 설명하였다:

> 인류는 이성적 동물이다. 단, 인류에게 있는 이성은 점차 개발해야 하는 것이다. 개인의 삶의 측면에서 이성의 개발은 연령과 신체의 발육, 생리적·심리적 성숙이 뒤따라야 한다. 사회적 삶의 측면에서 말하자면, 그것은 경제적 진보와 기타 문화조건을 따라 천천히 발전해야 하는 것이다. 중국 사회에서 이성의 조숙함은 그 시기가 아직 도달하지 않았고 조건이 충분치 못했었는데도 이성이 충분히 발전을 이룬 데서 기인한다(《鄕村建設理論》, 梁漱溟, 1989~93, II, 181면).

여기서 불충분한 조건들은 주로 인간의 물질적 욕구의 만족을 보장하는 것과 관련된다. 그러한 것들의 충족을 위해 노력하는 것은 이지의 임무이다. 이성이 발생하기에 적절한 때는 사람들이 물질적 욕구가 더 이상 특별히 중요하지 않아서 도덕적 완성에로 주의를 돌렸을 때이다. 이는 이성이 지배원리로서 적절하게 작용하는 시기가 시작되었음을 알리는 것이다. 리앙수밍이 보기에 이성은 중국에서 이지가 그 임무를 충분히 완수하기 전에 부적절하게 성행하였고, 중국인은 일차적으로 물질적 욕구의 만족을 걱정해야 할 때 도덕적 완성에 초점을 맞추었다.

왜 중국은 서양처럼 정상적인 과정에 따라 발전하지 못했는가? 리앙수밍은 두 가지로 설명한다. 첫째는 《동서문화 및 그 철학》에 나타난다. 그는 중국 고대의 천재들이 서양의 천재들보다 타고난 재능이 분명 뛰어났을 것이라고 생각한다. 보통의 천

재는 진리를 조금씩 발견하고, 많은 부분을 그의 후계자들에게 탐구하라고 남겨둘 것이다. 따라서 자연과 사회에 대한 상세한 지식이 점차 축적된다. 반면에, 고대의 천재들이 주위 조건에 제한되기에는 너무 심오했다면, 그들은 당면한 문제를 넘어서서 더 심오한 무언가를 심사숙고할 것이다. 따라서 그들은 후계자들에게 아무런 다른 방도도 남기지 않고 자신들이 결정한 길을 따르게 했을 것이다. 리앙수밍은 첫번째 설명은 서양의 경우에 적합한 반면, 두 번째 설명은 중국의 경우에 적합하다고 결론지었다(《東西文化及其哲學》, 梁漱溟, 1989~93, I, 481면).

두 번째 설명은 그의 후기 저작에서 드러난다. 리앙수밍은 '이성의 조숙함'의 근원이 '주요 종교의 결핍' 혹은 '주요 종교의 산출 실패'에 있다고 주장하였다. 중국 문화와 사회의 비종교적 측면은 주로 공자의 책임이다:

> 공자는 하나의 큰 신앙의 목표를 세우지도 않았고, 사람들에게 (선악의) 독단적인 표준을 제시하지도 않았다. 그는 사람들에게 자기반성을 요구하였다. … 그는 특히 죄와 복의 관념을 가지고 사람들의 마음을 주재하고 지배하는 도구로 삼지 않았다. … 대신 그는 사람들로 하여금 이러한 화복·득실과 같은 생각들을 버리고, 본래 가지고 있는 선악시비의 마음을 발휘하도록 하였다. 그는 인간이 이성을 가지고 있음을 믿고, 인간의 이성을 계발하고자 한 것이다(《鄕村建設理論》, 梁漱溟, 1989~93, II, 182면).

공자와 그의 제자들은 인간의 종교적 감수성을 사회적 예(禮)의 구조로 돌려놓기 위해 전력을 다했다. 더욱이 그들은 그러한 예가 드러내는 사회의 위계질서 안에서 모든 사람이 각자의 임무를 해야 한다고 주장하였다. 이러한 노력 덕에 그들은 종교의 두 가지 주요 기능, 즉 '사람을 화합'시키고 '사회의 질서를 유지'하는 기능을 이행할 수 있는 도덕철학을 만들었다. 리앙수밍은 "유교의 광범위한 보급 이후 어떤 종교도 결코 성공할 수 없었다"고 말한다(《鄕村建設理論》, 梁漱溟, 1989~93, II, 182면).

리앙수밍은 중국에서 '이성의 조숙'은 가장 위대한 성취인 동시에 가장 큰 결점이었다고 생각했다. 그것은 다른 어떤 문화보다도 더욱 오래 지속되고, 더 멀리 퍼지며, 더 많은 사람들을 융화시키고, 인근 문화들을 더 많이 형성할 수 있는 문화를 유지하는 데 도움이 되었다. 그럼에도 그것은 중국이 그들의 역사를 통해 투쟁해야 했고 오늘날에도 여전히 직면해 있는 거의 모든 사회적·문화적 폐단의 원인이 되기도 했다.

두 가지 특징

리앙수밍은 중국이 윤리본위(倫理本位)의 사회이며 직업분도(職業分途)의 사회라고 주장한다. 이러한 특징 부여는 중국 사회 구조의 두 가지 특징을 알 수 있게 해준다.

첫번째 특징은 서구 사회와의 비교를 통해 이해할 수 있다. 리앙수밍에 따르면 서양인들은 '집단생활'을 해 왔다. 초기에는 기독교 조직 안에서, 나중에는 국가 안에서였다. 다양한 집단 간의 끊임없는 경쟁과 투쟁 때문에 그리고 종교적인 금욕주의 때문에 사회는 개인이 발전할 수 있는 여지를 남기지 않았다. 이는 결국 개인주의와 자유주의라는, 즉 삶의 새로운 유형을 야기하고, 리앙수밍이 '개인본위'의 삶이라고 일컬은 극심한 반작용을 초래했다. 그는 서양에서 최근 점점 더 많은 사람들이 개인의 이익에 대한 과도한 옹호가 낳는 부정적인 결과를 깨닫고, 집단생활에 대한 생각으로 되돌아가기 시작했다고 생각한다. 중세부터 현대에 이르기까지 서양인들은 두 가지 삶의 방식 사이를 끊임없이 오가고 있다.

반면에 중국인들은 "집단생활이 근본적으로 결핍되어 있어서 개인의 문제가 출현할 여지가 없다. 그들은 이 두 가지 극단적 방식을 모두 가져보지 못했다. 그들이 지닌 것은 알맞은 중용, 즉 윤리관계였다"(《鄕村建設理論》, 梁漱溟, 1989∼93, II, 167면). 이러한 관계는 가정생활에서 시작되었다. 가족은 피로 묶여 있으며 공통의 경험을 가지고 있기 때문에, 그 구성원들은 서로에 대해 친밀한 감정을 공유하며, 자발적으로 다른 구성원을 위하는 것을 의무라고 여긴다. 사회로 들어가면, 사람들은 스승과 제자, 고용자와 피고용자, 상급자와 하급자 등과 같이 질적으로 다른 다양한 관계에 대처해야 한다. 그럼에도 이러한 차이는 전근대의 중국에서는 흐릿했다. 사람들은 가족관계를 사회 안의 다른 모든 관계에 확장시키려는 경향이 있었다. 그것은 모든 사람을 자신이 집에서 누리는 것과 비슷한 관계에 참여토록 하려는 생각이었으며, 거대한 가족-사회를 연대하여 구성하려는 생각이었던 것이다.

중국 사회의 또 다른 특징인 직업분립(職業分立)에 대한 리앙수밍의 연구는 1930년대에 있었던 "중국 사회사 논쟁"으로 고무되었다. 그 논쟁에서 많은 맑스주의 학자들은 중국이 태고적부터 계급사회였다고 주장하였다. 리앙수밍은 그들의 의견에 반대하며 맑스의 계급구조는 중국의 현실에 들어맞지 않는다고 주장했다:

서양 사회의 경우 봉건시대에는 귀족지주와 농노라는 두 계급이 대립하였고, 근대에는 자본가와 노동자가 대립하였다. 중국 사회는 이와 유사한 점이 전혀 없다. 서양을 '계급 대립의 사회'라고 부를 수 있다면, 중국은 '직업분도(職業分途)의 사회'인 것이다(《中國文化要義》, 梁漱溟, 1989∼93,

III, 139면).

서양 사회와는 달리 중국은 생산수단을 독점한 계급이 없었다. 리앙수밍은 이것이 세 가지 이유 때문이라고 한다. 첫째, 땅을 자유롭게 사거나 팔 수 없었다. 따라서 모든 사람들이 땅의 일부를 소유할 수 있는 기회가 있었다. 둘째, 유산이 모든 아들에게 똑같이 분배되었다. 이로써 장자상속을 통한 땅의 전유를 피할 수 있었다. 셋째, 증기기관이나 전기기관, 여타 다른 강력한 기계의 발명이 없었다. 따라서 소수 집단이 방대한 생산수단을 통제함으로써 다수의 민중을 지배하기란 쉽지 않았다.

또 다른 이유는 이러한 직업분도에 기인한다. 예를 들어 중국은 진·한대(대략 기원전 3세기) 이후로 황실을 제외하고는 세습되는 지배계급이 없었다. 관료제, 즉 네 계층(士農工商) 출신의 개인에게 열려있는 과거제도를 통해 뽑힌 사람들로 구성된 제도에 의해 나라가 통치되었다. 달리 말하면, 과거를 통한 개인의 사회적 이동에 어떠한 법적, 세습적 장벽도 없었다.

윤리본위의 삶과 직업분도는 중국에서 서로 영향을 끼쳤으며, 사회구조를 형성하는 데 공동으로 작용했다. 예를 들면, 땅과 생산수단에 대한 대규모의 독점이 없었기 때문에 가족이 농업, 수공업, 상업의 기본 단위가 되었다. 사회적 이동에 법적인 장애, 세습되는 장애가 없었기 때문에 가족은 한 명 혹은 그 이상의 구성원이 사회적 위계질서 속에서 신분상승하도록 그들의 힘과 자원을 모을 수 있었다. 생산과 분배, 정치적 협동에 기인하여 성립된 이러한 관계는 가정의 윤리적 기초를 견고히 하였다.

게다가 계급 간의 대립이 없었기 때문에 중국의 정치는 도덕과 윤리를 통해 이루어졌다. 나아가 정치에 대한 도덕과 윤리의 압도적인 영향력 때문에 사회에는 계급 간에 반목의 여지가 더욱더 부정되었다. 리앙수밍은 "'윤리본위와 직업분도'라는 여덟 글자가 과거 중국 사회 구조를 모두 규명해준다"고 결론지었다(《鄕村建設理論》, 梁漱溟, 1989~93, II, 174면).

딜레마와 그 해결책

리앙수밍에 따르면 이성의 조숙은 중국의 열세에 대한 가장 기본적인 설명이다. 동시에 이성은 사람들의 물질적 욕구가 충족되고 나서 이루어지는 문화발전의 두 번째 단계를 위한 적절한 지배원리다.

이러한 분석은 리앙수밍이 처한 딜레마를 보여 준다. 중국인은 이성의 조숙으로 인한 부정적인 결과에서 벗어나기 위해 현재의 문화적 방향을 포기해야만 한다. 그

러나 그들이 이러한 방향을 포기하는 것은 현실적이지도 않고 바람직하지도 않다. 성인이 유년기로 돌아갈 수 없듯이, 두 번째 단계의 문화는 그것이 아무리 좋더라도 첫번째 단계의 문화로 돌아갈 수 없다. 더구나 리앙수밍은 서양의 방향을 위해 중국의 방향을 포기하려는 시도로 인해 중국은 현대의 서양인들이 겪고 있는 비인간화와 정신적 고통을 겪게 되리라 생각했다.

리앙수밍은 이러한 딜레마에 대해 두 가지 해결책을 제시하였다. 첫째, '객관적 현실'의 변화가 서양인들에게 방향 전환을 강요하고 있는 것과 마찬가지로 현재 중국인들에게 서양 모방을 강요하고 있다. 따라서 우리는 중국문화와 서양문화를 모두 대체할 보편적인 문화의 출현을 예견할 만한 바탕을 가지고 있다. 이러한 분석을 통해 알 수 있는 것은, 딜레마를 해결할 주요 행위자는 역사 그 자체라는 것이다. 두 번째 해결책은 동서양 문화의 강점을 결합하는 새로운 문화체(new cultural entity)의 출현을 기원하는 것이다.

> 중국에 [새로운 양식의] 사회조직이 출현한다면, 그것은 중국과 서양의 구체적 사실이 융화된 것일 것이다. … 이것은 전적으로 이성적 조직이다. 그것은 인류의 정신(이성)을 충분히 발휘하고, 서양의 장점을 충분히 수용한다(《향촌건설이론》, 梁漱溟, 1989~93, II, 308~9면).

이러한 해결책은 19세기를 선도한 유교적 관리 장쯔뚱(張之洞)이 주장했던 '중체서용(中體西用)'과 같은 유명한 표어의 변종이다. 이것은 첫번째 해결책과는 달리 중국인, 특히 지식인들을 주요 행위자로 한다.

참고문헌

리앙수밍 저서

梁漱溟, 1989~93: 《梁漱溟全集》 I-VIII, 濟南: 山東人民出版社.

기타 저서들

Alitto, Guy S. 1986: *The Last Confudian*, Berkeley: University of California Press.
An, Yanming 1997: "Liang Shuming and Henri Bergson on intuition: cultural context and the evolution of terms," *Philosophy East and West*, 47:3, Honolulu: University of

Hawaii Press.

Aristotle, 1984: *Nicomachean Ethics*, in The Complete Works of Aristotle, J. Barnes, ed., 2 vols, Princeton: Princeton University Press.

Cao, Yueming 1995: 梁漱溟思想硏究, 天津: 天津人民出版社.

Guo, Qiyong(郭齊勇) and Gong, Jianping 1996: 梁漱溟哲學, 武漢: 湖北人民出版社.

Liang, Peikuan, ed., 1993: 梁漱溟先生紀念文集, 北京: 中國工人出版社.

Ma, Yong 1994: 梁漱溟敎育思想硏究, 瀋陽: 遼寧敎育出版社.

Shan, Feng 1996: 梁漱溟社會改造構想硏究, 濟南: 山東大學出版社.

Wang, Donglin(汪東林) 1989: 梁漱溟與毛澤東, 長春: 吉林人民出版社.

Zheng, Dahua(鄭大華) 1993: 梁漱溟與現代新儒學, 臺北: 文津出版社.

Zhu, Hanguo 1996: 梁漱溟鄕村建設硏究, 太原: 山西敎育出版社.

토론 문제

1. 리앙수밍은 비교문화연구를 위한 적절한 기초를 제공하였나?
2. 우리는 문화가 환경을 정복하고자 하는 것이 적절한 때는 언제인지, 환경과 조화되는 것이 적절한 때는 언제인지, 환경을 환상이라고 거부하는 것이 적절한 때는 언제인지 확정할 수 있는가?
3. 중국인의 사고에서 양지는 어떠한 특별한 역할을 수행하는가?
4. 우리는 리앙수밍의 이성 개념을 어떻게 이해해야 하는가? 그가 이성을 중국문화의 가장 근본적인 특징이라고 보는 것은 타당한가?
5. 이지와 이성은 어떤 관계인가?
6. 우리는 "중국인은 이성에서는 진보하였으나 이지에서는 뒤떨어졌고, 반면에 서양인은 이지에서는 진보하였으나 이성에서는 뒤떨어졌다"는 주장을 받아들여야 하는가?
7. 우리는 19세기와 20세기 초 중국 사회의 후진성을 '중국문화의 조숙함' 이라는 측면에서 설명할 수 있는가?
8. 윤리본위와 직업분도라는 관점에서 중국의 사회 구조를 분석하는 것의 철학적 함의는 무엇인가?
9. 우리는 서양 사회와 중국 사회 간의 차이점에 대한 리앙수밍의 평가를 받아들일 수 있는가?
10. 문화의 미래에 대한 리앙수밍의 예견은 얼마나 설득력이 있는가?

8. 펑요우란(馮友蘭)의 신리학(新理學)과 중국 철학사

로렌 피스터

　펑요우란(馮友蘭, 1895~1990)은 중국 철학사에 대한 최초의 비판적이고 비교적인 연구를 영어와 중국어로 출판함으로써 유명해졌지만 그는 또한 1939년과 1946년 사이에 자신의 철학체계를 설명한 여섯 권의 저서를 출판하였다. 비록 펑의 철학은 중국 철학사에 관한 그의 초기 연구에 큰 영향을 받았지만 그는 송대(宋代) 유가의 리학(理學)파로부터 이끌어 낸 형이상학, 도덕, 문화 그리고 정치적 개념을 현대적으로 재구성함으로써 자신의 사상을 표현하였다. 펑은 주희(朱熹, 1130~1200) 철학에 의해 깊이 영향 받은 유가의 실재론에 대한 합리론자들의 체계를 발전시켰지만 또한 후기 도가(道家)와 선불교(禪佛教)의 작품에서 특정 개념을 차용했다. 또한 펑의 철학은 플라톤의 형이상학, 아리스토텔레스의 논리학 그리고 헤겔의 역사철학에 대한 자신의 반응을 반영하였다. 그는 1920년대 초 콜럼비아 대학에서 박사과정을 이수하는 동안 처음으로 이러한 그리스·유럽 철학의 영향을 받아들였는데 그의 학위논문 주심교수는 유명한 미국의 실용주의자인 존 듀이(John Dewey, 1859~1952)였다. 몬테규(W. P. Montague, 1873~1953)의 신실재론에 의해 촉진된 현대화된 형이상학적이고 인식론적인 플라톤 사상은 펑의 작품에 주목할 만한 영향을 끼쳤다.

　펑의 신리학(新理學)체계는 현대 중국의 상황 속에서 자각적으로 발전된 합리적이면서도 신비한 가르침의 창조적인 종합이다. 그는 철학적 논의 그리고 과학적 방법과 관심 사이를 날카롭게 구분하였고 또한 '가장 철학적인' 것에 대한 그의 개념에 비추어 미학적, 정치적, 종교적 문제들을 탐구하였다. 그는 일반적으로 도덕에 대

한 전통 유가의 접근방식을 지지했지만 현대화된 중국 세계를 위해 이러한 도덕을 재구성하려고 노력하였다. 동시에 펑은 중국의 정치 발전을 위하여 그가 현대 민족주의적인 관심과 결합시킨 보수적인 정치 윤리를 촉진시켰다.

리(理)

명리(明理)

신리학의 전체 철학적 계획의 중심은 '리(理)' 그 자체가 언어, 인간의 삶 그리고 궁극적인 실재를 이해하기 위한 기본적인 범주임을 이해하는 것이다. 펑은 '리'의 지위에 대한 자신의 논리적 설명이 중세 신유가의 가르침 안에서의 개념에 대한 앞선 설명의 현대적인 수정과 확장이었다고 주장하였다. 그것은 '리'에 대한 펑의 논리적 분석이 해결했던 우주론과 형이상학적 영역 사이의 혼란을 바로잡았고 그 결과 그러한 전통 안의 수많은 고전적인 문제들에 답하는 새로운 방법을 제공하였다. 이러한 방식으로 '리'에 대한 펑의 논리적 이해는 초기 유가 전통 안에서 불필요했던 철학적 혼란을 해결하는 일종의 철학용 조각칼로 이바지하였다. 이러한 새롭고 비판적인 이해를 파악하기 위한 출발점은 펑에게 있어 일상 언어와 삶 안에서의 리에 대한 타당한 철학적 식별에서 시작하였다. '사물(事物)'이라는 단어가 무엇을 의미하는지를 이해하기 위하여 펑은 특정한 물(物)을 어떠한 종류의 물(物)이 되도록 만드는 무엇이 "존재한다(有 또는 在)"고 주장하였다. 따라서 어떠한 '물(物)'은 적어도 어떠한 물질과 그것을 일종의 존재하는 물(物)이 되게 하는 리(理)에 의해 구성되어야만 한다. 리는 최초에는 지성적으로 식별할 수 있는 물의 '류(類)'인 '그 무엇'이다. 리는 결코 물이 아니지만 존재론적으로 선행하고 형이상학적으로 실제(實際)하며 어떠한 실제적인 물에 연결됨으로써 '잠존(潛存)'한다. 펑은 물을 탐구하거나 또는 그것의 객관적인 존재 안에서 물리적 우주를 밝히는 데에 관심이 없었고 대상의 존재와 외부세계에 대한 어떠한 회의론도 확신하지 않았기 때문에 그는 이러한 임무들을 주로 자연과학자들이 탐구하도록 남겨 두었다. 오히려 그는 사상, 삶 그리고 살아있는 물들의 밑에 놓여 있는 '리'를 이해하려고 노력하였고 이것을 특히 철학자들의 적절한 임무로 간주하였다. 하나의 '물(物)' 또는 '사건(事)'은 그 자체로는 매우 복합적이다. 그것은 하나 또는 그 이상의 지성적인 '리'에 의해 이루어졌을 뿐만 아니라 또한 물질적으로 무정형이다. 리 외에 각각의 물(物)과 사(事)를 구체화하는 '기(氣)'가 있다. 리와 마찬가지로 기는 물 자체가 아니고 진제(眞際)의 차원에 있는 물적인 아이템이다.

기(氣)는 분명히 실체(實體)가 아니다. 왜냐하면 우리는 기가 무엇인지를 말할 수 없기 때문이다. 이 때문에 우리는 두 가지를 말할 수 있다. 우선, 만약 우리가 기가 무엇인지를 말하려면 우리는 이러한 존재하는 사물(事物)이 그것을 그것이 되게끔 만드는 무엇으로부터 어떻게 구성되어졌는지를 설명해야만 한다. 이렇게 말하는 것은 실제(實際)에 대하여 긍정하는 바가 있는 것이다. 그러나 이것은 증명할 수 없는 종합 명제이다. 비엔나 학파의 기준에 따르면 이 명제는 무의미하고 명제가 아니다. 두 번째로 만약 우리가 기가 무엇인지를 말하려면 이른바 기라는 것은 존재할 수 있는 사물(事物)이고 모든 사물(事物)을 존재할 수 있게 하는 까닭(所以)은 아니다. 우리는 그것을 과학에서 말하는 '기능(能)'과 혼동해서는 안 되고 더욱이 공기나 전기 등의 기(氣)와 혼동해서는 안 된다. … 이 모든 것은 존재할 수 있고 마찬가지로 그것들을 존재하게 할 수 있는 것은 아니다. 따라서 그것들은 신리학에서 말하는 기(氣)가 아니다. 신리학이 말하는 기는 어떤 것(some-thing)이 아니기 때문이다.

플라톤과 아리스토텔레스 철학에서 '질료'라고 부르는 것은 신리학에서 논의되는 기(氣)와 비슷하다. 구리학(舊理學)이 기라고 부르는 것은 장재(張載)의 철학에서 나왔는데 … 사물(事物)이며 … 따라서 실제(實際)에 대하여 긍정하는 바가 있다(《신지언(新知言)》, 펑, 1986, vol 4, 63~4면).

리(理)의 통일(統一)

펑은 모든 리(理)의 합을 태극(太極)으로 간주하고, 실제 존재 안팎의 운동 안에서 물(物)의 모든 과정의 합을 도체(道體)로 여기고, 궁극적으로는 큰 전체(大全)안에서 실제(實際)와 함께 진제(眞際)를 철학적 우주의 전체로 이해하고 언명하기 위해 이러한 분석을 보다 높고 더욱 포괄적인 인식으로 이끌었다.

사물(事物)은 존재한다. 우리가 존재 및 사물에 대해서 형식적 분석을 할 때, 곧 우리는 리(理)와 기(氣)의 개념을 얻게 된다. 우리가 존재 및 사물에 대하여 형식적 종합을 할 때, 그 때 우리는 큰 전체(大全)와 도체(道體)의 개념에 이른다.

이러한 분석과 종합은 실제에 대하여 형식적으로 설명하는 것이다. 또한 경험에 대하여 형식적으로 풀이하는 것이다. 신리학의 형이상학에 관한 첫번째 주요 명제는 대체로 사물은 모두 반드시 어떤 사물이다. 이 어떤 사물은 모두 어떠한 종류의 사물이다. 어떤 종류의 사물은 어떤 종류의 사물이고, 따라서 반드시 어떤 종류의 사물을 어떤 종류의 사물로 만드는 까닭(所以)이 있음에 틀림없다(《신지언》, 펑, 1986, vol. 4, 59면).

모든 사물은 필연적으로 그것이 무슨 사물이든 존재한다. 무슨 사물이든 존재하는 것은 어떤 종류의 사물임에 틀림없다. … 사물은 필연적으로 존재한다. 존재하는 사물은 필연적으로 존재할 수

있다. 존재할 수 있는 그러한 사물은 그것들을 존재할 수 있게 하는 것을 가져야만 한다. … 존재
는 일종의 흐르는(流行) 전체이다. 모든 존재는 사물의 존재이다.

사물의 존재는 어떤 하나의 리 또는 여러 리의 흐름에 대한 기(氣)의 현실화이다.

존재하는 모든 것의 전체를 일컬어 '큰 전체(大全)'라 부른다. 큰 전체는 모든 것이 마땅히 있어
야 하는 것이다(《신원도(新原道)》, 펑, 1986, vol. 4, 844~50면).

우리는 "존재는 흐름(流行)이며" "흐름은 운동을 함온(涵蘊)한다"가 분석 명제이다. 그러나 우리
가 분석 명제라고 생각하는 것은 단지 언어상의 정의만을 나타내지는 않는다. 우리의 이론에 따
르면 '존재'가 동사이기 때문에 존재가 흐름인 것은 아니다. 흐름은 운동을 함축한다. 오히려 존
재는 흐르고 흐름은 운동을 함축하기 때문에 '존재'는 동사이다. …

신리학에서 형이상학에 관한 네 번째 명제는 존재하는 모든 것을 큰 전체(大全)라 부르며 마찬가
지로 큰 전체(大全)는 존재하는 모든 것(all)이라는 것이다.

'모든'을 나타내는 용어인 '범(凡)'과 '일체(一切)'는 엄밀한 철학적 용어인데 그것은 그 용어들
이 경험을 넘어서는 것을 말하기 때문이다. … 예를 들어, 이 또는 이 말(馬)은 경험할 수 있지만
'모든 말'은 경험할 수 없다. 이 점은 경험주의가 마주치는 가장 큰 어려움이다(펑, 1946, 65면).

현실계의 철학적 삶

펑은 이러한 가장 높은 지점에서 우리들은 리(理)에 대한 이해를 넘어서서 일체
(一切), 하나, 전체의 현존을 경험하는 철학적 사상의 경계에까지 나아간다고 주장하
였다. 일종의 신비주의와 같은 이러한 생각을 언급하면서 펑은 고전적인 종교적 의
미에서 우주와의 신비한 합일 또는 황홀한 느낌을 촉진시키려 하지는 않았지만 리
(理)의 존재에 대한 관조에 의해 획득된 가장 높은 앎을 가리키려고 하였다. 이러한
신비적인 개념은 도(道)와 전체(全)에 대한 도가의 견해, 특히 《장자》에 대한 곽상
(郭象, d. 312)의 주석에서 가장 많이 서술되었다. 또한 그는 승조(僧肇, 384~414)의
작품에 표현된 선(禪)적 깨달음과 맹자(孟子, 372 B.C~289 B.C)와 왕양명(王陽明,
1472~1529)에 의해 강조된 만물과 합일하는 신비적 경험에 영향을 받았다. 펑은 이
러한 것들을 종교적인 천인합일(天人合一)의 우주적 경험으로서 간주하기보다 그것
들이 모든 중국의 성인들이 기본적으로 달성한 실재(reality)에 대한 철학적 통찰을
구성한다고 주장하였다. 비록 큰 전체(大全)에 대한 앎이 종교적인 수사로 표현되거
나 혹은 표현되지 않는다 하더라도 그것의 근본적인 성격은 관조적인 순수 이성의
인식이며 다차원적 우주의 전체에 대한 철학적 파악이다.

펑에게 이러한 신비적 관조는 일상세계로부터 도피하기 위한 정당화가 아니라 일

반적인 삶에 적용되는 의식의 상태인데 그 결과 천지의 영역 안에서 획득된 내적 변화는 생각하는 모든 사람에게 유용한 삶의 형식을 드러낼 수 있다. 이러한 가장 높은 경지의 성인은 자연스럽고 실리적으로 살아가는 사람들에 의해 영향을 받는 세계 안에서 최고의 도덕적 가치를 표현하고 사회적으로 도덕의 영역을 규정지었다. 초세간적이면서 세간적인 펑의 철학적 성인(聖人)은 전통 중국 철학이 '내성외왕(內聖外王)'으로 묘사한 것의 현대판인데 그것은 또한 '내적인 성인다움과 외적인 왕다움'으로 표현되어도 좋을 것이다.

> 다시 말해서 내적인 성인다움 안에서 그는 정신적인 교화를 성취하고 외적인 왕다움 안에서 그는 사회 내에서 역할을 다한다. 이 말은 오직 가장 고매한 정신을 가진 사람만이 이론상으로 왕이 됨을 의미한다. 그가 실제로 왕이 될 기회를 가졌는지 안 가졌는지에 대해 말한다면 그것은 중요하지 않다.
> 철학에서 논의되는 것은 내적인 성인다움과 외적인 왕다움의 도(道)인데 그것은 철학이 정치 사상에서 분리되지 않아야 함을 수반한다. 중국 철학의 학파들 사이의 차이점에도 불구하고 모든 학파의 철학은 동시에 자신들의 정치 사상을 표현한다. … 철학 연구는 단지 이러한 종류의 지식을 획득하려고 하는 것이 아니라 또한 이러한 특징을 발전시키려 시도하는 것이다. 철학은 단순히 인식될 무엇이 아니라 또한 체험될 무엇이다. 그것은 단순히 지적 놀이의 일종이 아니라 보다 더 심오한 무엇이다(펑, 1948, 201~3면).

요약

위에서 철학과 정치사상 사이의 '필수적인 연결'을 주장한 것은 우리가 뒤에서 다루게 될 많은 중요한 문제들을 야기하지만 여기서는 펑요우란의 신리학 내에서의 리철학(理哲學)의 일반적인 성격에 대하여 간략한 설명을 할 것이다. 펑의 변함없는 주장은 그가 리의 성격에 대해 새로운 견해를 가졌으며 이러한 견해는 처음에 일상 언어 내의 유(類)개념의 성격과 지위에 대한 논리적 인식에서 도출되었다는 것이다. 이러한 새로운 논리적 인식이 모든 리에 대한 적절한 설명이라고 주장하고 따라서 그것을 사물의 경험적 속성에 대한 경험적 또는 과학적 평가로부터 날카롭게 구분하면서 펑은 신리학의 체계 내에서 세 가지 다른 기초 논리-형이상학적 개념을 세우기 위해 리에 대한 이러한 재개념을 계속해서 사용하였다. 일단, 리가 정확하게 이해되면 그것들은 세계 내의 '물(物)'로서가 아니라 인간의 마음(心)에 의해 형이상학적으로 인식되는 논리적 실재로서 '존재'하는 것으로 인식된다. 이러한 의미에서 리는 실제(實際)에 제한될 필요가 없는 논리적으로 인식되는 실재로서 시공간을

초월한다. 따라서 개별적으로 구별되는 리들은 또한 전통 유가의 용어를 따라서 펑이 '태극(太極)'이라 부른 전체를 형성하면서 함께 결합될 수 있다. 리는 실제적인 물(物)의 존재에 대한 형이상학적 토대인데 물(物)은 펑이 실제(實際)라 부른 시공간적 존재의 안팎에서 흐르는 반면 리는 모든 다양한 사물들의 존재에 대하여 존재론적으로 앞선 토대인 실재하는 형이상학적 양식으로서 변함없이 고정적으로 '존재'한다. 펑의 체계 안에서 리와 함께 결합되어 현실의 안팎으로 움직이는 사물들의 전체 과정은 도체(道體)라 불린다. 궁극적으로 이 같은 실제를 변화시키는 것과 진제내에서의 제 원리의 형이상학적 토대인 리들의 전체는 이러한 사상을 생각하는 사상가를 포함하여 모든 것을 포괄하는 큰 전체(大全)의 개념 속에서 포착된다.

신리학(新理學)

펑의 새로운 체계

자신의 사상 체계에 대한 설명을 담은 펑의 첫번째 책(1939)의 제목인 동시에 자신의 철학 체계 전체에 대한 제목인 신리학은 펑의 '새로운(新)' 중국 철학에 대한 최초의 체계적이고 포괄적인 표현을 구성하였다. 일반적으로 철학을 구성하는 것이 무엇인지를 탐구한 뒤 펑은 송명대에 사용되고 발전했던 핵심적인 유가의 형이상학적 개념에서 도출한 리(理)에 대한 자신의 현대화된 개념이 모든 철학 체계 안에서 '가장 철학적인' 것을 식별하기 위한 하나의 기준을 제공했다고 주장하였다. 펑은 이 방법을 형이상학, 철학적 인간학, 자기 수양, 중국 철학의 다양한 학파의 역사, 미학, 종교적인 가르침 그리고 성인의 이상에 관한 중국의 전통적인 문제들에 광범위하게 적용하였다. 이러한 모든 탐구 속에서 펑은 송명대 신유가의 철학적 논의들을 자주 언급했다. 그러나 신유가의 용어를 사용함에 있어서 펑은 리의 성격에 대한 20세기의 논리적, 형이상학적인 이해에 토대를 둔 형식적 분석체계에 비추어 중요한 용어들을 규칙적으로 재정의했다. 따라서 펑은 사물이 존재하는 방식을 다음과 같은 세 가지 수준으로 날카롭게 구분하였다: 경험 세계 안의 다양한 사물들, 실제(實際), 그리고 리(理)에 의해 구성되는 진제(眞際):

네모난 사물을 네모이게 하는 까닭은 '네모'(方)이다. ⋯ '네모'는 '실제적'(實)일 수는 없지만 여전히 '참'(眞)일 수는 있다. 만약에 사실상 실제로 네모난 사물이 존재하지 않는다면 '네모'는 실제적이지 않다. 그러나 만약 사실상 네모난 사물이 실제로 존재한다면 그렇다면 그것은 네 모서리를 가져야만 한다. 실제적으로 네모난 사물은 반드시 네모가 네모되는 까닭에 의존해야만 하

며 그것으로부터 벗어날 수 없다. 여기에서 우리는 '네모'가 '참'(眞)임을 알 수 있다. 만약 '네모'가 실제적이지 않고 참이라면 '네모'는 순수하게 참된 것이다.

실제 사물들은 실제(實際)를 함온(涵蘊)하며 실제는 진제(眞際)를 함온한다. '함온'한다는 것은 '만약 … 그렇다면'의 관계이다. 만약 실제하는 사물이 있다면 실제(實際)가 있음에 틀림없다. 만약 실제가 있다면 진제(眞際)가 있음에 틀림없다. 그러나 실제가 있음은 어떠한 실제적인 사물이 있음을 필요로하지 않고, 진제가 있음은 실제가 있음을 필요로하지 않는다(펑, 1939, 22~3면).

펑은 리(理)에 가장 높은 존재론적 지위를 부여했고 마찬가지로 리를 인식하는 것에 가장 높은 인식론적 가치를 두었기 때문에 철학적 실재론자로 간주될 수 있다. 펑에게 '가장 철학적인' 철학은 리에 토대를 두고 정밀하고 자각적(自覺的)으로 세워질 수 있는 체계이다. 이러한 체계를 세우는 것이 연속 간행된 펑의 다섯 저서의 철학적 과제이다.

현재와 실제 세계

그의 다음 두 책(1940)에서 현대화와 도덕의 문제에 신리학을 적용하면서, 펑은 산업화에 대한 강력한 결정론적 경제이해의 토대 위에서 중국인의 삶의 현대적 변화를 지지하였다. 이 책들은 전통적인 중국 철학, 문학에 대한 언급으로 가득하며 단지 현대성의 논의가 그것을 필요로 할 때만 다른 사상 전통을 잠깐 언급한다.

이 두 권의 책 가운데 첫째 권에서 펑은 리에 대한 그의 방법론적 헌신으로부터 야기된 공상(共相)과 수상(殊相) 사이의 논리적 구분을 사용하면서 일반적인 사회 개념을 특정 사회의 수많은 다양성과 대조시켰다.

우리가 가족을 본위로 하는 사회에 대하여 말할 때 가족은 경제적 단위이며 사회 조직의 토대이다. 가족이 사회 조직의 기본이기 때문에 가족을 토대로 하는 사회 속의 개인은 가족 조직을 공고하게 하는 것이 그들의 첫번째 의무이다. 따라서 이런 종류의 사회 안에서 '효(孝)는 모든 행위에 우선한다(孝爲百行先)' 그리고 '하늘의 표준이고 땅의 정의(天之經, 地之義)'이다.

산업에 기초한 사회에서는 이러한 사회 본위의 생산 방식이 가정의 벽을 허문다. … 이러한 사회에서 가족은 더 이상 사회 조직의 토대가 아니며 따라서 개인도 또한 가족의 안전을 그들의 첫째 임무로 여기지 않는다. … 이러한 사회에서 개인은 자연스럽게 효도를 수많은 임무 가운데 첫째로 생각하지 않는다. 이것은 그들이 "그들의 아버지를 때리고 어머니를 욕한다"(打爹罵娘)는 말이 아니라 이러한 사회안에서 '효'는 그것이 일종의 도덕일지라도 단지 도덕의 한 종류일 뿐이며 확실히 모든 도덕에 대하여 중심이나 근원은 아니라는 말이다(《신사론(新事論)》, 펑, 1986, vol. 4,

271면).

현대 사회는 산업화에 토대를 둔 일반적인 종류의 사회이지만 또한 초기 중국 철학자들이 오상(五常) — 인(仁), 의(義), 예(禮), 지(智), 신(信) — 으로 인식한 가치에 의해 구성되었다. 펑은 중국의 어떤 전통적인 가치, 특히 효(孝)와 충(忠)은 현대 사회에 적합하지 않으며 따라서 포기되어야 한다고 주장하였다.

중국의 전통적인 화법(話法)에 따르면 오상(五常): 인(仁), 의(義), 예(禮), 지(智), 신(信)이 있다. … 이러한 오상은 어떤 사회를 막론하고 다 사회에서 필요로 한다. 그것들은 (사회와 관련하여 논의될지라도) 신식 또는 구식, 고대 또는 현대, 중국 또는 외국일지라도 변하지 않는 도덕적 가치이다. … 충과 효는 가족에 토대를 둔 사회에서 발견되는 도덕적 가치이다. … 우리는 충과 효가 낡은 도덕적 가치라고 말할 수 있다. 비록 오늘날 여전히 충과 효에 대해 말하고 지금 어떤 사람이 국가에 충성을 다하고 국민들에게 효도를 다해야 한다는 말을 듣는다 해도 그 의미는 더 이상 옛날의 의미와 같지 않다(《신사론》, 펑, 1986, vol. 4, 359~60면).

결국, 펑의 도덕적·정치적 견해는 전통적인 가치와 개념의 핵심에 묶여 있지만 그는 리에 대한 이해와 관련하여 그것들의 일반적인 문화적 중요성을 재고하였다. 그는 계속해서 중국에서 특별할 뿐만 아니라 일반적인 사회의 현대화 과정 안에서 이러한 개념과 가치들의 역할과 관련된 문제들을 다시 제기하였다. 1950년대에 그는 전통적인 중국의 철학적 가치와 개념에 대한 이러한 선별적인 채택의 방법과 신중한 재고를 이러한 전통들을 '추상적으로 계승한 것'이라 일컬었다.

우리는 청조 말에 사람들이 "중국 학문을 본체(體)로 삼고 서양 학문을 실용으로 삼는 것"(中學爲体, 西學爲用)에 대해 말했을 때 한편에선 통하지 않는 것이지만 또 다른 편에선 동의할 수 있었다고 생각한다. 만약, 이 말의 의미가 "우리는 사서오경(四書五經)을 본체로 삼고 서양의 화기들을 실용으로 삼는다"는 것이라면 이것은 실로 받아들일 수 없다. 사서오경을 읽는다는 것은 화기류의 내원을 읽어낼 수 없다는 것임을 의미한다.

그러나 만약 그 말이 의미하는 것이 "사회를 조직하기 위해 사용되는 도덕은 중국인들이 원래 가지고 있던 것 중의 하나이다. 현재 반드시 첨가해야 할 것들은 서양의 지식, 기술, 산업이다"라면 이 말은 호응 받을 수 있다(《신사론》, 펑, 1986, vol. 4, 364면).

정신 경계(精神境界)

인간의 경험과 성취에 관한 네 가지 정신 경계의 단계에 대한 보다 정밀한 철학적 논의는 《신원인(新原人)》(1943)에 나타나는데 거기서 평은 초기 저작들에서 단지 암시했던 방식으로 모든 사람들은 네 가지 가능한 경계—자연(自然), 공리(功利), 도덕(道德), 천지(天地) 경계—로 그들을 인도하는 각해(覺解)에 의해 특징지워진다고 주장하였다. 일반적인 성장을 통해서 인간은 처음 두 경계 내에서 살아가지만 이러한 경계들의 자연스럽고 자기 본위적인 태도를 넘어선 도덕적이고 지적인 이해의 방식을 통해서 사람들은 뒤의 두 경계를 획득할 수 있다. 또한 가장 높고 가장 철학적인 경계는 천지의 리(理)에 대한 포괄적인 파악과 이러한 인식에 의해 획득되고 유지되는 철학적 신비주의를 체득함으로써 자신의 삶의 방식을 지상에서의 성스러운 현존으로 변형시키는 인식의 형식을 포함한다.

> 천지 경계 내에서 인간은 '자아'가 없지만 여전히 또한 '자아'를 가지고 있다. … 이른바 '자아'는 '이기적인'(有私)과 '주재자'라는 두 의미를 가진다. 천지 경계 내의 사람은 자연스럽게 큰 전체(大全)와 합일한다. … '자아'와 '비자아'의 분별은 그에게 더 이상 존재하지 않는다. 따라서 '이기심'을 가지고 있는 '자아'를 언급함에 있어서 그는 '자아'를 가지고 있지 않다. 그러나 그의 몸(身)은 큰 전체와 하나가 되기 때문에 그는 "만물이 '내' 안에 갖추어져 있다"(萬物皆備於我)고 말할 수 있다. 이러한 큰 전체와의 자연스러운 합일의 관점에서 보면 '자아'가 완전히 소멸되는 것은 아니며 오히려 '자아'는 무한히 확장된다. 이러한 무한한 확장 안의 '자아'는 큰 전체(大全)의 주재자이다(《신원인》, 평, 1986, vol. 4, 636면).

평은 천지의 경계를 신리학의 가장 높은 철학적 성취로 이해했고 이러한 최고의 경계를 모든 하위 경계들의 통합과 종합으로 특징지웠다.

> 어떤 사람은 다음과 같이 물을지도 모른다. 인간은 우주의 한 부분이다. 비록 인간이 우주에 대한 자각적 이해(覺解)를 가지고 있다고 할지라도, 이것은 우주의 한 부분을 자각적으로 이해(覺解)하는 것에 불과하다. … 어떻게 한 부분이 전체와 같아질 수 있겠는가?
> 이것에 대해 우리는 다음과 같이 대답한다. 인간의 육체는 7척의 몸뚱이고 참으로 단지 우주의 한 부분이다. 인간의 마음(心)은 우주의 한 부분이지만 그 생각이 미치는 곳은 우주의 한 부분으로 제한되지 않는다. 인간의 마음은 이지적인 이해를 가질 수 있고 따라서 존재하는 모든 것을 총괄하여 생각할 수 있다. 이러한 생각 능력때문에 '우주'와 '큰 전체' 같은 그러한 개념들을 가질 수 있다(《신원인》, 평, 1986, vol. 4, 633면).

212

하늘과 합일하는 경계(同天境界)는 본래 신비주의적이다. 불가(佛家)의 '진여'(眞如)라고 부르는 것과 도가들이 '도'(道)라고 부르는 것은 그들의 이론에 따르면 생각할 수도 논의할 수도 없다(不可思議的). 마찬가지로 우리가 큰 전체라고 부르는 것 또한 우리의 이론에 따르면 생각할 수도 논의할 수도 없다. … 생각과 논의 속에서 언급되는 큰 전체는 생각과 논의의 대상이며 생각과 논의 그 자체를 포함하지 않고 이것은 이 생각과 논의와는 상대적인 것이다. 따라서 생각과 논의 속에서 언급되는 큰 전체는 반드시 큰 전체와 부합되지는 않는다(《신원인》, 펑, 1986, vol. 4, 634면).

이상과 같은 논의의 토대 위에서 천지 경계 안에서의 관조로 체험된 철학적 신비주의에 대한 펑의 이해는 더욱 더 명확해질 수 있다. 비록 관조 안에서 인간은 그들이 천지와 가진 '자연스러운 합일'을 깨달을지도 모르지만 이것은 펑에게 있어 사람들이 감동을 주는 자연의 광경 앞에서 미적인 황홀경의 순간을 경험하는 것과 같은 엄밀하게 자연스러운 신비주의는 아니었다. 마찬가지로 그것은 물리적 우주를 향한 사람의 포용 속에서 수동적으로 획득되는 초월적인 느낌을 포함한 우주적 신비주의의 형식도 아니다. 천지 경계 안에서 '자아'는 수동적으로 움직이지 않고 적극적으로 '큰 전체의 주재자 역할'을 하는데 이것은 시공간이라는 현실의 제약을 초월한 시각 속에서 실제(實際)와 진제(眞際)의 결합에 대한 완전한 이해를 획득한 철학적 마음이다. 그가 주의 깊게 큰 전체의 관조에 대한 자신의 설명을 도가와 중국 불교에서의 종교적 개념과 비교 속에 둔 것은 이러한 이유 때문이었다. 이러한 종교적 도달과 마찬가지로 천지 경계 안에서 사람은 형언할 수 없는 경지에 이르지만 이것은 명상의 기술과 같은 다른 형식 또는 종교적 의식에 의한 것이 아니라 논리적 인식에 의해 일어난다. 따라서 펑은 한결같이 그의 '가장 철학적인 철학'이 단순히 또 다른 종류의 종교적 성취로서 이루어지는 것이 아니라 종교적 삶을 대신하여 대체되어야 한다고 주장하였다. 이런 측면에서 우리는 어떻게 펑의 철학적 신비주의가 종교적 신비주의와 어떠한 특징을 공유하는지 알 수 있다. 그것은 전체에 대한 비슷한 경험을 표현하고 가장 높은 성취에 이르는 단계를 제창하며 가장 높은 달성은 인간 의식의 순화를 수반하고 이러한 궁극적인 시각의 형언할 수 없음을 인식한다고 주장한다. 큰 전체를 이해하는 것은 이러한 철학적 성취를 유지하는 영속적인 조명으로 이끌면서 시공간의 일반적인 경계를 넘어서기 때문에 또한 종교적 신비주의와 비슷하다. 그럼에도 불구하고 종교적 신비주의의 주장과 대조적으로 펑의 성인은 무아지경의 표현이 없고 이러한 시각이 영원함과 관련 있거나 영원함을 구체화시킨다는 어떠한 주장에도 반대하면서 보다 높은 두 차원을 통하여 지적인 참여와

통제의 능동적인 상태라고 주장한다. 또한 직관적인 통찰 또는 근본적인 초월성 안에서 마주치는 궁극적인 실재에 대한 초의식적 자각에 의해 윤색되지 않은 형식적 분석 방법의 엄격한 사용이 펑의 설명의 특징이다.

철학사

마지막 두 권의 책에서 펑은 신리학의 역할에 대해 두 가지 긴 서술적 설명을 제시했는데, 신리학은 다음과 같은 역사 속에서 주제를 이루고 정점에 도달한다. 그것은 중국 철학의 다양한 학파들을 교직하는 방식들(《신원도》, 1944)인 동시에 고대 지중해와 현대 유럽철학의 복잡한 다양성 안에서 신장된 방법론들(《신지언》, 1946)의 역사이다. 앞의 책에서 그는 자랑스럽게 자신의 철학을 '새로운 표준 체계(新統)'라 불렀다. 그는 또한 그의 형이상학적 주장을 증명했던 분석적으로 일관된 일련의 명제들을 제기하기 위해 자신의 논리적 방법이 어떻게 사용될 수 있는지를 "무언가가 존재한다"는 문장에서 출발하여 설명하였다. 뒤의 책에서 펑은 어떻게 신리학이 플라톤과 칸트의 체계 안에서 뚜렷한 철학적 문제들을 극복할 수 있는지를 설명하고 어떻게 스피노자의 우주론과 자신의 형식적 분석 방법이 형이상학적 회의론과 비엔나 학파의 논리 실증주의를 극복할 수 있는지를 보여 주려고 시도하였다.

펑은 리의 본성에 대한 논리적 합의에 기초한 형식적 분석을 통하여 현대 중국 철학을 위해 새롭고 긍정적인 방법을 제공하는 한편 또한 뚜렷하게 중국적이고 특히 우주에 대한 신도가와 선불교의 철학적 시각에 빚을 진 부정적인 방법을 신장시켰다. 이러한 부정적인 방법으로 철학자들은 표현할 수 없는 경계가 어떻게 나타나는지를 표현하고 이해함으로써 중국의 시와 그림에서 심미적으로 성취된 것들을 모방할 수 있었다. 궁극에 대한 '불가언성'(不可言性)과 철학적 '불가해성'(不可解性)은 펑을 천지 경계 안에서 경험되는 철학적 신비주의에 대한 자신의 특별한 주장으로 이끌었다.

> 신리학이 '하나'(一)라고 일컬은 것은 개체가 아니라 큰 전체(大全)이다. 또한 불가 및 어떤 서양 철학자들이 말하는 '하나'는, '하나'를 사물의 근원 또는 본체(本體)로 간주된다. 그들은 사물(事物) 사이에 내적인 관계가 있고 따라서 모든 사물은 본래 실질상 '하나'라고 믿는다. 사물의 다양한 특성은 표면적이며 현상이다. 이러한 '하나'는 마음(心)이거나 또는 물질이다. 그렇지 않으면 어떤 서양 철학자들이 사물 사이에 내적인 관계가 있다고 주장한다. 만약 이른바 '하나'가 이러한 의미를 가진다면 … 그렇다면 그것은 종합 명제이고 실제(實際)에 대하여 긍정하는 것이다. 그러나 신리학에서 말하는 '하나'는 모든 것의 총괄적 명칭이다. … 보통 관념론, 유물론, 일원론 그리

고 이원론이라는 명칭은 신리학에 대하여 아무 소용이 없다.

신리학의 네 명제로부터 네 가지 개념이 발생한다. 이 가운데 … 세 가지는 생각과 의론을 할 수 없다. 다시 말하면, 그것들은 개념에 의해 표현될 수 없다. …

이러한 관점에서 우리는 형이상학은 강의될 수 없다고 말할 수 있다. 형이상학이 강의될 수 없다고 말하는 것은 부정적 방법으로 형이상학을 논하는 것이다(《신지언》, 펑, 1986, vol. 4, 66면).

아마도 비트겐슈타인의 《논리철학 논고》(1922)의 마지막 문장에서 암시한 것에 대하여 펑은 자신의 《중국철학간사》(*A short history of chinese philosophy*)의 끝에서 "우리는 침묵을 지키기 전에 충분히 말해야 한다"고 주장하였다.

여섯 권의 체계 안에서 펑은 인간의 삶에 대한 많은 다양한 문제들을 추구했고 리(理)에 의해 알려지는 논리학과 형이상학이 '가장 철학적인' 철학에 의해서 드러날 수 있다는 것을 밝히기 위해 숙고하였다. 중국 철학에 대한 펑의 현대적 형식은 한결같이 특수적인 것을 넘어선 일반적인 것, 실천적인 것을 넘어선 이론적인 것, 감각적이고 자발적인 것을 넘어선 분석적이고 형식적인 것, 정감적 또는 직관적인 것을 넘어선 합리적인 것에 특권을 부여했다.

펑의 중국 철학사와 신리학

중국 철학의 다양한 전통에 대한 자신의 역사적 연구에서 펑은 중국과 서양의 철학 작품들 사이에 방법과 수사학적인 면에서 차이가 있음에도 불구하고 중국 사상이 충분히 그리고 진지하게 철학적이었음을 증명하려고 노력하였다. 펑의 첫번째 철학사에 대한 보드(Derk Bodde)의 영어 번역은 작품의 처음에 1920년대 펑이 고려하고 있던 종류의 문제들을 강조하면서 다음과 같은 물음들을 덧붙였다.

첫째, 중국 철학의 특성은 무엇이며 그것이 세계에 기여한 것은 무엇인가? 둘째, 중국 철학이 체계가 부족하다고 하는데 그것은 사실인가? 그리고 셋째, 중국 철학에 발전이 없다는 것이 사실인가?(펑, 1952, 1면)

'철학'이라는 용어가 비중국인 독자들에게 어떠한 기대를 불러일으킬 것임을 의식하면서 펑은 중국 철학의 철학적 내용이 발견된 부분에 대하여 다음과 같은 설명을 하였다.

사람들이 중국의 철학 작품을 읽기 시작할 때 받는 첫인상은 아마도 저자의 말과 문장의 간결함과 일관성 없음일 것이다. … 정밀한 논거와 상세한 논증에 익숙한 학생들은 이러한 중국인 철학자들이 말하고 있는 것을 이해하기가 어려울 것이다. 그는 그 사상 자체 안에 일관성이 없다고 생각하려 할 것이다. 만약 이것이 정말 그렇다면 중국 철학은 없을 것이다. 왜냐면 일관성 없는 사상은 거의 철학이라는 이름의 가치가 없기 때문이다. … 중국에는 정식 철학 작품을 낸 철학자보다 그렇지 않은 철학자들이 훨씬 더 많이 있었다. 만약 사람들이 이러한 철학자들의 철학을 연구하기를 원한다면 그들은 그러한 철학자들의 말의 기록이나 그들이 제자나 친구에게 쓴 편지를 찾아야만 한다. 따라서 그것들 사이에는 일관성 없음이나 심지어 모순조차도 예상된다. … 사실, 중국 철학자들은 자신들을 경구, 격언 또는 암시와 예화의 형식 안에서 표현하는 데에 익숙했다. 경구, 암시 그리고 예화는 더구나 충분히 명확하지 않다. 그러나 명확성에 있어서 그것들의 불충분성은 그것들의 암시에 의해 보상받는다. 물론, 명확성과 암시는 양립하지 못한다. … 중국 철학자들의 이러한 말과 문장은 너무 불명확해서 그들의 암시는 거의 한계가 없다. … 도가에 따르면 도(道)는 말해질 수 없고 단지 암시될 수 있을 뿐이다. 따라서 언어가 사용될 때 그것은 언어의 암시이며 도를 드러내는 고정된 외연이나 내포는 아니다(펑, 1948, 194, 204~6면).

자신의 독자들을 돕기 위하여 펑은 중국 철학의 텍스트 표면 아래에 놓여있는 논증적인 일관성을 드러내려고 시도한 지적 재건의 방법을 소개하였다. '자학시대'(子學時代)를 다룬 《중국철학사》 상권(1931년에 출판됨)이 추정상의 서술이고 어떠한 한 학파 또는 입장을 부각시키지 않은 반면 (1934년 출판된) 하권은 다른 방식으로 '경학시대'(經學時代)를 다루었다. 펑은 정주 리학파의 정통 노선을 따른 자신의 평가로 학파들에 대한 설명을 보충하였다. 비록 이러한 철학적 경향이 3년 후 펑이 신리학을 쓰기 시작했을 때 그에게 계속 영향을 미쳤지만 그 당시에 펑은 몇 가지 점에서 이러한 정통 철학적 선호를 제한하였다.

신리학(新理學)의 '신'(新)

신리학에서 리(理)에 대한 펑의 기본적인 이해는 몇 가지 점에서 정주학파에서 나타나는 본래적인 리의 개념을 수정하였다. 우선, 그는 리를 '실제적'인 어떤 것과 형이상학적으로 구별되는 논리적 용어로 간주하였다. 주희(朱熹)를 포함한 초기 신유가 철학자들은 이런 방식으로 리에 대한 그들의 개념을 제한하지 않았기 때문에 펑은 그들의 형이상학을 결정적인 점에서 혼동된 것으로 간주하였다.

만약 둥근 물건이 있다면, 반드시 그것을 둥글게 하는 까닭이 있음에 틀림없다. 우리가 이와 같이

말할 때, 혹 우리가 그 말을 어디서나 되풀이한다 할지라도 과학 또는 철학에는 모두 도움이 될 수 없다. 이러한 비평은 바로 아리스토텔레스가 플라톤에게 했던 비평이었다. … 이러한 명제들은 본래 실제(實際)에 대하여는 어떠한 것도 긍정한 것이 없다. 진제(眞際)에 대해서는 표현할 바를 가지고 있다. 이것은 바로 형이상학이 필요로 하는 것이다(《신지언》, 평, 1986, vol. 4, 60면).

특히, 펑은 신유가의 도덕론을 심성(心性)과 리의 관계에 대한 설명에서 만족스럽지 못한 것으로 생각하였다. 리를 시공간적 현실 세계의 일부로 간주하는 그들의 고집은 펑에게 있어 형이상학을 우주론과 혼동하는 범주 착오였다. 그 결과 신유가는 리의 본성과 작용에 대하여 너무 많은 것을 계속해서 주장해 왔다. 이러한 우주론적 주장을 도려내면서 펑은 인간 본성의 형이상학적 지위를 새로 다듬고 명확하게 할 리(理)에 대한 더욱 엄밀한 논리적 설명을 제시하였고, 리(理)와 기(氣) 사이의 관계에 대한 신유가의 논의 안에 내재해 있던 이원론을 극복할 것을 주장하였다. 자신의 철학 체계의 방법론적 지렛대인 형식적 분석 논리에 대한 펑의 전념은 당연히 전통적인 리학으로부터 하나의 중요한 현대적 출발을 이루었다.

또 다른 중요한 출발은 일찍이 1936년에 역사적 유물론의 형식에 대한 펑의 지지로부터 일어났다. 리(理)는 그 자체가 시공간으로부터 논리적으로 자유롭기 때문에 역사적으로 제한된 유물론은 펑의 역사적으로 제한되지 않은 형이상학에 대하여 완벽한 반대 속에 놓일 수 없었다. 그는 실제(實際) 내의 변화는 어떠한 리의 형이상학적 지위도 위협하지 않고 유물론의 토대 위에서 설명될 수 있다고 확실히 믿었다. 따라서 현대화에 대한 그의 이해는 산업화와 관련된 경제와 현대성에 대한 독특한 견해로 알려졌는데 전적으로 새로웠고 그의 철학적 선배들의 입장과 유가사상에 영향을 받은 많은 다른 현대 학자들의 견해와도 차별을 이루었다.

신리학과 펑의 중국 철학사

펑이 영어를 사용하는 독자를 위해 《중국철학간사》(A short history of chinese philosophy, 1948)를 썼던 그 때, 그의 신리학이 완간되었다. 유럽과 중국의 철학사를 비교하여 유사점을 도출해내려고 시도하면서 펑은 동시에 자신의 해석적 관심을 한층 더 드러내었다. 이것은 '맹자'에 대한 부분에서 뚜렷한데, 이 장은 맹자의 철학적 '신비주의'에 대한 설명으로 끝을 맺으며 송명대 신유가의 중요한 두 학파를 '플라톤적 이데아' 학파(주자학)와 '우주적 심(心)' 학파(양명학)로 일컬었다. 펑은 또한 논리적 방법을 사용한 현대 중국 철학의 실례로서 자신의 신리학에 대한 설명으로 책을 마무리하면서 현대 중국 철학을 변화시킬 수 있는 힘을 지닌 서양 논리학의

영향을 확실히 언급하였다. 의미심장하게 펑은 정주철학 체계에 반대한 우주적 심학파가 1919년 5 · 4운동 이후 지배적인 철학적 세력이었음을 인정하면서, 따라서 자신의 철학 체계가 얼마나 새롭고 다른 것인지를 암시하였다.

이러한 신리학의 더욱 반성적이고 상황을 고려한 서술은 펑의 중요한 철학사 연구의 일곱 번째이면서 마지막 저서인 《중국철학사신편(中國哲學史新編)》에서 확장되었고 명확해졌다. 이 유고는 중국 철학사의 전 범위에 걸친 길고도 정밀한 마르크스주의적 해석의 완결판이다. 학문적인 변화와 일곱 권의 전 저서에서 사용한 마르크스주의적 범주들에 관해서 좀더 많은 것이 시사될 수 있지만 자기 자신의 철학적 관심과 관련하여 중국 논리와 인식론 그리고 여러 철학 학파가 도달한 경계에 대한 이따금씩의 토론을 크게 강조한 것이 의미가 있다. 마지막 저서에서 펑은 대략 40년 전에 쓰인 신리학의 저술과는 매우 다른 해석적 시각에서 자신의 신리학 체계를 재검토하였다. 우선, 그의 철학은 더 이상 독특한 것으로 보이지 않았다. 대신에 그것은 진위에린의 작품들과 함께 신리학파의 대표로 분류되었다. 대안적이고 더욱 영향력 있는 학파는 리앙수밍과 숑스리의 신심학파였다. 더욱 의미심장하게 펑은 자신의 철학 체계에 대한 형이상학적 비평을 받아들였는데 그는 리(理)의 잠존(潛存)과 실제 사물의 존재 그리고 전체로서 실제(實際) 사이의 뚜렷한 존재론적 차이를 주장하기보다 때때로 마치 실제 사물과 함께 존재하는 것처럼 있는 리에 대해 언급했다.

> 철학 체계로서 신리학은 그것이 '있는'(有) 것과 '존재하는'(存在) 것 사이를 명확히 구별하지 않았을 때 근본적인 실수를 했다. 펑요우란은 리가 "있지만 존재하진 않는다"고 말하는 진위에린의 화법을 지지하는 반면 또한 서양의 현대 신실재론자들의 해석을 따라서 '있음'은 일종의 존재를 포함한다는 것을 인정하였다. … 신실재론은 일반적인 [또는 보편적인] 양상의 존재는 숨겨져서 아직 드러나지 않은 존재의 일종인 '잠존'(潛存)이라는 논리적으로 보이는 해석을 만들었다. 이것은 진위에린의 말의 의미와 정반대이며 신리학 안에서 큰 모순이다(펑, 1992, 222~3면).

진위에린이 가능성(probability), 잠재력(potentiality)과 현실(actuality) 사이의 차이점과 관계를 더욱 주의 깊게 탐구한 반면 펑은 때때로 일관된 설명이 없이 진제(眞際)와 실제(實際) 사이의 구별을 없앴다. 자신의 체계 내에서 펑은 과정적인 '도의 체득'을 표현하고 싶어했지만 충분히 그렇게 하는 데에는 실패했다. 자신의 철학에 대한 펑의 평가는 중요하지만 그것은 또한 펑의 철학 체계에 대한 또 다른 중요한 문제를 제기한다.

현대 유가 합리론자의 문제점

평은 민족주의자들이 그가 자신의 철학에서 대중의 이름으로 표현하기를 희망했기 때문에 1949년 공산당이 승리한 이후 중국 본토에 남았다. 비록 그가 재빨리 마르크스-모택동주의적 유물론으로 결정적인 전환을 했을지라도 그는 이후 30년 넘게 자신의 철학에 대한 일련의 자아 비판을 발표해야만 했다. 그의 초기 자아 비판이 확실히 정치적으로 유발된 반면 일부 후기 자아 비판은 자발적으로 발표했고 통찰력 있는 많은 내용을 포함하였다. 삶의 마지막 10년 동안 평은 대체로 마르크스주의적이었던 확고한 유물론에 대한 그의 철학적 전념(專念)을 재형성하였고 또한 자신의 철학적 관점을 표현할 수 있었다. 이 마지막 지적 변화는 평의 이전 철학 작품들과의 완전한 그리고 모순되는 단절이었는가? 우리는 단지 한층 나아간 두 물음에 답함으로써 이러한 물음에 의해 야기된 논쟁들에 접근할 수 있다. 만약 완전한 단절이 없었다면 어떻게 이러한 발전 방향이 가장 잘 설명될 수 있는가? 결국, 그의 초기 철학에 대한 평의 비평은 그러한 입장에 대한 완전한 거부였는가?

신리학 내의 비중국 철학적 영향

평의 신리학에서 드러나는 플라톤적 경향의 많은 부분이 미국 신실재론 철학의 영향으로 이루어졌지만 이러한 판단은 증명을 필요로 한다. 확실히 진제(眞際)와 실제(實際) 사이의 구별에 있어서 평의 철학은 플라톤의 《국가(*Republic*)》에서 발견되는 존재론과 공통점이 있는데 평은 때때로 플라톤의 형상 참여 이론과 매우 비슷한 시각에서 사물의 본성을 묘사하는 경향이 있다. 그럼에도 불구하고 리에 대한 평의 논리적 설명은 보편자와 명제들의 의미에 대한 아리스토텔레스의 학설을 반영하였다. 또한 과정적인 '도의 체득'에 대한 그의 관심은 리기의 존재론적 분리에 대해서보다 리와 기의 결합에 더욱 초점을 두는 신리학의 관점을 제안하였다. 비록 아리스토텔레스의 모든 개물 내의 순수현실태 개념이 실제 사물에 대한 평의 설명에 반영되지는 않았지만 리와 기 사이의 관계에 대한 그의 주장은 아리스토텔레스가 주장했던 형상과 질료 사이의 조화를 반영한다. 리와 기 사이의 이러한 관계는 위에서 인용한 평의 후기 자아 비판에서 지적된 형이상학적 모순을 지속시키는 기초가 되었다. 여기서 스피노자와 곽상(郭象)에게서 보이는 우주론적이고 지적인 시각을 반영하는 분리되지 않은 다차원적 실재인 큰 전체(大全)에 대한 포괄적인 시각은 리와 기를 포함하는 형이상학적 경계를 조화시키고 통합하려는 평의 철학적 소망을 드러내었다. 따라서 평의 신리학 방법론의 분석적 측면과 큰 전체에 대한 철학적 앎을

획득하고 그것을 일상의 삶 한가운데에서 표현하려는 그의 신비주의적 목표 사이에서 일어난 긴장은 완전히 해결되지 않는다.

또한 역사 철학과 형이상학에 관한 펑의 개념에 대한 헤겔의 영향도 지적되어야 한다. 《신원도》에서 펑은 명백히 이천 년 이상을 가로지르는 '중국 철학 정신'의 실현과 관련하여 역사적 진보에 대한 변증법적인 설명을 차용하였다. 펑 자신의 체계가 과거의 잘못을 지양하고 서양 철학으로부터 배운 새로운 논리적 방법을 사용했던 현대 철학적 종합을 '실현했을' 때, 이러한 변증법이 공자시대부터 20세기까지 적용되었다. 비록 펑이 일찍이 1920년대 초기에 헤겔의 철학 체계에 긍정적인 인상을 받았을지라도 중국의 철학 전통의 역사에 관한 그의 이전 작품과 그렇게 명확히 연결되지 않았다. 이런 의미에서 헤겔의 변증법적 철학사는 펑의 신리학에서 중국 철학 전통의 본질적인 발전을 이해하는 데 새로운 토대를 제공하였다.

헤겔의 영향은 또한 그가 신리학에 대한 여섯 권의 저서를 출판하고 난 이후의 후기 철학적 변화 속에서 뚜렷하다. 펑은 1950년대 초기에 자신의 유물론으로의 형이상학적 전환이 헤겔의 구체적 보편성으로서의 절대 정신 개념에 대한 보다 완전한 인식과 최종적인 수용으로부터 발생했다고 주장하였다. 펑 자신의 표현으로 이것은 리와 기의 합일을 통하여 실현되었다. 다양한 학파들 사이의 다양한 역사적 시기에 적용된 헤겔의 변증법에 대한 이해의 해석학적 중요성을 일찍이 수용하면서 펑은 변증법적 유물론이라는 마르크스주의화로 나아갔다. 왜냐하면 그가 헤겔의 역사 철학에서의 절대정신의 역할과 관련된 최종적인 형이상학적 주장들을 받아들였기 때문이다. 이러한 관점에서 우리는 펑의 일생에 거친 철학적 여정을 철학적 실재론에서 철학적 유물론으로의 형이상학적 전환으로 요약할 수도 있지만 이러한 평가는 펑이 이러한 전환의 과정 중에서와 그 이후에 유지하기를 열망했던 종합적으로 통합된 철학의 역할 내에서의 변화들을 충분히 그려내지는 못할 것이다. 비록 펑은 형이상학적 실재론자에 머물렀지만 그는 계속해서 '유'(類)라는 용어로 리에 대한 논리적 인식을 평가해 나갔고 정신 경계에 대한 그의 독특한 분류 단계를 신장시켰다. 천지 경계 안에서 경험되는 철학적 신비주의라는 그의 체계의 목표는 심리적인 이해와 개인적인 변화의 문제로 변형되었고 더 이상 성스러움에 대한 한층 나아간 형이상학적 주장에 빗대어 말할 수 없었다. 정확히 초기와 후기에 펑이 취한 철학적 입장 사이에 완전한 단절은 없었기 때문에 우리는 보다 넓은 종합적인 전체 내에서 관점 변화를 수용하는 점진적인 변화를 볼 수 있다.

평의 마르크스주의 전환과 신리학

평의 철학적 관점의 변화는 단순히 자신의 마르크스주의적 전환을 위한 용어상의 위장이 아니다. 종합 안에서 조정의 결과 후기의 평은 혁명의 수단을 정치적이고 사회적인 조화와 화해시키려는 마오쩌뚱 철학의 궁극적인 무능력함에 말미암아 문화대혁명 기간 동안 그것의 공상적이고 파괴적인 발전을 비판할 수 있었다. 이러한 철학적 비판은 평의 수정된 유물론적 신리학으로부터 일어났다. 이러한 입장으로부터 평은 실천과 이론 사이의 신중한 균형의 부족함과 '가장 철학적인' 철학의 수준에 도달하는 데 실패했다는 이유로 마오의 사상을 비판하였다.

많은 전기작가들과 비평가들이 1949년 이후의 평의 철학적 변화를 볼 때 혼란스럽고 논의의 여지가 있다고 느끼는 것은 다양한 마르크스주의 입장들에 대한 철학적 옹호자로서 마오쩌뚱의 이데올로기적 체제 내에서 활동하려는 그의 자발적 의지 때문이었다. 어떤 때에 평은 공개적으로 마오쩌뚱의 혁명적 변화를 지지하였다. 또 다른 때에 그는 강제로 쓰게 된 자아 비판과 부패한 이데올로기적 선전의 대상으로서 공개적인 치욕으로 많은 고통을 받았다. 비록 그러한 고통스러운 선전적 비난에 대한 복잡한 심리 상태는 고려되지 않을지라도 최소한 고려되어야 하는 평의 신리학과 관련된 두 가지 다른 문제점이 있다. 자신의 작품 안에서 평은 대체로 자신을 중국의 근대화뿐만 아니라 중국 철학의 근대화를 주장했던 중국의 민족주의자로 표현하였다. 그는 마오가 중국의 근대화를 촉진할 많은 것을 성취하리라고 믿었으며 많은 점에서 그는 훗날 이러한 처음의 희망이 사실로 입증될 거라고 믿었다. 그러나 철학의 또 다른 측면에서 평은 '국가'를 위한 헌신에 대한 현명한 이해는 단지 특정 국가에 제한되어서는 안 되며 '근대 국가' 그 자체의 원리로 확장되어야만 한다고 주장하였다. 정치 철학과 세계 내의 현명한 계약에 관한 신리학의 논의에서 평은 현대 사회에 있어서 피통치자는 통치자가 진정으로 왕다운 도덕적 지도자가 될 수 있도록 성실하고 충실하게 남아 있어야만 한다고 주장하였다. 비록 그것이 상당히 전통적이고 한쪽으로 치우친 것처럼 보일지라도 그는 '국가를 위한 헌신'의 현대적 원리로서 이것을 제안하였다.

지도자는 일상적인 활동에서 떨어져 있지만 합법적으로 상과 벌을 사용하는데 이는 진(秦)대의 법가 사상에 의해 고무된 이론이다.

> 통치자는 국가의 일을 관리함에 있어서 개인적으로 관여하지 않지만 모든 일이 행해진다. 이것이 바로 "아무 일도 하지 않아도 되지 않는 것이 없다"(無爲而無不爲)이다. …
> 통치자는 권력을 가지는데 이러한 권력은 상과 벌을 주는 데서 드러난다. 법가들은 이것을 '두 가

지 힘'(二柄)이라 일컬었다. … 통치자가 되는 것은 서양식 마차를 운전하는 것과 같다. 마부는 마차의 가장 높은 곳에 앉고 마차가 앞으로 가도록 말을 당긴다. 만약 말이 너무 천천히 가면 그는 말에게 채찍질을 한다. 그가 말이 빨리 잘 가는 것을 볼 때 저녁에 그는 말에게 여분의 먹을 건초를 준다. 그가 하는 일은 단지 이러할 뿐 그 이상 어떤 것도 하지 않는다. 그가 마부석에서 내려와 천천히 걸어서 말이 마차를 끄는 것을 돕는 것은 아무런 도움이 안된다. 만약 그가 그렇게 한다면 그가 보태는 힘의 양은 한정적이다. 마차를 끌던 몇마리 말은 도리어 아무도 이끌지 않기 때문에 잘못된 방향으로 전속력으로 질주하기 시작한다(《신세훈(新世訓)》, 펑, 1986, vol. 4, 499, 501~2면).

상벌을 사용하는 가장 큰 기능은 당사자들에게 격려하고 경고하는 것일 뿐만 아니라 또한 일반인들이 격려 받는 것과 처벌 받게 되는 것을 알도록 하는 것이다. … 따라서 '아무것도 하지 않는 것'(無爲) 이외에 우리가 기술하고 있는 통치의 방법은 또한 세 가지 다른 점을 포함해야만 한다. (일의) 결과가 좋을 때 지도자는 심지어 그들이 적일지라도 그 사람에게 상을 주어야만 하며 만약 결과가 나쁘면 그는 심지어 그들이 그의 친척일지라도 책임이 있는 그 사람을 처벌해야만 한다(《신세훈》, 펑, 1986, vol. 4, 503).

비록 펑이 현대 사회에서 변화를 이루기 위한 제도의 혁명을 정당화했을지라도 그는 또한 적어도 자신의 첫번째 저서인 《신리학》의 몇몇 단락에서 전제 통치자의 합법성에 의문을 가졌다. 그렇다면 어떤 토대 위에서 성실하고 충실한 시민은 정치적 정의, 사회적 현대화를 장려하고 일상의 삶 가운데서 현명한 지혜를 성취할 수단으로서 정치적 이견을 정당하게 선택할 수 있는가?

어떤 사람은 다음과 같이 물을지도 모른다. 만약 당신이 위에서 설명한 것을 완벽히 행할 수 있는 지도자가 있다면 어찌 성왕(聖王)이 아닌가? 우리는 다음과 같이 답할 것이다. 물론이다. 비록 실제로 성왕이 반드시 나타나지 않을지라도 그럼에도 불구하고 어떠한 통치자라도 실제로 완전히 실패하지 않기 위해, 위에서 말한 것은 어느 정도 행해야만 한다. 완벽한 지도자가 되기 바라는 통치자는 성왕(聖王)을 이상적인 표준으로서 받아들여야만 한다. 우리가 확실히 말할 수 있는 것은 이것이다(《신세훈》, 펑, 1986, vol. 4. 508면).

펑은 거의 정치 영역에서는 구체적인 지침을 제안하지 않았지만 마오의 체제 아래에서 살아가는 동안 확실히 그러한 선택들에 연루되었다. 이런 의미에서 그는 오늘날 많은 사람들이 그 당시의 좋지 않은 정치적 권력으로 여기고 있는 세력과 의

문스러운 동맹을 맺음으로써 나쁜 평판을 받은 중국의 하이데거로 여겨질지도 모른다. 문화 대혁명 이전 여러 해 동안 펑은 고위 공무원을 위한 교육과 철학의 고문으로 활동하였고 교육과 철학 기관의 중요한 지위를 받아들였다. 의미심장하게 펑은 중국 공산당원이 되지 않고서 그렇게 했다. 펑은 자신을 그들과 완전히 동일시하지 않으면서 현대 중국의 혁명 전통에 참여하기로 결심했다. 비록 그가 때때로 현재의 정치적 노선으로부터 철학적 독립의 수단을 유지했을지라도 펑 자신의 철학은 마오의 정치적 이념의 과도함을 다루는 데 있어서 명확한 기준을 제공하지 않았다. 펑의 '가장 철학적인 철학'은 위험하게 정치적인 이념적 악용에 빠지기 쉽기 때문에 우리는 그의 철학에서 도출된 성왕(聖王)적 이상에 대한 해석을 비판할 근거를 가진다.

펑의 신체계의 성격과 중요성

신리학에서 표현되는 것처럼 펑의 철학적 경향은 다음과 같은 방식으로 특징지워질 수 있다. 그것은 명확히 분위기에서 신유가적이다. 도가적 형이상학과 불교적 논리의 인식할 만한 영향에도 불구하고 그것의 주된 임무는 주희(朱熹)의 리학파에 대한 비판적인 발전이었다. 형이상학적으로 펑은 신비주의적 실재론자였고 방법론적으로 논리적 보편주의자, 인식론적으로 현대 유가 또는 유가의 합리론자, 우주론적으로 곽상식의 무신론적 도가, 미학적으로는 역설적인 선불교도였고, 문체상으로는 분석적이었으며, 정치적으로는 이상적인 사회주의자였다. 펑은 그 자신을 단순히 모방자나 전달자로 생각하지 않으면서 이 같은 다양한 철학적 역할을 자신이 만든 현대적 종합 안으로 재구축하려고 시도하였다. 이런 방식으로 그의 작품은 현대 중국 철학의 놀라운 성취를 드러내었다. 그럼에도 불구하고 독특한 철학적 종합에 대한 펑의 추구와 그의 형이상학 안에서 해결되지 않은 긴장이라는 단점은 궁극적으로 그의 학파의 후계자가 되려는 현대 철학자들을 거의 끌어당기지 못하였다.

만약 우리가 펑 자신의 신리학파의 창시에 셋으로 나뉜 중국 철학의 다양한 전통들의 역사에 대한 펑의 방대한 집성(集成)의 영향을 덧붙이려면 우리는 '중국 철학'을 구성하는 것에 대한 펑의 설명이 여전히 영향력 있고 문제를 안고 있는 채 남아 있음을 인식해야만 한다. 이러한 전통에 대한 역사를 처음으로 서술함으로써 펑은 20세기를 위한 중국 철학의 새로운 전망을 제시하는 데 성공했다. 사실, '철학'이라는 용어는 처음에 '서양' 철학을 기술하기 위해 사용된 19세기 후반의 신조어였다. 펑은 과감하게 같은 개념 아래 중국과 서양 사상을 가져왔다. 펑이 한 걸음 나아간 두 권의 중국 철학사를 썼다는 사실은 그가 자각적으로 시대, 학파 그리고 2,500년

이 넘도록 중국의 지적 논의에서 표현된 중요한 문제들에 대한 개념과 재개념에 전념했음을 암시한다. 확실히 이러한 역사적 연구는 유가의 용어와 펑의 신리학 내용에 영향을 주었다. 그것의 역사에 대한 펑의 후기 마르크스주의화는 자신의 초기 철학 작품과 중요한 개념적 연속성을 유지했다. 신리학에 대한 그의 야망에도 불구하고 펑의 철학사는 중국 안팎에서 자신의 철학보다 더욱더 큰 영향력을 가졌다. 비록 중국 철학의 다양한 전통의 역사에서 그의 저술 범위가 팡동메이(方東美), 탕쥔이(唐君毅) 그리고 모우쫑산(牟宗三)의 광범위한 작품들과 견줄 만하지만 펑은 마르크스주의 체제 하의 중국 본토에 남아 있으면서 홀로 책을 저술했다.

참고문헌

펑요우란의 주요 저작

펑요우란 1924: *A Comparative Study of Life Ideals*, 박사학위 논문, 콜럼비아 대학교. 《*Selected Philosophical Writings of Fung Yu-Lan*》 북경외문출판사(北京外文出版社), 1991, 1~189면.

--------- 1939~46: 《정원육서(貞元六書)》 上下, 장사(長沙): 상해(上海), 중경(重慶) 상무인서관(商務印書館), 1939~46: 1986년 펑의 《삼송당전집(三宋堂全集)》 제 4권.

--------- 1939: 《신리학(新理學)》, 장사(長沙): 상무인서관(商務印書館).

--------- 1940a: 《신사론(新事論)》, 상해(上海): 상무인서관(商務印書館).

--------- 1940b: 《신세훈(新世訓)》, 상해(上海): 개명서점(開明書店).

--------- 1943: 《신원인(新原人)》, 중경(重慶): 상무인서관(商務印書館).

--------- 1944: 《신원도(新原道)》, 중경(重慶): 상무인서관(商務印書館), 1944. 영어로는 *The spirit of chinese philosophy*, E. R. Hughes 역, 런던: Kegan Paul, Trench, Trubner & Co., 1947.

--------- 1946: 《신지언(新知言)》, 상해(上海): 상무인서관(商務印書館). 또 영어로 *A New Treatise on the Methodology of Metaphysics*, Chester C. I. Wang 역, 북경외문출판사(北京外文出版社), 1997, 그리고 독일어로 된 주석과 소개, *Die Philosophischste Philosophie: Feng Youlans Neue Metaphysik*, Hans-Georg Müller, Wiesbaden: Harrassowitz, 2000.

--------- 1948: *The short history of chinese philosophy*, ed. Derk Bodde, 뉴욕, The Macmillan Company.

224

--------- 1952: 《중국철학사》 I권-자학시대[子學時代](기원에서 B. C. 100년경까지), Derk Bodde 역, 프린스턴: 프린스턴대학교 출판부. 1953(원작: 《중국철학사》 상권, 1931).

--------- 1953: 《중국철학사》 II권-경학시대[經學時代](B.C 2세기에서 A.D 20세기까지), Derk Bodde 역, 프린스턴: 프린스턴 대학교 출판부. 1953(원작: 《중국철학사》하권, 1934).

--------- 1964~89: 《중국철학사신편(中國哲學史新編)》 1~6권, 북경(北京) 인민출판사(人民出版社).

--------- 1984: 《삼송당학술문집(三宋堂學術文集)》, 북경(北京): 북경 대학교 출판부.

------- 1986: 《삼송당전집(三宋堂全集)》 북경(北京): 북경 대학교 출판부, Tu, Youguang, ed., 정주인민출판사(鄭州人民出版社).

--------- 1992: 《중국현대철학사(中國現代哲學史)》, 홍콩(香港) 중화서국(中華書局).

--------- 2000: *The Hall of Three Pines: An Account of my Life*, Denis C. Mair 역, 호눌룰루: 하와이 대학교 출판부.

펑요우란의 삶과 철학에 대한 연구들

Cai, Zhongde(蔡仲德) 1994: 《풍우란선생년보초편(馮友蘭先生年譜初編)》, 정주(鄭州), 하남인민출판사(河南人民出版社).

------------ 1995: 《론풍우란적사상역정(論馮友蘭的思想歷程)》, 청화학보(清華學報), 청화중국학저널, 25:3 237~72. 신죽(新竹), 대만(臺灣), 1995.

------------ ed., 1997: 《풍우란연구(제1집)-기념풍우란선생탄신일백주년국제학술토론회논문선》, 북경 국제 문화 출판공사(北京國際文化出版公司).

Cheng, Weili 1994: 《신념적여정(信念的旅程)-풍우란전(馮友蘭傳)》, 상해(上海) 문학예술출판사(文學藝術出版社).

Yin, Ding(殷鼎) 1991: 《풍우란》, 대북(臺北): 동대도서관(東大圖書館).

Yin, Lujun 1992: "Against Destiny: Feng Yu-lan and a New Hermeneutics of Confucianism", 박사학위 논문, 스탠포드 대학교.

펑요우란 철학에 대한 주요 연구들

Chen, Lai(陳來) 1997: "론풍우란철학적신비주의(論馮友蘭哲學中的神密主義)", In Cai,

Zhongde(蔡仲德), ed.,《풍우란연구》, 1권, 294~312면, 1997.

Fang, Keli(方克立) & Li, Jinquan(李金全), eds, 1991:《현대신유가연구(現代新儒家研究)》, 북경(北京), 중국사회과학출판사(中國社會科學出版社).

Fang, Keli(方克立) & Zheng, Jiadong(鄭家棟), eds, 1995:《현대신유가인물여저작(現代新儒家人物與著作)》, 천진(天津), 남개 대학교 출판부(南開大學校出版部).

Gievers, Bie 1999: "New Wine Requires New Bottles: Feng Youlan and the Modernization of Chinese Philosophy", 박사학위 논문, 루뱅가톨릭 대학교.

Lomanov, A. 1998: "Religion and Rationalism in the Philosophy of Feng Youlan" In Monumenta Serica, 46 323~41.

Masson, Michel C. 1985: *Philosophy and Tradition: The Interpretation of China's Philosophic Past, Fung Yu-lan, 1939~49*, 대북(臺北), Ricci Institute.

Obenchain, Diane B., ed. and trans. 1994: "Feng Youlan: Something Exists-Selected Papers of the International Research Seminar on the Thought of Feng Youlan", 중국 철학저널 21:3/4 호놀룰루.

Standaert, Nicolas 1995: "The Discovery of the Center through the Periphery: A Preliminary Study of Feng Youlan's History of Chinese Philosophy [New Version]", 동서철학 45:4 569~89, 호놀룰루.

Tian, Wenjun(田文軍) 1990:《풍우란신리학연구(馮友蘭新理學研究)》, 무한(武漢), 무한출판사(武漢出版社).

Wang, Zhongjiang(王中江) & Gao, Xiuchang(高秀昌), eds 1995:《풍우란학기(馮友蘭學記)》, 북경(北京), 삼련서점(三聯書店).

Wu, Xiaoming 1998: "Philosophy, philsophia, and zhe-xue", 동서철학, 48:3 406~52, 호놀룰루.

Zheng, Jiadong(鄭家棟) 1995:《당대신유학논형(當代新儒學論衡)》, 대북(臺北), Guiquan Library.

다른 작품들

Wittgenstein, Ludwig 1922:《논리철학논고》(*Tractatus Logico-Philosophicus*), C. K. Ogden 역, 런던: Routledge. 또한 D. F. Pears & B. McGuinness, 런던: Routledge, 1961.

토론 문제

1. 리(理)에 대한 펑요우란의 이해는 주희(朱熹)의 그것에 대한 개선인가?

2. 현대 논리학의 방법은 우리가 전통 중국 철학의 개념과 이론들을 이해하는 데 도움을 주는가? 이러한 방법은 펑요우란의 형이상학적 주장들을 정당화시키는가?

3. 합리주의는 신비주의와 양립할 수 있는가?

4. 우리는 실제(實際)와 진제(眞際) 사이의 구분을 받아들일 수 있는가?

5. 전통 중국 철학은 현대화의 요구에 맞서기 위해 무엇을 필요로 하는가?

6. 우리는 전통 철학의 개념들을 그것들이 기원하고 발전한 역사적 환경으로부터 분리하여 '추상적으로 계승' 할 수 있는가?

7. 자아에 대한 우리의 설명은 우리가 획득한 '경계'에 따라 변해야만 하는가?

8. 중국 철학은 그것이 서양 철학과 함께 평가되기 위하여 지적으로 재구성되어야만 하는가?

9. 펑요우란의 유물론에로의 전환의 철학적 결과는 무엇인가?

10. 현대 중국 철학에서 '성실하고 충실한 시민' 의 역할은 무엇인가? 그것은 어떻게 전통적인 중국의 정치적 가치들을 변화시키는가?

9. 허린(賀麟): 관념론의 중국 문화적 해석

지웨이 치

허린(賀麟)은 공동적으로 어떤 경우에는 개인적으로 20세기 중국 철학의 최고봉에 도달한 펑요우란(馮友蘭)이나 슝스리(熊十力) 같은 당대의 중국 철학자들 중에서 아마 별로 알려지지 않은 인물일 것이다. 부분적으로 이것은 자기 자신의 철학체계를 발전시키려는 겉으로 보이는 포부나 능력이 없음을 반영하는 것이다. 이러함에도 불구하고, 그는 철학체계에 대한 신념이 강한 사람이었으며, 그 자신의 체계에 그가 건립한 것처럼 보이는 수많은 단서들을 남겼다. 허린은 체계 없는 체계 설계자였거나, 또는 다른 길을 제안하면서 그는 한 체계의 편린들을 제공하였지만, 거기에는 충분한 발전이나 혹은 명시적인 연계가 결여되었다.

허린에게 체계가 없는 이유는 내재적으로는 철학의 설계에 대한 그의 관점과 관련되어 있다. 허린은 인류의 문화적·역사적 배경의 차이와 관계없이 모든 인간들에게 타당한 하나의 참된 철학 체계가 존재한다는 것을 믿었다. 따라서 그는 철학의 과제를 이 체계를 발견하기 위해 시도하는 것으로 이해하였는데, 그러한 체계의 본질들이 이미 관념론, 특히 헤겔(Hegel)의 관념론에서 발견될 수 있다고 생각하였다. 허린은 자기 자신을 포함해서 어느 누구도 다른 체계를 건립할 필요가 없다고 여길 만큼 헤겔의 체계에 충분히 만족하였다.

이 체계의 창시자가 중국인이 아니라 서양인이며 독일인이었다는 사실은 문제되지 않았다. 그러나 허린은 중국의 철학 전통, 특히 육구연(陸九淵, 1139~93)과 왕양명(王陽明, 1472~1528)의 육왕학파(陸王學派, 또는 心學派)를 비록 정교하지 못하고

불분명한 형태일지라도, 헤겔의 체계에 대응하는 것으로서 보았다. 이러한 관점에서 허린은 자신의 과제를 근대 유심론 일반, 특히 헤겔에 비추어서 육왕학파의 철학을 새롭게 하는 중국 철학자가 되는 것으로 여겼다. 이 작업은 중국으로 하여금 이미 그 자신에게 익숙한 용어로써 서양적인 것도 중국적인 것도 아닌 궁극적인 철학적 진리에 참여할 수 있도록 할 것이다. 이러한 입장에서 허린이 오래된 중국의 관행인 "[다른 사람의 위대한 작품에] 주석하지만 [자신의 생각을] 창작하지는 않는다(述而不作)"는 말로써 그에게 체계 건립의 포부가 없음을 설명했을 때, 그는 그 오래된 이유에 적합하게 행동했으므로 독특하고 합당한 체계로 이미 자리를 잡았다. 따라서 그에게 남겨진 과제는 전통적인 그의 선임자들과 마찬가지로 주로 경전을 해석하는 것이었다.

허린의 경전 해석의 과제는 그 자신이 보기에 특별히 중요한 문화적 기능을 가졌다. 왜냐하면 중국은 1839~42년의 아편전쟁에서 패배하기 시작하는 심각한 국가적 위기에 빠져 있었기 때문이다. 유교(儒敎)의 학문적 전통에서 자신의 근본에 충실하였기 때문에, 그는 그 위기를 다른 무엇보다도 문화적 위기로 간주하였다. 자신의 철학적 관념론에 충실하였기 때문에, 그는 또한 중국이 궁극적인 철학적 진리로부터 길을 잃었다는 견지에서 문화적 위기를 이해하였다. 이렇게 하여 허린의 과제는 문화적으로 야심 찬 것인 만큼 철학적으로는 겸손한 것이었다. 그것이 철학적으로 겸손한 이유는 궁극적인 철학적 진리가 이미 밝혀졌기 때문이다. 그것이 문화적으로 야심 찬 이유는 그것이 중국 문화의 생명력을 회복하려고 노력하였고, 문화의 중추적인 중요성에 대한 허린의 신념 하에서 중국 사회의 힘을 회복하려고 추구하였기 때문이다.

자신의 철학적 과제를 수행하는 것이 허린의 전 생애가 되었으며, 그의 생애도 그가 자신의 철학으로 봉사하고자 했던 조국의 한 세기에 가까운 역사적 변혁기를 반영하게 되었다. 1902년 쓰추안성(四川省)의 부유한 상류층 집안에 태어난 허린은 8세부터 유교의 교육을 받았고, 그의 학습기에 송명리학(宋明理學)에 대한 관심을 키워나갔다. 5·4운동이 일어났던 해인 1919년 그는 나중에 칭후아(淸華) 대학교가 된 학교[1]에 입학을 허가 받았는데, 거기에서 그는 리앙치차오(梁啓超, 1873~1929)와 리앙수밍(梁漱溟, 1893~1988)의 영향을 받았다. 특히 리앙수밍 때문에 그는 심학파(心學派)의 지도적인 대표자 가운데 한 사람인 왕양명(王陽明)의 가르침에 대한 충실한

---

1) 칭후아 대학교의 전신은 1911년 건립된 칭후아학당(淸華學堂)이며, 1928년 국립 칭후아 대학으로 개명되었다.

동조자가 되었다. 그의 학력이나 그의 기질 어느 것도 그가 철학에 대한 자신의 연구를 진전시키기 위해 1926년에 미국에 갔을 때 마주치게 된 프래그머티즘(pragmatism)을 그에게 예비해주지 않았다. 오블린(Oberlin) 단과 대학에서 2년을 지낸 뒤 그는 시카고(Chicago) 대학교에 등록하였지만, 당시에 그 대학에 지배적인 철학이었던 프래그머티즘에 대한 깊은 불만 때문에 곧 떠났다. 그는 하버드(Harvard)에서 보다 마음에 맞는 환경을 발견하였고, 특히 신헤겔학파인 T. H. 그린(T. H. Green)과 조시아 로이스(Josiah Royce)의 저작에 깊이 몰입한 채, 그가 오블린에서 처음으로 받아들였던 스피노자(Spinoza)와 헤겔에게 깊은 관심을 가졌다. 1930년 하버드에서 석사학위를 획득한 뒤, 허린은 베를린(Berlin) 대학교에서 헤겔과 독일 관념론에 대한 더 깊은 이해를 얻기 위해 독일로 갔다. 그의 연구들은 1931년 일본이 중국 북동부를 침공했다는 소식 때문에 중단되었으며, 그는 이러한 위기의 시기에 고향으로 돌아갔다.

　허린의 첫 저서인 《국가적 위기의 시대에 세 명의 독일 철학자들의 태도(The Attitude of Three German Philosophers at the Time of National Crisis)》(1934)는 오랫동안 지속된 그의 학자적 삶의 특징, 즉 유심론과 헤겔에 대한 그의 철학적 관심과 민족의 구제와 개선에 대한 그의 정치적 관심을 결합한 것을 두드러지게 한다. 그것의 보다 철학적인 측면에서 이 결합은 《근대유심론간석(近代唯心論簡釋)》(1943)과 《현대 중국 철학(現代中國哲學)》(1945)의 출판을 이끌었으며, 반면에 허린의 보다 직접적인 정치적·문화적 관심은 《문화와 인생(文化與人生)》에 표현되어 있다. 이 저서들은 중국 철학에서 유심론의 주요한 대표자로서 그리고 서양의 유심론 특히 헤겔의 전문가로서 그의 명성을 확립하였다.

　중화인민공화국이 건설된 뒤 허린은 1955년까지 베이징(北京) 대학교에서 계속해서 가르쳤는데, 당시 그는 중국사회과학원에서 서양 철학에 대한 연구를 맡고 있었다. 비록 그가 철학적 활동들의 정력적인 조직가가 되었고, 후대의 철학자들에게 영향력이 있는 중요한 인물이 되었으며, 서양 철학의 저작들에 대한 숙달된 번역자가 되었을지라도, 그는 자신의 지적인 생활의 후반부에 그의 초기의 철학적 성과가 지닌 정력과 창의력에 필적하는 것을 거의 생산해내지 못하였다. 1950년 그는 맑시스트 유물론으로의 전향을 발표하였다. 그것은 어느 정도 진실성을 보여 주지만 또한 그 당시의 정치적 압력을 반영하고 있는 결정이었다. 그럼에도 불구하고 그는 대개의 경우에 후스(胡適)와 쭈꾸앙치엔(朱光潛)과 같은 그의 동시대인들을 포함해서 소위 중국과 서양의 관념론 철학자들에 대한 형식적인 비판을 제공하는 것에 만족한 채, 변증법적 역사적 유물론 분야의 영구적 가치에 대해서는 거의 기술하지 않았다.

그의 《헤겔철학 강연집(黑格爾講演集)》(1986)에 수집된 헤겔에 대한 그의 비판적 해설들은 광범위하였지만, 어떻게 그리고 왜 헤겔의 유심론이 발생되었는가를 설명하지 않았으며, 또한 실재론(Realism)과 과학의 관점으로부터 나온 헤겔에 대한 20세기의 비판들을 소개하지도 않았다. 마오쩌뚱 이후(post-Mao) 중국의 좀더 개방된 분위기 속에서 그는 유심론과 자신의 기왕의 철학적 자아에 대한 비판을 조용히 누그러뜨렸지만, 그것도 이 시기 동안이었고, 1982년 그는 공산당에 합류하였다. 허린은 1992년에 세상을 떠났다.

유심론 그리고 정주(程朱)와 육왕(陸王)학파의 화해

허린 철학의 핵심은 유심론에 대한 그의 관점이다. 그의 관념론에서 특징적인 것은 그가 서구의 관념론 특히 칸트와 헤겔의 어떤 사상을 유학 특히 송명(宋明) 유학 안으로 주입한 것이고, 후자의 범위 내에서는 그가 정주학파(程朱學, 程頤, 1033~1108; 朱熹, 1130~1200)와 육왕학파(陸王學)를 조화시킨 것이다. 중국 전통에서 그가 주로 철학적으로 전념한 것이 육왕학, 즉 심학(心學)에 있었기 때문에, 허린의 공헌은 자신 스스로 이름 붙이지 않았음에도 불구하고 다른 사람들에 의해 신심학(新心學)으로 불리워졌다. 이것은 허린의 철학적 조화가 중국 전통에 받아들여지는 한 부정확한 호칭은 아니었다. 그러나 그것의 가장 설득력 있는 데에서 허린의 관념론은 중국적 요소와 서양적 요소를 거의 이음새도 없이 짠 것이었다. 그것은 육왕학파로부터 받아들인 몇몇 핵심적인 용어들을 사용하는 것을 제외하고 그 학파를 거의 명시적으로 언급하지 않았으나 새롭고 보다 정교한 의의를 지니게 하였다.

그러한 용어 가운데 하나가 마음(心)인데, 그것에서부터 허린은 유심론에 대한 그의 중요한 소논문인 "근대유심론간석(近代唯心論簡釋)"을 시작하였다. 이것은 1934년에 처음 발표되었고, 나중에 그의 중요한 논문집의 표제논문이 되었다.

> 마음(心)은 두 가지 의미를 갖는데, 하나는 심리적인 것이고 다른 하나는 논리적인 것이다. 일반 사람들이 이른바 '물질(matter)'이라고 하는 것은, 유심론에 동조하는 사람들에 따르면, 속성과 형상이 의식의 도움에 의해 존재하게 되는 어떤 것이고, 인식과 가치 평가의 주체로부터 나온 모든 의미, 조리(條理) 그리고 가치인 어떤 것이다. 이러한 주체를 나는 마음이라고 부른다. 만일 어떤 사물이 객관적인 속성과 형상, 의미 그리고 객관적인 가치를 가진다면, 이것은 인식과 가치의 주체가 객관적이고 필연적이며 보편적인 인식의 범주 또는 가치의 원리에 의하여 구성되어졌기 때문이다(허, 1990, 131면).

허린이 "논리적 의미로서의 마음(心)"으로 나타내려는 것은 칸트가 선험적(a priori) 원리로써 나타내려 했던 것에 가깝다. 허린은 "논리적인 의미로써의 마음(心)은 특성상 관념적이고 선험적인 정신의 원리이다"(허, 1990, 131면)라고 분명하게 말했다. 칸트를 따라서 허린은 그러한 선험적인 원리는 모든 지식과 경험의 가능 조건들이라고 주장하였다. "똑같은 점을 옛날 중국의 말로 표현하는 이유는 '마음이 모든 사람에게 동일한 것이며, 리(理)도 모든 마음에게 동일한 것이기' 때문이다"(허, 1990, 131면). 허린이 칸트를 충실하게 따랐다는 것은 여기에서 그가 마음(心)을 세 측면, 즉 그의 독자적인 용어를 사용하여 '지식의 총괄자 또는 조직자', '행위의 주재자' 그리고 '가치의 평가자'로 구분한 것에 의해 더더욱 잘 입증된다. 마음에 대한 이러한 3중 구별은 칸트가 철학의 주체 문제를 그의 3대 비판서로 구별한 것과 상당히 절묘하게 일치한다.

허린에게서 칸트의 방식으로 마음을 해석하는 것은 바로 마음이 선험적 원리의 통합체라고 말하는 것이다. 선험적 원리라는 용어는 그것에 상당하는 중국의 리(理)라는 용어가 있기 때문에, 허린이 칸트로부터 받아들인 관념론은 중국의 철학적인 경구인 "마음이 리(理)이다"(心卽理)에 이미 개략적으로 요약되어 있는 것이다. 허린이 그것을 표현한 것처럼 "논리적 의미로서의 마음은 리(理, 원리)와 같다. 그렇기 때문에 '마음은 리(理)이다'"(허, 1990, 131면). 허린이 이 유서 깊은 경구를 재해석한 것은 이러한 칸트적인 의미에서였는데, 그것은 심학자(心學者)인 육구연(陸九淵)에서 비롯되었다. 그렇게 하는 동안 그는 분명하게 자기 자신을 심학(心學)의 전통에 자리 매김하려 하였으며, 그것의 통찰을 보다 높은 수준의 철학적 정교함으로 승화시키려 하였다.

허린의 입장에서 심학(心學)을 재규정해야 할 필요성이 제기된 것은, 마음이 리(理)라는 사상이 전통적으로 협소하고 부당하게 엄격한 방식으로 해석되어졌기 때문이다. 심학(心學)에서 표현되고 그것의 선구자인 맹자(孟子)에 의하여 제시된 것처럼, 이 사상은 때때로 성격상 본질적으로 윤리적인 것으로 보인다. 왜냐하면 리(理) 또는 원리가 함의하는 것은 대체로 이치에 맞는 일반적 원리라기보다는 도덕적 원리인데, 도덕적 원리는 오직 하나의 범주만을 형성하기 때문이다. 이 협소한 윤리적 초점과 공존하는 것은, 마음이 인간적으로 의미 있는 모든 것들의 가능 조건으로써의 논리적 의미로 아직까지 충분히 혹은 명시적으로 다루어지지 않았다는 훨씬 더 중요한 사실이다. 그 대신 적어도 어느 정도까지 마음은 원리의 소재지로서 다루어졌고, 결과적으로 심리적 의미로서의 마음과 논리적 의미로서의 마음 사이의 구별은 불투명해졌다.

심학(心學)에 대한 이러한 이해를 기초로 허린은 심리적 의미로서의 마음과 논리적 의미로서의 마음 사이에 날카로운 선을 긋기 시작하였으며, "마음이 리(理)이다"를 후자의 입장에서 이해하기 시작하였다. 이는 마음을 모든 인간의 인식적이고 윤리적인 활동을 가능하게 하는 저 선험적 원리들의 총체로 해석하는 것이다. 그의 관점에서 "마음이 리(理)이다"라는 것은 더 이상 협소하게 윤리적이거나 실천적인 것이 아니라 인간의 지식과 경험의 모든 범위를 망라하는 것이었다. 심학(心學)에 대한 그와 같은 재해석은 참으로 매우 급진적인 것이었고, 논리에서 심리주의를 거부함으로써 프레게(Frege)가 성취하였던 것에 필적하는 인식론적 통찰에서의 중요한 성과를 대표한 것이었다.

그러나 논리적인 것과 심리적인 것(여기서 '심리적'이란 말에는 다소 근대 과학적인 의미가 부여되었다)에 대한 허린의 구별이 실재의 존재론적, 설사 심리적일지라도, 현실화나 구체화로서 마음(心)을 이해한 육왕학(陸王學)을 적절하게 파악하지 못했다는 것은 논의해 볼 만하다. 이러한 이유 때문에 심학(心學)에 대한 허린의 논리적 재해석은 존재론적 의미로 마음을 취급하는 것에 기초한 육왕학파의 모든 관념들로부터 그 자체를 고립시켰다. 예컨대 왕양명(王陽明)의 전체 철학은 이러한 종류의 관념들, 그것들 가운데 양지(良知) 그리고 밝은 덕(德)을 밝힌다(明明德)는 것에 토대를 두고 있다고 말할 수 있을 것이다. 이는 또한 심학(心學)의 가장 중요한 선구자인 맹자(孟子, 기원전 371~289)에게도 해당되는데, 인간의 선성(善性)인 사단(四端)에 대한 그의 기본적인 사상은 존재론적일 뿐만 아니라 심리적이며, 논리적인 재규정을 거부한다. 심학(心學)의 존재론적 측면에 대해 간단히 언급하고 그것의 심리적 측면을 내버림으로써 허린은 그것의 많은 통찰들을 넓게 탐구하지 않은 채 남겨 두었지만, 반면 마음의 논리적인 측면에 대한 그의 강조는 그 학파에 대한 근대적인 재규정에 의해 지지된 인식론적인 정교함과 논증의 명료함을 제공하였다.

심학(心學)을 재규정할 때, 허린은 칸트의 사상을 다른 방식이 아니라 심학(心學)의 용어로 표현함으로써 결과적으로 혼합물로 보이기에 꼭 알맞을 정도로 칸트와 독일 관념론을 끌어들였다. 허린의 유심론자적 입장의 중심에 있는 사상, 즉 선험적 원리가 세계에 대한 우리의 경험과 지식의 근저에 있고, 이 원리들이 세계 그 자체에 대해 기능하는 것이 아니라 바로 우리 인간의 인식적 특성에 대해 기능한다는 사상은 철저하게 칸트적인 것이며, 지식의 가능 조건에 대한 강조라는 측면에서 심학(心學)에 대한 존재론적 또는 심리적 탐구와는 아주 다른 것이다. 심학(心學)으로부터 허린이 계속 사용하고 있는 것은 대개 다음과 같은 두 가지이다. 즉 자연적 도덕적 질서에 대한 인간의 관계를 이해하는 데에서 마음을 강조하는 것, 마음과 자연

적 도덕적 질서는 궁극적으로 분리될 수 없는 것이라는 사상이다. 이 특징들은 칸트
의 관념론과 어느 정도의 유사성을 갖지만, 그러한 유사성이 지나치게 강조되어서는
안 된다. 왜냐하면 마음에 대한 강조도 마음과 세계의 불가분성도 결코 심학(心學)
에 의해서 논리적인 용어로 명료하게 이해되지 않았기 때문이다.

　육왕심학(陸王心學)에 대한 허린의 칸트적 변형의 중요한 결과 가운데 하나는 이
학파가 더 이상 정주리학(程朱理學)과 그토록 첨예하게 대립되는 것처럼 보이지 않
는다는 것이다. 실제로 원리에 대한 명시적 규정에 관한 한, 후자는 아마도 틀림없
이 심학(心學)에 비해 우수할 것이다. 허린의 관점에서, 리학(理學)을 수정하기 위해
수행되어야 하는 모든 것은 원리가 사물들 자체에 속하지 않고 우리의 주관적인 구
성에 근거하는 것임을 깨닫는 것이다. 따라서 허린이 이해했듯이, 독일 관념론에서
는 결합된 인간의 마음과 선험적 원리가 심학(心學)과 리학(理學)에서 따로따로 강
조되었다. 비록 과정상에서 그가 두 학파를 해석한 방식에는 의문의 여지가 있지만,
허린의 성과는 단 하나의 칸트적인 관점으로 중국의 이 두 학파의 통찰을 통합한
것이다.

　어떻게 그와 같이 마음이 물질과 관계를 맺는다고 이해하였는가? 그의 대답을 살
펴보면, 허린은 서양 철학의 관점, 스피노자(Spinoza) 그리고 특히 헤겔(Hegel)을 대
량으로 끌어들였다. 허린은 마음과 물질이 분리될 수 없다고 생각하였다. "엄밀하게
말하자면, 마음과 물질은 분리될 수 없는 합일을 형성하는데", 단지 "편의상 우리가
그것들을 분리해서 말할 수 있다"(허, 1990. 132면). 그러나 분리 불가능한 합일이란
무엇인가? 우리는 허린의 답변을 위계적 합일(hierarchical unity)로 특징지을 수 있
을 것이다. 이것은 "이해하고 생각하는 것에 마음이라는 이름을 부여하고, 연장
(extension)과 형상(shape)을 가진 것에 물질이라는 이름을 부여한다"(허, 1990, 132
면)는 것만으로 해결될 문제가 아니다. 더더욱 중요하게 마음과 물질은 "주재(主宰)
적인 성분으로서의 마음과 도구적인 성분으로서의 물질을 가지고 실재의 두 측면을
구성한다"(허, 1990, 132면). 여기서 우리는 마음이 물질에 비해 '우월'하거나 '선험
적'이라는 두 가지 의미를 구별할 필요가 있다. 첫째로 마음이 물질에 비해 우월한
것은 마음이 물질의 논리적 가능 조건이기 때문이다. 둘째로 마음이 물질에 비해 우
월한 것은 물질이 마음의 도구이기 때문이다. 허린이 이 단락에서 언급하고 있는 것
은 물질에 대한 마음의 우월성의 두 번째 의미이고, 첫번째 의미는 마음에 대한 그
의 논리적 해석에 이미 포함되어 있었다. 만일 칸트가 마음의 논리적 선험성에 대한
허린의 주장의 배후에서 결정적인 영향을 끼쳤다면, 헤겔은 우리가 마음의 역동적
선험성이라고 부를 수 있는 것에 대해 중심적인 위치를 차지한다. 선험성에 대한 이

러한 헤겔적 의미는 칸트적 의미의 그것보다도 본체(體)와 작용(用)의 구별과 같이 중국 철학의 용어로 규정되어지기에 적합하다. 따라서 "마음은 물질의 본체(本)인 반면 물질은 마음의 작용(用)이다. 마음은 물질의 본질인 반면 물질은 마음의 현시이다"(허, 1990, 132면).

마음과 물질의 불가분성과 그들의 위계적 합일로부터 하나의 중요한 결론이 따라온다. 산만하게 쓰여진 많은 그의 전형적인 철학적 저술에서 허린은 이 결론을 다음과 같이 설명한다.

> 이러한 이유 때문에 유심론의 옹호자는 문화나 문화 과학과 관계없이 마음에 대해서 추상적으로 말하지 말아야 한다. 자양분이 되는 문화적 맥락 없이 마음의 선험성에 대해 말하는 것은 유심론의 내용을 공허하게 할 것이다. 문화의 창조성과 정신의 현실적인 생활과 관계없이 마음의 선험성에 대하여 말하는 것은 유심론에게서 생명력을 박탈할 것이다(허, 1990, 132~3면).

생명력이 여기에서 핵심어이다. 왜냐하면 그것은 마음이 물질에 작용할 수 있도록 유심론 또는 '마음과 물질의 분리 불가능한 합일'이 이해되어야 하는 허린의 기본적인 철학적 신념을 시사하는 비전문적인 방법이기 때문이다. 이것이 마음과 물질의 위계적 합일에 관한 전부인 것이다. 허린에게서 마음과 물질은 하나가 다른 하나보다 '더 높고', 결국 보다 높은 것이 더 낮은 것에 작용할 수 있는 어떤 합일을 형성한다.

그러나 개인적 사고와 의지의 심리적 소재지보다는 선험적 원리의 총체로서의 마음에 대한 허린의 처리방식을 따르면, 마음의 활동적 특성은 의지와 거의 관계가 없으며, 방자함과는 더 관계없다. 따라서 마음이 물질에 작용한다고 말하는 것은 물질이 선험적인 원리에 따라 움직이고 변한다고 말하는 것과 같다. 마음과 물질의 불가분성이 의미하는 것의 일부는 그와 같은 원리들이, 물질이 그것들에 순응함에도 불구하고, 물질의 '외부에' 존재하는 것이 아니라 오히려 원리들이 물질의 한 예인 현재의 사물을 만들면서 물질에 내재한다는 것이다. 이런 의미에서 선험적 원리는 물질 또는 개별적 사물의 본질(性)을 형성한다.

> 성(性)은 물질의 본질을 의미한다. 한 사물은 본질에 의해 존재하는데, 그것이 없으면 존재하지 않게 된다. 그러므로 어떤 사물을 이해하는 것은 그것의 본질을 탐구하는 것이 특히 중요하다. 철학자들이 사물을 이해한다고 할 때, 그들은 그것의 본질을 파악한다는 것을 의미하는데, 그 다음에 그것은 정의를 통해 명확해진다. 예를 들면, "인간은 이성적인 동물이다"라는 명제에서 이성은

인간의 본질로 받아들여진다. 이성은 인간에게 가치를 부여해주는 것이며, 그것에 의해 인간이 인간이게 하는 고유의 원리이다. 어떤 사람이 그의 이성을 잃어버렸을 때, 그 사람은 자신을 인간이게 하는 것을 잃어버린 것이다. 한 사물의 본질은 그것을 그것이게 하고 그것이 마땅히 되어야 하는 것이며, 한 사물의 모든 변화와 발전을 지배하는 고유의 원리(本則)나 원형(原形)이다(허, 1990, 133면).

일단 마음이 선험적 원리로 이해되고, 다음으로 원리가 사물의 본성 또는 본질로 이해되면, 관념론은 주관적인 함축을 드러내기 시작한다. 본질에 대한 이러한 강조는 허린이 정주학(程朱學)과 육왕학(陸王學)을 결합하는 것을 왜 필연적인 것으로 여겼는지를 보여 준다. 리(理)의 중요성에 대한 정주학(程朱學)의 이해가 결여된 채 육왕학(陸王學)에 전념하는 것은 방자함으로, 더 나쁘게는 마음에 대한 심리적인 이해로 이끌 수 있다고 허린은 믿었다. 그러나 확고하게 육왕학(陸王學)을 지지하면서, 허린은 인간의 마음(人心)이란 범주를 통하지 않고서 물질이나 그것에 내재하는 원리를 말하는 것은 이치에 맞지 않는다고 확신하였다. 허린이 심학(心學)의 유명한 명제를 사용하여 마음 밖에 어떤 것도 없다(心外無物)고 역설한 것은 오직 이러한 의미였다. 따라서 마음(心)과 본질(性)의 일치는 허린이 두 학파의 조화를 실현했다고 간주하는 또 다른 지점이다. 성(性) 또는 본질은, 그것의 가장 높은 또는 가장 포괄적인 점에서, 허린이 헤겔의 절대 관념(Absolute Idea)과 동등한 것으로 이해한 어떤 것이다. 헤겔을 따라서 그는 본질이 구체적 보편(concrete universals)이란 용어로 이해된다고 주장하였다. 그는 이 점을 민족의 본질을 언급하면서 설명하였다.

정치학 분야에서 유심론은 연구, 이해 그리고 민족 본질의 발전을 매우 존중한다. 민족의 본질은 민족 전체의 운명을 결정짓는 혈기와 정신을 의미한다. 민족의 더 나은 발전에 이정표가 제공될 수 있는 것은 오직 민족의 본질에 대한 충분한 이해를 통해서일 뿐이다. 그러나 삶이 수많은 생명체들의 진화를 탐구함으로써 이해되어지는 것처럼, 그리고 이성이 인간의 문화적 활동들의 전체를 고찰함으로써 이해되어지는 것처럼 한 민족의 본질은 다만 민족 전체의 문화적 삶과 역사를 연구함으로써 파악되어질 수 있는 것이다. 따라서 본질은 그것의 모든 다양성 속에서 객관적인 요소 전체로부터 끌어낸 보편이거나 중요한 특성들이다. 그렇다면 본질은 보편적이고 구체적이며, 그러한 구체적인 보편들이 '리(理)'이다(허, 1990, 134면).

여기서 허린은 양쪽 다 뚜렷한 대조를 수반하는 헤겔과 플라톤(Plato) 사이에서 두 가지 이유 때문에 헤겔을 따랐다. 첫째, 플라톤에게는 본질의 세계(Ideas)와 현상

의 세계(phenomena) 사이에 근본적인 구별이 있는데, 이에 반해 헤겔에게는 그 두 가지가 합일을 형성한다. 둘째, 플라톤에게는 본질(Ideas)이 정적(靜的)이고 추상적인 데 반해 헤겔에게는 본질(절대관념 혹은 절대정신)이 역동적이고 구체적이다. 허린에 따르면, 합일로서의 본질과 현상 개념 그리고 역동적인 것으로서의 본질 개념이 헤겔의 관념론으로 하여금 세계의 모든 복잡성에 대해 여지를 남겨 두도록 하였으며, 긍정적 결말을 향하여 나아가는 세계의 운동을 설명할 수 있게 하였다. 게다가 헤겔이 개별적인 인간의 의지로써가 아니라 법칙과 같은 원리로써 본질을 이해했기 때문에, 그의 관념론은 세계의 결점들이나 모순들에도 불구하고가 아니라 오히려 그것들 때문에 이 운동을 설명하고 예견할 수 있었다.

허린은 '간지(奸智, cunning of reason)'라는 헤겔의 사상을 특히 훌륭하게 평가하였는데, 그것에 따르면 역사의 객관적이고 이성적인 발전은 그것의 목적을 획득하기 위해 주관적이고 겉보기에 비이성적인 인간의 욕망을 이용한다. 허린은 헤겔보다 약 150년 앞선 명(明)나라 학자인 왕선산(王船山, 1619~92)에게서 같은 사상을 찾을 수 있다고 주장하였다. 주로 이 평가에 근거하여, 허린은 왕선산(王船山)을 왕양명(王陽明) 이래 가장 중요한 중국의 철학자라고 생각하였다. 허린이 왜 간지라는 관념을 끌어들이게 되었는지를 이해하는 것은 어렵지 않다. 첫째로 간지는 리(理, 원리)와 욕(欲, 욕망)의 조화를 승인하는데, 조화는 허린이 근대 시기에 특히 중요하게 생각한 것이다. 간지를 통해서 정주학(程朱學)의 명령을 준수한다는 것, 즉 모든 것이 리(理)에 일치되는 것을 실현하기 위해 "천리(天理)를 보존하고 인간의 욕망을 제거하는 것"(存天理, 去人欲)은 불필요하게 될 것이다. 이러한 원리와 욕망 사이의 긴장을 해소하는 것은 공리주의(功利主義), 중용(中庸) 그리고 원리와의 일치를 결합한 정치를 옹호하는 허린과 매우 잘 어울리는 것이다. 두 번째로 간지는 실재론과 낙관론을 조화하는 데 도움을 주는데, 그것은 만물의 어두운 측면에 대한 냉정한 이해와 점차적으로 그리고 결국에는 모든 것이 만족스러운 것으로 판명될 것이라는 신뢰감을 조화시킨 것이다.

비록 간지에 대한 이러한 주장들이 아주 일관적으로 사고된 것처럼 보이지는 않더라도, 그럼에도 불구하고 헤겔의 관념론이, 특히 그가 헤겔 철학에 이끌리게 된 기존의 정치적 문화적 환경에서, 허린에게 크게 매력적이었던 이유를 이해할 수 있다. 조시아 로이스(Josiah Royce)의 《근대철학의 정신(The Spirit of Modern philosophy)》에 대한 허린의 1936년 번역서에 붙인 에필로그에서 그는 다음과 같이 적었다. "우리가 살고 있는 시대는 헤겔의 시대와 공통점을 갖는다. … 보다 강력한 주변 국가에 의한 침략의 위협, 국내의 분열 그리고 정신의 와해와 붕괴라는 현실

… 헤겔의 학설은 우리 시대의 문제들에 대한 해법을 찾는 데에 도움을 줄 수 있는 많은 것을 담고 있다(허, 1936, 200면).

철학의 실제적인 효용에 대한 그의 신념이 갖는 반(反)헤겔적인 성격에도 불구하고, 허린이 헤겔을 그토록 강력한 것으로 이해한 까닭에는 잘못이 없다. 만일 철학이 세계를 개선하고 온전하게 하는 데 공헌한다면, 허린은 그 모든 필수적인 단편들을 헤겔에게서 발견하였다. 그 필수적인 단편들은 마음과 물질의 분리 불가능한 합일, 물질에 작용하는 마음의 능력, 개별적인 의지의 발휘라기보다는 사건들의 목적론적인 전개에서 능동적이고 동기 부여적인 능력으로써의 본질(Absolute Idea)의 작용이라는 측면에서 이 힘에 대한 이해, 그리고 이것들로부터 뒤따라 나오는 것으로 불완전함과 비극으로 가득한 현재의 상황으로부터 도달할 수 있는 모든 것들의 원리에로의 궁극적 일치에 대한 피할 수 없는 기대감이다.

문화 철학에서의 본체(體)와 작용(用)

유심론에 대한 허린의 이해를 위와 같이 가정한다면, 그가 자신의 철학적 유심론을 문화의 영역에까지 확장시킨 것은 자연스러울 뿐이다. 왜냐하면 원리로써의 마음과 질료적인 세계로써의 물질이 만나는 것은 이 영역이기 때문이다. 따라서 허린은 그의 철학적 유심론을 보충하고 그것을 보다 구체화하기 위하여 문화 철학을 발전시켰다. 이 철학 구조의 중심을 차지하는 것은 본체(體)와 작용(用)의 구별이다. 우리가 살펴보았듯이, 이 구별을 마음과 물질에 적용할 때는 비교적 간단하다. 즉 그것은 물질에 대한 마음의 선험성이라는 하나의 차원, 다시 말해서 주재(主宰)와 도구를 의미하는 차원을 구분해낸다. 그러나 문화에 적용할 때, 본체(體)와 작용(用)의 구별은 좀더 복잡해지는데 본체(體)와 작용(用)에 대한 허린의 이해는 유가(儒家)도 도가(道家)도 아니라 바로 그 자신의 독창적인 것이라고 말해야 한다. 여기서 마음과 물질이라는 두 개념 대신, 허린은 네 개의 개념을 운용한다.

1. 도(道) 관념, 즉 문화의 본체(本體)
2. **문화**[2] 관념, 즉 의식의 형태로 나타나는 도(道)의 현시
3. 자연 관념, 즉 비(非)의식의 형태로 나타나는 도(道)의 현시
4. 정신 관념, 즉 **문화**의 형태로 나타나는 도(道)의 현시나 실현을 가능하게 하는

---

2) 원문에서 보편으로써의 문화는 대문자로, 구체로서의 문화는 소문자로 구분하고 있다. 여기서는 보편으로 사용된 문화를 굵은 글씨체로 표시한다.

조건, 또는 문화가 그것에 의해서 문화가 되는 정신적 조건, 그리고 이로써 문화와 자연을 구분하는 경계가 된다(허, 1990, 347면).

마음과 물질의 경우처럼, 이 네 가지 기본 개념 또는 범주들은 본체와 작용의 견지에서 더 낮은 범주와의 관계에서는 본체가 되고 동시에 더 높은 범주와의 관계에서는 작용이 되는 두 개의 매개 범주를 가지고 위계를 형성한다. "자연은 문화의 작용인 반면에 문화는 자연의 본체이다. 문화는 정신의 작용인 반면에 정신은 문화의 본체이다. 정신은 도(道)의 작용인 반면에 도(道)는 정신의 본체이다"(허, 1990, 347면). 도(道)는 홀로 순수 본체이며, 이런 의미로 위계에서 가장 높은 개념이다. 그러나 허린이 선험성을 부여하고 "가장 중요하지만 또한 가장 어렵고 오묘한 것"(허, 1990, 347면)으로 간주한 것은 도(道)가 아니라 정신이다. 왜냐하면 마음과 물질의 경우와 달리 본체와 작용의 견지에서 위계의 질서는 활동의 질서에 완전히 부합하지 않기 때문이다. 허린은 가장 중요한 것으로 정신을 선택했는데, 왜냐하면 그것만이 활동적인 반면 도(道)는 다른 점에서는 더 높더라도 활동적이지 않기 때문이다. "정신의 활동에 의한 중재가 없다면, 도(道)나 리(理)는 문화로서 실현되거나 현시될 수 없을 것이며, 다만 잠재적이고 애매한 원리, 즉 작용 없는 단순한 본체로 남아 있을 것이다"(허, 1990, 348면). 허린이 마음과 원리의 동일성을 신뢰했다는 것을 상기해 보자. 여기 그의 문화 철학에서, 원리는 도(道)에 대응하고 마음은 심리적 소재지로 격하된 채 마음과 원리가 분리되는 것처럼 보인다. 일단 그것들이 분리된다면, 가장 높은 것, 즉 마음에서 분리된 원리로써 해석되는 도(道)는 더 이상 활동적인 것이 아니다. 오직 도(道)와 마음의 이러한 분리 때문에 이것들을 연결시킬 매개 범주를 삽입하는 것이 필요하게 되었다. 이 매개 범주가 정신이다. "정신은 마음과 진리가 함께 나타나는 것이다. 바꾸어 말하면, 정신은 마음에서 도(道)나 리(理)의 활동을 가리킨다"(허, 1990, 347면). 따라서 정신만이 활동적인 형태로 나타나는 도(道) 또는 원리적인 형태로 나타나는 마음이다. 정신은 "마음이 리(理)이다"(心卽理)를 관통하는 매개이다.

본체와 작용의 측면에서, 정신은 도(道)를 자신의 본체로 삼고 자연과 문화를 자신의 작용으로 삼는 의식의 활동이다. 따라서 정신은 문화 철학에서 지배적이고 활동적이며 주재적인 위치를 차지한다. 자연은 정신이 그것을 가지고 운영하고 자기 자체를 실현하는 질료일 뿐이고, 반면에 이른바 문화라는 것은 인간의 정신에 의해 주조된 자연이다. 이른바 리(理)나 도(道)라는 것은 인간 마음의 깊은 곳에서 법칙과 원리만으로 구성된 것이다. 정신의 활동은 그렇게 하지 않으면 불분

명하고 어스레한 법칙과 원리인 것을 의식적이고 구체적인 진리로 전환하기 위해서 의식의 최전면을 향상시키고 이끄는 것이다. 정신 활동의 중개 없이 도(道)나 리(理)는 문화로서 자기 자신을 실현하거나 현시할 수 없고, 다만 잠재적이고 애매한 원리, 즉 작용 없는 단순한 본체로 남아 있을 것이다. 이 관점으로부터 보면, 자연은 본체가 없는 순수 작용 혹은 질료이며, 반면 도(道)나 리(理)는 작용이 없는 순수 본체(純體) 혹은 순수 원형(純范型)이므로 단지 추상적 개념이다. 정신만이 본체와 작용을 결합하는 실재이고, 양쪽 모두인 것이다(허, 1990, 348면).

이것은 단지 다른 곳에서 그가 제안했던 것, 즉 마음과 원리의 일치나 마음과 도(道)의 일치를 완전히 잊어버린 허린의 단순한 혼동이나 모순일 뿐일까? 거기에 있는 모순은, 허린이 유심론에 대한 그의 전반적인 설명에서 마음을 완전히 논리적 의미로 해석하고, 그렇게 하는 가운데 자신의 철학적 범위를 넘어서 마음을 심리적 의미로 표현할 때 잃어 버렸던 어떤 것을 되찾으려는 욕망에 의해 유발된 것처럼 보인다. 이제 마음은 더 이상 정의상 원리와 동일한 것으로 간주되지 않기 때문에, 마음은 다시 심리적인 것이 될 수 있었고 살과 피를 가진 인간적 행위자들은 활동적이고 동기를 부여하는 능력으로써의 마음 개념에 피부로 느낄 수 있는 인간적 형태를 부여할 수 있었다. 그렇지 않았으면 극도로 추상적이었을 것이다. 그 다음 한층 더 나아간 범주인 정신을 끌어들임으로써 심리적 의미의 마음으로 논리적 의미의 마음을 결합하는 것이 가능하게 되었다. 유심론에 대한 그의 전반적인 설명에서 마음은 논리적이거나 또는 심리적인데 반하여, 비록 문화 철학에서 그의 범주에 대한 상세한 작업이 "정신만이 본체와 작용을 결합하는 실재이고, 양쪽 모두인 것이다"라고 말하는 것 이외에 명확하게 설명되는 곳이 없더라도, 그의 문화 철학에서 마음은 논리적이기도 하고 심리적이기도 하다. 그러한 결합은 또한 물질에 대한 활동적인 능력으로서의 마음, 혹은 문화에 대한 활동적인 능력으로서의 정신을 제출하기 위해서, 좀더 구체적으로는 도(道)나 원리를 문화에 구체적으로 접촉시키기 위해서 고안된 것이다. "정신은 구체적이고 효과적이며 사회적인 형태로 나타나는 진리이다"(허, 1990, 348면). 이러한 기능을 수행하는 정신은 의심할 여지없이 헤겔적 의미의 절대 정신과 유사한 것이 되어야 하는데, 이것은 최고의 본체로서의 도(道)에 대한 허린의 사상과 잘 어울리지 않는다.

정신의 매개적 기능에 대한 허린의 논의에 함축된 것은 본체와 작용이 분리 불가능하다는 사상이고, 유심론에 대한 허린의 전반적인 설명에서 상술된 마음과 물질의 불가분성에 대한 신념과 공존하는 사상이다. "본체와 작용은 필연적으로 결합된 것이고 분리 불가능한 것이다. 작용은 어느 것이나 반드시 어떤 본체로부터 나온 것이

240

라야 하고, 본체는 어느 것이나 반드시 어떤 작용을 포함해야 한다. 작용이 없는 본체도 없으며, 본체가 없는 작용도 없다"(허, 1990, 349면). 본체와 작용의 불가분성에 대한 이러한 신념은 민족의 생존을 위해 중국의 문화(본체)를 유지하는 반면에 서양의 기술(작용)을 받아들이려 한 중국의 지식인들 사이에 19세기 말과 20세기 초에 있었던 뜨거운 논쟁에 대한 명석하고 때로는 선견지명이 있는 허린의 비평을 특징지웠다.

> 본체와 작용의 결합이라는 원리를 가정하면, "본체로서 중국 문화, 작용으로서 서양 문화"(中學爲體, 西學爲用)는 생각이 완전히 사리에 어두운 것임이 분명해진다. 중국 문화와 서양 문화는 각각 자체의 본체와 작용을 가지고 각각 독자적이고 포괄적인 체계를 형성하였기 때문에, 마치 한 부분이 전체로부터 고립된 채 도용될 수 있다는 듯이 각 체계의 통합을 파괴하고 그것의 구성 요소들을 떼어내는 것은 수행될 수 없을 것이다. … 심지어 "본체로서 중국 문화, 작용으로서 서양 문화"라는 관념이 정신문명을 본체로서 간주하고 물질문명을 작용으로서 간주하거나, 혹은 도학(道學)을 본체로 간주하고 물질과 실용적 방법론에 대한 학문(器學)을 작용으로 간주하는 견지에서 해석되더라도, 그것은 여전히 통행되지 않는다. 왜냐하면 중국 문화는 결코 순수한 도학(道學)이나 순수한 정신문명이 아니며, 서양 문화도 역시 물질과 방법론에 대한 순수한 기학(器學)이나 순수한 물질문명이 아니기 때문이다. 서양의 과학, 즉 기학(器學)은 그것의 본체로서 서양의 형이상학, 즉 도학(道學)을 갖고 있다. 그리고 서양의 물질문명은 그것의 본체로서 서양의 정신문명을 갖고 있다. 이러한 이유 때문에 낡은 중국의 도덕, 사고방식, 그리고 철학은 결코 근대 서양 과학과 물질문명의 본체 역할을 할 수 없으며, 서양 과학과 물질문명을 작용으로 유용할 수도 없다. 중국이 독자적으로 새로운 과학을 발전시켰을 때, 그것은 또한 그것의 본체로서 새로운 철학을 발전시킬 것이다. … 목표는 본체와 작용의 통합적인 발전을 증진시키는 것이다(허, 1990, 352~3면).

본체와 작용, 정신과 **문화**의 합일 안에서, 허린은 본체에 그리고 이 때문에 정신에 보다 높은 지위를 할당하였다. 이러한 정신의 선험성은 문화적 보편주의를 필연적으로 수반하는데, 왜냐하면 정신 자체는 특수 문화가 아니라 과거와 현재, 중국적인 것과 이국적인 것 등 모든 문화들이 작용인 어떤 것이기 때문이다. **문화**의 본체로서 그리고 이 때문에 모든 문화들의 본체인 정신은 보편적이다. 마찬가지로 모든 문화들은 작용으로써 아무리 특수할지라도 문화의 보편 본체인 보편 정신의 작용들이다. "세계 전체의 문화는 절대 정신이 점진적으로 그 자체를 실현하거나 현시하는 과정이다"(허, 1990, 348면). 우리는 여기서 철학에 대한 독특하고 대단히 세계적이

며 포용적인 허린의 접근법, 중국 철학과 서양 철학 사이에 예리한 경계선을 긋는
것에 대한 그의 거부에 관한 철학적 근거를 본다. 그러나 이러한 경향은, 긴장이 없
는 것은 아니지만, 배타주의자적인 또는 심지어 민족주의자적인 경향과 병행된 채
중국 문화를 매우 중시하는 허린의 사고 속에 존재하고 있다. 허린은 때로 자칫 중
국 정신이 있다고 말하거나 암시할 뻔 한다. 허린의 두 측면은 아래의 단락에서 거
의 이음새 없이 발휘되고 있다.

> 정신은 … 문화의 본체이다라는 원리에 근거하여, 나는 정신이나 이성이 본체로서 다루어지고, 과
> 거와 현재, 중국과 외국의 문화들이 작용으로서 다루어지는 안을 제출하고 싶다. 이 사상은 자유
> 롭고 독립적인 본체로서의 정신이나 이성으로부터 기인하는 것인데, 그것에 의해 외국의 문화와
> 과거의 문화들을 받아들이고 소화시키며, 선택하고 넘어서는 것이다. 우리는 이러한 문화들의 장
> 점을 우리 것으로 만들고, 그것들의 본질을 파악하기 위해 최선을 다해야 한다. 그리고 그렇게 하
> 는 동안 우리가 그것들을 내면화하고 우리 자신의 자원으로 변화시킬 때까지, 우리는 중국 문화
> 의 유산뿐 아니라 서구 문화도 떠맡아야 한다. 특히 서양 문화에 관해서, 그것을 외국으로부터 수
> 입된 문화로 경시하는 것이 아니라, 그것을 우리 자신의 정신을 현실화하고 우리 자신의 이성을
> 완전하게 하기 위한 자원으로 다루는 것이 중요하다(허, 1990, 353면).

우리 자신의 정신, 우리 자신의 이성 만일 저것이 있는 그대로라면, 그와 같은 모
순은 허린의 보편주의자적 포부와 중국의 문화적 철학적 전통에 뿌리박힌 그의 깊
은 의식 사이의 강한 긴장감을 표현할 것이다. 허린으로 하여금 유학(儒學)의 부흥
을 크게 중시하도록 한 것은 바로 이러한 모순이나 긴장이다. 그러나 그가 중국 정
신으로서의 유학에 새로운 생명을 주입하려 애쓸 때, 그는 보편주의자적 정신으로
유학을 재해석하려고 시도하였다. 이 보편주의의 배후에도 또한 서양 철학에 대한
그의 깊은 감탄이 잠복해 있었는데, 그것을 허린은 서양의 과학 기술력과 군사력의
본체로 이해했다.

서양 철학으로 유학(儒學)을 강화하기

허린이 아편 전쟁 이래 중국의 처지를 정신, 특히 중국 정신의 최초의 그리고 최
대의 위기로 본 것은 정신의 선험성에 대한 그의 신념과 일치하는 것이었다. 그가
유학(儒學)을 중국 정신의 원리적 표현으로 보았기 때문에, 그에게 "유교 사상이 중
국의 문화적 삶에서 자주권을 상실하고 새로운 생명력을 상실한 것이 바로 중국 민

족의 최대 위기"(허, 1988, 5면)인 것은 이상스러운 것이 못된다. 마찬가지로 그는 중국이 위기로부터 벗어나는 길은 유학에 새로운 생명력을 부여하고, 이로써 중국 정신을 부흥시키는 것이라고 생각하였다. 그의 1941년 소논문 "유가 사상의 새로운 전개(儒家思想的新開展)"(허, 1995에 수록)뿐만 아니라 다른 저작들에 근거하여, 허린을 리앙수밍(梁漱溟)과 슝스리(熊十力) 다음에 신유학자로 알려지게 된 최초의 옹호자들 가운데 한사람으로 간주하는 것은 적절할 것이다. 당연히 허린의 신유학(新儒學)은 그의 철학적인 관념론과 그의 유심론자(唯心論者)적 문화 철학이라는 독특한 특성을 가진다.

허린은 서양의 문화적 철학적 자원의 도움으로 유학을 부흥시킬 것을 제안하였다. "유가 사상의 새로운 전개는 서양 문화를 배척하는 데에 세우는 것이 아니라, 서양 문화를 철저하게 파악하는 데에 세우는 것이다"(허, 1988, 7면). 그는 그러한 제안을 "[서양의] 본체를 가지고 [중국의] 본체를 풍족하게 하는 것"(以體充是體)이라고 불렀는데, 그것은 대부분 허린의 문화적 보편주의, 즉 작용과는 구별되는 것으로써 정신은 특수 문화가 아니라는 신념으로부터 생겨났다.

> 대개 동양과 서양의 성인들은 마음이 같고 리(理)가 같다. 소크라테스(Socrates), 플라톤, 아리스토텔레스(Aristotle), 칸트 그리고 헤겔의 철학이 공자(孔子)와 맹자, 정이(程頤)와 주희(朱熹), 그리고 육구연(陸九淵)과 왕양명(王陽明)의 철학과 합류하고 융회관통 하여 민족 정신의 새로운 철학을 만들어내고 드높이며, 민족 문화의 새로운 위기를 제거하는 이것이 바로 신유가(新儒家) 사상의 발전이 반드시 따라야 하는 경로이다. 유가의 철학적 내용을 더욱 풍부하게 하고 체계를 더욱 엄밀하게 하며 논지를 더욱 선명하게 만드는 것은 도덕이 가능한 이론적 기초를 만들뿐만 아니라, 과학이 가능한 이론적 기초를 건립할 수 있다(허, 1988, 8면).

이것은 아마도 허린 자신의 철학적 계획 혹은 적어도 그의 철학적인 영감들에 대한 최고의 묘사일 것이다. 비록 오늘날 동양과 서양의 철학자들, 옛 것과 새로운 것을 한 장소에 가져와 하나의 가장 보편적인 철학을 찾으려는 생각이 새로운 중국 문화를 재구성하는 데에는 매우 이상한 처방인 것처럼 보일지라도 말이다. 그러나 근원적인 문화적 보편주의는 중국 이외의 문화들 가운데 서양 문화에 대한 허린의 거의 전면적인 관심과 서양 문화 가운데 그가 서양의 주류 철학이라 일컫은 것에 대한 그의 거의 전면적인 관심을 설명하지 못한다. 그 주류에 의해서 그는 서양의 기술력과 군사력의 본체를 구성하는 서양 철학의 한 부분을 확실히 마음에 갖고 있다. "서양의 과학, 즉 서양의 기학(器學)은 그것의 본체로서 서양의 형이상학, 즉 도

학(道學)을 갖고 있다"(허, 1990, 352면). 허린이 유학을 부흥하기 위하여 주류적인 서양 철학을 끌어들이는 것에 열중했던 것은 대체로 이런 이유 때문이다. 그가 살았던 시대와 그 이래로 대부분의 중국인들이 그래왔던 것처럼 그는 서양의 작용(用)의 힘에 감명을 받았고, 실제로 그는 서양의 작용(用)의 힘으로부터 서양의 본체(體)의 우수성을 추론했던 것 같다. 문화적 보편주의와 힘에 대한 실제적인 관심의 이러한 애매한 혼합이 서양 철학을 향한 허린의 열린 마음의 배후에 자리 잡고 있으며, 유학의 위기에 대한 그의 진단과 그것의 부흥을 위한 그의 처방을 해명하는 데에 많은 역할을 한다.

> 서양 문화의 수입은 유가 사상에 하나의 시험, 생사존망의 거대한 시험이나 큰 전환점을 제공한다. 만일 유가 사상이 서양 문화를 파악하고 흡수하며 융합하고 전화(轉化)하여 자신을 충실하게 하고 발전시킬 수 있다면, 유가 사상은 곧 살아남고 부흥할 것이며 새로운 전개가 있을 것이다. 만일 이 시험을 견디어 내거나 이 전환점을 넘어설 수 없다면, 죽고 소멸하고 몰락하여 영원히 불리한 처지를 바꿀 수 없을 것이다(허, 1988, 6면).

유학의 형성에 대한 그의 이해로부터 허린은 그것의 부흥에 3가지 중첩된 처방을 제출하였다.

> 유가 사상은 본래 세 측면을 포함하고 있다. 즉 리학(理學)이 있어서 사물을 탐구하고 원리를 궁구하며(格物窮理) 지혜를 찾고, 예교(禮敎)가 있어서 의지(意志)를 연마하고 행위를 규범에 맞게 하며, 시교(詩敎)가 있어서 성정(性情)을 도야하고 생활을 아름답게 한다. 그러므로 유가 사상의 새로운 전개를 추구하는 것은, 첫번째로 반드시 서양 철학으로 유가의 리학(理學)을 발휘해야 한다. … 두 번째로 반드시 기독교의 가장 훌륭한 부분을 흡수하여 유교의 예교(禮敎)를 충실하게 해야 한다. … 세 번째로 서양 예술을 음미하여 유가의 시교(詩敎)를 발양해야 한다(허, 1988, 8~9면).

허린은 유학을 부흥하는 이러한 세 가지 방법에 똑같은 중요성을 부여하였다. 그러나 철학자로서 그는 자신의 역할을 특히 첫번째 분야에 있는 것으로 생각하였다. 우리는 참으로 그의 모든 철학적 성과를 원리에 대한 연구를 통해 유학의 부흥에 공헌하려는 시도로 간주할 수 있을테지만, 허린은 다른 분위기 속에서 자신의 철학적 노력을 자신의 보편주의에 의해 유도된 것으로 보지 않을 것이다. 보편주의에 참여하는 관점에서 보면, 민족주의 철학으로서의 민족주의 철학을 부흥하려는 어떤 시

도도 한 차원 낮은 철학적 활동이 될 것이다. 어쨌든, 허린이 서양 철학으로써 유학을 어떻게 강화시키려 했는지 구체적인 예를 들만한 가치가 있는데, 군주와 신하, 아버지와 아들, 남편과 아내, 어른과 어린이, 그리고 친구들을 포괄하는 오륜(五倫)과 신하, 자식들, 그리고 아내의 행동거지를 제어하는 삼강(三綱)이라는 전통적 가르침들에 대한 그의 논쟁적인 해석에서 가장 상세하게 언급하고 있다.

허린이 오륜 개념에 대한 자신의 고찰을 완전히 새로운 것으로 여긴 것은 옳다. 그의 혁신은 오륜 개념과 그것에 따른 구체화인 삼강 개념 사이의 질적인 차이를 찾는 데에 있었다. 허린은 "오륜으로부터 삼강으로 필연적으로 진전되는 논리에 대한 두 차원의 설명"(허, 1988, 58면)을 제공하였다. 첫번째 차원에서 중심적인 생각은, 오륜은 상호적이므로 조건적이지만 이에 반하여 삼강은 일방적이므로 무조건적 또는 절대적인 도덕적 의무를 부과한다는 것이다. 이것은 이론과 실제의 두 측면에서 많은 차이점을 만드는데, 허린은 감탄할 만한 명료함을 가지고 그 운용 논리를 설명하였다.

> 군주는 군주답게, 신하는 신하답게, 아버지는 아버지답게, 자식은 아들답게, 남편은 남편답게, 아내는 아내답게 행동하라(君君, 臣臣, 父父, 子子, 夫夫, 婦婦). 가령 군주가 군주답게 행동하지 않는다면 신하도 신하답게 행동하지 않고, 아버지가 아버지답게 행동하지 않으면 자식도 자식답게 행동하지 않으며, 남편이 남편답지 않게 행동하지 않는다면 아내도 아내답게 행동하지 않는다. 신하가 신하답게 행동하지 않는다(臣不臣)와 자식이 자식답게 행동하지 않는다(子不子)의 "하지 않는다(不)"는 "당연히 하지 않는다(應不)"와 "하지 않겠다(是不)"는 두 가지 의미를 포함한다. 만일 군주가 군주의 도리(君道)를 다하지 않는다면, 신하는 자연히 신하의 도리(臣道)를 다하지 않을 수 있으며, 나아가 신하의 도리를 다하지 말아야 한다. … 아버지와 자식, 남편과 아내의 관계도 이에 따른다. 이렇게 하여 사회에 군주답게 행동하지 않는 군주, 아버지답게 행동하지 않는 아버지, 남편답게 행동하지 않는 남편이 있기만 하면, 신하가 군주를 시해하고, 자식은 아버지에게 효도하지 않으며, 아내는 아내의 도리를 다하지 않는 일이 실제의 측면과 이론적인 측면에서 마땅히 발생할 수 있을 것이다. 왜냐하면 이러한 인륜 관계들은 모두 상대적이며 일정치 않은 것이기 때문이다. 이와 같다면 인륜 관계와 사회적 기초는 곧 불안정해지고 재난과 혼란이 수시로 발생할 수 있다. 그러므로 삼강설(三綱說)은 상대적인 관계의 불안정성을 구제하려 하고, 나아가 상호 관계의 한쪽 편이 자신들의 신분과 지위를 절대적으로 준수하며, 일방적인 사랑을 실행하고 일방적인 의무를 이행하는 것을 요구한다. 따라서 삼강설의 본질은 군주가 군주답게 행동하지 않아도 신하는 신하답게 행동하지 않을 수 없으며, 아버지가 아버지답게 행동하지 않아도 자식은 자식답게 행동하지 않을 수 없고, 남편이 남편답게 행동하지 않아도 아내는 아내답게 행동하지 않을 수 없는 것

을 요구하는 데에 있다. 바꾸어 말하자면, 삼강설은 신하, 아들, 그리고 아내가 일방적인 충성, 효
도, 그리고 정절의 절대적인 의무를 다할 것을 요구함으로써 상대적이고 상호 보복적이며 계약적
인 불안정한 관계에 빠지는 것을 벗어난다(허, 1988, 58~9면).

　오륜의 상호관계성이 이렇게 삼강의 비(非)상호관계성과 절대성으로 전개됨에 따
라, 오륜의 우월한 지위 쪽에서도 질적인 변화가 발생한다. 오륜에서 군주, 아버지,
그리고 남편이 구체적인 사람인 반면, 삼강에서는 그들이 리(理), 즉 이데아(Ideas)로
바뀌었다. 무조건적이고 절대적인 의무들이 귀속될 수 있는 것은 오직 리(理)로 간
주되는 군주, 아버지, 그리고 남편뿐이다. 따라서 이러한 관념은 허린의 설명의 두
번째 차원이며, 그것은 첫번째 차원의 자연스런 연장이다.

　선진(先秦) 시대의 오륜설(五倫說)은 인간에 대한 인간의 관계에 중심을 기울였으나, 서한(西漢)
의 삼강설은 인간에 대한 인간의 관계를 리(理)에 대한 인간, 신분과 지위에 대한 인간, 상덕(常
德)에 대한 인간의 일방적이고 절대적인 관계로 전화시켰다. 그러므로 삼강설은 당연히 오륜설에
비해 더욱 심각해지고 힘이 있었다. 구체인 예를 들어 말한다면, 삼강설은 군주가 신하들의 모범
이 된다(君爲臣綱)는 것을 군주라는 보편을 말하는 것으로 인식하였으니, 군주의 리(理, idea)는
신하라는 직위의 표준이 되는 것이다. 군주가 어질지 않더라도 신하가 충성하지 않을 수 없다는
말은 바로 신하 또는 신하의 직분에 있는 사람에게 반드시 군주의 리(理)와 군주의 지위(名)를
존중해야 한다는 것을 말한 것이며, 또한 일에 충실하고 자기 자신의 직분(nature)에 충실하게 한
다는 것이다. 완전히 지위(名分)와 이데아(idea)에 대해 충성을 다하는 것이지 폭군 개인의 노예
가 되는 것이 아니다. 오직 사람마다 모두 지위와 직분 안에서 일방적으로 그 자신들의 절대적 의
무를 다해야만 비로소 사회와 인류의 삼강오륜이 유지될 수 있다(허, 1988, 60면).

　위와 같이 해석되었기에 삼강 개념은, 그러지 않았다면 독특하게 중국적이며 희
망 없이 반동적이고 시대에 뒤떨어졌을 것인데, 서양 철학의 어떤 근대적이고 계몽
적인 관념에 어느 정도 유사성을 보여 주기 시작하였다. 그렇게 허린은 주장하였다.

　가장 이상하고 게다가 나 자신마저 놀라게 만드는 것은 바로 내가 이렇게 중국 특유의 가장 진부
하고 세상에 의해 최고로 책망을 받는 옛 예교(禮敎)의 핵심인 삼강설 속에 있다는 것인데, (나는
여기에서) 서양 정통의 수준 높은 윤리 사상 및 앞을 향해 나아가고 밖을 향해 확충하는 서양의
근대 정신과 서로 상응하는 부분을 발견하였다. 삼강설이 영원한 이데아나 항구적인 상덕(常德)
에 충성을 다하는 데에 중점을 두는 것이지 항구성이 없는(無常) 개인에게 노역하는 것이 아니라

는 점에서 말한다면, 플라톤의 사상을 포함한다. 삼강설이 개인의 일방적인 순수한 도덕적 의무를 실천하는 데에 중점을 두며 경험적인 영역의 우연적 상황들과 관계없다는 점에서 말한다면, 칸트의 도덕사상을 포함한다. … 마찬가지로 예수 윤리 사상의 특색도 사랑 그 자체가 목적인 것을 알고 일방적인 순수한 의무를 다하여 세속의 일반적인 서로 보상하고 교환하는 방식의 도덕을 뛰어넘은 것이다. 이런 관점에서, 그것은 삼강설이 상대적이고 따라서 왔다 갔다 하는 윤리 관계를 뛰어넘어 한쪽이 절대적이고 일방적인 의무를 다할 것을 요구하는 것과 참으로 서로 같은 부분이 있다(허, 1988, 60~1면).

허린은 유학 특히 삼강에 대한 그의 개조, 즉 단지 그 안에 잠재해 있는 전면의 어떤 것을 끌어내었던 것을 최종적으로는 부정했을지 모른다. 실제로 의무에 대한 무조건적인 느낌과 의지의 순수한 자유는 그 배후에서 철학적으로 잠재적일 뿐만 아니라 정치적으로 억압되었다.

[이성에 기초한 무조건적 도덕으로부터] 삼강을 구별짓는 것은 그것의 진정한 정신이 예교(禮敎, 의례를 통한 인격의 함양)에 의해 구속되고 권위의 강제에 의해 엄폐된 것이다. 계몽운동에 의하여 정화되지 않는다면, 아직 순수하게 의지의 자유에 기초한 것이나 참된 감정(眞情)의 어쩔 수 없음에서 나온 것이 아니다(허, 1988, 61~2면).

유학을 재생하려는 허린의 접근법은 바로 철학적으로 잠재된 것과 정치적으로 억압된 것을 밝히는 데에 있다. 일단 잠재되거나 억압된 가치가 과거로부터 되찾아지면, 그것은 미래를 향한 길을 가르쳐 줄 수 있다. "의지의 자유를 준칙으로 삼고, 자신의 일방적인 사랑과 일방적인 의무를 다 발휘하는 것은 … 이후의 유학자가 반드시 취해야 하는 경로이다"(허, 1988, 62면).

서양 철학을 이용하려 할 때 다 같이 이러한 접근에 따랐는데, 왜냐하면 중국 사회에서 억압되었던 많은 것이 서양 사회에서는 성장하도록 허용되어 왔던 것처럼, 중국 철학에서 잠재적인 많은 것이 서양 철학에서는 명시적인 것이기 때문이다. 중국과 서양 철학의 관계를 조망하는 이러한 방법은, 특히 허린이 처음에 오륜과 삼강의 차이점을 전자에는 무조건적인 의무라는 관념이 부재하고 후자에는 그것이 존재한다는 견지에서 설명했을 때, 그리고 다음으로 삼강에서 이러한 관념이 잠복해 있는 것과 서양 문화에서 그것이 뚜렷하고 명확하게 존재한다는 것의 차이점을 설명했을 때, 계몽적인 것이 될 수 있다. 이러한 차이점들에 대한 허린의 설명은 도덕 심리학으로써 그리고 문화적 분석으로써 매우 치밀하다. 아마도 막스 베버((Max

Weber)에 의해 영향을 받은 듯한데, 그는 서양을 중국으로부터 구별하는 결정적 요소를 지적하였다. "순수한 도덕과 순수한 사랑에 주의를 기울이는 서양인의 경향 및 직분을 다하고 충성을 지키려는 신분과 지위의 의연한 정신은 모두 일방적인 사랑과 일방적인 의무에 대한 충성스런 마음이 내부에 포함되어 있지 않은 것이 없다"(허, 1988, 61면).

비록 허린이 그리스도교 정신에 의해 육성된 무조건적인 의무감 속에 종종 작용하고 있는 미묘한 종류의 상호 관계나 교환 관계를 알아채는 데에 실패했을지라도, 그가 무조건적 의무에 대한 뚜렷한 이상이 없다는 측면에서 중국 문화를 진단한 것은 정곡을 찌르는 것이며, 오늘날에도 여전히 타당하다.

중국 철학에서는 잠재적이지만 서양 철학에서는 뚜렷한 이전의 어떤 것을 이끌어내는 이 방법은 허린이 "[서양의] 본체를 가지고 [중국의] 본체를 풍부하게 하는 것"으로 나타냈던 것이다. 일반적인 방법론의 문제와 마찬가지로 이 접근법은 "동양의 성인과 서양의 성인은 마음이 같고 리(理)가 같다"(허, 1988, 8면)는 것을 가정한다. 당연히 이 가정을 전면적으로 적용하는 대신, 허린은 대단히 선택적이었는데 유학에 잠재되어 있으면서 서양 철학에서 뚜렷했을 뿐만 아니라 그에게 규범적으로 매력적이었던 오직 그러한 것들을 찾으려고 시도하였다. 이 선택성이 결점이 될 필요는 없지만 모든 철학적 해석이나 개조의 고유한 규범적 특징을 파악하는 데에 그가 실패한 것은 허린의 전체 철학에 널리 퍼져있으며 그의 유심론의 핵심에까지 나아가는 심각한 결점을 시사한다. 그것은 삼강에 대한 그의 논의에 의해 가장 분명하게 예증된다.

우리가 살펴보았듯이 허린은 군주, 아버지, 그리고 남편들은 다만 관계적이고 조건적인 의무들을 받을 만한 구체적인 사람들이 아니라 비관계적이고 무조건적인 의무들을 요구하는 이데아라는 생각에서 삼강의 잠재적인 철학적 핵심을 발견하였다. 허린에게 이러한 이데아들은 그저 주어진 것이므로 확실한 것이다. 이 점에 관해서 그는 군주, 아버지, 남편의 이데아를 칸트의 선험적 종합 원리에 대응시키면서 스스로 칸트를 따르고 있다고 보았다. 그러나 그는 칸트의 선험 원리 개념에 대한 자신의 활용과 칸트 자신의 것 사이에 중대한 차이점을 알아차리지 못했다. 누군가 아무리 칸트의 선험 원리 개념들에 의문을 갖더라도, 칸트가 그것들의 특징을 지식과 도덕의 가능 조건으로 유지한 채 그러한 원리들의 목록을 최소한으로 제한했다고 칸트의 생각에 맞게 말할 수 있을 것이다. 도덕의 경우에, 칸트에 의해 정언 명령과 같은 것으로 인정된 선험 원리는 형식적이며 무엇보다 경험적 내용이 없는 것이다.

칸트에 대한 허린의 활용을 손상시키는 것은 그가 선험 원리라고 하는 것에 너무

빨리 경험적 내용을 부여했다는 것이다. 지식이나 도덕의 가능 조건들로 소용되는 원리인 어떤 것이 있다고 말하는 대신에, 그는 정확하게 이것들이 무엇이고 삼강의 예에서처럼 그것들이 확실히 경험적인 내용물을 가지기도 한다고 사람들에게 말하였다. 이런 식으로 선험 원리라는 개념은 그것들을 영원한 진리의 지위로 끌어올림으로써 우연적인 인간 제도에 대한 변호로 쉽사리 변질될 수 있다. 이것이 허린의 의도인 것으로 보이지는 않지만, 그러한 행위는 선험적 범주라고 하는 것에 경험적 내용을 주입하는 것에 저항하기 위해 원칙에 의거한 토대를 조금도 포함하지 않았던 관념론에 의해 촉진되어졌다.

유심론에 대한 허린의 경험적인 변형은, 말하자면 실체적이라기보다는 오히려 절차적으로 이성을 이해하려는 칸트적 가능성을 일축해 버렸다. 나아가 그것은 선험적이라기보다는 오히려 후험적인 것으로, 그리고 필연적이라기보다는 오히려 우연적인 것으로 지식과 도덕의 가능 조건을 이해하려는 니체(Nietzsche), 하이데거(Heidegger), 실용주의자, 그리고 후기 비트겐슈타인(Wittgenstein) 같은 철학자들에 의해 추구되었던 가능성을 차단하였다. 인식론적인 용어로써 더 잘 변호할 수 있다는 것 외에도, 이 두 가지 가능성들 중에 하나는 도덕적으로 그리고 정치적으로 보다 계몽적일 것이며, 개인적 수준에서의 자율성과 공동적 수준에서의 민주주의를 위하여 더 큰 여지를 남겨둘 것이다. 허린의 유심론이 여러 가지 점에서 옛날의 중국적 유심론보다 진전된 것이지만 이러한 방향으로 움직이지 않은 것은 애석한 일이다. 이 관점에서 적어도 그의 철학적 전망은, 좀더 논리적이거나 형식적인 칸트와 헤겔의 관념론보다 실체적인 송명유학(宋明儒學)의 유심론에 더 가까운 친근성을 드러낸 채, 근대적이라기보다는 여전히 전통적이었다. 허린의 철학에 대한 이러한 특징짓기가 전통적이고 중국적인 철학과 근대적이고 서양적인 철학에 대한 일반적인 동일화를 의미하지는 않는다. 허린은 중국적이고 근대적인 철학으로 발전한 선구자로서 이해될 수 있을 것이다.

유물론(唯物論)으로의 전향

허린 철학의 두 주요 시기를 1949년을 분기점으로 하여 구별하는 것은 통례적인 것이다. 그와 같은 구분은 종종 허린과 동시대의 학자들에게도 적용되었는데, 그의 경우에 특히 명확해 보인다. 왜냐하면 철학적 저술에서 그의 중요한 공헌들이 거의 전적으로 첫번째 시기에 해당되기 때문이다. 그럼에도 불구하고 1949년 이후 그의 철학적 활동은 당연하게 그리고 전체로써의 그의 철학을 비추어보는 방법으로 짧게

논의할 만한 가치가 있다.

허린의 '공식적인' 철학적 전환은 영향력 있는 신문인《광명일보(光明日報)》에 그의 "토지 개혁에 참여한 것은 나의 전망을 바꾸었다"는 논설이 발표된 1951년에 일어났다. 이 논설에서 허린은 공공연하게 변증법적 유물론과 역사적 유물론에 찬동하면서 자신의 유심론을 포기하였다. 자신의 철학적 변화에 대한 허린의 거의 모든 진술과 마찬가지로, 이 논설은 철학적으로는 공허하였으며 당시의 정치적 용어들로 가득 채워져 있었다. 이것과 다른 소논문들을 증거로 삼아, 1949년 이후 허린은 철학적 전환을 겪었다기보다는 오히려 정치적인 변화를 겪었으며, 그의 정치적 전향은 자발적인 변화라기보다는 강제적 순응의 문제였다고 결론을 내릴 수 있을 것이다. 허린에게 적용된 이러한 해석의 문제는 부정확한 것이 아니라 매우 일반적인 것이다. 1949년 이후 철학적 전환에 대한 자신의 성명서를 포함하여 허린의 발표문에서 나타나는 상황은 여러 가지 뜻으로 이해될 수 있는 것이다. 유심론으로부터 유물론으로 그의 전향은 그가 당시에 주장했던 것만큼 그렇게 깊은 것이 아니었으며, 그것은 허린의 1949년 이후 작품에 대한 모진 비판들이 주장했던 것처럼 그렇게 피상적인 것이 아니었다.

적어도 어느 정도까지 유심론에서 유물론으로 허린의 전환은, 그의 움직임이 철학적인 숙고에 의해 촉진되었다는 의미에서, 부분적으로는 철학적 전환으로 그럴 듯하게 보여질 수 있다. 유심론과 유물론 사이의 거대한 간극에도 불구하고 허린은 분명하게 그것들 사이에서 철학적 가교를 발견하였다. 허린은 한쪽에서부터 다른 쪽으로 건너가도록 강요되지는 않았지만, 그 이유가 어떤 것이었을지라도 가교가 거기에 있었기에 그러한 움직임을 촉진하였다. 그 가교는 헤겔적인 요소와 유학적인 요소를 포함한 유심론에 대한 허린의 이해와 유물론에 대한 허린의 이해의 어떤 공통적인 특징들로 이루어져 있다. 그러한 특징들 사이에 두드러진 것은 전체론적이고 목적론적이며 객관적인 실재에 대한 이해였다. 유심론으로부터 유물론으로 움직이는 과정에서 허린은 마음(心)과 물질의 선험성에 대한 질서를 바꾸어야 했고, 그것들의 인과관계의 방향을 뒤집어야 했으며, 다른 실체적인 목적론으로 옮겨가야 했다. 이 모든 것은 인간과 그들의 세계에 대한 그의 비(非)구조주의자적인 이해 속에서 그가 객관적으로 주어진 법칙 같은 원리의 역할을 포기하지 않아야 한다는 사실에 의하여 보다 쉽게 이루어졌다. 이런 점들에서 허린의 철학적 전환은 그의 초기 유심론자의 입장에서 완전히 이탈한 것은 아니었다. 마찬가지로 그의 자기 유심론과의 부분적인 화해는 마오쩌둥 사후 중국의 보다 개방된 분위기에서 죽을 때까지 입으로만 동의했던 유물론자의 철학을 총체적으로 포기하는 데까지 이르지 않았다.

그러나 철학적 내용의 견지에서 자기 이전의 유심론자의 철학에 대한 허린의 비평은 좀처럼 당시의 철학적인 상투적 문구를 넘어서지 못하였는데, 거기서 그는 실제로 소련 정통파 철학에서 빌려온 중요한 용어들을 가지고 창안하고 통합하는 것을 도왔다. 유심론 일반에 대한 그의 비평에 대해서도 똑같이 말해져야 한다. 두 가지 경우 모두에서 그는 유물론과 유심론, 그 자체로 세분화된 주관과 객관의 다양성, 그리고 변증법과 형이상학에 걸친 무엇보다도 중요한 구조 안에서 일하였다. 이 구조의 엄밀한 사용을 통해, 그는 맑시즘이 유물론과 변증법을 결합하고 이로써 변증법적 유물론의 형태로 궁극적인 철학적 진리를 제시하기까지 중국과 서양의 과거의 철학자들은 유심론이나 형이상학에 의해 고통을 당했다고 정통하게 서술했다. 허린의 논설 "반성론"조차도 유심론에 대한 그의 가장 심각하고 본질적인 비판과 변증법적 유물론에 대한 그의 방어라는 몇 가지 점에서 대체로 그러한 모호한 일반화의 재탕이고, 맑시즘에도 허린 자신에게도 도움이 되지 않는 것이다.

그의 생애의 마지막 10여 년 동안, 허린은 유심론 일반과 개인적으로는 자기 자신의 유심론에 대한 비판을 누그러뜨려도 된다는 것을 알았지만, 그는 그러한 비판을 철회하거나 혹은 유심론으로 복귀하는 것을 갑자기 중단하였으며, 또한 그 이유를 설명하지도 않았다. 그는 또한 그의 다양한 철학적 공헌과 활동이 결합된 자신의 철학적 생애에 대한 보다 많은 일화적인 진술도 제공하지 않았으며 그것들의 적절한 위치도 제공하지 않았다. 많은 점에서 그의 총체적인 철학적 유산은 철학자로서 그리고 인간 존재로서 그의 전생애의 품행 만큼이나 애매모호하다.

더 읽을거리

허린은 자기 연구의 대부분을 소논문 형식으로 발표했는데, 뒤에 그것이 상당히 중복된 채 모음집으로 출판되었다. 그러한 두 권의 모음집인 《근대유심론간석(近代唯心論簡釋)》(1943)과 《문화와 인생(文化與人生)》(1947/1988)은 1949년 이전 그의 주요 저술의 대부분을 싣고 있다. 첫번째 것은 더 이상 출판되지 않지만 그것의 보다 중요한 작품들, 가령 "근대유심론간석(近代唯心論簡釋)" 같은 표제 논문은 허린의 전체 철학적 성과물을 가장 포괄적으로 모아 놓은 《철학과 철학사 논문집(哲學與哲學史論文集)》(1990)에서 이용할 수 있다. 또 다른 전체적인 모음집인 《유가사상의 새로운 전개(儒家思想的新開展)》(1995)는 매우 넓은 의미에서의 신유학(新儒學)에 대한 그의 논문들을 수집했지만, 《문화와 인생》(1947) 및 《철학과 철학사 논문집》(1990)과 상당히 중복되어 있다. 서양 철학, 특히 헤겔에 대한 허린의 작품들은 《현대서방

철학 강연집(現代西方哲學講演集)》(1984)과 《헤겔철학 강연집(黑格爾哲學講演集)》
(1986)에서 간편하게 찾을 수 있다.

허린은 광범위한 이차 문헌의 관심을 끌지 못했으며, 그에 대해서 쓰여진 많은 것
은 별로 인상적이지 않다. 장슈에지(張學志)는 몇 편의 좋은 주석서, 특히 《허린(賀
麟)》(1992a)을 썼는데 그것은 단연 가장 포괄적이고 신뢰성 있으며 참고할 수 있는
연구이다. 현재 유행하고 있는 신유학의 주제에 보다 집중적으로 초점을 맞춘 또 다
른 훌륭한 작품은 쑹쯔밍(宋知命)의 《허린 신유학 사상연구(賀麟新儒學思想研究)》
(1988)이다. 보다 다면적인 상황은 쑹쯔밍(宋志明)과 판진(范進)의 《허린 신심학의
문화철학이론 술평(賀麟新心學的文化哲學理論述評)》(1993)에 나타나는데, 그것은 허린
의 생애와 학문의 다양한 측면들에 대해 동료들, 친구들, 그리고 제자들에 의해 쓰
여진 특징과 관심이 제각각인 약 30편의 논문들을 싣고 있다.

참고 문헌

허린의 저서

賀麟, *The Attitude of Three German Philosophers at the Time of National Crisis*, 重京:
  獨立出版社, 1934. 賀麟, 《黑格爾學術》(Josiah Royce의 *The Spirit of Modern Philosophy*
  의 번역본), 上海: 商務印書館, 1936.

賀麟, 《近代唯心論簡釋》, 重京: 獨立出版社, 1943.

賀麟, 《現代中國哲學》, 勝利出版社, 1945.

賀麟, 《現代西方哲學講演集》, 上海: 上海人民出版社, 1984.

賀麟, 《黑格爾哲學講演集》, 上海: 上海人民出版社, 1986.

賀麟, 《文化與人生》, 北京: 商務印書館, 1988(개정판).

賀麟, 《哲學與哲學史論文集》, 北京: 商務印書館, 1990.

賀麟, 宋志明 編, 《儒家思想的新展開: 賀麟新儒學論箸輯要》, 北京: 中國廣波電視出版社,
  1995.

허린에 관한 저술

韓强, "賀麟新心學的文化哲學理論述評", 《哲學與社會科學》 **2**, 8~13, 1993.

宋志明, 《賀麟新儒學思想研究》, 天津: 天津人民出版社, 1988.

宋志明, 范進 編,《會通集 : 賀麟生平與學術》, 北京: 三聯書店, 1993.

ZhangMaoze, "賀麟與胡塞爾現象學",《哲學與社會科學》, **4** 36~40, 1997.

張學志, "論賀麟對斯賓諾莎思想的吸收和改造",《文史哲》**1** 34~9, 1990.

張學志,《賀麟》, 臺北: 東大, 1992a.

張學志,《賀麟的新心學》, 발행지명 없음, 1992b.

토론 주제

1. 철학을 위해서 마음(心)은 논리적 견지에서 가장 잘 이해되는가, 심리적 견지에서 가장 잘 이해되는가?

2. 우리는 인간 존재와 자연적이고 도덕적인 질서의 관계를 이해하기 위해 반드시 마음 개념을 사용해야 하는가?

3. 허린은 심학(心學)과 리학(理學)의 가르침들을 조화하는 데 성공했는가?

4. 어떤 의미에서, 가령 얼마라도 가능하다면, 마음이 물질에 작용할 수 있는가?

5. 우리는 '간지'에 대한 허린의 활용을 받아들일 수 있는가?

6. 본체와 작용 개념은 우리가 문화 철학을 규정하는 데 도움을 주는가?

7. 정신과 문화가 어떻게 관련되는가에 대한 허린의 설명을 우리는 받아들여야 하는가?

8. 신유학의 과제는 무엇이 되어야 하는가?

9. 허린은 오륜과 삼강에 대해 받아들일 수 있는 설명을 제공하는가?

10. 허린의 유물론에로의 전향에서 무엇이 철학적으로 보존되는가?

제3부

변증법적 유물론에 대한 이념론적 노출

10. 펑치(馮契)의 개량주의: 상대주의와 절대론 사이에서

후앙 용

  펑치(馮契: 1915~95)는 진위에린(金岳霖), 펑요우란(馮友蘭), 탕용통(湯用彤)의 제자였다. 이 세 사람 중에서 진위에린이 그에게 가장 큰 영향을 주었다는 것은 의심의 여지가 없다. 헌신적인 공산주의 혁명론자였던 펑치는 이러한 소란스러운 시기에 칭화대(淸華大)의 석사학위 과정을 졸업하지 못했지만, 자신의 논문을 완성하여 "지혜설(知慧說)"이라는 제목으로 1974년에 출간하였다. 사실 지혜라는 주제는 그에게 평생 동안 철학적 관심사의 중심에 있었다. 1949년 이후 펑치는 윈난(雲南) 대학교, 통지(同濟) 대학교, 푸딴(復旦) 대학교에서 가르쳤고, 1951년부터 상하이의 후아똥 사범대학(華東師範大學)에서 가르쳤다. 1960년대 중반까지 그는 수백만 개의 중국 문자에 대한 철학원고를 완성했지만, 이것은 모두 문화대혁명(1966~76) 동안에 소실되었다. 따라서 그는 인생의 마지막 20년 동안 자신의 철학사상에 대한 기록을 다시 시작해야 했다. 1980년대에 그는 《중국 고대철학의 논리적 발전(中國古代哲學的邏輯發展)》(1, 2, 3)과, 《중국 고대철학의 혁명적 진보(中國近代哲學的革命進程)》를 출간했다. 이 저서들은 정신과 스타일 면에서 모두 헤겔의 《역사철학 강의》에 견주어 볼 수 있다. 1990년대에는 자신의 주요 철학저서인 《지혜설 3편(知慧說三篇)》을 준비했는데, 1995년 그가 죽기 직전에 끝났다. 그의 사후 《풍계문집(馮契文集)》의 1, 2, 3권으로 출간된 이 저서들에서 펑치는 지혜에 대한 셋으로 나누어진 철학 체계를 제시하였다. 첫번째 부분은 지혜에 대한 인식론·형이상학 이론으로, 도(道)에 대한 우리의 지식에 초점을 맞추고 있다. 두 번째는 변증논리를 방법론적으로 다룬 것으로,

하나의 방법론인 도론(道論)을 우리의 인식행위와 실천행위에 적용시키는 것을 다룬다. 세 번째는 인간의 자유에 대한 도덕론으로, 도론을 우리의 도덕수양에 적용시키는 것을 중심으로 한다.

지혜(智慧): 도론(道論)

1947년 논문인 "지혜설"에서 펑치는 지혜(wisdom)를 견해(opinion)나 지식(knowledge)과 구분하였다: "견해는 자기 관점에서 나오고, 지식은 대상에 대한 관점에서 나오며, 지혜는 도(道)에 대한 관점에서 나온다"(馮契, 1996~8, vol. 9, 3면). 달리 말하면 견해는 주관적이며 다양한 사람들의 다양한 견해를 반영하는 것이고, 지식은 객관적이며 어떠한 특수 대상의 실제 현실을 표상하는 것이고, 지혜는 보편적이며 모든 것의 궁극적 실재인 도를 직관하는 것이다. 지혜에 대한 이러한 생각은 그의 《지혜설 3편》에서 여전히 중요하지만, 그는 곧 다음과 같은 사실을 인정했다:

> 단지 상이한 관점들 사이를 그렇게 구분하는 것은 나에게는 너무 간단하다. 따라서 나는 표현법을 바꾸어 지식의 과정이 무지에서 지식으로, 지식에서 지혜로의 운동이 되도록 할 필요를 느꼈다. 나의 과제는 그러한 운동의 변증법을 설명하는 것이다(馮契, 1996~8, vol. 1, 10면).

견해·지식·지혜에 대한 초기 구분과 무지·지식·지혜에 대한 후기 구분에서 모두 펑치는 지식을 지혜로 전환시키는 것이 철학자의 임무라고 강조했다.

지식을 지혜로 전환시킴(轉識成智)

'전식성지(轉識成智)'라는 용어는 불교에서 빌려온 것이다. 이 용어는 원래 유식학파에서 "자기에 대한 집착과 법(法: dharma)에 대한 집착의 구분에 초점을 두는 의식활동을 어떠한 분별이나 집착도 없이 사물을 있는 그대로 이해하는 지혜로 전환시키는 것"을 의미한다(馮契, 1996~8, vol. 1 3면). 이 구(句)를 자기 자신의 철학 체계에서 사용하기 위해 펑치는 우선 지식과 지혜라는 용어를 무지와 관련하여 정의 내렸다. 펑치가 보기에 (아이의 무지와 같은) 무지의 상태에서는 상이한 대상들 사이 혹은 주관과 대상 사이에서 어떠한 분별도 생겨나지 않는다. 모든 것은 분별없는 근본적인 통일 안에 있다. 반면에 지식(상식과 과학을 모두 포함)은:

> 대상을 서로 다른 사실과 서로 다른 법칙들로 분류하고, 이러한 사실들과 법칙들 사이에서의 관

계를 이해하고자 한다. 경험적 지식의 영역은 이름과 범주로 분류될 수 있는 세계이다(馮契, 1996~8, vol. 1, 412면).

이러한 의미에서 지식은 무지에서 벗어나는 전진적인 단계이다. 그러한 분별이나 이해가 없기 때문에 사물들은 오직 즉자물(即自物; things-in-themselves)이 될 수 있다. 오직 지식을 통해서만이 인간은 자각적 존재가 되며, 대상은 대자물(對自物; things-for-us)이 될 수 있다. 그러나 펑치는 "지식은 궁극적 원인, 전체, 혹은 전우주를 이해할 수는 없으며, 따라서 가장 높은 영역이 아니다"라고 주장하였다. 가장 높은 영역은 지혜에 속한다(馮契, 1996~8, vol. 1, 412면).

펑치는 '지혜'라는 용어를 '성지(聖智)'에서, 그리고 불교용어 반야(prajna, 般若), 그리스용어 logos의 번역어에서 쓰이는 그대로 사용했다. 이러한 모든 의미에서 그것은 "우주와 인생의 근본적인 원리, 그리고 모든 것을 꿰뚫는 도에 대한 지식"이다(馮契, 1996~8, vol. 1, 413면). 따라서 지식과 지혜의 주요한 차이는 지식이 추상적인 것, 분석적인 것, 부분을 강조하는 반면 지혜는 구체적인 것, 종합적인 것, 전체에 초점을 맞춘다는 사실이다. 개별 사물에 대한 견해(지식)는 추상적인 데 반해 전체에 대한 견해(지혜)는 구체적이라고 말하는 것은 이상하게 들릴지도 모른다. 펑치가 말하고 있는 요점은 개별 사물에 대한 우리의 지식은 우리가 구분하고 분리하여 그 사물을 다른 것들로부터 추출할 때 생겨난다는 것이다. 개별 사물들이 모두 하나의 도(道)의 측면에서 이해되므로, 지혜는 바로 개별 사물 간의 상호관련성에 초점을 맞추기 때문에 구체적이다. 따라서 모든 것을 관통하는 도를 이해하기 위해서는 어떠한 사물과 다른 사물 사이, 자연과 인간 사이에 아무런 분별도 생기지 말아야 한다. 이러한 의미에서 전식성지(轉識成智)의 결과는 무지로의 회귀이다:

인간은 원래 자연에 속했으며, 하늘과 인간, 주관과 대상, 인식하는 자와 인식되는 것 사이에는 어떠한 구분도 없었다. 무지에서 지식으로의 걸음을 옮긴 뒤에야 그러한 구분이 발생했다. 지식에서 지혜로의 전환은 그것의 천인합일이라는 목표로서 "천지(天地)가 나와 함께 생겨나고, 만물이 나와 일체(天地與我並生, 萬物與我一體)인 영역을 갖는다." 그것은 일종의 근원으로의 회귀이다(馮契, 1996~8, vol. 1, 418~19면).

그러나 이는 단순히 원시적인 것으로의 회귀는 아니다. 그것은 더 높은 수준으로의 회귀이다. 천인합일은 이미 자연발생적인 합일이 아니다. 그것은 의식적으로 명확하게 이해될 뿐만 아니라 실천 속에서 의도적으로 갖게 되는 합일이다.

이성직각(理性直覺; *intellectual intuition*)

펑치가 보기에 지식에서 지혜로의 전환은 지식의 단계적인 논리적 분석에 의해서가 아니라 갑작스런 깨달음(頓悟)에 의해 가능하다:

> 부분들의 결합은 전체가 아니다. 도약을 통해서만이 우리는 전체에 대한 종합적 지식과 구체적 지식을 갑작스럽게 얻을 수 있다(頓悟). 물론 상이한 부분·측면·단계에 대한 분리된 지식을 갖는 것은 총체(the totality)·전체(the whole)·과정으로 가는 데 필요한 예비 준비단계이다. 그러나 이 두 가지 사이에서의 변이에는 도약, 즉 돈오의 느낌이 있어야 한다(馮契, 1996~8, vol. 1, 419면).

펑치는 그러한 돈오를 '이성직각(理性直覺)'이라고 불렀다:

> [지혜는] 상대적인 것에서 절대적인 것을, 유한한 것에서 무한한 것을, 조건적인 것에서 무조건적인 것을 파악한다. 우리가 명명할 수 없는 영역에 도달할 수 있는 것은 오직 우리의 [과학] 지식을 [형이상학적] 지혜로 전환함을 통해서다(馮契, 1996~8, vol. 1, 42면).

그러므로 펑치는 감성과 오성에 대한 칸트의 구분을 마음에 새겼다. 우리는 감성능력을 사용함으로써 사물에 대한 직관은 가질 수 있지만, 그러한 직관은 유한하고 상대적이며 특수해서 무한하고 절대적이며 보편적인 도를 아는 데는 사용될 수 없다. 우리는 지적 능력을 사용함으로써 보편적이며 필연적인 지식은 가질 수 있지만, 그러한 지식은 우리의 선험적 범주를 투사한 결과이므로 물 자체인 도를 아는 데는 사용될 수 없다. 따라서 도를 알려면 보편적이고 무한하며 필연적인 것을 직관하는 이성직각이 필요하다. 그러나 칸트는 그러한 이성직각의 가능성을 무조건 부정하였다. 그러므로 그것의 존재를 증명하는 것이 펑치의 과제였다.

이성직관은 그것을 거부하는 이들과 그것을 가져야 한다고 주장하는 사람들 둘다 신묘(神妙)한 것으로 간주해 왔다. 펑치가 보기에 사람들은 이성직각이 어떻게 얻어지고 전달되는지 이해하지 못하기 때문에, 이성직각은 그것이 충분히 받을 만한 신뢰를 얻지 못했다. 펑치에 따르면 이성직각은 매우 평범한 현상이다: "예술적이든, 과학적이든, 도덕적이든, 종교적이든 간에 우리 지적활동의 모든 분야는 이성직각으로 가득 차 있다"(馮契, 1996~8, vol. 1, 422면). 예를 들어 뉴턴이 만유인력의 법칙을 발견한 것은 그가 나무에서 떨어지는 사과를 보았을 때 얻은 이성직각이다; 인성(人性)이 보편적으로 선하다는 맹자의 발견은 어린아이가 우물에 빠지는 것을 보았

을 때 얻은 직각이다. 게다가 이성직각이 감각 자료에 대한 논리적 분석의 결과가 아니라고 하더라도 그것은 감각 자료와 분리될 수 없다:

> 이성직각은 이성에 의해 관통된 감각활동일 뿐이다. 당연히 이성직각은 감각활동처럼 상이한 색깔을 구분하거나 상이한 소리를 판단하거나 상이한 맛을 식별하는 것으로부터 분리될 수 없다(馮契, 1996~8, vol. 1, 430면).

그러므로 펑치는 왕부지(王夫之, 1619~92)의 견해를 사용하고 있다. 전적으로 감각적 지각에 의존하는 범인(凡人)들과 감각적 지각의 작용을 전적으로 부정하는 불가·도가와는 달리 우리는 "감각적 지각에 의존하고 나서 그것을 초월해야 한다"(馮契, 1996~8, vol. 1, 431면)고 왕부지는 주장했다. 이는 곧 펑치의 견해이다. 왕부지에게 범인과 불가·도가 모두의 공통된 가정은 감각적 지각이 우리가 가진 전부라는 것이다. 도는 지각할 수 없기 때문에 범인은 도에 대한 우리의 지식을 부정한다. 도가와 불가는 감각지각이 실재적이지 않기 때문에 도를 무(無)라고 정의내린다. 왕부지가 보기에 그들은 모두 "오색(五色), 오성(五聲), 오미(五味)가 실제로는 도의 현현"(馮契, 1996~8, vol. 1, 430~1면)임을 간과하였다. 이러한 의미로 도는 내재적이다. 지각할 수 있는 사물 안에 있기 때문이다. 그러나 그것은 또한 초월적이기도 하다. 즉각적으로 지각할 수 있는 것은 아니기 때문이다.

물론 도에 대한 철학적 이성직각으로서의 지혜는 다른 형식의 이성직각에 비교하면 독특하다. 과학과 도덕에서의 이성직각은 전적으로 특수한 감각적 직각과는 다르지만 제한된 그 범위 안에서만 적용될 수 있다. 반면에 철학에서의 이성직각은 보편적으로 적용 가능하다:

> 철학의 핵심은 천도설(天道說)이다. 그것은 진리뿐만 아니라 철저함을 목표로 한다. 철학은 하늘과 인간을 합일시키고 하늘과 인간의 원천이며 대상과 자아를 합일시키는 도를 파악하고자 하고, 천도(天道)와 합일된 자유로운 덕을 수양하고자 한다. 철학은 우주 만물의 제1의 원인을 연구하고자 하며, 인생의 가장 높은 영역을 드러내고자 한다. 따라서 철학이 탐구하는 것은 무조건적이며 절대적이고 무한한 것이다(馮契, 1996~8, vol. 1, 423~4면).

종교와 예술에서의 이성직각은 우주 전체에 관심을 가지면서도 사변적이지 않다. 반면에 철학에서의 이성직각은 "이론적 사유의 형식 안에서 세계를 이해하는 것"을 목표로 삼는다. 이는 합리적으로 논증하고 실질적으로 시험할 수 있다(馮契,

1996~8, vol. 1, 424면). 사람들은 종교와 예술에 대한 펑치의 견해에 반대할지도 모른다. 그러나 여기서 그의 요점은 도에 대한 이성직각이 단지 상대적이고 주관적이지는 않다는 것이다.

펑치가 보기에, 그러한 이성직각을 통해 지혜를 얻는 한 우리는 사물 간의 어떠한 분별이나 어느 하나에도 집착 없이 그 자체로 사물을 볼 수 있게 된다. 세 가지 영역의 질서를 사용하되 그것을 뒤집는 것은 《장자》(莊子, 1968; Graham, 1986, 陳榮捷, 1963)의 "제물(齊物; Equlity of Things)" 편과 "추수(秋水)" 편에서 논의된다. 펑치는 그러한 현실화가 세 단계의 초월로 이루어진다고 주장했다:

> 첫째, 우리는 모든 사물을 나누면서도 같게(齊) 한다. 이는 긍정과 부정을 똑같게 간주하여 다양한 견해에 대한 상호 부정과 그 각각의 한계를 초월할 수 있게 한다. 둘째, 우리는 모든 사물의 존재를 긍정하며 그것들을 합일시킨다. 이는 크고 작은, 같고 다른 것들 사이의 모든 구별을 부정하여 그 모두를 하나로 볼 수 있게 하고 전체를 파악할 수 있게 한다. 그러나 그 단계에서는 여전히 인식주체와 인식대상 간의 구분이 존재하며, 따라서 모든 존재를 긍정하고 나서 그것들을 부정하는 세 번째 단계가 필요하다. 이는 하늘과 인간, 안과 밖, 주관과 대상, 인식하는 자와 인식되는 것 사이의 그러한 구분을 모두 초월하는 것이다(馮契, 1996~8, vol. 1, 429).

펑치의 견해로는 도에 대한 이성직각이 결국 실현되는 것은 이 마지막 단계에서다. 이 단계에서는 어떠한 사물에도 더 이상 부담을 느끼지 않는다. 사물들을 차별 없이 듣고 보며, 사물에 대한 긍정적이거나 부정적인 판단 없이 사유와 실재가 일치하기 때문에 "도와 일치하고, 도와 한 몸이 되는 것이다"(馮契, 1996~8, vol. 1, 430면).

지혜의 언어

펑치가 지식과 지혜를 구분하는 한 가지 중요한 방법은 전자는 이름 붙일 수 있고 말할 수 있는 영역(名言之域)인 반면, 후자는 그것을 초월한 영역(超名言之域)이라는 것이다:

> 이름 붙일 수 있고 말할 수 있는 영역에서, 말하는 것은 언급되는 무언가가 있어야 하며, 지식은 앎의 대상이 있어야 한다. 따라서 그것은 사물과 자아, 인식하는 자와 인식되는 것 사이의 구분과 밀접하게 연관되어 있다. 이름(名)과 실재(實) 사이의 관계에서 이름과 범주는 항상 이것과 저것, 그렇고 그런 것, 이런 종류와 저런 종류로 분류함으로써 실재를 파악하고자 한다(馮契, 1996~8,

vol. 1, 432면).

그러나 우리가 살펴보았듯이 지혜는 모든 것을 통일하는 도를 이해하기 위해 이러한 모든 구분을 부정한다. 펑치가 "[철학적] 이성직각에서 이해되는 것은 명언(名言)이 가능한 영역을 넘어 있다. 그것은 경험적 지식이 닿을 수 있는 영역을 넘어서 있기 때문에 당연히 생각할 수 없고 말할 수 없다"라고 주장한 것은 이러한 의미에서이다(馮契, 1996~8, vol. 1, 432면).

생각할 수도 없고 말할 수도 없는 것을 다루는 방식은 물론 펑치에게만 문제인 것은 아니다. 비트겐슈타인(Wittgenstein)의 해법은 가장 쉽다. 그저 침묵하는 것이다. 그러나 이는 도의 형이상학이 가능하다고 확신하는 펑치에게는 해결책이 될 수 없다. 따라서 펑치가 지혜는 생각할 수 없고 말할 수 없는 영역에 대한 것이라고 말했을 때, 그는 그것이 평범한 방법으로는 생각할 수 없고 말할 수 없다는 사실만을 의미했지, 우리가 도에 대해 전혀 말할 수 없음을 뜻한 것은 아니다. 당신이 도를 말할 수 없다고 이야기할 때, 당신은 이미 그것을 말한 것이다. 펑치가 이로써 단지 도가 소극적인 방식으로만 언급될 수 있다고 말한 것은 아니다: "그것은 말로 할 수 없는 무엇이다." 그는 우리가 도에 대해서 무언가를 적극적으로 말할 수도 있다고 믿었다. 펑치는 우리가 이성직각에서 파악된 것을 언급하기 위해 '도(道)'라는 표현을 사용할 때 그것을 이미 말한 것이라는 사실만을 이야기하고 있지는 않다. 펑치는 왕필(王弼; 226~49)을 따르면서 이름(名)과 지칭(稱)을 구분하였다: 이름(名)은 불려지는 것에서 비롯되지만, 칭(稱)은 지칭하는 사람에게서 비롯된다(馮契, 1996~8, vol. 1, 434면). 예를 들어 'John'은 단지 우리가 사람을 지칭하는 방식일 뿐이다. 우리에게 이 사람이 누구이며 어떠한 사람인지를 말해주는 이름(名)이 아니다. 마찬가지로 '道'는 우리가 철학에서 직관한 것을 지칭하는 방식일 뿐이지 우리에게 그것이 무엇인지를 말해주는 이름은 아니다.

펑치가 보기에 도는 말할 수 없다고 하는 것은 단지 그것이 일상적인 방식의 일상언어 안에서 말해질 수 없다는 것만을 의미한다. 그러므로 펑치는 다시 《장자》에서 영감을 얻는다. 《장자》에는 도에 대한 직각을 표현하는 세 가지 상이한 방식이 언급되어 있다: 중언(重言: 옛날 사람들이나 어른들의 말을 인용), 우언(寓言: 다른 사물에 비겨 교훈을 은연중 나타내는 말), 치언(卮言: 잔에서 술이 나오듯 유창하게 적용할 수 있는 임기응변의 말)이 그것이다. 세 가지 중에서 펑치는 마지막 방식이 도에 대한 철학적 언어로서 가장 적합하다고 생각한다. 그는 그가 의미하는 바를 설명하기 위해 《장자》〈추수〉 편의 예를 사용한다:

다양한 종류의 사물 간의 차이에 관해 사람들은 일반적으로 천지는 크고, 쌀알은 작다고 생각하며, 산은 크고 털끝은 작다고 생각한다. 이제 '도의 관점에서' 나는 여전히 '크다', '작다'와 같은 말들을 사용할 수 있지만, 곽상(郭象)이 제안했듯이 그 의미를 바꿀 것이다. ⋯⋯ '크다'는 '충분하다'를 의미하고 '작다'는 '나머지가 없다'를 의미한다. 그렇다면 하늘과 땅, 작은 언덕과 산맥은 남음이 없어서 작은 것으로 여겨질 수 있다. 반면 가장 작은 쌀알과 털끝은 충분(그것들 고유의 본성과 관련하여)하므로 크다고 여겨질 수 있다. 따라서 크고 작은 것 사이에는 아무런 구별도 없다(馮契, 1996~8, vol. 1, 276~7면).

따라서 도에 대한 우리의 직각을 표현하는 언어는 여전히 우리의 일상언어이다. 우리의 일상언어는 사물들 사이, 개념들 사이, 그리고 사물과 개념 사이의 구분에 고착되어 있는 형식논리에 따라서만 사용된다면 도를 말하는 데 쓰일 수 없다. 그러나 변증논리에 따라 사용된다면 적절한 언어가 될 수 있다.

변증논리: 방법으로 전환된 이론

도에 대한 인식론과 형이상학적 이론에 대한 펑치의 관심은 그의 1947년 논문인 "지혜설"에서 드러나는데, 그는 "이론을 방법으로 전환시킴"과 "이론을 덕으로 전환시킴"이라는 두 개의 슬로건에 따라 이 이론을 1950년대에 적용했다. 우리는 이 두 개의 슬로건이 때때로 오도하고 있는 것을 보게 될 것이다. 그것들은 우선 도가 무엇인지를 알고 나야만 이 지식을 지적 행위(방법)와 실천적 행위(덕)에 적용시킨다는 인상을 준다. 오히려 펑치는 한편으로는 도론, 다른 한편으로는 방법과 덕 사이에 상호적인 움직임이 있다고 믿었다. 따라서 펑치는 자기 철학을 최종적으로 체계화시켜 표현할 때 도론을 몸체로, 두 개의 슬로건에서 표현된 생각들을 두 날개로 보았다. 우리는 이 절(節)에서 첫번째 전환을 논하고, 다음 절에서 두 번째 전환을 논할 것이다.

이론과 방법의 통일은 펑치의 근본적인 주제 중 하나이다. 이론은 새로운 지식을 얻기 위한 방법으로 쓰일 수 있다. 예를 들어 생물학 이론은 생물학적 현상을 알기 위한 방법으로 쓰일 수 있다. 따라서 도(智慧)에 대한 이론도 도를 알기 위한 방법으로 쓰일 수 있다(馮契, 1996~8, vol. 2, 406면). 형식논리학의 관점에서 보면 다음과 같은 순환논법이 있는 것 같다: 도의 이론(道論)을 가지려면 우리는 그것을 알기 위한 방법이 있어야 한다. 그러나 도를 알기 위한 방법을 가지려면 우리는 도의 이론(道論)이 있어야 한다. 펑치는 실제로 순환논법이 있다는 것은 인정했지만, 그것은

악순환은 아니라고 주장했다. 그가 보기에 도의 이론(道論)이나 도를 알기 위한 방법이나 어떤 때에도 완벽하지는 않지만, 양자는 모두 무한히 개선될 수 있다. 우리가 도의 이론(道論)을 갖게 되면 그것을 도를 더 많이 알아서 더 좋은 도의 이론을 갖게 되는 방법으로 사용할 수 있고, 그 다음에는 더 좋은 도의 이론(道論)이 도를 알 수 있는 훨씬 더 좋은 방법을 갖는 데 도움을 줄 것이다. 펑치는 그러한 관점을 헤겔-맑스적 의미에서 변증논리적 관점이라고 불렀다. 현대 서양 철학의 담론에서 이러한 통찰력에 대한 또 다른 친근한 표현은 반성적 균형(reflective equilibrium)에 대한 반토대론적 관념(예를 들면, 롤스(John Rawls)의 저서에서 보이는 특수한 도덕적 직관과 일반적인 정치원리 사이)과 해석학적 순환(가다머(Hans-Georg Gadamer)의 저서에서 보이는 텍스트와 선이해 사이)이라는 관념이다. 그러한 견해의 독특한 특성은 하나의 단일한 토대의 존재를 부정하되 반대되는 요소 간의 상호작용으로 인한 전진적인 움직임을 강조함으로써 상대주의를 피한다는 것이다. 맑스주의 철학자로서 펑치는 변증논리에 대한 자신의 관심을 헤겔-맑스 철학에서 끌어냈다. 그러나 이러한 논리에 대한 그의 실질적인 토대는 중국 철학 연구에서 널리 이끌어 낸 것이다. 다음에서 우리는 펑의 철학에서 변증논리가 중요하게 적용된 몇몇 경우를 검토할 것이다.

분석적 방법과 종합적 방법 사이의 변증

슐라이어마허가 논의한 고전적인 해석학적 순환은 텍스트의 부분과 전체 사이에서이다. 분석적 방법과 종합적 방법에 대한 펑치의 논의는 이 순환에 관련되면서도, 그것은 더 넓은 범위를 가지고 있고 어떠한 지식의 대상이건 그 부분과 전체에 관심을 갖는다:

> 분석이란 지식의 구체적인 대상을 상이한 요소, 부분, 특징으로 분류하고 그것들을 분리하여 연구하는 것을 의미한다. 종합이란 지식의 대상을 그 상이한 요소들, 부분들, 특징들을 통일된 전체로 결합하여 파악하는 것을 의미한다(馮契, 1996~8, vol. 2, 286면).

분석적 방법은 상이한 부분에 대한 관찰을 통해 대상을 연구하는 반면, 종합적 방법은 대상을 전체로서 관찰하면서 연구한다. 그것들은 실제로 두 개의 서로 다른 방법이다. 어떤 것을 전체(예를 들면 집)로 아는 것은 그 다양한 부분들(예를 들면 문, 창문, 지붕)을 아는 것과 다르기 때문이다.

중국과 서양의 전통 모두 분석적 방법의 중요성을 강조하는 철학자도 있고 종합

적 방법의 중요성을 강조하는 철학자도 있다. 그러나 펑치가 보기에 이 두 가지 방법은 모두 필요할 뿐만 아니라 그 사이에 변증법적 운동이 있다. 대상의 부분들을 적절히 이해하려면 대상을 총괄하는 견해를 갖는 것이 필요하다. 대상 전체를 적절히 이해하지 않고서는 대상의 어떠한 부분도 적절히 이해할 수 없다(집에서 분리된 문은 더 이상 문이 아닐 것이다). 그러나 "대상에 대한 포괄적이고 전체적이며 철저한 지식을 얻기 위해서는 사물의 다양한 부분, 측면, 단계에 대한 개별적인 지식의 습득이 필요하다"(馮契, 1996~8, vol. 1, 419면). 구성요소가 되는 부분에 대한 적절한 이해없이 대상 전체를 적절히 이해할 수는 없다(그것을 구성하는 부분이 없는 집은 더 이상 집이 아닐 것이다).

형식논리학의 관점에서는 다음과 같은 명백한 모순이 있다: 전체를 알기 위해서(종합적 방법 사용)는 그 부분을 알 필요가 있지만(분석적 방법 사용), 부분을 알기 위해서는 전체를 알 필요가 있다. 그러나 펑치의 변증논리적 관점에서 보면 모순이 전혀 없다. 대상 전체에 대한 더 많은 이해는 그것을 구성하는 부분들을 더 잘 이해하는 데 도움을 줄 것이고(분석적 방법을 사용함으로써), 이러한 이해는 또한 대상 전체를 더 잘 이해하는 데 도움을 줄 것이다. 이러한 끝이 열려있는(open-ended) 나선형 운동을 통해 우리는 대상의 부분과 전체에 대해 점점 더 많은 이해를 얻을 수 있다.

지식(知)과 실천(行) 사이의 변증

다음 절에서 논의될 그의 두 번째 슬로건인 "이론을 덕으로 전환시킴"에서 펑치는 도에 대한 지식을 우리의 도덕수양에 적용시키는 방법에 관심을 가졌다: "도를 응축하여 덕을 이룬다는 것이다(凝道而成德)." 그러나 이는 단지 동전의 한쪽 면일 뿐이다. 다른 면은 도덕수양으로부터 도에 대한 지식을 습득하는 것이다: "덕을 드러내어 도를 넓힌다는 것이다(顯行以宏道)"(馮契, 1996~8, vol. 1, 441면). 여기서 펑치는 우리에게 또 다른 딜레마를 제시하는 듯하다: 도덕수양은 도에 대한 지식을 전제로 하고, 또한 도에 대한 지식은 도덕수양을 전제로 한다. 이것을 이해하기 위해 우리는 지식과 실천 관계에 대한 펑치의 좀더 일반론적인 관점을 살펴보아야 한다.

펑치에 따르면 우리는 지식과 실천을 통해서 주체(能)와 대상(所) 사이의 두 가지 다른 관계, 즉 내적 관계와 외적 관계를 확립하고 있다:

내적 관계는 어떠한 항목의 질적 변화가 그에 관련된 다른 항목이 덩달아서 변화로 이르게 되는

것이다. 주관과 대상 간의 실천에 의해 확립된 관계는 내적 관계이다. 반면 지식에 의하여 확립된 것은 외적 관계이다. 후자는 대상이란 단지 주관에 의해 인식되기 때문에 변하지 않으므로 외적 이다(馮契, 1996~8, vol. 1, 80면).

그렇다면 이론과 실천에 의해 확립된 두 관계가 어떻게 각기 서로 관련되는지가 문제이다:

실천과 지식은 분리될 수 없다. 한편으로 지식은 실천이 발전할 때 발전한다. 우리가 대상을 알게 되는 것은 대상을 전환하는 과정 내에 있기 때문이다. 우리가 우리의 지식 안에서 대상과의 외적 관계를 확립할 수 있는 것은 오직 우리가 실천 속에서 대상과의 내적 관계를 확립했을 때이다. 다른 한편으로 우리가 실천 속에서 대상과 내적 관계를 확립할 수 있는 것은 오직 대상과의 외적 관계를 확립했을 때이다(馮契, 1996~8, vol. 2, 39면).

만일 대상을 다룸으로써 대상과 어느 정도 적절한 내적 관계를 확립(실천)하지 못했다면, 우리는 결코 대상과의 적절한 외적 관계를 확립(참된 앎)할 수 없을 것이다. 지식은 언제나 실천에서 나오기 때문이다. 그러나 대상과 어느 정도 적절한 외적 관계(지식)를 맺지 않았다면, 우리는 그것과 적절한 내적 관계(성공적인 실천)를 맺을 수 없을 것이다. 실천은 언제나 지식에 의해 인도되기 때문이다. 이러한 의미에서 지식과 실천은 분리될 수 없다. 더 나은 지식을 얻을수록 우리는 더 적절한 실천을 수행할 수 있다. 그리고 더 적절하게 실천할수록 우리는 더 나은 지식을 얻을 수 있다. 우리가 점점 더 나은 지식을 가질 수 있고 더 성공적으로 실천할 수 있는 것은 지식과 실천 간의 이러한 변증적 운동 안에서다. 절대적으로 참된 지식이나 절대적으로 적합한 실천에서 시작하려는 것, 혹은 절대적으로 옳은 지식을 얻기까지 어떠한 실천도 피하려고 한다거나 절대적으로 적합한 실천을 통해 입증될 때까지 어떤 것도 믿지 않으려 하는 것은 현실적이지 못하다. 펑치에게 이상적인 사람은 완벽한 지식을 습득하거나 실천에서 결코 실패하지 않는 사람이 아니라 지식과 실천 사이의 변증적인 나선 운동을 떠나지 않는 사람이다.

논리적 방법과 역사적 방법 간의 변증

지혜는 도에 대한 지식을 목표로 한다. 펑치에게 도(道)란 본래 변화와 발전의 도이다. 이러한 의미에서 도를 아는 중요한 방법 중 하나는 역사적 사건을 검토하여 그에 드러난 도를 인식하는 것이다. 이것이 펑치가 역사적 방법이라고 부른 것이다:

역사적 방법은 일련의 역사를 따라가면서 역사현상과 그 인과관계의 기본적인 윤곽을 파악한다. … 그렇게 하기 위해서는 역사를 모순적인 세력들 간의 운동으로 야기된 필연적인 운동 과정이자 논리적 과정으로 보아야 한다. 따라서 역사적 방법은 역사의 논리를 파악하는 것에 지나지 않는다(馮契, 1996~8, vol. 2, 444면).

여기에서 펑치는 도를 이해하는 데 역사적 방법의 중요성을 강조하였다. 분명, 우리가 세세한 역사연구와 분석·종합에 시간을 들이지 않는다면 우리는 역사발전의 논리(道)를 이해할 수 없을 것이다. 그러나 펑치는 동시에 우리가 역사의 논리(道)에 대해 아무것도 알지 못한다면 우리는 역사연구를 적절히 해내지 못할 것이라는 사실도 지적했다:

[역사에는] 우연적인 요소들이 많이 있다. 따라서 우리의 사고가 역사의 모든 단계를 추적한다면, 다량의 에너지가 대수롭지 않은 자료들을 다루는 데 낭비될 것이며, 우리의 사고과정은 종종 방해받을 것이다. 따라서 사실상 역사발전의 논리를 파악하기 위해서는 논리적 방법을 사용해야 한다(馮契, 1996~8, vol. 2, 445면).

따라서 도에 대한 지식을 역사연구에 적용하는 논리적 방법이 필요하다(馮契, 1996~8, vol. 2, 413면). 그래야만 광활하고 복잡한 역사 자료가 간결해질 수 있으며, 겉으로는 다소 관련이 없어 보이는 사건들 간의 관계도 쉽게 확립될 수 있다.

형식논리의 관점에서 보면 여기에도 모순이 있다. 논리적 방법을 사용하기 위해서는 우선 역사의 실제 도(道)를 찾아내는 역사적 방법을 사용해야 하지만, 역사적 방법을 사용하기 위해서는 역사자료의 바다에서 길을 잃지 않기 위해 역사의 도(道)를 이미 알고 있어야 한다. 그러나 펑치의 변증논리에서 우리는 역사적 방법과 논리적 방법 사이의 변증적 운동을 보아야 한다. 역사연구를 더 많이 수행할수록 역사의 도(道)를 더 많이 파악할 수 있게 되며, 역사의 도(道)를 더 많이 파악할수록 역사연구를 더 잘 수행할 수 있게 된다. 우리는 역사적 사실이나 그에 나타난 도(道)를 완벽하게 이해할 수는 없으나 이러한 변증적 운동 안에서 우리의 이해를 줄곧 향상시킬 수 있다.

일치와 불일치 사이의 변증(百慮一致)

펑치는 지식이론에서 개인과 집단의 관계를 설명하기 위해 이 용어를 《역전(易傳)》에서 따왔다. 철학은 지혜에 관한 이론이다. 지혜는 '나의' 관점에서가 아니라

도(道)의 관점에서 사물을 보려는 것이기 때문에 견해와는 다르다. 이러한 의미에서 철학은 도가 무엇인지에 대한 합의(一致; consensus)가 있어야 한다. 도는 오직 하나이기 때문이다. 그러나 철학자들은 여러 가지 다른 생각을(百慮) 하기로 유명하다. 그들 각자 세계와 인생에 대한 그 혹은 그녀 자신의 견해가 도의 관점에서 나온 견해라고 믿으면서 말이다. 그 결과 "모든 사람이 내가 말하고 있는 도가 아닌 도를 말하고 있다"(馮契, 1996~8, vol. 1, 235면). 이는 "모든 관점이 주관성을 지니며, 모든 사람은 '나의' 관점에서 사물을 보아야 하기 때문이다"(馮契, 1996~8, vol. 1, 395면). 그러나 펑치는 상대주의에 반론을 제기한다. 그가 보기에 "사랑하는 마음으로 말하고, 배우는 마음으로 들으며, 공평한 마음으로 변론하라(以仁心說, 以學心聽, 以公心辨)"(馮契, 1996~8, vol. 1, 226면)는 순자의 충고를 따른다면, 우리는 도에 대한 의견의 불일치에서 도에 대한 의견의 일치에 도달할 수 있을 것이다:

> 어떠한 특수 문제에 대해서도 사람들은 그들의 상이한 관점에 따른 상이한 견해를 지닐 것이다. 따라서 그들은 처음에는 무척 서로 의견일치가 안 될 것이다. 토론 후에 그들의 견해는 서로 교화되고 보완되며 정정될 것이고 마침내는 합의에 도달할 것이다(馮契, 1996~8, vol. 1, 227면).

이러한 의미에서 펑치는 자신의 소통 윤리(communicative ethics), 즉 왜곡되지 않은(undistorted) 의사소통 안에서 보편적인 합의에 도달한다는 점에서 위르겐 하버마스(Jügen Habermas)와 같은 관심을 가지고 있다. 물론 사람들은 그러한 합의의 가능성에 대해 정당한 의심을 할 것이며, 펑치가 그것의 가능성을 보여주기 위해 설득력 있는 이유를 제시하지 않은 것 또한 사실이다. 그러나 이것은 아마도 펑치에게 합의에 도달하는 것은 단지 이러한 변증의 한 부분이기 때문일 것이다. 펑치는 상대주의를 피하려고 하되 독단론에 대해서도 경고했다. "합의에 도달하는 것과 진리에 이르는 것은 별개"(馮契, 1996~8, vol. 1, 239면)이기 때문이다. 진리는 도(道)에서 나온 관점이기 때문에(단지 도에 대해서가 아니라) 진리는 오직 하나만 있을 수 있다. 상대주의는 피해야 하며, 견해의 일치가 바람직하다. 그러나 합의에 이를 수 있다고 하더라도 합의는 도에서 나온 관점과 같을 수는 없다. 그보다는 도 자체를 개방적인 하나의 발전과정으로 이해해야 한다(馮契, 1996~8, vol. 1, 261면). 그리고 어떠한 합의도 대체될 수 있기 때문에, 우리는 합의에 도달했을 때라도 독단론을 피해야 한다. 개개인이 의문을 제기할 이유가 있거나 확정된 합의를 거부할 때, 그들의 견해와 선결된 합의로 하여금 서로 배우고 풍부하게 해주고 비판하게 하여 새로운 합의에 도달할 수 있게 하는 것이 중요하다:

인식의 과정에서 사람들은 상이한 견해들 속에서 토론한 이후에 합의된 결론에 도달할 수 있을 것이며, 상이한 길에서 같은 목표에 도달할 수 있을 것이다. 그러나 이러한 합의는 다시 상이한 견해들 사이에서 의견일치가 안될 수 있고, 따라서 새로운 토론이 다시 일어날 수도 있다. … 지식이 문제의 발생과 해결이라는 끊임없이 진행하는 과정이 되는 것은 일치와 불일치 사이의 이러한 순환운동 속에서이다(馮契, 1996~8, vol. 1, 227면).

달리 말하면, 왜곡되지 않은 의사소통은 일치나 불일치를 목표로 하는 것이 아니라 도에 대한 점점 더 포괄적인 지식을 얻는 것이 목표이다. 이는 일치와 불일치 사이에서 무한하게 전진하는 과정 속에서 얻어지는 것이다.

비록 우리는 펑치의 변증논리를 형식논리와 대비시켰지만, 펑치는 형식논리를 변증논리로 대체하려고 하지는 않았다. 그는 형식논리를 거부하거나 형식논리를 변증법적으로 만들려는 독단적인 맑스주의적 관점에 반대했다(馮契, 1996-8, vol. 2, 231면). 펑치가 보기에 변증논리는 사유의 대상과 사유과정 모두의 움직임에 초점을 맞추고 있지만, 형식논리는 그것들의 고정성(stability)을 강조한다. "형식논리는 객관적인 토대를 가지고 있다. 전세계는 사실상 움직이고 있지만 상대적으로 안정성을 가지고 있기도 하다"(馮契, 1996~8, vol. 2, 246면). 이러한 의미에서 변증논리도 형식논리를 침해할 수는 없다. 변증논리를 충분히 적용하기 위해서는 형식논리를 넘어서야 하더라도 말이다.

자유: 덕으로 전환된 이론

펑치의 두 번째 슬로건은 우리로 하여금 이론을 덕으로 전환시키도록 하는 것이다. 펑치가 보기에 지혜는 단지 도에 대한 이론적인 이해만은 아니다. 우리는 이러한 이해를 우리의 도덕수양에 적용시켜야 한다. 이는 "도를 아는(知道) 단계에서 덕을 지니는(有德) 단계로의 한 걸음(步)이다"(馮契, 1996~8, vol. 3, 318면). 펑치에게 이론을 덕으로 전환하는 것은 우리의 지혜에 따라서 인간됨의 이상(理想)을 구성하여 실현하는 것을 의미한다. 중국전통(특히 유교)에서 인간됨의 이상은 성인(聖人)이 되는 것이다. 중국전통이 우리가 성인이 될 수 있고 모든 사람이 성인이 될 수 있다고 강조한다고는 하지만, 펑치가 보기에 성인으로 인식되는 사람이 거의 없다는 것은 그러한 이상이 범인(凡人)이 미치는 범위를 넘어선다는 것을 말한다. 따라서 펑치는 범인이 도달할 수 있는 범위 안에 있는 인간됨의 현대적인 이상을 계발하는 것이 필요하다고 느꼈다:

성인·위인·영웅이라는 고대의 이상과는 달리 현대적 이상은 평범한 자유인에 대한 이상이다. 이는 도달하지 못할 정도로 높은 이상이 아니다. 모든 사람은 그들이 노력한다면 이 목표에 도달할 수 있다. 우리가 수양하고자 하는 새로운 인격은 자유로운 범인의 인격이지 전능(全能)하고 전지(全知)한 성인의 인격이 아니다. 우리는 의식과 자유가 절대적인 의미에서 있다고 생각하지 않는다. 우리는 인간을 신성시할 수 없다. 모두가 단점을 지니며 실수를 저지르는 범인이기 때문이다. 그러나 인간의 본질은 자유로워지는 것이고 자유로운 노동을 수행하는 것이다(馮契, 1996~8, vol. 3, 309면).

펑치의 인간됨에 대한 현대적 이상에서 핵심적인 것은 그의 자유 개념이다. 펑치는 자유에 대한 자신의 생각을 설명하고자 포정(庖丁)이 자신의 왕인 문혜군(文惠君)을 위해 소를 가른《장자》의 이야기를 인용했다:

손을 대고, 어깨를 기울이고, 발로 밟고, 무릎을 구부릴 때마다 가죽이 찢어지고 칼이 얇게 베는 소리가 들리니, 그 소리는 모두 규칙적인 음률에 맞았다. 동작과 소리가 상림의 춤(桑林: the dance of the Mulberry Forest)에 합치되고 경수(經首: the blended notes of the Jing Shou)의 모음에 딱 들어맞았다(庖丁爲文惠君解牛, 手之所觸, 肩之所倚, 足之所履, 膝之所踦, 砉然嚮然, 奏刀騞然, 莫不中音. 合於桑林之舞, 乃中經首之會). …
왕의 칭찬에 응하여 포정이 말하였다: "신이 좋아하는 것은 도입니다. 어떠한 재주보다도 앞선 것이죠. 처음 소를 잡을 때는 눈에 보이는 것이 모두 소뿐이었습니다. 3년이 지나자 소를 전체로 보는 것이 멎었습니다. 요즘 신은 신(神)적인 태도로 소를 다루지, 눈으로 보지는 않습니다. 감각의 사용을 벗어버리니 정신이 그 의지대로 행동합니다."(庖丁釋刀對曰: "臣之所好者道也, 進乎技矣. 始臣之解牛之時, 所見无非全牛者. 三年之後, 未嘗見全牛也. 方今之時, 臣以神遇而不以目視. 官知之而神欲行."(莊子, I, 3b, Legge 옮김, 1891, 198~9면)

펑치가 보기에 포정은 범인으로서 분명 성인에 대한 고대의 이상에는 미치지 못하지만, 그러나 그는 자유로운 사람에 대한 펑치의 현대적 이상의 가장 완벽한 예이다. 그는 소를 가르는 자신의 노동에서 자유로워졌다. 그것은 즐김(enjoyment)의 수단, 또는 좀더 정확히 말하면 즐김의 과정이 되었다(馮契, 1996~8, vol. 3, 11면). 이 이야기가 우리에게 말해주는 것은 각자의 행위 안에서 자유(自由)로워지기 위해 인간은 모두 자기 자신의 길에서(自我) 자각(自覺; self-consciously)적이고, 자원(自願; voluntarily)적이며, 자연(自然; naturally)스럽게 행동해야 한다는 것이다. 다음에서 우리는 펑치의 자유개념이 갖는 이러한 중심적인 특징들을 살펴볼 것이다.

자각(自覺)의 원리

우리는 자유를 설명하기 위해 종종 하늘을 나는 새나 바다를 헤엄치는 물고기를 예로 든다. 유추해 보면, 자유로운 사람은 억제되지 않은 본능적인, 또는 상습적인 행동을 하는 사람이다. 이러한 의미에서 자유로움이란 자발(自發)적인 것과 같다. 그러나 펑치가 보기에 이러한 자유개념은 인간과 동물 간의 두 가지 근본적인 차이를 무시한 것이다. 첫번째 차이는 오직 인간만이 자각적으로 행위한다는 것이다. 이러한 능력은 인간의 자유를 구성하는 요소이다:

> 인간의 자유는 특히 그들 행위의 유목적성 안에서 드러난다. 인간은 합리적 지식을 획득하고, 인간의 필요에 부응하기 위해 본성상 제공된 잠재성 중에서 선택하며, 선택한 잠재성을 실현하기 위해 계획을 세움으로써 자신들의 행위 속에서 자유로워진다. 인간은 또한 그들이 타고난 본질적인 힘을 계발하고, 그것들을 자기 스스로를 향상시키는 데 사용함으로써 자유로워진다(馮契, 1996~8, vol. 3, 48면).

하늘을 나는 새와 물에서 헤엄치는 물고기는 이러한 의미에서 자유롭지 못하다. 그것들은 자기들이 무엇을 하고 있는지, 왜 그것을 하는지, 어떻게 그것을 하는지 모르기 때문이다. 그것들은 단지 자기들의 행동을 자연적으로(spontaneously) 수행할 뿐이다. 물론 인간 역시 자연적인 행동들을 하며 이는 도덕적으로 선한 결과를 산출하기도 한다. 그러나 펑치가 보기에 "그러한 자연적이고 본능적인 선행은 정당하고 도덕적인 행동이라고 할지라도 자유로운 도덕행위는 아니다"(馮契, 1996~8, vol. 3, 220면). 자유롭다는 것은 제일 먼저 본성, 이성, 행위방식에 대한 지적인 지식을 갖는 것이다. 행위란 그것이 본성으로 부여된 잠재성을 실현하는 것이며 또한 인간존재에게 유익한 것이라는 행위자의 참된 앎에 기초할 때만이 자유로운 것이다.

자원(自願)의 원리

인간과 동물의 두 번째 차이점은 오직 인간의 행위만이 그들의 자유선택에 기초할 수 있다는 것이다. 이러한 능력 또한 진정으로 자유로운 행위의 구성요소이다. 펑치는 이것을 설명하기 위해 이치(理)의 두 가지 의미, 즉 도덕규범으로서의 리(理)과 천리(天理, natural law)로서의 리(理)를 구분한다. 비록 후자의 의미에서 리가:

> 사람들이 선택한 것으로부터 다양한 가능성들을 제공하지만, 리 자체가 인간의 의지에 따라 변하

지는 않는다. 인간의 의지는 리(理)가 어떠한 가능성을 제공할지는 결정할 방법이 없다. 이러한 의미에서 인간은 천리에 순응하는 데 달리 방도가 없다. 그러나 규범이나 규칙은 다양하다. 합당한 규범이나 규칙은 객관적인 근거가 있어야 한다고 할지라도 그것들은 인간에 의해 제정되며, 그것을 따를지 따르지 않을지는 인간이 선택할 수 있다(馮契, 1996~8, vol. 3, 26~7면).

따라서 하늘을 나는 새와 바다를 헤엄치는 물고기는 자유롭지 않다. 그것들은 날거나 헤엄치는 것을 선택하지 않았기 때문이다. 인간은 다르다. 인간들도 똑같이 천리(예를 들면 인간들은 매년 나이를 먹어야 하고 결국은 죽는다)와 관련해서는 선택권이 없으며 자유롭다고 말할 수 없지만 인간은 도덕규범이나 규칙에 대한 선택권이 있으며, 그것을 따르거나 위반할 자유가 있다. 자유로운 행위란 인간의 자유의지에서 우러난 행위여야 한다. 자유의지를 갖는 것은:

> 도덕적 책임감의 전제조건이다. 인간의 도덕적 혹은 비도덕적 행위는 자발적인 선택에 의한 행위이고 자율적인 결정의 행위이다. 따라서 인간은 도덕적 책임감을 지니며, 자기 행위의 결과에 대해 책임을 져야 한다(馮契, 1996~3, vol. 1, 221~2면).

펑치는 중국 전통이 자유의 첫번째 원리인 지적 지식을 강조한 반면, 원죄에 대한 기독교 교리에 입각한 서양 전통은 자유의 두 번째 원리인 자유의지에 더 많은 강조점을 두었다는 것을 깨달았다. 펑치가 보기에 이러한 두 전통은 각각 강점과 약점이 있다. 자각을 강조하는 유교 전통은 맹목적인 행위를 피하게 도와 주지만 쉽사리 결정론이나 숙명론으로까지 빠질 수 있다. 인간의 자유로운 선택을 강조하는 기독교 전통은 결정론을 피하게 도와주지만, 맹목적인 행위에 쉽게 이를 수 있다. 따라서 진정으로 자유로운 사람이 되기 위해서는 이 두 가지 자유 원리를 어떻게 종합할 것인지를 배워야 한다:

> 한편으로 행위 속에서 도덕적 기준과 일치하는 것은 자신의 합리적 지식에서 비롯되며, 따라서 자각적이다. 다른 한편으로 그것은 인간 의지의 자유로운 선택에서 나오는 것이므로 자발적이다(馮契, 1996~8, vol. 3, 220면).

진정으로 자유로운 도덕행위는 자각적일 뿐만 아니라 자발적이어야 한다. 전자는 지성의 특성인 반면, 후자는 의지의 특성이다. 게다가 펑치가 보기에 이 두 원리중의 하나를 다른 하나보다 선호할 이유는 없다. "도덕적 실천에서 지성과 의지는 서

로를 촉진하기" 때문이다(馮契, 1996~8, vol. 2, 225면). 달리 말하면 우리의 행동에 대해 더 잘 이해할수록 우리가 이러한 행동을 더욱 기꺼이 수행할 수 있으며, 이러한 행위를 기꺼이 수행할수록 우리는 그것들을 더 완벽하게 이해하게 된다.

자연의 원리

자각적이고 자발적인 행위가 인간을 인간 아닌 존재와 구분해주기 때문에, 자유에 대한 펑치의 두 가지 원리는 우리로 하여금 천성(天性)에서 덕성(德性)에 이르는 중요하고 필수적인 걸음을 내디딜 수 있게 해주는 인간적인 원리들이다. 펑치가 보기에 중국의 유가와 묵가는 적절하게 이러한 인간적인 원리를 강조해 왔다. 그러나 인간적인 것과 자연적인 것의 구분을 지나치게 강조하면서 별도로 채택된 인간적인 원리들은 유위(artificiality)에 이르게 된다. 사실 자각적이고 자발적인 행위가 비상한(extraordinary) 노력으로 수행되어야 한다면, 그것은 자유로운 행위로 간주될 수 없다. 《장자》의 이야기에 나오는 포정은 자유로운 사람이다. 그가 자신이 하는 일을 알고 있고 자신의 자유의지로 그것을 행하기 때문만이 아니라 그것을 힘들이지 않고 유쾌하게 무위로 행하기 때문이다. 펑치는 진정한 자유란 세 번째, 즉 도가에서 강조하는, 덕성을 천성으로 회귀시키는 자연의 원리가 필요하다고 주장했다. 펑치는 "덕성에서 천성으로의 회귀"로 두 가지 주장을 하고자 했다. 첫째, 덕성은 천성에서 나와야 한다:

> 가치관의 창조는 현실적 가능성과 인간의 필요에 일치되어야 한다. 객관적인 현실은 다소 실제적인 가능성을 제공하며, 인간은 본성에 따라서 얼마간의 필요를 갖는다. 이 두 가지의 결합은 자연(自然)의 요구가 된다(馮契, 1996~8, vol. 3, 312면).

둘째, 덕성은 자연스러운 방법으로 수행되어야 한다:

> "기술에서 도(道)로의 진전"으로 인해 노동은 즐거운 일이 되었다. 노동자와 자연, 주체와 객체는 완전한 합일과 통일에 이르러서 노동자는 자기 자신을 노동의 결과 안에서 직관할 수 있다. 따라서 노동은 심미적 활동이 된다(馮契, 1996~8, VOL. 3, 27면).

우리가 덕성이라고 여기는 것은 천성(자연)에 근거해야 한다. 덕행은 천성적으로도 가능하고 인간에게도 유익해야 한다. 이러한 의미에서 인간을 죽지 않게 하려는 행위나 인류 전체를 멸종시키려는 행위는 모두 덕스럽지 못하다. 전자는 바람직하지

만 천성적으로 불가능하며, 후자는 가능하지만 바람직하지 않기 때문이다. 게다가 자유로운 사람은 덕행을 힘들이지 않고, 천성적으로 쉽게 할 수 있어야 한다. 새가 하늘을 날고 물고기가 바다를 헤엄치듯이 말이다. 펑치는 헤겔식으로 천성으로 회귀하는 덕성은 덕성이 그로부터 발전되어 나오는 천성보다 높은 단계라고 주장했다. 따라서 진정으로 자유로운 사람은 나는 새와 헤엄치는 물고기처럼 힘들이지 않고 덕행을 수행할 수 있는데, 오직 자유로운 사람만이 그들이 분명하게 이해한 행위이자 실행할 것을 자발적으로 선택한 행위를 즐길 수 있다.

자유의 세 가지 원리, 즉 자각·자발·자연의 원리는 펑치가 보기에 세 개의 전통 철학의 이상을 나타낸다. 인식론적 진리, 도덕적 선, 미학적 아름다움이 그것이다. 자각적으로 행위하는 것은 자신의 행위에 대한 참된 지식을 갖는 것이다. 자발적으로 행위하는 것은 도덕적 책임감의 선행조건으로서 자유의지를 갖는 것이다. 행위함에 천성적이며 유위(有爲)가 없는 것은 천성과 조화를 이루는 것이다. 따라서 펑치는 자유를 충분히 이해하기 위해 자유란 이러한 세 가지 관점 모두로부터 고찰해야 한다고 주장했다:

> 인식론적 관점에서 보면, 자유는 인간의 참된 지식에 따라 세계를 전환시키는 것을 의미한다. 그것은 현실적으로 부여된 가능성에 대한 예측과 인간의 필요 모두에 바탕을 둔 과학적 이상의 현실화이다. 도덕적 관점에서 보면, 자유는 자신의 행위 안에서 자발적으로 선택하고 도덕원리를 자발적으로 따름으로써, 진보를 향한 인간의 요구가 반영된 도덕적 이상이 실현될 수 있게 하는 것을 의미한다. 심미적 관점에서 보면, 자유는 인간화된 자연 안에서 스스로를 직관함으로써 인간의 열정으로 채워진 생생한 이미지 안에서 심미적 이상이 실현될 수 있게 하는 것을 의미한다(馮契, 1996~8, vol. 3, 27~8면).

펑치가 진정으로 자유로운 사람은 또한 참되고 선하며 아름다운 사람이라고 믿은 것은 이러한 의미에서이다.

자아(自我)의 원리

자유는 인간됨에 대한 현대적 이상으로서 모든 사람에게 적용되는 획일적인 법칙이 아니다. 펑치가 보기에 자유로움은 모든 인간의 본질이지만, 자유로워지는 방법은 개인에 따라 다르다:

> 자유로운 개인은 단지 종(種)의 구성원이자 사회적 관계 속에서 하나의 세포일 뿐인 것은 아니다.

개인은 또한 그 고유한 정체성을 갖는다. 이것은 그 사람을 다른 사람들과 구분해주며, 복잡한 사회적 관계 속에서 그 사람을 독립적으로 만들어 준다(馮契, 1996~8, vol. 3, 320면).

평치는 모든 사람을 평가하는 추상적이고 보편적인 기준을 세우기보다 모든 개개인이 자기 자신의 방식으로 진정한 인격, 즉 자기 자신의 천성과 성정(性情)을 개발하도록 북돋워주기를 촉구했다. 자유로워지기 위해서는 네 번째 원리, 즉 자유의 주체인 자아의 원리가 필요하다(馮契, 1996~8, vol. 1, 453면). 여기서 모든 인간에게 보편적인 것과 각각의 개별적인 인간에게 본질적인 것을 혼동하지 않는 것이 중요하다:

인간의 목표에 대해 말할 때 우리는 인간 개개인의 목표에 대해 말하는 것이다. [이러한 개별 인간의] 본질은 바로 그러한 개별 인간 안에 있는 것이고, 그 개별적인 특징과 함께 있는 것이다(馮契, 1996~8, vol. 3, 60면).

이러한 관계 속에서 그는 유교와 중국 공산주의까지도 다음과 같은 경향이 있다고 비판하였다:

인간의 가치관과 이상에 관련하여 개인적인 것은 무시한 반면 사회적 것을 지나치게 강조했다. 개별 자아와 관련된 구체적인 존재에는 무관심한 반면 보편적인 특성에 너무 많은 관심을 쏟았다. 그리고 자아실현과 자아발전은 말하려 하지 않고 자기전환만을 지나치게 강조했다(馮契, 1996~8, vol. 3, 194면).

그러나 평치는 자신이 개별성을 강조하는 것이 연대(solidarity)의 이상과 모순되지는 않는다고 믿었다. 그는 항상 사회에 대한 개인의 이상적 관계로서 리쩌호우(李澤厚)의 "개인적인 자유와 보편적인 유대"를 인용했다. 평치가 보기에 그러한 이상에 결정적으로 중요한 것은 자유로운 노동기구이다. 원시적인 노동기구는 권위적인 개인에게 의존했지만, 현대적인 노동기구는 시장에 의존한다. 따라서 "이러한 두 가지 유형의 의존이 둘 다 지양되는 경우에만 노동기구는 자유로운 개인들의 연합이 될 수 있다"(馮契, 1996~8, vol. 3, 321면). 분명 평치가 말하는 자유로운 개인들의 연합은 현대 서양의 공공담론(public discourse)에서 사용되는 자발적인 연합(voluntary association)이라는 개념과 매우 밀접하다. 자발적인 연합의 구성원들은 그 연합에 가입하고 탈퇴할 자유가 있다. 서구적 관점에서 자발적인 연합은 비자발적인 연합, 즉 통치국가에 의해 가능할 뿐만 아니라 제한된다. 그러나 평치에게는 통치국가와 인간

집단 전체도 모든 자유로운 개인들의 자발적인 연합이어야 한다. 평생 공산주의자로서 펑치는 맑스와 엥겔스의 "개개인의 자유로운 발전은 모든 개인들의 자유로운 발전을 위한 전제조건"이라는 말을 인용하면서 이러한 비강제적인 공산주의의 이상을 견지하였다(馮契, 1996~8, vol. 3, 55면). 펑치의 이상적인 국가에는 여전히 공익(common good)과 공동의지(common will)가 있다. 그러나 정통 맑시즘과 현대 서양의 공동체주의(communitarianism)에서와는 달리 이러한 공익이나 공동의지는 개별 구성원의 재산이나 의지를 넘어서는 정부의 특별한(additional) 이익이나 의지가 아니다. 그것은 오히려 개별 구성원 각자의 재산과 의지를 발전시키고 촉진하는 집단의 공익 혹은 공적인 의지이다.

성인(聖人)이 되는 것이 대부분의 사람들이 성취하기에는 너무 힘들다는 이유로 선택된 엘리트로서의 전통적인 성인(聖人)의 이상을 대체하고자 펑치가 범인(凡人)을 위한 자유인의 이상을 제안한 것은 반어적으로 보일 수도 있다. 펑치가 의미하는 바, 자유로운 사람이 되는 것은 조금도 어렵지 않은가? 성인으로 인정받은 사람이 많지 않은 것은 사실이다. 그러나 얼마나 많은 사람들이 자유로워졌는가? 펑치가 보기에는 포정조차도 유일하게 거의 자유로운 사람일 뿐이었다. 그는 계급사회 안에서 왕을 위해 일했기 때문이다. 누구나 개인적으로는 성인이 될 수 있지만, 자발적으로 연합된 사회 안에서만이 자유로운 사람이 될 수 있다. 그러나 펑치는 자유인에 대한 자신의 이상이 결과보다는 과정에 초점을 맞추었다고 주장했다. 사람은 자유를 향한 길 위에 있는 한 자유롭다. 이러한 의미에서 그의 이상은 실제로 성인에 대한 전통적인 이상보다 범인이 더 쉽게 접근할 수 있다.

펑치는 현대 중국철학자들 가운데 보기 드문 인물이다. 이 책에 포함된 대부분의 철학자들은 자신의 철학 사상을 1949년 전, 혹은 1949년 이후 공산화된 대륙을 벗어나서 전개하였다. 1949년 이후의 중국 대륙에서는 대부분의 철학자들이 맑시즘 철학이나 맑시즘 역사철학의 옹호자가 되었다. 그러나 펑치는 이 기간에 자기 자신의 철학사상을 전개했을 뿐만 아니라 자신의 철학체계를 구축한 몇 안되는 학자 중 하나이다. 물론 펑치 역시 맑스주의자다. 그러나 같은 정도로 그는 유가이기도 했고 도가이기도 했으며, 칸트주의자기도 했고 헤겔주의자기도 했다. 어떤 학파에 속하냐는 질문을 받으면 그는 철학 학파는 중요하지 않은 것이므로 무시되어야 하며, 모든 학파를 초월해야 한다고 대답했다(馮契, 1996~8, vol. 9, 561면). 따라서 그가 자신의 철학에 가장 영향을 주었던 철학자를 대야 하는 경우 장자를 언급하더라도, 그의 철학체계는 철저하게 '펑치식(Fengian)'이다. 펑치식 철학을 규정짓는 특징은 상대주의와 독단론 사이의 길을 찾는 반토대론적 개량주의이다. 이러한 특징은 그의 변증

논리에 가장 잘 반영되었다. 그러나 그것은 그의 도의 이론(道論)과 자유 개념에도 필수적이다. 그가 보기에 우리는 결코 도를 완전히 이해할 수는 없다. 그러나 우리는 항상 도에 대한 이해를 증진시킬 수 있다. 우리는 결코 완벽하게 자유로워질 수는 없지만, 늘 우리는 확실히 더욱 더 자유로워질 수 있다. 펑치에게 도는 실로 절대적이다. 그러나 그것은 절대적인 무엇이 아니다. 오히려 그것은 절대적인 움직임이요, 과정이며, 모든 유한한 것들의 행로이다(馮契, 1996~8, vol. 1, 427면). 결국, 도는 길(the Way)일 뿐이다.

감사의 말

이 장의 초고를 읽고 유익한 조언을 해준 지위엔 위(Jiyuan Yu) 교수에게 감사하고 싶다. 또한 이 책의 공동 편집인인 청중잉(成中英) 교수에게도 교정을 위한 그의 세세하고 건설적인 조언과 제안에 감사하고 싶다. 이 장을 준비할 때 그의 조언에서 많은 도움을 받았다.

참고문헌

평치의 모든 주요 저서는 《평치전집(馮契全集)》(上海: 華東師範大學, 1996~8) 10권으로 출간되었다. 앞의 세 권은 지혜에 대한 논문으로 이 장(章)의 주된 초점이다. 고대 중국 철학의 논리적 발전에 대한 세 권과 근대 중국 철학의 혁명적 과정에 대한 한 권이 그 뒤를 잇는다. 그리고 각각 《지혜적 탐색(智慧的探索)》과 《지혜적 탐색: 본편(智慧的探索: 補篇)》이라고 이름 붙인 지혜에 대한 에세이와 소책자 두 권이 있다. 마지막 한 권은 펑치의 강의와 서신 모음집이다.

펑치에 대한 저서

1996년 이전에 출간된 펑치에 대한 주요 저서들은 후아뚱(華東) 사범대학 철학과에서 수집하였다. 1996년 이후에 발간된 펑치에 대한 저서들은 몇몇 중요한 저널에 발표되었다. 펑치철학에 대한 개괄적인 논의는 청중잉(1997), 허핑과 리웨이우(1996)를 보라.

펑치의 도론에 대한 논의는 청샤오룽(1999), 민스쿼(1999), 천웨이핑(1996), 띵쩐엔과 진롱동(1996), 양꿔롱(1996), 장티엔페이(1996a)를 보라.

평치의 변증논리에 대한 중요한 논의는 진룽동(1999), 펑이리엔(1996), 량칭옌(1999), 허샹카이(1999)를 보라.

평치의 자유개념에 대한 중요한 논의는 양꿔룽과 진룽동(1996), 런진타오(1997), 우껀요우(1996, 1997)를 보라.

중국 철학사가로서의 펑치의 논의는 팡쉬뚱(1999), 까오루웨이취엔(1996a), 차이원화(1997), 천웨이핑(1996)을 보라.

Chai, Wenhua 1997: "論馮契對中國哲學史硏究的貢獻",《哲學硏究》, No. 2.

Chen, Xiaolong 1999: "轉識成智",《哲學硏究》, No. 2.

Chen, Chung-ying(成中英) 1997: "馮契先生的智慧哲學和本體思考",《學術月刊》, No. 3.

Cheng, Weiping 1996: "智慧說和中國傳統哲學的智慧: 馮契的中國哲學史硏究",《理論方法和德性》, 242~57면.

Cheng, Weiping and Tong, Shijun(童世駿) 1996: "智慧的探索者: 馮契小傳",《理論方法和德性》, 302~14면.

Ding, Zhengyan 1998: "儒家的理想人格和現代新人的培養", 상하이 중서 비교철학 및 문화 학회 편《中西文化和二十世紀中國哲學》, 上海: 學林出版社, 71~87면.

Ding, Zhengyan and Jin, Rongdong(晋榮東) 1996: "略論馮契對轉識成智問題的探討",《理論方法和德性》, 144~57면.

Fang, Xudong(方旭東) 1999: "前現代的中國哲學史述解: 以馮契爲例",《哲學硏究》, No. 7.

Gao, Ruiquan 1996a: "把握民族精神的主流: 論馮契的中國近代哲學史硏究",《理論方法和德性》, 258~72면.

Gao, Ruiquan 1996b: "天人合一的現代詮釋",《學術月刊》, No. 3.

He, Ping and Li, Weiwu(李維武) 1996: "中構馬克思主義哲學體系的可貴闡釋",《理論方法和德性》, 158~69면.

He, Shankai 1999: "論辨證思維推理基本原則",《華東師範大學學報》, No. 6.

Jin, Rongdong(晋榮東) 1999: "馮契科學邏輯思想探討",《上海社會科學院學術季刊》, No. 3.

Liang, Qingyan 1999: "馮契對辨證邏輯中兩個疑難問題的解決",《華東師大學報》, No. 2.

Min, Shijun 1999: "試論馮契先生的終極關懷",《華東師大學報》, No. 6.

Peng, Yilian 1996: "我國辨證邏輯硏究的先驅者和倡導者",《理論方法和德性》, 184~205면.

Peng, Yilian 1999: "論槪念的歷史形態",《華東師範大學學報》, No. 2.

Ren, Jiantao(任劍濤) 1997: "向德性倫理回歸",《學術月刊》, No. 3.

Tong, Shijun(童世駿) 1996: "馮契和西方哲學",《理論方法和德性》, 287~301면.

Wu, Genyou(吳根友) 1996: "平民和自由人格說前釋",《理論方法和德性》, 233～41면.

Wu, Genyou(吳根友) 1997: "馮契平民和自由人格說審定",《學術月刊》, No. 5.

Yang, Guorong(楊國榮) 1996: "知識與智慧",《理論方法和德性》, 127～43면.

Yang, Guorong(楊國榮) and Jing, Rongdong(晋榮東) 1996: "化理論爲德性",《理論方法和德性》, 217～32면.

Zhang, Tianfei 1996a: "馮契先生的智慧學說",《理論方法和德性》, 108～26면.

Zhang, Tianfei 1996b: "馮契先生的廣義認識論",《理論方法和德性》, 170～83면.

다른 저서들

Chan, Wing-tsit 1963: *A Source in Chinese Philosophy*, Princeton: Princeton University Press.

Chuang-tzu(Zhuangzi) 1968: *The Complete Works of Chuang-tzu*, trans. Burton Watson, New York: Columbia University Press.

Graham, A. C. 1986: *Chuang-tzu: The Inner Chapters*, London: Mandala Books, Unwin Paperbacks.

Legge, James 1891: trans., *Chuang-tzu*, in *Sacred Books of the East*, vols. 39, 40, Oxford: Oxford University Press.

토론문제

1. 지식과 지혜의 차이는 무엇인가? 우리는 지식을 지혜로 전환시킬 수 있는가?
2. 우리는 이성직각을 가지고 있는가?
3. 도에 대한 이성직각은 다른 이성직각과 어떻게 다른가?
4. 우리는 하늘과 인간, 안과 밖, 주관과 대상, 인식하는 자와 인식되는 것 사이의 구분을 초월할 수 있는가? 우리는 그렇게 하도록 노력해야 하는가?
5. 철학은 모든 것을 통일하는 도가 없이는 불완전한가?
6. 언어는 명명할 수 없고 말할 수 없는 것을 다룰 역량이 있는가?
7. 우리는 지혜를 방편으로 전환할 수 있는가?
8. 우리는 도에 대한 지식을 도덕수양에 적용할 수 있는가?
9. 성인이라는 전통적인 이상을 대체하기 위해 시민이라는 현대적 이상이 필요한가?
10. 우리는 자유에 관한 펑치의 설명을 받아들일 수 있는가?

11. 장따이니엔(張岱年): 창조적 종합과 중국 철학

청 리엔

중국 철학사가이자 자신의 철학을 전개한 철학자로서 장따이니엔은 현대 중국 철학에서 중요한 위치를 확보하였다. 중국 철학사에 대한 그의 저작들은 그를 후스(胡適)와 펑요우란(馮友蘭)에 비견할 만한 중요성을 지닌 중추적인 학자로서 자리잡게 하였다. 장은 또한 그 자신의 체계적인 철학을 제시하였다.

1909년에 태어난 장은 1930년대에 그의 형이자 당시에 칭후아(淸華) 대학 철학과 교수였던 장선푸(張申府)의 지도하에 짧은 철학 논문을 발표하기 시작하였다. 장선푸는 버트란트 러셀(Bertrand Russell)의 철학을 중국에 소개한 것으로 유명했으며 또한 비트겐슈타인(Wittgenstein)의 《논리 철학 논고(*Tractatus Logico-Philosophicus*)》를 중국어로 번역하였다. 장따이니엔의 철학적 출판물을 근거로 펑요우란과 진위에린(金岳霖)은 그가 칭후아 대학에서 처음으로 가르칠 수 있도록 추천하였다. 1952년 이래 장은 베이징(北京) 대학에서 가르치고 있다. 그는 현재 베이징 대학 철학과의 명예교수이다.

그의 20대 동안 장은 중국 초기의 맑스주의자인 장선푸에게 크게 영향을 받았는데, 그는 새로운 중국 철학이 공자와 레닌 그리고 러셀 사유의 종합으로부터 나타날 것이라고 믿었다. 장선푸에게 이 인물들은 철학적 통찰의 세 가지 다른 원천, 즉 중국 전통과 변증법적 유물론 그리고 철학적 분석을 의미한다. 비록 장선푸가 그 같은 종합을 결코 제공하지는 않았지만 매우 유사한 과제가 장따이니엔의 철학적 활동을 지배해 왔다. 《장따이니엔학술론저자선집(張岱年學術論著自選集)》의 서문에 장은 그

의 철학적 탐구에서 "근대 유물론과 논리적 분석 방법 그리고 중국 철학의 우수한 전통을 종합하려고 노력한다"(장, 1993, 2면)고 썼다. 그의 초기 논설인 "철학에서 가능한 종합(從哲學上一介可能的綜合)"(1936)의 한 단락은 그 일생의 과제에 대한 좋은 실례를 제공한다.

> 우리는 유물론과 유심론에서 논리적 분석의 방법을 가지고 보다 나아간 종합을 해야 한다. 우리가 그러한 종합을 필요로 하는 이유는, 우리가 참되고 믿을 만하며 강력하고 인생을 안내하는 철학을 요구하기 때문이다. 분석을 통해 우리는 명료한 마음가짐을 증진시키고 혼란을 제거한다. 유물론을 통해 우리는 실재에 다가가고 환영을 피한다. 유심론을 통해 우리는 자연의 한계를 극복하고 완전성에 도달한다(장, 1996, vol. 1, 263면).

시간을 넘어서 이 이상은 '창조적 종합설(綜合創新說)'로 널리 알려지게 되었다. 그것의 주요한 세 측면은 철학의 기본 문제들에 대한 장의 탐구, 중국 철학사에 대한 그의 연구 그리고 문화적 문제들과 관련된 논쟁에 대한 공헌 등 그의 계속적인 학술 활동을 지배해 왔다. 그의 풍부한 저술 과정에서 장은 그 자신의 철학 체계를 발전시켰고, 고전 중국 철학에 대한 독특한 해석을 제시해 왔으며, 중요한 문화 논쟁들에 참여하였다. 장의 철학에 대한 다음의 설명에서 필자는 그의 사유의 처음 두 측면을 소개하고 평가할 것이며 그의 문화적 관점을 개괄할 것이다.

자연과 인간에 대한 연구

그의 철학적 활동의 출발점에서 장은 서구의 철학적 논의의 중심에 있는 문제들에 관심을 갖게 되었다. "외부 세계의 존재에 대하여(論外界的實在)"(1933)는 이제 막 중국에 소개된 모어(G. E. Moore)와 러셀의 철학적 분석에 대한 그의 수용을 드러낸다. 외부 대상들의 존재에 대한 그의 논변은 두 단계를 갖는다. 첫째, 그는 외부 대상들이 존재하는지 아닌지는 지각자의 감각 인상에 대해 독립적이라는 것을 보이려 노력한다. 그 다음에 그는 다음과 같이 주장한다. "나는 다른 사물들에 대해서 내가 나의 몸에 대해 아는 것과 똑같은 방식으로 안다. 그러므로 만일 내가 존재한다는 것을 내가 인정한다면, 외부 사물들이 존재한다는 것을 나는 인정해야만 한다"(장, 1982, 7면). 그 논변의 구조는 명료하고 전략은 흥미롭지만, 장이 자기 자신을 그의 몸과 동일시하는 두 번째 단계에 비약이 있다는 것을 알 수 있을 것이다.

장의 기본적인 관심은 중국 철학과 관련이 있으며, 그는 중국 철학을 재구성하는

수단으로 분석의 방법을 사용하였다. 1930년대 이후 그는 외부 세계의 존재와 같은 추상적인 문제로부터 그 자신의 체계적 사유를 구성하는 데로 전환하였다. 1940년대, 후에 《천인오론(天人五論)》이라고 하는 글의 완성은 그의 철학 체계를 낳았다. 이 다섯 개의 주제 논문들 가운데 처음 네 개는 그의 사유의 상이한 측면에 충당되었다. "철학적 사고에 대하여(哲學思惟論)"는 방법론, "지각과 실재에 대하여(知實論)"는 인식론, "사건과 법칙들에 대하여(事理論)"는 우주론, 그리고 "덕성에 대하여(品德論)"는 가치론에 관한 것이다. 다섯 번째 소론 "하늘과 인간에 관한 소론(天人簡論)"은 다른 네 개의 저술들에서 제안된 주요 주제들에 대한 간략하고 전반적인 개요를 제공하였다. 이 소론들에서 장은 면밀하게 그의 철학관을 묘사하였다. "철학은 천(天)과 인간에 관한 연구이다. 천(天)은 자연인 데 반하여 인간은 살아있는 것 가운데 가장 뛰어난 종(種)이다. 철학이 연구하는 것은 자연의 근본적인 원리들과 인간의 삶을 위한 궁극적인 규율들이다"(장, 1996, vol. 3, 216면).

장에 따르면, 다음과 같은 열 개의 명제들은 그의 실질적인 철학적 통찰을 특징짓는다.

1. 자연은 궁극적인 본체이고, 인간은 자연 진화의 최고 성과물이다.(天人本質)
2. 어떤 것이든 법칙들에 따르는 많은 연속적인 사건들의 과정이다.(物通實理)
3. 물질은 원류이거나 원천이며 마음은 그것의 지류이다.(物源心流)
4. 모든 것은 부단히 변화하며 어떤 모순도 그것의 통일을 갖는다.(永恒兩一)
5. 우주는 세 가지 차원, 즉 물질과 보편적 법칙 그리고 가치의 최고 표준에서 의미를 갖는다. 이 최고의 표준은 중용이 아니라 양립성과 조화이다.(大化三節)
6. 지식은 인간의 마음과 외부 세계의 의사소통에 있다.(知通內外)
7. 참된 지식을 위한 세 가지 판단 기준이 있다. 일관성, 감각 경험과의 대응 그리고 결과의 예측이다.(眞知三標)
8. 개체들은 그들의 공동체로부터 분리될 수 없다.(群個一體)
9. 인생의 이상적인 조건들은 세 종류의 활동에 의존한다. 자연을 변화시키는 것, 유익한 사회 제도를 설립하는 것, 그리고 인간의 본성을 향상시키는 것이다.(人群三事)
10. 도덕은 시간에 따라 변화하며 새로운 사회의 삶은 새로운 도덕을 필요로 하는데, 그것이 최대 다수의 최대 이익을 목적으로 삼는 한 그렇다.(擬議新德)(장, 1996, vol. 3, 216~28면)

개략적으로 말한다면, 처음 다섯 개의 명제들은 장따이니엔 형이상학의 핵심을 구성하고, 명제 6과 7은 그의 인식론적 주장들을 나타내며, 명제 8부터 10은 그의 윤리적 정치적 사유를 개략적으로 묘사한다. 그 전체 체계는 그의 생애의 중요한 성과였다. 슝스리(熊十力)와 진위에린 그리고 펑요우란 같이 그가 존경하는 동시대인들의 그 어떤 철학 체계도 그렇게 많고 다양한 원천들을 그렇게 포괄적인 철학 이론으로 통합하지 못했다. 그것이 반세기 이전에 나타났음에도 불구하고 그것의 많은 요소들은 여전히 유의미하며 오늘날에도 논쟁을 일으킨다. 첫째로 유물론적 논조는 중국 철학에서 장을 그의 위대한 동시대인들로부터 구별하였다. 그는 존재하는 모든 것은 물질로 이해될 수 있으며 마음과 생명은 물질에서 나온다고 주장하였다. 장은 마음과 물질의 관계에 대해 진화론적인 설명을 제기하였다.

> 우주 진화의 대략적인 과정은 물질(일반)로부터 살아있는 존재(생명을 가진 물질)를 거쳐 의식적인 존재(마음을 가진 물질)로 가는 것이다. 물질은 근원성을 가지며 생명과 마음은 진화된 물질의 발전된 형식이다. 마음은 고등 생물들이 유일하게 가지고 있는 기능이거나 속성이다(장, 1996, vol. 3, 217~18면).

이런 유물론자의 관점은, 그의 저작에서 지나치게 단순화되지만, 오늘날에도 널리 퍼져있다. 장은 고전적인 본-지(本-至, 본체-완전성)일체설을 거부하는데, 그는 그것을 중국 철학사에서 유행했던 것으로 본다. 그 전통적 관점은 본체와 완전성이 하나이고 같은 것이며, 하나의 궁극적인 것이 물질적인 몸체의 운동으로부터 인생의 방식까지 우주의 모든 측면을 지배한다는 것이다. 이 일자는 노자(老子)의 도(道), 주희(朱熹)의 태극(太極), 그리고 육상산(陸象山)과 왕양명(王陽明)의 본심(本心)과 같은 것으로 여겨졌다. 장에 따르면 이런 주장들 모두는 본체와 완전성에 대한 혼동을 포함한다.

> 사물들은 본체와 완전성을 갖는다. 본체는 모든 것이 의존하거나 모든 것이 전개되어 나오는 기원이고, 완전성은 모든 것이 목표로 삼는 극치이다.
> 고대인들은 본체와 완전성이 하나이고 같은 것이라고 생각했다. 이른바 고대 중국 철학자들의 태극(太極), 태허(太虛) 그리고 도(道)와 서구 철학자들의 절대(The absolute)는 본체와 이상을 모두 포함한다. 사실은 본체가 반드시 완전성은 아니며 완전성이 반드시 본체는 아니라는 것이다. 우주의 기원으로서 본체와 우주 완성의 극치로서 완전성은 하나가 아니라 둘이다. … 본체는 물질인 반면 완전성은 이상적인 상태이다(장, 1996, vol. 1, 442면).

장의 구별은 그를 인간의 이상과 우주의 본체가 다른 범주에 해당된다는 결론으로 이끌었다. 비록 장이 본체와 완전성은 완전히 별개인 것이 아니라 서로 변증법적인 관계에 서 있다고 생각했더라도, 어떤 의미에서 이것은 우리에게 사실-가치의 구별을 떠올리게 한다.

> 만일 본체와 완전성 사이의 구별을 알면, 유물론과 유심론을 종합하는 것은 어렵지 않다. 물질은 본체이고, 마음은 완전성이며, 생명은 그것들 사이에 있다. 마음은 물질 발전의 성과이고 그렇기 때문에 물질에 예속된다. 그러나 마음은 또한 물질에 반응할 수 있다. 그러므로 인간은 그들의 환경을 개선할 수 있고 이상은 현실을 극복하는 기능을 갖는다. 유물론에 의해 밝혀진 진리는 물질이 마음에 앞서고 환경은 인간보다 앞선다는 것인 반면, 유심론에 의해 밝혀진 진리는 마음이 물질을 바꿀 수 있고 인간은 환경을 바꿀 수 있다는 것이다. 실제로 마음은 물질로부터 나오지만 그것을 극복할 수 있고, 인간은 환경에 예속되지만 그것을 바꿀 수 있다. 우주에 대한 진리는 "물질은 가장 기본적인 것"인 반면 인간의 이상은 '물질을 극복하는 데'에 있다는 것이다(장, 1996, vol. 1, 268~9면).

장은 우주에 오직 물질만 있더라도 유심론의 적절한 변화가 궁극적인 인간의 표준과 가치를 보존할 수 있을 것이라는 생각과 인간의 완전성을 증진시키는 것은 마음의 일이라는 주장을 지키려고 노력하였다. 물질과 마음에 관한 이 논의는 평가하기 어렵다. 왜냐하면 장이 이 용어들에 대해서 하나 이상의 정의를 내리기 때문이다. 물질에 대한 명백한 개념은 장의 저작에서 거의 찾을 수 없다. 본문에서 그는 때로는 "어떤 법칙들에 따르는 많은 부단한 사건들의 과정"으로 물질을 정의하고, 때로는 물질에 관해 원자나 분자 같은 낮은 차원의 미립자들로 구성된 것으로 썼다. 전자는 화이트헤드(Whitehead) 사유의 흔적을 띤 철학적 사변인 반면, 후자는 근대 물리학에서 비롯된 것이다. 장의 원문에는 그가 물질에 대한 이런 상이한 개념들을 조정할 필요를 깨달았다는 증거가 거의 없다. 장은 또한 마음에 관한 그의 개념을 그의 유물론적 신념과 상충하는 것처럼 보이는 방식으로 정교화했다. 그의 저작들에서 마음은 때로 발전된 살아있는 물질(물질 진화의 결과)로, 때로는 물질을 알 수 있고 바꿀 수 있는 능력을 가진 행위자로, 때로는 궁극적인 인간 가치를 가진 것으로 다루어진다.

장은 또한 이상적인 상태로서의 완전성에 대해 두 개의 개념을 갖는다. 첫째로 이상적인 상태는 완전성(정신성)을 발생시키는 본체(물질)의 특별한 배열이다. 둘째로 이상적인 상태는 궁극적인 인간 가치가 실현되는 상태이다. 완전성에 대한 이 두 개

념들은 같은 것일 수 없다. 마음을 통한 궁극적 인간 가치의 실현으로서 완전성은 마음이 물질 세계에 변화를 일으킬 수 있다는 것을 요구하지만, 유물론적 구도에서 어떻게 정신적 원인이 설명될 수 있겠는가? 이 질문이 분명해 보일지라도 장이 그 것을 진지하게 다루었는지는 명백하지 않다. 오히려 장은 근대 유물론과 그가 중국 철학에 고유한 것이라고 여긴 부류의 유심론을 종합하는 그의 과제에 어려움이 없 다고 주장했다.

고전 중국 철학의 특성

고전 중국 철학의 기본적인 특질을 탐구하는 것은 장의 전 생애를 거쳐 그 자신 도 어찌할 수 없을 만큼 흥미로운 것이었다. 그는 그의 대가적 솜씨를 보인 《중국철 학대강(中國哲學大綱)》을 27세에 썼다. 이 작업은 중국 철학사 연구에서 획기적인 사 건일 뿐만 아니라 장 자신의 철학 체계의 한 부분을 형성한 것이다. 그것의 부제인 《중국철학문제사(中國哲學問題史)》가 가리키듯 그 작업은 중국 철학의 발전 과정에 서 나타난 문제들의 관점으로부터 그것을 탐구한다. 펑요우란의 《중국철학사(中國哲 學史)》가 연대순으로 중요한 인물들을 소개한 것과 달리, 비록 전통 중국인들의 작 업이 서구 철학과 다르게 결코 일반적인 학문을 구성하지는 않았을지라도, 장은 우 주와 인생에 관한 체계적인 철학적 사유에 미친 그들의 공헌에 관심이 있었다. 그의 《중국철학대강》에서 장은 "중국 철학이 형식적인 체계를 갖지는 않을지라도 그것은 실질적인 체계를 가졌다"는 펑요우란의 주장에 동의하였다(장, 1982, 18면). 《대강》 의 주요 목적들 가운데 하나는 중국 철학에 대한 완전하고 체계적인 설명을 발견하 고 정교하게 만들어 내는 것이었다.

장은 고전 중국 철학의 세 가지 측면을 고찰하였다. 《대강》의 첫번째 절인 "우주 론(宇宙論)"은 존재론적인 또는 형이상학적인 문제들을 논의한다. 두 번째 절인 "인 생론(人生論)"은 우주 안에서 인간 존재의 지위, 삶의 의미, 인간 본성 그리고 인간 의 이상과 같은 문제들을 논의한다. 세 번째 절인 "인식론과 방법론(致知論)"은 인식 론적이고 방법론적인 문제들을 논의한다. 그 작업은 중국 사유의 뒤섞인 요소들을 풀어내고 다양한 가르침들과 사상 그리고 개념들을 정돈하여 고대 중국 철학의 분 명한 구조가 드러날 수 있도록 하기 위해 분류학적인 노력을 한다. 일반적인 철학사 와 달리 《대강》은 중국 사유의 본질적인 범주들과 가르침들의 발전에 대한 분석과 해설에 광범위한 주위를 기울였다. 따라서 그것은 중국 철학 범주사에 관한 첫번째 작업이 되었다. 나아가 《대강》에서 행한 장의 중국 철학과 서구 철학의 비교 연구는

매우 놀랄 만한 것이다. 상당한 정도로 그것은 중국 철학의 특질에 관해 명쾌하고 유력한 설명을 하는 데에 성공하였다.

장에 따르면 중국 철학은 여섯 가지 일반적인 특성을 갖는데, 지(知)와 행(行)을 결합시키는 것, 천(天)과 인(人)을 합일시키는 것, 진리를 선(善)과 동일화하는 것, 인생을 인식론(知論)보다 중시하는 것, 깨달음을 논증보다 중시하는 것, 그리고 과학에도 종교에도 집착하지 않는 것이다(장, 1982, 5~9면). 중국 철학의 다른 개개의 특징들은 《대강》의 뒷 절들에서 설명된다. 장의 해설은 항상 중국 철학이 서구 철학과 어떻게 구별되는지에 대한 관찰들을 포함한다. 중국의 존재론에 대한 그의 논의로부터 인용한 유력한 예는 그의 접근법을 드러내 보인다. 존재론은 궁극적인 실재에 관한 설명이다. 장의 해석에 따르면, 중국인에게 궁극적 실재는 본근(本根)인데, 그것은 아마도 예지계(noumenon)에 대한 서구의 개념과 유사한 것으로 이해할 수 있을 것이다.

인도 철학과 서구 철학은 예지계를 [현상계(phenomenon)보다] 더 실재적인 어떤 것으로서 말하며, 현상계는 허상인 반면 예지계는 실재라고 생각한다. 예지계는 무엇인가? 그것은 유일한 궁극적 실재이다. 이 개념은 중국 본래의 철학에는 결코 나타나지 않았었다. 중국 철학자들은 본근과 사물들의 차이를 깨달았는데, 그것은 실재와 허상의 차이에 있는 것이 아니라 뿌리와 가지들, 본류와 지류들의 차이에 있다. 평범한 사물들이 모두 실재적이기에 오직 본근만 실재적인 것은 아니다. 중국 철학자들은 예지계를 유일한 실재로 여기는 이론을 결코 견지하지 않는다(장, 1982, 9면).

예지계가 처음에는 중국어 본체(本體)라고 번역되었으나, 이후의 저술에서 장이 실체(substance)를 번역하기 위하여 본체(本體)를 사용한 것을 주목해야 한다. 실체와 예지계는 서구 철학에서 적절한 대조를 형성하지 않는데, 그보다는 실체(substance)와 속성(attribute) 그리고 예지계와 현상계를 구별한다.

장에 따르면 본근은 네 가지 특성을 갖는다. (a) 그것은 독립적이다. 그 밖에 다른 모든 것은 파생된 것이지만 본근은 어디로부터 나오지도 않고 어떤 것에도 의존하지 않는다. (b) 그것은 불변한다. 그 밖에 다른 모든 것은 변화하지만 본근은 일정한 채로 있다. (c) 그것은 무한하고 절대적이다. 그리고 (d) 그것은 구체화되지 않거나 무형하다. 유형한 사물들은 본근이 될 수 없기에 본근은 어떤 형상도 넘어선 것이다. 본근이 무엇인가에 대한 더 이상의 질문은 존재론적 탐구에 의해 답해질 수 있는 것이다. 장은 도(道, 길), 기(氣, 생명 에너지) 그리고 심(心)을 포함해서 중국 철

학에 제기된 본근이 될 소지가 있는 주요 후보 개념들을 주의 깊게 검토하였다. 많은 주석가들이 중국과 서구 철학에 관한 장의 비교 연구를 칭송할지라도, 우리는 서구 철학을 완전히 동질적인 것으로 다루는 장의 성향이 그가 특정한 문제를 검토할 때 부정확함을 야기한다는 것에 주목해야 한다. 이것은 위의 예를 고찰함으로써 드러난다. 모든 서구 철학자들이 예지계와 현상계의 구별을 인정하거나 예지계는 실재적이고 현상계는 믿을 수 없는 것으로 생각하지 않는다는 것은 분명한 것이다. 우리는 예지계와 현상계에 대한 칸트(Kant)의 구별을 수용하지 않아도, 현상과 존재를 인식론적으로 구별할 수 있다. 칸트 자신은 그의 《순수이성비판(*Critique of Pure Reason*)》에서 현상계가 실재적인 것이라고 생각했으며, 적어도 어떤 사람의 해석에 의하면, 지식을 현상계에 한정하는 데에만 이용되는 소극적인 용어로서 예지계를 사용하였다. 심지어 일반적인 사고에서도 지각을 착각으로부터 분리하는 것을 피할 수 없다. 만일 서구의 관점이, 단지 드러나지 않은 어떤 것이 우리에게 나타난 모든 것에 대해 책임이 있다는 것을 주장하는 것으로 이해된다면, 중국과 서구의 차이들이 양립할 수 없다고 생각할 이유가 없다. 요컨대 본근과 예지계에 대한 장의 비교 토론에는 무엇인가 과장된 듯 보인다. 그의 글은 서로 다른 서구인들의 입장들을 충분히 구별하지 못함으로써 해를 입은 더 많은 비교들을 담고 있다. 1950년대에 발표된 "고전 중국 철학의 몇 가지 특징들"에서 장은 중국 철학의 첫번째 특징을 '예지계와 현상계의 합일'로 말했다. 그의 처음 입장이, 고대 중국 철학자들에게는 통일된 것이기에 중국 사유에 예지계와 현상계의 구별이 없었다는 것인 이상, 이 주장은 받아들이기 어렵다. 《중국철학대강》은 충만한 통찰에도 불구하고, 장에 의해 거론된 것과 같이 중국 철학의 다섯 번째 일반적인 특징, 즉 깨달음을 논증보다 중시하는 특징을 예증하고 있다.

중국 철학사에 대한 장의 작업은 또한 그의 창조적 종합이란 과제의 한 부분을 구성하였다. 1949년 이후 이 저술들은 중국 철학의 유물론자 전통을 기리고 그것의 변증법적 사유를 표현하며 그것의 인도주의적 이념을 드러내는 데 초점을 맞췄다. 그의 사유의 이러한 측면들을 반영하는 저작들은 《중국유물주의사상간사(中國唯物主義思想簡史)》(1957a), 《장재: 11세기중국유물주의철학가(張載: 十一世紀中國唯物主義哲學家)》(1957b), 《중국윤리사상연구(中國倫理思想研究)》(1989c) 그리고 일련의 논문들을 포함한다. 장의 해석에 따르면 중국사상은 불후의 유물주의자 전통을 가져왔다. 그뿐만 아니라 유물론은 중국 철학 발전의 주류이다. 각 시대마다 왕충(王充, 漢), 범진(范縝, 南朝) 그리고 장재(宋)와 같이 다양한 방식으로 유물론을 주장했던 철학자들이 있어 왔다. 장은 중국에서 변증법적 사고의 중요성을 강조하였다. 중국인의 도

덕적 사유에 관한 그의 해석에서, 장은 계급 분석과 변증법을 포함한 맑스주의자의 방법론을 이용하였고, 고대 중국의 도덕적 사유에서 그가 적극적인 요소와 소극적인 요소로 판단한 것을 검토하였다. 독자들은 1949년 이후 그의 대부분의 저작에서 맑스주의자의 횡설수설을 과도하게 사용하는 것을 감안할 수도 있을 것이다.

장의 탁월한 저작인 《중국고전철학개념범주요론(中國古典哲學槪念範疇要論)》(1989b)은 특별한 주의를 기울일 만하다. 그것은 초기 그의 《대강》과 짝을 이루는 것이지만, 고전 중국 철학에 대한 이 탐구는 다른 관점으로부터 발전되었다. 《요론》은 고전 중국 자연철학의 기본적 개념들과 범주들, 인생 철학 그리고 인식론을 주의 깊게 하나하나 열거하고 검토한다. 그것은 고전 중국의 사유에 대한 체계적 검토와 고전 읽기를 안내하는 유용한 참고서로써 이용된다. 예를 들면, 장은 상이한 인물들이나 학파들이 까다로운 고전 철학 개념인 리(理, 원리, 법칙)로써 나타내려 했던 것을 탐구하는 데에 9면을 할애한다. 이 완숙한 작업에서 장은 기초적인 철학적 술어에 소속될 수 있는 사상의 다양성에 대해 충분히 민감하다.

중국 문화에 대한 정교한 관점

장이 매우 어릴 때부터 계속된 문화적 위기들은 중국 지식인들의 마음에 충격을 주어 왔다. 5·4운동은 문화에 대한 경쟁적이며 다양한 관점들이 표출될 수 있는 디딤돌을 제공하였다. 장과 대부분의 동시대인들은 문화가 무엇인가를 결정하는 수단으로써 문화에 관한 일반적인 철학을 추구하지 않고, 중국의 부와 힘을 회복하기 위해 중국은 어떤 종류의 문화를 발전시켜야 하는가라는 특수한 질문을 제기하였다. 표출된 제안들로부터 급진적 지식인들과 보수적 지식인들은 중국 문화에 대해 영향력 있고 경쟁적인 두 가지 관점을 발전시켰다. 급진주의자들이 전반적인 서구화를 요구한 반면 보수주의자들은 민족 정수의 부흥을 촉진하는 것으로 대응하였다. 장은 어떤 관점에도 만족하지 않았다. 그는 1930년대 문화 논쟁에 참여하였으며 1933년의 한 소논문에서 중국 문화에 대한 그의 관점을 정식화하였다.

> 우리의 옛날 문화를 고수하여 그것을 세계 문화에 적응시키는 것을 거부하는 것은 틀림없이 소멸로 이끌 것이다. 한편 우리 본래의 문화를 완전히 던져버리고 외래의 문화를 받아들이는 것은 결국 다른 문화들에 의한 동화를 초래할 것이며 우리 자신의 문화를 사라지게 할 것이다. 그러므로 서구 문화의 전면적 수용을 시도하는 것과 옛날 문화의 부흥을 시도하는 것은 오늘날의 중국에서는 결국 실패하기 마련이다(장, 1996, vol. 1, 230면).

이 곤경에서 벗어나는 길은, 장에 따르면, "동서 양쪽의 장점들을 종합하는 것으로 중국 문화에 본래부터 있는 우수한 유산을 장려하면서 유용한 서구의 제안들을 채용하는 것과 하나의 단일하고 새로운 문화를 형성하는 것인데, 이는 단조로운 혼합이 아니라 창조적인 종합이다"(장, 1996, vol. 1, 229면). 문화에 대한 이 관점은 지난 20년이 넘게 중국에서 '중국 문화의 종합적 혁신론(綜合創新論)'으로 인기를 얻었다. 장이 처음부터 고수한 문화에 대한 이 관점은 철학에 대한 그의 관점과 매우 유사한 구조를 갖는다. 1980년대 또 다른 문화 논쟁의 시기 동안에 보다 강화된 이설(異說)이 전개되고 해석되었다. 장에게 중요한 질문은 종합이란 무엇인가가 아니라 어떻게 종합할 것인가이다. "중국 문화를 발전시키는 길: 문화의 종합과 혁신에 대하여"에서, 장은 중국 문화와 서구 문화의 장점들을 종합하는 세 측면을 어느 정도 상세하게 논의하였다. 첫째, 그는 인간의 자연에 대한 관계를 고찰하였다. 장은, 중국 문화는 인간과 자연의 조화를 옹호하는 반면 서구인들은 인간과 자연의 대립과 투쟁을 선언한다고 주장하였다. 그의 관점에서 "'천인합일(天人合一)'의 관념과 '자연 정복'의 관념을 결합시키는 것은 필연적이며 피할 수 없는 것이다."

장은 종합의 두 번째 측면인 개인들의 공동체에 대한 관계에 대해 논의하였다. 그는 "사상가들은 정신적 삶과 민족 이익의 증진을 강조하거나 아니면 개인의 권리와 자유를 강조한다"고 말했다. 그는, 사실상 "개인들은 사회나 국가로부터 분리될 수 없으며 인민들의 물질적 이익과 정신적 삶은 상호 의존적인 것이다"라고 주장하였다(장, 1993, 599~600면). 그의 종합에 따르면, 공동의 목적과 개인의 이익은 건강한 사회에 의해 모두 존중된다.

중국과 서구의 문화를 종합하는 세 번째 측면은 사고 방식과 관계가 있다. 장은 중국인은 변증법적 사고에 뛰어나지만 과학적 분석적 사고에는 약하다고 말했다. 이를 고치기 위해, 그는 변증법적 사유와 분석적 사유의 결합을 제안하였다. 장은 종합이 진행중인 과정임을 논하면서 결론을 맺었다.

> 새로운 중국 문화의 창조는 인류에 의해 이미 발견된 모든 상대적인 진리들을 종합해야 하며 이미 알고 있는 모든 진리들의 결합을 성취해야 한다. 진리는 끊임없이 발견될 것이기에 문화는 끊임없이 갱신되어야 한다(장, 1993, 601면).

장의 태도는 매우 미묘한 점이 있다. 급진적 관점과 보수적 관점의 균형을 제안하기보다 차라리 장은 그들에게서 진리를 찾지 않고 그들 양쪽을 거부한다. 문화적 종합은 어떤 사람이 과학적 술어나 도덕적 술어 둘 중의 하나에서 가치를 발견하는

단절된 파편들의 단순한 집합이 아니다. 장은 새롭고 완전한 문화의 혁신적 발전을 모색하였다. 그에게 문화적 과제는 결코 끝나지 않으며 부단히 새로운 진리들을 흡수하는 노력이다.

장따이니엔의 학문

장의 작업은 응당 받을 만한 학술적 관심을 끌지 못해 왔다. 정치적이고 역사적인 요소들 때문에 그의 사상은 최근 20년 전까지 거의 주목을 받지 못했다. 그의 주요 저작들이 1949년 이전에 쓰여졌음에도 불구하고 오직 몇 개만 출판되었다. 그와 같은 시대의 선배들인 평요우란과 진위에린이 1949년 이전에 그들의 학문적 명성을 확립했지만 장은 이런 행운을 함께 나누지 못했다. 1949년 이후 장은 반우파 투쟁과 문화 혁명 중에 20여년 간 가르치고 출판할 수 있는 권리를 빼앗겼다. 그의 주요 저작인 《중국철학대강》은 1982년 그것이 재출판되었을 때에야 사람들에게 알려졌다. 그에 대한 인식이 지체되었음에도 불구하고 장따이니엔은 현대 중국에서 가장 중요한 사상가 가운데 한 사람이다. 그의 사상 체계는 진리와 도덕에 대한 열정과 인간 가치의 넓은 범위를 통합하는 능력 그리고 그의 동포들의 요구와 장래성에 대한 애정을 보여 준다. 현대 중국 철학의 그림은 그가 없다면 불완전할 것이다.

참고문헌

張岱年, 《中國唯物主義思想簡史》, 北京: 中國靑年出版社, 1957a. 이 저작은 장, 1996, vol. 4 에도 실려 있다.

張岱年, 《張載─十一世紀中國唯物主義哲學家》, 武漢: 湖北人民出版社, 1957b. 이 저작은 장, 1996, vol. 3에도 실려 있다.

張岱年, 《中國哲學大綱》, 北京: 商務印書館, 1958. 이 저작은 장, 1996, vol. 2에도 실려 있다. 이 저작의 초고는 1936년에 완성되었다.

張岱年, 《求眞集》, 長沙: 湖南人民出版社, 1982. 이 논문들은 장, 1996, vol. 1에도 실려 있다. 이것들은 대부분 1930년대 이래 장의 초기 논문들인데, 본래 몇몇 신문들에 흩어져 있었다.

張岱年, 《文化與哲學》, 北京: 敎育科學出版社, 1988. 이 책은 문화 문제에 대한 논문들의 모음집이다.

張岱年, 《中國倫理思想研究》, 上海: 上海人民出版社, 1989a. 이 저작은 장, 1996, vol. 3에도

실려 있다.

張岱年, 《中國古典哲學概念範疇要論》, 北京: 中國社會科學出版社, 1989b. 이 저작은 장, 1996, vol. 4에도 실려 있다.

張岱年, 《張岱年學術論著自選集》, 北京: 首都師範大學出版社, 1993. 이 모음집은 장이 자신의 가장 중요한 저술로 여긴 것들을 싣고 있다.

張岱年, 《張岱年全集》, 湖北人民出版社, 1996. 장의 이 1996년 출판물 이후로, 대부분의 장의 저작들이 학자와 일반 독자들에게 편리하게 이용될 수 있었다.

張岱年, 《天人五論》은 장, 1996, vol. 3에도 실려 있다. 처음 세 개의 논문은 "眞與善的探索".

2차 문헌

北京大學哲學部 編, 《中國哲學的詮釋與發展》, 北京: 北京大學出版部, 1999.

王中江, "張岱年: 不息的追求與探尋者", 李振霞 編, 《當代中國十哲》, 北京: 華夏出版社, 1991.

토론 문제

1. 중국 전통과 변증법적 유물론 그리고 철학적 분석의 철학적 종합이 있을 수 있는가?

2. 개개의 철학적 문제들은 단독으로 더 성공적이게 논의될 수 있는가, 아니면 체계적인 철학적 사유의 맥락 안에서 성공적으로 논의될 수 있는가?

3. 본근과 완전성이 같다고 생각하는 것이 착오인가? 그것들을 구별하는 것의 결과는 무엇인가?

4. 만일 우리가 모든 것은 부단히 변화한다고 생각한다면, 철학에서의 결론은 무엇인가?

5. 가치의 최고 기준은 중용보다는 차라리 양립성과 조화에서 발견된다는 주장으로부터 무엇이 도출되는가?

6. 지속성과 감각 경험에의 대응 그리고 결과를 예측할 수 있는 능력은 지식 이론에 적절한 기준을 제공하는가?

7. 개인주의에 대한 반대로서 전체론은 개인들이 그들의 공동체에서 분리될 수 없다는 주장으로부터 당연하게 뒤따라 나오는가?

8. 유물론은 생명과 마음에 관한 장따이니엔의 설명을 위한 가능성을 갖는가?

9. 주요 인물들의 측면에서 연대기적으로 중국 철학사를 논하는 것보다 문제들과 범주들 그리고 개념들의 관점에서 그것을 논하는 것에 이점이 있는가?

10. 중국 철학에 대한 장따이니엔의 접근법은 중국과 서구의 철학을 비교하는 데에 적절한 토대를 제공하는가?

12. 리쩌호우(李澤厚):
포스트맑시즘과 유교적 관점에서 본 중국미학

존 쯔지앙 띵

리쩌호우(1930~)는 가장 논쟁의 여지가 있는 인물일 뿐만 아니라 현존하는 가장 창조적인 중국 철학자로 널리 여겨진다. 어떤 학자들은 리쩌호우를 칭찬하여 학문적 지위가 올라간 반면, 어떤 학자들은 그를 비판함으로써 명성을 얻었다. 1970년대 말 이래로 리쩌호우는 중국의 지적 삶에 큰 영향을 끼친 많은 견해를 개진해 왔으며, 그를 반대하는 이들까지도 리쩌호우의 학문적 영향과 업적을 인정한다.

칸트적 주체성과 포스트맑시즘의 인류학적 본체론

리쩌호우의 일반적인 철학적 뼈대는 포스트맑시즘의 인류학적 본체론이다. 그는 포스트맑시즘의 과제가 전통적인 맑시즘적 사고를 뛰어넘어 초월하는 것이라고 주장한다. 리쩌호우는 맑스의 가장 근본적인 사상은 유지하려 하였으나, 맑시즘 이론의 다른 부분은 폐기하려고 했다. 미학, 중국 전통사상에 대한 연구, 서양 철학에 대한 설명을 포함하여 사실상 리쩌호우의 작업은 이러한 뼈대 안에서 발전해 왔다. 리쩌호우의 저작의 중심에는 주체성(主體性) 개념이 있고, 그의 철학 전반은 주체성의 실천철학이다. 원래 주체성에는 네 가지 의미가 있다: (a) 종속체에 반대되는 본체의 부분 또는 역할, (b) 객체에 반대되는 주체, (c) 지각되는 외부 세계에 반대되는 지각자, (d) 자연계나 물리적인 세계로부터의 힘과 같은 비인간적 역할과 반대되는

인간의 독창력이나 주체적 활동, 혹은 의식적이고 역동적인 역할. 리쩌호우가 사용한 것처럼 주체성은 이러한 의미 모두를 포함한다.

주체성은 두 가지 함축을 가지고 있다. 첫째로, 주체성은 두 개의 본체론적 구조, 즉 기술(工藝)-사회적 구조 안에 있는 공구본체(工具本體; instrumental noumenon)와 문화-심리적 구조 안에 있는 심리본체(心理本體; psychological noumenon)를 가지고 있다. 둘째로, 주체성은 개인뿐만 아니라 사회, 민족, 계급, 조직과 같은 인간의 집단을 포함한다. 이러한 네 가지 요소들은 서로 맞물려 상호작용하고 있다. 각각은 복잡한 조합체(組合體)를 제공하는데, 우리는 그것으로 인류와 개인의 발전을 진단할 수 있다. 특히 우리는 완전한 인간의 발전을 위해 물질적 측면과 정신적 측면을 결합할 수 있다. 공구본체의 구조는 인간과 동물 간의 근본적인 차이를 제공한다: 동물과 달리 인간은 도구를 의식적으로 만들어서 사용하며 디자인도 변화시킨다. 도구를 만들기 위해 인간은 인식적이고 실용적인 기능을 부여하는 의미와 문법을 갖춘 상징체계로서의 언어를 발전시켰다. 심리본체의 구조는 더욱 많은 개인의 역할을 위한 틀을 제공한다. 주체성에는 두 가지 유형이 있으니, 하나는 전체로서의 인간(人類群體)에 해당하며 다른 하나는 개인(個體)에 해당한다. 맑스는 전자를 고찰하였으나 개인의 주체성은 포스트맑시즘이 문제삼을 것이다.

최근 리쩌호우는 주체성을 주관성(subjectivity)이라는 전통적인 개념과 구분하고자 시도해 왔다:

> 내가 말하는 주체성에 대해 때때로 일종의 오해가 있다. 그것은 '주관(主觀, subjectivity)'이라는 서양적 의미를 가지고 있지 않다. 나는 우리가 차라리 인성(人性)이 능동적인 존재의 능력임을 의미하는 'subjectenity'라는 새로운 용어—비록 그러한 단어가 영어사전에는 없지만—를 사용해야 한다고 생각한다. 주체성은 인식론적 개념이 아니다. 그보다는 인간이 물질적 · 생물학적 · 객관적 존재의 한 형태이자, 환경과의 관계 속에서 능동적인 능력으로 간주된다는 것을 의미한다(李澤厚, 1999f).

리쩌호우는 맑스의 영향을 크게 받아서 인간은 우선 의식주를 살피고 나서야 정치 · 과학 · 예술 · 종교, 그 밖의 다른 사회적 활동에 종사할 수 있다는 맑스의 역사적 유물론의 실천철학을 받아들인다. 그러나 리쩌호우는 엥겔스가 발전시키고 레닌과 스탈린이 완성한 변증법적 유물론에는 동의하지 않는다. 맑스를 따르는 리쩌호우는 물리적 본성의 인간화를 강조하고, 인간의 실천은 그 독창력을 통해 물리적 본성을 전환하여 인간에 속하면서 인간 본성의 일부가 되게 한다고 주장한다. 그는 지나

치게 광범위하고 포괄적인 방식으로 실천을 고찰하는 일부 프랑크푸르트 학파의 실천에 관한 연구뿐만 아니라 마오쩌뚱의 에세이 《실천론(實踐論)》을 비판한다. 리쩌호우는 그의 철학에서 "맑스에서 칸트로, 칸트에서 맑스로" 가고자 하나 이 두 위대한 사상가를 단지 모방만 하지는 않는다. 오히려 그는 맑스를 출발점으로 삼아 칸트가 제기한 쟁점들을 재고찰하고, 이러한 고찰에서 발생하는 풀리지 않은 문제들을 다룬다.

맑시즘은 비판철학에서 건설적인 철학으로 전환되어야 한다. 부정, 비판, 혁명은 인간 발전의 수단이지 목표가 아니기 때문이다. 신은 죽었다. 그러나 인간은 살아 있고, 살아 있는 존재로서 스스로가 주된 역할을 하면서 자신의 추진력으로 끊임없이 전진한다. 인간의 미래를 위해 초자연적인 힘을 갖거나 혁명적인 유토피아를 건설하려고 기원할 필요는 없다. 이상적인 사회는 건설되어야 하지만 해체적인 행위만으로는 그것을 이룰 수 없다. 비록 어렵고 고생스러우며 실패하게 되더라도 인간은 자신의 현실적 삶 속에서 하늘과의 합일을 이루는 정신적인 영역을 얻게 될 것이다. 어떻게 살아야 하며 왜 살아야 하는지의 문제에 답하려는 시도 속에서 인간은 철학이론과 종교교리를 만들어 왔다. 이러한 의미에서 철학은 인간의 운명이라는 주제를 다룬다. 인류학적 본체론은 물질적 측면과 정신적 측면에서 인간의 존재와 발전을 설명하고자 하며, 사람들로 하여금 그들 개인의 가치관과 개체의 우위를 선택하고 그들 자신의 운명을 결정할 수 있게 도와 준다.

인간본성은 자연적인 것과 사회적인 것뿐만 아니라 지각적인 것과 이성적인 것이 섞여 하나로 된 것이다. 이러한 통일은 단지 기계적으로 부가되는 것이 아니다. 지각적인 것과 타고난 것은 이성적인 것과 사회적인 것을 포함한다. 자연의 인간화 과정에서 이성적인 것과 사회적인 것은 지각적인 것과 자연적인 것의 내면적 전환을 야기할 수 있다. 인간 주체와 자연적 대상 사이에는, 그리고 인간 존재와 자연적 존재 사이에는 차이가 있다. 그러나 동물과 자연 간에는 유사한 차이가 없다. 동물과는 달리 인간은 역사를 통해 자연을 넘어선, 그러나 기능적으로는 자연과 관련된 주체적이고 의식적이며 역동적인 역할을 해 왔다. 인간 주체성은 진정한 인간 본성을 표현한다. 철학에 대한 칸트의 가장 중요한 공헌은 인간 주체성을 위한 체계적이고 아 프리오리한 틀을 제공했다는 점이다. 그러나 이 틀은 개체성과 우연성을 결여하고 있다. 칸트의 인식 형식과 범주는 논리적이고 아 프리오리하며 이성적이지만, 심리적이고 역사적이며 지각적일 필요가 있다. 비록 인류학적 본체론과 인간 주체성의 실천 철학이 동일한 의미와 내용을 가지고 있다고 하더라도, 그것들은 중점을 두는 바가 약간 다르다. 실천철학이 인간 주체성의 심리본체로서의 앎·느낌·의식을 강

조하며 개체성·감수성·우연성을 더욱 강조하는 반면, 인류학적 본체론은 인간의 물리적 측면을 포함하여 인간 주체성의 힘과 구조를 일차적으로 다룬다. 언어의 해체 이후 심리본체를 재건하기 위해 우리는 개인의 주체성에 대한 평가에 의지해야 한다.

리쩌호우는 예술이 심리적이고 정감적인 본체와 실제적 지각의 축적을 포함하므로 과학에 앞선다고 주장한다. 미의 본질은 인간 본질의 가장 완전한 표현이며, 미의 철학은 최고의 인간철학이다. 미는 철학적으로 인간 주체성의 문제와 근본적인 관련이 있다. 비록 그것이 과학적 측면에서는 문화-심리본체의 문제로 환원될 수 있지만 말이다. 미의 측면에서 인간 주체성을 연구하는 것은 역사적 유물론의 발전적 미래에 기초를 제공할 수 있다.

하이데거, 비트겐슈타인, 푸코의 사상과 관련하여

리쩌호우는 맑스, 칸트, 하이데거, 비트겐슈타인, 푸코를 그 자신의 틀과 비교한다. 맑시즘을 비판적인 양식에서 건설적인 것으로 전환시키기 위해, 그는 인간 발전의 수단보다는 이른바 인간 발전의 목적에 더욱 많은 관심을 둔다. 그가 보기에 칸트 이외에 하이데거 또한 이러한 전환을 위해 중요한 철학자이다. 리쩌호우는 자신의 "인간 주체성의 네 번째 윤곽"(이 장의 끝에 있는 발췌문을 보라)에서 '공존'과 '개인의 실존' 간, '존재'와 '개별 존재' 간의 관계를 종합적이고 포괄적인 방식으로 논의했다.

하이데거의 《존재와 시간》(1927)에 따르면, '현존재(Dasein)' 혹은 '세계 안의 존재'로서의 개인의 자아는 우리가 잘 알고 있는 존재, 즉 인간 존재이다. 현존재로서의 인간 존재는 다른 존재들과 구분되어야 한다. 현존재를 자각하는 인간 존재는 다른 존재들과 다르게 이해할 수 있다. 인간 존재에는 두 가지, 즉 '나(I)'의 존재와 '그들(They)'의 존재가 있다. '죽음을 향한 존재'의 과정에서 인간 개체는 인간 집단이 될 것이고, 인간의 자아는 '그들' 안에서 자신의 '나'를 잃게 될 것이다. 이러한 이유로 인간의 자아는 현존재를 집단의 비현실성으로부터 해방시키는 자유를 가져야 하며 개체성의 실재를 되찾도록 도와야 한다. 일반적으로 말해서 리쩌호우는 하이데거의 '비관주의'에는 동의하지 않는다. 그는 불안(Angst)으로 가득 찬 '죽음을 향한 존재(Being-toward-death)'가 현존재의 자각에 궁극적 원인이라는 것을 받아들이지 않는다. '삶을 향한 존재(Being-toward-life)'가 인간 발전의 실제 추진력이어야 하는 것이다. 리쩌호우의 현존재는 낮은 수준에서는 '집단의 일부'인 인간의

물질적 실존을 강조하며, 높은 수준에서는 개인의 정신적 실존을 인간에게 맡긴다.

언어에 관해, 리쩌호우는 전기 비트겐슈타인의 설명인 《논리철학 논고》(1922)에서의 '그림 이론'보다 후기 설명인 《철학적 탐구》에서의 '언어게임'을 선호한다. 비트겐슈타인의 전기 사상은 현실언어의 가능성을 설명하기 위해 완벽한 논리형식을 지닌 이상언어를 가정하려 했다. 그것은 사람들의 일상생활과 사회적·정치적·경제적 활동과는 거리가 있으며, 심지어 윤리학·형이상학·종교의 명제들을 무의미한 것으로 배제했다. 대조적으로 비트겐슈타인의 후기 사상은 그의 전기 설명의 편협함을 극복하기 위해 좀더 개방적인 틀을 제공한다. 소위 이상언어를 만든다는 것은 불가능한 일이며, 완벽한 논리형식으로 명제를 분석하는 것은 불필요한 일이기도 하다. 문장에 대한 이해는 문장이 발생하고 의미가 쓰임의 측면에서 이해되는 '삶의 형식'을 고찰함으로써 도달할 수 있다. 비트겐슈타인의 후기 언어 이해는 리쩌호우의 인류학적 본체론과 연결된다. 언어는 의식(consciousness)이나 이데올로기, 사상, 정신활동과 같이 궁극적으로 사회 환경과 공동의 상호작용, 문화적 조건, 역사적 맥락, 정치적 구조로부터 발생한다.

리쩌호우는 지성사의 방법을 발전시키기 위해 푸코의 '지식 고고학'을 지지한다. 그러나 푸코의 후기 '지식 계보학'은 고고학보다 리쩌호우의 취지에 더욱 유용할 수 있다. 푸코의 계보학에 따르면 (a) 새로운 사상체계는 대단찮은, 그리고 관계없는 많은 원인들에 의한 우연한 결과물로 간주될 수 있다. (b) 지식과 권력 간에는 본질적인 연관관계가 있다. (c) 지식체(知識體)는 사회적 통제의 체계에 얽매여 있다. (d) 권력은 긍정적인 가치를 창출하는 원천이 될 수 있다. 그러나 리쩌호우의 '윤곽'에서 권력은 적절히 해석되고 설명되지 못했다. 예를 들면, 권력과 지식을 논의하면서 그는 '권력'이 '사회적 통제'에 관련되는지 아니면 '개인적 통제'에 관련되는지 결정하지 않았다. 리쩌호우의 비판은 인류학적 본체론에 대한 그의 맑시즘적 설명과 개인의 주체성에 대한 그의 칸트적 설명 사이의 불일치, 심지어 모순을 지적받아 왔다.

좀더 최근의 비평가들은 리쩌호우가 중국의 정신성을 서구화시켰다는 데 문제를 제기해 왔다. 어떤 젊은 비평가들은 더욱 진보적인 관점을 제안함으로써 그들이 '보수적인 틀'이라고 단언하는 리쩌호우의 틀에 도전한다.

철학의 미래

철학의 가능한 미래는 무엇인가? 대부분의 중국 철학자들과 같이, 리쩌호우의 방

법론은 기본적으로 서술적이고 분석적이라기보다 규정적이며 종합적이다. 서양의 많은 맑시즘 학자들처럼 리쩌호우도 포이에르바하의 소외 개념을 받아들여서 그것을 사회적·정치적·경제적 상호작용에 적용하는 초기 맑스를 따른다. 인간은 소외를 통해 동물과 분리된다. 우리는 인간 본성의 내적 구조를 통한 이성적 소외와 심리 본체를 통한 지각적 소외를 구분할 수 있다. 소외는 인간의 자유를 발전시켜 완성하고, 우리의 공구본체와 개인의 주체성을 발전시켜 완성함으로써 극복될 것이다. 소외로부터 발생하는 항의와 저항에서 드러나는 개인의 주체성은 근현대 휴머니즘에서 나타나지만, 수용 가능한 주체성 이론에 견고한 바탕을 두고 있지 못하다. 사회의 발전에서 불가피하게 발생하는 소외와 개인의 주체성에 의한 저항은 선악의 측면에서 이해할 수 있으니, 이 선과 악은 역사적인 비극을 만들었고 역사주의와 도덕 사이의 안티테제를 근거지우는 두 가지 힘이다. 역사 발전의 수단으로써의 악과 인간존재의 가치로서의 선은 개인의 주체성이 집단적 주체성으로부터 해방될 때 양립 가능해지며 일치될 수 있다. 개인의 주체성은 휴머니즘을 포함하는 도덕이 역사주의와 동일해질 때만이 완전히 확립될 수 있다.

더 높은 수준의 진리에로 이동함으로써 모순을 통일하거나 극복하는 방법인 헤겔의 변증법에 따르면 존재와 무는 생성의 고차원적 진리 안의 긴장 속에서 유지된다. 헤겔의 변증법적 과정에 대한 관점은 맑스에 의해 수용되나, 그는 헤겔의 절대정신의 관념론은 거부했다. 대부분의 중국 맑스주의자들처럼 리쩌호우는 헤겔의 절대정신이라는 변증법적 관념론을 공격한다. 그러나 헤겔의 인간성 평가절하라고 생각한 것 역시 거부한다. 대부분의 중국 맑스주의자들과는 달리, 리쩌호우는 자기 사상의 많은 측면을 정통 맑시즘보다는 마르쿠제나 하버마스 같은 프랑크푸르트 학파의 비판이론에 근접시키면서 변증법적 유물론, 특히 스탈린이 발전시킨 변증법적 유물론을 폐기한다. 리쩌호우는 정치개혁과 혁명을 위한 새로운 행로를 만들려는 시도를 해 왔다. 이상적으로는 '유혈없는 개혁'과 '폭력없는 혁명'은 미학교육을 통해 실현될 수 있다. 물질문명과 정신문명의 건설에 대한 중심적인 연구중의 하나로 이러한 교육은 인간존재를 충분히 개발시키고 개인 가능성을 충분히 실현시킬 것을 촉진할 것이다.

리쩌호우는 인간 합리성의 원천을 적정(積淀: 축적 혹은 오래 지속되는 실천)에서 보며, 이 개념을 인간의 본성을 이루는 심리형식들을 구성하는 데 사용한다. 심리본체로서의 본성은 문화에 의해 구성되어 왔다. 심리에 대한 설명은 문화에 달려 있으나 문화는 심리적인 것의 축적을 통해 존재한다. 문화본체가 심리본체와 밀접히 연관되어 있으므로 우리는 이 두 본체를 다양한 역할을 지닌 개인에게 규칙을 제공

하는 문화-심리적 통합체로 결합할 수 있다. 인간 주체성의 윤리적 의미는 인류학 본체론의 실천철학에 근거한다. 이러한 윤리적 의미는 모든 개인의 실천을 위해 인간의 선(善)을 목표로 삼는 주체적 의지의 요구로 볼 수 있다. 우리는 개개인 모두가 모든 인간존재의 실존과 발전을 위한 의무와 책임을 지도록 요구해야 한다. 철학은 인간 주체성의 이상·의지·책임의 구현이고, 윤리학은 인간 자유의지의 주체성을 구성한다. 주체성의 구조는 지성의 구조를 통한 합리성의 내적 전환, 의지 구조를 통한 합리성의 응결 혹은 구현, 미학 구조를 통한 합리성의 축적을 포함한다. 일반적 형태로서의 이러한 구조들은 인간 집단성의 중요성을 드러낸다. 개인심리의 실현을 통해 이러한 구조의 창조적인 심리적 기능은 끊임없이 개발되고 풍부해진다. 그 기능들은 미를 통해 진리를 밝힘으로써 자유직각(free intuition)이 되고, 미를 통해 선(善)을 지킴으로써 자유의지(free will)가 되며, 미를 통해 행복을 느낌으로써 자유인상(free impression)이 된다. 따라서 인간 본성의 주체성은 일반 심리의 구조적 형식, 개인심리의 창조적 기능과 관련된다.

철학자들은 인생 전반에서의 개체성, 감수성, 우연성을 강조함으로써 헤겔과 스탈린 학설의 집단성, 합리성, 필연성으로부터 자신들을 해방시켜야 한다. 역사는 인간의 주도로 창조되어 왔기 때문에 어떠한 객관적인 법칙도 따르지 않는다. 역사적으로 개인의 주체성에 더욱 중점을 두는 것은 우연성의 영역을 확장하는 것이다. 인간은 개인의 주체성을 강조함으로써 우연성으로 필연성을 구성한다. 모든 개인은 실제로 혹은 잠재적으로 전체 역사의 창조에 참여한다. 개인들의 운명은 권위, 환경, 조건, 권력, 혹은 어떠한 외적 의식보다도 자기 자신에 의해 결정되어야 한다.

철학은 과학과 시(poetry)의 합(合)이거나 과학과 시 사이의 중간영역을 차지하고 있다. 철학은 시의 유일성(oneness), 개체성(individuality), 창의성(invention), 애매성(ambiguity), 모호성(vagueness), 불합리성(irrationality), 무목적성(purposelessness)과 과학의 진리(truth), 오류가능성(falsifiability), 발견(discovery), 합리성(rationality), 유목적성(purposefulness)을 겸해야 한다. 이러한 점에서 상이한 경향이나 강조점을 갖는 다양한 철학이 설 여지가 있는 것이다.

따라서 인간 주체성은 중국의 전통철학과 양립할 수 있으며, 도교·유교·중국불교는 인류학적 본체론·심리-정감 본체·주체성에 대한 연구로 이해할 수 있다. 어떤 측면에서 리쩌호우는 사람들을 '범인(凡人)'에서 '군자(君子)'로 전환시키기 위해 높은 도덕과 심미적 인격을 가지고 유교로 돌아가자는 새로운 운동을 주장했다.

요컨대 리쩌호우는 미래의 철학이 다음과 같을 것이라고 제안했다:

1. 개체성과 전체성의 완전한 융합 속에서 역사학과 심리학을 통일하고 미를 고찰하는 '적정'을 통해 개인의 잠재력을 완전히 수양하여 드러내게 될 것이다.
2. 궁극적 목표인 주체성의 체계 안에서 도덕성보다는 미에 관한 고찰을 행하게 될 것이다.
3. 개관적인 사회발전사를 분석할 뿐 아니라 역사의 창조를 주도할 것이다.
4. 주체성의 구조에 대한 이해를 통해 인간의 운명을 고찰할 것이다.
5. 우연성과 개체성에 의한 초월을 추구함으로써 부조리와 불안을 피하고 역사성을 획득할 것이다.
6. 인간과 자연, 사회와 개인, 정감과 이성, 역사와 심리학, 이상과 실재 간의 비극적 대립과 충돌을 극복할 것이다.

주체성과 '열정적인 철학'을 제안함으로써 '냉철한 철학'의 결함을 극복하려는 리쩌호우의 시도는 개인 주체성의 역할을 지나치게 강조했다는 비판을 받을 수 있다. 야심적인 전략을 발전시켰음에도 불구하고, 그는 결코 자신이 계획했던 어떤 목표도 완수하지 못했다.

미학

리쩌호우는 주로 미학에서 학문적인 공헌을 하였다. 이 분야에서 근래 중국의 가장 영향력있는 연구서인 《미의 역정》에서, 그는 중국 철학의 다른 분야와 같이 전통적인 중국 미학의 주된 발전은 원시주술과 종교에서 그 자신을 벗어나게 해주고 한대(漢代)인에게 문화-심리 본체의 기초를 세워 준 합리주의였다고 주장한다. 이러한 합리주의는 우선 유교사상에서 드러났지만, 장자로 대표되는 도교의 가르침에서도 나타났다. 유교와 도교의 상호 보완적인 역할은 중국의 미학적 사고 전반에 걸쳐 2000년 넘게 지속된 중요한 요소이다. 미학을 포함하여 전통 중국 철학은 추상적이고 난해한 합리주의 이론보다도 일상, 인륜(人倫), 정치적 개념의 실천적 합리성에 의해 인도되어 왔다. 중국적 정신의 초석으로서 유교적 세계관의 기본적인 특징은 회의적이거나 무신론적인 세계관과 삶에 대한 적극적이고 활기찬 태도를 겸한다. 공자에 따르면 중국의 많은 전통적 지식인들은 인간의 정감, 개념, 의례를 숭배의 외적 대상이나 초자연적 영역으로 향하게 하기보다 현세적 관계와 인간의 삶을 향하게 하여 합일시켰다.

중국 전통예술의 주된 미학적 특성은 다양한 관심을 강조해 왔다. 중국예술은 사

회윤리와 정치에 관련된 일반적인 감각적 쾌락을 찬양해 왔다. 그것은 실체나 대상보다는 기능, 관계, 리듬에 초점을 둔다. 또한 다양한 반대면들 간의 대립보다는 상호교류와 상호작용의 조화를 다루며, 정확한 모방이나 신뢰할 만한 복제품을 제공하기보다 인생에 대한 본래적인 관심을 표현하고자 하였다. 그것은 비합리적인 환상이나 초자연적인 믿음에 마음쓰기보다 인생 안에서 조화와 만족을 이루기 위해 정감과 이성을 통합하고 정감의 직관적 지혜를 사용하려 하였다. 또한 공포나 비극에 대한 숙명론적 근심에 집중하기보다 여성적인 우아함의 부드럽고 온화한 감성적 아름다움과 남성적인 강인함의 용감하고 강건한 아름다움을 모두 높이 평가한다.

많은 서양인들에게 유교, 도교, 중국불교는 서로 반대되는 것처럼 보이지만, 그것들은 많은 면에서 서로 균형을 이루며 보완하고 있다. 예를 들면, 장자(莊子)는 인간이 세계로부터 물러나 있어야 한다고 역설하지만 여전히 인간의 자연적 삶을 고려하였다. 귀신의 편재에 대한 장자의 설명과 삶에 대한 그의 미학적 관점은 유교를 정감으로 빛을 내고 보완하고 깊이 있게 하는 도교의 측면이다. 유교는 또한 중국불교의 통속적인 종파 내에서 중요한 사회적 변화에 대한 관심을 가짐으로써 보완된다. 리쩌호우의 견해로는 유교·도교·불교는 중요한 이념적 과정에 참여하며, 명석한 합리주의와 역사주의의 중국전통은 이러한 과정을 통해 신비주의와 광신주의를 극복했다는 것이다.

"인간 주체성의 네 번째 윤곽"

"인간 주체성의 네 번째 윤곽"이라는 제목의 리쩌호우의 논문은 특히 리쩌호우의 인류학적 본체론으로 자주 언급되는 대표적인 글이다:

(1) "인간존재는 살아 있다"는 제1의 사실이다. '살아 있다'는 것은 "그들은 왜 살고 있는가"보다 더욱 근본적이다. 그것은 주어진 사실이기 때문이다.

(2) "인간존재는 살아 있다"는 것은 무엇을 의미하는가? (a) 인간존재는 이 세계에 던져졌다. 즉 그들은 그들 자신의 선택에 의해 태어난 것이 아니다. 이것만이 사실이다. 인간이 결코 살아 있지 않음을 택한 적이 없었던 이유는 그들의 태어남이 신비로우며(과학적으로 이것은 살아 있는 존재의 종족 지속이다) 태어난 이후의 계속되는 삶에 대한 요구의 표현인 듯해서이다(과학적으로 이것은 그들의 의식과 무의식에 있는 동물적 본능이다). (b) 인간존재는 '타인과 공존하는' 세계에서 살고 있다. 하이데거가 말했듯이 '세계 안에서 타인과 더불어 있는' 것이다. 그러나 이러한 상황은 인간(개체적 인간) 스스로에 의해 선택된 것도, 결정된 것도 아니다. (c) '타인과의 공존',

즉 이 세상에서 살기 위해 함께 하는 것이 '일상 생활(비트겐슈타인)' 내지 '일상성(하이데거)' 이다. 그것은 또한 맑스의 '사회적 존재'이다. 맑스가 말했듯이 인간존재는 자신이 태어나 속하게 될 생산양식을 선택할 수 없다.

(3) "인간존재는 살아 있다"의 첫번째 의미는 그들이 어떻게 사느냐, 즉 그들은 어떻게 먹고, 입고, 주거하고, 이동하느냐이다. (a) "어떻게 사느냐"는 "왜 사느냐"에 앞선다. '살아 있음'은 '살아 있음의 의미'보다 앞서며, 또한 '비원초적이며 실재적인(nonoriginal-real)' 것의 실존은 '원초적이며 실재적'인 것의 실존보다 앞선다. 우리는 후자를 보류하고 전자, 즉 '인간존재는 살아 있고' '그들은 어떻게 살고 있는지'에 우리의 관심을 집중시켜야 한다. (b) 맑스의 역사적 유물론은 인간존재가 어떻게 살고 있는지를 고찰하는 바로 이러한 길을 채택했으며, 인간존재를 다른 동물들과 정확히, 그리고 의미심장하게 구분하였다. 이는 '사회 결정적 존재', 즉 도구를 만들어 사용하는 인간의 생산 행위인 것이다. '인간존재의 살아 있음'과 '그들이 어떻게 사는지'의 기초는 궁극적으로 언어나 내면의 정신적 활동보다는 그들의 실천에 있다. 사실 하이데거도 도구의 이용이 기본적인 사실임을 인정했으며(《존재와 시간》), 실제로 '비원초적이고 실재적인' 그리고 '데카당트한' 일상생활을 강조하였다. 유사하게 비트겐슈타인도 언어게임의 기초가 참과 거짓의 문제보다는 우리의 행위임을 믿었다. 그의 책 《확실성에 관하여》는 일상생활과 생활패턴이 언어의 근원이라고 지적한다.

(4) 무한하고 영원히 지속되며 보편적인 시간은 '일차적 의미'를 갖는 것 같다. 그 보편적인 필연성(칸트)이 실제로 사회적 객관성(《비판철학의 비판》 3장을 보라)이다. 따라서 역사와 역사의 본성은 객관적이고 '필연적인' 의미를 지닐 수 있다.

(5) 문법(언어)과 논리(사고) 또한 이 세계에서 '타인과 공존'하는 인간에게 필요한 것으로, 규칙이며 법칙이다. 이것들은 본성과 분리되어 있다. 이러한 이유로 도덕은 인식에 우선한다. 인식규칙(문법과 논리)은 도덕규칙과 분리되어 있거나 그로부터 변형된 것이다. 이것이 가장 중요한 점이다. 인식은 미래에 대한 주도권을 보장한다. 인식, 삶, 현실은 '손 안에 있다(present at hand)' 기보다 '잡을 수 있는(ready to hand)' 곳에 있다. 인식내용(경험적 지식)은 권력으로 전이된다. 인간존재와 연관되지 않은 자연이란 없듯이 인간존재와 관련되지 않은 권력으로서의 지식이란 없다. 이것은 '자연의 인간화(自然的人化)'에 포함된다. '자연의 인간화'는 두 가지 방향, 즉 도구들(사회적 세계)과 심리(문화적 세계)의 방향으로 진행된다. 그것들을 '객관적-도구적 본체(objective-instrumental-final being)'와 '주관적-심리적 본체(subjective-psychological-final being)'라고 불러도 될 것이다. "삶은 무엇을 위한 것인가?"(삶의 의미)는 문화적 세계에서 발생한다. 보류된 미해결의 문제들은 새로운 시대의 징후로 재등장하는 것 같다. "어떻게 살 것인가?"(인간존재는 어떻게 삶을 지속시킬 수 있는가)는 더 이상 문제가 되지 않는다. 그러나 이제 그것은 강렬하고 의미심장하게 의문시된다. 의문이 일더라도 인간존재는 여전히 살아야 한다. 우리는 무엇을 해야 하

는가?

(6) 우리는 심리본체, 특히 정감본체의 구성을 제안한다. 인간존재는 '인간의 생활'을 위해 필수적인 공구본체와 객관적 사회성으로부터 무거운 압력을 받는다. 따라서 그들은 '잊혀지고' '상실된' '자아'를 찾고 싶어하며, 삶의 의미를 고찰하고자 한다. 인간 존재는 '죽음', '보살핌', '두려움'에 관한 문제들을 제기하지만, 어떠한 실제적인 해결책도 찾을 수가 없다. 하이데거에 따르면 실존이란 비존재의 가능성을 의식하는 것이다. 인간존재가 위에서 언급한 두 가지 '본체'로부터 분리된다면 그들은 단지 동물 같은 존재를 가지게 될 뿐이며, 또한 '의식하는 존재'에 대한 어떠한 문제의식도 가지지 않을 것이다. 삶과 인간의 삶으로부터 분리된, 삶의 의미와 인간의 삶에 대한 의식은 사실 언어의 역설이다. 그러나 삶과 인간의 삶은 결국 삶의 의미와 인간 삶에 대한 의식과는 다른 것이다. 객관적 사회성, 심리적 축적, 의식주와 이동 등은 되풀이될 수 없고 죽음으로 끝나는 개인들의 유한한 실존과는 같지 않다. 타인의 "인간존재는 살아 있다", "어떻게 사는가", "왜 사는가"는 내가 '왜 사는지'나 내 삶의 의미를 결정하거나 지배할 수 없으며 동일시될 수 없다. 이것이 현재의 주된 문제이다.

(7) 삶의 의미와 인간의 삶에 대한 의식은 공(空: void)에서 벗어난 적이 없다. 현실적으로, 그리고 역사적으로 날카로운 발과 강한 앞다리, 칼같은 이빨, 거대한 몸집이 없이 생존하기란 쉽지 않다. 어려운 환경에서 '삶'을 위해 투쟁하는 것은 그 자체의 의미와 자각으로 간주될 수 있다. '인간의 접촉'(인간관계)과 '향수(鄕愁)'의 형이상학적 토대는 '삶', '타인과의 공존', '하나의 세계에서 함께 살기'이다. 여기서 요점은 "누가 사느냐"와 삶의 의미는 "어떻게 사느냐"의 과정에서 나온다는 것이다.

(8) 이것 역시 중국 철학의 전통적인 정신이다. 전통 중국 철학은 유교에 의지하고 있으며 도교를 보조적인 것으로 삼았다. '행복'과 '생생불이(生生不已)'를 삶을 이끌어가는 중요한 것이며 우주의 정신으로 여겼다. 이는 또한 나의 인류학적 본체론(즉 주체성의 실천철학)으로 간주될 수 있다. 따라서 '주체성'은 인류학적 본체인 것이다. 인간존재와 완전히 무관한, 혹은 인간존재에 전적으로 반(反)하는 어떠한 객관적 대상도 있을 수 없기 때문이다. 인류학적 본체론은 두 가지 유형의 유토피아를 필요로 한다. 하나는 외적인 유토피아로, 대조화(大調和) 혹은 '공산주의' 세계이다. 다른 하나는 내적인 유토피아로, 완전한 심리적(정감적) 본체이다. 우리는 내성외왕(內聖外王)의 새로운 길을 찾게 될 것이다. 유토피아 없이 '살아가기'란 현대에서 길을 잃는 것이다. '신'을 믿거나 '존재'를 구하는 것은 내적 외토피아를 건설하는 것이다. 뛰어난 신유학자 주희는 불교는 미세하고 세부적인 문제들보다 큰 우주적 관점만을 알 수 있다고 지적하였다. 이러한 비판은 하이데거나 다른 현대 철학자들에게도 적용된다. 그들의 '미세하고 세부적인 문제'는 심리본체 혹은 정감의 구조에 대한 구체적인 고찰로 간주될 수 있다. 이러한 정감의 구조는 뿌리와 근원, 변형을 가지며, '인간 본성' 혹은 심리적 축적으로 간주될 수 있다. 나의 미학이론에 따르면 예술과

예술사는 인간 본성의 정감적 구조를 밝히는 데에서 확고한 상응관계에 있다. 과거, 현재, 미래를 구성하는 '실제적이고 근원적인' 시간은 이 구조 안에서 안전하게 보존된다. 그것은 축적의 공통적인 본성은 여전히 지니지만, 그것의 변형은 신의 형성과 유사한 경건한 감정을 갖게 될 것이다.

(9) 인간존재는 결국 언제나 개별적이다. 역사적 축적으로부터 인간본성의 구조는(문화-심리 구조와 심리 구조) 개인들을 강요하거나 그들에게 개입하지 않는다. '삶'의 우연성과 그것이 궁극적 존재에 대한 개인들의 수용, 저항, 참여에 대해 주는 인상은 공구본체의 구성과는 의미있는 차이가 있다. 그래서 개인들은 신비주의, 성성(聖性), 불확실성, 다양성, 도전 가능성을 갖는다. 삶의 의미, 인간의 삶에 대한 자각, 삶의 원동력은 축적된 인간의 본성에서, 또한 축적된 인간 본성의 저항력의 발휘로부터 나온다. 이는 영원한 고통과 행복으로 여길 수 있다.

(10) 앞의 모든 내용은 운명을 포함한다. 종교는 운명을 부여하며, 예술과 문학은 운명을 표현하고 철학은 운명을 숙고한다. 인간의 본성, 우연성, 운명은 내 철학의 주요 주제이니, 내 철학은 21세기에 널리 퍼질 것이다(李澤厚, John Ding 옮김, 1994, 499~503면).

결론

리쩌호우는 전통 중국 철학의 가장 중요한 측면들을 서양 철학의 그것과 결합시키려 했고, 중국과 서양의 사상 모두를 포함하는 철학을 연구하기 위한 방법론을 확립하려 하였다. 1980년대 초반, 많은 학생들과 지식인들은 그의 박학함과 학문적 영감의 다양함, 낭만적인 스타일의 시적 어법에 매료되었다. 또한 리쩌호우에 대한 좌파와 우파의 의미심장하고 날카로운 비판도 있어 왔다. 좌파의 비평가들은 사이비 맑시즘이라고 간주하며 거부했다. 우파의 비평가들은 그를 진부한 맑시즘의 독단론으로 퇴보했다고 비난했다. 어떤 비평가들은 그의 이론틀을 맑스, 칸트, 그리고 다른 철학자들의 '혼합된 스튜(stew)', 혹은 기껏해야 그러한 철학자들의 '창조적 모방'이라고 여긴다. 다른 비평가들은 그를 2000년도 전인 전국시대 말과 한대 초에 성행했던 잡가의 현대적인 추종자로 분류한다. 더군다나 그가 철학을 기념비적 작업이라기보다는 하나의 윤곽일 뿐이라고 말하면서 항상 주제를 겉핥는 데 만족한다고 논하는 비평가들도 있다.

그러한 비판에도 불구하고 리쩌호우의 혁신적이고 개혁적인 사상은 중국 지식인들 사이에 계속해서 영향력이 있다. 리쩌호우는 사회진보, 개인의 발전, 인간존재 등 많은 영역을 다루어 왔고, 그의 관점을 비판하는 사람들도 그의 연구의 폭에 감명받는다. 리쩌호우의 작품들은 중국어로 쓰였고, 서양 철학 발전의 주류에서 벗어나 있는 포스트맑시즘의 인간 주체성에 대한 틀을 소개했다. 따라서 리쩌호우의 저작들이

304

중국 지식인 사회 밖에서는 무시당하는 것이 놀랄 일은 아니다. 그러나 리쩌호우가
고찰해 온 문제들을 재발견하는 서양의 독자들이 그의 독창적 사상의 탐구에 끌리
는 것은 가능하다.

참고문헌

李澤厚 1957: 《門外集》, 武漢: 長江文藝出版社.

李澤厚 1958: 《康有爲譚嗣同思想研究》, 上海: 上海人民出版社.

李澤厚 1979a: 《批判哲學的批判: 康德述評》, 北京: 人民出版社.

李澤厚 1979b: 《中國近代思想史論》, 北京: 北京人民出版社.

李澤厚 1980: 《美學論集》, 上海: 上海文藝出版社.

李澤厚 1982: 《美的歷程》, 北京: 文化出版社.

李澤厚 1983: *A Path of Beauty*, Oxford: Oxford University Press.

李澤厚, 劉綱紀 1984: 《中國美學史》, 北京: 中國社會科學出版社.

李澤厚 1985a: 《李澤厚哲學美學文選》, 長沙: 湖南人民出版社.

李澤厚 1985b: 《我的哲學提綱》, 臺北: 臺灣: 三民出版社.

李澤厚 1985c: 《中國古代思想史論》, 北京: 北京人民出版社.

李澤厚 1986: 《走我自己的路》, 北京: 三聯書店.

李澤厚 1987a: 《兩漢美學史》, 臺北: 金峰出版社.

李澤厚 1987b: 《哲學百題》, 臺北: 丹青出版社.

李澤厚 1987c: 《中國現代思想史論》, 北京: 北京東方出版社.

李澤厚 1989a: 《當代思潮與中國智慧》, 臺北: 風雲時代.

李澤厚 1989b: 《華夏美學》, 北京: 三聯書店.

李澤厚 1989c: 《美學四講》, 北京: 三聯書店.

李澤厚 1989d: 《美學, 哲學, 人》, 臺北: 風雲時代.

李澤厚 1989e: 《五四: 多元的反思》, 臺北: 風雲時代.

李澤厚, 汝信 1990: 《美學百科全書》, 北京 社會科學文獻出版社.

李澤厚 1991: 《美學譯文》, 北京: 社會科學出版社.

李澤厚 1993: *A Study on Marxism in China*, Hongkong: Joint Publishing.

李澤厚 1994: 《李澤厚十年集, 1979~89》, 6 vols, 合肥: 安徽文藝出版社.

李澤厚 1998a: 《李澤厚學術文化隨筆》, 北京: 中國青年出版社.

李澤厚 1998b: 《論語今讀》, 合肥: 安徽文藝出版社.

李澤厚 1998c：《世紀新夢》, 合肥：安徽文藝出版社.

李澤厚, Liu zaifu 1999a：《告別革命：二十世紀對談錄》, 臺北：每天出版社.

李澤厚 1999b：《李澤厚哲學文存》, 合肥：安徽文藝出版社.

李澤厚 1999c：《美學三書》, 合肥：安徽文藝出版社.

李澤厚 1999d：《己卯五說》, 北京：中國電影出版社.

李澤厚 1999e：《中國思想史論》, 合肥：安徽文藝出版社.

李澤厚 1999f："歷史眼界與理性的 '度'：李澤厚先生訪談錄",《天涯》2권.

李澤厚 2000：《探尋語碎》, 上海：上海文藝出版社.

기타 참고서적

Heidegger, Martin 1962：*Being and Time*, trans. J. MacQuarrie and E. Robinson, Oxford：Blackwell, original work published 1927.

Wittgenstein, Ludwig 1922：*Tractatus Logico-Philosophicus*, trans. C. K. Ogden, London：Routledge. Also trans. D. F. Pears and B. McGuinness, London, Routledge 1961.

토론 문제

1. 우리에게 포스트맑시즘 철학이 필요하다면, 그것의 성격은 어떠해야 하는가?
2. 본체론은 '인류학적 본체론'이어야 하는가?
3. 우리는 주체성에 대한 리쩌호우의 설명을 받아들일 수 있는가?
4. 인류 전체의 주체성 유형과 개인의 또다른 주체성 유형이 있다는 주장에서 무엇이 도출되는가?
5. 철학에서 건설과 해체를 위한 적절한 역할은 무엇인가?
6. 우리는 예술이 과학에 앞선다는 리쩌호우의 주장을 받아들여야 하는가?
7. 중국미학은 유교와 도교의 사상과 어떻게 연관되는가?
8. 우리는 현존재에 대한 하이데거의 설명을 '삶을 향한 존재'보다는 '죽음을 향한 존재'에 초점을 맞춘다는 이유로 비판해야 하는가?
9. 리쩌호우의 철학적 목적을 진행하는 데 푸코의 '언어의 계보학'이 '지식의 고고학'보다 더 유용한가?
10. 비트겐슈타인의 후기 저작에서 언어에 대한 그의 접근은 리쩌호우의 인류학 본

체론을 명확히 하는 데 도움이 되는가?

제4장

현대 신유학의 초기 발전

13. 팡동메이(方東美):
생명(生), 생생(生生) 그리고 포괄적 조화의 철학

천양 리

중국 안후이성 통청(桐城)에서 1899년에 태어난 팡동메이(方東美, Thomé H. Fang)는 중국 문학에서 통청운동의 창시자인 팡바오(方包, 1668~1749)의 16대손이었다. 그의 가족은 확실히 그의 발전에 있어서 깊은 영향력을 가졌다. 그는 겨우 세 살 때 《시경(詩經)》 전체를 암송할 수 있었다. 열 여섯에 그는 남경 대학교를 다녔고 후에 메디슨에 있는 위스콘신 대학교에서 철학을 공부하였으며 거기서 그는 철학 박사학위를 받았다. 그는 또한 오하이오 주립 대학교에서 헤겔 철학을 연구했다. 미국에서 연구 기간 동안 그는 헤겔, 베르그송, 화이트헤드의 철학에 의해 크게 영향을 받았다. 이러한 영향은 중국 철학에 대한 그의 해석과 자신의 철학적 입장의 발전에서 뚜렷하다.

1924년 중국으로 돌아온 후에 팡은 국립 무창(武昌) 대학교, 국립 남동 대학교, 중앙 정치연구소, 남경 대학교, 국립 중앙 대학교, 국립 대만 대학교 그리고 보인(輔仁) 가톨릭 대학교에서 50년 동안 철학을 가르쳤다. 그는 또한 사우스다코타 주립 대학교, 미쏘우리 대학교, 미시간 주립 대학교 그리고 오벨린 대학에서 방문 교수직을 가졌다. 그의 제자들 가운데 청중잉(成中英), 류슈시엔(劉述先)과 같은 업적이 확고부동한 학자들이 있다. 그는 1973년 국립 대만 대학교에서 퇴임하여 1977년 세상을 떠났다.

그의 철학 작품 가운데 세 권의 영어 출판물—*Creativity in Man and*

Nature(1980a), *The Chinese View of Life: The Philosophy of Comprehensive Harmony*(1980b) 그리고 *Chinese Philosophy: Its Spirit and its Development*(1981a) — 이 있다. 중국어로 된 그의 수많은 작품은 《과학철학과 인생(科學哲學與人生, 1936)》, 《중국선철인생철학개요(中國先哲人生哲學槪要, 1937a)》, 《철학삼혜(哲學三慧, 1937b)》, 《생생의 덕(生生之德, 1979)》, 《화엄종철학(華嚴宗哲學, 1981b)》, 《신유가철학십팔강(新儒家哲學十八講, 1983a)》, 《원시유가도가철학(原始儒家道家哲學, 1983b)》, 《중국대승불학(中國大乘佛學, 1984)》을 포함한다. 팡의 철학 작품에 대한 최근의 종합은 중국 방송(廣播) 출판사에서 나온 《생명이상과 문화유형(生命理想與文化類型:方東美新儒學論著輯要, 1992)》이다. 그것은 유익한 서문을 갖추고 있다. 팡의 철학에 대한 유용한 해설서는 팡동메이 철학에 대한 국제 학술회의 집행 위원회에 의해 편집된 1989년 타이페이 유사문화공사(幼獅文化公司)의 《팡동메이의 철학(方東美的哲學)》이다.

팡의 일반철학

그의 철학 근원에 대한 서양인의 질문에 답변하면서 팡은 "나는 가계 전통을 따라 유가이고, 기질적으로 도가이며, 종교적 영감에 의해 불교도이며, 게다가 나는 교육에 의해 서양인이다"라고 말하였다. 실제로 팡의 철학은 이러한 철학적 전통들의 결합이다.

그를 유명하게 만들었던 논문 《철학삼혜(哲學三慧, 1937b)》에서 팡은 정감(情)과 이성(理)에 대한 연구와 종합을 통하여 철학을 정의하였다. 《역경(易經)》에 따라 팡은 정감과 이성은 형용할 수도 묘사할 수도 없는 궁극적인 근원으로부터 나왔다고 주장하였다. 인류의 존재는 정감과 이성에 뿌리를 내리고 있다. 정감과 이성 없이는 어떠한 철학도 있을 수 없다. 정감과 이성은 상호 조건적이면서 의존적이다. 철학은 정감과 이성의 근원, 진리 그리고 신비를 현실성과 가능성 안에서 포착한다. 정감과 이성을 파악하는 다양한 정도가 있기 때문에 철학자들의 위대함도 다양하다. 팡은 지(智)와 혜(慧)가 비록 전적으로 분리되지 않았다고 믿었으나 양자를 구분하였다. 팡에 따르면 지(智)는 실재에 토대를 둔 지식으로 이성(理)과 일치한다. 그러나 혜(慧)는 정감에 상응하는 인간의 영감과 욕망(欲)이며 이성(理)에 따라서 일어난다. 그는 혜(慧)의 세 가지 유형이 있다고 주장하였다. 첫째 유형은 배움과 지식에 초점을 맞추고, 다른 하나는 탐구적 사고에, 셋째 유형은 수양에 초점을 맞춘다. 이러한 혜의 세 가지 유형의 각각은 독립적인 체계이지만 팡은 수양을 가장 높은 유형으로 간주하였다.

팡은 고대 그리스 철학은 진리를 강조하는 문화의 한 유형을 대표한다고 주장하였다. 진리는 고대 그리스의 근원적인 정신과 이상의 세 가지 상징 가운데 첫번째였던 아폴론으로 상징되었다. 다른 둘은 위대한 열정을 상징하는 디오니소스와 진리와 열정의 중용(中庸)을 상징하는 올림피안이었다. 팡은 소크라테스를 그리스 철학의 대표자로 간주하였고 소크라테스의 중대한 실수는 지식을 덕, 삶 그리고 전 우주를 평가하는 유일한 기준으로 만든 것이었다고 주장하였다. 소크라테스는 합리주의를 극단까지 밀었고 디오니소스와 올림피안으로 상징되던 그리스의 이상을 상실하였다. 따라서 그리스 철학은 정감이 결여된 채 단지 이성 위에 세워졌다. 팡은 정감이 없는 이성은 절름발이이며 그러한 철학은 시들 수밖에 없다고 주장한다.

팡에게 있어 현대 유럽 철학은 열정적으로 세계를 정복하려고 시도했던 파우스트로 상징되는 효용 또는 유용성을 추구하는 지혜를 대표한다. 팡에 따르면 유럽 철학의 약점은 삼중적이다. 첫째, 그것은 모든 것을 부조화스럽고 완고한 이원론에 빠뜨린다. 그것은 깊은 모순에 빠져 진리에 이를 수 없다. 두 번째로 유럽 철학은 사소한 양적 추구에 사로잡혀 있으며 세계의 상호연결을 무시한다. 세 번째로 팡은 진리와 거짓을 혼동하는 것과 허무주의로 끝나는 점 때문에 유럽 철학을 비판하였다. 그는 유럽 철학은 정감은 매우 많이 지녔지만 균형있고 건강한 철학이 되기엔 이성이 부족하다고 주장하였다.

반대로 중국 철학은 정감과 이성 사이의 균형을 유지한다. 수양을 통해서 중국 철학은 삶 속에서 위대한 조화를 지향한다. 그것은 교향곡의 조화로운 화합에 기여하는 모든 음표들을 지니는 교향곡과 비슷하다. 조화로운 화합이라는 이러한 개념은 다양한 사상의 학파들의 상호작용으로서의 중국 철학에 대한 그의 해석을 강조하는 데 유가는 그것들 가운데 단지 하나일 뿐이다. 인도 문화는 종교에 토대를 두고 있다. 왜냐하면 인도의 전통이 히브리 문화에 영향을 받았기 때문이라고 팡이 주장하였다. 그는 오직 중국 문화만이 순수하게 동양적이라고 주장하였다(팡, 1992, 85~106면).

그리스, 유럽 그리고 인도 철학에 대한 팡의 해석과 평가는 논쟁의 여지가 있다. 중국 철학을 세계 철학의 중심점에 위치시키려는 시도에 있어서 팡은 너무 냉정하고 지나치게 단순화된 방식으로 다른 철학들을 판단해 왔을지도 모른다. 그러나 팡은 비교 철학이 오늘날처럼 폭넓게 연구되지 않았던 때에 연구하였기 때문에 그가 그렇게 하는 것은 불가피했을지도 모른다.

생명의 개념은 팡의 철학에서 핵심적인 위치를 차지한다. 그는 모든 중국 전통들은 하나의 근본적인 곳으로 모인다고 주장했다. 우주는 어디에나 스며있는 생명의

힘(Vital Impetus)이며, 모든 것을 포괄하는 생명의 충동(Urge of Life)이다. 그것은 단 한순간도 창조하고 창생하기를 멈추지 않으며(生生不已), 단 한곳에서도 결코 스며 들기를 멈추지 않는다고 중국 전통들은 주장하였다(팡, 1980b, 33면). 그는 《역경(易經)》의 생생(生生) 개념을 '창조적인 창생(Creative Creativity)'으로 해석하였는데 그것은 생명의 활력이다. 우주는 단순히 무기력한 물질적 재료로 환원될 수 없는 살아 있는 존재이다. 이러한 살아 있는 우주는 에너지로 가득 차 있고 우주 안의 모든 것은 전 영역의 내부로 스며드는 생의 과정에 어떤 방식으로든 관련되어 있다. 이러한 시각은 '생명 본체론(life-ontology)'이라 불릴지도 모른다. 팡에게 있어 그것은 '가이아 가설' 이상이며 그것은 실재이다. 이런 점에서 헤겔, 베르그송 그리고 화이트헤드와 같은 서양 철학자들의 팡에 대한 영향은 뚜렷하다.

> 우주 도처에는 어디에나 스며있는 생명의 흐름이 있다. 어디에서 그것이 왔으며, 어디로 갈 것인지는 영원히 인간의 인식에서 숨겨진 일종의 신비한 영역이다. 생명 그 자체는 무한한 연속이다. 그래서 무한의 저편으로부터 무한한 생명이 오고 무한으로 유한한 생명은 확장한다. 모든 생명은 변화와 큰 변화의 흐름 속에서 변천하고 발전하며 쉬지 않고 낳고 또 낳으며 끊임없이 운전하고 있다. 그것은 길(道)이며 행로이고 선한 발걸음으로 따라간 훌륭한 발자취이다. 이러한 끊임없는 창조적 진행의 과정이 바로 도(道)이다(1980b, 12~13면).

팡의 철학에 있어서 핵심적인 또 다른 개념은 조화 또는 '광대화해(廣大和諧, Comprehensive Harmony)'이다. 그가 생각했던 중국인은 우주는 물질적으로 비어있지만 정신적으로는 풍부하고 자유로운 일종의 균형이 잡히고 조화로운 체계라고 주장하였다(팡, 1980b, 35면). 그리고 생명에 대한 중국인의 이상은 위대한 조화의 그것이다. "우리는 중화(中和)의 최고 미덕(美德)을 따르며 결코 이기적이고 편파적이지 않으며 편협하거나 완고하지 않다"(팡, 1980b, 39면). 중국 철학사에 대한 팡의 해석에서 그는 갈등보다는 다양한 사상의 학파들의 조화로운 상호작용을 보았다. 팡이 이러한 철학들의 조화로운 상호작용에 대한 그의 해석에 있어서 너무 이상적이고 공상적이었다고 논의될지도 모르지만 그에게 있어 설령 조화가 현실이 아니었다 할지라도 그것은 적어도 중국인을 위한 이상이었다.

> 수천 년 동안 우리는 모든 만물들 속에 스며 있는 광대한 조화(廣大和諧)의 관점에서 이러한 삶의 문제들에 대해 생각해 왔다. 그것은 마치 온 하늘, 온 땅, 모든 공기, 모든 물을 흔들고 진동시키는 영원한 교향곡처럼 들리며 존재하는 모든 것을 통일된 지고(至高)의 기쁨 속으로 몰입시킨

다.

어디에서 왔으며 무엇을 가지고 어디를 향하여 무엇을 위해 살아야 하는가?

인간은 고갈되지 않는 생명의 기운을 얻고 소비하면서 최초에서 결과적인 단계로의 변화가 생명의 유출인 자연 안에서 살고 있다. 누군가 밖에서 이러한 지향성이 있는 생명의 기운과 접촉하게 된다면 그는 어떤 것이 단단하게 그를 에워싸고 있음을 느낄 것이다. 강물로 떨어지는 빗방울처럼 그것은 융입되어 영원히 사라진다. 이러한 방식으로 어떤 한 개인이 만났던 자연은 장애물이나 맹목적인 필연으로 느껴진다. 그러나 물방울은 강물 속으로 깊이 융입되어 그것들은 강의 물결의 성분이 된다. 이제 그것들은 마치 연인들이 음악의 같은 박자로 함께 그들의 마음을 두드리는 것처럼 같은 리듬 안에서 올라가고 내려가는 하나의 물결이다.

자연의 진행 과정 속에서 추진력은 즐거움으로 가득 찬 우아한 춤으로 표현되듯이 동시적인 동작으로 흔들리는 이상적(ideal)인 지나침(過多)이 된다. 억제와 강제의 느낌은 새로운 자유의 황홀경 속에서 완전히 사라진다. 따라서 필연적으로 인간에 맞서는 자연은 마침내 적절한 동정심이라는 마력을 통하여 길러진 서로의 우정으로 변형된다.

자연은 계속적인 창조의 과정이며 인간은 자연의 영역 내에서 공동의 창조자이다. 자연과 인간의 본성은 둘이면서 하나가 되어 생명 전체는 더욱 서로 융화하고 교섭할 수 있게 되는데 이것이 내가 말하는 "광대화해(廣大和諧)"를 이룬다는 것이다. 일관된 도(道)가운데에서 내재적인 생명과 외재적인 환경은 퍼져서 서로 스며들고 융화되어 조화를 이룬다. 이러한 원초적 합일의 형식 속에서 다양하고 대립적인 듯한 모든 것은 너무 본질적으로 연관되어 있어 그것은 사랑의 노래의 반주에 따라 함께 화음을 연주하는데 그것은 생명의 찬사이다(팡, 1980b, 11~14면).

팡의 철학에서 세 번째로 가장 중요한 개념은 자연과 가치의 합일이다. 그는 우주는 도덕성과 예술성으로 충만하며 그것은 근본적으로 가치의 영역이라고 주장하였다. 우주는 물질적 요소의 총체가 아니라 가치로 충만한 살아 있는 유기체이다. 사실과 가치 사이의 어떠한 단절도 없다. 중국인의 시각 안에서 "소중한 가치의 영역은 존재의 모든 형식 속에 충만하며 다양한 삶의 분야들 속에서 인간의 창조적인 노력을 통하여 높여지기를 기다린다"(팡, 1980b, 43면). 그는 신성을 자연 세계 속에 두는 일종의 범신론을 서술했다. 따라서 세계는 자연적일 뿐만 아니라 또한 정신적이며 그것은 사실일 뿐만 아니라 또한 가치이다.

우리는 서양인들이 자연을 이해해 온 것과 같은 방식으로 자연을 이해하지 않는다. 우리에게 자연은 보편적인 생명의 흐름이 자신을 드러내고 자연의 본래적 가치가 만물에 가득 차 있는 무한한 영역이다. 자연은 그것을 넘어서거나 위에 있는 어떤 것에 의해서도 제약받지 않는다는 의미에서

무한한데 그것은 초자연이라 불러도 좋을 것이다. 자연 안의 실재의 충만함은 신의 능력을 손상시키지 않는데 왜냐하면 신비스런 창조는 계속해서 자연 안에서 이루어지기 때문이다. 뿐만 아니라 인간의 생명이 전체로서 우주적 생명과 관통되어 있기 때문에 자연과 인간본성 사이에는 어떠한 간격도 없다.

더욱이 예술, 문학, 과학, 종교 그리고 사회제도의 다양한 분야에 있어 인간의 문화 창조의 사명은 자연과 인간 안에 있을지도 모르는 어떠한 불완전함을 이상적인 완전함이 되게 하기 위해 계속 노력한다. 따라서 우리는 자연의 장엄함이 문화의 발전을 통하여 인간의 영광과 연결됨을 알게 된다. 훌륭한 문화정신의 전개로서의 역사는 인간을 위대하게 기술하고 자연을 아름답게 서술한다.

(…)

그것은 지선(Good)의 본질인 시원적(始源) 자연의 모습 속에서 용솟음치고 유출되어 나온다. 그것은 가치 면에서 모든 것을 뛰어넘는 너무 선한 것이기 때문에 그것은 초절적(transendent)이 아니라 초월적(transcendental)임에 틀림없다. 지선(Good)의 완성인 귀종(歸終) 자연의 모습 안에서 도(道)는 무한으로 그 자체가 끝없이 연속되는 무한이다. 도는 자신의 영향 아래에 모든 창조력을 발휘하는 자신의 방식 안에서 매우 선한 것이기 때문에 만물 안에서 창조력을 드러내는 창조주인 그것은 내재적(immanent)임에 틀림없다. 따라서 시원적 자연과 귀종적 자연 사이에 우주적 질서를 구성하는 창조의 연속, 연쇄적 계열이 있다. 그러한 창조적 전진으로서의 자연 이론은 우리들이 또한 다음과 같은 언급을 발견하는 《역경(易經)》에 가장 잘 나타나 있다. "만물은 각기 자기 본성을 완성하여 항존하는 창조성 속에 살아 있다. 이것이 도(道)의 가치와 의(義)의 원리를 구체화시키는 지혜의 문이다"(成性存存, 道義之門: 계사전 상). 이로부터 우리는 중국의 철학적 전통에 따르면 본체론이 또한 가치론임을 알 수 있다. 모든 존재 형식은 고유의 가치를 담고 있다. 온 우주에서 어떠한 것도 무의미한 것은 없다. 모든 것은 그 자체로 가치 있다. 왜냐하면 그것은 완성이라는 무한한 이상과 영원한 창조의 연속이라는 미덕 안에서 영원한 보편 생명(Universal life)에 참여하기 때문이다(팡, 1980b, 11~13면).

따라서 팡의 관점 안에서 진(眞), 선(善) 그리고 미(美)는 하나이며 정감(情)과 이성(理)은 연결된다. 실제로 팡의 도덕 철학은 그의 '생명 본체론(life-ontology)' 위에 수립되었다.

도덕은 생명 가치의 구체적인 체현이기 때문에 삶의 핵심이다. … 우리는 단지 생존을 위해 살고 있지 않다. 우리가 삶에서 정말로 바라는 것은 이상적인 완성의 경지로 삶을 이끌어 올리는 것이다. 거기서 우리는 보다 훌륭하고 최상의 것을 성취하기 위한 한 단계로서 선한 행위를 함으로써

그 가치를 증진시킬 수 있다. 우리는 궁극적인 가치의 실현을 위해 살지 않으면 안 된다(팡, 1980b, 102~3면).

이러한 철학은 또한 '가치 중심적 본체론'이라 불린다(팡, 1992, 494면). 그의 '생명 본체론'과 '가치 중심적 본체론'은 직접적으로 연결되어 있는데 왜냐하면 그에게 있어 생명은 가치이고 생명과 가치는 도(道)에 근원을 두기 때문이다. 모든 것을 포함하고 모든 것에 충만한 하나로서 도는 생명, 가치 그리고 조화의 궁극적인 근원이다.

생명의 시원적 근원인 대도(大道)는 우주 안 모든 곳에 충만하며 따라서 어떤 특정한 한계에 제한되지 않는다. 장자의 말에 "천지와 나는 함께 살아가고 만물과 나는 하나가 된다(天地與我竝生, 萬物與我爲一: "제물론")", "천지가 비록 크다고 하지만 그 변화는 균등하며 만물이 비록 많다고 하지만 그 생존방식은 하나이다(天地雖大, 其化均也, 萬物雖多, 其治一也: "천지편")", "도의 중추가 그 순환하는 중심을 얻었을 때 비로소 무궁한 만물에 응할 수 있다(道樞始得其環中, 以應無窮)", "도는 통하여 하나가 된다. … 무릇 만물은 이루어짐도 허물어짐도 없다. 다시 통하여 하나가 된다. 오직 통달한 자만이 통하여 하나가 됨을 안다(道通爲一, … 凡物無成與毁, 復通爲一, 惟達者知通爲一: "제물론")", "도가 만물을 덮어 주고 싣는 자이다. 그 흘러 넘치는 영향력은 얼마나 큰가! … 군자는 좁은 마음을 끊어 내지 않을 수가 없다. 무위로 행하는 것을 하늘(天)이라 하고, 무위로 말하는 것을 덕(德)이라 하며, 남을 사랑하고 만물을 이롭게 하는 것을 인(仁)이라 하며, 같지 않은 것을 같게 하는 것을 위대함(大)이라 하며, 행동이 별다르지 않은 것을 관대함(寬)이라 한다. 만 가지 같지 않은 것을 그대로 받아들이는 것을 풍부함(富)이라 한다. … 도에 따르는 것을 완성(備)이라고 한다(夫道, 覆載萬物者也. 洋洋乎大哉. 君子不可以不刳心焉. 無爲爲之之謂天, 無爲言之之謂德, 愛人利物之謂仁, 不同同之之謂大. 行不崖異之謂寬, 有萬不同之謂富 … 循於道之謂備: "천지편")"고 하였다. 이러한 말로 구체화 된 훌륭한 정신은 만물을 모든 것에 충만한 합일의 형식 아래에서 이해하려는 유가의 시도와 일치한다(팡, 1980b, 50~1면).

팡의 해석은 중국 고전에 대한 그의 선별적인 독서에 토대를 두고 있다. 그에게 있어 생명과 가치의 근원으로서의 도는 찬성되어지는 어떤 것이라기보다 주어진 것인데 생명과 가치의 합일은 논리적 논증의 함의라기보다 실제 생활경험 안에서 명백한 것이다. 따라서 그는 "왜 선해야 하는가?"라는 니체의 질문에 대한 어떠한 답도 고려하지 않았다.

중국 고전철학에 대한 팡의 해석

그의 시대 대다수의 중국 철학자들처럼 팡의 철학적 작업은 주로 전통 중국 철학에 대한 그의 해석을 통하여 진행되었다. 비록 그는 모우쭝산, 탕쥔이 그리고 리앙수밍과 함께 현대 신유가로 간주되어 왔지만 팡의 작업은 유가 전통을 넘어서 있다. 모우쭝산과 달리 팡은 유가를 유일한 정통 철학으로 그리고 다른 것들을 이설로 간주하지 않았다. 그는 고대에는 노자의 도가가 지도적이고 가장 정통적인 철학 학파였다고 주장하였다(팡, 1992, 476~7면). 팡은 유가, 도가, 묵가 그리고 불교를 각각의 별개의 사상 학파라기보다 상호 작용하고 통합하는 온(holistic) 문화 과정의 구성 요소들로 간주하였다. 여섯 권의 유교 경전―《시경(詩經)》, 《서경(書經)》, 《악경(樂經)》, 《예기(禮記)》, 《역경(易經)》 그리고 《춘추(春秋)》―가운데 팡은 《역경》을 모든 학문의 기초로 여겼다(팡, 1992, 472~3면). 그는 정확히 'Book of Changes' 대신에 'Book of Change'로 《역경》을 묘사했는데 그것은 철학적 개념으로서의 '역(易)'은 존재의 변화 활동들보다 본체론적인 변화 상태를 의미하기 때문이다. 그는 《역경》이 오직 유교의 경전일 뿐이라고 주장하지 않고 또한 도가의 것이기도 하다고 주장하였다(팡, 1992, 479면). 《역경》뿐만 아니라 그는 《서경》 특히, '홍범구주(洪範九疇)' 장을 유교 전통의 중요한 경전으로 간주하였다.

팡은 그 자체로 별개인 원시유교, 원시도교 그리고 대승불교가 공통적으로 세 가지 중요한 특징을 지닌다고 주장하였다. 첫째, 그들은 모두 우주는 하나이며 궁극적인 진리는 하나임을 믿으면서 모든 것에 스며드는 합일(Unity)의 가르침에 동의한다. 따라서 실재는 이원적인 부분으로 나눠지지 않는다. 이러한 합일은 '보리도(菩提道)'라 불러도 좋을 것이다. 두 번째로 그들은 모두 도(道)의 가르침을 받아들이는데 비록 그들의 해석이 매우 다양할지라도 말이다. 유가는 천도(天道), 지도(地道), 인도(人道)를 인정한다. 도가의 도(道)는 '현지우현(玄之又玄, mysteriously mysterious Mystery)'이다. 대승불교는 공(空)의 원리를 통해 도(道)에 접근하는데 그것은 깨달음의 원리로의 전조이다. 세 번째로 세 학파 모두 개인을 고양시키려는 의도가 있다. 《중국 철학: 그 정신과 발전(Chinese Philosophy: Its Spirit and Its Development)》에서 그는 다음과 같이 썼다.

> 우리는 관찰되는 현실태와 이상화된 가능태의 관점에서 인간 개개인에 대해 생각한다. 현실태로부터 가능태로 자기 발전의 정교한 과정이 있다. 그것은 자기 수양의 힘든 임무일 뿐만 아니라 자기 실현의 완전한 경지이기도 하다(팡, 1981a, 27면).

따라서 자기 부정과 자기 긍정의 두 길 사이에 중국전통은 제 3의 길, 즉 자기 발전과 자기 실현을 강조한다(팡, 1981a, 23~8면).

상징적인 자신의 전형적인 시적 언어로 팡은 세 철학 모두를 높이 평가하였다. 도가들은 특정한 조건의 톱니바퀴 내에서 상대적이고 제한적인 만물을 무(無)로 변화시킨다. 그 무는 자발적으로 광채가 더해진 무이며, 절대적으로 무한하고 헤아릴 수 없이 심오한 신비이며, 발전기의 만물 생성의 형식 안에서 '진정으로 참된 실재'인 무이다. 유가들은 도가들이 끝난 곳에서 출발한다. 뚜렷하게 대조적으로 유가는 천도(天道)라는 활짝 열린 문에서 무에 직면한다. 천도의 불가사의한 창조의 손짓은 그것을 한번도 줄어들지 않고 언제나 늘어나는 만물로 변화시키는 경이로운 힘을 지닌다. 유교에서 창조적 진보의 무한한 지평은 이 무한에 대한 관여를 위하여, 지속적인 창조의 창생력에 참여를 위하여, 그리고 역동적으로 변화하는 우주에서의 중심 지위를 차지한다는 생각을 위하여 인류 앞에 펼쳐져 있다. 세계에 대한 유가의 개념은 인간 중심적인데 그것을 초기 불교는 용납할 수 없다고 생각하였다. 도가와 함께 초기 불교는 확실한 만족을 위해 삶에 대한 인간의 관심을 초월적 세계로 이끌었다. 그러나 후기 불교는 유교의 강점을 깨닫게 되었고 불성(佛性)의 형식으로 인간 본성의 완전성을 단언하는 점에서 그 정신적 유사점을 발견하였다. 불가는 그들의 관심을 인류의 궁극적인 운명과 미래에 모든 존재들(衆生)의 보편적인 해탈에 둔다. 팡은 유가를 '시간인(Time-man)'이라 불렀는데 그것은 유가는 생각할 수 있는 모든 실재들을 역동적인 변형의 틀로 만들기 때문이다. 팡은 도가를 '공간인(Space-man)'이라 불렀다. 왜냐하면 도가는 "영원의 영역이 돌연히 정신에 의해 관조되는 서정적인 예술 특히, 낭만적인 시의 즐거운 공간으로 변형되는 자유로운 천상의 절정으로 높이 날아오르기 때문이다." "불가는 세계를 삼킨 헤아릴 수 없는 끊임없는 변화의 나락 안으로 탐색하기 시작하는데 실수와 고통으로 지쳐서 영원을 허무로 간주하는 한편 습염된 윤회를 통해 돌고 돈 후 그는 모든 것을 깨끗이 털어내고 다시 한 번 영원의 형식 아래에서 이해된 법(Dharma)의 충만함에 즐거워한다." 따라서 불가는 양자택일의 망각의식을 지닌 시공인(Space-Time-man)이다(팡, 1981a, 34면).

팡은 원시 유교의 두 단계를 구분하였다. 첫번째 단계에서 유교는 원시시대의 유산을 받아들였고 그것을 합리적인 철학 위에서 유지하려고 노력하였다. 두 번째 단계에서 그것은 심오한 사상체계를 세웠으며, 세 번째 단계로서의 한대 유가에 의해 계승되었다. 두 번째 단계에서 가장 중요한 문헌은 《역경(易經)》이다. 팡은 《역경》에서 기초가 되는 변화의 철학은 네 가지 원리를 포함한다고 주장하였다. 첫번째는 생

명의 원리이다. 생명은 위대한 도의 행로와 엮이고 연결된 모든 존재와 창조물들을 그 자체 안에 포용한다. 두 번째는 포괄적인 연계의 원리이다. 세계는 유기적인 전체이며 그 안에서 만물은 깊이 상호 연결된다. 세 번째는 창조적 창생의 원리이다. 그는 "모든 가치 가운데 근본적으로 창조적인 창생 안에서 드러나는 선은 그 절정에 달한다"는 《역경》의 말을 인용한다. 네 번째는 가치 실현의 과정으로서의 창조적 생명의 원리이다. 우주는 "모든 것을 포용하는 생명의 충동이며 모든 곳에 스며있는 생명의 에너지인데 단 한 순간 동안도 낳고 낳음을 멈추지 않으며 단 한 곳에서도 흐르고 스며들기를 멈추지 않는다."

> 무한한 근원적인 창조적 힘 너머로부터 무한한 생명은 오며 모든 형태의 유한한 생명은 궁극적인 무한한 귀결로 이른다. 모든 것은 고갈되지 않는 에너지를 얻고 소비하면서 변화와 끊임없는 변화의 과정 안에 있다. 그것은 가치 면에서 모든 상대적인 가치들을 뛰어넘는 선의 본질인 근원적인 창생의 형식 안에서 용솟음치고 유출되는 끊임없는 창조적 진보 속의 천도이다(펑, 1981a, 112면).

송명 신유학에 대한 펑의 비판

고전 중국 철학에 대한 펑의 해석은 일반적으로 철학자와 철학적 작품들에 대한 평가를 위한 기준을 설정한다. 그는 《역경》에 매우 높은 점수를 주고 자주 인용하는 반면, 후대 유학의 '바이블'이 된 《논어》는 기껏해야 '도덕학'이고 공자의 전체 사상을 대표할 수는 없다고 주장하였다(펑, 1992 454~6면). 그는 여러 다른 학파들의 사상을 그 자신의 철학으로 종합한 공자를 칭찬하였지만, 다른 견해를 주장한 철학자들에 대하여 아량이 좁다는 이유로 맹자를 비판하였다. 예를 들면, 맹자는 과학, 종교, 그리고 철학에 있어서 중요한 업적을 가졌던 묵가(墨家)를 공격하였다(펑, 1992, 437면). 펑의 관점에서 좁은 마음씀과 정통 이념을 창시한 맹자의 경우는 후기 유학자에 매우 부정적인 영향을 주었다. 펑은 한대 유학자인 동중서가 유가고전, 《서경》과 《역경》을 이해하지 못한 것, 고대 중국사상의 전체적인 경향을 이해하지 못한 것, 그리고 유교를 미화하고 모든 다른 학설들을 제거하려는 시도에 대해 비난했다(펑, 1992, 439면).

말년에 펑은 송명 신유학에서의 중요한 관심사를 발전시켰다. 그는 송명 유가들이 고대문화를 부흥시키는 데 있어서 큰 업적을 가졌다고 주장했다. 그는 그들이 자연과 인간의 합일(天人合一)이라는 유교의 가장 근본적인 관념을 들어올린 것과 물

질적인 얻음 대신에 고상한 대의명분에 대한 그들의 헌신에 대해 칭찬했다. 그럼에도 불구하고 그는 또한 주로 불교를 향한 적개심 때문에 편협하게 된 그들을 비판했다. 비록 팡이 명대 신유학에 대해 매우 큰 평가를 했을지라도 송대 신유학에 대한 그의 관점은 일반적으로 비판적이었다. 신유학에 대한 그의 다섯 번째 강의에서 그는 다음과 같이 말한다.

　송대 신유학의 약점은 그것의 삶의 정신이 탐구하고 확장함이 아닌 폐쇄적이고 퇴영적이라는 것이다. 이러한 문화적 질병에 대한 가장 좋은 치료법은 도가의 정신을 빌리는 것이다. 몇몇 송대 신유학자들은 이러한 문제를 인정하지 않을지도 모른다. 그렇다면 "송대 신유가들은 '리(理)'의 이름 아래 사람들을 죽였다. 이러한 방법으로 죽인다면 구제할 희망이 없다"고 말한 청대 신유가인 중국 고전학자 대동원에게 귀를 귀울여라. 대동원이 그것을 과장했을지도 모르지만 그의 말은 리에 지나치게 집착한 송대 신유학의 문제에 대해 지적한다. 그것은 우리들을 이 문제에 대해 깊게 생각하게 한다.
　송대 신유가들은 리에 대한 그들의 집착으로 극단으로 흐른다. 그들은 선한 것들을 포함하여 모든 인간의 욕망, 느낌, 그리고 감정을 제거하려고 노력한다. 이것은 한쪽으로 치우친 철학이다. 그것은 문학, 시, 예술, 그리고 다른 일반문화의 열려진 정신과 통합할 수 없다. 이러한 방법은 쉽게 쇠퇴하는 철학체계가 된다. 그것은 심지어 도통(道統)이라는 관념을 지지하는 것조차도 더 나쁘게 만든다. 그것은 자신의 철학적 사상에 치명적인 해이다. 따라서 나는 도가의 철학정신과 유가의 그것이 깊이 함께 통합해야만 한다고 생각한다. 만약 그렇게 된다면 유교는 "하늘과 땅 그리고 무수한 것들에 열린 존재로 하나가 되는 것"에 대한 이념을 지지해야만 한다. '하늘과 땅의 합일'을 제창하는 도가(道家) 장자는 "나는 하늘과 땅과 더불어 살며, 나는 무수한 사물들과 하나이다(天地與我竝生, 萬物與我爲一)"고 말하였다. 유가와 도가 모두는 전국시대의 유명한 학파들이었다. '도통(道統)'에 대한 문제는 없었으며 그들은 그렇게 하려는 계획 없이 같은 관점을 공유하였다. 그러나 후에 한대 유가들은 음양가, 오행 학파, 그리고 잡가에 의해 영향을 받았다. 그들은 우주 안의 긍정적인 예술적 가치들, 도덕적 가치들, 그리고 종교의 신성한 가치들을 평가 절하 하였다. 이러한 평가 절하 후의 세계는 음양가와 오행가들에 의해 간주되어졌듯이 유물론적 체계에 지나지 않는다. 따라서 소중한 가치들은 무시되었다. 송대 신유가들은 이름뿐인 한대 유가를 반대하고 한편으로 그들은 음양가와 오행가의 학설을 받아들인다. 그들은 점차 우주의 가치체계에서 가치가 없는 영역으로 방향을 돌렸다. 그 후 위진 시기 동안 사회의 붕괴와 후당(後唐)과 오대(五代)의 사회 내 많은 악을 경험하면서 송대 신유가들은 편협한 기질과 격양된 정신을 발전시켰다. 따라서 나는 만약 송대 신유가들이 이러한 약점을 고치길 원한다면 그들은 도교의 정신을 받아들일 필요가 있을 뿐 아니라 불교의 정신에 대한 올바른 이해도 필요하다고 생각한다(팡, 1992,

507~8면).

팡은 송명 신유학을 세 유형으로 나눈다. 첫번째 유형의 철학자들은 주돈이(周敦頤), 장재(張載), 정호(程顥), 정이(程頤) 그리고 주희(朱熹)로 대표되는 실재론자들이다. 팡은 주돈이를 중요한 철학자로 간주하였고 그의 《통서(通書, *Insight into the book of Change*)》는 《역경》, 《홍범구주》 그리고 《중용(中庸)》을 합친 것이라고 주장하였다. 그러면서 팡은 주돈이가 역동적인 본체론 체계, 가치론적 합일, 삶의 진보적인 과정에 대한 청사진을 세웠다고 주장하였다. 팡은 주돈이의 또 다른 주요작품인 《태극도설(太極圖說)》은 실제로 주희에 의한 실수로 유교의 저작이 된 도가의 작품이라고 주장하였다(팡, 1992, 495면). 반대로 팡에 따르면 정이는 이원론적 생각 때문에 실패하였다. 두 번째 유형의 철학자들은 육상산과 왕양명으로 대표되는 유심론자들이었다. 이 철학자들은 마음을 모든 존재의 받침대로 간주하였다. 세 번째 유형의 철학자들은 왕정상(王廷相)과 왕부지(王夫之)에 의해 대표되는 자연주의자들 또는 유물론자들이었다.

팡의 관점에서 송명 신유학은 무턱대고 신뢰할 만한 유학은 아니었다. 그는 유학의 정통에 관하여 싸움질 하며 자기네가 유가의 유일한 합법적 해석이라고 주장하는 이러한 철학자들을 비판하였다. 팡은 '역사적으로 근거가 없는' 정통에 대한 송대 신유학의 주장을 버리고 강하게 그것을 반대하였다. 그는 또한 송대 신유학은 도가와 불교에 의해 강하게 영향을 받았고 그들은 불공평하게 이 두 철학을 이해하려 했다고 주장했다(팡, 1992, 480, 483면).

팡의 생각과 송명 신유가들의 생각 사이에는 한 가지 결정적인 차이가 있다. 팡의 중심적 개념이 생명인 데 반하여 송명 신유가들은 그들의 철학을 리(理) 또는 우주의 의로운 원리 위에 토대를 둔다. 팡은 리에 치중하는 편협한 송명 신유가에 대해 비판적이었다. 느낌, 감정, 그리고 인간의 욕망의 반대편에 리를 둠으로써 그들은 중국의 '청교도' 철학을 형성하였다. 공자와 달리 송명 신유가들은 철학으로부터 예술과 문학의 요소들을 제거하였다. 팡의 시각에서 보면 리에 대한 편협한 초점과 모든 다른 요소들의 배척은 신유학 사상에 치명적인 결점이었다. 이러한 결점을 제거하기 위해서 신유학은 도가와 불교로부터 배워야만 한다.

그러면 팡은 신유가인가? 그의 사상은 확실히 많은 현대의 유가들의 사상과 다르다. 모우쫑산은 맹자, 육상산 그리고 왕양명의 유학전통을 따랐다. 펑요우란은 오늘날 우리가 송명 신유학에 따라 말해야만 할지 아니면 더 나아가 그것을 발전시켜야 할지를 질문하였다. 펑의 신리학(新理學)은 송명 리철학의 기초 위에서 발전하였을

뿐 아니라 또한 그것을 넘어 나아갔다. 비록 그들이 여러 점에서 다르지만 모우와 펑 둘 다 유가전통 안에 있었다. 그들은 중국문화의 정통철학으로서 유교의 합법성에 대해 찬성하였다. 팡은 하나의 다른 질문, 즉 유교의 전통 안에서 철학을 할 것인지 그것을 넘어서 철학을 할 것인지를 물었고, 그는 유교를 넘어서 그의 사상을 형성하기로 선택하였다. 그는 고대에 주도적인 사상 학파로서 또는 중국문화의 정통학파로서 노자의 도가를 공공연히 받아들였다(팡, 1992, 477~8면). 그는 공공연히 불교의 가치를 포용하였다. 협소한 기질을 가진 송명 신유학을 비판하는 반면 그는 미래의 유교의 진로(進路)는 "《역경》과 더불어 출발하고 따르며 노자와 장자로부터 차용하고 묵자로부터 배워야 한다고 주장하였다"(팡, 1992, 474면). 아마도 자신의 철학적인 근원에 대한 초기의 언급은 표면적 가치로 간주해야 할 것이다. 팡은 서구사상에 영향을 받았던 유가-불가-도가였다.

팡의 저작에서의 발췌

우주론

우리의 철학적 본성에 적합한 우주는 적절히 다음과 같이 특징지워진다. (a) 끊임없는 창생의 방식 안에서의 보편 생명의 흐름이다. (b) 이상적으로 무한한 정신적 작용들로 묘하게 변형되는 유한한 실체적 체계이다. (c) 모든 존재의 형식에 가득차 있고 삶의 다양한 범위들 속에서 인간의 창조적인 노력을 통하여 고양되기를 기대하는 소중한 가치의 영역이다. 따라서 특징지워진 우주는 내가 다른 곳에서 전개시키려 시도했던 일련의 근본적인 원리들을 통하여 적절하게 이해될 수 있을 뿐이다. 여기서 나는 다음과 같이 요약하여 그것들을 밝힌다.

(1) 생명의 원리: 생명은 그 자체 속에 대도(大道)와 혼연일체가 되어 있는 모든 존재와 생명체를 포함한다. 변화와 변형을 통한 그 충만함 속에서 그것은 무궁무진한 에너지의 원천인 시원적 자연 속에 자신의 뿌리를 내리고 창조적인 진보의 발걸음을 통하여 궁극적인 선(至善)의 완성인 귀종적(歸終的) 자연으로 나아간다. 보편적인 능동적 실체로서의 생명은 공간 속에서 자신을 드러내며 동시에 무궁한 창조적 충동의 거대한 힘에 의하여 자신의 한계를 극복한다. 그것은 본성에 있어서 동적이지만 겉으로 보기에 정적이다. 결코 끝남이 없는 작용으로서의 생명은 시간 속에서 용솟음쳐 나와 무한으로 그것을 추진하고 확장시키고 있다. 그것은 추진과 진전에 있어서는 역동적이지만 생존과 지속에 있어서는 정태적이다.

보편적 생명은 다섯 가지 훌륭한 특징을 가진다. (a) 새로운 종의 발생을 통한 완성, (b) 언제나 새로운 완성을 통한 확장, (c) 영속적인 창생, (d) 변화와 변형의 영속적인 과정에서 이미 성취된 것으로부터 새로움의 출현, (e) 영속적으로 계속되어 결코 끝남이 없는 창조적 창생의 상태인 실제적 불멸성을 획득하려는 능률적인 노력(지면 때문에 여기서 a, b, c, d, e에 대한 광의 설명은 제외한다).

(2) 사랑의 원리(Erotic Impulse): 생명의 정신은 사랑의 정신을 표현한다. 사랑의 감정은 우주의 변역(變易)에서 상(象)을 취한 것이며 그로써 아름다운 생명의 동인(動因)이 발동되며 음양(陰陽)의 규칙적 순환운동을 통하여 세계의 모든 존재 사이에 감응의 관계가 성립된다. 여기서 말하는 사랑이란 바로 반대의 전류가 교차하여 불꽃 튀는 것처럼 강렬한 정감의 대립 속에서의 친밀한 친교이다. 그것은 천지가 만물을 회열의 경기에서 중요한 역할을 하도록 이끄는 보편적 과정이다. 강함과 부드러움이 조화롭게 서로 잇달아 일어나며 남녀가 행복하게 결합하고 다양한 성질의 생명체들이 공동으로 협조하며 사회와 제도가 아름답게 서로 융화되어 있다. 한 마디로 사랑의 정신을 통하여 모든 형태의 생명이 충만하게 되고 모든 종류의 가치가 실현된다.

따라서 사랑의 현상은 여섯 가지 다른 형식 아래 구분될 수 있다. (a) 음양의 상호 감응, (b) 암수의 결합, (c) 남녀의 결혼, (d) 해와 달의 조화로운 비춤, (e) 천지의 묘용(妙用), (f) 시작과 발생의 힘을 나타내는 건곤(乾坤)의 정해진 질서.

사랑에는 네 가지 근본적인 속성이 있다. (a) 상반된 대립을 통한 화합, (b) 매혹의 찬미, (c) 상호 교섭을 통한 화합, (d) 사랑의 영원성(지면 때문에 여기서 a, b, c, d에 대한 광의 설명은 제외한다).

(3) 창조적 진보의 원리: 생명은 창조적인 진보의 양태 속에서 자신을 드러내는 근원적인 활력체이다. 근원적 실체는 하나이지만 하나에 국한되지 않는다. 따라서 그것은 스스로를 건과 곤으로 나누는데 그것은 하늘과 땅에 속하는 시작과 발생의 힘이다. 전자는 항상 동적이고 후자는 다소 정적이다. 두 힘의 결합된 작용을 통하여 보편적 생명은 완성되고 모든 존재가 이루어진다. 더욱이 생명의 근원적 실체는 창조적 진전의 단계 속에서 그것의 웅장한 작용을 수행한다. 그것은 음양의 규칙적 순환운동으로 흘러나오는데 그것은 더욱 활기있게 그들 모두를 확장시키기 위하여 자신의 에너지를 모은다. 조절 속에서 이러한 에너지의 엄청난 소모는 만물이 살아 움직이고 자신의 존재를 가지는 조화의 작용을 일으킨다. 생명의 위대한 작용은 하늘, 땅, 인간, 만물을 관통하는 도(道)이다. 발생의 힘으로 이어지는 시작의 힘이 무한한 생명의 다양성으로 스며들어 그들을 함께 이끌어 불멸의 궁극적인 목적지에

이르게 한다. 이것이 창조적인 진전의 정의(精義)이다.

(4) 근본적 합일의 원리: 생명의 실체는 본래 현묘하게 '원(元)'으로 변형된 하나이다. 그 작용이 다양한 모습을 취하여 무한한 실재의 다양성으로 나타난다. 노자는 우리에게 다음과 같이 말한다. "도(道)는 하나를 낳고, 하나는 둘을 낳고, 둘은 셋을 낳고, 셋은 만물을 낳는다(道生一, 一生二, 二生三, 三生萬物:《도덕경》42장)." 생명의 근원으로서의 도는 최초의 능생(能生)이며 소생(所生)인 존재를 낳는데 소생은 차례로 또한 다른 소생의 능생이다. 따라서 도 안에 포함된 보편생명은 무수한 사물의 다양성을 발생시키는 반복적인 창생의 과정이다. 무한한 사물의 다양성은 명백히 무수하다. 하지만 만약 우리가 실재의 근본을 따져 보면 생명 내에 포함된 만물은 우주적인 근본적인 상호 관련성의 상황 안에 서 있으며 분리할 수 없는 유기체를 형성하고 있다. 중국의《역경》철학에 따르면 우주는 하나의 형식 아래 포섭된 활동들의 배열이다. 이것은 또한 노자가 우리에게 "하나를 안고서 천하의 모범이 되라(抱一以爲天下式)"고 말했던 이유이다. 온 우주는 근원적인 하나를 나누어 받아서 그 자신의 특수한 하나를 이루게 된 모든 형식의 생명으로 충만하다. 따라서 합으로 취해진 특수한 하나들로 구성된 복합은 많음(多)의 체계를 이루는데, 즉 근원적인 하나의 진입을 통하여 그리고 많음 사이의 근본적인 상대성의 상호 관련에 의하여 다수들은 궁극적으로 풍요로운 보다 높은 합일의 형식 안으로 들어간다. "합일의 형식 안에 포함되고 시작의 힘에 의해 통합되는 만물은 그들의 차이와 다양성에도 불구하고 질서 있고 미혹되지 않는다(統之有宗, 會之以元, 故繫不亂, 衆而不惑:《주역미지예약(周易微旨例略)》)"는 왕필의 말은 변화의 보편적인 과정 안에서 드러나는 현묘한 도(道)에 대한 훌륭한 서술이다.

(5) 중화(中和)의 원리: 이 중요한 원리는 중국 정신의 참된 구현이며 중국 문화의 훌륭한 표준이다. 그것은 역(易)의 철학에 의해 지지되었다. 그것은 중국의 음악과 시가 속에 깃들어 있으며 중국의 역사와 사회 풍속을 교화시킨다. 그리고 더 나아가 그것은 행위의 규칙과 정치적 삶의 이상을 형성한다. 중(中)은 치우치지 않는 정신을 표현하고 화(和)는 근본적인 상호 관련의 관계를 드러낸다. 그것은 다음과 같은 특성의 관점에서 이해된다. (a) 철저한 평등성, (b) 공평무사성(公平無私性), (c) 동감(同感)의 일체성, (d) 묘공(妙空) 또는 직관적 자유를 통한 이상적인 표현, (e) 도의 합일 안에서의 만물의 하나됨(지면 때문에 여기서 a, b, c, d, e에 대한 팡의 설명은 제외한다).

(6) 방통(旁通)의 원리: 우주적 변화의 위대한 작용과 모든 것을 포괄하는 도의 끊임없는 운행은 오직 방통의 원리에 비추어서 이해할 수 있다. 이 방통의 원리는

또한 다음과 같은 일련의 특성을 갖추고 있다. (a) 생생조리성(生生條理性): 창조적인 창생의 양태 속에서의 생명의 연속적인 질서, (b) 보편상대성(普遍相對性): 고유의 의미와 가치를 소유하고 있다는 점에서 모든 존재형식의 상호 관련성, (c) 통변불궁성(通變不窮性): 새로움의 출현 안에서 나타나는 끊임없는 변화와 변형의 과정, (d) 일관상단성(一貫相單性): 생명체를 관통하는 연결의 고리이며 그것은 상호 관련과 관통으로 인하여 통합적인 우주를 구성한다. 도의 창조적인 진전을 드러내는 보편적인 변화의 과정은 실패 없이 천지의 변형의 틀 안에서 포괄하며 언제나 준비된 적응으로 예외 없이 만물의 본성을 완성한다. 그것이 만물을 포용하기 때문에 그것은 고유한 작용의 범위 안에서 위대하고 포괄적이라고 말해진다.

그러한 방통의 원리는 《역경》 속에서 가장 정교하게 설명되어져 있는데 그것의 심오한 의미는 너무 전문적이어서 여기서 상세히 설명할 수 없다. 하지만 주목할 세 가지 근본적인 특성이 있다. 논리적으로 그것은 일련의 엄밀한 법칙으로 증명되는 연역 체계이다. 의미론적으로 그것은 하나의 완전한 언어문자 체계이며 괘효사(卦爻辭, 예: 한 괘에 각각 삼효(三爻)를 음양으로 나누어서 팔괘가 되게 하고, 팔괘가 거듭하여 64괘가 됨. 이것으로 천지간의 변화를 나타내며, 길흉화복을 판단하는 주역(周易)의 골자가 되는 것임) 중의 통변법칙을 매우 자세히 설명한다. 철학적으로 그것은 또한 하나의 동태적인 본체론 체계이며 쉬지 않고 창조하는 창생의 원리에 근거하여 시간의 흐름 속의 모든 변천과 발전을 설명한다. 이 밖에 그것은 또 가치를 통론한 체계여서 광대화해의 원리에 근거하여 지선(至善)의 기원과 발전을 토론한다. 이러한 모든 특징들은 방통의 근본 원리를 실증한다(팡, 1980b, 43~52면).

도덕 철학

생명의 가치에 대한 평가 안에서 노자는 항상 도(道)와 덕(德)이 언제나 인(仁), 의(義), 예(禮)가 흘러나오는 도덕적 우수성의 살아 있는 원천임을 보여 주기 위해 그것들을 생명의 본원으로 거슬러 올라가서 밝혔다. 그들의 근원인 도(道)에서 떨어져 단지 인, 의, 예만을 강조함으로써 질서를 전도시키려는 시도는 잘못이다.

공자, 맹자 그리고 후대의 거의 모든 유가들은 생명의 본원을 제쳐 두고선 어떠한 타당한 도덕 평가도 불가능하다는 이유로 하늘에 의해 명해진 본성에 기반을 두고 인, 의, 예, 지의 의미를 밝히려고 노력한다.

그리고 다른 두 학파의 사상가들처럼 그렇게 형이상학적이지 않았던 묵자(墨子) 또한 하늘은 세계가 살아 있는 것을 원한다(天欲其生)는 가정 위에 자신의 겸애설(兼愛說)을 발전시킨다. 따라서 생명에 대한 하늘의 의지는 인류 도덕의 초석이다.

위의 논의를 통하여 우리는 도덕의 형이상학적 기초가 방법, 정신 그리고 근본원리에서 중국 철학의 세 가지 주된 학파, 즉 도가, 유가 그리고 묵가의 이론에서 거의 같음을 알게 되었다. 나는 철학자들 스스로가 위에서 입증되었던 그러한 중요한 정신적 합일을 깨닫지 못했던 것이 오히려 불운하다고 생각한다.

우리는 이미 도덕의 기초가 가치로 충만한 보편생명 속에 있음을 논증하였다. 이제 공통적인 도덕 표준을 탐구해 보자. 왜 우리는 도덕을 가져야만 하는가? 그리고 어떤 정신 안에서 이러한 도덕을 실천으로 옮길 것인가? 도덕은 생명 가치의 구체적인 체현인 까닭에 생명의 본질이다. 우리 중국인은 생명에 대한 열정적인 사랑과 생명에 대한 외경심을 지녔기 때문에 전적으로 생명을 일련의 맹목적인 충동으로 간주하려 하지 않는다. 생명의 함양을 위해 우리는 신중하게 최대한의 노력을 통하여 완전하게 실현되는 최고의 이상에 호소해야 한다. 우리는 단지 생존을 위해 살아가지 않는다. 아무리 야만스럽고 잔인한 삶의 양식이라 할지라도 어떤 생명체도 생존할 수 있다. 우리가 삶에서 참으로 원하는 것은 이상적인 완전의 경지로 삶을 고양시키는 것이다. 그 속에서 우리는 보다 훌륭하고 최상의 것을 얻기 위한 한 단계로서의 선(善)을 행함으로써 그 가치를 증대시킬 수 있다. 우리는 최고 가치의 실현을 위해 살아야 한다(팡, 1980b, 102~3면).

정치 철학

중국 고전에 따르면 '정(政)'자는 여러 의미, 즉 곧음, 바름, 바르게 함, 올바름, 교정, 정직, 교화 그리고 합법성을 의미한다. 따라서 정치의 원래 의미는 도덕적 교정, 문화적 교화 그리고 법에 대한 순응을 통하여 올바르지 못한 것을 바르게 하는 것, 구부러진 것을 펴는 것이다. 정령(政令), 조문(條文), 명령, 법령, 구속 또는 형벌로 불리는 것은 단지 그것의 파생적인 의미만을 가리킨다.

이상정치에 대한 중국 철학자들의 정치사상은 대략 통치에 대한 세 가지 다른 유형으로 나뉘는데 (a) 덕에 의한 통치(德治), (b) 예에 의한 통치(禮治), (c) 법에 의한 통치(法治)이다. 그러나 술수에 의한 통치와 힘에 의한 통치는 너무 부패하여 여기에서 언급할 가치가 없다. 일반적으로 원시 도가와 원시 유가 그리고 묵가들은 모두 (a)를 찬성하고, 후기 유가는 (a)와 (b)의 결합된 형식을 주장하는 경향이 있으며, 법가들은 (c)에 따르지만 후기 법가들의 일부는 너무 변질되어 법의 타당성을 무시함으로써 권모술수로 떨어졌다(팡, 1980b, 152면).

천심(天心)에 근본을 두는 것과 자애로운 보편적 사랑(汎愛)을 실천할 목적으로 그것을 인간의 마음에까지 확장시키는 것은 원시 유가체계 내의 근본적인 정치사상

이다. 그리고 한대 이후 후기 유가들은 나아가 모두 보편적 사랑을 정치생활의 밑에 놓여 있는 근본적인 정신으로 간주하였다. 이것은 확실히 가의(賈誼), 동중서(董仲舒), 양웅(揚雄), 정호(程顥), 정이(程頤), 주희(朱熹), 육상산(陸象山), 왕양명(王陽明), 왕부지(王夫之), 대진(戴震), 초순(焦循) 그리고 다른 여러 사상가들의 수많은 저작에 의해 입증된다.

유가의 정치생활 개념 근저에 놓여 있는 근거들은 다음과 같이 공표된다.

(a) 공자와 그의 발자취를 따르는 유가들은 중국인의 순수한 전형이다. 중국인은 인간과 우주를 하나의 분리되지 않는 보편생명의 합류로 간주한다. 그 안에서 인간과 자연, 인간과 인간, 인간과 만물이 본질적 상대성의 조화로운 관계에 있으며, 서로가 상대방 없이는 존재할 수가 없다. 우리는 창조적인 진보의 단계 안에서 우주, 인간 그리고 다른 사물들이 모두 합일하는 필연적인 조건 위에서 살아가고 움직이며 우리의 완전한 생명을 지닌다. 그리고 따라서 우리는 우리와 매우 깊이 연결된 존재들에 대한 우리의 포용적이고 깊은 동정을 표현하기 위하여 생명의 근원을 찾아서 삶의 체험 안으로 깊이 들어가지 않을 수 없다. 인류 사랑을 위한 모든 고상한 동기는 저절로 정치활동 중에서 적합한 표현을 찾아낸다. 그 활동은, 이상적 경지로 승화되었을 때, 자연이 인간에게 부여한 지선(至善), 또는 자연 속에 있는 인(仁)과 사이좋게 지낼 수 있을 것이다.

(b) 국가는 도덕 활동의 유구한 장소이다. 인류 생명의 구체적인 가치는 상상력에 의해서 초월적인 천국으로 향할 때 이 세계에서는 실현될 수 없게 되어 허공에 높게 떠 있을 것이며 그리고 또 만약 현실의 개인의 범위 내에 머무르면 너무 자기 중심적이고 자기 도취적이어서 인류에게 어떠한 이로움도 되지 않을 것이다. 인간이 그들의 훌륭한 임무를 완성하기 위해 노력할 수 있고, 최대 다수의 최대 행복인 확장된 존재의 형식을 성취할 수 있도록 노력함으로써 편협된 이기심을 없애고 극복하려는 훌륭한 의도를 가질 수 있는 단 하나의 확실한 토대는 국가이다.

우리가 현실세계의 한계와 불완전에 얽매인 현실적 존재인 한, 이러한 목적을 성취하기 위해 우리는 노력, 용기, 인내 그리고 예지를 통하여 우리의 행로 안에 있는 많은 어려움들을 극복해야 하며 한편으로는 자기 굴레로부터, 다른 한편으로는 사회적 구속과 노예화로부터 벗어나야 한다. 요컨대 안으로부터든 밖으로부터든 우리를 압박하는 어떠한 불완전을 초월해야만 한다. 이 모든 것이 성취될 때 우리는 숙명으로부터 벗어나 완전한 자유와 행복 안에서 햇빛을 볼 수 있다.

따라서 국가 안에서 정치생활은 말하자면 우리가 한 방향으로는 현실계의 바닥으

로 내려갈 수 있고 다른 한 방향으로는 천상의 이상적인 완성의 고지로 올라가 이를 수 있는 수단으로 '사다리'를 제공한다. 이상적인 정치는 현실과 이상 사이의 간극이 메워질 수 있는 삶의 계획을 구상하려는 시도이다. 덕치(德治)의 효용은 이러한 원대한 계획을 장려하는 것이다.

(c) 중국인은 또한 우주와 정치사회를 동일한 유형, 즉 중화(中和)의 이상적인 영역 또는 태화(太和)의 아름다운 경계(美景)로 간주한다. 우리가 우주를 관찰할 때 우리는 그것의 아름다움에 매료되며 우리가 삶의 경험 속으로 들어갈 때 우리는 우리의 도덕적 본성을 바로잡아야 한다. 따라서 인간 본성의 고귀함이 드러나는 정치조직의 구조는 시가의 아름다운 멜로디와 음악의 조화로운 하모니를 본받아야 한다. 오직 이러한 방식으로만 인간은 최대한도로 사랑(愛)과 어짊(仁)이라는 훌륭한 덕을 향유하는 동정적인 합일의 친밀한 우정으로 들어갈 수 있다(팡, 1980b, 156~8면).

(《생명이상과 문화유형: 방동미신유학논저집요》로부터의 인용들은 필자의 번역이다. The Chinese View of Life: The Philosophy of Comprehensive Harmony와 Chinese Philosophy: Its Spirit and Its Development로부터의 인용들은 팡의 원작 영역본에서 인용하였는데 필자가 약간의 변화를 주었다.)

참고문헌

方東美 1936: 《과학철학과 인생(科學哲學與人生)》, 상해(上海), 상무인서관(商務印書館).

------- 1937a: 《중국선철인생철학개요(中國先哲人生哲學概要)》, 상해(上海), 상무인서관(商務印書館).

------- 1937b: 《철학삼혜(哲學三慧)》, 대북(臺北), 삼민서국(三民書局).

------- 1979: 《생생지덕(生生之德)》, 대북(臺北), 여명문화사업공사(黎明文化事業公司).

------- 1980a: Creativity in Man and Nature: A Collection of Philosophical Essays, 대북(臺北), 연경출판사(聯經出版社).

------- 1980b: The Chinese View of Life: The Philosophy of Comprehensive Harmony, 대북(臺北), 연경출판사(聯經出版社).

------- 1981a: Chinese Philosophy: Its Spirit and Its Development, 대북(臺北), 연경출판사(聯經出版社).

------- 1981b: 《화엄종철학(華嚴宗哲學)》, 대북(臺北), 여명문화사업공사(黎明文化事業

公司).

------- 1983a: 《신유가철학십팔강(新儒家哲學十八講)》, 대북(臺北), 여명문화사업공사
(黎明文化事業公司).

------- 1983b: 《원시유가도가철학(原始儒家道家哲學)》, 대북(臺北), 여명문화사업공사
(黎明文化事業公司).

------- 1984: 《중국대승불학》, 대북(臺北), 여명문화사업공사(黎明文化事業公司).

------- 1992: 《생명이상과 문화유형: 방동미신유학논저집요(生命理想與文化類型: 方
東美新儒學論著輯要)》, 북경(北京), 중국광파출판사(中國廣播出版社).

방동미 철학 국제 심포지움 집행위원회 편, 1989: 《방동미의 철학(方東美的哲學)》,
대북(臺北), 유사문화공사(幼獅文化公司).

토론 문제

1. 철학은 정감(情)과 이성(理)을 결합하려고 시도해야 하는가?
2. 다른 문화가 다른 유형의 지혜를 산출했다는 팡의 주장을 우리는 어떻게 평가해
야 하는가?
3. 광대화해(廣大和諧)가 진리 또는 유용함보다 더 중요한 철학의 목적인가?
4. 팡둥메이는 유가인가?
5. 유교를 주 전통(main orthodoxy)이라기보다 중국 철학의 다양한 학파 가운데 하
나로 간주하는 것은 어떤 차이가 있는가?
6. 우리는 도(道)에 대한 팡의 설명을 받아들일 수 있는가?
7. 우리는 '창조적 창생(Creative Creativity)'을 어떻게 이해해야 하는가?
8. 사실과 가치 사이에 간극이 있는가?
9. 본체론은 '생명 본체론(life-ontology)'이어야 하는가?
10. 우리는 송대 신유가들이 '리(理)'의 명목 아래 사람들을 죽였다는 판단을 인정
해야 하는가?

14. 쉬푸꾸안(徐復觀)의 실천적 휴머니즘

페이민 니

쉬푸꾸안(徐復觀)은 탕쥔이(唐君毅), 모우쫑산(牟宗三), 그리고 지앙쥔마이(Carsun Chang, 張君勱)와 함께 그 유명한 1958년 '중국학의 재평가와 중국 문화의 재건을 위한 선언'에 서명하였다(창, 1962, 455~83면). 학문에 전념했던 그의 공동 성명인들과 달리, 쉬는 정치와 학문 사이에 자리했다. 그의 공동 서명인의 지적 작업이 전적으로 신유가(新儒學)에 대한 자신들의 독창적 해석을 세우는 데 전념했던 반면, 쉬의 학문적 활동은 철학, 역사, 문학, 정치학, 그리고 예술비평 전반에 걸쳐 다각적이었다. 다른 이론들과 비교하여 그의 철학이론은 보다 덜 체계적이고 덜 형이상학적이었다. 이 모든 측면들은 쉬 자신의 철학적 입장에 대한 표시이다. 그는 중국 철학 전통의 가장 큰 특징 가운데 하나는 인간의 현실에 대한 깊은 관심과 실재 삶에서의 능동적인 구체화라고 주장하였다. 그의 학문 방법은 역사 속에서 학문의 다른 분야에 흩어졌던 '황금을 찾기' 위해 '모래를 긁어 모으는 것'이고, 그들의 고유한 관계를 드러내고 회복시키는 것이었다. 그의 목표는 전통에 폭력을 가하여 이론적 체계를 구성하기보다는 그 내재적 가치가 드러나고 생기가 회복되며 재충당될 수 있도록 하기 위해서 모든 부분들을 연결시키는 중국 문화 전통의 정신을 파악하는 것이었다.

쉬는 1903년 중국 후뻬이성(胡北省)의 한 농부의 집안에서 태어났다. 슝스리(熊十力)의 제안에 응하여, 그는 "모든 만물이 태어나는데, 나는 그것을 통해 되돌아감[復]을 본다[觀](萬物竝作, 吾以觀復)"는 노자(老子) 《도덕경(道德經)》의 한 구절을 인

용하여, 자신의 본래 이름인 삥창(秉常)을 푸꾸안(復觀)으로 바꾸었다. 그의 생애는
장기간의 외유(外遊) 이후에 중국 전통의 뿌리를 탐구하기 위해 돌아왔기 때문에,
그가 차용한 이름은 집약된 자서전으로서 이용될 수 있다. 쉬는 젊은 시절에 외세의
침략에 의해 야기된 위기로부터 자신의 조국을 구하기 위해서 육군에 입대하였다.
그는 소장 계급까지 승진하였고, 정치 권력의 중앙에 가까이 다가갔다. 그러나 그는
정치인들에게 크게 실망하였다. "자신들의 민족과 민족성을 잃은 사람들은 대체로
맨 처음에 그들의 문화를 잃는다"는 슝스리의 말에 설득되어, 그는 자발적으로 자신
의 정치 군사적 지위에서 물러났으며, 40대 후반부터 중국의 문화전통에 대한 비판
적 평가와 부흥에 전념하였다. 이 결정은 중국과 외세 사이의 정치적 갈등이 중국
문화와 서양 문화의 갈등을 형성하였으므로 "서양 문화를 반대하는 사람들은 대부
분 민족적 감정에서 나왔지 결코 서양 문화 자체에 대한 비판으로부터 나오지 않았
으며, 중국 문화를 반대하는 사람들 역시 대부분 서양 세력에 대한 부러움에서 나왔
지 중국 문화 자체에 대한 반성으로부터 나오지 않았"(쉬, 1988, 423면)던 시기에 내
려졌다. 그의 젊은 시절에, 쉬는 중국의 전통문화에 대해 극단적으로 비판적이었으
며 5·4운동의 '기수'인 루쉰(魯迅)의 입장에 매료되었다. 얼마 지나지 않아 쉬는
전통적인 중국의 '실로 엮은 책(線裝書)'은 어떤 것도 읽지 않았다. "문화와 학문 분
야에서 분노를 도덕적 용기에로 초월시키는 것은, 중국적 지혜의 뿌리에 대한 반성
을 통한 그의 깨달음 이후에 쉬 선생에 의해 내려진 실존적인 결정이었다"라고 뚜
웨이밍(杜維明)은 말했다(1983). 그러나 자기 자신을 그저 관찰자와 주석가로 변화시
킨 뒤에, 그는 1982년 80세로 죽을 때까지 잡지 편집인, 대학 교수, 그리고 저술가로
서의 자신의 위치를 통해서 사회적·정치적 삶에 열정적으로 활동하고 참여하였다.

우환(憂患) 의식과 심(心)의 문화

쉬에 따르면, 서양 전통의 발단이 호기심에 있는 것과 대비하여 중국 전통의 기본
적인 특성은 그 기원이 우환(憂患)에 있다. 우환 의식은 중국 전통을 과학과 오성을
추구하기보다 덕(德)과 가치를 추구하는 데로 이끌었으며, 그것은 사변(思辨)보다는
도덕 실천으로 이끌었다.

오늘날의 세계 문화 내에서 중국 문화의 지위를 확인하기 위해서는, 서양 문화로부터 구별짓는
독특한 특징을 고찰하는 것이 그 유사성을 고찰하는 것보다 더 낫다. 내가 생각하기에, 중국 문화
와 서구 문화는 하는 일의 초기부터 그 동기가 이미 달랐으므로 인간 본성의 두 측면을 발전시켰

고, 두 개의 상반되는 특성을 형성하였다. 물론 그들의 오랜 역사에서, 문화가 언제나 직선적인 방식으로 발전하지는 않을 것이다. 그러나 사람들이 자기 자신들의 결점을 깨닫기 전에, 그들의 행동은 언제나 그들의 근본적인 특성에 의해 제한될 것이다. 그것이 동양적 정신을 가졌던 범신론과 스토아철학(stoicism) 같은 것들이 서양에서 결코 충분히 발전할 수 없었던 이유이며, 서양적 정신을 가졌던 전국(戰國) 시대의 명가(名家)와 같은 것도 중국 역사에서 대체로 단명했던 이유이다. 기본적인 문화적 특성이 다를 때, 용어나 어떤 신념에서의 유사성들은, 설령 어느 정도 있더라도 무의미할 것이다(쉬, 1996, 196~7면).

쉬는 비록 서양 문화가 그리스와 유대라는 두 개의 주요한 원천을 가졌다고 할지라도, 근대 서양 문화의 주류는 그리스적 기원에서 나온 것이라고 주장한다. 그리스 문화는 자연의 세계를 알고자 하는 호기심에 의해 유발되었다. 그리스인들은 합리성이 인간을 정의하는 특성이며, 지혜에 대한 사랑이나 관조를 행복의 원천이라고 주장하였다. 그들은 앎을 그것 자체를 위해 추구하는 여가 활동으로 받아들였다. 그리스 문화의 이러한 특성들은 객관적인 지식, 특히 형이상학과 과학의 발전에 대한 추구로 귀결되었다. 근대 서양의 사상가들은 이러한 전통을 물려받았다. 그러나 그리스인들이 '앎'을 교육의 수단으로 여겼던 반면 근대 서양의 사상가들은, 프란시스 베이컨(Francis Bacon)의 유명한 격언인 "아는 것이 힘이다"에 의해 표현된 것처럼, 지식을 줄곧 외부세계를 완전하게 소유하고 통제하는 힘을 향한 끊임없는 탐구로 전환하였다.

대조적으로, 전체 중국의 전통적 문화는 "우환 의식(憂患意識)에 기초한 것인"데, 이것은 인간 자신의 발견과 이해, 그리고 변화로 이끈다. 우환 의식은 "공자(孔子), 맹자(孟子), 노자(老子), 장자(莊子), 송명 신유가(宋明新儒學), 그리고 심지어 중국화된 불교에까지 어디서나 움직이는 주요 고리"이다(쉬, 1991, 176면). 쉬가 말하는 '우환 의식'이란 자기 자신의 노력으로써 어려움을 극복해야 하는 책임을 느끼는 심리상태를 의미하였다.

우환(憂患) 의식이 공포나 절망과 가장 크게 다른 점은 우환 의식은 길흉과 성패에 대하여 심사숙고하여 얻어진 자기의 예지에서 유래한 것이다. 그 예지는 길흉성패와 자기 행위의 긴밀한 관계 및 자기가 짊어져야 하는 책임의 발견이 뒤따른다. 우환은 바로 이 책임감이 여러 가지 난관을 극복하도록 자신을 재촉하는데 아직 돌파하지 못했을 때의 심리상태이다. … 신앙을 중심으로 하는 종교적 분위기에서, 인간은 신앙에 의해서 구원을 얻을 수 있다는 것을 느끼고, 모든 문제의 책임을 신에게 떠넘기는데, 이 때 우환 의식은 발생할 수 없다. 이 때의 확신은 곧 신에 대한 확

신이다. 스스로 문제를 감당하는 책임이 있어야만 비로소 우환 의식을 가지게 된다. 이 우환 의식은 강한 의지와 자기 신뢰의 정신을 함축하는 것이다(쉬, 1984, 20~2면).

주(周)왕조 초기에 '경'(敬) 관념은 우환으로부터 생겨난 중요한 태도이다. 그것은 다음과 같은 점에서 종교적 경건과 다르다.

종교적 경건은 인간이 자신의 주체성을 없애버리고, 자신을 온전히 신 앞에 던지며, 철저하게 신 안에서 피난을 하는 심리상태이다. 주(周)나라 초기의 경(敬)은 인간적인 정신이다. 그 정신은 해이한 것으로부터 집중하는 것이다. 그것은 자기의 [도덕적] 책임 앞에서 신체적 욕망을 없애고, 그 주체의 합리성과 자율성을 드러낸다(쉬, 1984, 20면).

쉬는 《역경(易經)》의 부록인 《역전(易傳)》의 인용문을 가지고 중국 전통의 이러한 특성이 《역경》에서 예시되는 것처럼 주(周) 문왕(文王)의 시대까지 거슬러 올라갈 수 있다는 것을 보여 준다. 그는 그것이 주공(周公)과 소공(召公)에 의해 발전되었다는 것을 보여 주기 위하여 《서경(書經)》을 인용한다. 그것은 유가(儒學)를 통해 중국 문화에서 유명하게 되었다. 이 최초동기의 유출로 유가는 분리할 수 없는 두 개의 목적, 즉 자기 수양(修己)과 덕(德)의 발현이 세계에 영향을 미치는 것(治人)에 집중하였다. 두 목적은 실제의 삶과 가치에 관한 것이며, 자연 세계에 대한 객관적 지식을 추구하는데 순수 이론적인 관심을 보이지 않는다(쉬, 1984, 20~2면과 1996, 199면을 참고).

이 점의 중요성은 모우쫑산에 의해 설명되었다. "우환 의식은 나의 친구인 쉬푸꾸안에 의해 처음으로 제기된 관념이다. 그것은 훌륭한 관념이다. 그것은 원죄에 관한 그리스도교도의 원죄 관념과 불교도의 고업(苦業) 관념과 대조하는 데 매우 훌륭하게 사용될 수 있을 것이다." 그리스도교도의 "원죄는 깊은 두려움의 심연(深淵)이고, 심연의 기슭이 구원이며, 구원의 안식처는 천국이고 하느님에게 가까이 있는 것이다. 천국은 그리스도교도의 원죄 관념으로부터 유래된 최후의 안식처이다." 불교도의 "고업 관념은 사성제(四聖諦)에서 확인될 수 있다. … 갈망에 의해 야기된 무상과 허망은 고통의 심연을 만들어낸다. 그것의 구원은 … 평화로운 열반(涅槃)의 세계에서 안식처를 구하는 것이다." 중국의 우환 의식은 다르다. 그것은 "원죄나 인생의 고통으로부터 발생된 것이 아니다. 그것은 적극적인 도덕 의식으로부터 유래하는 것으로서 인간의 도덕적 자질을 길러내지 못하고 가르치지 못한 것에 대한 우환이다. 그것은 책임 의식이다. 그것이 인도하는 것은 경(敬), 도덕에 대한 존중, 덕성(德性)과

천명(天命)의 발동과 같은 관념들이다"(모우, 1963, 13면).

자신의 내부에서 어려움들을 극복하기 위한 원천을 찾으려 노력해야 한다는 인식은 초기 중국 사상가들을 '자아의 주재(主宰)적 부분', 즉 심(心)을 연구하고 수양하는 데로 이끌었다. 쉬는 중국 문화가 심(心)의 문화로 특성화될 수 있다고 생각했다. 쉬에 따르면, 춘추(春秋) 시대에서 인문(人文, the humanities)을 대표했던 것은 예(禮, rules of proper)이다. 공자는 예(禮)의 근거를 심(心), 즉 인(仁, benevolence 또는 human-heartedness)에 두었다. 인(仁)은 최소한 다음의 두 측면, 즉 다음의 자기 완성을 향한 지속적인 탐구와 다른 사람에 대한 무조건적 의무의 자각을 포함하는 심(心)의 자각 상태이다. 실천으로 옮길 때 그 두 측면은 합일된다. 즉 자아의 완성(成己)은 다른 사람의 완성(成物)을 통해서 수행되며, 역으로도 마찬가지이다. 공자는 이로써 인간의 규범(禮)인 외적 세계를 내부로 전환하였으며, 인생을 위한 가치의 원천인 도덕의 근거로서 '도덕의 내적 세계'를 열었다. 이것이 중국 문화에 대한 공자의 위대한 공헌이었다. 이러한 내적 세계가 주어졌을 때, 사람들은 더 이상 자유를 획득하기 위해서 외부 세계에 대한 물리적 지배를 추구하지 않게 된다. 인간은 도덕적으로 자신을 수양하고, 이로써 자기 자신의 자율성과 자유를 찾을 수 있다. 플라톤(Plato)의 이데아(ideas)의 세계와 헤겔(Hegel)의 절대정신(absolute spirit)의 세계는 사변(思辨)의 산물이며, 신학자의 천국은 신앙에 의한 구성이다. 그것들 가운데 어떤 것도 인간성의 이 내적인 세계와 관계를 갖고 있지 않다. 이 내적 세계에 접근하는 길은 깊은 반성과 수양을 요구하지만, 그것은 경험할 수 있는 현실의 세계이다(쉬, 1984, 67~71면, 90~100면).

학자들은 일반적으로 맹자가 인간 본성(人性)에 대한 유가의 이론을 확립한 것으로 간주한다. 그러나 쉬는 인간 본성의 선(善)함에 관한 맹자의 이론이 이미 공자 자신의 가르침에 함축되어 있었다고 주장한다. 쉬는 《논어(論語)》에 대한 원전 분석을 제시하여 다음과 같은 사실을 지적하였다. 즉 공자와 그의 제자들이 명(命)과 천명(天命)을 매우 다르게 받아들였다는 것, 다시 말해 그들은 명(命)을 소박하게 받아들여 명(命)을 거역하지 말 것을 충고하였지만, 그들은 천명(天命)을 경외하였으며 그것을 수행하고 드러낼 임무를 부여받은 것으로 느꼈다. 공자가 '천명(天命)', '천도(天道)', 또는 단순하게 '천(天)'이라 했던 것은 '도덕의 초월적 특성'을 뜻한다고 쉬는 말한다(쉬, 1984, 77~80면, 83~90면). 만약 도(道)나 천명(天命)이 원시 종교에 널리 유행했던 개념인 운명을 의미했다면, 어째서 공자는 이것을 50세에 알게 되기까지 그렇게 오래 걸렸겠는가? 그리고 일단 그가 이것을 알게 되었다면, 왜 그는 여전히 자기 삶의 나머지 18년을 오직 패배감만으로 정치적 노력에 허비했는가?(쉬,

1980, 440~1면) 그것은 틀림없이 도덕적 책임감, 즉 그의 한결같은 실천을 통해서 외적 요구로부터 그 자신의 마음(心)에 내적으로 근거두는 데로 전환된 어떤 자각일 것이다. 쉬는 이것을 공자의 '코페르니쿠스적 전회'라고 부른다(쉬, 1980, 446~7면). 그러나 그 전환은 사변(思辨)의 결과가 아니었다. 그것은 공자의 도덕적 실천과 수양의 결과였다. 이러한 과정을 통과해 온 마음(心)은 덕성(德性)으로 가득 차게 되고, 따라서 내적 반성을 통해 경험적으로 접근할 수 있으며 또한 초월적이다.─이것은 너무나 감동적이어서 우리들은 어쩔 수 없는 것 그래서 외적 경험과 아무 관련이 없는 선험적인 것 등으로 느낄 것이다. 이 개념은, 외적인 신들로부터 나온 주(周) 초기의 천명(天命)에 대한 숭배로부터 근본적인 전환을 표시하였다. 이것은 또한 춘추(春秋) 시대에 개념적으로 추상적인 도덕 원리로서의 천명(天命)과는 매우 달랐다. 이것은 천명(天命)을 인간의 마음(心) 속에서 실존적으로 일치할 수 있는 도덕적 요구로 전환시켰다. 비록 "하늘이 명한 것을 (인간의) 본성(性)이라 한다(天命之謂性)"는 명확한 표현이 뒤에 《중용(中庸)》에서 나타났고, 인성(人性)의 선(善)함에 대한 분명한 진술들이 더 뒤에 《맹자》에서도 나타났을지라도, 인성(人性)과 도덕적 천명(天命)의 일치는 실제로 《논어》에서 시작되었다(쉬, 1967, 77면). 도덕적 가치가 천명(天命)으로 간주되었기 때문에, 공자는 강한 사명의식, 책임의식, 그리고 공경과 경외 의식을 느꼈다. 이 혼합된 느낌은 도덕 못지 않은 매우 종교적인 느낌이었다. 인간은 더 이상 수동적이고 피동적인 외부 명령의 수용자만은 아니었다. 천(天)은 인간 자신의 본성에서 드러났으며, 천(天)의 요구는 주체 자신의 본성의 요구가 되었다(쉬, 1984, 98~99면). 이러한 이유 때문에, 공자는 "내가 인(仁)을 원하면, 인(仁)은 거기에 있다(我欲仁, 斯仁至矣)"고 말할 수 있었다. 유가에서 자아에 대한 확신과 자기 결단의 힘은 모두 여기로부터 발생하였다.

공자에 의해 씌어졌다고 전해지는 《역경》의 대전(大傳)은 "형체(形) 위의 것을 도(道)라 부른다. 형체(形) 아래의 것을 그릇(器)이라 부른다(形而上者謂之道, 形而下者謂之器)"고 말한다. 쉬의 연구에 따르면, 전국시대(기원전 403~221)에 '형(形)'이라는 단어는 인간의 몸을 의미했다. 중국 문화의 핵심인 마음(心)은 인간 몸의 내면이고, 몸의 한 부분(맹자는 이것을 대체(大體), 즉 큰 몸이라 불렀다)이기 때문에, 그 문화는 'metaphysics'란 용어를 번역하기 위해 일반적으로 사용되는 표현법인 '형체(形) 이상의 것에 대한 연구(形而上學)'라기보다 오히려 '형체(形) 안의 것에 대한 공부(形而中學)'라고 불리어야 하며, 마음(心)은 "구체적인 것이며 사변이나 신앙의 형이상학적 구조물과 완전히 다르다." 관념론자의 마음(mind) 개념으로 마음(心)을 해석하는 것은 완전히 오도하는 것이다. 마음(心)의 원리(理)는 자연 현상에 대한

관념이 아니라 도덕적 원리(理)이다(쉬, 1967, 243~4면).

쉬는 '형체(形) 안의 것에 대한 공부(形而中學)'의 우월성이 중국의 원시종교가 아주 초기에 인문주의 정신에 의해 대체된 이유를 설명해준다고 생각하였다. 그것은 또한 불교가 중국에 소개되었을 때, 왜 불교가 호소력이 있었는가(왜냐하면 그것은 사후의 세계에 대한 질문 같은 '형체(形) 안의 것에 대한 공부(形而中學)'가 제공할 수 없었던 질문들에 대한 답을 제공하기 때문이다), 왜 이것이 선불교(禪佛敎)의 가르침에서 보였던 것처럼 마음(心)에 관한 공부의 또 다른 형식으로서 빠르게 중국화되었는가를 설명해준다. 그것은 또한 중국 문화가 어째서 대중적인 문화인지를 설명한다. 쉬는 용장역(龍場驛)에서 있었던 왕양명(王陽明)의 강연에 대한 이야기를 인용했다. 도시 사람들이 왕양명의 강연을 어렵다고 생각했던 반면, 어떤 체계적인 교육도 전혀 받지 못했던 용장역의 농부들은 그것들을 잘 이해할 수 있었다. 왜냐하면 그들은 선입견을 갖지 않았으며, 왕양명이 말하고 있었던 것이 그들 자신의 마음(心)으로 곧바로 경험될 수 있었기 때문이다(쉬, 1967, 246~9면 참고).

역사는 인간이 딜레마의 뿔(the horns of a dilemma)에 찢겨져 왔다는 것을 보여준다. 만일 경험주의자처럼 인간이 도덕의 근거를 외적 조건에서 찾아낸다면, 도덕은 자신의 결정에 입각한 것이 아닐 것이며 인간의 행동은 도덕적이지도 비도덕적이지도 않은 것이 될 것이다. 거기에 인간과 도덕의 사이에 필연적인 관계는 없을 것이다. 만일 인간이 도덕의 근거를 내면 자체에서 찾아낸다면, 생물학적 시각에서 도덕은 보편성을 결여할 것이고, 옳고 그름은 개인적인 선호로 고립될 것이며, 초월적인 시각에서 도덕은 인간의 행동에 대한 규정적인 힘일 수는 있지만 그것이 삶에 뿌리를 내리지 못할 것이고, 자아의 완성이라는 가치를 성립시킬 수 없을 것이다. 오히려 자아는 보편적 원리들을 위해 희생될 수 있고, 보편적인 원리들 자체는 결국 추상적이고 공허한 용어가 될 것이다. 쉬는 유가가 사실은 오래 전에 이 딜레마에 해답을 제공했다고 믿는다. 천(天)으로부터 전해 받은 인간의 본성으로서 우리 마음(心)의 도덕성을 일치시킴으로써, 도덕의 근거는 내면의 것이기도 하고 이상의 것이기도 하며, 생물학적이기도 하고 이성적인 것이기도 하다.《중용(中庸)》은 이러한 관점을 다음과 같이 요약한다. "천(天)으로부터 받은 것이 (인간의) 본성이고, (인간의) 본성을 따르는 것이 도(道)이며(天命之謂性, 率性之謂道)", 도(道)를 '중화(中和)'라고 한다(《중용》). 중화(中和)는 "내면과 그 이상의 것을 통합한 '본성' 및 자아와 주변의 것들을 완성하는 조화로운 본성의 작용을 가리킨다. 그 내적 측면은 자아를 완성하는 것이고, 그 이상의 것은 주변의 것들을 완성하는 것이다." 성인(聖人)들은 이러한 본성에 성실하고(誠), 이러한 본성을 완전하게 드러낼 수 있는 사람들이다.

그러므로 그들은 변화하는 우주 안에서 천(天)과 지(地)에 참여하고 있다. 이 본성의 충분한 발현이 나날의 일상생활에서 도덕의 완전한 이행이기 때문에 가장 최고의 현명함과 '일상'은 분리될 수 없는 것이다. 대부분의 사람들은 성인이 아니고 그들의 의지를 본성(性)에 성실하게 하도록 만들 필요가 있는데, 이것은 "선(善)을 택하여 단단히 잡는 것(擇善而固執之者.《중용》)"을 의미한다. 이는 오직 실천과 수양만을 요구할 뿐 전혀 비범한 것이 아니다(쉬, 1967, 78~86면 참고).

쉬가 중국 문화의 기원으로서 우환 의식과 그 결과로 인간의 마음(心)에 대한 강조를 일체화시킨 것은 통찰력도 있고 활기를 주는 것이다. 그것은 아시아의 철학자들이 답하려 했던 질문들이 서양, 특히 현대 서양의 철학자들이 관심을 끈 질문들과 전반적으로 다르다는 것을 알 수 있는 훌륭한 출발점을 제공해준다(Kupperman, 1999면 참고).

체인(體認)과 체득(體得): 중국 학문의 방법론

그러나 하나의 주된 애매성이 명료해져야 한다. 어떤 근거에서 공자와 맹자는 인간 본성이 천명(天命)과 일치한다고 했는가? 그들은 단지 내적 경험을 통해서 그 일치를 발견한 것인가, 아니면 그 둘의 일치에는 그 이상이 함축되어 있는가? 쉬는 공자 마음속에 인(仁)이 현존하는 것을 묘사하기 위해서 종종 '정현'(呈現, emerge)이라는 용어를 사용하였고, 천명(天命)으로서 인(仁)이 현존한다는 것에 대한 공자의 깨달음을 묘사하기 위해 '발현'(發現, discovery)을 사용한다. 그러나 다른 때에, 그는 이러한 일치가 또한 《중용》의 "선(善)을 선택하여 그것을 단단히 잡는 것"이라는 인용처럼 확고한 결정과 행동이었다고 알려 주었다(쉬, 1967, 84면). 이 애매성의 배후에 숨겨진 것은 '존재(is)'와 '당위(ought)'의 관계에 대한 깊은 물음이다. 회고의 과정을 통해서, 인간은 자기 자신의 내부에서 다른 사람의 고통에 대한 동정과 모욕당한 것에 대한 수치심과 같은 도덕적 감정을 발견할 것이다. 그러나 인간은 또한 마음(心)에서 소유, 안락, 명성에 대한 갈망과 같은 다른 경향성들을 발견한다. 공자는 "인간은 곧게 태어난다(人之生也直.《論語·雍也》)"고 말했으나, 그는 또한 "나는 아직 인(仁)을 좋아하는 자와 불인(不仁)을 싫어하는 자를 보지 못했다"(我未見好仁者, 惡不仁者.《論語·里仁》), "나는 아직 여색(色)을 좋아하듯이 덕(德)을 좋아하는 자를 보지 못했다(吾未見好德, 如好色者也.《論語·衛靈公》)"고 말했다. 발견과 결정 사이의 긴장은 《맹자》의 다음 단락에서 뚜렷하다. 첫째로 맹자는 그가 우리 내부에서 우리의 본성으로서 '선(善)'을 선택한 배후의 실용적인 동기를 분명하게 드러낸다.

입이 좋은 맛을, 눈이 아름다운 색을, 귀가 좋은 소리를, 코가 좋은 냄새를, 사지가 편안한 것을 바라는 것은 본성에 의한 것이다. 그러나 거기에는 [이 욕망들이 충족될 것이지 아닌지] 명(命)이 있다. 군자는 이것을 본성이라고 부르지 않으며 [그것들을 충족시킬 것을 역설한다]. 부자(父子) 사이의 인(仁), 군신(君臣) 사이의 의(義) … 이것들은 명(命)에 따라 [사람들에게 다양한 등급으로 부여된다.] 그러나 거기에는 사람의 본성이 있다. 군자는 [그것들을 실행하는 것은 그만두지 않으며] 그것들을 명(命)이라고 부르지 않는다(口之於味也, 目之於色也, 耳之於聲也, 鼻之於臭也, 四肢於安佚也. 性也. 有命焉, 君子不謂性也. 仁之於父子也, 義之於君臣也, … 命也. 有性焉, 君子不謂命也.《孟子·盡心下》).

또 다른 단락에서 맹자는 "인간이 사지(四肢)를 갖고 있는 것과 똑같이, 그들은 사단(四端, incipient good tendencies)을 가지고 있다(人之有是四端也, 猶其有四體也.《孟子·公孫丑上》"고 말한다. 이것은 선(善)을 경험적 사실의 문제인 것처럼 보이게 하지만, 그 이후에 바로 그는 또 사단(四端)이 없으면 어떤 이도 "인간이 아니"라고 말한다. 맹자가 말한 두 측면은 그의 인성론(人性論) 이론 역시 어떤 사람이 그런 경향들을 갖고 있지 않을 경우를 대비해서 조건으로 요구하는 것임을 보여 주었다. 맹자는 인간 본성이 선하다는 그의 보편적인 주장을 수정하지는 않을 것이며, 그러한 사람이 인간이라는 것을 부인할 것이다.

역사에 대한 쉬 자신의 연구는 역사가들이 '과학적'인 방법으로 역사를 단순하게 기록하지 않았다는 것을 밝혀냈다. 쉬는 '역사적 지식을 그들 자신의 희망과 함께' 혼합함으로써 역사가들은 원시종교의 세계로부터 인문주의 세계로 변천하는 중국 세계로의 전이에 크게 공헌했다고 생각하였다. 그들은 종교적 불사(不死)를 소위 '세 가지 확립(三立)'을 통해서 역사적 불후(不朽)로 대치시켰다. 죽지 않는 것은 덕(德)을 세우는 것(立德), 공적을 세우는 것(立功), 말(言)을 세우는 것(立言)이다. 그들은 종교적 심판을 역사적 심판으로 대치시켰다. 선(善)에 대한 보상과 악(惡)에 대한 처벌은 선행과 악행을 사람들이 칭찬하거나 꾸짖도록 역사적 기록에 싣는 것을 통해 이루된다. 결론적으로 그 당시 귀족들의 정신 상태가 신들의 심판보다 역사의 심판을 더 두려워하게 했다. 쉬는 공자 자신이 이 과정에서 중요한 역할을 수행했다는 것을 인식했다.《춘추》를 편집할 때 공자는 "옳은 것을 그릇된 것으로부터 구별하고, 선(善)을 보상하고 악(惡)을 처벌하며, 역사의 주된 방향을 가리키기 위해서 역사의 심판을 이용하려고"(쉬, 1979a, 256면) 노력했다. 쉬는 또한 한(漢)왕조의 유명한 역사가 사마천(司馬遷)을 언급하여, 사마천도 도덕을 확립하고 역사를 정향시키려는 목적에 의해 자극받았으며, 유가의 도덕적 권위를 확립하는 데 막대한 공

헌을 했다고 말한다(쉬, 1979a, 321~37면).

질문에 대한 답은 체인(體認)과 체득(體得)에 관한 유가의 설명을 쉬가 분석한 데에 있다. 쉬는 내세(死)와 귀신에 대한 공자의 태도에서 나타나는 것처럼, 공자는 자신이 진정으로 알지 못했던 어떤 것에 대해 안다고 주장하지 않을 것이라고 믿었다. 그러므로 "50세 때 나는 천명(天命)을 알았다(五十而知天命,《論語·爲政》)"는 그의 주장은 진짜임에 틀림없다. 그러나 천명(天命)은 색, 소리 그리고 다른 감각 대상처럼 감각적인 경험에 종속되는 것이 아니라, 오히려 그것은 초월적이다. 그렇다면 어떻게 공자는 도덕적 명(命)에 대한 그의 앎을 획득하였는가? 쉬는 그것이 체지(體知, bodily knowing) 또는 체험(體驗, bodily experiencing) 또는 그가 가장 자주 부르는 것으로서 체인(體認, bodily recognition)을 통해서 획득되었다고 생각하였다. 주체는 체인(體認)에 종사하는데, 인상을 수동적으로 받아들이지도 않고, 전제와 결론 사이의 논리적 관계에 관해 지적으로 추론하지도 않는다. 오히려 체인(體認)은 "주체가 인간의 욕망이라는 사이비 주체로부터 도덕적 주체를 발견하며, 그것을 확인하고 발전시키는"(쉬, 1996, 214면) 반성적이며 활동적인 과정이다. 여기에서 '인'(認, recognition)이라는 단어는 깨달음과 자인(自認) 모두를 의미한다. 인간은 '극기(克己)'와 '감각적 욕망의 감소(寡欲)'를 통해서 자기 자신의 도덕적 본성을 드러낸다. 이러한 속박으로부터 자신을 자유롭게 함으로써 주체는 본래의 마음을 드러나게 한다(쉬, 1967, 248면). 욕망과 기호가 극복될 필요가 있다는 것을 결정하는 방식은 도덕적 주체를 나타내는 방식과 동일하다. 즉 인간이 자기 자신의 마음(心)에서 도덕 주체에 비추어서 경험하는 모든 감정과 관념을 상기하는 것과 인간이 계속해서 자유롭게 감정과 관념을 취할 수 있는지를 아는 것이다(쉬, 1996, 214면). 인간이 자유롭게 어떤 감정을 취할 수 있다는 사실은 하늘에 의해 부여된 인간 본성의 표지이며, 마음(心)이 자유롭다고 느낄 수 없는 감정과 관념을 제거하는 동안 인간은 자신의 도덕적 주체를 인식하고 확인하며 발전시킨다.

쉬는 한(漢)나라의 유학자들이 유가에 음양(陰陽)과 오행(五行)을 혼합하고, 천명(天命)을 외적인 어떤 것으로 전환한 것에 대해 비판하였다. 그는 몇몇 송명(宋明)의 신유학자들, 특히 정(程)씨 형제(二程), 육상산(陸象山)과 왕양명은 원래의 통찰로 되돌아갈 수 있었다고 생각했다. 정씨 형제는 스승인 주돈이(周敦頤)의 태극(太極, the Supreme Ultimate)에 관한 연구를 거의 언급하지 않았다. 그 대신 그들은 인심(人心)과 천(天)의 합일을 강조하였고, 마음(心)에 대한 직접적인 체인(體認)을 주장하였다. 육왕(陸王)은 이 점에 관해 보다 직접적이었으므로, 쉬푸꾸안에 따르면, 그 결과는 공자와 맹자의 정신이 더욱 가까워졌다(쉬, 1980, 450~4면 참고).

쉬는 다음과 같은 사실에 우리의 주의력을 돌린다. 신유학자들이 체인(體認)을 지식 획득의 방법으로 부르지 않았고, 그 대신 그것을 공부(工夫)라고 불렀다. 그것은 진정한 신체의 노력으로 어떤 것을 수행하는 방법과 스승으로부터 훈련을 받고 자기 자신의 근면한 실천을 통해서 획득되는 재능 또는 능력이다. 쉬에게서 체험(體驗), 즉 공부(工夫)의 주된 적용은 쉬가 유가적 학문 목적을 표현한 것이라 믿었던 공자의 한 구절인 위기지학(爲己之學, 자신(의 도덕적 성숙)을 위한 학문)에 있다. 그 학문은 단순히 다른 사람을 이해하기 위한 것이 아니라, 오히려 "스스로를 발견하고, 펼치며, 바꾸고, 완성하는 것이다"(쉬, 1982, 570면). 이러한 학문을 통해서 인간은 생물학적 자아를 도덕적이고 합리적이며 미(美)적인 자아로 전환한다.

> 중국 내에서든 밖에서든, 과거이든 현재이든 학문에서 성취한 많은 사람들이 다만 '학자'라고 불릴 수 있을 뿐이지 '인인(仁人)'이라고 불릴 수 없다. 그것은 결코 그들의 학문이 인(仁)과 서로 대립적이거나 그들의 학문이 인(仁)에 의해 포함될 수 없기 때문이 아니다. 그것은 그들이 단지 지(智)라는 수준의 자각만을 가지고 있고, 자기를 완성하고 만물을 완성하여(成己成物) 혼연일체가 되는 인(仁)의 수준으로 끌어올릴 수 없기 때문이다(쉬, 1984, 96면).

바꾸어 말하면 이 학자들은 그들의 학문에서는 충(忠, 충성심, 자신의 최선을 다함, 공정한 마음 상태)하지만, 그들은 서(恕, 마음의 편암함과 불편함을 느끼는 것)의 공부(工夫)가 부족하다(쉬, 1984, 9면). 서(恕)의 공부는 일상적인 학문과 공자의 도(道) 사이에서 엄청난 차이를 나타난다.

> 지식에 근거한 결정은 보통 득(得)과 실(失)을 비교함으로써 이루어진다. 그들이 합리적일 때, 그들은 또한 공공의 복지를 고려할 것이다. 그러나 대부분의 경우에 그들은 개인적인 이익이라는 요소에 제한받아 도덕적 필연성이 부족할 것이다. 하지만 자신을 위한 학문(爲己之學)에 의해 이루어진 전환을 통해서 나와 다른 사람들과 사물들의 관계, 나의 동기와 행위들은 더 이상 나의 이익에 중심을 둔 득실의 비교가 아니라, 자기 극복(克己)과 이기주의를 몰아내는 것과 같은 도덕적 의무에 대한 요구로부터 나타날 것이다(쉬, 1982, 571면).

유가의 도덕적 의무와 칸트의 도덕적 의무는, 칸트의 의무가 인간의 기질과 관계가 없으나 유가의 학문은 인간이 도덕적인 상태에서 즐거움을 느낄 수 있게 하기 위하여 도덕적 의무에 대한 완전한 체득(體得)을 목적으로 한다는 점에서 다르다. 그러나 도덕적 기질은 학문의 과정 이후에 인간 내부로부터 자라나기 때문에 그것

들은 자율적이고 필연적이다. 뚜웨이밍(杜維明)에 따르면, 이러한 도덕적 자질의 구체화 과정은 인간이 되기 위해서 배운다는 사실에 있다(뚜, 1985, 96면). 그의 삶의 후반기에 쉬는 노자와 장자가 지식과 삶에 대한 태도에서 유가와 다를지라도, 그들의 학문 방법은 유가의 학문과 유사하다고 기록하였다. 양자 모두 자기 자신을 위하여 배우는 것이다. "그것은 내가 최종적으로 인식할 수 있었던 것이다. 나는 이것이 너무 늦게 나에게 온 것을 유감으로 여긴다"(쉬, 1982, ii면 참고).

왜냐하면 중국의 문화전통은 도덕적 실천과 수양의 빛으로 그리고 체인(體認)으로부터 이해 되어야만 하기 때문에, 쉬는 사변적인 형이상학을 통해서 유학의 진정한 정신을 추구하는 것은 완전히 오도하는 것이라고 생각하였다. 많은 학자들이 유학을 서양 형이상학과 유사한 것으로 받아들였고, 유가를 관념주의나 유물론과 같은 서구철학의 여러 측면과 비교하였다. 물론 유가는 마음(心)의 근거나 우주의 기원과 같은 문제들을 생각하며, 공자와 맹자는 천(天)과 천명(天命)과 같은 개념들을 사용하면서 이러한 문제들에 관하여 사유하였지만, 유가는 이러한 개념들을 상세히 설명하려 하지 않았다.

그것은 왜냐하면 공자의 관점에서 보기에, 도덕은 실천이기 때문이다. 도덕적 진보와 도덕적 이해는 개인 자신들의 실천을 통해서 달성되어야 한다. 그러므로 성인이 다른 사람들을 가르칠 때, 그들은 단지 그 실천을 이끌었을 뿐이다. 만일 그들이 도덕의 존재론적 기초를 설명하기 위해 언어만을 사용하려 한다면, 그들이 설명했던 것이 그들의 진정한 실천으로부터 나온 것이었다고 할지라도, 독자들은 오직 단순히 지적인 이해만을 얻었을 것이다. 지성으로부터 도덕의 근거로 접근하는 것은, 우리가 어떤 것을 얻을 수 있었을지라도, 주희(朱熹)의 말을 사용하면, "단지 밖으로부터 그림자를 보는 것일 뿐"이다. 더욱이 그것은 도덕의 진정한 본성을 쉽게 왜곡할 것이다. 《논어》는 제자가 인(仁)을 물어보았을 때, 공자가 인(仁)이 무엇인지 설명하려 애쓰지 않았다는 것을 보여준다. 그는 제자들 각각의 특정한 조건에 따라 가르침만을 주었고, 그들에게 어떤 수준에 있는지와 어떤 측면에서 그들이 실천을 시작할 수 있는지를 알게 하였다(쉬, 1986, 218면).

이러한 관점에서 쉬는 서양 형이상학의 견지에서 유학을 해석한 펑요우란(馮友蘭)을 비판하면서, 이것은 '신 신고 발바닥을 긁는 것(隔靴搔痒)'일 뿐이라고 말한다. 유학을 서양 형이상학의 구조에 억지로 밀어 넣는 것은 유학의 생기 넘치는 정신을 질식시키는 것이다. 쉬는 또한 탕쥔이 같은 자신의 친구와 심지어 자신의 스승인 숑스리에 대해서도 공공연히 비판적이었다. 그는 심원하고 일관적이며 모든 것을 포함하는 형이상학적 체계를 구성한 숑스리의 작업을 충만히 신뢰하였다. 그러나 이러한

접근법, 즉

> 구체적인 삶과 행동에서 형이상학, 천명(天命), 도(道)까지 추론하려는 것, 거기에서 전체 중국 문화를 위한 근거를 발견하려 애쓰는 것, 그리고 그렇게 하지 않으면 근거가 튼튼하지 않다고 생각하는 것은 중국의 철학적 전통에 역행하는 것이다. [슝과 탕은] 형이상학적 이론들이 중국 사상사에서 회전목마처럼 잇따라 지나갔으며, 그것들 가운데 어떠한 것도 지금까지 견고하게 존속할 수 없었다는 것을 깨닫지 못했다(쉬, 1982, 432~3면).

체득(體得)의 전 관념은 심오한 철학적 의미를 지닌 문제인데, 쉬는 보다 정교하게 토론하기 위한 여지를 많이 남겨 놓았다. 사람들은 쉬가 인간의 정감, 인간의 본성, 그리고 천(天)을 말할 때, 그가 자신을 도덕 형이상학의 영역으로 들여놓고 어떤 존재론적 실체를 받아들이고 있는 것 같다고 말할지도 모른다. 이러한 반론에 대하여 나는 쉬가 그의 '정감'이나 '본성' 또는 '천(天)'은 모두 동일한 것이며, 그것은 체인(體認)에 의해 일체화될 수 있는 구체적인 어떤 것이라고 대답할 것이라 생각한다. 그것들은 마음에 의해 구성된 추상적인 '형이상학적 실체'가 아니다. 이러한 관점에서, 쉬는 주희보다는 왕양명에 더 가까운 것처럼 생각된다. 그러나 그의 감탄은 구체적인 정감에서 형이상학적 '관념론'으로 왕이 옮긴 것에 근거한 것이 아니라, 그것은 오히려 천(天)과 구체적인 마음에 대한 왕의 합일에 근거한 것이다. 이러한 마음은 형이상학적으로 이해될 수 없다. 그것은 신체적인 접근에 의해 도달되어야 한다(쉬, 1980, 452~3면 참고).

중국적 학문의 방법에서 체득(體得)의 중요성에 대한 쉬의 통찰은 두 측면을 담고 있다. 한편으로 체득(體得)은 전통의 본질적인 면으로 인식되어야 한다. 체득(體得)의 중요성에 대한 자각이 없다면, 우리는 인간본성에 대한 유학의 설명을 거의 이해할 수 없을 뿐만 아니라, 우리는 교육에 관한 전통 유가의 과목인 육예(六藝)의 의미를 이해할 수 없다. 다른 한편으로, 우리는 우리 자신의 방법, 즉 공부(工夫)를 하지 않는다면, 다시 말해서 체득(體得)과 인간의 마음에 대한 우리 자신만의 실천이 없다면, 전통을 이해할 수 없다. 쉬 자신이 공부(工夫)를 적용한 것이 하나의 예증이다. 과거의 위대한 스승들에 관한 연구에서 그는 특별한 해석학적 방법을 사용하였다. 그는 우선 그가 저자의 기본적 사고를 이해할 때까지 단어를 이해하는 것에서부터 문장, 장(章), 그리고 책까지 나아가는 귀납의 과정을 통해서 텍스트에 접근하려고 했다. 그 다음 그는 반대의 방향, 즉 기본적 사고와 원리로부터 책, 장(章), 문장, 그리고 단어로 재해석하는 것으로 나아가려고 했다.

그러나 만일 단지 이런 수준에만 머물러 있다면, 그는 종이 위에서 얻은 추상적인 것일 뿐이다. 고대인의 사상 활동은 살과 피를 가진 구체적인 현실이다. 추상적인 이해와 구체적인 실제에는 여전히 거리가 있다. 그러므로 한 사람의 정신적인 성장을 이해하기 위해서, 그의 인격에 스며 든 수양을 이해하기 위해서, 그가 발전시킨 전승(傳承)을 수직적으로 이해하기 위해서 그리고 그의 환경이 제공할 수 있었던 것을 수평적으로 이해하기 위해서, 추상적인 사상으로부터 그 사상의 배후에 있는 인간의 살아 있는 삶으로 한걸음 더 나아가야만 한다. 모든 사상은 문제를 중심으로 삼는다. 문제가 없는 사상은 사상이 아니다. 고대의 저자들은 어떻게 자신의 사고를 구체화하는 문제를 발견하고 해결했는가? 어떻게 그는 질문에 답했는가? 그의 사상와 인격에서 어떤 노력을 하였는가? 그가 자신의 목적지에 도달하기 위해서 어떤 과정을 견뎌내었는가? 문제를 해결하기 위한 방법은 어떤 효용성과 가능성을 가지고 있었는가? 그가 해결하려 했던 문제와 그가 사용한 방법은 그 시대와 사람들에게 어떤 의미를 지니고 있었는가? 우리는 이 모든 것들을 참되고 절실하게 받아들일 필요가 있다(쉬, 1967, 116면).

그는 이러한 방법을 추체험(追體驗, 더듬어 올라가 조사하고 몸으로 경험함)이라 불렀다. 이러한 방법의 적용은 그의 견고한 학문과 중국 사상사의 수많은 문제를 꿰뚫어보는 그의 통찰을 설명해준다.

이러한 종류의 인식론에서 객관성은 알려질 수 있는 것에 스스로를 몰두할 것을 요구하고, 앎의 행위는 행동 속에서 안 것을 발휘하는 것을 포함한다. 오직 충분한 공부(工夫)를 했을 때, 충분한 능력을 달성하고 그 능력을 적용하는 데 충분한 노력을 다했을 때에야 사람은 공부(工夫) 이면의 초월적인 도덕적 자아를 알 수 있다. 그리고 오직 이러한 지식을 완전히 체득했을 때, 즉 그것을 승인하고 그것을 자기 자신의 합리적인 표현으로 만들 때가 그 지식은 완전하게 획득된 것이다. 이러한 경우에 인식 주체와 객체 사이의 분열은 없으며, 알고 있는 것에 대한 체득(體得)은 이것을 아는 것의 조건이 된다. 이것은 체득(體得) 개념에 대한 쉬의 명료성이 다소 만족스럽지 못한 것으로 보이는 사실을 설명해줄지도 모른다. 왜냐하면 체득(體得) 개념 그 자체는 그것이 충분히 이해되고 인정되기 위해서는 체득되어야만 하기 때문이다.

유학에서의 체득(體得)의 중요한 역할을 확증한 것에 대해 쉬를 신뢰할지라도, 우리는 형이상학 비판에 대한 그의 비판이 너무 극단적이었는지 아닌지를 따져봐야 한다. 쉬는 "중국 문화의 독특한 특징은 천도(天道)와 천명(天命)으로부터 구체적인 삶과 인간의 활동으로 한걸음 한걸음 내려오는 것"이라고 생각하였다(쉬, 1982, 432면). 그러나 때때로 이 더 높은 수준으로 상승이 없다면, 어떻게 그것이 위로부터 내

려올 수 있겠는가? 차이런허우(蔡仁厚)가 그것을 제기했듯이, "유학의 도(道)는 안과 밖의 합일, 위와 아래의 합일이다"(차이, 1992, 66면)라고 말하는 것이 더 그럴 듯하다. 송명(宋明)의 유학자들은 불교의 도전에 맞서서 유학을 형이상학적으로 재해석하려 노력하였다. 만일 이 사실이 그 이후 유학의 부흥을 설명해준다면, 서양 철학 전통의 도전에 맞서기 위해서 똑같은 일을 하는 것이 당대의 유학자들에게는 유익하거나 심지어 필수적인 것이 아닌가? 현대의 형이상학적 재해석은 유학의 가치를 다시 찾아올 수 있으며, 서양의 경쟁자와 대화하는 데에 현대적 의의가 없고 적당하지 않다고 폐기되는 것으로부터 유학을 보호할 수 있을 것이다.

쉬는 우리에게 공부(工夫)가 오직 인간 본성에 대한 인식과 변화, 그리고 인간 사상에 대한 연구에만 적용되는지, 또는 더 광범위하게 다른 주제에 대한 학문에도 적합한지를 말하지 않았다. 도가(道家)는 도(道)를 아는 방법으로서 돌아감(復), 고요함(靜), 그리고 텅비움(虛), 즉 '심재(心齋)'를 사용하며, 그들이 추구한 지식은 인간의 마음(心) 그 이상이었고, 자연 세계를 포함하는 것이었다. 그러나 쉬에 따르면 유학자들은 객관적인 자연 세계를 아는 데 결코 큰 관심을 갖고 있지 않았다.

> 유학자들은 자연을 가깝게 느낀다. 그러나 그들은 서양 낭만주의처럼 무한한 것에 대한 경탄을 자연관에 두지 않았을 뿐만 아니라, 그들은 과학처럼 자연에 대해 공정하고 객관적인 분석을 시행하지도 않았다. 자연에 대한 그들의 관점은 단지 도덕적 정서와 덕(德)의 대상화일 뿐이다. 삼백 수의 시(詩)에서 동물과 식물의 이름은 시인들의 정서나 덕(德)이지 식물학이나 동물학이 아니다. 서양의 과학은 인간을 자연의 일부로 해석한다. 유가의 정신은 인간의 견지에서 자연을 해석한다. 그것은 두 문화의 기초가 다르기 때문이며, 그러므로 [그들의 관점에서] 자연의 특성 또한 다르게 된다(쉬, 1996, 214~15면).

쉬는 유가의 정신이 과학의 차원을 결여하고 있다고 할지라도, 그것이 과학에 반(反)했던 것을 의미하는 것은 아니라고 주장하였다. 쉬는 중국 문화는 논리와 같은 과학적 탐구를 위한 방법론이 부족하다는 비난에 대해, 중국의 지성적 전통이 소박하기 때문은 아니었다는 말로써 답하였다. 오히려 중국 전통의 목적이 달랐기에 중국이 필요했던 방법론은 달랐다. 왜냐하면 유학자들은 그들의 인간 본성을 수양하는 것과 그것을 드러내는 것에 목적이 있었기 때문에, 그들은 방법론보다는 오히려 공부(工夫)가 필요했다. 유학자들은 객관화된 도덕 감정과 덕(德)으로 세계를 바라본다. 사계절을 대표하는 것으로 매화, 난초, 대나무, 그리고 국화를 선택한 것은 자연 세계의 특징보다 그것들의 도덕적 이상(인내, 정숙, 청렴, 용기)을 반영한다. "우리는

유대의 정신이 과학적 차원을 결하고 있는 것처럼, 유가도 그 차원을 결하고 있다는 것을 솔직하게 인정해야만 한다. 그러나 유가의 전통에서 과학에 반(反)하는 것은 아무것도 없다"(쉬, 1996, 215면).

나는 쉬가 이러한 관점에서 유학을 공정하게 평가해 왔다고 확신하지 않는다. 쉬는 서양의 과학 역시 가치 담지적일 수 있고, 그러므로 역시 인간의 가치와 억설의 대상화라는 것을 의심하는 것처럼 보이지 않는다. 둘째로 그는 심지어 유학을 포함해 중국 철학 전통을 특징짓는 정체론적(整体論的, holistic)이고 상관적인 사유의 방식을 언급하지 않았다. 어떤 이는 이러한 사유의 양식이 과학적 사유에 대한 대안적 방식을 제공하는지를 문제 삼을 수 있다. 만일 근대 서양에서 발전된 유형의 관점에서 과학을 정의한다면, 중국이 과학적 사유를 전혀 갖지 않고 있다고 주장할 수도 있다. 그러나 유학을 포함해서 중국은 자연을 이해하기 위해서 상관적인 사유를 이용하였고, 한의학에서 가장 잘 예증되는 것처럼 우주가 어떻게 움직이는지에 대해 주목할 만한 업적과 통찰을 획득하였다. 이러한 관점에서 중국의 과학과 문명에 관한 죠셉 니이담(Joesep Needham)의 작업과 그라함(A. C. Graham)에 의한 중국의 상관적 사유에 대한 논의와 다른 것들은 우리가 진지하게 주의를 기울일 만하다.

유가의 덕치(德治)와 민주주의

다른 중국 근대 철학자들과 마찬가지로 쉬는 유학이 중국의 정치 체계로써는 진부한 토대라는 것, 더 나쁘게는 그것이 정치적 자유의 결여, 인간의 권리에 대한 존중의 결여, 그리고 민주 정치의 부재와 같은 지난 200년이 넘은 사회적·정치적 위기와 악의 책임을 떠맡는 근본적인 결함을 갖고 있다는 근본적인 비난에 직면하게 되었다. 쉬의 입장은 명백하게 유가는 책임이 없다는 것이다. 그는 유가가 민주주의와 양립할 수 있을 뿐만 아니라 민주주의는 유학과 통합되지 않으면 완성될 수 없는 것이라고 주장하였다.

유학은 민주주의와 양립할 수 있다. 왜냐하면 그것이 사람들을 사회의 본(本, 근본 또는 토대)으로 삼는 《상서(尙書)》와 다른 공자 이전의 문헌에서 나오는 관념을 수반하기 때문이라고 쉬는 주장하였다. "천(天)은 백성의 눈을 통해서 보고, 천(天)은 백성의 귀를 통해서 듣는다(天視自我民視, 天聽自我民聽)"(《尙書》)와 같은 진술은 "인간이 그저 지배자 아래에 있는 '피지배자'가 아니라, 그들은 통치자 위에 있는 천(天)과 신(神)들의 대표자"(쉬, 1980, 51면)라는 것을 가리킨다. 이러한 정신은 유학자들에 의해 전해졌고, 맹자의 "백성이 가장 귀중하고, 사직(社稷)이 그 다음이며,

군주는 가벼운 것이다(民爲貴 社稷次之 君爲輕. 《孟子·盡心下》)"라는 진술에 가장 분명하게 반영되었다. 맹자는 또한 백성들이 자격이 없는 통치자들을 거역하고 전복할(放伐) 권리를 가지고 있다는 것을 분명하게 했다. 쉬는 심지어 백성들에 의해 운영되는 정치 체제의 관념이, 비록 맹자가 그 원리를 사회적으로 실천할 수 있는 체계를 알지는 못했지만, 미완성적인 형태로 《맹자》에 존재했다(《孟子·梁惠下·7章》)는 것을 발견했다(쉬, 1967, 136면 참고).

쉬는 나아가 "민주 정치 체계는 유학적 사유를 받아들이는 것으로 나아갈 때에, 확고하게 세워질 수 있고 완전하게 이용될 수 있다"고 주장하였다(쉬, 1980, 53면). 이상적인 유가의 통치자는 다음과 같다.

> 지배자와 피지배자는 덕(德)으로 서로 어울리는 관계이지, 권력으로써 서로 부과하고 압박하는 관계가 결코 아니다. 덕(德)은 인간이 인간으로 되는 공동의 근거이다. 사람마다 각각 자신의 덕(德)을 다 발휘할 수 있다면 곧 인류 공동의 근거 속에서 사람마다 서로 어울리고 서로 구분을 잊음으로써 각자 생명을 기르고 본성을 완성할 것이다. 이것이 바로 정치의 목적이고, 또한 정치의 최고점이다(쉬, 1980, 49면).

> 법률에 의해 유지되는 것은 비록 잘 유지될 수는 있더라도 다만 일종의 외적관계일 뿐이다. 외적관계는 내적관계를 근거로 삼아야 한다. 그렇지 않는다면 결국 유지할 수 없을 뿐만 아니라 인간의 본성은 끝내 자유의 발전을 얻을 수 없다. 덕(德)에 의한 통치는 각자가 갖고 있는 덕(德)을 통해서 개인들 사이의 내적 관계를 건립하는 것이다. 유가의 입장에서 보면 내적 관계라야 비로소 자연스럽고 합리적인 관계이다(쉬, 1980, 50면).

쉬는 중국 전통에 대해 맹종하지 않았다. 그는 중국이 도덕을 외적 원천보다 인간 본성에 내적으로 건립하였기 때문에, 사람은 어떤 외적인 것에도 의존하지 않은 채 도덕적 입장을 취할 수 있지만, 그것의 내적 기초 때문에 유가의 도덕은 어떤 물체의 크기나 무게처럼 명백한 것일 수 없다는 것을 지적하였다. 그러므로 중국 전통의 주춧돌인 마음(心)은 객관적으로 정의될 수 없으며, 자기 자신의 마음(心)이 편안한지 아닌지를 아는 기준에 의존해야만 한다. 쉬는 《논어》로부터 공자의 제자인 재여(宰予)가 삼년상(三年喪)이 필수적인가에 대해 공자와 논쟁했던 한 이야기를 인용했다. 공자가 재여에게 그 자신의 마음(心)이 편안한지 아닌지를 물어보았다. 재여가 확신을 가지고 대답을 하자, 공자는 그저 "만일 네가 편안하다면 그렇게 하라(如汝安則爲之)"고 말할 뿐이었다(쉬, 1980. 180면).

지식의 대상이 외적인 것이면, 그것은 공적으로 관찰할 수 있고 정당화에 열려 있게 된다. 지식의 대상이 마음(心)이면, 그것은 오직 주관적으로 내성(內省)될 수만 있다. 무모하고 이기적인 사람들은 이런 차이를 이용하였다.

중국의 도덕 문화에서 인간은 참으로 천지(天地)에 참여하여 만물의 영장(靈)이 된다. 이 때문에 '천자(天子)로부터 일반인에 이르기까지 한결같이 모두 수신(修身)을 근본으로 삼으며,' 사람들은 각각 자신의 한 몸으로써 전체 역사의 짐을 메고, 만물을 포용하는 위대한 인격을 양성한다. 그러나 '영리한 자질(利根)'의 사람과 품부 받은 것이 특별히 좋은 사람은 진실로 내적인 '자력(自力)'에 의지하여 일어선다. 그러나 '둔한 자질(鈍根)'의 사람과 보통의 일반인들은 대부분 외재적인 '타력(他力)'에 의지해야 비로소 일어설 수 있다. 종교는 일종의 타력(他力)이며, 법의 관념과 국가의 관념 또한 타력(他力)이다. 중국 문화의 입장에서 중시해야 하는 것은 자연히 "마음(心)을 다 발휘하고, [인간] 본성을 아는 것(盡心知性)"이며, 그 다음은 "[어떤 나쁜 것이] 구체적으로 형성되기 이전에 예(禮)를 가르침으로써 예방하여(禮防於未然之先)" 아득히 멀고 끝이 없는 "세계의 평화를 실현하는 것(平天下)"에 도달하는 것이거나 또는 "천지(天地)와 더불어 삼재를 형성하는 것(與天地參)"이다. 이에 중국 문화에서 종교를 필요로 하지 않을 수 있었으며, 법과 국가 등 외부로부터 인간의 생활을 규제하는 관념도 중시하지 않을 수 있었다(쉬, 1980, 179면).

더욱이 유학은 민주적 차원이 결핍되었다. 유학의 전통은 언제나 어떻게 통치자가 자애로운 통치를 제공할 것인지를 찾아내기 위해서 통치자의 입장에서 바라보았으며, 통치자를 제한하기 위해서 피지배자의 입장에서 바라보는 것은 거의 없었다. 통치자들의 덕(德)은 베풀고 제공하는 덕(德)이며, 백성들은 언제나 제공에 대한 수동적인 수취인이다. 따라서 정치는 언제나 천자와 대신들의 손에 있었으며, 백성들의 정치적 주권은 결코 성립되지 않았다. 보통 사람들이 정치에 참여할 수 있는 효과적인 수단이 없었기 때문에, 정치적 변화의 시작은 사회로부터가 아니라, 천자의 조정으로부터 발생해야 했다. 지식인들이 사회에 영향을 미치기를 원했을 때, 그들은 그들 스스로 천자의 조정에 참여하려 노력하는 것을 제외하고는 어떠한 방법도 없었다. 관리의 임용이 윗사람에 의해 결정되었기 때문에, 정직한 후보자들이 아첨꾼들에 의해 끊임없이 패배 당했다(쉬, 1980, 49~56면). 중국의 지식인들은 그 자체만을 위해서 지식을 추구하는 전통이 부족했으므로, 그들의 생존을 위한 유일한 사회적, 경제적 토대는 상담자나 충고인으로서의 정치적 집단에 있었다. 유사(游士, wandering gentry)와 양사(養士, fostered gentry)라는 중국 용어는 중국 지식인들의 이러한 특성을 분명하게 보여 준다. '떠돈다'(游)는 것은 그들이 사회에 정착하지 못

했던 것을 보여 주며, '양육된다'(養)는 것은 그들이 누군가에 의해 양육되는 것을 제외하고 삶의 다른 수단을 갖지 못했다는 것을 보여 준다. 그러나 그들이 떠도는 영역은 정치적이었고, 그들이 양육되고 있는 영역 또한 정치적이었다. 그래서 중국 지식인들은 애초부터 정치의 식객, 즉 통치 집단의 걸인 출신이었다. 그러나 도덕적으로 양심적인 천자와 관료들이 어떤 정치적 변화를 일으키기 원했을 때, 그들은 또한 그들을 지원할 수 있었던 확고한 사회적 집단이 없었다(쉬, 1980, 54~5면).

쉬에 따르면, 해법은 민주주의를 유학의 도덕적 전통에 통합시키는 것이다. 보다 명확하게는 천자가 국가라는 유학의 정치사상에 대한 오해를 바로잡을 필요가 있다. 대중들의 정치적 주권은 회복되어야 하고, 정치 체계는 확립되어야 한다. 그것은 주권이 더 이상 통치자에게 겨우 입에 발린 말이나 하지 않게 보증하기 위해서이다. 그러나 이 주권은 통치자를 제한할 수 있는 대중들의 진정한 힘이다. "정치 형태는 먼저 합리적인 경쟁(爭)이 있어야 비로소 합리적인 조화(不爭)에 귀결된다. 먼저 개체의 독립이 있어야 비로소 개체를 뛰어넘는 공존에 귀결된다. 먼저 권리 의식에 기초한 제한이 있어야 비로소 권리를 뛰어넘는 예(禮)의 수양에 귀결된다(쉬, 1980, 59면).

쉬는 현대 중국의 정치 형태가 중국과 서양 전통의 가장 나쁜 부분들에 결합되어 있다고 강력하게 주장하였다. 그것은 유가의 전통으로부터 도덕의식을 버리고 통치자들의 무한한 정치적 책무를 받아들였으며 기본적인 개인의 권리에 대한 승인을 버리고 권력을 향한 근대 서양의 경쟁을 받아들였다. 이것은 세계에서 가장 나쁜 종류의 정치 형태이다. 일단 우리가 민주적 정치 체계와 함께 대중의 정치적 주권에 대한 유가의 이상을 이행하면, "민주정치는 유가 정신의 부활로부터 보다 궁극적인 근거를 획득할 수 있으며 유가 사상은 민주적 정치 형태의 건립을 통해서 실제적인 객관적 구조를 완성할 수 있다(쉬, 1980, 60면).

유가와 민주주의의 양립 가능성에 대한 최근의 논의는 이 주제에 관한 우리의 사고를 풍요롭게 해 왔다. 여기서 그 분야 전체를 검토할 여지가 없으므로, 나는 다만 쉬의 입장에 대한 우리의 이해를 높일 수 있는 몇 가지 대조적인 관점만을 언급할 것이다. 어떤 학자들은 양립 가능성에 관해 어떻게든지 쉬에게 반론을 주장한다. 예를 들어, 중국의 치 리앙은 '토대로서의 대중'이라는 전통적인 중국의 관념은 근본적으로 반민주적이라고 주장한다. 왜냐하면 그것은 대중이 그들의 지배자들에 의해 특정한 방식으로 다루어져야 한다는 전제에 근거하는 것이지, 그들이 자신들의 운명을 결정할 수 있는 위치에 있어야 한다는 것에 있지 않기 때문이다. 그것은 통치자에게 무엇이 요구되는 것을 말하기보다는 무엇을 해야 하는지(즉 백성들의 이해를

348

심각하게 취급해야 하는 것)를 통치자에게 충고한다. 통치자가 그들을 '토대'로서 다루기를 기대하기 때문에 그 이상(理想)의 대변자의 정신은 구호품을 기대하는 걸 인의 그것과 다른 것이 아니다(치, 1995, 438~40면).

미국의 헨리 로제몬트 주니어(Henry Rosemont Jr)는 서양 민주주의는 합리적이고 자율적이며 권리를 가진 개인으로서의 인간 개념에 입각한 것이고, 이 개념은 추상 개념처럼 우리를 사회적 관계에서의 실제적인 구체적 인간으로부터 동떨어지게 하기 때문에 결정적으로 결점을 갖게 되는 것이라고 주장한다. 그는 이 개념이 개인들의 권리가 상호 관계의 상실, 부의 불평등 등의 대가로 보호되고 있는 오늘날의 미국에서 증가하는 도덕적 갈등에 대해 책임져야만 한다고 주장한다. 유가의 인간개념은 정반대이다. 그것은 어떻게 우리가 실제적인 결정을 내리는가를 보여 준다. 즉 우리는 "피와 살을 가진 인간의 태도, 현실적 희망, 공포, 즐거움, 슬픔, 이상" 없이 추상적으로 선택하지 않으며, 또한 우리는 우리 자신이 되어가는 것에 홀로 책임지는 자율적인 개인으로서 선택하지도 않는다. 우리의 선택은 우리가 특별한 관계를 가지고 있는 사람들에게 영향을 주고 영향을 받는다(로제먼트, 1997, 63면). 권리 담론에 대한 경쟁자로서 유학은 일찍이 권리라는 용어를 빌리지 않고도 우리의 도덕적 정서를 충분하게 표현하도록 한다(로제먼트, 1997, 64면).

유가와 민주주의의 양립에 대한 쉬푸꾸안의 견해에 찬동하는 데에, 청중잉(成中英)은 위에 언급된 두 견해를 거부한다. 청에 따르면, 치 리앙은 맹자의 '민위귀'(民爲貴)("백성이 가장 귀중하고, … 군주는 가벼운 것이다"《孟子·盡心下》)의 이상을 잘못 해석하였고, 로제먼트는 유가의 도덕주의자와 서양의 자유 사이의 대립을 설정하고 서양의 민주주의가 유일한 민주적 유형이라고 전제하였다. 청은 쉬푸꾸안이 민주적 권리가 유가의 덕(德)의 도덕으로 도입될 수 있는 방법을 불러일으키는 데 실패했다고 믿는다. 그는 합리적이고 관계적인 권리 담론이 전통 유가로부터 쉽게 산출될 수 있다고 주장한다. 유가에서 인간에 대한 즉각적인 관심은 덕(德)이며, 모든 특정한 덕(德)은 자아와 사회 모두에 대해 의무의 형식으로 취한다. "덕(德)에 속하는 의무가 수행될 때, 저절로 사회에서 존엄과 존경의 지위를 받는다"(청, 1997, 146면). 그러면 그는 덕(德)의 대리인인 동시에 수혜자가 될 것이다. "만일 그것이 공동체의 구성원들 사이에서 상관적 의무이론으로 여겨진다면, 외재적인 덕(德)의 이론은 내재적인 권리의 이론으로 바뀔 것이다. 오직 부족한 것은 그들의 정치적 인식의 기초로서 이 권리들에 대한 명확한 주장이 될 것이다." 이 마지막 단계로 나아갈 때, 합리적 사고 방식의 촉진은 매우 유용하게 될 것이다(청, 1997, 143~53면). 청중잉에 따르면, 유가는 열린 체계이고, 유가와 민주주의의 양립은 가능할 뿐만 아니라,

유가 도덕의 더 나은 발전과, 권리에 기반을 둔 사회의 도덕적 발전을 위해 바람직한 것임을 알아야 한다.

좀더 주의를 기울일 만한 한 가지 차원은 유가와 민주적 권리를 결합시키는 시기와 조건에 관련된다. 민주주의는 참가자의 최소한의 성숙도와 최소한의 정보 이용능력에 근거해야만 한다. 실질적으로 교육을 받지 못하고 적절한 정보를 얻을 수 있는 수단이 없었던 고대의 농부들이 민주 정치에 효과적으로 참여할 수 있다는 것은 상상하기 어렵다. 그 단계에서는 비록 얻기는 힘들지라도, 현명한 군주가 효과적인 민주주의보다 훨씬 더 현실적으로 제안할 만한 것이었다. 그러나 대중들의 성숙과 다른 조건들이 충분히 존재한다면, 그 결과 정치적 권리를 즐길 수 있는 대중들은 함께 조화롭게 살 수 있으며, 권리의 체계는 별로 중요하지 않거나 심지어 불필요할 것이다. 리천양이 제안하듯이, 잘 어울리는 가족 구성원들 사이에서 "서로에 대해서 그들의 권리에 관해 말하는 것은 무의미하거나 심지어는 파괴적이다"(리, 1999, 175면). 그러나 현명한 통치자에게 의존하는 단계와 조화(harmony)가 널리 퍼진 단계 사이에서 유학은 덜 이상적인 어떤 것을 위한 여지를 제공해야만 한다. 리우쉬시엔(劉述先)이 말하듯이, 현재의 역사적인 상태에서 "우리는 전통의 이상을 재확인하기 위해서 전통을 부정해야만 한다"(리우, 1986, 350면).

중국의 미학 정신(藝術精神)

쉬는 "도덕, 예술, 그리고 과학은 인간 문명의 세 가지 기둥"이라고 주장하였다 (쉬, 1983, 1면). 방대한 양의 고대 문헌을 성실하게 검토한 후, 쉬는 삶과 예술 사이의 개괄적인 일치성을 예시하면서 장자를 '중국 미학 정신'의 최고 대표자로 인정하였다. 쉬는 도가(道家)의 도(道) 개념의 형이상학적 성질을 인정하였지만, 도(道)를 구체적인 삶을 통하여 바라볼 때, 그것은 실제로 미학의 이상이며 미학적인 삶의 방식을 구성하였던 노자와 장자가 추구하였던 삶이라고 주장하였다. 이것은 《장자》의 어디에서나 볼 수 있다. 예로 소를 잡는 포정(庖丁)의 이야기를 생각해 보라. 그의 능숙한 동작은 단순한 기술적 완성보다 훨씬 더 많은 것을 보여 주었다.

포정은 자신이 좋아하는 것은 도(道)이며, 도(道)는 기술(技)에 비해서 한 차원 더 나아간 것이다. 그 이야기로부터 도(道)와 기술이 밀접하게 관련되어 있다는 것을 알 수 있다. 포정은 결코 기술의 밖에서 도(道)를 본 것이 아니라, 기술 안에서 도(道)를 보았다. 앞에서 서술했던 것처럼, 고대 서양의 이른바 예술도 본래는 기술을 포함해서 말한다. 오늘날까지도 예술의 창작은 여전히 기술

과 기교를 떠날 수 없다. 그러나 똑같은 기술이 도대체 예술적인 것인가, 아니면 순전히 기술적인 것인가? [이 두 가지는] 정신과 기능에서 사실상 그 다른 점이 있다. 장자는 매우 깊고 명백하게 이 하나의 차이를 인식했다. 순수한 기술의 의미에서 말한다면, 소를 잡는 동작은 다만 그 실용적인 결과만을 평가해야 한다. 이른바 "음률에 맞지 않는 것이 없고, (은나라 탕왕 때의 음악인) 상림(桑林)의 춤곡에도 조화되며, (요임금 때의 음악인) 경수(經首)의 리듬에도 들어맞는다(莫不中音, 合於桑林之舞, 乃中經首之會.《莊子·養生主》)"는 것은 쓸 데 없는 군더더기라고 말할 수 있다. 그러나 한 인간이 순수한 기술로부터 얻는 기쁨은 곧 기술에 의해 야기되는 물질적인 기쁨이지 결코 기술 자체에 있는 것이 아니다. 장자에 의해 상상된 포정, 그가 소를 잡는 특징은 "음률에 맞지 않는 것이 없고, 상림(桑林)의 춤곡에도 조화되며, 경수(經首)의 리듬에도 들어맞는다"는 데에 있으며, 이것은 기술 자체가 필요로 하는 기능이 아니라, 기술에 의해 성취된 예술적 기능이다. 그가 소를 잡는 것으로부터 얻는 기쁨은 바로 "칼을 걸쳐 메고 서서 사방을 둘러보고 조용히 마음이 흐뭇해진다(提刀而立, 爲之四顧, 爲之躊躇滿志.《莊子·養生主》)"는 데에 있으며, 이것이 곧 그의 기술 자체가 획득한 정신적인 면에서의 기쁨이고 예술적인 기쁨이다. 위에서 말한 예술적 기능과 기쁨은 바로 포정이 "내가 좋아하는 것은 도(道)이다(所好者道也.《莊子·養生主》)"라는 말의 구체적인 내용이다. "제가 처음 소를 잡기 시작했을 때(始臣之解牛之時.《莊子·養生主》)" 이하의 긴 문장에 이르기까지는 포정이 그가 어떻게 기술로부터 도(道)에 나아갈 수 있었는지의 공부 과정을 설명하는 것이며, 실제로는 기술로부터 예술 창작으로 나아가는 과정이다(쉬, 1983, 52~3면).

이 여정은 두 측면을 포함한다. 즉 마음(心)과 대상들(소를 보는 것에서부터 더 이상 소 전체를 보지 않는 것까지)의 대립을 해소하는 것과 마음(心)과 재주 또는 기술(지각과 분별은 멈추게 되고 정신은 그것이 원하는 곳으로 움직인다) 사이의 대립을 해소하는 것이다. 이러한 방식으로 우리는 마침내 자유롭고 만족스러운 상태인 하나임을 달성하며, 그것이 예술의 목표이다. 이것은 또한 최고의 행복을 발견하는 상태이다. 쉬는 미적 경험이 종종 자유로운 상태와 동일한 것으로 간주된다는 것을 보여 주기 위해서 톨스토이(Tolstoy), 립스(Lipps), 하이데거(Heidegger)와 헤겔(Hegel)을 인용하였다. 장자의 유(遊, 종종 노닐다로 번역되었다)가 그러한 상태이다. 그것은 외적인 목적을 가지지 않지만, 속박과 구속이 없는 합일이다. 그러한 상태에 도달하기 위해서 '심재(心齋)'해야 하고 좌망(坐忘)해야만 하며, 자신의 욕구의 구속으로부터 그리고 자신이 쓸모 있다는 느낌으로부터 자유로워야 하며, 지식에 대한 추구로부터 마음(心)을 자유롭게 해야 한다. 사람은 세계를 개념적이고 분석적으로 파악하려고 노력하는 것을 중단해야 하고, 직접적으로 세계 자체를 경험해야만 한

다. 이러한 직접적인 경험은 지식이나 행동의 규준을 획득하기 위한 수단이 아니라, 그것은 오히려 그것 자체의 만족을 목적으로 한다. 장자가 물고기를 지켜보는 것을 즐기거나 그가 나비가 된 것을 꿈꾸었을 때, 그는 그러한 직접적인 미적 경험을 하고 있었다. 그것들 속에서 망각과 직접성은 시공을 초월했으며, 주객(主客) 사이의 분열을 극복했다. 만족의 완전함 때문에 그것들은 심지어 삶과 죽음까지 초월하였다. 그것들은 인간의 도(道)에 대한 추구와 그것의 체득(體得)으로부터 나온 모든 것이었기 때문에 정체(整體)를 이룰 수 있다.

쉬는 장자에 의해 예시된 중국의 미학 정신을 서양의 미학과 대조하였다.

> 장자가 체인(體認)하여 보여 준 예술 정신과 서양의 미학자들이 가장 크게 다른 점은 장자가 얻은 것은 온전하지만 일반적인 미학자들이 얻은 것은 치우친 것인데 있을 뿐만 아니라 이러한 온전한 것과 치우친 것이 주로 연유한 곳은, 바로 장자는 인간 삶에 대한 수양 공부로부터 얻었고, 일반적인 미학자들은 대체로 특정한 예술 대상과 작품에 대한 체인(體認)으로부터 추론하고 확대하여 나온 것이라는 점이다. 얻은 것이 모두 예술 정신이기 때문에 몇몇 측면에서는 뜻밖에 일치하는 것이 있다. 그러나 서양 미학자들은 인격의 근원으로부터 솟아나고 전화되어 나온 것이 아니기 때문에, 그들이 체인(體認)해서 도달한 것은, 전 인생에 대해서 말한다면, 필연적으로 그것은 도달될 수 없는 여지가 있게 되며, 따라서 그들이 얻은 것은 치우치지 않을 수 없다. … 이러한 상황은 현상학에 이르면 대단히 진일보한 것 같다. 그러나 현상학자들은 끝내 마음(心)의 텅 비고 고요한(虛靜) 본성을 파악할 수 없기 때문에, 단지 "나귀를 타고 나귀를 찾는 것," 즉 정신의 기능에서 파악하는 것일 뿐이다. 우리의 전통적인 관념으로 이것을 설명한다면, 그들은 여전히 "실체를 볼(見體)" 수 없고, 예술 정신의 주체를 볼 수 없다(쉬, 1983, 132면, 강조 필자).

쉬는 유가와 도가에서 공부(工夫)의 과정은 생물학적 기능을 해소하고 주체를 드러나게 하는 데 목적이 있다고 믿는다. 그것은 '극기(克己, 자아를 극복하는 것)', '무아(無我, 자아를 없애는 것)', '무기(無己, 자기를 없애는 것)' 그리고 '상아(喪我, 자신을 잃어버리는 것)'가 의미하는 것이다. 주체의 출현은 인간의 인간다움(humanity)의 완성과 주관과 만물의 융합이다. 그러므로 중국 문화와 서양 문화 사이의 가장 두드러진 차이 가운데 하나는 중국 전통의 근원에는 주관과 대상, 개인과 사회 사이의 분리가 없다는 것이다(쉬, 1983, 132면). 이러한 관점에서 유가와 도가는 똑같은 정신을 이행한다. 장자 그리고 도가 일반이 유가보다 중국의 미학 정신을 더 잘 대표하는 이유는 유가의 미학 정신이 도덕에 의해 여과되기 때문이다. 도가 특히 장자에서 삶과 예술의 통합은 보다 직접적이다. 유가의 주체는 도덕적 주체로

서 더 나타나고, 도가의 주체는 보다 미학적인 것으로 나타난다.

쉬는 유가가 도가와 같은 심미적 정신을 가지고 있지만, 도가의 주체가 더 직접적으로 심미적일 뿐이라고 주장하였다. 그러나 그는 그럼에도 불구하고 왜 유가가 (간접적인 미학 정신)보다 전형적으로 중국적인 것으로서 받아들여질 수 있었는지를 설명하지 않았다. 그가 그렇게 하는 것을 막았던 하나의 장벽은 그가 심미적 활동의 비실용적 작용과 심미적 활동의 비실용성을 구분하는 데 실패했다는 것이다. 도가와 유가의 삶의 방식에 비실용적인 심미적 차원이 있다는 것은 분명하다. 그러나 이것은 그 삶의 방식이 그들의 심미적 작용을 유지하기 위해서 실용적인 기능을 멀리해야만 한다는 것을 의미하지 않는다. 삶과 예술의 합일은 실용성과 심미적 인식의 합일을 필연적으로 수반한다. 그리고 이러한 의미에서 유가의 삶의 방식은 도가에 못지 않게 그 두 가지의 완전한 합일이며, 심지어 더 위대한 합일일 수도 있다. 그러나 쉬가 무용(無用)을 심미적인 노님(遊)의 필수 조건으로 여겼을 때, 그는 어떤 활동이 무용하고 무관심할 때에만 그 활동이 심미적일 수 있다고 말하는 것처럼 보인다. 이것은 확실히 유가의 주장이 아니며, 그것은 또한 전혀 중국적 사유 일반의 특성을 이루는 것이 아니다.

이러한 배경에 대비하여 우리는 유가의 미학에 대해서 말할 수 있다. 공자 역시 '유어예(游於藝, 예술에서 놀다)'라는 그의 말에서 논다(游)는 개념을 사용하였다. 공자가 노님(游)을 이상적인 삶의 가장 높은 수준에 놓았던 것은, 《논어》에서 '유어예(游於藝)'가 유가의 핵심 원리에 대한 중요한 요약 뒤에 곧바로 뒤따라온다는 사실로부터 알 수 있다. "도(道)에 뜻을 두고, 덕(德)에 근거하며, 인(仁)에 의지하고, 예(藝)에서 노닌다(志於道, 據於德, 依於仁, 游於藝. 《論語·述而》)." 이 맥락에서 노님(游)은 도(道)에 대한 이해, 도(道)를 따르려는 결심, 그리고 쉽고도 창조적으로 도(道)에 참여하는 능력을 연마하는 것에 의해 달성되는 자유의 상태이다. 그 상태는 "마음(心)이 하고자 하는 것을 따르지만 법도를 벗어나지 않는(從心所欲, 不踰矩. 《論語·爲政》) 것이다. 공자에게 "되지 않는 것을 알면서도 그것을 하는 것(知其不可而爲之者)"은 인간이 그것을 하는 동안 '즐거움을 얻는' 최고의 상태이다. 섭공(葉公)이 자로(子潞)에게 공자에 대해서 묻고, 자로가 답하지 않았을 때, 공자는 다음과 같이 말했다. "너는 어찌 '그 사람됨은 분발하여 먹는 것도 잊고, 즐거워하여 걱정거리를 잊어버리며, 늙음이 곧 다가오는 것도 알지 못한다'고 말하지 않았는가?(女奚不曰, 其爲人也, 發憤忘食, 樂以忘憂, 不知老之將至云爾. 《論語·述而》)" 이 구절들은 유가의 삶의 방식에 비실용적인 미학적 차원이 있다는 것을 나타낸다. 그리고 그것들 중 몇몇은 그러한 삶의 방식에 결정적인 것으로서 '잊는 것'을 승인한다. 공자의 도통(道

統)을 특성화하는 비유로서 맹자가 악(樂)을 선택한 것 역시 유가의 이상적 삶의 미적 차원을 보여 준다(뚜, 1985, 108면). 이상적 삶은 그것이 또한 실용적인 목적을 가지고 있을 지라도 마음(心)의 만족에 목적이 있다.

참고 문헌

쉬푸꾸안의 저서

徐復觀, 《中國思想史論集》, 臺灣: 學生書局, 1967.

徐復觀, 《徐復觀文錄》, 臺灣: Haunyu 出版社, 1971.

徐復觀, 《兩漢思想史(1)》, 臺灣: 學生書局, 1974.

徐復觀, 《兩漢思想史(2)》, 臺灣: 學生書局, 1976.

徐復觀, 《兩漢思想史(3)》, 臺灣: 學生書局, 1979a.

徐復觀, 《儒家政治思想與民主自由人權》, 臺灣: 八十年代出版社, 1979b.

徐復觀, 《學術與政治之間》, 臺北: 學生書局, 1980.

徐復觀, 《中國思想史論集續編》, 臺灣: 時報文化出版事業公司, 1982.

徐復觀, 《中國藝術精神》, 臺灣: 學生書局, 1983.

徐復觀, 《中國人性論史-先秦篇》, 臺灣: 商務印書館, 1984.

徐復觀, 《徐復觀文存》, 臺灣: 學生書局, 1991.

徐復觀, "儒家精神的基本性格及其限定與新生", LieWeiwu 編, 《中國人文精神之闡揚-徐復觀新儒學論箸輯要》, 北京: 中國廣波電視出版社, 1996.

주석서와 관련 문헌

蔡仁厚, "徐復觀先生對宋明理學的見解", 東海大學徐復觀學述思想國際硏討會論文集, 1992.

陳榮捷, *A Source Book in Chinese Philosophy*, Princeton: Princeton University Press, 1963.

Chang, Carsun, *Development of New-Confucian Thought*, vol. 2, New York: Bookman Association, 1962.

成中英, "Transforming Confucian virtues into humanrights: a study of human agency and potency in Confucian ethics," in de Bary and Tu, 1997.

孔子, D. C. Lau 譯, 《論語》, Harmondsworth: penguin Books, 1970.

de Bary, William Theodore and 杜維明 編, *Confucianism and Human Rights*, New York : Columbia University Press, 1997.

《東海大學徐復觀學述思想國際研討會論文集》, 台中 : 東海大學校, 1992. 이 논문집에 실린 논문들은, 비록 그 대부분이 비판적이지는 않지만, 쉬의 학술적 공헌에 대한 좋은 개관을 제공한다.

Kupperman, Joel J. *Learning from Asian Philosophy*, Oxford : Oxford University Press, 1999. 이 책은 비록 쉬에 대한 언급은 없지만 이 장의 첫번째 부분에서 논의된 쉬의 사상을 이해하는 데 유용하다. 이것은 중국과 서양의 철학 전통이 어떻게 그들의 질문과 그들의 접근법을 반전시켰는가에 대한 보다 구체적인 이해를 제공해준다.

Li, Chenyang, *The Tao Encounters the West*, Albany N.Y. : SUNY Press, 1999. 이 책에서 리는 유가와 민주주의가 양립한다는 쉬의 주장에 대해 반론을 제기한다.

劉述先, "從民本到民主", 《文化與哲學的探索》, 臺北 : 學生書局, 1986.

牟宗三, 《中國哲學的特質》, 홍콩 : 人生出版公司, 1963. 모우는 쉬를 중국 철학의 도덕적 특성이 뿌리박고 있는 우환 의식에 대한 현대적 주제화의 공로자로 생각한다.

Qi, Liang, 《新儒學批判》, 上海 : 三聯書店, 1995.

Rosement, Jr., Henry, *A Chinese Mirror : Moral Reflection on Political Economy and Sosity*, La Salle, Illinois : Open Court, 1991.

Rosement, Jr., Henry, "Human rights : a bill of worries," in de Bary and Tu, 1997.

杜維明, "爲往聖繼絶學", 《徐復觀教授紀念文集》, 1984. 이것은 1983년 쉬푸꾸안 임종 1주기 기념식에서 한 강연이다.

杜維明, *Confucian Thought : Selfhood as Creative Transformation*, Albany : SUNY Press, 1985. 뚜는 중국의 미학 정신에 대한 쉬의 연구의 범위를 도가의 똑같은 미적 해석으로써 유가 특히 맹자를 포함하는 데까지 확장한다.

吳光明, "Chinese Aesthetics," Robert E. Allinson 編, *Understanding the Chinese Mind : The Philosophical Roots*, Hong Kong : Oxford University Press, 236~64면, 1989. 이 논문은 미학적 관점으로부터 중국 철학 전통에 대한 쉬의 연구를 발전시킨다.

《徐復觀教授紀念文集》, 臺北 : 時報文化出版事業公司, 1984.

《徐復觀先生紀念文集》, 臺北 : 學生書局, 1986.

토론 주제

1. 중국 문화와 철학의 특징은 밑에 놓인 우환 의식까지 거슬러 올라갈 수 있는가?
2. 마음(心)이란 무엇인가?
3 우리는 유가적 사유의 리(理)와 인(仁)의 관계에 대한 쉬푸꾸안의 설명을 받아들일 수 있는가?
4. 천명(天命)은 외재적인가 내재적인가? 우리는 어떻게 그것에 관한 지식을 얻을 수 있는가?
5. 체인(體認) 방법은 우리의 지식에 기여를 하는가?
6. 유가를 사변적인 형이상학적 학설이라고 생각하는 것은 오해인가?
7. 쉬푸꾸안이 민주주의는 유가가 없이는 불완전하다고 주장하는 것은 정당한가?
8. 덕(德)에 의한 통치가 더 나은가, 아니면 법(法)에 의한 통치가 더 나은가?
9. 어떤 의미에서 도(道)는 미적 이상일 수 있는가?
10. 우리는 '극기(克己)'를 어떻게 이해해야 하는가?

15. 탕쥔이(唐君毅): 도덕 이상주의와 중국문화

신 예 찬

탕쥔이(唐君毅)는 1909년에 중국 쓰추안성(四川省)에서 태어났다. 학부 때 그는 베이징 대학(北京大學)과 난징 중앙 대학(南京中央大學)에서 팡동메이(方東美), 탕융퉁(湯用彤)과 함께 공부했다. 그는 또한 청년기에 슝스리(熊十力)와도 사귀면서 그와 철학을 논하였다. 1949년 홍콩으로 이주한 이후, 그는 치엔무(錢穆), 쟝피지에(張丕介)와 함께 신아서원(新亞書院)을 설립하였다. 탕쥔이는 대만 대학에도 방문했으며, 중국 철학에 대한 국제회의에 많이 참가하였다. 그는 홍콩에서 1978년 암으로 사망하였다.

탕쥔이의 저작은 크게 세 가지 분야로 나누어 볼 수 있다.

1. 전통 중국 철학.
2. 윤리학과 형이상학.
3. 문화 문제, 특히 서양 문화와 중국 문화의 비교, 중국 문화의 근대화에 대한 저술.

중국 전통철학에 대한 탕쥔이의 저서를 논하자면 중국 철학 자체에 대한 포괄적인 주해가 필요하므로, 이 장에서는 두 번째와 세 번째 영역에서의 기여, 특히 윤리학과 형이상학에 대한 글에만 초점을 맞출 것이다.

윤리학과 형이상학

탕쥔이가 서양 철학과의 대화라는 맥락에서 자신의 철학을 발전시켰음에도 불구하고, 그의 사상은 신유가, 특히 육왕(陸王)학파에 대한 현대적인 재해석으로 보는 것이 더 적절할 수 있다. 육상산(陸象山)과 왕양명(王陽明)의 저작에 초점을 맞추는 이 학파는 종종 신유학의 유심론적 학파로 불린다. 도덕적·지적 수양에서 마음의 역할을 강조했기 때문이다. 이러한 신유학자들처럼 탕쥔이는 윤리학을 기초지우기 위해 형이상학을 사용하려 하였다. 그들처럼 탕쥔이도 우주 만물에 내재해 있는 형이상학적 본체를 믿었다(形而上底本體). 이러한 내재성 때문에 우주적 통일이 이루어진다. 게다가 탕쥔이는 형이상학적 실재가 유가의 덕인 인(仁)과 같은 도덕적 성질을 지닌다고 믿었다. 형이상학적 실재를 구현함으로써 우리의 본성을 실현하고 형이상학적 실재와 완전한 합일을 이루기 위해 인간존재는 도덕적 생활을 해야 한다.

초기 저작 단계에서부터 윤리학은 탕쥔이의 철학에서 중심이었다. 그에 따르면 도덕적 삶은 우리로 하여금 자각적으로 자기 통제를 하도록 요구한다고 한다. 이를 행하기 위해서 우리는 우리 자신에 대한 전적인 책임감을 가져야 하고, 우리가 자유롭다는 것을 믿어야 한다. 자유롭고 자기 통제적인 도덕행위는 기본적으로 자신의 현실자아를 초월하는 행위이다:

> 모든 도덕 행위와 도덕 심리의 유일한 공동의 성질은 현실적 자아의 한계를 스스로 초월하는 것이다. … 사람들은 대개 근검한 행위를 도덕행위라고 말한다. 근면이란 무엇인가? 그것은 현재의 역량을 꾸준히 사용하는 것이다. 검약이란 무엇인가? 그것은 현재의 욕망을 억제하는 것이다. 둘 다 현실자아에 대한 초월을 나타낸다(《道德自我之建立》, 唐君毅, 1986, vol. 1, 54면).

우리는 우리가 현실자아를 초월했는지를 무엇으로 확인할 수 있을까? 탕쥔이는 우리에게 현실자아와 도덕자아를 구분할 것과, 우리의 진자아(genuine self)로서 후자를 택할 것을 요구하였다. 도덕자아는 이성의 측면에서 설명한 것이다:

> 우리가 이성(理性; Reason)이라고 부르는 것은 합리적인 것을 증명하고 따를 수 있는 본성이다. 즉 합리적인 것은 자연스러운 것이다. 이성은 중국 유학자들이 성리(性理; natural reason)라고 부르는 것이다. 그것은 우리의 도덕자아, 정신적 자아, 혹은 초월적 자아를 그것이게 하는 본성 내지 본질이다(《文化意識與道德理性》, 19면).

　　반면, 현실자아는 "현실의 시공간에 빠져있는(陷溺) 자아(《道德自我之建立》, 29면)"
이다. 시간적으로 존재하는 것은 일시적이므로 환상이며, 공간적으로 존재하는 것은
제한되어 있으므로 보편적이지도 않고 실재적이지도 않다. 그렇기 때문에 현실자아
는 실재적이지 않다. 시공간에 의해 제한되지 않고 영속적이며 참된 도덕자아는 인
간의 참된 자아를 의미한다.

　　더 중요한 것은, 도덕자아는 모든 사람들이 공유하고 있는 보편적이고 형이상학
적인 본체라는 것이다:

> 나는 이러한 마음의 본체(心之本體)가 반드시 완전할 것이라고 확신한다. 이는 마음이 무궁(無窮)
> 한 시공간을 초월하여 그것을 넘어 서 있기 때문이다. … 나는 내 마음의 본체가 곧 타인의 마음
> 의 본체라고 믿는다. 내 마음의 본체는 지극히 선(至善)하기 때문이다. 그것은 나의 도덕심리를
> 표현하며, 현실자아로 하여금 자기 자신을 초월하여 타인을 나 자신으로 보도록 명령한다. 이는
> 그것이 처음부터 나와 남의 현실자아가 공유하는 마음의 본체라는 것을 보여 준다. … 이러한 마
> 음의 본체는 세계의 주재자(主宰) 곧 하느님(神)이다(《道德自我之建立》, 109~10면).

　　마음의 본체가 선하기 때문에 맹자가 주장했듯이 우리의 본성도 분명 선할 것이
다. 그러나 본성이 선하다면, 악(evil)과 악덕(vice)의 근원은 무엇인가? 탕쥔이는 이
질문에 인간의 탐닉(沈溺; indulgence)으로 답하였다. 예를 들어 타인의 칭찬에서 오
는 기쁨에 탐닉한다면, 우리는 명예와 권력을 탐내게 될 것이다. 그런데 우리는 왜
탐닉하게 되는가? 탕쥔이에 따르면, 무한을 욕망하는 것이 우리 정신의 본성이기 때
문에 탐닉할 생각을 한번 하게됨으로부터 우리는 무한한 탐욕(無盡貪慾)으로 나아갈
수 있다. 본래 무한(無限)이란 현실을 초월하는 활동들의 대상이다. 그러나 실물이
우리 탐닉적 생각의 대상이 되었을 때 그것에 사로잡히게 되는 것 같다. 현실적 대
상의 무한성에 대한 우리의 욕망은 무한한 탐닉의 원천이다(《道德自我之建立》, 156
면).

　　탐닉에서 벗어나기 위해 탕쥔이는 그때그때 스스로 반성하고 자각하는 생각(當下
自省自覺之意念)의 방법을 제안하였다. "당신의 책임을 뚜렷하게 깨달아라. 생각의 중
요성을 뚜렷이 깨달아라. 그러면 그때그때의 생각으로 도덕생활의 세계를 열 수 있
다는 것을 알게 될 것이다(《道德自我之建立》, 92면)." 이런 종류의 생각은 자신의 행
동에 대해 마음 편치 못함을 느끼는 데서 처음 생겨난다. 마음 편치 못함은 이런 행
동을 반성하도록 이끈다. 또한 반성은 선악판단을 발생시킨다. 그러면 인간은 의식
적으로 악을 제거하고 선을 추구하도록 행동할 수 있게 된다.

탐닉에서 성공적으로 빠져나옴으로써 우리는 진자아 혹은 도덕자아로 자신을 통제할 수 있다. 이렇게 보면 도덕자아의 본래적 본성은 초월성이다: 도덕적으로 행위함으로써 인간은 자신의 현실자아를 초월한다. 더 정확히 말하면, 모든 종류의 한계를 초월한다.

탕쥔이는 도덕행위가 우리들이 인의예지(仁義禮智; benevolence, rightness, propriety, wisdom)의 네 가지 기본적인 유교의 덕을 발전시키도록 도와 주리라 믿는다. 이 네 가지 덕의 핵심은 자기 자신의 한계를 초월하고 타인과 일체가 되는 것이다. 이는 탕쥔이가 가장 기본적인 덕이라고 보았던 인(仁)의 경우에 가장 명백하다:

> 원초적 형태의 인애(仁愛; benevolence-love)는 우리 자신과 타인을 독립적이고 개인적인 존재로서의 관념을 발전시킬 때 나타나는 첫째 덕(首德)이다. 유학에 따르면 타인을 향한 인(仁)은 처음부터 적극적인 행동을 포함하는 사랑으로 드러날 필요는 없다. 그것은 미분화되고 분리되지 않은 관대함과 소박함, 혹은 타인의 고통을 차마 볼 수 없는 측은지심(不忍人之心)으로 드러날 수 있다 (《文化意識與道德理性》, 537~8면).

도덕행위는 초월을 포함하기 때문에 탕쥔이는 윤리와 종교가 완전히 분리될 수는 없다고 생각하였다. 도덕을 완전히 수양하기 위해 우리는 종교적 정신도 발전시켜야 한다. 감사(gratitude)는 우리가 수양해야 할 윤리-도덕적 정신의 전형적인 예다. 이는 우리 자신을 초월하게 해주고, 덕, 그리고 선행(善行)을 한 인물들과 이어질 수 있게 해주기 때문에 수양해야 하는 것이다. 이러한 측면에서 그는 삼제(三祭), 즉 부모, 조상, 성인을 섬기는 중국의 전통적 종교관습에서 윤리적 의미를 보았다:

> 중국문화에서 감사의 정신이 가장 근본적으로 드러나는 것은 부모, 그리고 선행(善行)을 한 사람에게 드러내는 감사에서다. 이로부터 우리는 조상숭배를 위한, 그리고 세상에 공헌한 사람들, 성인, 만물을 생성한 천지와 나라의 '신들'을 위한 의식(rituals)을 이끌어낸다(《說中國人文中之報恩精神》, 鵝湖月刊(Legein Monthly) 16, 1975, 104면).

왕양명은 탕쥔이의 윤리학에 뚜렷한 영향을 주었다. 참된 자아 개념, 악은 탐닉의 결과인데 이것은 생각(意念)에 의해 극복될 수 있다는 주장, 우주적 통일을 설명하는 보편적인 도덕형이상학적 실재에 대한 학설은 모두 왕양명 고유의 생각과 밀접한 관련을 갖는다. 이러한 생각들은 탕쥔이의 전 생애에 걸쳐 그의 윤리학의 핵심이 되었다.

이러한 주제를 포함하는 세련되고 정교한 체계는 탕쥔이의 가장 중요한 저서인 《생명존재와 심령경계(生命存在與心靈境界)(1977)》에서 진전되었다. 이는 그가 죽기 직전에 완성한 책이다. 이제 이 책에 상세히 설명되어 있는 그의 철학에로 눈을 돌려보자. 이 책은 서양·불교·중국의 철학전통에서 보이는 주요 철학사상에 대한 포괄적인 논의와 비판이 들어있다.

탕쥔이에게 인간의 심령(心靈; heart-mind)은 세계를 이해하는 열쇠를 쥐고 있다. 심령은 탕쥔이가 감통(感通)이라고 묘사한 기능을 통해 세계를 이해한다. 감통은 정감이나 의지뿐만 아니라 인식도 포함한다. 그것이 이상적으로 작동한다면 사람은 대상이나 상황에 의당한 방식으로(當然之理) 응하며, 이성과 정감의 통합을 이룬다. 다른 인간 존재를 이해하는 데 적용된다면, 감통은 일종의 공감적 반응이다. 이러한 감통을 발휘하면 우리는 탕쥔이가 경지(境)라고 부른 시각이나 인식을 달성할 수 있다. 경지는 마음이 지향하는 대상에 대한 불교의 개념으로, 주관적 이해와 객관적 상황의 합일을 의미한다. 따라서 그것은 지각에 대한 칸트적 설명과 비교될 수 있다. 그것에 의하면 지각 역시 마음이 마음에 의해 제공된 범주로 감각자료를 통합시키는 작용의 산물이라는 것이다.

탕쥔이는 총 9가지 경지를 밝혔다. 처음의 세 경지는 심령에 의해 지각되는 객관 세계를 다룬다. 다음 세 경지는 그 자신에 대한 심령 성찰의 산물이다. 마지막 세 경지는 심령이 주관과 객관을 통합시키는 별개의 방식을 구성하기 때문에 가장 중요하다. 탕쥔이는 마지막 세 경지를 주관과 객관을 초월(超主觀客觀)한 경지라고 불렀다. 탕쥔이는 9가지 경지를 다음과 같이 기술하였다:

> 우리의 인식은 처음에는 내적 관찰이 아니라 외적 관찰(外照)에 관계한다. 즉 [우리의 마음은] 타자를 의식하는 것이지, 자각(自覺)이 아니다. … 따라서 9가지 경지 중에서 첫번째 경지는 만물이 분화되어 있는 경지(萬物散殊境)이다. 이로부터 우리는 개체(個體)의 영역을 알게 된다. … 두 번째 경지는 부류에 따라 변화하는 경지(依類成化境)이다. 이로부터 우리는 류(類)의 영역을 알게 된다. … 세 번째 경지는 차례대로 기능하는 경지(功能序運境)이다. 이로부터 우리는 원인과 결과의 영역, 목적과 수단의 영역을 알게 된다(《生命存在與心靈境界》 I, 47~8면).

> 중간의 세 경지는 타자를 지각하는 경지(覺他境)가 경지가 아니라 자각의 경지(自覺境)이다. … [이 그룹에서] 첫번째 경지는 상호감각의 경지(感覺互攝境)이다. … 이 경지에서 주체는 우선 그가 인식한 객체의 상(相)이 그의 감각에 내재해 있다는 것을 안다. 이 상(相)이 존재하는 시공간은 감각을 따르고 자각적으로 반성하는 심령에 내재한다. 나아가 추론을 통해, 존재하는 모든 물

체(物體)가 감각능력이 있는 주체라는 것을 알 수 있다. 이 주체들은 서로를 지각할 수 있으며, 각기 독립되어 있다. … 중간의 세 경지에서 두 번째 경지는 높이 올라 관조하는 경지이다(觀照凌虛境). 이로부터 우리는 의미의 영역을 알게 된다. … 이 순수한 상(相)과 순수한 의미의 세계는 언어, 문자, 부호로 표현될 수 있다. … 문학, 논리, 수학은 언어, 문자, 부호의 집합이다. 그것들은 곧 간접적으로 다양한 순수의 상, 순수의미를 드러낸다. 인간의 음악, 미술 등 예술은 성(聲), 음(音), 형태(形狀)의 집합으로써 다양한 순상(純相)과 순의미(純意義)를 직접적으로 표현한다. … 이 중간 경지에서 세 번째 경지는 도덕을 실천하는 경지(道德實踐境)이다. 이로부터 우리는 덕행(德行)의 영역을 알게 된다. 그것의 요점은 목적을 자각하는 이상(理想)과 그것을 보편화하는 것을 논하는 데 있다(《生命存在與心靈境界》II, 49∼50면).

마지막 세 경지는 주관이 객관을 흡수함으로써 주관과 객관의 구분을 초월하여 자각에서 초자각(超自覺)으로 전환하는 경지이다. 그러나 이러한 주관과 객관을 초월하는 경지는 여전히 주관이 객관을 통합하는 순서를 따라 나아간다. 따라서 그것은 여전히 주관을 주(主)로 삼는다. … 이 세 경지에서 지식(知識)은 모두 지혜(智慧)로 전환되거나 지혜에 속해 있어야 하며, 우리의 삶에서 우리로 하여금 진실한 가치가 있는 생명존재를 이루도록 하는 데 쓰여야 한다. … 이 마지막 세 경지에서 첫번째 경지는 하나의 신에게로 돌아가는 경지(歸向一神境)라고 불린다. 이로부터 우리는 신의 영역을 알게 된다. 그 요점은 일신론에서 말하는 주관과 객관을 초월하고(超主客), 주관과 객관을 통일하는(統主客) 신의 경지를 논하는 데 있다. 이 신은 가장 높은 위치에 거하는 실체이다. 두 번째 경지는 자아와 법(法: dharma)을 둘 다 비우는 경지(我法二空境)이다. 이로부터 우리는 법의 영역을 알게 된다. 그 요점은 일체의 법(法)과 상(相)의 종류(類) 및 의미에 대한 불교의 관점을 논하는 데 있다. [불교에서는] 양자 모두에게 본성이 공(空)하다는 것은 그 법의 본성(法性)이자, 진여(眞如)의 실상(實相)이라고 본다. 또한 양자 모두 본성이 공(空)한 부류에 속한다고 본다. 그럼으로써 주관과 객관[의 구분], 나와 타자(法)에 대한 인간의 집착을 깨트려 주관과 객관의 분별을 초월하는 것이다. … 세 번째 경지는 천덕이 유행하는 경지(天德流行境)로, 본성을 다하여 천명을 세우는 경지(盡性立命境)로도 불린다. 이를 통해 우리는 성(性)과 명(命)의 영역을 알게 된다. 그 요점은 자신의 주관적인 본성을 다해 객관적인 천명을 세우는 유교의 가르침을 논하는 데 있다. [유교의 가르침을 따르면] 주관과 객관을 관통하게 된다(通主客). … 이[경지]는 도덕실천경과 상통하여, 궁극적인 도덕실천의 경지(至極之道德實踐境) 혹은 인간의 최종단계를 세우는 경지(立人極之境)로도 불린다(《生命存在與心靈境界》I, 51∼2면).

요컨대 아홉 가지 경지는 (a) 개체(사물이나 인간), (b) 개체가 속하는 부류(類), (c) 개체 간의 인과관계, (d) 주관적 마음에 의한 상호 지각, (e) 개념과 순수의미,

(f) 도덕의 실천, (g) 일신(一神)과의 통일, (h) 세계와 자아에 대한 환상 깨닫기, (i) 천덕(天德)이 구현된 인간 본성의 발휘에 대한 것이다.

아홉 경지 모두 다양한 지식을 포함하나 마지막 세 경지, 즉 주관과 객관을 초월한 경지가 탕쥔이에게 가장 중요하다. 그는 그 경지를 최고의 관심사를 가지고 있는 것으로 본다. 그의 철학의 목표는 그가 주장하였듯이 사람들이 진정한 존재를 이루도록 돕는 것이다. 마지막 세 경지에서 우리의 지식은 지혜로 전환된다. 탕쥔이는 그의 윤리학을 형이상학에 닻을 내리도록 하고자 했고, 다양한 형이상학 이론이 논의되고 비교되는 것도 마지막 세 경지에서다.

그 세 경지는 각각 그리스도교, 불교, 유교를 나타내는 것으로 볼 수 있다. 탕쥔이는 세 종교 모두 동일하게 형이상학적 절대실재를 말하지만, 그것들은 이러한 실재를 서로 다른 이름으로 제시한다고 생각했다. 그러나 그것들의 주요한 차이점은 그들이 인간에게 형이상학적 존재와 합일을 이루기 위해 따르라고 제시하는 방향이 다르다는 점에 있다:

> 이러한 소위 천덕이 유행하는 경지(天德流行境)를 통해 곧 인덕(人德)의 성취에서 동시에 천덕의 유행을 볼 수 있다. 따라서 동시에 주관과 객관을 초월하는 경지가 된다. 그러나 이는 일신으로 돌아가는 경지(歸向一神境)와는 다르다. 후자는 곧 아래에서 위로의 수직적 관점으로써 주관과 객관을 통일하는 상제(上帝) 혹은 신령(神靈)의 존재를 보는 것이고, 우리의 신념을 위로 확장시켜 주관과 객관의 대립을 초월하게 하는 경지이다. 또한 주관적인 아집(我執)과 객관적인 법집(法執)을 깨트리는 불교와도 다르다. [불가를 따르면] 열 가지 방향의 세계(十方世界)를 두루 보게 되고, 법계(法界)의 주객(主客)·내외(內外)의 모든 법의 본성(性)을 사실대로 관찰하게 된다. 이는 곧 지혜를 아래로 흐르게 하여 주관과 객관의 대립을 초월하게 한다. 지금 말하는 인덕으로 하여금 천덕의 유행을 완성케 하는 것의 요점은 우리 생명존재의 질서가 진행되는 것과 직면한 세계가 순서대로, 즉 앞에서 뒤로, 처음에서 끝으로 우리 앞에 전개되는 것을 따르는 데 있다(《生命存在與心靈境界》II, 155~6면).

이 질서는 당면한 것에서 멀리 있는 것으로 나아간다. 우리는 지금 여기의 우리 인간의 삶에 관련있는 것에서 시작해야 한다. 도덕은 바로 이를 문제 삼고 있기 때문에, 우리는 도덕을 실천함으로써 초월을 이룰 수 있다. 탕쥔이는 이를 유교의 가르침이라고 생각하였다. 유교는 우리 인간의 삶과 이 세계를 환상이라고 보거나(불교), 초월적 신을 추구하는 가운데 삶과 세계를 포기하도록 요구(기독교)하기보다 오히려 긍정하였다.

요컨대 아홉 경지에 대한 철학은 두 가지 결론을 내리고자 한다: 초월적 심령의 존재와 천덕(天德)이 유행하는 경지(유교)의 지고함이다. 각각을 자세히 살펴보자.

탕쥔이는 유교가 기독교와 불교보다 우월하다는 주장에 대해 세 가지 이유를 제시한다. 첫째, 다른 두 종교는 사람들로 하여금 현실의 삶과 세계 너머를 볼 것을 요구한다: 기독교는 초월적 신에 초점을 맞추며, 불교는 세계가 환상이라고 믿는다. 이러한 상이한 강조가 사람들로 하여금 미래를 위해 현실을 간과하게 만든다고 탕쥔이는 생각했다. 그렇게 되면 사람들은 무한한 형이상학적 실재와의 합일로부터 그들을 떼어놓는 공리주의적 사유양식을 취할 경향이 있다.

둘째로, 불교는 세계에 너무 집착하여 세계가 환상이라는 깨달음이 필요한 사람에게만 적절하고, 기독교는 타인에게 너무 의존적이어서 전능한 신의 도움이 필요한 사람에게 적합하다. 이 두 종교는 '병든' 사람들만을 위한 약인 것이다.

셋째로, 유교는 불교와 기독교를 포괄하지만, 불교와 기독교는 유교를 포괄하지 않는다. 유교에서는 예수와 석가모니를 성인으로 볼 수 있지만, 불교와 기독교에서는 공자를 깨달은 자나 성스러운 자로 보려 하지 않는다.

탕쥔이는 초월적이며 무한한 형이상학적 실재인 심령의 존재를 입증하기 위해 두 가지 논증, 즉 존재론적 증명과 도덕적 증명을 사용한다(Ng, 1988). 탕쥔이는 서양철학의 모든 존재론적 증명은 틀려도 고집하는 것이라고 생각한다. 왜냐하면 경험적 사물의 존재를 넘어서려고 했고, 경험적 사물이 비존재일 수 있다고 주장하기 때문이다. 탕쥔이는 또한 이러한 비난을 우주론적, 목적론적인 신존재 증명에도 적용시켰다.

그의 존재론적 증명은 이러한 오류를 교정하는 데서 시작한다:

> 우리는 세계 만물의 존재, 그리고 그들 속성의 결핍과 불완전성에서 출발할 수 있다. 그리고 그들
> 이 결여하고 있는 것을 보완하여 불완전하지 않은 완전한 존재를 형성하는 것을 생각할 수 있다
> (《生命存在與心靈境界》 II, 28면).

전통적인 존재론적 증명은 완전한 존재, 즉 신은 모든 속성을 포함해야 하며, 존재는 속성이므로, 신은 존재한다고 주장한다. 반대로 탕쥔이의 논증은 만일 우리가 실재하는 존재의 불완전성을 부정한다면, 우리는 모든 속성을 지닌 실재하는 존재, 즉 완전한 존재라는 결론에 도달하게 된다고 주장한다.

그러나 탕쥔이에게 무한한 존재의 실재를 증명하기 위한 더욱 적절한 방법은 도덕적-종교적 체험을 통한 것이다. 칸트처럼 그는 무한한 존재의 요청이 합리성과 도

덕적 정감에 의해 요구된다고 생각했다:

> 인간은 처음부터 존경하며 사랑하는 사람의 귀신이 존재한다고 믿을 뿐이다. 원래 최초의 긍정은
> 도덕심의 정감에서 나온 것이다. 이 긍정이 이러한 정감에서 나왔기 때문에 그들은 귀신들이 짝
> 도 없고, 의지할 데 없이 오로지 혼자 남는다고는 차마 생각하지 못할 것이다. 저 귀신이라는 것
> 은 세상의 인간과 사물들이 갖는 물질적 형체를 갖춘 것의 장애가 없으므로 그들의 초월적 심령
> 생명(心靈生命)은 서로 비추어 줌으로써 일체가 되기 때문에 절대정신 실재와 합일되어야 할 것
> 같다. … 이 절대 정신의 실재와 우리가 존경하며 사랑하는 사람의 귀신이 실제로 존재한다는 것
> 을 의심하는 것은 도덕적 심령을 거스르는 것이다(《生命存在與心靈境界》 II, 10면).

탕쥔이는 칸트로선 논증만이 무한존재의 객관적 실재를 증명하는 것은 아님을 잘
알고 있었다. 그는 계속해서 우리의 도덕적 체험이 실제로 그 객관적 존재를 드러낸
다고 말한다:

> 우리의 도덕적 삶에서 우리와 타인들 간에 진실된 동정(同情)과 공감(共感)이 있어야만, 또한 우
> 리 스스로 진실된 반성을 할 수 있어야만 우리의 도덕심령이 다른 사람들의 것과 통일된 정신실
> 재를 이루는 것을 볼 수 있다(《生命存在與心靈境界》 II, 62면).

탕쥔이는 공감과 동정은 사람들이 서로에게 도움을 줄 때 생기며, 특히 자연재해
나 전쟁과 같은 상황에서 분명해진다고 믿었다:

> 이 때, 사람들은 주관적으로 각기 만민이 한 마음(一心)을 공유한다는 느낌을 갖는다. 그리고 객
> 관적으로 이러한 마음이 만민 안에 실제로 존재한다고 말할 수 있다. 동시에 이 한 마음(一心)의
> 활동이 천지간에 있음을 느낄 수 있다. … 한 마음이 개인이나 우리, 혹은 천지에 따로따로 속한
> 다고 말해서는 안 된다. … 우리가 천지와 대면할 때, 천지는 우리 각자의 한계를 초월케 하여 이
> 한 마음의 존재를 드러내는 것이다(《生命存在與心靈境界》 II, 64면).

탕쥔이가 여기서 간주관성에 대해서 말하고 있지는 않다는 것에 주의해야 한다.
그는 모든 사람이 같은 목표를 공유한다는 의미에서 공통된 마음이 있다고는 말하
고 있지 않다. 그는 초월적 마음, 즉 개인이 자기 자신을 초월하여 타인과 합일을 할
때 형성되는 개개인의 마음의 합일에 대해 말하고 있다:

　　서로의 도덕행위와 도덕적 삶에서 우리는 타인의 도덕적 마음과 도덕적 인격의 존재에 대해 직감
(直感)할 수 있다. … 도덕적 마음과 도덕적 인격의 존재에 대한 우리의 상호 직감으로부터 도덕
적 마음과 인격의 확대 및 향상이 이루어진다. 이로부터 우리는 인간의 도덕적 마음과 인격은 단
지 개인에게만 속해 있는 것이 아니라 타인에게도 속해 있다는 것을 알 수 있다. 이 하나의 마음
과 인격은 본래 "자기에게 있는 것"이다. 그러나 그것이 타인에게 표현되어 타인이 그것을 직감하
게 되면 타인에게도 속하는 것이다. … 상호포함과 상호감통으로부터 생긴 통일된 정신실체에 관
하여, 우리는 그것을 절대적 자아, 절대적 정신실재라고 말할 수 있다(《生命存在與心靈境界》 II,
61면).

　　직감을 통해 타인의 도덕적 마음을 인식하는 것은 왜 우리의 마음과 타인의 마음
의 합일을 의미하는가? 탕쥔이의 대답은, 타인의 마음이 우리의 직감 안에 존재하
면, 그 마음이 우리 안에 존재한다는 것이다. 타인과 우리 자신이 우리의 직감 안에
서 합일되는 것이다.
　　이러한 주장을 이해하기 위해 우리는 탕쥔이의 유심론을 이해할 필요가 있다. 그
는 때때로 개념적 실재와 객관적 실재를 동일시했던 것 같다. 즉 그는 하나의 관념
은 하나의 객관적 존재라고 생각했다. 그의 유심론은 형이상학적 무한실재의 존재에
대한 그의 초기 논증에서조차도 알아차릴 수 있다:

　　세계에 대한 우리의 불만은 진실한 세계, 즉 선한 세계, 완전한 세계에 대한 우리의 욕구를 증명
한다. 이 욕구는 절대적이다. [우리는] 그것을 단순히 심리적 사실로 간주해서는 안 된다. 만일 그
것이 심리적 사실이라면, 어떻게 그것이 현실세계에서 영원히 있을 수 있으며, [우리로 하여금]
그에 대해 불만을 느끼게 할 수 있겠는가? 따라서 이러한 욕구는 소위 현실세계를 초월하고, 그
초월성의 원인이 되는 원천을 가지고 있을 것이다(《道德自我之建立》, 102면).

　　탕쥔이는 마음이 전 우주를 판단의 대상으로 삼을 때, 우주가 마음 안에 있게 되
기 때문에 마음이 우주를 초월해야 한다고 주장한다.
　　탕쥔이의 유심론은 지각하는 마음과 마음이 지각하는 것이 불가피하게 결합되어
있다는 믿음에 근거한다:

　　지각능력과 지각되는 것은 분리될 수 없다. 근본적인 이유는 이러하다: 인간이 지각을 의식할 때
한편으로는 그 지각능력을 의식한다. 다른 한편으로는 지각된 상(性相)을 의식한다. 이러한 의식
에서 우리는 합일된 의식을 뚜렷이 갖는다. 따라서 양자가 따로 존재한다고 말할 수 없다(《生命存

在與心靈境界》II, 352면).

탕쥔이는 우리에 대해 객관적이고 독립되어 있는 듯한 사물들이 현실적 지각과 잠재적 지각의 측면에서 이해될 수 있다는 현상주의자들의 결론을 끌어들였다:

> 그러나 사람들은 이러한 상(性相)이 우리의 주관적 개개의 지각을 초월할 수 있으며 또 보편적인 의미를 가지고 있다는 것을 알았을 때, 이러한 것들이 스스로 존재하거나 개별적 사물의 몸에 존재한다고 말한다. 심지어 인간의 지각능력과 무관하게 존재한다고 주장하기도 한다. 이것은 '보편(普遍)'과 '외재(外在)'를 혼동하는 것이다. … 만약 지각된 현상이 지각되지 않을 때도 스스로 존재한다면, 이 존재는 지각과 관련하여 말하자면 이미 현실의 존재가 아니며, 단지 가능의 존재 혹은 잠재적 존재일 뿐이다《生命存在與心靈境界》, I, 351면).

따라서 탕쥔이는 버클리(Berkeley)에 대한 비판에서 버클리의 관념론을 비판하지는 않았다. 그가 생각하기에 버클리의 잘못은 모든 관념이 지각되어야만 하고, 따라서 지각하는 신의 존재가 요구된다고 주장했다는 점이다. 탕쥔이의 유심론은 그로 하여금 개념적 실재와 객관적 실재를 혼동하게 하였고, 단지 관념에 불과한 것을 존재하는 대상으로 생각하게 하였다. 따라서 그는 타인의 도덕적 마음을 우리가 지각한다는 사실로부터 타인의 마음이 우리의 마음 안에 있고 마음들의 합일이 있다는 사실을 추론하였다. 우리는 이러한 믿음이 어떻게 그로 하여금 지각하는 모든 마음, 즉 그의 용어로는 천지의 마음 안에서 우리가 무한한 마음과 합일된다고 결론을 내리게 했는지 알 수 있다.

윤리학과 형이상학에 대한 탕쥔이의 설명 검토

탕쥔이는 유교의 우월성에 대한 자신의 주장을 수립하는 데 성공하지 못했다. 만약 미래의 이상을 추구하는 것이 공리주의적 사고 양식으로 이르게 했다면, 유교는 불교나 기독교와 똑같은 문제에 직면하게 된다. 유교의 현세 생활과 세계의 가치에 대한 긍정은 결코 유교적 이상이 미래를 향하고 있지 않음을 의미하지는 않는다. 탕쥔이에게서도 인간은 초월적인 하늘의 덕에 전적으로 참여할 수 있으려면 먼저 도덕 수양을 하면서 자신의 본성을 다해야 한다.

또한 기독교와 불교는 환자를 위한 만병통치약만을 제공하여, 인류 다수가 이런 식으로 병들지 않는 한 유교보다 열등하다. 인간 본성의 선(善)에 대한 유교의 믿음

은 이러한 병의 원인을 외부요인에 돌림으로써 일반적인 인간의 병을 받아들일 수 있다. 병을 극복하고자 하는 사회의 요구에 가장 잘 대처하는 종교는 어느 것이든 보편적으로 참인 절대적인 답을 받아들이지 않는다.

마지막으로 유교만이 다른 두 종교를 포함한다는 주장 역시 도전받을 수 있다. 만약 유교가 예수와 석가모니를 유교의 다른 성인들과 대등하게 본다면 예수나 석가모니가 그 고유의 종교 안에서 이해되는 방식으로 인식하는 것이 아니다. 예수는 전능(全能)하고, 전덕(全德)하며, 전지(全知)적인 창조자로 간주되지 않게 된다. 유교에 포함되는 종교라면 기독교나 불교일 수 없을 것이다.

무한실재의 존재에 대한 탕쥔이의 존재론적, 도덕적 증명은 성공적이지 못하였다. 그의 존재론적 주장은 현존재에서 시작하여, 그 완전성을 결여하고 있는 존재에 모든 속성을 보충함으로써 그 불완전성을 부정하고, 완전한 존재에 이른다. 그의 주장은 현존재가 완벽해지는 데 결여하고 있는 모든 속성들을 우리가 충족시킬 수 있다는 주장과, 따라서 우리 스스로 신을 창조할 수 있다는 어이없는 생각에 기초한다.

탕쥔이의 주장을 다르게 해석한다면 현존하는 불완전한 존재의 개념을 전적으로 완전한 존재의 개념으로 전환시키기 위해 보충해야 할 부가적 속성에 대해 생각해 볼 수 있다는 것이다. 그러나 이러한 해석은 신이 존재한다는 사실을 입증하는 것이 아니라 우리가 단지 신의 개념을 가지고 있다는 것을 입증해줄 뿐이다.

탕쥔이의 도덕론 또한 여러 가지 문제에 맞닥뜨린다. 탕쥔이는 개별 마음 간에 통일을 이루어 무한한 마음에 이를 수 있음을 주장하였다. 그러나 유한한 마음을 아무리 많이 통합한다고 해도 무한한 마음의 형성에 이를 수 없을 것이다. 더욱 중요한 것으로, 우리는 그의 주장이 그의 관념론에 의거하고 있음을 이미 살펴보았다. 버클리와 같은 관념론자들조차도 단순한 관념과 실재 존재 간의 구분을 견지하고자 하였다. 버클리는 단순한 관념이 실재 존재보다 덜 생생하고 다른 관념들과 일관된 인과관계를 덜 유지하고 있다고 말하였다. 그러나 탕쥔이의 유심론은 그러한 구분을 간과한 듯하다. 그의 추론 노선을 따른다면 우리의 몸은 모두 우리의 지각 내에 있으며 따라서 모두 통일되어 있다고 말해야 한다. 그러나 이러한 주장은 이치에 맞지 않다.

마지막으로 우리는 다음과 같은 측면을 지적해야 한다. 탕쥔이의 심령철학은 신유학에서 유래하였다. 첫째, 탕쥔이는 개인과 무한한 심령간의 관계를 다양한 현현(分殊)의 하나로 묘사하였다:

우리는 이러한 신령한 존재가 절대적이고 무한한 신령한 존재이며, 그것은 일체의 주관적 심령과

천지만물에 관통해 있다는 것을 알고 있다. 일체의 주관적 심령과 천지만물은 모두 신령한 존재가 드러나는 장소이다. 우리의 주관심령의 표현이 이러한 신령한 존재의 덕성과 상응하면, 동시에 신령의 표현으로 간주할 수 있다. 우리는 우리의 주관심령이 신령한 존재 자체의 분수적 표현(分殊表現)이라고 말할 수 있다(《生命存在與心靈境界》II, 65면).

이러한 심령과 그것의 다양한 표현 사이의 관계는 '리일분수(理一分殊)'라는 신유학의 주장과 일치한다.

둘째로, 감통의 발휘를 통해 자아와 타인 간의 구분이 없는 경지에 도달한다는 탕쥔이의 관념은 '우주와 일체를 이루는(天人合一)' 신유학의 관념을 되풀이한 것이다.

이러한 경험적 경지(現量境)는 심령존재와 외물의 존재 간의 상호감통에 의해 이르게 되는 경지이다. 즉 그것은 아(我)와 비아(非我) 간의 분별이 없는 경지이다(《生命存在與心靈境界》II, 178면).

셋째로, 신유가와 탕쥔이는 모두 인(仁)을 우주의 근본적인 덕이라고 보았다. 그것을 통해 우주적 통일이 이루어진다는 것이다. 우리는 신유가에서의 인(仁)이 때때로 덕이라기보다 형이상학적 실재 자체로 간주되었다는 점에 주의해야 한다. 탕쥔이는 인(仁)을 다양하게 드러나는 다른 모든 덕과의 감통(感通)으로 이해했다. 감통이 우주적 통일을 이끌기 때문이라고 탕쥔이는 결론내렸다:

천(天)의 인(仁)이 사사로움 없이 만물에 미친다면 우리의 인(仁)의 능력이 사사로움 없이 만물에 미친다는 사실을 통해 그것을 보아야 한다.(《生命存在與心靈境界》II, 243면).

그러나 탕쥔이는 하나의 중요한 측면에서 신유학에서 벗어났다. 신유학은 형이상학적 실재를 반드시 진보의 의미로서가 아니라 발전을 내포하는 표현인 '낳고 또 낳는(生生不已)' 리(理) 혹은 도(道)라고 묘사하였다. 반면, 탕쥔이는 형이상학적 실재를 초월자라고 표현했는데, 이는 진보를 내포한다. 같은 측면에서, 토마스 메츠거(Thomas Metzger)는 적연부동(寂然不動)에 대한 신유학의 강조가 탕쥔이의 철학에는 포함되어 있지 않다고 말한다(Metzger, 1977, 92면).

신유학에서의 리(理)는 '생생불이(生生不已)'의 원리이다. 이는 리(理)가 존재의 원천 혹은 삶의 근원이며, 만물의 활동의 기초가 되며 그를 지배하기 때문인데, 이러한 행위들이 생생불이를 통해 전개된다. 리의 내재적 본성과 만물활동의 본성 사

이의 공통성 때문에, 리(理)는 만물에 배태되어 있고, 만물은 리(理)의 분수(分殊)인 것이다.

탕쥔이는 같은 관계가 심령과 우주의 개체 간에도 적용된다고 생각했다. 그러나 만약 우리가 형이상학적 존재를 초월자라고 생각한다면 문제가 생긴다. 심령의 내재적 본성이 초월적이라고 입증하기가 힘들기 때문이다. 만약 심령이 전적으로 완전하고 모든 속성을 포함하고 있다면, 어떻게 심령이라는 이미 완벽한 존재가 그 자신을 초월할 수 있을지를 이해하기란 힘든 일이다.

혹자는 심령을 이미 완전한 존재가 아닌 완전한 존재가 되어 가는 것으로 봄으로써 초월을 이해하고자 할지도 모른다(Ng, 1988, 305면). 탕쥔이는 존재가 완전한 것으로 간주될 수 있다고 주장했다. 그 속성들이 함께 드러나기보다 교대로 드러나는 것이라고 해도 말이다. 그는 또한 심령이 동시에 모든 속성들을 드러내지는 않는다고 주장하였다. 심령은 '초월적 포함(超越的包含)'을 갖기 때문이다:

> 소위 '초월적 포함'이라는 것은 상반되고 모순되는 것을 포함하는 것을 말한다. 동시에 상반되고 모순되는 것으로 하여금 서로 철회시키거나 제거하도록 하여 '비존재의 존재(非有之有)'나 '무의 존재(無中之有)', 혹은 '공허한 존재(虛靈化的有)'를 이루도록 하는 것이다(《生命存在與心靈境界》 II, 44면).

심령은 서로 모순되는 속성을 교대로 드러내는 경우에만 모순되는 속성을 포함할 수 있다. 따라서 탕쥔이는 심령의 유연성과 다양한 본성을 강조하였다:

> 따라서, 하나의 존재가 다른 상황에 반응할 수 있고 다양한 성질을 드러내어 무제한적인 변화와 장애없는 자유에 이르게 되면, 그 존재의 능력이 커지고 그 존재가 더욱 완전해짐을 알 수 있다 (《生命存在與心靈境界》 II, 44면).

심령을 초월적이며 모순을 포함하는 것으로 묘사하는 것은 헤겔(Hegel)이 말하는 정신(Geist)의 그것과 같다. 그러나 그러한 유사성은 단지 표면적인 것일 뿐이다. 헤겔의 '정신'은 완전한 자유를 성취하기 위한 발전의 과정을 겪지만, 탕쥔이의 심령은 이미 완전하다.

어쨌든 심령을 완전해지는 것으로 해석하는 것은 실제로는 도움이 되지 않는다. 탕쥔이는 심령을 결코 잠재적인 존재로 묘사하지 않았다. 대신에 그는 존재의 완전도(完全度)가 그 존재가 드러낼 수 있는 속성들의 하나의 기능이라고 생각했다. 점

점 더 많은 속성이 드러나게 되는 과정을 완전해지는 과정으로 이해할 수는 없고, 심령을 완전해지는 존재로 이해해서는 안 된다.

문제는 남는다: 어떻게 완전한 존재가 초월의 내재적 본성을 가질 수 있는가? 탕쥔이는 심령의 초월적 본성이라는 논쟁점을 제기하였다:

> 이러한 주체가 초월의 의미를 지닌다는 것은 그것이 다른 것을 초월하는 활동을 갖는다는 사실에 달려 있다. 따라서 이러한 주체의 초월의 의미는 처음에는 그 활동의 연결, 즉 앞선 행동과 다음 행동의 은현(隱現), 굴신(屈伸), 퇴진(退進)에서 드러난다(《生命存在與心靈境界》 II, 329면).

그러나 이 구절은 초월이 아니라 변화를 설명하는 것이고, 양자가 같다는 주장을 정당화하는 것은 아니다. 초월은 변화와는 달리 향상의 의미를 수반한다. 탕쥔이는 심령이 초월의 내재적 본성을 가지고 있다는 것을 보여 주는 데 실패했기 때문에, 만물이 심령의 다양한 표현이라는 주장을 입증할 수 없었다.

탕쥔이는 또한 초월을 우주 만물의 활동을 주재하는 우주적 원리(理)로 증명하는 데 어려움이 있었다. 그는 우주적 초월을 입증하는 진화이론을 신뢰하지 않았다. 대신에 생물이 이루고 있는 환경에 대한 다양한 적응에서, 우리는 생물이 서로 다른 존재에 대한 상호 관용을 표현하는 것을 볼 수 있다. 탕쥔이에 따르면 서로의 존재에 대한 이러한 관용은 생물이 그들의 본성, 즉 생존본능을 초월한다는 것을 보여 준다. 이러한 주장은 환경에 대한 적응이 초월이 아니라 생존본능의 표현이기 때문에 지지할 수 없다.

초월을 우주만물의 기초를 이루는 우주적 리(理)로 증명하는 데 실패했다고 하더라도, 인간의 심령에 대한 탕쥔이의 주장은 여전히 효력이 있을 수 있다. 그는 인간 심령은 무한한 것이 아니라 유한한 것임을 인정해야 했다. 그러면 이렇게 유한한 인간심령은 도덕적으로 완전해짐으로써 초월의 과정을 겪을 수 있고, 마침내는 무한한 천지와의 합일을 이룰 수 있을 것이다.

문화

탕쥔이는 범도덕주의자라고 비난받아 왔다. 인간의 모든 문화적 행위를 도덕행위로 환원시키고, 초월적 도덕심이 그것을 관통한다고 주장했기 때문이다. 탕쥔이는 상이한 문화영역들을 초월적 심령의 특수한 현현으로 이해했고, 문화적 행위의 기능은 인간의 도덕발전을 촉진하는 것이라고 생각했다. 심령은 상이하게 드러나면서 여

러 방향으로 나아갈 수 있기 때문에, 중국문화와 서양문화는 다른 성격을 지니는 것이다. 탕쥔이는 중국문화가 초월적인 심령의 본성을 더 많이 깨달았기 때문에 서양문화보다 우월하다고 생각하였다. 그가 보기에 중국문화는 인문주의적이고 윤리학·예술·인륜에 초점을 맞추고 있는 반면, 서양문화는 유물론적이고 과학·종교·개인의 자유를 강조한다. 그럼에도 불구하고 탕쥔이는 중국문화가 과학과 민주를 통해 강력해져야 하고, 성공적인 근대화를 이루기 위해 고유의 전통에 대해 자신감을 가져야 한다고 생각하였다. 사실 문화이론은 다양한 문화의 통합을 통해 완전한 문화의 탐색을 이끌어야 한다. 그의 문화이론을 좀더 상세히 살펴보자.

탕쥔이에 따르면 도덕은 인간의 모든 문화적 행위에 기초가 된다. "인간의 모든 문화행위는 도덕자아나 신령한 자아, 혹은 초월자아에 속한다. 인간의 문화행위는 그것들이 특수하게 표현된 것이다(分殊表現)(《文化意識與道德理性》, 5면)." 모든 문화적 행위는 일정한 이상을 목표로 한다. 즉 행위자가 객관실재에서 도구를 찾으려고 하는 목적을 가지고 있는 것이다. 반성하고 목적을 갖는 것은 인간의 이성적인 마음의 기능이다. 도덕자아가 곧 이성(Reason)이기 때문에, 도덕자아는 도구의 창조와 같은 기본적인 행위까지 포함하는 우리 문화행위의 원천이다:

> 원시인이 처음으로 가장 단순한 형태의 돌도끼를 발명하기 전에, 만일 그의 마음 안에 먼저 대상을 쪼개려는 목적이 없었다면 어떻게 돌도끼를 만들어 그것을 깰 생각을 할 수 있었겠는가? 만약 그가 자신의 경험을 반추할 수 없었다면, 그래서 어떻게 해야 돌을 날카롭게 할 수 있는지 알 수 없었다면, 어떻게 돌을 날카롭게 해서 돌도끼를 만들 수 있었겠는가?(《心物與人生》, 184면)

도덕자아 혹은 이성 역시 더욱 발전된 형태의 문화적 행위에 기초가 된다. 탕쥔이는 이러한 행위를 사회문화(가정, 경제, 정치), 순수문화(철학, 과학, 문학, 예술, 종교, 윤리), 유지문화(교육, 체육, 군대, 법)로 분류하였다. 도덕자아의 통제가 없이는 어떠한 행위도 가능하지 않다. 경제행위를 예로 들어보자:

> 왜 동물은 사회적, 경제적 조직을 발전시키지 않을까? 이는 인간이 경제사회를 만드는 이유가 상품에 대한 개인들의 욕망이 아니라는 것을 입증한다. … 재산(상품소비, 생산수단을 포함하는)을 사유화하고자 하는 우리의 희망은 이기적인 마음에서 나온다. 각자가 서로의 이기적 마음을 고려한다면 서로의 사유재산을 인정하게 된다. 이는 공적인 마음과 상호성의 원칙(恕)에서 생겨난다. … 우리는 교환할 수 있게 되기 전에 먼저 우리 자신과 타인이 각자의 재산을 관리할 권리가 있음을 인식해야 한다(《文化意識與道德理性》, 120~39면).

탕쥔이는 역사적 우연성 또한 문화발전에 영향을 줄 수 있다고 생각하였다. 서양문화는 다양한 근원으로부터 발전하였고 많은 문화충돌을 겪었기 때문에 다원적이다. 반면에 중국의 여러 왕조를 지배했던 다양한 종족은 하나의 공통된 문화를 공유하였다. 19세기까지 중국문화는 핵심적인 사상의 변화없이 불교나 이슬람과 같은 외부영향에 가까스로 대처했다. 탕쥔이는 문화를 전적으로 사회의 경제적·기술적 조건에 의해 결정되는 것으로 보는 맑시즘의 조잡한 결정론적 견해를 거부하였다. 그는 환경적 요인은 단지 문화가 취할 수 있는 가능한 형태들 중 몇몇을 제외시킴으로써 문화에 대한 매개변수를 두는 것뿐이라고 주장한다. 문화의 특수한 형태를 결정하는 것은 도덕자아이다. 도덕자아는 우리가 환경의 제약에 따라야 하는지 여부를 판단하기 때문이다.

도덕자아 혹은 마음은 문화의 특수한 형태를 결정짓기 때문에, 마음의 방향은 문화의 표현을 설명해준다. 탕쥔이에 따르면 중국문화와 서양문화 간의 한 가지 주요한 차이는 중국문화는 윤리와 예술을 강조하는 반면, 서양문화는 종교와 과학에 초점을 맞춘다는 것이다. 이러한 차이는 중국문화가 조화와 융합의 마음에 의해 인도된다면, 서양문화는 분별심에 의해 인도된다는 점으로 설명된다. 중국의 윤리는 어떻게 하면 자아와 타인의 분별을 인류의 원활한 작용을 통해 없앨 수 있을지를 고민한다. 중국예술에서 주체와 객체 간의 구별은 예술 감상의 경험 속에서 해소되는데, 그 때 주체는 감상의 대상에 함입되거나 대상을 통해 드러난다. 반면에 서양종교는 구분에 기초한다: 초월자로서의 신은 인간존재와 구별된다. 서양과학은 연구자와 연구대상을 구분한다. 탕쥔이는 서양문화의 특성을 설명한다:

> 서양문화의 특수한 정신에 관해 나는 그것을 네 가지 항목에 포함시키려 한다. 첫째는 위와 바깥으로 향하는 초월정신으로, '초월적 신(超越之神)'이 그 예이다. … 둘째는 지적 이성활동을 충분히 객관화하려는 정신이다. … 이 정신으로부터 우리는 서양의 논리·수학·기하학·대수학을 갖게 된다. … 셋째는 개인의 자유의지를 존중하는 정신이다. 이는 주로 신이 인간을 자유를 가진 유일한 존재로 창조했다는 기독교적 믿음으로 표현된다. … 넷째는 학문과 문화가 분화(分途)된 단계로 발전하는 정신이다. 종교·문학·예술·과학·철학·정치·경제와 같은 서양문화의 각 분야들은 모두 뚜렷하게 범주화된다(《中國文化之精神價値》, 4~5면).

반면에 중국문화는 구분보다는 통합으로 특징지워진다:

> 중국에서는 사회계급의 구분이 두드러지지 않는다. 직업의 이동률이 매우 높다. 학술과 문화에서

는 구분보다는 종합을 강조하며, 여러 학술과 문화의 정신을 조화시키는 것을 강조한다. 상이한 중심과 주요 주제를 가진 학술과 문화는 상호 포괄과 공존이 가능하다(《中國文化之精神價值》, 494~6면).

탕쥔이는 중국문화는 통일을 내포하는 인(仁)의 덕을 드러내고, 서양문화는 구분을 내포하는 지(智)의 덕을 드러낸다고 믿었다. 이러한 강조 때문에, 서양문화는 큰 문제를 갖는다. 그것은 문화충돌의 역사를 갖고 있으며, 어떠한 개별 서양문화도 견디지 못한다. 연구 대상과 연구자 간의 구별로 인해 서양문화는 부와 힘을 증진시키기 위해 자연을 통제하고 조작하고자 하는 태도를 발전시켜 왔다. 비록 초월을 향한 열망이 우수한 많은 이론의 창조를 가져왔지만, 통합을 위한 시도를 결여함으로써 그들의 문화는 더 기본적인 인간의 충동을 전환시키지 못하게 되었다. 따라서 냉혹한 자본주의, 유물론, 공산주의로 표현되는 조절되지 않은 충동이 이러한 이론들을 침범해 왔다.

반면에 중국문화는 통합을 강조하였기 때문에 그 자체의 존재를 견디는 데 강점을 지닌다:

중국문화의 정신은 그 도량(度量)과 도덕적 역량(德量)상 탁월하다. … 도량과 덕량이 충분하면 우리는 종종 그 정신이 원만하고 신성(圓而神)하다고 생각한다. … 따라서 이제 우리는 모난(方) 것을 원만함에 포함시켜 그 원만함을 지탱하고 확장시켜야 한다(《中國文化之精神價值》, 497면).

탕쥔이가 원만하고 신성한 중국문화로 인도되어야 한다고 생각했던 모남(方)이란 대상화하고 분별하는 마음이다:

즉 인간의 정신은 다양한 이상을 따르며, 위와 밖으로 그 빛을 발산하여 과학지식·공업기계문명·생산기술 및 객관화된 각종 사회문화 영역의 발전과 사회단체 조직·국가법률을 객관화하고 성취하도록 한다. … 민주 및 자유의 정신과 관련하여, 그것은 '개인정신'과 '객관화된 정신(objectified spirit)' 사이를 중재하는 객관정신(objective spirit)이다(《中國文化之精神價值》, 497면).

중국 근대화의 행로를 위한 탕쥔이의 충고는 19세기에 장쯔뚱(張之洞)과 몇몇 사람들이 주장했던 '중국문화는 본체로, 서양문화는 작용으로(中學爲體, 西學爲用)'라는 입장과는 전적으로 다르다. 사실 탕쥔이는 그러한 입장을 맹렬히 비판하며, 성공적인 근대화는 중국으로 하여금 서양의 과학기술(technology)과 실용 기술(實技: skill)

뿐만 아니라 어느 정도 서양문화의 정신도 포함시키도록 요구한다고 주장하였다. 과학과 민주를 중국에 도입하는 측면에서 탕쥔이는 후스(胡適), 천뚜시우(陳獨秀)와 같은 사람들에게 동의하였다. 그러나 전반서화론을 선호했던 그들과는 달리 탕쥔이는 서구화는 부분적이어야 하고, 중국문화의 토대 위에 세워져야 한다고 믿었다. 이는 그가 보기에 중국문화가 과학과 민주를 발전시킬 수 있는 맹아를 포함하고 있기 때문에 가능했다.

과학에 관하여 탕쥔이는 중국문화가 전통적으로 사람들의 생활을 증진시키기 위한 기술을 발전시켜 왔지만, 이러한 발전은 과학의 진보에 의해 제한되어 왔다고 생각했다. 탕쥔이는 중국문화가 인식에 관한 연구를 도덕적 행위로 환원시키는 경향이 있기 때문에 과학이 중국에서 천천히 발전했음을 시사하였다. 그는 전통적인 중국 학자들이 이 문제를 전적으로 무시한 것은 아니라고 말하였다. 어떤 학자들은 그들의 인식행위를 외부세계에 확장시키고자 하였다. 이는 종종 철학적 연구나 원문 주석에 그쳤지만 말이다. 이러한 한계에도 불구하고 명말청초(明末淸初)의 유학자들은 관개작업, 농업, 의술, 천문학의 가치를 강조했다. 청대 말기의 자강(自强)운동에서 지속된 이러한 경향은 도덕발전을 촉진하고 사람들의 생활을 증진시키기 위해 자연에 대해 알고자 하는 욕구를 드러냈다.

마찬가지로 탕쥔이도 중국문화에 민주주의의 맹아가 존재한다고 믿었다. 그는 백성들의 의견이 천명(天命)을 나타낸다는 유교적 신념을 지적하였다. "통치자는 백성이 좋아하는 것을 좋아해야 하고, 백성들이 싫어하는 것은 싫어해야 한다"는 유교의 법규로부터 그는 유교의 정치적 이상은 백성들이 좋아하는 것을 실현시키는 것과 관련이 있다고 주장한다. 유교는 또한 자신들의 왕위를 민심을 얻은 덕이 있는 사람에게 선양한 성군 요(堯)와 순(舜)을 숭배한다. 이로부터 우리는 '천하를 공유하는(天下爲公)' 유교의 신념을 이해할 수 있다. 마지막으로, 유교에서는 모든 사람이 성인이 될 잠재적 가능성을 가지고 있다고 본다. 사람의 도덕적 역량은 근본적으로 똑같다는 이러한 신념도 민주주의의 맹아로 볼 수 있다. 탕쥔이는 이러한 신념들이 전통 중국에서 백성들의 생각을 통치자에게 전달하고자 했던 제도와 관습의 발전을 이끌었다고 생각했다. 감찰제도와 통치자에게 간언하는 관습에서 볼 수 있듯이 말이다.

문화에 대한 탕쥔이의 설명 검토

중국문화가 민주주의와 과학의 맹아를 품고 있다는 탕쥔이의 주장은 더욱 많은 고찰이 요구된다. 민주주의의 경우, 유교가 백성들의 의견의 중요성을 인식하고 있

다고 말하는 것은 백성들의 주권을 인정했다는 주장과는 매우 다르다. 민주주의 이상의 핵심은 국민이 정치권력의 원천이라는 믿음이다. 유교의 천명 관념은 하늘에 의해 통치자에게 부여된 정치적 권위에서 백성을 배제한다. 그 정치적 권위의 원천은 백성이 그들의 정치권력을 군주에게 위임하고, 백성과 군주는 서로 동등한 계약 관계에 있다는 서양의 계약론적 입장과 매우 다르다.

유교가 사람들 간의 도덕적 평등을 믿었음에도 불구하고 이러한 도덕적 평등은 정치적 평등과는 구별된다. 민주주의와 관련된 것은 정치적 평등이다. 실제로 유교는 종종 민주주의와 반대되는 위계적이고 권위주의적인 통치를 인정한다고 하여 비판받아 왔다. 예를 들면, 유교의 오륜(五倫: 부자(父子)·군신(君臣)·부부(夫婦)·장유(長幼)·붕우(朋友) 관계)에서 앞의 네 관계는 위계적이다. 중국문화가 민주주의의 맹아를 담고 있다는 견해를 정당화하기 위해, 탕쥔이는 왜 정치적 위계질서, 혹은 일반적인 위계질서까지 유교에서 본질적인 것이 아닌지, 아니면 어떻게 위계질서가 민주주의와 양립할 수 있는지를 설명해야 했다.

또한 중국문화가 과학의 맹아를 가지고 있다는 주장에도 문제가 있다. 탕쥔이가 자연에 대한 전통적 관심을 보여 주기 위해 제시한 예들은 모두 자연에 대한 도구적 태도를 드러낸다. 그것은 자연의 작용에 대한 호기심보다는 자연을 이용하는 것으로, 전통 유학자들로 하여금 관개사업과 농업에 관여토록 촉구했던 순자(荀子)철학을 예로 들 수 있다.

게다가 우리는 탕쥔이의 문화이론이 맞다면 중국이 과학적 정신을 도입할 수 있었는지 여부를 의심해 볼 수 있다. 탕쥔이의 이론에서 문화는 특정 방향을 따르는 마음의 특수한 표현이다. 그러나 통합을 강조하는 마음과 분별에 초점을 맞추는 마음은 단지 두 개의 다른 마음이 아니다. 오히려 그것들은 서로 모순된다. 과학이 구별을 강조하는 마음의 결과라면, 따라서 우리는 이러한 마음을 개발해야 한다면, 어떻게 이러한 마음이 통합을 구하는 전통적인 중국의 마음과 공존할 수 있겠는가?

탕쥔이는 우리가 과학을 연구할 때 통합의 마음을 일시적으로 정지하고 분별심을 따를 수 있다고 믿었다. 그의 제안은 검토할 가치가 있긴 하지만, 이러한 정지는 통합의 마음을 침식하고 약화시킬 위험이 있고, 중국문화는 과학발전을 위한 대가를 지불해야 할 것이다. 근대화 문제에 대해 현명하게 접근하려면 우리는 그 결과를 검토하고 전통적인 중국의 가치관에 대한 과학발전의 비용을 가늠해야 한다. 탕쥔이는 어쩌면 과학이 전통적인 중국의 가치관 위에 세워질 수 있다고 주장했다는 면에서 지나치게 낙천적이었는지도 모르겠다.

결론

탕쥔이는 유교의 현대화에 중요한 기여를 하였다. 그의 철학사상은 근본적으로 신유가 사상의 현대화된 버전이다. 따라서 그의 윤리적 영감은 새로운 기초를 깨트린 것이 아니라, 서양사상과의 대화라는 맥락 속에 이러한 생각들을 위치지운 것이다. 그는 신유학과 서양철학 간의 연속성과 대립을 모두 제시하면서, 유학이 어떻게 현대적인 마음과 대화할 수 있는지를 보여 주었고, 유학이 단지 낡아 빠져 폐기되어 버린 사상체계가 아님을 보여 주었다.

더 중요한 것은, 그의 유교개념은 인(仁)과 통일의 사상을 둘러싸고 발전하면서 유교를 특정 제도나 관습의 속박으로부터 해방시키는 데 일조하였다. 탕쥔이의 유교는 특정 사회관습과 제도에 더욱 밀접히 관련되어 있는 리(理)를 주장하기보다 인(仁)의 정신을 강조하였다. 그렇게 함으로써 탕쥔이의 사상은 무엇이 유교적 가치가 적절히 구현되고 표현된 것인지를 규정하고 선택할 여지를 제공하였다. 탕쥔이의 철학을 포함하여 형이상학을 강조하는 신유학은 잘못된 방향으로 가고 있다고 종종 비판받아 왔다. 그러한 비판은 신유학을 서양의 현대 윤리학의 발전과 비교해 보면 이해된다. 최근의 서양 윤리학 서적은 형이상학적 실재나 우주적 진리 개념에 호소하지 않는다. 그러나 이러한 특징은 윤리학이 전적으로 종교와 분리되어 있다고 생각한다면 받아들일 수 있고, 탕쥔이의 철학은 그러한 생각에 도전했다. 게다가 로버트 아담스(Robert Adams)나 필립 퀸(Philip Quinn)과 같은 현대 서양 윤리학자들도 도덕과 종교의 관련성을 옹호한다(Beaty, 1988).

탕쥔이의 생각이 잘못되었거나 윤리학이 종교와 분리될 수 있다고 하더라도, 그의 철학은 여전히 유교를 또 다른 관점, 즉 단지 윤리이론으로서 뿐만 아니라 종교로서 이해하는 데 도움을 준다. 제도화되지 않았고 개체와 우주의 직접적인 관계에 초점을 맞추는 유교(儒敎; Confusion Religion)는 우리의 현대 사회에 특별한 호소력을 지니며 그와의 관련성을 가지고 있을 것이다.

참고문헌

탕쥔이 저서

唐君毅 1974: 《說中國民族之花果飄零》, 臺北: 三民書局.

唐君毅 1986: 《唐君毅全集》, 개정판, vol. 1~30, 臺北: 臺灣學生書局.

Vol. 1 《人生之體驗》, 1944；《道德自我之建立》, 1944.

Vol. 2 《心物與人生》, 1954；《愛情之福音》, 1945；《青年與學問》, 1960.

Vol. 3 《人生之體驗續篇》, 1961；《智慧與道德》, 1963；《病裡乾坤》, 1980；《人生隨筆》, 1988.

Vol. 4 《中國文化之精神價值》, 1953；《中國文化與世界》, 1958.

Vol. 5 《人文精神之重建》, 1955.

Vol. 6 《中國人文精神之發展》, 1958.

Vol. 7~8 《中華人文與當今世界》, 1975.

Vol. 9~10 《中華人文與當今世界補篇》, 1988.

Vol. 11 《中西哲學思想之比較論文集》, 1943.

Vol. 12 《中國哲學原論導論篇》, 1968.

Vol. 13 《中國哲學原論原性篇: 中國哲學中人性思想之發展》, 1968.

Vol. 14~16 《中國哲學原論原道篇: 中國哲學中之道之建立及其發》, 1973.

Vol. 17 《中國哲學原論原教篇: 宋明儒學思想之發展》, 1975.

Vol. 18 《哲學論集》, 1988.

Vol. 19 *Essays on Chinese philosophy and culture*, 1988.

Vol. 20 《文化意識與道德理性》, 1958.

Vol. 21~23 《哲學概論》, 1961.

Vol. 24 《生命存在與心靈境界: 生命存在之三向與心靈九境》

Vol. 25 《致廷光書》

Vol. 26 《書簡》, 1988.

Vol. 27~28 《日記》, 1988.

Vol. 29 《年譜; 著述年表; 先人著述》, 1988.

Vol. 30 《記念集》, 1988.

탕쥔이에 대한 저서

Li, Du(李杜) 1982:《唐君毅先生的哲學》, 臺北: 臺灣學生書局.

Zhang, Xiang-hao(張祥浩) 1994:《唐君毅思想研究》, 天津: 天津人民出版社.

더 읽을 거리

Beaty, Michael, Fisher, Carlton, and Nelson Mark, eds, *Christian Theism and Moral*

Philosophy, Macon: Mercer University Press, 1998.

Cheung, Chan-fai 1998: "Tang Chun-i's philosophy of love?" *Philosophy East and West* 48~52 April, 1998, 257~71. A critical essay on Tang's idea of love.

Feng, Ai-qun(馮愛群), ed. 1979:《唐君毅先生紀念集》, 臺北: 臺灣學生書局.

Huo, Taohui(霍韜晦), ed. 1992:《唐君毅先生國際會議論文集》, vols 1~5, Hong Kong(香港): 法住出版社.

Metzger, Thomas 1977: *Escape From Predicament*, New York: Columbia University Press. Contains some discussion comparing Tang's ideas and Neo-Confucianism.

Ng, William 1988: "Tang Chun-I On Transcendence: Foundations Of A New-Confucian Religious Humanism?" *Monumenta Serica* 46 1988, 291~322. A detailed and critical discussion of Tang's ideas on transcendence.

臺灣學生書局 編輯部, 1983:《唐君毅先生紀念論文集)》, 臺北: 臺灣學生書局.

토론문제

1. 형이상학적 실재는 도덕적 성질을 가질 수 있는가?
2. 도덕 행위는 현실자아의 초월을 포함하는가?
3. 모든 사람은 보편적인 도덕자아를 공유하는가, 아니면 우리 모두가 고유의 개별적 도덕자아를 가지는가?
4. 만약 우리의 본성이 선하다면, 악과 악덕은 어떻게 설명되는가?
5. 우리는 무엇에 근거하여 하나의 덕을 다른 덕보다 근본적이라고 여길 수 있는가?
6. 우리는 경계의 개념과 여러 가지 경계에 대한 인식을 받아들일 수 있는가?
7. 심령이라는 형이상학적 실재에 대한 탕쥔이의 논증은 성공적인가?
8. 모든 문화 행위는 도덕자아의 표현인가?
9. 서양의 객관화하고 분별하는 마음은 중국문화에 도입되어야 하는가?
10. 우리는 중국문화가 민주주의의 맹아를 가지고 있다고 어떻게 단정할 수 있는가?

16. 모우쫑산(牟宗三)의 지의 직각(智的直覺)

러펑 탕

고대 그리스에서 철학의 시작으로부터 서양 철학은 외부 세계를 이해하려고 노력하였다. 전통적인 중국 사상, 가장 두드러지게 유교는 세계에 관한 문제에 거의 주의를 기울이지 않았는데 어떤 주석가들은 중국 철학은 전혀 없다고 주장하였다. 이러한 주장에 대한 하나의 반응은 서양 철학의 체계 내에서 전통적인 중국 사상을 재해석하는 것이었다. 예를 들어, 어떤 주석가들은 묵자와 후기 묵가들의 사상 속에서 준 서양 요소들(quasi-Western elements)을 확인하려고 노력했는데 그것은 그들의 저작이 기본적인 물리학, 논리학, 그리고 인식론을 포함하고 있었기 때문이다. 다른 사람들은 특정한 서양 학설의 측면에서 중국 철학을 재해석하였다.《중국 철학사》에서 펑요우란(馮友蘭)은 서양의 신실재론자의 시각에서 중국 철학을 분석하려고 시도하였으며 또한 서양 철학의 시기에 따라 중국 철학의 시기를 규정지으려 하였다. 고작해야 그러한 접근들은 단지 중국 철학에 대해 깨지기 쉬운 적법성만을 제공할 수 있을 뿐이며 많은 오해를 불러일으킬 위험이 있다.

철학으로서의 중국 철학의 거부에 대한 대조적인 반응은 현대 세계에서 전통적인 사상에 새로운 생명을 주기 위하여 유교를 수정하고 발전시키는 것이었다. 이러한 현대 신유학의 계획에 가장 영향력 있는 공헌자는 모우쫑산(牟宗三 1909~95)이었다. 모우는 위에서 언급한 경쟁적인 접근에 대해 매우 비판적이었다. 그는 철학자에게 있어 우연한 유사물을 찾는 것은 "근본을 버리고 말단을 쫓음으로써 얕게 연구한 서양 철학을 견강부회하고 중국 학술의 주류에 대해서 전혀 이해하지 못하는 태

도"라고 말하였다(모우, 1963b, 2면). 모우는 특정한 서양 학파의 측면에서 중국 철학을 재해석하는 철학자들은 중국 철학에 대한 진정한 이해를 전혀 가지고 있지 않다고 비판하였다.

중국 철학에 대한 그 자신의 연구를 확립함에 있어서 모우쫑산은 현대 세계 안에서 유교의 발전을 집약적으로 드러냈다. 슝스리의 가장 뛰어난 세 명의 제자 가운데 모우는 지적인 성취의 가장 높은 수준에 도달하였다. 그는 폭넓은 독서를 하였고 중국과 서양 철학에 대한 깊은 이해를 가졌다. 학문에 대한 이러한 식견은 중국과 서양 사상을 비교하는 데에 톡특한 이점을 제공하였다. 그의 신(new)유학은 중국 철학의 완전한 체계를 세웠을 뿐만 아니라 또한 서양 철학에 대한 비판적인 평가를 위한 토대를 제공하였다.

모우쫑산은 1909년 산동성(山東省)에서 태어났으며 베이징(北京) 대학에서 철학을 공부하였다. 그는 여전히 대학생이었을 때 그의 첫 저서인 《주역의 자연철학과 도덕함의(周易的自然哲學與道德涵義)》를 썼다. 그 책은 중국의 자연 철학과 과학 철학 그리고 진화이론을 발견하려고 시도하였으며 그의 연구에 대한 틀을 제공하기 위하여 서양의 범주들을 사용하였다.

졸업 후 러셀과 화이트헤드의 《수학원리의 기초(Principia Mathematica)》와 비트겐슈타인의 《논리-철학 논고(Tractatus Logico-Philosophicus)》에 관한 그의 연구는 그의 두 번째 저서인 《논리전범(邏輯典範)》로 이끌었다. 이 책은 논리학자로서 그의 지위를 확립하였다. 실제로, 모우는 유학에서 논리학으로 위치를 바꾼 유일한 현대 중국의 철학자였다. 모우의 기본적인 생각은 논리학이 형이상학과 독립적이라는 것이었다. 과거에 모우는 《논리전범》을 좋은 책으로 여기지 않았는데 그러나 그것은 한층 나아간 두 권의 책으로 이끌었다. 《논리에 대하여(理則學)》는 논리 그 자체에 대한 보다 나은 논의를 제공하였고 《인식심의 비판(認識心之批評)》은 논리에 있어서 연역법과 주관주의로부터 칸트의 철학에 접근하였다. 그는 논리가 실제 세계와 세계 내의 관계들과 관련이 있음을 부인하였으며 논리의 다른 근원을 탐구하였다. "그리고 이러한 탐구는 '인식 주체'의 문을 두드리며 '선험적·논리적 자아'를 수립한다"(모우, 1989, 72면). 모우에 따르면 인식심(認識心)은 형이상학적인 심(心)에서 나왔으며 형이상학적인 심의 자기 부정(자아감함)으로부터 발전한다. 자아에 대한 칸트의 주제에 관한 이러한 탐구는 모우의 사상의 발전 속에서 매우 중요한 단계이다.

1949년에 모우는 타이완(臺灣)에서 가르치기 위해 베이징(北京)을 떠났다. 그는 이 시기에 매우 강한 '문화 의식'을 가졌고 중국 문화와 정치에 대해 반성하는 세 권의 책 ―《역사철학(歷史哲學)》, 《정도와 치도(政道與治道)》, 《도덕적 이상주의(道德

的理想主義)》—을 출판하였다. 모우는 중국 문화는 도덕의 측면에서 적극적이지만 민주정치와 과학의 측면에서 소극적이라고 주장하였다. 일부 다른 문화적 보수주의 자들과는 반대로 그는 서양의 민주주의와 과학을 높이 샀지만 서화론자들과 반대로 그는 중국의 도덕은 민주주의, 과학과 양립할 수 있다고 주장하였다. 그는 중국의 도덕은 민주주의와 과학을 발전시키기 위하여 가지 부정(自我坎陷)의 단계를 거쳐야 만 한다고 주장하였다.

모우는 홍콩 대학에서 가르치기 위하여 1960년에 타이완을 떠났다. 1970년 중반 까지 그는 유교, 불교 그리고 도교의 학설에 대한 엄밀한 연구에 열중하였다. 이러 한 연구는 도교에 관한 《재성과 현리(才性與玄理)》, 유교에 관한 《심체와 성체(心體與 性體)》, 불교에 관한 《불성과 반야(佛性與般若)》라는 책으로 이끌었다. 《재성과 현리》 는 중국 철학의 발전을 동한시대에서 위진시대까지로 간주하며 도교에 대한 모우의 기본적인 시각을 드러낸다. 《심체와 성체》 그리고 후기 저서인 《육상산에서 유즙산 까지(從陸象山到劉戢山)》는 북송대에서 명대 말까지의 유교와 관련이 있다. 《불성과 반야》는 남북조와 수당대의 불교에 대한 것이다. 이 저작들은 문화적 의식에 대한 그의 초기 단계로부터 나온 것이며 또한 도덕적 형이상학에 대한 그의 후기 철학 체계를 위한 필수적인 준비였다.

모우는 1974년에 홍콩 대학에서 은퇴하였으며 그의 생애 끝까지 지속되었던 훌륭 한 지적 성취의 단계에 착수하였다. 그는 많은 기관에서 강의를 하기 위하여 홍콩과 타이완 사이를 오갔으며 도덕 형이상학과 도덕 철학에 대한 그의 철학 체계를 확립 하였다. 그의 저서 《지적직각과 중국철학(智的直覺與中國哲學)》, 《현상과 물자신(現象 與物自身)》, 《원선론(圓善論)》은 그의 철학 체계를 구성하였다. 중국 철학의 이러한 중요한 부흥은 중국의 원천들에 대한 주의 깊은 연구와 중국의 철학적 사상과 문화 에 대한 깊은 이해에 기초를 두고 있다. 이러한 전통적인 원천들에 대한 그의 반응 은 《중국철학십구강(中國哲學十九講)》과 《중서철학의 회통십사강(中西哲學之會通十四 講)》에서 볼 수 있다.

다음에서 나는 중국 철학에 대한 모우의 이해에 첫 부분을 모우의 도덕 형이상학 에, 두 번째 부분을 그의 도덕 철학에, 세 번째 부분을 그리고 중국 철학과 서양 철 학에 대한 그의 비교 연구에 마지막 부분을 할애할 것이다.

중국 철학의 본질

모우에 따르면 "중국 철학은 춘추 전국 시기에 발생하였다(770~221 B.C.). 그것

은 선진(先秦) 시기의 다양한 학파들과 함께 시작하였다"(모우, 1983b, 51면). 모우의 견해 속에서 네 가지 주요한 선진학파들(유가, 도가, 묵가, 법가)은 주문화(周文化)의 쇠퇴에 대한 반응들이었다. 서주시대(약 1066 B.C.~771 B.C)에는 300년 동안 지속되었던 사회 관습 또는 예(禮)의 완전한 체계가 있었지만 춘추시기(770-476 B.C.)에는 이러한 주례(周禮)의 역할이 그 힘을 상실하였다. 이것이 모우가 '주례의 쇠퇴'라고 말한 것인데(1983b, 6면) 주요 선진 학파들은 이러한 쇠퇴에 의해 야기된 문제들을 해결하려고 노력하였다. 후에 인도로부터 도입된 불교뿐만 아니라 유가와 도가도 중국 철학의 중요한 학설을 제공하였다.

공자는 주례에 대하여 긍정적인 태도를 취하였다. 그는 유교의 인(仁)이라는 덕이 '주례에 생명'(1983b, 61면)을 줄 것이라고 생각하였다. 공자는 주례의 쇠퇴를 귀족 계급의 타락의 결과로 여겼다. 비록 공자가 법령이 개정될 여지가 있음을 인정했을지라도 그는 문제가 예 그 자체에 있는 것이 아니라 더 이상 그것을 따르지 않는 사람들에게 있다고 주장하였다. 이러한 방법으로 공자는 우리의 관심을 객관적인 도덕에서 도덕적 주체로 돌렸다. 모우는 다음과 같이 그것을 설명한다. "유교의 사상은 가치의 근원을 열었으며 도덕적 주체를 확립하였다. 이러한 점에서 그것은 비할 데가 없다"(1983b, 62면). 송, 명대에 유교의 사상은 신(neo)유학이라는 유심론자들의 철학으로 발전하였으며 모우의 현대 신유학은 이러한 신유학 이론에 대한 한층 더 나아간 발전이다.

유학자들에게 있어서 주례는 인간의 본성에 근거를 두고 있기 때문에 그것은 전적으로 외적이지 않다. 반대로 도가는 주례를 우리의 삶에 대한 외적인 구속으로 간주하였고 따라서 주례에 대하여 부정적인 태도를 취하였다. 비록 모우가 도가는 주례와 인간의 본성 사이의 관계에 대해 이해하지 못한다고 생각했을지라도 그는 도가의 기본적인 정신이 "구속을 벗어나 세계와 합치하며 어떤 것에도 의존하지 않는" 고도의 자유를 필요로 한다는 것을 인정하였다. 따라서 "도가의 배후에는 자유롭고 구속받지 않는다는 근본적인 통찰이 있다"(1983b, 64면).

중국에서 세 번째 중요한 철학적 이론인 불교는 도입되어서 수, 당대에 발전하였다. 모우는 불교를 '매우 방대하고 복잡한' 학설로 간주하였다. 그는 불교 철학은 "최상의 조명이며 이성의 가장 새로운 경지를 열었고 최고의 수준을 담고 있다"고 주장하였다(1983b, 253면).

세 가지 중요한 학설 가운데 모우는 유교를 중국 철학의 주류로 여겼는데 왜냐하면 유교의 사상 구조가 중국에서 발원하였고 그것이 핵심적으로 도덕 의식과 관련이 있기 때문이다. 모우는 또한 세계의 처한 상황을 슬퍼하고 인류의 운명을 애처롭

게 생각하는 '우환의식(憂患意識)'의 측면에서 중국 철학에서의 도덕에 대한 관심을 설명하였다. '우환의식'에 대한 유교의 깊은 관심은 자연스럽게 도덕 의식으로 이끈다(모우, 1963b, 12면). 모우는 유교의 '우환의식'을 불교의 자비와 기독교의 사랑과 비교하였다. 그는 이 모두를 일종의 우주적 비정(宇宙的 悲情)으로 간주하였지만 유교의 정신은 기독교의 공포의식(恐怖意識) 또는 불교의 고업의식(苦業意識)에서 나온 종교적 정신과 반대로 우환의식에서 나온 것으로 이해하였다. 따라서 모우에 따르면 유교는 인간의 삶의 긍정적인 측면에 기초를 두고 있다(1963b, 13～14면).

모우는 도교도 중요하다고 생각하였는데 그것은 훌륭한 지혜를 담고 있기 때문이다. 모우는 그것을 다음과 같이 이해했는데 도가의 지혜는 중국의 학자들로 하여금 불교를 이해하게 하였고 불교는 가장 훌륭한 철학적 조명을 제공하였다.

비록 중국 철학에서 도덕에 대한 관심을 강조할지라도 모우는 중국 철학을 철학의 이러한 한 부문에 제한된 것으로 여기지 않았다. 모우에 따르면 유교, 도교, 불교의 학설은 모두 다른 방식으로 형이상학을 다루는 종적인 체계들이다.

모우는 중국의 형이상학은 유교 안에서 그것의 가장 뚜렷한 특징을 나타낸다고 생각하였다. 그는 유교가 단지 도덕에만 관심이 있고 존재와는 아무런 관련이 없다는 주장을 명백하게 반대하였다(모우, 1983b, 71면). 모우에 따르면 유교의 도덕은 도덕 형이상학을 암시하고 있는데, 즉 형이상학은 도덕에 근거를 두고 있다. 모우는 선진 유교에 대한 진정한 이해를 가지기 위하여 우리들은 유교의 다섯 가지 경전—《논어(論語)》,《맹자(孟子)》,《중용(中庸)》,《역전(易傳)》,《대학(大學)》—전부를 고려해야만 한다고 주장하였다. 유일하게 이러한 방법으로 우리는 유교가 《논어》,《맹자》에서 도덕에 대해 말할 뿐만 아니라 또한 《중용》,《역전》에서 존재에 대해 논의하고 있음을 볼 수 있다. 모우에 따르면 유교의 존재의 개념은 천(天)의 개념에서 도출되었다. "중국의 천 개념은 만물의 존재에 대한 책임이 있다"(1983b, 75면).

모우는 중국 철학의 독자적인 특징은 주체와 함께 시작하는 것이라고 주장하였다. "객체는 주체를 통하여 수용된다. 주체는 그 자신을 객체에 투영하고 객체는 주체 속으로 수용된다. 따라서 그것은 형이상학에 대해 말할 때조차도 도덕에 기초를 두고 있다." 공자의 인(仁)개념은 주체를 나타내는 데에 익숙하다. "인은 또한 마음(心)이다"(1983b, 79면). 이런 식으로 맹자는 마음을 통하여 본성에 대해 말한다. 모우는 인의 본성은 '진정한 주체성'이라고 주장하였다. "진정한 주체성은 일반적인 의미에서 주관적인 주체가 아니라 객관적인 주체이다. 모든 사람이 이와 같고 성인도 나와 같다"(1983b, 80면).

모우는 주체와 관련된 또 다른 중요한 개념이 《중용》과 《대학》에서의 신독(愼獨,

사람이 혼자 있을 때에도 예의바르게 행동하는 것)이라고 생각하였다. 엄격한 의미에서의 도덕 의식으로서 신독은 주체를 통하여 드러나는 공부(工夫)이다. 후에 왕양명은 신독에서 '치양지(致良知)'라는 그의 개념을 도출하였다.

모우에 따르면 《역전》에서의 신(神, 신묘함)이라는 개념도 주체와 관련이 있다. 모우는 다음과 같이 이해하는데 비록 《역전》이 주로 형이상학에 대해 말한다고 할지라도 주체가 그것의 형이상학 안에 포함된다. 우리는 "신(神)을 탐구하여 변화를 알도록"명령받는데 신(神)은 성(誠)의 측면에서 정의된다. 다음으로 성(誠)은 도덕에 근거를 둔 덕이다. 따라서 모우에게 있어 《역전》의 형이상학은 도덕에 근거를 둔다.

모우는 또한 도가에도 형이상학이 있다고 주장하였다. 노자가 말하기를 "세계 내의 만물은 유(有)로부터 나오며 유는 무(無)로부터 나온다." 모우에 따르면 "'무'는 본체론적 개념이 아니라 실천적이고 삶과 연관된 개념이다"(1983b, 91면). 그것이 실제로 의미하는 것은 사물을 존재하는 바대로 두는 것이다. 모우는 그것이 사물로 하여금 '허일이정(虛一而靜)'한 존재의 정신 상태를 통하여 그들 자신의 방향을 취하도록 하는 참으로 훌륭한 지혜라고 주장하였다. 따라서 도가의 형이상학은 '무'라는 실천적인 개념에 기초를 두고 있다. 이러한 의미에서 도가는 '실천적 존유론' 또는 '실천적 형이상학'을 가진다(1983b, 94면).

모우는 '유(有)'라는 도가의 개념은 존유론적 개념이 아니라 오히려 정신 상태의 의지와 관련이 있다고 주장하였다. '유'는 텅빈 '무'에 넣을 무언가를 취하는 것이 아니라 그것은 정신 상태의 방향성이다. 그리고 '무'와 '유'를 가지고 우리는 도(道)를 이해할 수 있다. 무와 유는 도의 이중 특징이고 이 둘의 결합은 현(玄)이며 오직 현(玄)만이 만물을 창생하는 도의 구체적인 작용을 회복한다.

따라서 모우는 도가의 형이상학은 존재에 대한 주관적인 설명이라고 주장한다. 또한 도가는 상태의 순수한 형성이다. 이것은 '도가 만물을 창생한다'가 단지 방편적인 말임을 나타내는 것이다. 유교와 달리 도가에서 "창생은 실제로 '창생함이 없는 창생(不生之生)'이다"(1983b, 104면).

모우는 불교의 형이상학이 원교(圓教)의 경지에서 가장 잘 설명되어졌다고 주장하였다. 대승의 가르침에는 "한 마음이 두 문을 낳는다(一心生二門)"는 말이 있다. '한 마음'은 불교의 공심(空心)이며 두 문은 '진여문(眞如門)'과 '생멸문(生滅門)'이다. 불교의 공심은 어떠한 집착도 없는 초월심이다. 진여문은 완공법(完空法)으로 이끄는 반면 생멸문은 생멸법(生滅法)으로 이끈다. 불교의 공심은 직접적으로 '완공법'을 '일으킬' 수는 있지만 단지 간접적으로만 생멸법을 '일으킬' 수 있다. 불교의 공심은 자기 부정(自我坎陷)을 통하여 생멸의 세계에 사로잡히게 되며 이런 식으로

생멸법을 '일으킬' 수 있다.

모우에 따르면 이러한 설명은 불교뿐만 아니라 유교와 도가에도 적용할 수 있다. 불교의 공심은 바로 유교의 본심(本心, 본래 마음) 또는 양지(良知) 또는 도가의 도심(道心)이다. 모우는 이 모두를 '무한심(無限心)'이라고 부른다. 칸트의 표현을 사용하면 무한심이 세계에 대한 두 문을 열 수 있다는 주장은 바로 무한심이 지적 직각(智的直覺)과 감성적 직각 둘 다를 가질 수 있음을 의미한다. 완공법과 생멸법은 각각 물자신(物自身)과 현상(現象)의 영역이다.

중국 철학에서 모든 사람은 성인 또는 부처가 될 능력을 가지고 있다. 왜냐하면 모든 사람이 지적 직각과 감성적 직각 둘 다를 가질 수 있기 때문이다. 우리 모두는 무한심을 가지고 태어나는데 비록 우리가 그것을 보존해야만 할지라도 말이다. 우리 가운데 대다수는 지적 직관을 가지지 않는데 그것은 우리가 우리의 무한심을 보존하지 않았기 때문이다.

따라서 모우에 따르면 중국 철학의 본질은 그것의 형이상학에 있다. 이러한 형이상학은 인간을 동시에 세계를 창생(創生)할 수 있는 지적 직각의 능력을 지닌 도덕적 주체로 간주한다.

지의 직각(智的直覺)과 도덕 형이상학

모우는 칸트를 매우 존경했다. "그리스에서 칸트까지 모든 옛 철학들은 칸트로 모이며 칸트 이후의 모든 철학은 칸트로부터 발전한다"(모우, 1963b, 39면). 모우에 따르면 칸트의 철학은 중국 철학과 대화를 시작할 수 있는 유일한 철학이다. 모우가 그의 도덕 형이상학을 수립한 것은 바로 칸트와 그의 대화를 통해서였다.

그러나 칸트에 따르면 지적 직각은 인간에게 속하지 않고 오직 신에게만 속한다. 《순수이성비판》에서 칸트는 물 자신(그 자체로 존재하는 사물들)과 현상(오성의 범주에 따라 시공간 속에서 객체로서 경험되어지는 사물들) 사이의 구별을 서술한다. 지적 직각과 감성적 직각 사이에는 대응하는 구별이 있는데 지적 직각은 직각의 대상으로서 물 자신을 만들어내며 감성적 직각은 마음에 영향을 주는 독립적으로 존재하는 현상을 인식한다. 칸트에게 있어서 비록 지적 직각을 신에게 돌리는 것을 이해할 수 있다고 할지라도 우리는 신이 이러한 능력을 가지고 있는지 전혀 알 수 없다. 그러나 우리는 인간이 감성적 직각에 한정되어 있음을 안다. 따라서 신은 그 자체로 존재하는 사물들에 대한 지적 지각을 가질지도 모르지만 우리 인간은 현상에 대한 감성적 직각에 한정되어 있다.

인간에게 있어서 지적 직각을 부인하는 것은 모우에게 있어 칸트 철학의 결정적인 약점으로 보였다. 모우는 인간의 지적 직각은 칸트의 철학과 중국 철학 둘 다에 대해 중요하다고 주장하였다. 그는 칸트 철학이 일관성 있게 되기 위하여 인간의 지적 직각이 진정한 가능성이 되어야만 한다고 주장하였다. 게다가 "만약 인간이 지적 직각을 가질 수 없음이 사실이라면 중국 철학 전체는 완전히 무너져야 하며 수천 년의 노력은 허사임에 틀림없다. 그것은 단지 잘못된 생각이다"(모우, 1975, 3면). 모우는 인간의 지적 직각이 칸트에 있어서 이론상의 필수라는 그의 주장을 뒷받침하기 위하여 두 가지 근거를 가졌다.

모우의 첫 논거는 칸트의 도덕 철학에 기초를 두고 있다. 그것은 도덕의 중요함에서 출발한다. 인간은 모든 도덕적 존재 가운데 으뜸이다. 칸트의 용어에서 실천 이성은 이론 이성보다 중요하다. 칸트에 따르면 도덕적으로 행위하는 것은 정언 명령에 일치하여 행위하는 것이다. 우리는 칸트가 자유의지라고 부르는 또는 모우가 무한심이라고 부르는 것을 통하여 정언명령에 따라 행위할 능력을 가지고 있다. 모우에게 있어서 무한심은 "도덕적 행위의 선험적 토대이며 그 자체로 절대적이고 무한히 보편적이다"(1974, 190면). 따라서 칸트적인 의미에서 인간이 도덕적 존재가 되기 위해서 유한한 인간은 또한 무한해야만 한다. 만약 인간의 마음이 이러한 의미에서 무한하지 않다면 그렇다면 그들은 어떠한 제약 없이 명령을 내릴 수 없으며 도덕의 토대로서 정언 명령은 불가능하다.

또한 인간의 무한심은 신의 마음(神心)의 특성을 가져야만 한다. 정언 명령의 근원으로서 자유의지는 결과가 아니라 단지 원인임에 틀림없다. 그것은 다른 법칙들을 제한할 수 있지만 그것들에 의해 제한될 수는 없다. '제 1원인'의 이러한 역할은 신에 의해 채워진다. 만약 제 1원인이 절대적이고 무한하다면 그렇다면 자유 의지 또한 절대적이고 무한하다. 세계에는 두 개의 다른 절대적이고 무한한 실체가 있을 수 없기 때문에 신의 마음과 인간의 무한심은 하나이면서 같음에 틀림없다. 따라서 만약 신의 마음이 지적 직각을 지닌다면 인간의 무한심 또한 지적 직각을 지녀야만 한다.

인간의 지적 직각에 대한 지지에 있어 모우의 두 번째 논거는 칸트의 현상과 물자신 사이의 구분에 근거를 둔다. 모우는 이러한 구분을 확립하기 위하여 칸트는 인간의 지적 직각을 인정해야만 한다고 주장한다. 모우는 우선 칸트의 물 자신 개념을 분명하게 한다. 그는 칸트가 물 자신의 특성에 대해 명확하지 못했다고 주장한다. 때때로 칸트는 순전히 실제적인 개념이 되는 물 자신을 원하는 것처럼 보인다. 우리는 완벽히 잘 "그 자체로 존재하는 사물들과 같은 대상을 생각할 수 있는데 비록

우리가 그것들을 알 수는 없을지라도 말이다." "그렇지 않다면 우리는 나타나는 무언가가 없이 현상적인 드러남이 있다는 불합리한 결론에 도달해야만 한다"(칸트, 1881, 377면). 그러나 모우는 칸트의 물 자신은 "매우 강력한 의미에서 가치의 개념"이 틀림없다고 주장했는데 그것은 "오직 이러한 의미에서만 우리는 그의 현상과 물 자신 사이의 선험적인 구분을 이해할 수 있기 때문이다"(모우, 1975, 8면). 따라서 물 자신의 개념은 '근원적인 현상'의 개념이 아니다. 그것은 우리가 항상 접근할 수 있는 객관적인 사실이 아니며 결코 도달할 수 없다. 그것은 우리의 감성과 오성으로 결코 접근할 수 없는 무엇이다. 따라서 그것은 초월적 개념이다. 우리의 지식이 그것에 도달할 수 없음은 정도의 문제가 아닌 초월의 문제이다(모우, 1975, 7면). 모우에 따르면 물 자신은 전적으로 객관적인 실재가 아니며 지적 직각은 일종의 절대적인 표상이 아니다. 모우는 만약 물 자신의 개념이 가치 개념이고 단지 신만이 물 자신에 대한 지적 직각을 가지고 있다고 한다면 인간이 현상과 물 자신 사이의 구분을 이해할 어떠한 방법도 없다고 주장하였다. 만약 우리가 가치의 의미에서 물 자신을 이해할 수 없다면 칸트의 물 자신 개념은 공허하고 현상과 물 자신 사이의 구분은 확보되지 않는다(모우, 1975, 13~4면). "가치의 의미에서 물 자신을 확보하기 위하여 우리는 주체 그 자체를 드러내야만 한다. 주체는 본래 지적 직각을 가진다. 그것은 우리 앞에 가치의 의미에서 물 자신을 드러낼 수 있다. 따라서 우리는 명확하고 뚜렷하게 물 자신의 구체적이고 진정한 의미를 표현할 수 있다. 우리는 무한심을 단지 신(神) 안에 두어서는 안 된다. 그것은 또한 인간에게도 드러난다"(1975, 16면).

우리는 왜 그것이 물 자신과 현상 사이의 구분을 수립하는 데 있어서 그렇게 중요한지를 생각할 수 있다. 칸트에 대한 어떤 비평가들은 그 구분이 궁극적으로 이해하기 어려우며 그것은 경험에 대한 칸트의 긍정적인 형이상학의 분석적인 논증으로부터 분리될 수 있다고 주장한다(Strawson, 1966). 반대로 모우는 "현상과 물 자신 사이의 선험적인 구분은 칸트 철학의 전 체계에 대하여 중요하다"고 주장한다. 그것은 "가장 높고 가장 근본적인 통찰이다"(모우, 1975, 4면). 모우의 시각에 대한 근거를 이해하는 것은 어렵지 않다. 현상과 물 자신 사이의 구분은 중국의 도덕 형이상학에 매우 적합하다.

지적 직각은 모우의 도덕 형이상학에 있어서 중요하다. 모우에게 있어 "'도덕 형이상학'은 도덕 의식에 의해 드러나는 도덕적 실체를 지닌 사물의 존재에 대하여 설명한다. 따라서 도덕적 실체는 동시에 형이상학적 실체이다"(모우, 1975, 92~3면). 그리고 모우에게 있어서 도덕적 실체는 무한심이다. 자유로운 무한심은 도덕의 영역으로 길을 여는 도덕적 실체이며 존재의 영역으로 길을 여는 형이상학적 실체이다.

존재의 영역은 물 자신의 영역이다.

모우는 무한심의 창생(創生)의 측면에서 그의 견해를 설명하였다. 모우에 따르면 "마음밖에 어떠한 것도 없다"(모우, 1975, 98면).

> 지적 직각에 있어서 사물들은 그들이 존재하는 바대로 그 자신을 드러내는데, 즉 사물은 "그 자체로 존재하는 것"으로 존재한다. 따라서 이러한 경우에 사물은 "대상으로 다루어질 수 없다" … 칸트는 편의를 위하여 지적 직각의 경우에 '대상'에 대해 말하는데 사실 이것은 실제로 '대상'을 의미하지 않는다. … 대상은 단지 현상이다. 우리는 단지 현상의 경우에만 대상에 대해 말할 수 있다. 현상은 오성과 감성에 반대하여 거기에 놓여진다. 따라서 우리는 단지 오성과 감성의 경우에만 대상에 대해 말할 수 있다. 오성과 감성은 그들과 반대되는 것을 향하며 객관적이고 인식적으로 그것들을 인식하고 결정하지만 그것들을 창생하지는 않는다. 따라서 그들이 향하는 것은 외부 대상이다. 지적 직각의 경우에 사물들은 억제되지 않는 방식으로 내적으로 발전한다. 따라서 마음은 사물들을 그 자신 속으로 흡수한다. 사물들은 마음과 대립하지 않으며 무한심의 드러남, 즉 무한심의 현시와 열림이다. 사물들은 무한심이 작용하는 곳이며 무한심은 사물들이 존재하는 곳에서 작용한다. 따라서 그것들은 하나이면서 같은 것이다. 이런 이유로 사물들은 대상의 의미가 없다(모우, 1975, 99면).

감성적 직각은 표상의 원리이다. 그것은 우리에게 진정한 구체적인 실재를 드러내지만 실재를 창생할 수는 없다. 따라서 그것은 인식적으로 실재를 드러내지만 본체론적으로 그것을 창생하지는 않는다(모우, 1975, 129면). 이러한 토대 위의 형이상학은 자유로운 무한심으로부터 도출되었으며 따라서 어떠한 집착(執)도 없는 형이상학이다.

모우에 따르면 인식심은 무한심으로부터 나왔다. 인식의 특징은 그 자체가 일종의 집착이다. 그것은 그것의 대상으로서 물 자신을 받아들이며 현상을 일으킨다. 따라서 우리는 '현상의 영역내의 존유론' 또는 '집착의 존유론'을 가진다. 이러한 통찰로 우리는 현상과 물 자신 사이의 구분에 대하여 명확한 이해를 할 수 있다. 물 자신은 결코 인식심의 대상이 될 수 없다. 인식심은 결코 물 자신에 이를 수 없으며 그것은 이런 의미에서 초월적이다. 따라서 모우는 불교의 집착(執)이라는 개념의 측면에서 칸트의 현상의 영역을 이해하며 칸트의 사상으로 집착의 개념을 완성한다. 불교의 집은 번뇌를 강조하기 때문에 인식심의 집착은 불교 안에서 뚜렷이 드러나지 않는다.

따라서 모우는 우리가 존유론의 두 층을 가진다고 제안하였다. 무한심에 대해서

우리는 '집착 없는 존유론'을 가지며 인식심에 대해서 우리는 '집착하는 존유론'을 가진다. 이러한 이해에 따르면 칸트는 인식심의 집착하는 존유론을 강조하는 반면 중국 철학은 무한심의 집착 없는 존유론을 강조한다. 모우는 불교 안에서 '집착이 없는 존유론'에 대한 풍부한 설명을 찾는다. 그는 집착함과 집착하지 않음 사이의 대조가 특히 불교 안에서 뚜렷하며 특별한 존유론적 중요성을 가진다고 생각하였다. 그러나 모우에 따르면 결국에 집착 없는 존유론은 유교에 속하는데 그것은 도덕 의식이 자유로운 무한심을 드러내는 가장 좋은 방법이기 때문이다.

완전한 가르침(圓敎)과 최고선(圓善)

모우는 칸트의 도덕 철학을 매우 높이 샀으며 오직 칸트와 함께 서양 철학은 도덕의 본성에 대하여 진정한 이해를 하기 시작했다고 주장했다. 칸트는 "도덕적으로 되는 것은 도덕 법칙에 의해서 결정되며 외부 대상들에 의해 결정되지 않는다"고 말한 서양에서의 첫 인물이었다. 또한 그는 가장 높은 도덕은 최고선(summum bonum)이며 그것은 도덕과 행복을 함께 가져온다는 칸트의 의견에 동의하였다. 그러나 모우는 칸트가 최고선이 세계내의 진정한 가능성임을 증명할 수 없었기 때문에 칸트에 만족하지 못하였다. 칸트는 신의 존재가 최고선이라는 가능성의 토대를 이룬다고 주장하였다. 그러나:

> 인간의 덕과 '존재'(물리적 자연)와 연관이 있는 행복이 조화될 수 없다면 어떻게 전적으로 인간의 그것과 다른 신의 지성 또는 신의 의지가 그것들을 초월적으로 그리고 외재적으로 조화롭게 할 수 있는가? 이것은 이해하기가 다소 어렵다. 존재는 동일한 존재이고 물리적 자연은 또한 동일한 물리적 자연이다. 어떻게 조화될 수 없는 그러한 것들이 단지 그들을 창조한 신이 거기에 있기 때문에 조화될 수 있는가?(모우, 1985, 239~40면)

모우는 철학 체계에 있어서 최고선의 문제를 해결하는 것은 중요하다고 생각했다. "칸트에 따르면 철학 체계의 완성은 입법의 두 차원에 달려있다. 입법의 두 차원 가운데 실천 이성은 이론 이성보다 중요하다. 그리고 실천 이성은 필연적으로 최고선을 가리킨다. 따라서 최고선은 철학적 체계 달성의 목표이다"(모우, 1985, ii면). 모우는 이러한 시각이 고대 서양의 철학에 대한 이해에 있어 중요하다고 생각하였다.

> 철학은 '지혜에 대한 사랑'을 의미한다. 지혜란 무엇인가? 최고선으로의 통찰을 지니는 것이 지혜

이다. 지혜를 사랑한다는 것은 무엇인가? 최고선을 동경하는 것, 진정으로 그것에 관심을 가지게 되는 것, 그것을 사랑하고 열렬히 바라는 것이 지혜를 사랑하는 것이다. 따라서 철학 또는 학문의 영역으로써 지혜(지혜라는 실천 이론)에 대한 분야는 최고선과 떨어질 수 없다. 따라서 그것의 옛 의미에 따르면 철학은 직접적으로 최고선에 대한 이론으로 불릴 수 있다(모우, 1985, 5면).

모우에 따르면 중국 철학은 우리가 칸트 안에서 발견할 수 있는 이해보다 최고선에 대한 보다 나은 이해를 가지고 있다. 모우는 최고선은 중국 철학에서의 원교(圓教, 완전한 가르침)의 측면에서 설명될 수 있다고 주장하였다(모우, 1985, 172면). 교(教)는 "인간의 이성을 조명하고 인간으로 하여금 그의 삶을 순화하도록 하며 모든 다양한 실천을 통하여 이성의 가장 높은 이상적 경지에 이르도록 할 수 있는" 체계이다(모우, 1985, 269면). 모우는 서양의 기독교와 동양의 유교, 불교, 도교를 가르침(教)으로 간주하였다(모우, 1985, 269면). 이러한 종류의 어떤 학설 안에도 다른 설명 또는 가르침이 있을 수 있으며 모든 설명 또한 하나의 체계이다. 완전한 형식 안에서의 가르침을 완전한 가르침(圓教)이라 한다.

어떠한 체계 또는 설명이 완전한 가르침인지를 판단할 필요가 있다. 불교에서 판교(判教, 가르침을 판단하는 것)는 불법(佛法)과 이치에 맞는 배열을 다듬는 그들의 방식을 부여하는 것이다(모우, 1985, 266면). 판교는 가르침 그 자체를 비판하는 것이 아니라 가르침의 진정한 표현으로부터 단순히 방편적인 말을 구별하는 것이다. 위대한 지혜는 그러한 판단을 할 필요가 있다. 우리는 부처의 진정한 의도를 이해하고 주관적으로 가르침을 고수하기보다는 객관적으로 가르침을 판단해야만 한다(모우, 1985, 266~7면). 가르침의 참된 표현을 부여함으로써 완전한 가르침은 판교의 가장 높은 등급이다.

모우에 따르면 천태종(天台宗)은 중국 불교의 가르침에 대한 최선의 판단을 제공한다. 천태의 판교에서 "사물의 진상에 대한 이해가 없는 지혜와 중생에게 이르지 않는 자비"는 소승(小乘)이라는 보다 작은 가르침을 특징지운다. 이러한 가르침의 지혜는 유한하며 그들의 자비는 고해(苦海)를 가로질러 중생을 나르기에 부족하고 단지 자기 자신만 자유로울 수 있다. 반대로 대승(大乘)이라는 큰 가르침에서 지혜는 무한의 영역에 이를 수 있으며 중생을 구하는 것은 자신을 구하는 선결 조건이다.

그럼에도 불구하고 대승의 모든 가르침이 완전한 가르침으로 간주되지는 않는다. 참된 완전한 가르침은 법화(法華)에 있다. 천태에 따르면 완전한 가르침의 근본적인 원리는 '즉(卽)'이라는 단어에 의해 드러난다. 보리(菩提, bodhi, 正覺心)에 대해 말할 때 완전한 말은 '번뇌즉보리(煩惱卽菩提, 번뇌가 곧 보리이다)'이다. 열반(涅槃,

nirvana)에 대해 말할 때 완전한 말은 '생사즉열반(生死卽涅槃, 생사가 곧 열반이다)'
이다. 이러한 말 안에서 '즉(卽)'은 진정한 동일성에 대한 인식이다. 번뇌와 보리 그
리고 생사와 열반은 바로 무명(無明)이고 법성(法性)이지만 무명과 법성은 하나이면
서 같은 것이다. 각각은 전적으로 다른 것에 의존하고 있으며 어떠한 것도 독립적인
존재를 가지지 않는다.

모우에 따르면 일단 완전한 가르침에 이르면 우리는 불교의 의미에서 최고선을
얻을 수 있다. 최고선에 대한 이러한 이해는 '삼도즉삼덕(三道卽三德)'이라는 말에
근거를 두는데 왜냐하면 반야(般若), 해탈(解脫) 그리고 법신(法身)의 세 이치는 모
두 인간 삶의 도덕적 측면에 속하기 때문이다. 반야라는 지혜의 덕과 해탈이라는 깨
우침의 덕 그리고 열반이라는 법신의 덕은 모두 삼천세계법과 관련이 있다. 결과적
으로 주관적인 덕과 객관적인 법은 결코 분리될 수 없으며 행복은 법의 영역에 속
한다. 이러한 완전한 경지 속에서 행복은 항상 도덕과 결합된다. 이러한 경지 속의
존재는 유한한 특징을 가지지 않으며 일종의 신에 의해 창조된 사물이 아니다. 덕이
존재할 때 세계 전체는 변하며 모든 법은 행복과 일치하는 불법(佛法)이 된다. 따라
서 덕은 행복과 조화될 수 있으며 완전한 가르침 안에 세워진 덕과 행복의 조화는
필연이다. 이러한 필연성은 언어상의 분석의 문제라기보다는 진정한 동일성의 문제
이다. 즉 덕과 행복은 하나이면서 같다. 덕이 행복이고 행복이 덕이다.

모우는 완전한 가르침은 또한 비록 명확히 표현되진 않을지라도 도가에서 찾을
수 있다고 주장하였다. 또한 도가에서도 가르침에 대한 판단이 있다.《도덕경(道德
經)》(노자, 1970, 99면)의 38장에 "우리가 도(道)를 상실할 때 덕(德)을 얻고, 우리가
덕을 상실할 때 인(仁)을 얻으며, 우리가 인을 상실할 때 의(義)를 얻고, 의를 상실
할 때 예(禮)를 얻는다. 예는 정직과 믿음이 많지 않을 때 우리가 가지는 것이며 그
것은 혼란의 출발점이다"라는 말이 있다. 이러한 표현은 차례대로 가르침을 배열한
다. 가장 높은 것은 도(道)인데 왜냐하면 그것이 자연을 본받기 때문이다. 사물로 하
여금 그들 자신의 방향을 취하도록 둠으로써 우리는 모든 것을 행한다. 사물로 하여
금 그들 자신의 방향을 취하도록 둠으로써 우리는 어떠한 것도 파괴하지 않는다. 오
히려 우리는 그들의 방향을 변화시킬 때 사물들을 파괴한다. 따라서 도는 완전한 경
지이다. 도가들은 덕(德), 인(仁), 의(義), 예(禮)를 부인하지는 않지만 어떻게 그것들
이 단지 도와의 관계 속에 그것들을 둠으로써 그리고 사물들로 하여금 그들 자신의
방향을 취하도록 함으로써 실제로 세워질 수 있는지를 설명한다. 따라서 "우리는 성
인(聖人)을 포기함으로써 성인으로서의 공업(功業)을 유지하며, 인(仁)을 버림으로써
인을 발전시킨다"(왕필, 226~49, Lau, D. C.를 보라, 1996).

모우는 도가의 완전한 경지는 경지로 이해되는 한 완전하지만 존재론적으로 완전하지 않다고 주장하였다. 비록 노자가 "세계 내의 만물은 유(有)로부터 나왔고 유는 무(無)로부터 나왔다"고 말할지라도 사물로 하여금 있는 그대로 두는 것으로서의 무는 단지 어떠한 존유론적 중요성이 없는 하나의 태도이다.

모우는 유교에 있어서의 완전한 가르침에 대한 자신의 분석을 확장하였는데 거기에서 완전한 가르침은 직접적으로 동일성의 '즉(卽)'에 의해 드러날 수 없다. 유교는 그 안에 종적인 중추, 즉 도덕적 창생(創生)을 지니기 때문이다. 모우에 따르면 유교의 무한심은 인(仁)과 밀접하게 연관되어 있으며 '전체로서 만물을 받아들이는' 무한심의 완전한 경지는 인체(仁體)의 유동적인 창생에 의해 세워짐에 틀림없다. 따라서 그것은 횡적인 반야지(般若智) 또는 현지(玄智)에 의해 드러날 수 없으며 인체(仁體)의 창생(創生)이라는 종적인 구조에 의해 드러남에 틀림없다.

모우는 종적인 이론의 완전한 가르침은 설명하기 어려움을 인정한다. 유교의 가르침은 "인간의 이성을 조명하고 사람들로 하여금 합리적으로 행위하도록 하며 가장 높은 이상적 경지에 이르게 하기 위한" 도덕 의식과 함께 출발한다(모우, 1985, 306면). 이성의 명령(정언 명령)에 따라 행위하는 것은 도덕적 실천이다. 그러한 행위를 통하여 인간의 실존적인 상태는 이성과 동의에 들어간다. 따라서 도덕적 실천은 존재와 관련 있음에 틀림없다. 그것은 "존재를 개선시키거나 새로운 존재를 창생하기" 때문에 "도덕적 실천은 개선시키고 창생하는 것이다"(모우, 1985, 306면). "세계 내의 만물은 이미 이루어진 존재이지만 규정된 성질이 없는데 그것은 《중용》에서 말한 것처럼 세계의 창생에 참여하며 변화(change)와 화육(化育: cultivation)에 조력한다"(모우, 1985, 306~7면).

이런 식으로 무한심은 만물을 축이고 조화롭게 하며 도덕적 실천을 통해 드러난다. 이러한 행위의 가장 높은 단계는 무한심의 유동적인 창생 밖의 어떠한 존재도 없이 단일체로서 세계 내의 만물을 받아들이는 것이다. 단일체로서 세계 내의 만물을 받아들이는 삶은 신성한 삶이다. 유교에서 이것은 성인의 삶이고 대인(大人)의 삶이며 또는 인자(仁者)의 삶이다. 유교적 실천의 이러한 단계에서 완전한 가르침은 드러날 수 있다.

그 입장은 "인(仁)을 실천하고 세계를 이해하라"는 공자의 권고 속에서 이미 획득되었다. 우리가 "자신의 도덕심을 보존하고 자신의 참된 본성을 양성시키며 자연의 법칙에 따라야만 한다"(存心, 養性, 事天)는 맹자의 견해는 같은 생각에 대한 더 나아간 발전이었다. 왕양명은 마음(心), 의지(意), 양지(良知) 그리고 세계에 관한 그의 논의 속에서 이러한 생각에 대해 상세한 설명을 하였다. "존재로서 마음 안에 인

(仁)과 악(惡)은 없다. 우리의 의지 속에 인과 악이 있다. 양지는 인과 악에 대한 의식이다. 인을 행하고 악을 없애는 것은 세계를 바로잡는 것이다." 그러나 이것은 여전히 완전한 가르침이 아니다. 모우에 따르면 완전한 가르침은 "천리와 인욕은 같은 체(體)의 다른 작용(用)이다"(天理人欲同體異用)라는 호오봉(胡五峯)의 주장 안에 담겨 있다(모우, 1985, 324면).

오직 완전한 가르침을 통해서만 덕과 행복 사이의 조화가 진정한 가능성이 될 수 있다. 완전한 가르침의 경지에서 마음, 의지, 양지, 그리고 세계는 완전한 실재를 이룬다. 그들은 하나이면서 같다. 자연의 법칙에 따르는 것은 우리가 욕구하는 것과 도덕적으로 요구되는 것 둘 다를 행하는 것이다. 도덕적으로 됨으로써 우리는 마음에 따라 세계를 변화시킨다. 따라서 덕과 행복은 조화를 이룬다. 덕이 행복이고 행복이 덕이다.

최고선에 대한 이러한 설명은 칸트의 설명과 다르다. 칸트에 따르면 세계는 신에 의해 창조되었고 그것은 도덕성의 신장과 일치하여 변할 수 없다. 따라서 그는 최고선에 대하여 명확한 설명을 할 수 없었다. 모우에게 있어서 무한심은 최고선의 가능성에 대하여 설명하기에 충분하며 무한한 개체로서 무한심을 인격화할 필요는 없다. 중국 문화의 기본적인 세 학설인 유교, 도교, 불교는 모두 그것에 인격적인 특성을 부여함 없이 이러한 무한심을 긍정한다. 모우에 따르면 무한심을 인격화하는 것은 근거가 없으며 오직 중국 문화의 세 학설만이 최고선에 대한 합리적인 설명을 할 수 있을 뿐이다(모우, 1985, 244면). 최고선의 가능성은 우리 자신의 지혜에 달려 있다. 우리가 만약 충분히 지혜롭다면 우리는 최고선을 가질 수 있다.

우리는 최고선에 관한 모우의 설명이 중국의 철학적 문화 속의 깊은 약점을 드러내는 심한 속임이라고 반대할 수 있다. 그 입장은 인식의 역할을 감소시키며 도덕이 결코 법칙과 분리될 수 없다는 그 주장은 공허한 형식주의를 초래한다. 그러나 도덕의 영역으로 지혜를 가져오는 것의 중요성을 이해하는 것은 중요하다. 그리고 이것이 실제로 중국의 도덕 철학과 서양의 도덕 철학 사이의 가장 중요한 차이점이다. 서양 도덕 철학의 정설은 지혜에서 도덕을 분리하는 것이다. 따라서 서양 철학자들은 도덕과 행복을 조화시키는 데 있어서 항상 어려움이 있었다. 반면 칸트의 윤리학과 현대의 의무론은 도덕, 사회적 계약 전통, 이기주의에 보다 중요한 지위를 부여하며 결과주의는 행복에 관심을 집중한다. 그러나 그들 모두 그들 자신의 어려움을 가진다. 모우의 생각은 도덕과 행복 사이의 조화는 지혜의 가장 높은 수준에 달려있다는 것이다. 일단 우리가 지혜의 가장 높은 경지에 있으면 도덕과 행복은 바로 하나이면서 같다. 모우에게 있어 도덕 철학을 위하여 중요한 것은 지혜이며 그것은 도

덕도 아니고 행복도 아니다.

일반적으로 비슷한 생각은 또한 서양 철학 안에서도 발견될 수 있다. 역사적으로 우리는 헤겔에게서 이러한 생각을 발견한다. 현대 사상 안에서 버나드 윌리암스(Bernard Williams), 찰스 테일러(Charles Taylor) 그리고 허버트(Hubert)와 슈트아르트 드레이퓌스(Stuart Dreyfus)는 다른 방식으로 그 생각을 상세히 설명한다. 그럼에도 불구하고 이것은 명백히 서양 사상의 주류는 아니다. 또한 우리가 중국 철학과 서양 철학 안에서 발견하는 일종의 도덕적 지혜 사이에는 여전히 차이점이 있다. 그리고 그 차이점에 대한 진정한 이유를 알기 위하여 우리는 중국 문화와 서양 문화의 밑에 놓여 있는 정신으로 보다 깊이 들어갈 필요가 있다. 이것은 우리를 중국 철학과 서양 철학 사이의 차이점으로 이끈다.

중국 철학 대 서양 철학

많은 서양 철학자들에게 모우의 체계는 철학이라기보다는 종교적 신념처럼 보일지도 모른다. 그것은 일종의 종교의 특징을 나타내는 점이 매우 많다(Berthrong, 1994, 107면). 비록 모우가 특히 그가 신학자임을 부인했다고 할지라도 그는 유교의 종교적 측면에 대해 의식하고 있었고 그것들을 받아들임에 대해 찬성하였다. 그럼에도 불구하고 모우는 유교가 철학 이론으로서 자격을 부여받았다고 생각하였다. 그는 종교와 철학에 대하여 특별한 이해를 가졌다. "대략 말하자면 성인(聖人) 또는 현인(賢人)이 말하는 것은 무엇이든지 종교이다. 성인은 말할 것도 없이 우리는 다음의 방식으로 그것을 표현할지도 모른다. 인간의 이성을 조명하고 사람들로 하여금 실천에 의한 가장 높은 경지로 그의 삶을 순화하도록 이끄는 것은 무엇이든지 종교라고 불릴 수 있다. 만약 철학이 전적으로 기술적이지 않고 과학으로부터 구별된다면 그렇다면 철학은 또한 종교이다"(모우, 1985, ii면).

이러한 설명은 철학에 대한 모우의 특별한 이해에 근거를 두고 있다. "인간의 행위가 관계되는 한 이성과 개념으로 숙고하고 설명하는 것은 무엇이든 철학으로 간주된다"(모우, 1963b, 4면). 따라서 모우는 세 종류의 철학—서양 철학, 중국 철학, 인도 철학—을 구별하였다. 그들의 특징을 통하여 다른 종류의 철학은 다른 것에 대해 말하지만 그들의 보편성을 통하여 그들이 말하는 것은 실제로 보편적이다. 특정 종류의 철학은 특정한 틈을 통하여 보편적인 것을 반영한다. 이것은 중국 철학과 서양 철학에 다른 특징을 부여한다. "중국 철학은 삶에 관심이 있는 반면 서양 철학은 자연과 외부의 대상을 강조한다"(모우, 1963b, 11면). 이 '삶'은 생물학적이라기

보다 도덕적이다. 따라서 중국 문화는 도덕에 집중하는 반면 서양 문화는 인식에 집중한다.

모우는 중국 철학은 그리스의 자연 철학자들 같은 사람들과 함께 시작한 것이 아니라 요, 순, 우, 탕, 주공과 같은 성왕과 함께 시작하였다고 주장하였다. 이러한 시작의 결과 중국 철학의 주요 관심은 삶이다. "그것의 주목적은 우리의 삶을 조화롭게 하고 우리의 삶을 나아가게 하며 우리의 삶을 조정하는 것이다"(모우, 1963b, 15면). "이것은 그리스의 자연 철학자들과 다르다. 그들의 목적은 자연이며 중요 주제도 자연이다. 그리고 이것은 그들이 후에 우주론과 존재론을 가지는 것을 결정한다. 이 둘의 결합이 아리스토텔레스가 형이상학이라 부른 것이다. … 중국인은 다르다. 무엇보다 중국인은 도덕을 강조하며 덕의 개념이 먼저 나타난다"(모우, 1983b, 15면).

모우에 따르면:

> 서양 문화는 자연 또는 신이라는 외부에 주목한다. 그러나 중국 문화는 다르다. 중국 사람 또한 하늘을 존경하지만 "하늘은 우리가 보는 것을 보며 하늘은 우리가 듣는 것을 듣는다." 따라서 하늘을 존경하는 것은 충분하지 않다. 우리는 또한 사람에 주목한다. 그리고 사람이 보는 것과 듣는 것은 자신에게 달려있다. 따라서 우리는 도덕에 대해 밝아야만 한다. 만약 우리가 일반적인 사람들의 도움을 원한다면 우리는 책임을 다해야만 한다. 따라서 그 빛은 차츰차츰 내부로 방향을 돌린다(모우, 1983b, 16면).

모우는 도덕적 실천을 서양 문화의 맹점으로 간주하였는데 이것은 또한 서양 종교를 무의미하게 만들었다. "서양의 맹목적인 도덕과 무의미한 종교 심지어 그것의 과학, 기술 그리고 민주 정치로는 사회를 완전한 상태로 이끌 수 없다. 이것은 서양 문화의 약점이다"(모우, 1985, 156면). "도덕이 맹목적인 경우에 사람들은 전능한 무엇으로 과학을 맹목적으로 숭배하게 되며 모든 문제들은 우리가 충분한 과학적 지식을 가질 때 해결될 수 있다고 생각한다. 그 점에서 운명이라 불릴 수 있는 것은 없다. 이것은 식견이 좁은 합리주의자들의 무지이고 자만이다"(모우, 1985, 157면).

중국 철학과 서양 철학 사이의 차이점을 설명하기 위해 모우는 두 종류의 진리—외연적 진리와 내용적 진리—를 구분하였다. 대략 말하자면 외연적 진리는 과학적 진리이다. 그들은 "주체에 속하지 않으며 객관적으로 주장될 수 있다"(모우, 1983b, 21면). 내용적 진리는 내용적 명제의 형식을 가지며 주체에 속하는 명제태도(propositional attitudes)이다. 과학적 진리와 달리 그것들이 인류 또는 문화의 진리이다. 모우는 우리가 존재 또는 내용적 진리를 인정해야 한다고 주장하였다. 불교, 도

교, 유교에서 말하는 것은 외연적이라기보다 내용적인 보편성을 지니는 내용적 진리들이다. 따라서 그것들은 과학적 진리가 아니며 과학으로서 중국 철학을 기술하는 것은 중국 문화를 파괴한다.

모우는 더 나아가 내용적 진리와 외연적 진리 사이의 차이점은 외연적 진리가 추상적인 보편성을 지니는 반면 내용적 진리는 구체적인 보편성을 지니는 것이라고 설명한다. '구체적인 보편성'이라는 용어는 사실 헤겔에서 나왔다. 모우는 헤겔을 서양의 정설의 한계로부터 벗어날 수 있는 철학자로 간주하였지만 그는 사상을 표현하는 헤겔의 방법을 높이 평가하지 않는다. 그는 구체적인 보편성은 중국 철학에서 더 잘 드러날 수 있다고 생각한다. 모우에 따르면 구체적인 보편성은 일종의 융통성이다. 그것은 다른 외연들로 드러난다. 그것은 영원히 확립될 수 없다.

모우는 외연적 진리에 대한 탐구는 서양에서 잘 발달한 반면, 내용적 진리에 대한 탐구는 중국에서 잘 발달하였다고 주장했다. 둘 다 진리로서 보편적이기 때문에 중국은 서양으로부터 외연적 진리를 배울 수 있는 반면, 서양은 중국으로부터 내용적 진리를 배울 수 있다. 모우에 따르면 중국 사람은 외연적 진리를 다룸에 있어 그들의 한계를 깨달았고 5·4운동 이후에 과학과 민주정치에 관심을 가지게 되었다. 그는 나아가 외연적 진리를 배우는 것은 지식을 얻는 데 충분하지 않다고 주장하였다. 우리는 문화의 매우 깊은 수준에서 이러한 지식 배후에 있는 정신을 획득하여야 한다. 반대로 서양 사람들은 내용적 진리를 다룸에 있어 그들의 한계를 깨닫지 못했다. 그들은 내용적 진리를 전혀 진리로 간주하지 않았기 때문에 그들의 잘 발달된 과학과 민주 정치에도 불구하고 완벽한 사회를 가질 수 없었다. 내용적 진리에 대한 진정한 이해를 발전시키려는 서양을 위하여 서양 사람들은 내용적 진리 배후에 있는 일종의 정신을 획득하여야 한다.

모우가 중국 문화는 인간의 삶과 도덕을 강조하는 반면 서양 문화는 경험적 지식을 강조한다고 말한 것은 옳았던 것으로 생각되지만 이러한 차이점들의 밑에 놓여 있는 것은 밀접하게 자연을 향한 태도에 있어서의 차이점과 연관되어 있다. 서양 문화에서 자연은 사람들이 그들의 욕구(앎에 대한 욕구를 포함하여)를 충족시킬 수 있는 자원이다. 따라서 서양 문화는 자연을 탐구하는 것과 인간의 목적을 위하여 자연을 작동시키려는 경험적 지식을 얻는 것의 중요성을 강조한다. 중국 문화에서 자연은 존경하고 조정하고 벗어나려는 인간을 위하여 거기에 있다. 이러한 태도 가운데 어떠한 것도 사람들에게 자연을 탐구하고 경험적 지식을 얻기 위한 동기를 제공하지 않는다. 인간의 욕구와 자연 사이에 갈등이 있을 때 서양 문화는 자연에 도전하는 반면 중국 문화는 인간의 욕구에 도전한다. 따라서 서양 문화는 자연을 정복하

기 위하여 경험적 과학을 발전시키는 반면 중국 문화는 인간이 욕구를 조절하기 위하여 도덕을 발전시킨다. 이러한 이유로 중국 문화는 경험적 지식에 대하여 부정적이고 도덕에 대하여 긍정적인 태도를 담고 있다.

실제로 중국의 학설들은 도덕에 대하여 다른 태도들을 가진다. 도교와 불교는 둘 다 인간의 욕구를 부정하는 도덕을 제안한다. 도교에 있어서는 세계를 탐구하거나 변화시키려 시도하는 어떤 점도 없는데 가장 좋은 전략은 "사물들을 그들 자신의 방향을 취하도록 그대로 두는 것"(無爲)이다. 이러한 전략은 인간의 욕구를 부정하며 우리 모두가 할 수 있는 것은 존재하는 바로서 세계의 과정을 받아들이는 것이라고 주장한다. 불교는 원래 인간의 욕구를 부정하지 않지만 세계는 항상 인간의 욕구에 반대하여 흐르기 때문에 우리는 삶을 고통의 바다(苦海)로 여긴다. 불교의 전략은 자연에 대한 경험적 탐구에 의해 고통의 바다를 행복한 세계로 변화시키기보다는 고통의 바다를 벗어나는 것이다. 불교의 지혜는 우리가 삶을 고통의 바다로 보기 때문에 인간의 삶이 고통의 바다라고 주장한다. 만약 우리가 우리의 감각의 한계로부터 자신을 구해내고 인간의 욕구로부터 벗어날 수 있다면 우리는 삶에 대한 다른 시각을 취할 수 있고 고통의 경험은 행복으로 향하는 길을 제공할 수 있다. 불교의 위대한 지혜는 정확히 이러한 관점의 변화 속에 놓여 있다. 불교를 통하여 우리에게 유용하게 되는 이러한 다른 관점은 불교의 완전한 가르침(圓敎)안에 담겨 있다. 도교와 불교에 있어서 변하는 것은 세계 자체가 아니라 세계에 대한 우리의 관점이다. 모두 인간의 욕구를 부정한다.

유교의 접근은 더욱 긍정적일 수 있다. 세계의 자연스러운 과정 안으로 도덕을 소극적으로 받아들이거나 또는 세계로부터 벗어남을 조언하는 대신에 유교는 도덕적 인간이 되도록 모든 개인을 설득하려고 함으로써 적극적으로 도덕적 세계를 창생한다. 유교의 출발점은 도덕적 주체의 욕구를 무시하는 순수한 도덕이다. 그러나 유교의 가장 높은 발전 속에서 유교의 도덕은 그들이 욕구하는 것을 정확히 행하는 도덕적 주체를 인정하는데 비록 도교와 불교처럼 이러한 유교를 이루는 것은 극적으로 다른 방식으로 세계를 보는, 즉 도덕적으로 요구되는 것을 욕구할 만한 무엇으로 간주하는 도덕적 주체를 필요로 할지라도 말이다. 그리고 이것은 위대한 지혜를 요구한다.

이제 우리는 중국 문화 배후에 있는 정신이 자연을 존경하고 인간의 욕구를 조절하는 반면 서양 문화 뒤에 있는 정신은 자연을 사용하고 인간의 욕구를 긍정한다는 것을 이해한다. 중국의 정신이 도덕에 큰 강조를 두는 반면 서양의 정신은 경험적 지식을 발전시킬 동기를 제공한다. 서양 정신의 강점은 인간의 욕구를 충족시키는

것이지만 이러한 계획은 약점이 된다. 인간의 욕구는 무한한 반면 자연의 자원은 유한하다. 비록 과학과 기술의 발전이 인간의 욕구의 발전과 보조를 맞출 수 있다고 할지라도 유한한 자연의 자원은 무한한 인간의 욕구를 만족시킬 수 없을 것이다. 따라서 모우는 과학이 우리가 이 세계 안에서 가지는 모든 문제들을 해결할 수 없다고 말한 점에서 옳다. 그리고 이러한 점에서 우리는 중국 정신의 강점을 볼 수 있다. 세계와 조화로운 관계를 수립하기 위하여 우리는 어떠한 방식으로 인간의 욕구를 조절해야만 한다. 중국 철학의 훌륭한 지혜는 인간의 욕구를 부인하는 것이 아니라 욕구를 초월하고 우리를 우리의 욕구에 대한 집착으로부터 자유롭게 하는 것이다.

여기에 매우 심오한 것이 있다. 인간의 욕구는 과학적 사실이 아니며 그것은 세계에 대한 우리의 이해에 따라 바뀔 수 있다. 우리는 우리의 욕구에 사로잡힌 존재로 정당화되지 않으며 우리의 가장 어려운 문제들 가운데 대다수는 우리의 부적절한 욕구에서 나왔다. 우리는 이러한 문제들을 욕구를 만족시키려 하기보다 우리의 욕구에 대한 집착으로부터 우리 자신을 구해냄으로써 효과적으로 다룰 수 있다. 만약 이것이 사실이라면 인간이 다루어야만 하는 실재는 우리의 도덕에 의해 창생된 실재이며 최고선을 달성하기 위하여 유일하게 신뢰할 수 있는 방법은 세계와 우리의 욕구를 조화시키는 것이다. 경험적 지식과 사회 조직은 그것들이 도덕적 행위를 위하여 필요가 있는 한에서만 중요하다. 이러한 의미에서 최고선에 대한 모우의 설명은 그의 도덕 형이상학과 도덕 철학을 통합함에 있어 마지막 단계이다.

참고문헌

Mou, Zongsan 1935:《주역의 자연철학과 도덕함의(周易的自然哲學與道德涵義)》, 천진(天津), 대공보관(大公報館).

-------------- 1941:《논리전범(邏輯典範)》, 홍콩(香港), 홍콩상무인서관(香港商務印書館).

-------------- 1955a:《역사철학(歷史哲學)》, 대북(臺北), 학생서국(學生書局).

-------------- 1955b:《논리에 대하여(理則學)》, 대북, 정중출판사(正中出版社).

-------------- 1956:《인식심의 비평(認識心之批評)》, 대북, 학생서국.

-------------- 1959:《도덕적 이상주의(道德的理想主義)》, 대북, 학생서국.

-------------- 1961:《정도와 치도(政道與治道)》, 대북, 학생서국.

-------------- 1963a:《재성과 현리(才性與玄理)》, 대북, 학생서국.

-------------- 1963b:《중국철학의 특징(中國哲學的特質)》, 대북, 학생서국.

------------ 1968~9 : 《심체와 성체(心體與性體)》, 1, 2, 3권, 대북, 정중서국(正中書局).

------------ 1970 : 《생명의 학문(生命的學問)》, 대북, 삼민서국(三民書局).

------------ 1974 : 《지적직각과 중국철학(智的直覺與中國哲學)》, 대북, 대만상무인서관(臺灣商務印書館).

------------ 1975 : 《현상과 물자체(現象與物自身)》, 대북, 학생서국.

------------ 1977 : 《불성과 반야(佛性與般若)》, 1, 2권, 대북, 학생서국.

------------ 1979a : 《육상상에서 유즙산까지(從陸象山到劉蕺山)》, 대북, 학생서국.

------------ 1979b : 《명가와 순자(名家與荀子)》, 대북, 학생서국.

------------ 1982 : 《칸트의 도덕철학(康德的道德哲學)》, 대북, 학생서국.

------------ 1983a : 《칸트의 순수이성비판(康德的純粹理性批判)》, 1, 2권, 대북, 학생서국.

------------ 1983b : 《중국철학십구강(中國哲學十九講)》, 대북, 학생서국.

------------ 1984 : 《시대와 경험(時代與感受)》, 대북, 아호출판사(鵝湖出版社).

------------ 1985 : 《원선론(圓善論)》, 대북, 학생서국.

------------ 1987 : 《명리론(名理論)》, 대북, 대만학생서점(臺灣學生書店).

------------ 1989 : 《오십자술(五十自述)》, 대북, 아호출판사.

------------ 1990 : 《중서철학의 회통 십사강(中西哲學之會通十四講)》, 대북, 학생서국.

------------ 1992 : 《칸트판단력비판(康德判斷力之批判)》, 대북, 학생서국.

------------ 1996 : 《인문강습록(人文講習錄)》, 대북, 대만학생서국(臺灣學生書局).

------------ 1997 : 《사인설연강록(四因說演講錄)》, 대북, 아호출판사.

다른 책들(Other Works)

Berthrong, John H. 1994 : *All Under Heaven : Transforming Paradigms in Confucian-Christian Dialogue*, New York : SUNY Press.

Kant, I. 1881 : *Critique of Pure Reason*, 1권, F. Max Muller 역, 런던 : Macmillan(original dates 1781, 초판 ; 1787, 재판).

Lao, Tzu(老子) 1970 : 《도덕경(*Tao Te ching*)》, D. C. Lau 역, Harmondsworth : Penguin Books.

Lau, D. C., Laozi, Heshanggong and Wang, Bi 1996 : *A Concordance to the Laozi :*

Daozang version of the so-called Wangbi text to which Wangbi's commentary is attached, Heshanggong's text, and Heshanggong's commentary, 홍콩: 상무인서관(商務印書館).

Strawson, P. F. 1966: *The Bounds of Sense*, 런던: Methuen.

토론 문제

1. 우리는 도덕적 주체에 대하여 어떠한 설명을 부여해야 하는가?
2. 우리는 유가 철학에서의 주례(周禮)의 역할로부터 철학적 가치에 대하여 무엇을 배울 수 있는가?
3. 어떤 의미에서 유가 철학은 주체와 함께 시작하는가?
4. 무(無)에 대한 도가의 설명을 이해하는 것은 철학에 있어서 중요한가?
5. 우리는 불교의 공심(空心)이라는 개념을 어떻게 이해해야 하는가?
6. 모우쫑산은 인간은 지적 직관을 가질 수 없다는 칸트의 주장을 논박함에 있어 정당화되었는가?
7. 물 자신은 순수하게 실제적 개념인가, 아니면 또한 도덕적 개념인가?
8. 우리는 인식심(認識心)과 무한심(無限心)에 대한 모우쫑산의 구분을 받아들여야 하는가?
9. 모우쫑산의 철학 체계는 최고선(summum bonum)의 문제를 해결하는가?
10. 외연적 진리와 내용적 진리 사이의 구분은 우리가 서양과 중국 철학의 대조적인 특징을 이해하는 데 도움을 주는가?

후기

중국과 서양에서의 중국 철학 최근 경향

청중잉(成中英)

중국과 서양 양쪽 모두에서 중국 철학의 최근 경향을 논의해 보자. 이러한 구분은 중국 철학이 이데올로기의 시대에서 벗어나 세계화의 시대에 진입하면서 당면한 미래를 위해 중요하다. 《중국 철학의 현대화와 세계화(中國哲學的現代化和世界化)》(1973)에서 나는 민족의 뿌리깊은 문화적 가치와 심오한 경험을 반영하는 중국 철학이 전세계적인 철학적 교류에 참여할 수 있게 하기 위해 중국 철학의 개념·논제·이론을 명확하고 합리적으로 표현하자고 주장했다. 역사는 그 역사를 창조한 사람들의 가치관에서 드러나지만, 다양한 사람들의 가치관은 합리적인 서술과 설명이라는 공통 언어를 통해 이해되어야 한다. 공통 언어를 승인하는 것이 내가 말하는 현대화이다. 간문화적이고 세계적인 무대에서 소통하고 영향을 주는 것이 내가 말하는 현대화이다.

중국 철학은 현대화와 세계화에 참여하기 위해 깊은 이해를 바탕으로 중국 철학을 보존하고 발전시킨 몇몇의 철학자들에게서 시작해야 한다. 이 기준에 의하면 중국의 중국 철학자들은 1979년 개방과 개혁 정책이 시작된 이후에 현대화를 시작했다. 중국 철학의 세계화를 위해서는 해외 중국 철학자들의 노력을 살펴보아야 한다. 1985년 중국에서 열렸던 슝스리에 대한 회의에서 현대화와 세계화는 서로 대면하게 되었다. 해외와 본토의 중국 철학자들이 현대 신유학의 창시자 중 한 사람인 슝스리의 중대한 공헌을 토론하기 위해 처음으로 만난 것이다.

우리는 우선 최근 중국에서의 철학적 발전에 주목하고 나서 1990년 이래 중국의

학자들에게도 영향을 끼친 현대 중국 철학의 담론을 창조해 온 서양 중국 철학자들의 최근의 공헌을 토론할 것이다. 이러한 해외의 중국 철학자 중 몇몇은 현대 신유학의 3세대라고 알려져 있다.

중국에서의 중국 철학의 발전

리앙수밍(梁漱溟), 지시엔린(季羨林), 탕이지에(湯一介)의 지도를 받은 베이징 대학 출신 중국 지식인 지도 그룹은 1985년에 중국문화서원(中國文化書院)을 세웠다. 이것은 인민공화국 건립 후 중국에 최초로 세워진 사설 교육단체이다. 서원은 중국 전통과 현대 서양 모두에 대한 이해를 높이기 위해 문화철학으로서의 중국 철학연구와 비교 철학연구를 촉진하고자 하였다. 서원은 5·4운동으로 촉발된 합리적 계몽의 끝나지 않은 임무, 즉 일본의 침략과 항일전쟁, 그리고 민족주의자와 공산주의자 간의 잇따른 내전에 의해 중단된 임무를 이어 나갔다. 서원의 작업은 중국 철학 전통을 평가하고 서양에 대한 그들의 이해를 재평가하는 데 중국 지식인들과 더욱 폭넓은 대중들의 관심을 부활시켰다. 나는 다른 데서 전근대적인 중국이 새롭게 근대화되는 존재로 전환하면서 전통과 근대성이 융합되는 데 기능하는 맑시즘과 유교의 역할을 논했다. 여기서는 현재 활동중인 세 명의 중국 철학자를 논의하겠다. 그들의 작업은 미래의 경향을 보여 준다. 다른 많은 학자들도 고찰할 가치가 있지만, 이 들은 중국에서의 가장 최근 중국 철학의 생명력과 비전을 보여 준다.

예시우산(葉秀山: 1935~)

쟝수(江蘇)성에서 태어난 예시우산은 베이징 대학교에서 공부하고, 1977년부터 중국사회과학원 철학연구소의 연구원으로 있다. 그는 1980년부터 1982년까지 앨버니(Albany) 소재 뉴욕 주립 대학에 있었고, 1988년에는 옥스포드의 발리올(Balliol) 대학에 있었다.

예시우산은 주로 그리스 철학 분야에 공헌하였다. 그리스 철학은 1930년대부터 중국에서 연구되었다. 예시우산은 소크라테스 철학과 소크라테스 이전 철학 연구에 공헌하였으며, 피타고라스주의가 어떻게 소박한 유물론의 초기 이오니아 학파를 일자에 대한 추상적인 존재론의 엘레아 학파로 전환시켰는지에 대해 연구해 왔다. 주관과 객관, 로고스와 우시아 간의 대립을 드러낸 엠페도클레스와 아낙사고라스가 엘레아 학파의 뒤를 잇는다. 예시우산은 어떻게 소크라테스와 플라톤이 지와 덕에 초점을 맞추어 철학적인 주제들을 체계화했는지를 이해하고자 하였다. 소크라테스에

게 앎(知)은 실천(行)을 명령하는 덕이지만, 플라톤에게 앎을 추구하는 것은 철학에 의한 도덕의 초월을 의미하는 영혼의 사변적인 기획이 된다. 예시우산은 서양 철학 전통과 동양 철학 전통의 동기와 발전양상이 다르다는 것을 보여 주기 위해 그리스 철학의 기원을 중국 철학 연구, 특히 도가의 기원과 비교했다. 이러한 차이를 인식 하는 것은 상호이해와 상호강화를 향한 중요한 한걸음이다.

예시우산는 또한 서양 근대철학에도 관심이 있다. 그는 칸트의 《순수이성비판》을 서양 근대철학에서 서양 현대철학으로 넘어가는 전환점으로 꼽았는데, 이는 비트겐 슈타인의 《논리철학논고(Tractatus)》에서 보편적인 논리언어의 분석적 재구성으로 최고조에 달했다. 예시우산은 또한 후설의 현상학이 하이데거의 실존주의를 가져온 칸트의 분석정신의 산물임을 인식했다. 예시우산은 하이데거에게서 서양 철학 전통 의 초월을 본다. 하이데거는 세계에 대한 우리의 경험이 갖는 의미가 환원 불가능하 다는 것을 밝히고 해석학적 사고의 발전을 인도했다. 예시우산에게 더욱 중요한 것 은 하이데거가 시, 철학, 역사를 하나로 통일하고 이러한 분야들에 대한 전통적인 서양 철학에서의 분리에서 벗어났다는 것이다. 그러나 예시우산은 하이데거의 업적 이 역사와 문학으로부터 결코 철학을 분리시킨 적 없는 중국 철학에 대해 갖는 중 요성은 논하지 않았다.

진우룬(金吾論: 1937~)

저장(浙江)성에서 태어난 진우룬은 중국과학기술대학에서 현대화학을 공부했다. 같은 해 그는 자연변증법과 과학철학을 공부하고, 중국과학원 철학연구소에 들어갔 다.

《물질 가분성 신론(物質可分性新論)》에서 진우룬은 물질의 구조가 잠재적인 특질 들의 현실화과정이라고 주장한다. 그는 물질을 설명하기 위해 전통 중국 철학에서의 두 가지 주요 원리, 즉 정체론(整體論: principle of holism)과 생성론(生成論: principle of natural genesis)을 사용하였다. 이 두 가지 원리를 사용하여 그는 전통적인 서양의 기계론적 물질모델을 거부하고 생성·전변(轉變)·소멸(消滅)의 과정으로서의 물질 에 대한 변증법적이고 유기적인 이해를 주장했다. 그의 정체론은 또한 패러다임의 전환과 과학혁명에 대한 토마스 쿤(Thomas Kuhn)의 작업에 의해 고무되었다. 진우 룬은 상이한 전통들의 견해를 통합하는 전지구적 정체의식(全球整體意識)을 통해 인 문주의와 과학주의의 대립이 해결되기 바랐다. 그는 현재 학제 간 접근을 통해 사회 과학과 자연과학을 통합하는 일에 전념하고 있다.

천라이(陳來: 1952~)

천라이는 베이징에서 성장하였고, 베이징 대학교에서 공부했다. 1985년에 박사학위를 받은 후, 중국 철학을 가르치기 위해 베이징 대학에 남았다. 그는 하버드 대학에서도 가르치고, 홍콩·한국·일본에서도 가르쳤으며, 현재는 베이징 대학의 철학교수와 국제중국철학회(International Society for Chinese Philosophy)의 비서장으로 있다.

천라이는 5·4운동 이래로 송명신유학과 현대신유학의 발전을 연구해 왔다. 《주희철학연구(朱熹哲學研究, 2000)》에서 천라이는 주희의 심성(心性)철학의 발전, 특히 주희가 심성의 기원과 궁극적 실재의 확립을 추구했던 방법을 세밀히 분석했다. 천라이는 여러 시기에 걸친 주희의 관점상의 진보와 전환을 기록했다. 그는 또한 주희의 3000장이 넘는 서신에 대한 문헌 비평 연구서와 연표를 출간했다.

《유무의 경지: 왕양명의 철학정신(有无之境: 王陽明的哲學精神)》에서 천라이는 왕양명의 사구교(四句敎)를 매우 깊은 통찰력을 가지고 상세히 설명했다. 그는 선도 없고 악도 없는 것이 마음의 본체(無善無惡心之體)라는 왕양명의 가르침을 《중용(中庸)》의 정신적 자유(君子無入而不自得) 관념과 정호(程顥)의 정감에 구애받지 않고 만물을 포용하는(聖人之常, 以其情順萬物而無情) 관념으로 보았다. 이러한 해석으로 선악을 넘어서려는 왕양명의 시도는 도교에의 회귀가 아니라 고전적 유교(classical Confucianism)에의 회귀가 된다. 고전적 유교에서 인간은 세상의 모든 인간과 만물을 돌보는 데 걸림이 없다(仁民愛物). 천라이는 왕양명에게서 근원적인 실재와 그 기능의 합일, 그리고 실재에 대한 심적 이해의 현현을 본다.

주희와 왕양명의 사상을 분석하면서 천라이는 현대의 철학과제로서 중국 철학에 대한 연구를 촉진시켜 왔다. 그의 연구는 또한 그의 친유교적 지향을 반영한다. 문화 대혁명의 잃어버린 세대에 속하는 학자로서 천라이는 초기 현대 신유학의 영향 하에서 중국 유교전통의 낙관적인 부흥을 상징적으로 보여 준다. 현대 서양과 중국 전통 간의 대립을 다루면서, 천라이는 현대화의 원천으로서의 전통에 대한 학습과 이용의 중요성을 강조한다. 그는 전통과 현대성 사이에 어떠한 근본적인 단절도 있다고 보지 않았다. 문화 보수주의자로서 그는 세차게 변화하는 사회에 사회적 안정을 제공하는 수단으로써 문화에 대한 전통적인 가치관을 유지하고자 하는 것이다. 그는 전통을 민족정신의 원천으로 보며, 도(道)는 인간의 최고 정신과 가치를 구현한다고 주장한다.

서양에서의 중국 철학 발전

우리는 서양에서의 중국 철학 연구사에 대한 이해 없이 최근의 중국 철학을 이해할 수 없다. 중국 철학은 예수회 신부들이 중국에 와서 지식인 및 학자들과 교류한 17세기 이래로 서양에 알려져 왔다. 예수회는 중국 지식인들을 그리스도교로 개종하려 했지만, 그들 또한 중국 철학에 대한, 특히 유가 철학에 대한 지식을 얻었다. 그들은 유교 고전에 대해 익힌 것을 자신들의 체제 속에서 교류하였고, 유럽의 다른 학자들에게 전했다. 17세기 중반에 《철학자 공자(*Confucius the Philosopher*)》가 출간되어 중국 학문에 대한 강렬한 관심을 불러일으켰다. 특히 라이프니츠는 이 책을 언급하였고, 또한 중국에 있는 예수회 신부 부베(Buvet)와 서신 왕래 하였다. 부베를 통해 라이프니츠는 역경(易經)의 괘와 2진법 체계를 배웠다. 다음 세기 내내 독일, 프랑스, 영국의 많은 철학자들은 중국 철학에 대해 언급할 매력을 느꼈다.

고대 그리스 철학과 중세 철학에서 학문적으로 훈련받은 예수회는 유교의 가르침을 토론하고 그들 고유의 가르침을 전파할 수 있게 되었다. 그러나 18세기에 전례논쟁은 카톨릭 교회로 하여금 중국의 신자들이 효(孝)에 대한 유교적 의례를 유지하지 못하게 하도록 하였다. 중국 학자와 예수회 사이의 사상 교류는 예기치 않은 중단을 맞았다. 서양 학자들은 중국의 문화와 철학전통을 알 기회를 잃었으며, 중국에 서양의 전통을 소개할 기회도 잃었다.

다음 두 세기 동안 극소수의 학자들과 선교사들만 중국 철학에 대한 지식을 가지고 있었고, 종종 그 실제 의미는 오해되었다. 칸트(Kant), 루소(Roussaeau), 헤겔(Hegel) 모두 엄청난 오해를 바탕으로 중국 철학을 비판했다. 중국 철학에서 새로 읽을 텍스트가 없었고, 중국 철학의 해설자도 없었다. 어떠한 학자도 중국 철학에 대한 참된 지식을 갖지 못했고, 어떠한 학자도 중국 철학의 관점에서 서양 철학을 평가하는 것은 말할 것도 없이 중국과 서양 모두의 맥락 속에서 문제를 토론하지 못했다.

그러한 상황은 버트란드 러셀(Bertrand Russell)과 죤 듀이(John Dewey)가 1919년에서 1921년 사이 중국에 강의하러 올 때까지 개선되지 않았다. 어떠한 중국 철학자들도 그들과 중국 철학적 관점에서 철학문제를 토론하고자 하지 않았다. 이는 놀라운 일이 아니다. 당시 전통 중국 철학은 중국 지식인들에 의해 외면되어 있었고, 서양의 철학적 담화로 논쟁할 수 있는 중국 학자는 거의 없었기 때문이다. 후스(胡適), 펑요우란(馮友蘭), 진위에린(金岳霖)은 서양 철학을 증진시키기 바랐지, 중국 철학을 위해 논증하기를 원하지는 않았다. 전통에서 현대로의 철학적 전환의 중앙에 위치한

슝스리와 리앙수밍은 아직 서양에 맞설 준비가 되지 않았다.

19세기 말부터 20세기 중반까지 서양에서 중국 철학은 철학자가 아닌 고대 중국 문화를 전공한 중국 연구가에 의해 중국어에서 번역한 책의 화석화된 형태로 연구되었다. 잘 알려진 중국 연구가 두 명은 원시유교의 모든 주요 저서를 영어로 번역한 제임스 레게(James Legge), 그리고 《역경(易經)》과 《도덕경(道德經)》을 독일어로 번역한 리하르트 빌헬름(Richard Wilhelm)이었다. 그들은 중국 철학을 현대 서양에 소개하는 데는 매우 큰 공헌을 했지만 그들의 설명은 서양 철학의 살아 있는 전통과 현행 문제점보다는 기독교적 배경을 드러냈다. 중국 철학은 유럽과 미국의 소수 중국 연구가에 의해 과거 전통의 역사적 기록으로서 연구되었다. 중국 철학은 '중국 사상(Chinese Thought)'이나 '중국 지성사(Chinese Intellectual History)'로서 철학과에서보다는 아시아학과나 역사학과에서 연구되었다.

중국 철학에 대한 이러한 대우를 강화시킨 것은 중국 철학은 서양 철학과 같은 형식으로 표현되지 않기 때문에 결코 철학이 아니라는 신화였다. 서양 철학은 체계적이며 논쟁적이고 논리적으로 표현된다. 또한 날카롭게 정의내린 논점과 논제로 논의된다. 다양하고 참신한 입장들이 논리적이고 형이상학적인 관점에서 자유롭게 고찰된다. 철학, 종교, 과학의 밀접한 관계가 잘 구획되어 있다. 반면 중국 철학에서는 서양 철학을 특징지우는 속성들이 명료하게 표현되지도 않고 날카롭게 구분되지도 않는다. 그러나 이는 중국 철학이 논리적 화법이나 분명하게 진술된 논제를 결여하고 있다는 것을 의미하지는 않는다. 논증(arguments)은 간단하면서도 암시적으로 드러나고 이해되며, 논쟁(debates)은 몇백 년의 기간을 뛰어넘어 행해질 것이다. 중국 언어가 서양언어와 구분되는 방식 때문에 그 설득력, 의미, 지시하는 바는 종종 가려진다. 그러나 이러한 표현 양식의 편차는 중국 철학이 입장, 참신성, 비판, 방법 등을 결여하고 있음을 의미하지는 않는다. 오늘날에도 몇몇 서양 철학자는 중국 철학에 도덕이나 진리와 같은 개념이 없다고 주장한다. 이러한 편협한 태도는 인간성, 그리고 진리와 도덕 개념 모두를 특정 문화나 민족의 편견과 선입견에 근거한 것으로 봄으로써 과소평가한다.

5·4운동 이후 중국 철학자들은 논증과 담론의 보편적인 언어 안에서 스스로 단련했으며, 논점과 입장에 초점을 맞추었다. 그들은 서양 철학과 분석의 방법을 배웠으며, 이를 중국 철학 전통을 재건하기 위해 사용했다. 20세기 초 이래로 중국 철학이 서양에서 연구된 것보다 빨리 서양 철학이 중국에 흡수되었다. 서양 철학에 대한 중국의 수용을 가장 잘 보여 주는 예는 캉요우웨이(康有爲), 리앙치차오(梁啓超), 왕꾸어웨이(王國維)에게서 보게 된다. 이들 중국 철학자들은 서양 철학의 최근 경향을

따라잡고자 하였다. 따라서 베르그송(Bergson)과 듀이(Dewey)가 중국어로 번역되었으며, 그들의 사상은 새로운 중국 철학을 형성하고 전통적인 철학체계를 재건하는 데 모두 기여하였다. 예컨대 슝스리(熊十力)와 리앙수밍(梁漱溟)은 베르그송을 중국 철학과 서양 철학에 대한 그들 자신의 이해를 증진시키는 데 이용했다. 팡동메이, 모우쫑산, 탕쥔이로 인해 특정 서양 철학자에 대한 비판적 태도가 발전했다.

현대 중국에서 연구된 서양 철학서는 중국 철학의 언어를 변형시켰으며, 전통 중국 철학에 대한 통찰력을 드러내는 데 도움이 되었다. 마침내 현대 중국 철학자들은 동료이자 파트너인 서양 철학자와 함께 생생한 담화를 나눌 수 있게 되었다. 그러한 대화와 담화는 1935년 마노아의 하와이 대학에서 이루어졌다. 찰스 무어(Charles Moore) 박사와 윙칫 찬(Wing-tsit Chan) 박사가 주류 문화 전통의 관점에서 철학의 근본적인 문제를 토론하기 위해 동서양의 철학자들을 함께 모을 필요를 느꼈기 때문이다. 이러한 전통 중의 하나인 중국 철학이 처음으로 중국과 서양 철학자들 사이에서 직접 명료하게 표현되고 논의되었으며 토론되었다. 팡동메이(方東美), 모우쫑산(牟宗三), 탕쥔이(唐君毅), 윙칫 찬, 수시엔 류(劉術先), 그리고 필자(成中英)가 1965년부터 1970년까지 연이은 동서 철학자 회의에 참여했다.

최근 서양에서의 중국 철학의 발전은 필자가 1965년 마노아의 하와이 대학에 설립한 국제중국철학회(ISCP), 그리고 필자가 1972년에 만든 《중국철학잡지》(*Journal of Chinese Philosophy*)로 거슬러 올라갈 수 있다. 이러한 조직은 양자의 경우 모두 두 가지를 고려하여 자극받았다. 첫째, 중국 철학적 지혜의 가장 중요한 원천은 재고되어야 하며, 체계적으로 표현되어야 한다. 둘째, 동서간 대화에의 참여는 중국 철학으로 하여금 세계문명과 인간사회를 풍부하게 하는 데 적극적인 힘이 될 수 있게 할 것이다. 필자는 서양에서의 중국 철학이 단지 전통을 드러내거나 반복하는 것이 아니라, 철학사상의 살아 있는 전통이자 중국 철학이 살아 있는 철학세계 안에서 적절한 자리에 서게 되는 복위라는 인식을 추구해 왔다.

우리는 중국 철학자 개개인에 대한 언급 없이 서양에서 지난 30년 이상 발전해 온 중국 철학을 설명할 수는 없다. 또한 우리는 중국 철학 연구에 크게 공헌해 온 비중국인 철학자도 언급해야 한다.

윙칫 찬(Wing-tsit Chan : 1901~94)

윙칫 찬(陳榮捷)은 1929년 하버드에서 중국학으로 박사학위를 받았으며, 처음에는 마노아 소재 하와이 대학에서 가르치다가 다트머스 대학(Dartmouth College)에서 은퇴할 때까지 중국문화와 중국 철학 교수로 가르쳤다. 그는 중국 철학서의 탁월한 번

역가로 유명하다. 그의 고전 《중국 철학 사료집(*Source Book in Chinese Philosophy*)》 (1963a)은 고대부터 슝스리의 저서까지 주요 중국 철학서를 발췌하여 출간하였다. 《왕양명전습록 상주집평(王陽明傳習錄詳注集評)》을 번역한 *Instructions for Practical Living*(1963b)은 인간의 자아를 신유가의 전통 안에서 이해하고 번역하는 합리적인 방법을 얻어냈다. 주희의 《근사록(近思錄)》에 주석을 달아 번역한 *Reflections on Things at Hand*(1967)는 그의 원숙한 번역 스타일을 보여 준다. 두 번역서 모두 신유가의 사상을 서양에 소개하는 데 중요하다. 윙칫 찬은 이 두 개의 번역서로 서양에서의 유교 연구가 신유교 연구로 성장하리라 믿었다. 불행히도 우리는 아직 다른 중요한 중국 철학서에 대한 번역서를 갖지 못하였다. 우리는 윙칫 찬이 중국 철학 연구의 촉진에 끼친 유일무이한 영향을 알아야 한다.

윙칫 찬은 중국 철학이 기본적으로 인본주의적이라고 생각했고, 중국의 형이상학을 단순하고 체계적이지 못하다고 비판했다. 그는 서양 철학이 형이상학에서 사회철학과 도덕철학으로 이동했지만 중국 철학의 발전은 그 반대라고 주장했다. 중국의 형이상학을 강화하기 위해 우리는 서양의 논리와 과학을 도입해야 한다는 것이다. 그가 서양의 논리·과학과의 양립 가능성을 주장하면서 중국 형이상학으로 무엇을 의미했는지는 여전히 분명치 않다.

더 전문화된 연구를 진행하면서 윙칫 찬은 공자에서 오늘날에 이르기까지 인(仁)의 발전을 추적하여 유교의 인(仁; benevolence)의 의미에 대한 유익한 논문을 썼다. 그는 인(仁)을 유교의 기본적인 개념으로 이해했다. 즉 공자의 전덕(全德)으로서의 인, 사랑으로서의 인, 박애(博愛; universal love)로서의 인, 성(性; nature)인 동시에 리(理; principle)로서의 인, 천지만물과 일체(一體)가 되게 하는 인, 창생(創生; creative vitality)으로서의 인, 마음의 덕(心之德)이자 사랑의 이치(愛之理)로서의 인이 그것이다. 마찬가지로 그는 신유가 철학 안에서 리(理)가 갖는 의미에 대한 역사적 개요(synopsis)를 제공했다.

윙칫 찬은 송명 신유학에 대한 연구에 전념했다. 그는 주희(朱熹)를 특히 존경했으며 그를 공자 이후로 가장 영향력 있는 유학자라고 생각했다. 윙칫 찬에 따르면 주희는 유교의 도통(道統)을 찾아내고 격물(格物)을 통해 학문(學)의 새로운 방향을 열었다. 윙칫 찬에게 주희는 또한 철학, 종교, 윤리학을 하나의 체계 안으로 통합하는 데 중요하다. 이러한 통합이 어떻게 일어날지는 논증하지 않았지만 말이다. 그는 독자적인 철학자(philosopher)이기보다 철학적 학자(philosophical scholar)이다. 그는 유가의 인(仁)이나 신유가의 리(理)에 대한 새로운 통찰력을 발전시키지는 못했다. 그보다 뒤에 나온 학자들과는 달리 그는 서양 철학에 바탕을 두지 않았으며 중국

철학과 서양 철학에 대한 체계적인 비교연구를 제공하지도 않았다.

충잉 청(Chung-ying Cheng : 1935~)

충잉 청(청중잉; 成中英)은 난징(南京)에서 태어나 1949년에 대만으로 갔다. 그곳에서 1956년 대만 국립대학을 졸업했다. 그는 1964년에 하버드에서 박사학위를 받았는데, "퍼스와 르위스의 귀납론(Peirce's and Lewis's Theories of Induction)"(1966년 발행)이라는 논문을 썼다. 이 책에서 그는 경험적 지식의 논리적 신뢰성에 대해 논의했다. 1971년에 그는 《대진(戴震)의 선(善) 연구(T'ai Chen's Inquiry into Goodness)》를 냈는데, 이는 대진의 《원선(原善)》에 대한 그의 영역본과 함께 대진에 대한 최초의 연구였다. 그는 전 생애를 걸쳐 마노아의 하와이 대학에서 가르쳐 왔는데, 그곳에서 1972년부터 철학 교수로 있으면서 미국, 아시아, 유럽의 많은 대학에 방문교수로 가고 있다.

충잉 청의 연구는 서양 철학의 본성, 역경과 중국 철학의 보완적인 측면인 유교와 도교의 기원, 중국 철학의 분석적 재건(重建), 유가와 신유가의 본체론, 그리고 그에 기초한 우주론(본체-우주론)과 윤리학(본체-윤리학), 서양 해석학의 대응 분야로서 본체론에 기초한 해석학(본체-전석학詮釋學) 이론, 윤리학과 관리(管理)론의 융합에 초점을 맞추어 왔다.

《세기 전환기의 선택: 중서철학의 융합과 회통에 대하여(世紀之交的抉擇: 論中西哲學的融合與會通)》(1991)에서 그는 서양 철학의 전체 역사를 접근 방법에서 의식적인 수정(revision)과 개혁에 의해 야기된 학파의 분화 과정으로 보았다. 하이데거(Heidegger)와 가다머(Gadamer)의 방법에 대해 의문이 제기된다고 하더라도 서양 철학의 주류 경향은 여전히 방법론적이다. 반면 중국 철학은 상(常)과 변(變)을 모두 포함하는 현실에 대한 통일되고 정체적(整體的)인 시각에서 유래하였으며 전체 역사를 통해 지속시켜 왔다. 따라서 넓은 의미에서 중국 철학은 방법론적이라기보다 우선 본체론적(혹은 본체-우주론적)이다. 이러한 본체-우주론에 지속적으로 관여했기 때문에 중국 철학의 인식론, 윤리학, 미학, 심지어 정치학도 깊이 뿌리박힌 본체-우주론적 이해와 분리되지 않는다.

《유교/신유교 철학의 새로운 차원(New Dimensions of Confucian/Neo-Confucian Philosophy)》(1991b)에서 그는 서양 철학과 중국 철학의 차이를 설명하기 위해 합리성(rationality)과 '자연성(naturality)'을 구분하였다. 자연성 관념은 유가와 신유가 모두가 어떻게 궁극적 실재의 본성을 반영하는 인간존재에 통찰력이 있다고 생각하는지를 기술하려고 한다. 더 최근의 연구("Origin of Chinese philosophy", "본체 전석학

적 이해로서의 관(觀); On guan as onto-hermeneutical understanding")에서 그는 《역경》 속의 관(觀: 포괄적인 관찰-관조) 개념에 초점을 맞추어 왔다. 관은 변화 속에서 전체와 부분의 합일에 대한 경험인데, 이는 유가와 도가 모두에서 결국 인식되는 도(道)에 대한 이해에 이르게 된다. 도에 대한 근본적인 경험에서 이러한 공통의 기초는 유가와 도가의 상보성을 설명한다. 그것은 또한 현대 중국 철학자들이 본체론, 그리고 서양 철학의 이성과 분석의 융합을 위해 노력하도록 끊임없이 고취하는 조화의 변증법을 위한 기초이기도 하다.

그는 새로운 도(道)의 본체-우주론에 대한 이해를 반성하고 융합함으로써 원문(原文)에 대한 개념적 분석, 그리고 실재의 새로운 의미, 새로운 진실, 혹은 새로운 측면의 발견에 기초한 중국 철학의 '분석적 재건'을 제안해 왔다. 따라서 청중잉에게 분석적 재건은 또한 본체론적이어야 한다. 인간은 실재에 대한 어느 정도의 선이해를 가지고 시작해야 하기 때문이다. 그의 주요 관심사는 유가와 신유가의 맥락 속에서 실재의 본체-우주론, 그리고 인성과 인간 의지의 본체-윤리학을 재건하는 것이다. 그는 유가철학의 종교적이고 정신적인 중요성을 인정했지만, 유가를 종교보다는 철학이라고 생각했다.

그는 슝스리와 모우쫑산의 목표를 종합했지만, 그들의 현 체계를 넘어설 필요가 있다고 보았다. 예를 들면 그는 주희의 작업을 순자와 맹자로 대표되는 본성과 이성에 대한 주류 발전으로 다룸으로써 모우쫑산과 구별된다. 그는 또한 도덕 형이상학과 별도로 본체-윤리학을 말하고, 유학자와 신유학자의 이해와 실천 속에서 본체-도덕-해석학적 순환을 지적했다는 점에서 모우쫑산과 다르다.

안토니오 쿠아(柯雄文: 1932~)

안토니오 쿠아는 필리핀에서 태어났다. 그는 버클리 소재 캘리포니아 대학에서 리차드 프라이스(Richard Price)의 윤리이론에 대한 논문으로 박사학위를 받았으며, 평생 윤리분석과 윤리이론에 대한 관심을 유지했다. 그의 초기 논문들은 도덕 행위자에 대한 윤리학에 초점을 맞추어 《도덕적 창조성의 차원(Dimensions of Moral Creativity)》이 쓰이게 되었다. 이 책은 모범적이며 전형적인 개인인 군자(君子)라는 유교 개념에 대한 선구적인 연구를 시도했고, 도덕적 행위자가 어떻게 전통적인 도덕에 대한 지식과 자기 행위 사이의 간극을 연결할 수 있는지를 고찰하였다. 쿠아는 도덕주체가 창조적인 공헌을 할 수 있는 윤리적 실천의 세 가지 차원, 즉 모범이 되고(exemplary) 재구성하며(reconstitutive) 이상을 제공하는(ideal) 차원을 논했다.

같은 시기에 쿠아는 논변과 인성(人性)에 대한 순자의 철학을 탐구하고 도교윤리

를 연구했다. 1985년에 출판된 책에서 그는 순자로부터 윤리 논변에 대한 유교 이론을 세웠다. 1992년 그는 《마음과 행동의 일치(*The Unity of Mind and Action*)》를 출간했다. 이는 행위자의 바람직한 자질, 능력의 기준, 도덕적 언어의 특성과 정당화, 잘못된 윤리적 신념의 진단 등에 미치는 유가 도덕 인식론의 발전에 대한 연구이다.

쿠아의 논문집인 《도덕적 비전과 전통(*Moral Vision and Tradition*)》(1998)은 중국 도덕철학의 여러 측면의 발전에 대한 개념적 분석을 제공했다. 유교의 덕 윤리학을 세우려는 시도 속에서 쿠아는 윤리학 체계를 제공하기보다 의미있는 질문들을 많이 제기하였다. 그는 유가 윤리학을 세우는 데 전통의 역할을 탐구했으며, 도(道)나 인(仁)과 같은 기본적인 유가 개념을 수용할 수 있는 개념적 틀을 발전시키고자 했다. 그는 또한 현대적 삶을 포함한 규범적인 규칙에 대한 요구에 부응하기 위해 이러한 개념을 발전시킬 방법을 고찰했다. 이러한 질문들은 유가적 통찰을 전지구적 혹은 간문화적 윤리학 안에 구체화시키는 문제를 다룬다. 쿠아는 비규범성 원리, 문화 통합, 상호관계, 절차적 정의, 개정(rectification), 재고찰 등을 포함하여 문화 간의 갈등을 해결하기 위한 근본 규칙을 제안해 왔다. 이러한 유용한 규칙들은 그 일관성과 적용 가능성을 결정하기 위한 더 많은 토론을 필요로 한다.

유가의 덕 윤리학에 대한 자신의 계획과 관련하여 쿠아는 역사나 전통에의 호소가 윤리적 논변의 필수적인 구성요소를 구성할지 여부에 대해 의문을 던져 왔다. 5·4운동 이후 현대유가 혹은 신유가 철학자들이 유가 윤리학의 타당성을 위한 기초로서 역사나 전통에 거의 의존하지 않아 왔다는 데 주목하는 것은 흥미롭다. 유가 윤리학을 위한 방어의 대부분은 인성에 대한 기술적(descriptive)이거나 규범적인 설명에 의존하는 형식이다. 맹자, 주희, 왕양명 같은 유학자들은 역사적 정당화가 아닌 이론적 정당화를 위한 토대를 제공하기 위해 종종 인용되었다.

푸웨이순(傅偉勳: 1933~96)

푸웨이순(찰스 푸; Charles Fu)은 대만 국립 대학교(臺灣國立大學)를 졸업하고 오하이오(Ohio) 주립 대학에서 철학박사 학위를 받았다. 그는 템플(Temple) 대학 종교학과에 합류하기 전에 대만 국립 대학교에서 가르쳤다. 푸웨이순은 중국 불교와 중국 종교를 연구하고 가르치는 데 전념했다. 그는 중국 종교에 대한 편집서들, 그리고 맑시즘적 윤리학, 선불교, 자신이 '창조적 해석학(詮釋學)'이라고 부른 것을 넘나드는 다양한 주제에 관해 영어와 중국어로 쓴 논문들을 발표했다. 그는 1996년 불시에 사망하게 될 때까지 자신의 견해를 완전한 체계로 발전시킬 수 없었다. 죽기 바로 전, 그는 철학사상과 종교사상의 한 주제인 죽음에 대한 연구로 돌아갔다. 이 작

업은 대만의 중국불교도들 사이에서 많은 관심을 불러일으켰다.

류수시엔(劉述先: 1934~)

류수시엔은 충잉 청, 푸웨이순과 같은 세대에 속한다. 류수시엔은 대만 국립 대학과 동대학원 철학과를 졸업했다. 그는 1966년 남일리노이 대학(University of Southern Illinois)에서 박사학위를 받았고, 같은 과에서 가르쳤다. 1981년 그는 홍콩으로 이주하여 홍콩 중문 대학(香港中文大學) 철학과 교수이자 주임이 되었다. 은퇴 후 그는 타이페이의 중앙연구원(Academia Sinica)으로 갔다. 류수시엔은 국제중국철학회(International Society for Chinese Philosophy) 회장을 역임했다.

류수시엔은 자신의 철학 발전을 세 시기로 분류한다. 1955년부터 1964년까지 그는 문학감상, 그리고 어의학(semantics)과 진리에 대한 책을 출판하였다. 그는 서양의 철학과 문화를 탐구하고 중국과 서양의 방법론에 대한 견해를 비교하였다. 1964년에서 1978년까지 그는 폴 틸리히(Paul Tillich)에 대한 자신의 논문을 완성하고 앞으로의 연구방향을 찾아냈다. 그는 《동서철학(東西哲學)》과 《중국철학잡지(中國哲學雜誌)》에 논문을 발표했다. 그의 관심은 유교와 신유교의 종교철학을 탐구하는 데 집중된다. 그는 또한 서양 철학자에 대해 비판적으로 논평했고, 두 개의 논문집을 펴냈다. 1978년에서 1992년까지 그는 중국 문화의 미래에 대해 더 깊은 관심을 발전시켰고, 중국의 현대화 문제를 깊이 생각했다.

그의 철학연구의 주요 업적은 《주자철학사상의 발전과 완성(朱子哲學思想的發展和完成)》(1982)의 출간이다. 1986년에 그는 싱가포르에 있는 극동철학연구소에 연구차 가서 황종희(黃宗羲)에 대한 연구서를 냈다. 이러한 저서들은 슝스리와 모우쫑산과 많은 통찰을 공유하는 현대 신유가로서의 류수시엔의 발전을 보여 준다. 그는 현대 신유가 제3세대의 대표로 여겨진다.

탕리취엔(唐力權: 1935~)

홍콩에서 태어난 탕리취엔(Lik-kuen Tong)은 뉴욕 대학교에서 경제학을 공부했으나 그 후로 사회연구를 위한 뉴스쿨(New School for Social Research)에서 철학으로 전과하였다. 그는 페어필드(Fairfield), 코넥티컷(Connecticut)에서 철학을 가르쳐 왔고, 국제중국철학회(International Society for Chinese Philosophy) 회장을 지낸 적이 있다.

《주역과 화이트헤드-장유철학 서론(周易與懷特海之間-場有哲學序論)》이라는 자신의 책에서 탕리취엔은 화이트헤드(Whitehead)의 형이상학과 하이데거(Heidegger)의 생

명철학을 통합하기 위해 주역의 기본적인 개념을 사용하였다. 탕리취엔의 중심 생각은 존재는 장(場) 의존적이며 장 안에 존재한다는 것이다. 이러한 장유(場有) 개념은 전통적인 서양 철학에서의 실체개념과는 다르다. 그보다도 장유는 사물의 상관성 속에 본유(本有)되어 있다. 그의 설명은 사물들의 상관성(相關性; 相對性)을 강조하지만, 장유는 또한 사물이 지니는 권능(權能)의 잠재성과 활동성을 가지고 있다. 탕리취엔은 모든 사물이 장유이며, 장유밖에는 아무것도 없다고 생각했다. 우리는 우주와 삶을 장 밖에서 볼 수 없다. 장 안에서의 입장에서 우주를 보아야 한다.

탕리취엔은 "역에는 태극이 있다(易有太極)"라는 말을 새롭게 해석한다. 그에게 태극이 직립해서 걸어다니는 몸(直立走路的形軀)을 가리킨다면, 역은 반성할 수 있고 다양한 방식으로 움직이는 우리의 몸을 의미한다. 이러한 방식으로 양의(兩儀)와 8괘(八卦)는 육체적 움직임과 관련하여 묘사될 수 있다. 탕리취엔이 '근신성상학(根身性相學)'이라고 부른 것은 태극권(太極拳)을 하면서 자신의 경험을 반성하는 것을 말하는 것 같다.

탕리취엔에게 인간은 두 가지 대립되는 힘, 즉 도덕적 본성(仁性)과 자연적인 재능(材性)의 중심이다. 사람이 이 두 가지 힘을 결합하여 발전시키는 방법은 인간의 행위방식을 결정한다. 이 두 가지 힘의 대립과 결합은 또한 인간 문화의 차이와 발전을 조절한다. 특히 그것들은 중국문화와 서양문화의 차이를 설명해준다.

친쟈이(秦家懿: 1935~2001)

친쟈이(쥴리아 칭; Julia Ching)의 왕양명 연구는 송명 유학에 대한 관심의 물결을 널리 불러일으켰다. 그녀는 신학과 역사학을 배웠지만, 그녀의 관심은 신유가와 중국문화를 포함한다. 그녀는 오스트레일리아에서 "지혜를 찾아서: 왕양명의 길"이라는 논문으로 박사학위를 받았다. 콜럼비아와 예일에서 가르친 후, 친쟈이는 1979년 토론토 대학(University of Toronto)의 빅토리아 컬리지(Victoria College)에서 교수가 되었다. 그녀의 주요 작업은 중국의 종교와 기독교에 대한 비교 연구에 있다. 《유교와 기독교(Confucianism and Christianity, 1977)》는 각 종교가 교류 속에서 다른 종교들로부터 무언가를 배우게 되기를 바라면서 세계 종교들 간의 대화를 촉진하였다. 친쟈이는 또한 전통에 대한 비판의 중요성을 강조했으며, 비판이 없이는 어떠한 진보도 없을 것이라고 주장했다. 카톨릭 신자로서 그녀는 카톨릭교를 비판적으로 고찰했고, 동아시아 문화의 일원으로서 동아시아 전통을 비판적으로 고찰했다.

친쟈이는 '비판적 주체'라는 개념을 발전시켰는데, 이는 도덕적 독립성과 양심을 가진 주체이다. 이러한 관념에 바탕하여 친쟈이는 각 종교가 다른 종교를 존중하고

그 종교들에 열려 있어야 한다는 종교 다원주의를 장려했다. 그녀는 유교를 세계 종교와의 대화가 가능한 종교로 여겼다. 그녀가 보기에 종교로서의 유교는 인본주의적이지만 신의 초월정신에 열려 있다. 그녀는 유교가 원래 인격신에 대한 믿음과 함께 하는 예언자의 종교라고까지 생각했다. 그녀는 천인합일이 인간과 신의 합일에 대한 고대의 믿음에서 유래한다고 말한다. 또한 신유가 전통을 종교적 의미가 충만한 전통으로 해석한다.

뚜웨이밍(Du Weiming: 1940~)

뚜웨이밍(Wei-ming Tu; 杜維明)은 중국에서 태어나 대만 동해 대학(東海大學)을 졸업하였다. 그는 1968년 하버드에서 중국지성사 연구로 박사학위를 받았다. 프린스턴(Princeton) 대학과 버클리 소재 캘리포니아 대학교(University of California at Berkeley)에서 가르치다가 중국사와 중국 철학 교수로 하버드에 돌아갔다. 그는 미국 인문예술과학원(American Academy of Humanities, Arts, and Sciences)의 일원이며 현재 하버드-옌칭 연구소(Harvard-Yenching Institute)의 소장이다. 그는 중국과 미국 간 학술교류의 발전에 깊이 전념하고 있다.

뚜웨이밍의 사고에서 중심이 되는 것은 유교의 현대화이다. 뚜웨이밍은 유교를 현대 사회과학에서 끌어낸 다양한 관점에서 접근한다. 그러나 그는 자신의 작업을 살아 있는 종교전통으로서의 유교 해석으로 본다. 그는 유교에 대한 생생한 영적 증언(living spiritual testimony)의 필요성을 언급하며, 유교를 추상적인 철학 이론체계로 연구하거나 재건하는 것을 반대한다. 그는 유교를 실천 속에서 지키는 중요성을 강조했으며 유교사상이 결코 유교정신의 내적 경험으로부터 분리될 수 없다고 주장한다. 그는 유교정신에 대한 지식의 살아있는 화신(living embodiment)을 말한다. "《중용(中庸)》에서의 중(中; centrality)과 용(庸; commonality)"(1979)에서 중용에 대한 그의 해석은 살아 있는 유교정신이 어떻게 중요한 유교 고전 안에서 이해될 수 있는지를 보여 주고자 한다.

뚜웨이밍은 유교연구에서 현대적 철학 방법론을 사용하는 것을 비판한다. 그는 유교를 철학보다는 종교로서 지지하고 싶어한다. 우리는 뚜웨이밍이 어떻게 유학을 현대 신유가 2세대의 작업에 비추어 이해하는지, 그 스스로 자신의 말과 행동 안에서 유교를 어떻게 증명하는지를 물어 볼 수 있다. 왕양명의 젊은 시절에 대한 연구에서 뚜웨이밍은 마틴 루터(Martin Luther)와 같은 위대한 종교적 인물들을 이해하기 위해 종교심리학을 이용함으로써 영감을 얻었다. 실제적인 견지에서, 뚜웨이밍이 계획한 유교의 미래 발전이 중국문화의 활기와 창조성의 부흥을 얼마나 많이 조성

할 것인가를 보는 것은 흥미롭다.

유교의 활동가로서 뚜웨이밍은 전문가들 간의 대화에 전념해 왔으며, 유교를 주제로 한 책들을 편집해 왔다. 그러나 그의 진정 중요한 과제는 유교를 정신적 전통으로서 제시하는 것이다.

맺는 말

해외 중국 철학의 최근의 공헌에 대한 필자의 간략한 기술은 완벽한 그림이나 체계적인 평가를 제공하고자 함은 아니다. 중요한 것은 해외의 중국 철학은 발전하는 분야라는 것이다. 그 활력은 증가하고 있다. 지난 30년 동안 중국 철학에 대한 연구의 축적된 노력을 통해, 그리고 해외의 중국 철학자와 중국·홍콩·대만의 중국 철학자들 간에 빈도가 증가하고 있는 상호작용을 통해서 말이다. 1995, 1997, 1999년에 국제중국철학회(ISCP)가 개최한 최근 세 번의 회의는 본토출신과 해외출신 중국 철학자들 간에 대화와 교류가 증가하고 있음을 보여 준다. 국제회의에의 접촉은 컴퓨터에 기초한 현대적인 소통의 폭넓은 활용, 인터넷 홈페이지와 철학서적의 전자출판의 수립으로 보완된다. 더욱 용이해진 소통이 해외 중국 철학의 성장에 끼쳐 온 영향은 놀랍다.

해외 중국 철학의 풍부함과 역동성을 이해하려면 중국 철학을 연구하는 비중국인 학자와 사상가들의 공헌 또한 인지해야 한다. 1970년대 이래로 중국 철학에서 훈련받아 왔거나 독서와 토론으로 중국 철학을 공부해 온 유능한 서양 학자들이 많이 있다. 하버드 대학의 콜 벤자민 슈왈츠(Benjamin Schwartz), 프린스턴 대학의 프레드릭 모우트(Friedrich Mote), 펜실베니아 대학의 더크 보드(Derk Bodde), 콜럼비아 대학의 윌리엄 드 베리(William Th. de Bary), 미시간 대학의 도널드 먼로(Donald Monroe), 버몬트 대학과 홍콩 대학의 채드 한센(Chad Hansen)이 있다. 이들은 전통유가와 신유가 시기의 중국 지성사에 대해 연구해 왔다. 유럽에서는 런던 대학의 그레이엄(A. C. Graham), 파리 대학의 프랑소와 줄리엥(François Jullien), 오슬로 대학의 합스마이어(C. Harbsmeier)가 특히 중요한 공헌을 해 왔다. 우리는 또한 중국 철학을 높이 평가하고 국제중국철학회에 오랫동안 참여해 온 보스턴 대학의 로버트 커밍스 네빌(Robert Cummings Neville)도 거론해야 한다. 로저 에임스(Roger T. Ames)와 데이빗 홀(David L. Hall)은 공자와 중국문화를 포스트모던적 관점에서 해석했다. 최근 20년 동안 많은 젊은 중국 철학자들이 미국의 철학과와 유럽의 중국학 세미나에서 배출되었다. 미국에는 신쾅로이(Shin kwong-loi; 信廣來)의 맹자에 대한

세밀한 분석적 연구와 같은 탁월한 출판물들이 있다. 최근에 만들어진 아메리카 중국 철학자 협회에는 중국 철학을 전공하는 많은 장래성있는 학자들이 포함되어 있다.

이에 비추어 보면 해외 중국 철학의 발전에 밝은 미래가 보인다. 이러한 발전은 경제·문화의 세계화 과정, 그리고 세계적인 교류 시스템 안에서의 중국과 서양의 결합으로 빨라질 것이다. 미래의 경향으로서, 해외에서의 중국 철학과 서양 철학 간의 상호작용의 증가를 볼 수 있기를 기대한다. 이로부터 개별 중국 철학자들의 더욱 세밀한 연구, 그리고 중국 철학과 서양 철학을 포함하는 더욱 이론적인 비교연구가 출현할 것이다.

참고문헌

陳榮捷 1963a: *A Source Book in Chinese Philosophy*, Princeton: Princeton University Press.

------ 1963b: *Instructions for Practical Living*(translation of Wang, Yangming: 傳習錄), New York: Columbia University Press.

------ 1967: *Reflections on Things at Hand*(annotated translation of Zhuxi: 近思錄), New York: Columbia University Press.

陳來 1991: 有无之境: 王陽明的哲學精神, 北京: 人民出版社.

成中英 1969: *Peirce's and Lewis's Theories of Induction*, The Hague: Nijhoff.

------ 1971: *Tai Chan's Inquiry into Goodness*, Honolulu: East-West Center Press.

------ 1973: 中國哲學的現代化和世界化, 臺北: 聯經出版社.

------ 1991a: 世紀之交的抉擇: 論中西哲學的融合與會通, 上海: 知識出版社.

------ 1991b: *New Dimensions of Confucian/Neo-Confucian Philosophy*, Albany: SUNY Press.

------ 1995a: "Origin of Chinese philosophy" in *Encyclopedia of Asian Philosophy*, London: Routledge, 324~49면.

------ 1995b: "On guan as onto-hermeneutical understanding", in *The International Journal for Yijing Studies*, issue 1, 北京 1995, 59~79면.

秦家懿 1977: *Confucianism and Christianity*, Tokyo and New York: Kodansha Interational.

柯雄文 1978: *Dimensions of Moral Creativity*, Pennsylvania: Pennsylvania State

University Press.

------ 1982: *The Unity of Knowledge and Acton: A Study of Wang Yang-Ming's Moral Psychology*, Honolulu: University of Hawaii Press.

------ 1998: *Moral Vision and Tradition, Washington, D.C.*: Catholic University of America Press.

金吾論 1988: 物質可分性新論, 北京: 中國社會科學出版社.

劉述先 1982: 朱子哲學思想的發展和完成, 臺北: 學生書局.

唐力權 n.d.: 周易與懷特海之間-場有哲學序論, 臺北: 黎明文化出版社.

杜維明 1976: *Centrality and Commonality, an Essay on Chung-yung*, Honolulu: University of Hawaii Press.

20세기 중국 철학의 본체 해석학적 이해: 정체성과 전망

청중잉

현대 중국 철학

20세기 중국 철학사상을 형성한 근원과 힘을 탐구함으로써 우리는 현대 중국 철학이 중국 철학의 전통에 깊이 뿌리를 내리고 있음을 알 수 있다. 그것은 깊고 풍부하며 복합적인 구조인 유가, 도가 그리고 중국 불교를 계승하였다. 현재 통용되고 있는 전통철학의 존재는 서양 철학으로부터의 도전에 대한 창조적인 대응으로써 현대 중국 철학으로 하여금 역동적인 삶을 발전시키도록 했다. 생활 세계와 생존 상황의 현실에 직면함으로써 현대 중국 철학은 또한 이러한 서양의 도전에 직면했다. 주로 서양의 과학, 문화 그리고 가치를 반영하는 인식, 진리 그리고 실재의 문제를 다룸에 있어서 그것은 서양의 현대성과 자신의 현대 세계에 대처하는 파노라마식으로 나열된 새로운 시각과 전망을 내놓았다. 그것은 또한 인간의 삶, 인간 사회 그리고 인간 세계를 변화시키기 위한 새로운 활력을 제공하였다.

20세기 중국 철학에 대한 화제는 새로운 세계에 적응하고 서양 전통으로부터 가치 있는 요소들을 흡수하려는 전통 중국 철학의 노력에 초점을 맞추고 있다. 그것은 깊은 이해를 필요로 하는 적극적이고 창조적인 노력이다. 그것의 과거에서 벗어나기 위한 현대 중국 철학의 추진력은 전통 중국 철학에 그 자신을 재발견하고 다시 활력을 줄 힘을 부여하였다. 그것은 창조적으로 보다 높은 목표를 실현하려고 노력함으로써 그 자신을 뛰어넘었다.

변화를 위한 요구에 대한 현대 중국 철학의 반응에 해당하는 단 하나의 역사적 선례가 중국에는 없었다. 어떤 사람은 북쪽의 이민족이 주(周)의 통치를 약화시키고 신흥계급의 사람들이 권력에 대응하기 위해 새로운 고안물을 사용했을 때인 B. C 7~8세기 동안의 주의 질서[周禮]의 붕괴를 예로 들지도 모른다. 그러나 1842년 아편전쟁과 1919년 5·4운동 사이의 계속되는 위기는 춘추전국시대에 일어났던 사상과 재능의 자유로운 발전을 위한 휴식 없이 외침과 문화적·군사적 지배로 이끌어졌다. 춘추전국시대에는 새로운 활력과 전망의 솟아남이 있던 반면 20세기 초 중국은 고갈된 활력과 붕괴되는 문화의 어두운 국면에 직면하였다. 그것은 단지 유교의 쇠퇴가 아니라 살아 있는 힘으로서 문화를 지탱했던 전통의 후퇴와 붕괴였다. 비록 중국 사람들이 노예가 되진 않았을지라도 중국의 전통은 그것의 자신감과 자유를 잃어버렸고 서양의 이념과 가치의 포로가 되었다.

중국과 서양의 패러다임: 비판적인 도전과 창조적인 대응

현대 중국 철학의 풍부한 내용에 대한 우리의 이해는 많은 목적에 공헌할 수 있다. 우리는 역사적인 교훈을 배우고 문화적인 의미를 이해할 수 있지만 무엇보다 우리는 철학적인 통찰을 구별해내야 한다. 현대 중국 철학을 이해하는 것은 다음과 같은 방법론적 임무를 취하는 철학적인 계획이다. 우리는 어떻게 중국 철학자들이 서양의 철학 사상을 생각하고 평가하는지 그리고 어떻게 중국 철학이 그 자신을 재발견하고 자신의 정체성을 정의내렸는지를 이해하려고 노력해야만 한다.

경학시대에 뿌리를 두고 2000년 동안 발전된 중국의 철학적 전통을 인식하는 것은 중요하다. 서양 철학처럼 이러한 전통은 자신의 본체론적, 우주론적, 인식론적, 윤리적, 미학적 그리고 종교적인 신념과 원리를 가지고 있다. 이러한 두 전통은 상대방을 만났을 때 어떻게 각자 타자를 평가하고 관계하고 이해했을까? 20세기의 대부분 동안 이러한 물음은 추구하기 어려웠는데 왜냐하면 그 두 전통 사이에 거의 상호 작용이 없었기 때문이다. 대신에 서양 전통이 중국의 지식인들에 의해 도입되었는데 예수회 선교사들의 선교 시기 동안의 상호 교류와 달리 중국의 전통은 서양으로 수출되지 않았다.

우리는 두 전통 사이의 차이점에 주목해도 좋을 것이다. 첫째, 중국과 서양의 표현 방법 사이에 차이가 있다. 중국 철학의 많은 전통적인 작품들은 대화, 짧은 글, 명제, 이야기, 상징 그리고 비유들로 표현해 왔는데 그것의 표현 논리는 명확하기보다 암시적이다. 전통적인 철학 문헌에서의 담론 논리는 현실에 대한 일관성 있는 시

각을 유지하고 삶의 형식을 구성하는 실천을 제시했던 보다 큰 담론의 일부분으로 이해되었다. 그것은 추상적인 논증 논리라기보다 중국의 철학적 담론의 유의미성과 타당성을 보증했던 실천적인 응용 가능성을 지닌 옹근 견해(holistic vision)이다. 장 똥쑨은 서양과 중국의 언어를 하나는 논증적이고 다른 하나는 직관적인 두 가지 다른 인식의 양태로 간주하였다. 우리는 다음과 같은 사실을 추가해도 좋을 것이다. 아리스토텔레스의 주어-술어 구조가 주체와 객체 사이의 환원할 수 없는 구분을 전제로 하는 반면 중국의 언어와 시에서 도가적인 주어가 없는 현실의 표현은 주체와 세계 사이의 어떠한 분리도 상정하지 않는다. 이러한 관점에 비추어 보면 중국의 내재논리(implicit logic) 와 서양의 외재논리(explicit logic) 사이에 분명한 차이가 있다. 중국은 간결하고 종종 간접적인 실재 표현과 진리에 대한 실존적이고 종종 은유적인 내재적 논리를 쓰는 반면 서양은 데카르트가 길게 따지면서 명확한 논증을 한 이래로 서양 철학 담론의 표준적인 양식인 명확한 외재적 논리를 사용한다.

만약 우리가 중국의 철학 전통이 그것의 독특한 표현 형식을 지니는 이유를 찾는다면 우리는 그 전통이 전적인 단순함과 풍부한 다의성의 옹근 패러다임 안에서 표현된 삶과 현실에 대한 폭넓은 시각에서 발원하였음을 알 수 있다. 이러한 경험, 직관 그리고 반성에 연관된 합일, 동일성, 비분리 그리고 전체에 대한 기본적인 앎이 항상 있었다. 이것은 근원적인 또는 궁극적인 실재, 즉 본체(本體)에 대한 경험인데 그것은 모든 것이 발생하는 근원으로 간주된다. 본체에서 발생하는 모든 것은 본체의 작용(用)이며 본체의 자연스러운 일부분이다. 중국 철학의 기본적이고 일관된 모든 명제들은 합일과 분리, 일자(一者)와 다자(多者), 동일과 차이 그리고 연속과 불연속의 경향을 보여 주는데 그것은 각각의 모순 가운데 뒤의 용어는 유기적 체의 체용(體用) 관계가 없는 것으로 생각되었기 때문이다. 다시 말하면, 중국 철학의 보배인 합일, 일자, 동일 그리고 연속은 그들의 원초적인 실재의 작용으로서 다양성, 다자성, 차이성 그리고 불연속을 포함한다. 그러므로 각각의 대립 안에는 실제적인 반대가 없다. 유가, 도가 그리고 중국 불교의 전통적인 이론은 모두 이러한 기본적인 성향을 드러낸다.

또한 중국 철학에서 우리는 천인합일(天人合一), 지행합일(知行合一), 체용불이(體用不二), 주객불이(主客不二), 리기불이(理氣不二), 본성과 리의 하나됨(性卽理), 마음와 리의 하나됨(心卽理)에 대한 명제를 발견한다. 일자와 합일을 좋아하는 경향은 실재와 궁극적인 실재(本體) 양자 합일을 알고 주장하는 것으로 표현된다. 자신과 삶 그리고 세계에 대한 인간의 체험 안에서 합일되는 실재에 대한 근원적인 앎 없이는 어떠한 합일도 있을 수 없다. 일자와 옹근 것은 본체의 특징으로 설명되는 반면 구

분과 구별은 본체의 작용(用)으로 간주된다.

전통적으로 체(體)와 용(用), 본체와 작용 사이의 구별은 대부분 양극의 구별로 구체화되었다. 따라서 생명의 힘인 기(氣)는 이치인 리(理)에서 나온 작용이다. 체(體)와 용(用) 사이의 구별은 또한 구조와 과정, 주요한 근원과 파생된 발전, 도(道)와 기(器) 사이의 구별과 비슷하다. 이러한 모든 경우에 있어서 용은 체에서 발생하지만 체로부터 분리되어서는 안 된다. 이런 의미에서 체와 용 사이에는 항상 합일과 그 둘을 연결시키는 유기적인 내적 역동성이 있다. 그러한 구별을 인간의 일에 적용함에 있어서 우리는 수단과 목적 사이를 구별할지도 모른다. 우리는 같은 수단으로 다른 목적을 성취할 뿐만 아니라 같은 목적을 성취하기 위해 다른 수단을 사용할 수 있다. 목적과 수단 사이에 연속이 있음에 틀림없고 따라서 행위와 목적에 있어서 체와 용 사이에 연속이 있음에 틀림없다.

철학은 전통의 핵심인데 그것은 전통의 이상적인 가치에 공헌하는 사고방식이고 표준적인 행위 지침이기 때문이다. 철학은 문화와 문명에 대한 의식이고 양심이다. 철학적 견해들은 문화와 행위를 고무시키고 인도했는데 이것은 인정받는 철학자들에 의해 형성되고 일반 사람들에 의해 시대를 넘어서 수용되었기 때문이다. 중국 문화와 철학의 긴 역사를 가정한다면 전통 철학이 중국인들 사이에 삶의 양식으로 그리고 중국의 지식인들에게는 가치와 유의미성의 형식으로 흡수되어진 것은 놀랄 일이 아니다. 유교는 문화의 철학적인 대들보이지만 전통적인 중국의 문화적 양식에 대한 정의에 공헌하는 또 다른 철학적 힘이 있다.

이러한 이해를 가지고 우리는 중국의 철학적 전통이 내가 다음과 같이 말하는 것을 제공해 왔음을 알 수 있다. 즉 그것을 나는 다음과 같이 부른다. 그것은 실체와 작용의 유기적인 합일로서의 실재에 관한 본체우주론적, 인식론적, 윤리적 그리고 미학적 이해를 말한다. 본체론이 항상 기초가 되고 따라서 우주론은 이러한 바탕 시각을 배경으로 하여 이해되는 것은 중국의 철학 전통의 핵심적인 원리이다. 또한 인식론, 윤리학, 미학적 경험도 마찬가지로 이러한 본체론적 토대를 배경으로 하여 이해되어진다. 이러한 각 분야에 대한 이해에 있어서 주어진 경험이 해석되는 관점에서의 체용관계에 대한 이해는 항상 있다. 이러한 본체론적 이해는 모든 사물의 일자와 합일, 비분리(不二)와 연속에 대한 경험과 이해를 낳고 지지해주며 모든 원리들을 근원적이고 궁극적인 실재에 깔려있는 작용으로 간주한다. 이러한 본체 우주론적인 가정은 내외합일(內外合一), 마음과 본성의 합일(心性合一), 자아와 물의 합일(物我合一), 존재와 비존재의 합일(有無合一)에 대한 명제를 더 산출한다.

실재와 인간의 삶에 대한 이러한 옹근 견해가 주어진다면 우리는 한 걸음 나아가

인간의 가치는 궁극적인 실재(本體)의 본성을 부여받은 자신의 존재, 자신의 가족, 사회 그리고 정치적 삶 속에서 역할로서의 자신의 존재 가능성을 실현할 능력 안에 뿌리를 두고 있음을 알 수 있다. 이러한 토대 위에서 성취를 이루기 위한 자기 수양과 배움의 과정은 인간과 인간다움에 대한 옹근 패러다임에 따르면 도덕적으로 필수적이며 이성적으로 타당하다. 인간-우주의 관계에 대한 이러한 이해의 두 가지 결과가 있다. 첫째, 인간은 인간의 관심사의 중심이며 둘째, 우리는 도덕적 실천과 사회적 관계 안에서 인간다움의 완성 또는 근접한 완성을 성취하기 위해 노력할 수 있다. 여기에 인간의 삶의 궁극적인 가치가 있다.

우리는 세 가지 기본적인 원리─궁극적인 실재와 인간의 합일의 원리(天人合一), 인간 안의 본성(性)과 마음(心)의 합일 원리 그리고 도덕적 지식과 도덕적 행위와 실천의 합일 원리─의 관점에서 체와 용의 유기적인 합일로서 궁극적인 실재에 대한 중국의 본체 우주론과 윤리학에 근거한 옹근 패러다임을 다시 언급해도 좋을 것이다. 이러한 세 가지 원리는 문화와 지식이라는 공통의 문맥 속에서 서로 관통한다. 개인의 활동과 창조성은 실재라는 합일체로부터 분리되지 않지만 이러한 합일적인 실재의 실현에 기여한다. 인간의 실천과 행위는 전인간으로서의 그 자신으로부터 분리되지 않는데 옳은 행위는 선한 사람의 특성으로 간주되며, 그릇된 행위는 인간에게 수치와 사회적 추방을 내린다. 사회는 옳은 행위를 행하는 겉보기에 나쁜 사람보다 더 쉽게 그릇된 행위를 행하는 겉보기에 선한 사람을 관대히 대할 수도 있다.

중국 철학을 이끄는 원리로서 인간과 우주의 합일에 대한 패러다임이 주어진다면 어떻게 서양 철학이 전적으로 다른 패러다임으로 표현되는지를 이해하기는 어렵지 않다. 우리는 명대에 예수회 선교사들이 신유가의 우주론에 기초한 내재적인 도(道)를 수용했던 문화 속에서 초월적인 신에 대한 신학을 수립하기 위해 노력했던 때로 되돌아갈 필요가 없다. 신은 알기 위해 믿어야만 하는 전적으로 초절적인 존재인 반면에 도(道)와 하늘(天)은 우리가 그 한 부분인 세계 안에 내재해 있다. 따라서 인간과 도 또는 하늘 사이에는 근원적인 합일이 있다. 그러한 근본적인 차이는 오래된 두 전통의 역사 안에서 근원과 설명을 지닌다. 중국이 1723년에 가톨릭의 선교사들에 대하여 문호를 폐쇄한 이후 서양 철학이 다시 소개되기까지 150년 이상의 간격이 있다. 이 시기 동안 아리스토텔레스의 과학과 기독교 신학의 형식으로된 서양 철학의 영향은 알려지지 않았다. 서양 철학과 과학에 대한 현대적인 재소개는 옌푸(嚴復, 1854~1921)의 번역과 함께 시작되었다.

옌푸와 서양의 철학 패러다임의 소개

1842년 아편전쟁에서 중국의 패배 이후 중국 지식인들에게 서양 철학을 소개함에 있어서 옌푸가 수행한 역할을 인식하는 것은 중요하다. 옌푸의 중국어 번역을 통하여 현대 서양 철학은 주로 분석, 명확성, 구별, 차이, 분리, 개체성, 합리성 그리고 옹근 것이 아닌 과학 이론의 논리적 패러다임에 기초를 둔 의제와 전통으로 여겨졌다. 이러한 패러다임은 세계 내의 독립적인 실재와 실체를 찾아내려고 시도했는데 이러한 실체의 특성은 그들의 독립성과 자율성에 대한 기준이었다. 17세기 유클리드의 기하학은 쉬광치(徐光啓)에 의해 부분적으로 번역되었고 아리스토텔레스의 논리학 입문서는 프랜시스코 푸르타도와 리즈자오(李之藻)에 의해 번역되었다. 이러한 번역서들은 서양으로부터 고전적인 수학적이고 논리적인 분석방법을 소개하였지만 그것들은 중국에서 중요한 영향력을 가지지 못했다. 19세기 후반 20년이 넘는 기간 동안 옌푸는 서양의 논리학 책들을 중국에 다시 소개하기 시작했다. 그는 현대의 논리적이고 과학적인 개념에 대한 명확한 정의를 제시하고 명제에 대한 뚜렷하고 명확한 증명에 있어서 귀납적이고 연역적인 타당성과 진리 개념을 사용하기 위한 시도로 존 스튜어트 밀의 《논리학(穆勒名學, System of Logic)》의 첫 부분과 윌리암 에반스의 《명학천설(名學淺說, Lessons in Logic)》을 번역하였다.

과학적이고 논리적인 사고를 위한 도구로서 서양의 논리학을 소개하는 것과 별도로 사람들과 사회로 중국을 살아남게 하는 것에 깊이 관심을 가진 옌푸는 중국 사회의 완전한 개혁을 주장하였다. 그는 개혁에 대한 자신의 제안의 근거를 사회 진화론자들이 인간 사회에 있어서 진화론에 대한 함의로 이끌어 낸 적자생존의 원리에 두었다. 그는 유럽의 국가들과 메이지유신 이후의 일본을 생존과 번영을 위한 성공적인 국가적 노력의 본보기로 간주하였다. 이러한 이유로 옌푸는 그가 유럽과 일본에서의 성공적인 현대화와 발전에 대한 열쇠를 담고 있다고 생각했던 많은 책들을 번역하는 데에 전념했다. 그 결과 그는 허버트 스펜서의 《군학사언(群學肄言, The study of Sociology)》, 토마스 헉슬리의 《천연론(天演論, Theory of Evolution and Ethics)》, 아담 스미스의 《원부(原富, Wealth of Nations)》 그리고 바롱 드 몽테스키외의 《법의(法義, The Spirit of the Laws)》을 번역하였다. 그는 현대 유럽, 특히 영국과 프랑스가 어떻게 그들의 사회와 정부를 조직하기 위해 이성, 과학 그리고 현대적 가치 체계를 사용함으로써 현대화를 이루었는지 보여 주기를 원했다. 그는 특히 존 스튜어트 밀의 저작인 《군기권계론(群己權界論, On Liberty)》을 높이 평가했다. 자유롭게 된다는 것은 속박과 전통으로부터 자유롭게 되는 것이지만 자유는 다른 사람의

자유를 존중함으로써 그 자신을 제한해야 한다. 자유는 인간의 행위에 대한 도덕적 판단을 위한 토대인데 그러한 도덕적 판단 없이 도덕과 사회의 진보는 있을 수 없다. 따라서 옌푸에게 있어서 자유는 인간 진보의 목표이자 원동력이었다. 철학, 윤리학 그리고 정치학에 대한 옌의 시각은 자유 없이는 사람은 생존과 번영을 얻기 위해 최선을 다할 수 없을 것이라는 그의 견해를 반영하였다. 자유에 대한 그의 설명은 또한 어떻게 현대 사회와 국가가 조직되어져야 하는지에 대한 그의 시각을 반영하였다. 현대 국가 안에서 개인의 자유는 자유로운 사회에 기초해야 하며 자유로운 사회는 자유로운 개인에 기초해야 한다. 따라서 그는 "자유를 본체로 여기고 민주주의를 작용으로 여기라(以自由爲體, 以民主爲用)"고 말하였다. 그는 서양의 국가들을 번영과 권력으로 이끌었고 또한 중국을 강하게 하고 부유하게 할 이성, 과학 그리고 자유의 기본적인 개념으로 중국 사람들을 다시 교육함으로써 중국을 개혁할 것을 제안하였다.

옌푸의 관점은 개혁주의자 캉요우웨이와 리앙치차오의 관점과 다르며 쑨쭝산(孫逸仙)의 혁명주의적인 관점과 다르다. 캉, 량 그리고 쑨은 유교의 윤리와 정치적 권력 그리고 개인에 대한 가치체계를 유지했는데 그들은 기본적인 실재들로서 독립적으로 간주될 수 없는 가족, 사회 그리고 국가의 관계 안에서 그것들의 존재를 규정지으려고 하였다. 비록 옌푸는 개혁을 위하여 서양의 개념과 관점을 지지하였지만 개혁을 성취하기 위한 그의 방법은 교육을 통하여 중국에 전면적인 변화를 이루려는 그의 바람 안에 유교적인 토대를 여전히 가지고 있었다.

옌푸 이후 중국 철학자들은 그들의 작품에 대한 해설 또는 부분적인 번역을 통하여 차츰 많은 다른 서양 철학자들을 알게 되었다. 특히, 왕꾸어웨이는 1901년 경 일본 자료를 통하여 칸트를 연구했고, 장똥쑨은 1919년 5·4 운동 이후에 베르그송을 번역했으며, 1920년대에 마르크스주의자들과 토론하였다. 베르그송과 칸트 모두 현대 중국 철학의 발전에 대하여 큰 영향력을 가졌다. 그들의 영향은 궁극적인 실재가 본체와 작용의 유기적인 합일체라는 중국 철학의 전형적인 주장의 발전에 대한 근원이었다. 이러한 패러다임은 그것이 중국에서 정치적, 사회적 권위를 박탈당한 이후 중국 지식인들 사이에서 강력한 존재를 유지했는데 그 패러다임에 대한 사용과 비판적인 반성은 현대 중국 철학의 한 걸음 나아간 발전을 계속해서 이룰 것이다.

서양 철학: 다면적 도전

경제적, 군사적 힘의 측면에서 서양문화는 중국에 충격으로 다가왔지만 서양 철

학은 중국에 도전으로 다가왔다. 그 도전은 현대적 논리와 분석의 언어 형식으로 그리고 현대 과학, 법률, 민주주의 안에 포함된 이성에 대한 이해의 형식으로 또 인식, 진리, 실재, 도덕 그리고 미(美)에 대한 명확한 구분, 범주화, 체계화의 형식으로 다가왔다. 논증, 표현 그리고 정의에 있어서의 조직화와 명확성 그리고 의미와 지시체에 있어서의 정확함에 대한 요구는 모두 본체와 작용에 대한 합리적인 구분과 논리적인 분리 그리고 여러 분야들로 작용을 구분하고 분리하는 것에 기초하고 있다.

이러한 요구 안에서 우리는 맹자보다 오히려 순자가 제시한 논리적 패러다임을 주목한다. 순자는 하늘과 인간은 분리되어야 하며 비록 인간이 하늘로부터 태어났다고 할지라도 인간은 그 자신의 본체와 작용을 지닌다고 주장하였다. 이러한 관점을 바탕으로 인간의 본체와 작용은 그들의 진리, 지적 능력 또는 가치를 위하여 하늘이라는 근원적인 본체에 의지할 필요가 없다. 이런 의미에서 서양 철학은 단지 내용에 대한 도전이 아니라 본체론에 대한 연구와 관련한 형식과 방법에 대한 보다 큰 도전이다. 형식과 방법에 대한 이러한 도전에 반응함에 있어서 중국 철학은 역사와 민족학의 맥락 안에서 자신의 정체성을 재구성하고 그 자신을 침잠시켜야 했다. 새로운 생명을 얻기 위해 그것은 우선 명확함, 정확성, 독립성 그리고 자율성에 대한 현대적 요구에 의하여 그것의 용어와 담론을 재구축함으로써 새로운 형식과 새로운 언어를 수용해야만 했다.

우리는 서양의 논리적 패러다임을 다음과 같은 말로 도식화해도 좋을 것이다. 작용이 근원적인 본체와 관련하여 이해될 필요가 없는 그들 자신의 본체가 되도록 작용으로부터 본체를 분리하라. 이것은 자율성에 대한 요구이다. 예를 들어, 물리학은 원래 자연철학으로 알려졌지만 일단 그것이 자신의 연구 대상과 방법을 지닌 과학이 되었다면 그것은 더 이상 자연의 사건에 대한 설명과 예측에 있어서 형이상학을 언급해야 할 필요가 없다. 뉴턴 이래 현대 물리학은 이런 점에서 아리스토텔레스의 과학과 달랐는데 아리스토텔레스의 과학은 자연의 사건의 설명과 예측에 있어서 형이상학의 범주와 원리들에 의거하였다. 만약, 형이상학과 신학(하이데거가 Onto-theo-logik라고 일컬은 것)이 중국적 의미인 근원적인 실재(本體)에 관심을 가진다면 수학은 형이상학을 파기하고 형이상학에서 독립하여 자신의 뚜렷한 자율적인 지위를 획득하려는 과학의 첫번째 분야였다. 다음으로 사고와 추론의 추상적인 형식에 대한 연구로서 문법학과 논리학이 있고, 그 다음으로 자연 또는 하늘에 대한 연구로서 천문학이 있었다. 천문학을 통하여 서양은 수학에 있어서 데카르트적 방법의 발전을 이끌었던 현대 지식 혁명을 일으켰다. 천문학 이후에 물리학, 화학, 경제학, 생물학, 심리학 그리고 사회학에서의 변화가 일어났다. 19세기에는 정치학과 국제법률

학이 과학적 연구의 범위안으로 들어왔다. 현대시기 안에서 우리는 다양한 실용 또는 응용 과학의 탄생을 목격했는데 심지어 문학 연구조차도 자율성을 획득하였다.

철학이 과학을 탄생시킨 이후 철학은 더 이상 본체로서 작용에 대한 자신의 이전 주장들을 진리로 간주할 수 없었다. 비록 사람들이 여전히 어떻게 작용이 그것의 근원적인 실체와 연관되는지를 묻고 그 결과 자율적인 과학의 주제에 대한 철학적 연구가 시작될지라도 말이다. 본체와 작용 사이의 상호작용은 가능하고 또한 요구되지만 과학적 방법과 과학의 관점이 널리 퍼지는 한 철학의 본체는 그것의 많은 작용들을 독립적인 과학에 내주었다. 결국, 철학 그 자체로 남는 것은 형이상학이다. 이것은 중국 철학의 상황과 비슷한 것으로 보여질지도 모르지만 그 유비 추론은 매우 빈약하다. 중국의 형이상학적 전통은 비록 그 작용이 중심으로부터 약간의 상대적인 자율성을 얻을지라도 계속해서 다양한 작용들에 대한 고찰을 행한다.

우리는 어떻게 옌푸가 처음에 중국의 지성적인 삶 안으로 일부 현대 서양 철학 작품들을 소개했는지를 살펴보았다. 후세대들은 한 걸음 나아가 서양의 논리적, 과학적 담론을 반영하는 중국적 담론을 발전시켰다. 펑요우란은 전통 중국 철학 특히, 정씨 형제와 주희의 작품 가운데 신유가 리철학의 기본적인 용어와 범주들을 정의 내리려는 그의 시도에 있어서 논리적이고 개념적인 분석방법을 적용하였다. 진위에 린은 분석, 정의 그리고 해석의 관점에서 도(道)와 태극(太極)에 대한 정밀한 이론을 재수립하였다.

서양 철학에 의해 취해진 도전에 응하는 것과 관련된 두 가지 주요한 임무가 있다. 첫째 임무는 새로움 안에서 옛것을 이해하고 해석하는 것과 현대성 안에서 전통을 해석하는 것이다. 서양은 새로움과 현대성을 대표하기 때문에 두 번째 임무는 서양에 비추어 중국 전통을 이해하고 해석하는 것과 중국에 비추어 서양 전통을 이해하고 해석하는 것이다. 현대시기 안에서 모든 중요한 중국 철학자들은 이러한 두 가지 임무에 종사하였다. 그들의 작업은 한 걸음 나아가 본체와 작용의 합일인 중국적 패러다임을 실체와 작용의 분리인 서양적 패러다임으로 변형시킨 것으로 또는 중국적 패러다임의 틀 안에서 서양 철학의 입장들을 해석하고 통합한 것으로 분석될 수 있다.

서양에 대해 반응하고 새로운 정체성을 수립함에 있어서 현대적인 것과 서양적인 것을 구분하는 것은 필수적이다. 서양의 현대성은 서양의 중세 전통을 극복했다. 전통에서 현대성을 분리한 18세기 계몽 철학자들은 현대성을 이성과 합리성의 이름으로 실현될 수 있는 보편적인 특성으로 간주하였다. 그러나 포스트모던적인 시각에서 현대성은 보편적인 타당성을 가질 필요가 없는 문화적 정체성의 형식이다. 이것은

비록 과학과 기술―그리고 과학과 기술로부터 수반되는 것―이 과학적 진리와 기술적 진보를 추구하는 문화적으로 중립적인 행위일지라도 참이다.

우리는 과학과 기술이 보편적으로 채택될 수 있고 문화적 가치에 관해서는 중립적이지만 과학과 기술을 넘어선 모든 것은 전통적 가치에 대한 반영 또는 그것들에 대한 반작용임을 받아들여야 한다. 다양한 사람이 있는 것처럼 다양한 전통적 가치체계와 그것들에 대한 반응이 있다. 현대성은 그것들이 과학, 기술과 직접적인 갈등을 일으키지 않는 한 전통적 가치의 제거를 수반하지 않는다. 반대로 과학과 기술은 그것들을 보존할 더 나은 방법을 제공함으로써 전통적 가치를 회복시킬 수 있다. 이러한 이해가 주어진다면 우리는 현대 중국 철학자들의 임무가 다음과 같은 두 측면을 가지고 있음을 알 수 있다. 첫번째는 과학과 민주주의에 적합한 합리성의 형식을 찾는 것이다. 두 번째는 전통적 가치를 위해 적합한 장소와 목소리를 찾는 것이다.

우리가 이 책에서 알게 된 철학적 구성들은 민주주의와 정치 철학보다는 논리학과 과학에 보다 많은 초점을 두고 있다. 옌푸의 자유에 대한 정치 철학의 소개에도 불구하고 현대 중국 철학의 주류는 문화의 작용(用)보다는 본체(體)에 대한 관여를 반영하는 관심사인 궁극적 실재, 궁극적 진리 그리고 궁극적 가치에 관심을 두어 왔다. 이러한 정신은 영미전통의 실용적인 과학적 관심사보다는 유럽 철학의 형이상학과 보다 많은 관련이 있다. 확실히, 듀이의 실용주의는 중국의 교육계에 있어서 중요한 영향력을 가졌지만 버트란트 러셀의 그것처럼 그의 철학은 본체론적으로 기초 지워진 윤리학과 우주론에 대한 중국인의 매우 깊은 관심을 바꾸는 데 있어서는 거의 영향력을 가지지 못했다.

현대 중국 철학의 중요한 임무는 합리적인 형식 안에서 현대성을 받아들이는 것과 이러한 새로운 형식 안에서 그것의 가치와 이상을 변화시키고 표현하는 것 그리고 서양 철학과 진정한 대화를 하는 것이다.

중국과 서양 철학의 대조적인 패러다임에 비추어 우리는 현대 중국 철학의 발전을 우주론과 윤리학에 기초한 중국의 패러다임을 주로 사용하여 이 두 패러다임 사이의 차이점과 모순을 해결하려는 시도로 이해해도 좋을 것이다. 이것은 특성상 유교적인 중국적 패러다임이 중국인의 삶과 문화 속에 깊이 뿌리내려져 있기 때문에 이해할 만하다. 그것은 2000년이 넘는 동안 정치, 사회적 제도와 관습 안에서 구체화됨으로써 그 자신의 생명을 획득하였다. 그러나 외세 침입의 어둠과 서양 문화의 충격 속에서 중국 철학은 자각적으로 형이상학적 신념과 인간의 가치 체계로서 그것의 정체성을 주장하게 된다. 이러한 길고 왜곡된 노력은 세 가지 측면을 포함한다. 첫째, 중국의 철학적 전통 안에서 이해되고 해석될 수 있는 것은 현대적 용어로

다시 설명하고 이해될 수 없는 것은 버리거나 변형시킬 필요가 있다. 이러한 작업은 의미있는 현대적 담론 안에서 전통적인 시각을 분석적으로 재건시킬 것을 요구한다. 두 번째로 자기 이해의 과정은 새로운 서양 패러다임으로 옛것을 풀이하고 중국 패러다임으로 새것을 풀이하는 것을 요구하는데 그것은 낯선 것으로 낯익은 것을, 낯익은 것으로 낯선 것을 풀이하는 것이다. 이러한 방식으로 과거의 지적 패러다임은 새로운 패러다임에 따라서 적어도 부분적으로 이해될 수 있고 새로운 패러다임은 과거의 패러다임을 따라서 적어도 부분적으로 이해될 수 있다. 마지막으로 지적인 측정과 평가를 할 필요가 있다. 비판적인 평가를 위해서 우리들은 판단과 정당화에 대한 가장 높은 기준으로 궁극적인 실재 또는 궁극적인 가치를 설명할 필요가 있다. 그러나 이러한 기준은 보편적인 이성 또는 전통적 패러다임에서의 이상적인 가치에 호소함으로써 정당화되어짐에 틀림없다.

20세기의 모든 중국 철학자들이 본체와 작용의 유기적인 합일에 대한 중국적 패러다임을 가지고 서양의 논리적이고 과학적인 철학적 패러다임에 맞선 것은 아니다. 부흥에 대한 절박한 필요의 측면에서 궁극적인 실재와 궁극적인 실재에 대한 인간의 관계에 관한 유가와 도가의 인식 사이의 구별은 별로 중요시되지 않았다. 유기적인 합일의 패러다임 안에서 유가, 도가 그리고 중국 불교는 서양 전통에 대한 대응에 있어서 자기 이해, 자기 조직화 그리고 자기 평가를 위한 의미있고 유용한 원천들로서 서로 관련된다. 슝스리는 신유가로 전환하기 이전 중국 불교로부터 출발하였다. 리앙수밍은 줄곧 불교적 세계관의 가치를 높이 평가하고 있었다. 슝스리와 마찬가지로 장똥쑨은 궁극적인 실재에 대한 자신의 이해를 확립함에 있어서 불교의 비본질주의를 적용하였다.

5·4운동 시기 동안 많은 중국의 지식인들은 중국 철학의 유가 또는 도가의 내용 때문에 철저히 중국 철학의 패러다임을 거부했고 서양 철학의 패러다임에 의해 표현된 가치들을 열정적으로 포용하였다. 후스는 듀이의 실용적 실험주의를 소개하였고 전통 패러다임에 대한 과학적 비평의 토대 위에서 점진적인 개혁 계획을 지지하였다. 장똥쑨은 베르그송의 창조적 진화철학으로부터 상당히 많이 빌려와서 다원론적 구조인식론을 주장하였다. 리따자오와 천뚜시우는 마르크스의 역사적 유물론과 변증적 유물론을 받아들였으며 중국 전통을 비판하고 비난하였다.

비록 서양의 자유주의와 철학적 과학주의가 현대 중국사회에 천천히 뿌리를 내려왔을지라도 실재와 덕윤리에 대한 유가와 도가의 견해는 완전히 포기되지 않았다. 도덕 형이상학적 패러다임으로써, 유심적인 철학으로써 그리고 도덕적 가치체계로써의 유교와 변화와 창생의 형이상학으로써의 《역경(易經)》과 도가는 현대 중국 지

식인들의 마음속에 깊이 새겨져 있다. 이런 이유로 현대 중국 철학 발전의 각본은 철학으로서 유교의 내적 약점을 극복하는 것과 실재와 삶을 이해하는 중국적 패러다임의 현대화를 드러내는 것에 초점이 맞춰져 있다. 이러한 임무는 우리들로 하여금 유가 철학을 보호하고 그것의 단점을 드러내고 바로잡는 데 있어서 서양 철학을 활용하도록 한다. 따라서 20세기 중국 철학의 핵심 주제는 유가, 도가 사상의 본질을 재발견하는 것이다. 체와 용의 합일(體用不二)에 대한 여러 측면을 연구함으로써 현대 중국 철학은 통합, 조화, 포괄 그리고 화해의 논법을 드러낸다.

변형의 국면

대다수 현대 중국 지식인들은 중국과 서양 철학 사이의 차이점을 파악하는 데에 깊은 관심을 가져왔다. 그들은 중국과 서양 문화 사이의 차이점을 이해하기 위한 토대로서 중국과 서양 정신의 뚜렷한 특성을 확인하기 위한 틀을 찾았다. 일부 영향력 있는 서양 철학의 견해에 정통하게 된 이후 그들은 서양 철학에 대한 자신들의 이해를 통하여 중국 철학과 전통을 해석하려고 하였다. 대화와 통합은 자기 이해라는 이러한 중요한 과정의 결과로서 일어났다.

이렇게 20세기 중국 철학은 서양 철학에 대한 그것의 발견과 함께 출발하였고 자신을 재발견하는 데로 나아갔다. 20세기의 마지막 25년 동안 인류와 세계에 대한 지구적인 이해를 위한 공헌으로서 중국과 서양 철학의 일면을 창조적으로 끌어안으려는 새로운 시도가 있었다.

뒤돌아보면 20세기 중국 철학은 현대성을 목표로 했던 문화적 개혁을 분명히 드러내기 위해 노력해 왔다. 그것은 또한 하늘(天)과 도(道), 인성과 도덕성 그리고 개인과 사회에 대한 전통적인 견해를 합리적으로 정당화하고 재건하려고 노력했다. 그것은 서양 철학의 정수를 흡수했지만 또한 서양 철학의 비평을 위한 표준을 찾으려고 노력하였다. 그것은 현대와 서양의 관점을 연결했던 방법에 기초한 중국 철학에 대한 새로운 해석을 추구했다. 새로운 해석은 새로운 환경이 삶과 가치에 대한 새로운 문제에 맞서고 새로운 기준을 수립할 중국전통을 요구하기 때문에 필요하다. 새로운 가치는 변화하는 삶의 형식에 의미를 불어넣기 위해 필요하며 새로운 기준은 현대 세계 안에서 행위와 제도를 이끌기 위해 필요하다.

중국의 철학적 활동에 대한 이러한 설명은 우리가 하나의 국가로서 중국이 20세기 초기에 좌절과 고통의 비극적이고 힘든 시기를 경험했음을 이해해야만 의미가 있을 것이다. 19세기의 개혁을 위한 노력에도 불구하고 중국은 자신의 운명에 대한

통제력을 회복할 수 없었다. 과학적으로 그리고 기술적으로 앞선 서양의 힘과 일본에 의한 패배는 중국문화와 중국전통에 대한 믿음을 침식시켰는데 특히 깊이 새겨진 유교적 가치에 대한 믿음을 파괴하였다. 1919년 5·4운동 시기에 대학생들은 외세의 제국주의와 중국 정부의 비겁함에 대항하였다. 이러한 상황안에서 철학자들은 전통문화의 토대를 검토하고, 통용되는 사상을 이끄는 원리를 비판하고, 정당화의 기준과 평가의 표준을 찾으며, 인간의 정체성을 탐구하고 인간의 가치를 추구하지 않을 수 없음을 느꼈다.

서양 철학에 대한 발견은 중국과 서양 사이의 깊은 문화적 접촉의 결과였다. 아편전쟁 이후 중국의 지식인들과 행정관들은 서양의 과학과 철학을 알고자 하는 강하고도 열렬한 바람을 가졌다. 우리는 개혁가들이 전통을 가지고 현대성에 맞섰던 그 전통을 이해하고 그들이 서양의 관점에 도전하기 위해 제출했던 자기 이해를 파악하려고 모색할 수 있다. 이러한 문제들은 개혁주의적 사상가들이 서양에 대한 그들의 무비판적인 시각을 버리고 서양을 모방하려는 그들의 임무를 포기하고 바꿔 말하면, 현대 신유학자들이 전통에 대한 그들의 보호와 현실과 인간에 대한 그들의 이해를 포기하고 나서야 지성적으로 의미를 갖게 되었다. 그렇게 되지 않으면 기본적인 가치와 사고방식의 측면에서 중국과 서양 사이에 경쟁을 했던 것만이 현실이 되었다.

서양을 따라 잡으려는 시도에 있어서 한 가지 방법은 본체와 작용을 구분하고 통합하려는 기존의 패러다임 안에 서양의 방법을 적용하는 것이었다. 장지퉁(張之洞)의 유명한 말인 "중국 철학은 체(體)로 서양 철학은 용(用)으로 활용하라(中體西用)"는 본체와 작용의 합일 모델을 적용했지만 그는 중국의 학문이 어떻게 서양의 학문인 용과 관련하여 체로서 작용할 수 있는지 또는 합일과 체-용의 내적 관계가 어떻게 그 둘 사이에서 성취될 수 있는지는 불명확한 채로 두었다. 리-기(理氣), 음-양(陰陽) 그리고 목적-수단의 각각의 체-용 관계는 그 두 용어들을 결합하는 기초적인 원리를 필요로 한다. 현대적인 논의에 있어서 지식과 가치, 과학과 종교 그리고 동양과 서양 사이의 관계는 그 관계가 이해되고 기능적으로 작동될 수 있도록 하는 자질의 특수화를 다시 필요로 한다.

우리는 서양의 과학과 기술을 도구(器)로 중국의 도덕성과 정치를 도달해야 할 인생관의 목적과 대상으로 간주할 수 있다. 중국의 문화를 이해하는 것은 가치를 이해하는 것인 반면 서양의 문화를 이해하는 것은 지식을 이해하는 것이다. 그러나 현대시기에 있어서 인간 사회로서 중국의 쇠퇴에 대하여 책임이 있는 것으로 간주된 것은 바로 중국의 윤리와 정치였다. 봉건제도, 독재정치, 전제정치 그리고 권위주의

의 체계는 자율성과 인간을 위한 책임 있는 개인적 자유가 부족했고, 정부로부터의 따뜻한 관심이 부족했으며, 사회 구성원들 사이의 충실함과 성실함이 부족했다. 이러한 모든 단점과 약점은 유교라는 덮개에 의해 보호되었고 그 결과 유교는 비난을 받았다. 사회 집단은 유교 때문에 정체되고 방해를 받는 것으로 생각되었다. 사실 있는 그대로의 유교는 본래적인 사상과 존재의 순수한 상태로 되돌아가도록 정화되기도 전에 추방되어야 했다.

현대 시기의 초기에 중국의 과학과 교육은 퇴보하고 있었고 구식이었다. 과학적 지식을 발전시키기 위한 체계적인 연구는 전혀 없었다. 대신에 불필요한 기구, 부적절한 훈련, 무능한 경영이 있었다. 전통적인 패러다임의 측면 안에서 이러한 약점은 나쁜 작용을 가진 타락한 본체를 가리켰다. 이러한 시각에 비추어 우리는 어떻게 중국의 전통과 가치를 본체로 그리고 서양의 가치를 작용으로 간주하는 것이 가능했는지를 물을 수 있을 것이다. 오히려 이들은 양립할 수 없는 것으로 보였다. 동서양은 각각 본체와 작용을 가지고 있었고 각자 자신에 대하여 완전한 체계로서 작용했다.

그러나 보다 깊은 수준을 바탕으로 우리는 중국 전통 안에서 도덕적 통찰과 우주론적인 시각의 이상적인 원리를 볼 수 있고 서양 안에서 상호 정복과 무자비한 전쟁의 냉혹한 현실을 볼 수 있다. 우리는 또한 서양 안에서 과학과 민주주의의 유익한 영향을 그리고 동양 안에서 그것들의 결핍으로부터 생긴 큰 불리함을 볼 수 있다. 동양과 서양의 장점의 종합이 각자의 단점을 피하거나 제한하는 가운데 성취될 수 있는지의 여부를 묻는 것은 상당히 타당하다. 종합의 조건에 대한 일관된 이해는 시간을 넘어서서 결정되어져야 할 것이며 삶과 사회의 실천적인 형식 안에서 구체화되는 어떠한 종합을 위해서라도 더욱 많은 시간이 필요할 것이다. 중국 철학의 현재 상황 가운데 어려움에 처한 것은 체-용 모델이 아니라 미해결된 채 남아 있는 체와 용을 구성하는 것에 대한 문제이다. 게다가 동양과 서양 사이의 구별은 수용될 수 있는 반면에 체-용 모델에 따라 그 둘을 융합하는 것의 가능성에 대한 이해는 불분명하게 남아있다.

중국 전통의 장점과 단점 그리고 서양의 장점과 단점에 대한 현재 우리의 이해는 그들의 공통점과 차이점을 결정하기 위해 이들을 검토할 방법을 제공한다. 우리는 또한 대화, 의사 소통 그리고 상호작용의 가능성과 상호 향상, 자극 그리고 보충의 가능성을 확정할 수 있다. 이러한 과정 안에서 우리는 그 둘을 변형시키고 뛰어넘을 창조적이고 혁신적인 방법을 발견할 수 있다. 융합에 대한 기대는 단순히 추상적인 생각의 문제가 아니다. 중국 전통과 서양 사상 사이의 융합과 상호 침투는 사회적이

고 윤리적인 실천 안에서 구체적인 형식을 획득할 수 있다.

문화적인 교류와 철학적인 대화의 세계화된 경제적, 정치적 조건의 맥락 안에서 상호 조화와 이해는 전통적 원천의 부흥과 상호 문화적인 침투의 발전을 필요로 한다. 이것은 인간과 세계를 이해하기 위해 그리고 인류에게 도움이 될 시각, 깊이 그리고 정교함을 가진 가치를 창조하기 위한 수단으로써 필요하다. 뒤돌아보면 우리는 20세기 안에서의 발전이 어떻게 현대 중국 철학의 이러한 세 번째 단계로 향하는 길을 준비해 왔는지를 알 수 있다.

우리는 또한 방법의 측면에서 현대 중국 철학의 발전을 이해해도 좋을 것이다. 중국 철학의 현대화는 중국 철학 자체에 대한 분석과 재건을 허락하도록 만드는 서양의 철학적이고 과학적인 방법을 소개해 왔다. 그러나 중국 철학자들은 곧 하나의 방법이 폭넓은 이해를 억제하고 새로운 발견을 방해할 수 있음을 알았다. 하나의 방법은 방법의 사용을 더욱더 조건지우는 제한된 이론을 산출할 수 있다. 하나의 이론을 넘어서기 위하여 방법과 이론에서 혁명을 허용할 새로운 방법이 모색되어야 했다. 서양의 과학은 이론과 방법에 대한 일련의 혁명을 경험했고 서양의 철학 또한 이론과 방법의 혁명을 경험했다.

중국 전통은 이론과 방법에 관한 일련의 유사한 혁명을 일으키지 않았다. 대신 그것은 우리가 경험으로 드러나는 것과 드러나지 않는 것을 이해할 수 있도록 이해에 대한 개방성을 요구했다. 주희는 우리가 시간 속에서 우리의 모든 경험을 철저히 탐구함으로써 리(理)를 파악하게 될 것이고 자기 반성 안에서 우리의 감정을 알아차리게 될 것이라고 제시하였다. 이것들은 비평과 정당화의 방법이라기보다 이해와 발견의 방법이다. 이러한 방법은 이해의 흐름안에서의 창조적인 요소로서 경험속에 구체화되어 있다. 그것은 데카르트의 《방법 서설(Discourse on Method)》 또는 듀이의 《사유술(How to think)》에서 수립된 방법들처럼 단계별로 형식화되지 않는다. 방법에서 이러한 차이점이 주어진다면 우리는 우리가 중국 철학과 문화를 이해하는 데에 서양의 방법을 적용함에 있어서 정당화 여부를 물을 수 있다. 작용이 본체에 제한되는 것처럼 방법은 이론에 제한된다. 이런 의미에서 주어진 과학적 방법은 경험을 과학적인 이론 지식의 특수한 형식으로 환원시켜 버릴 것이다.

20세기 초 중국 철학은 리앙치차오, 후스 그리고 중국의 마르크스주의자들인 리따자오와 천뚜시우의 작품안에서 방법론적 환원주의와 외부적인 서양의 방법에 의한 지배로 특징지워졌다. 그들의 방법은 서양으로부터 도입되었고 전통을 정화하고 극복하며 서양에 필적할 문화와 철학을 수립하기 위해 전통을 평가하는 도구로서 사용되었다. 20세기 후반 외부적인 방법의 지배를 극복하려는 시도들이 있었다. 그

것은 자신의 발전에 대한 자기 비판적이고 자기 반성적인 이해를 추구하는 중국 철학의 본성과 일치하였다. 중국 철학이 독특한 방법론적 자각을 이끌 것인지 아니면 세계와 인류에 대한 보다 깊은 이해에 기초한 사상에 의거하여 방법을 넘어설 것인지가 이러한 시도의 핵심적인 주제였다.

나의 견해는 철학자들이 외부적인 방법의 지배를 넘어서면 설수록 더욱더 그는 전체적으로 자신의 특수한 상황에 대한 자신의 이해로부터 새로운 방법을 산출할 수 있다는 것이다. 현대 중국 철학은 외부적인 사상에서 내부적인 반성으로의 이러한 운동과 외부적인 것과 내부적인 것 모두를 넘어설 수 있는 적극적인 창조성에 의지해 왔다. 변형에 대한 이러한 경향은 20세기 중국 철학의 발전과 개개의 중국 철학자들의 기여를 이해하고 평가하는 데 있어서 표준적인 유리한 고지를 제공할 것이다.

네 가지 자리설정 논리와 네 단계의 변증법

우리는 이제 현대 중국 철학의 실제적인 변형의 단계와 과정의 특징을 알아볼 수 있다. 내가 특징지은 것은 단지 내가 위에서 서술했던 패러다임의 대립이라는 일반적인 모델에 근거하지 않는데 오히려 그것은 비교적인 분석을 거친다. 그러한 분석은 역사적으로 잘 알려진 관찰 결과와 이론이 실린 지각들에 대한 자신의 경험, 반성 그리고 비판적인 이해로부터 도출되었다.

역사적으로 그리고 이론적으로, 현대 중국 철학은 중국의 가치 체계와 철학적 패러다임이 활력과 전망을 잃었을 때에 서양의 문화와 철학에 직면한 중국 지식인들과 함께 출발하였다. 서양으로부터의 새로운 가치와 사상에 매력을 느꼈던 그 지식인들은 생존을 위해 위기를 자각했다. 리앙치차오, 후스 그리고 왕꾸어웨이로 대표되는 이러한 철학자들은 중국 철학을 현대화하기 위하여 서양의 가치를 소개하려고 했지만 그들은 하나의 체계로 서양 철학을 고착화시키지 않았고 서양 철학을 서양 또는 중국의 사상 패러다임으로 병합시키지 않았다. 그들은 어떠한 일반적인 철학이론 또는 견해도 세우지 않았다. 우리는 이러한 철학자들을 초기 현대주의자들이라고 불러도 좋을 것이다. 그들의 영향력은 일반적으로 5·4운동 시기 동안 느껴졌다.

특정한 서양학파 또는 철학자들에게 관심을 가지게 된 철학자들은 현실, 인간 그리고 다른 중요한 문제들에 대한 그들의 철학적 이해를 표현하고 분석하고 입증하고 발전시키기 위해 서양 철학의 방법들을 채택하였다. 그들의 표현 방법과 양식은 서양적이었지만 그들의 시각과 궁극적인 생각은 유가, 도가나 불교의 중국 철학 전

통과 연결되었다. 그들의 지배적인 관심사는 서양의 철학적 방법을 적용하는 것과 동서양에 대한 비교적인 연구를 발전시키는 것이었다. 이러한 방향 아래 장뚱쑨은 다원론적 인식론을 세우기 위해 칸트와 베르그송의 철학을 활용하였다. 진위에린은 도(道)에 대한 개념과 체계적인 함의를 다시 세우기 위하여 분석적 방법을 사용하였다. 펑요우란은 전통적인 실재론을 다시 세우기 위해 분석적 방법을 사용함으로써 자신의 신리학(新理學)을 형성했다. 팡동메이는 철학이 문화 안에서 표현하는 것을 결정하기 위해 현상학적-실존주의적인 방법을 사용하였다. 팡은 어떻게 문화가 철학적 지혜를 형식화하고 대표하는지 그리고 어떻게 중국 철학이 중국문화를 밝히는 철학적 지혜를 구체화시키는지를 보여 주려고 시도하였다. 우리는 이러한 철학자들을 서양-중국의 종합자라고 불러도 좋을 것이다. 그들은 서구 지향성을 지닌 중국 철학자들의 일반적인 범주에 속한다.

중국의 철학적 전통의 입장에서 이해되는 서양 철학에 대한 훌륭하고 체계적인 반응은 1930년대의 현대 신유학자 또는 신 신유학자들 안에서 수립되었다. 그들은 서양과 중국 철학 사이를 구별했으며 서양 문화와 철학의 장점을 인정하였다. 그러나 그들은 어떻게 중국 문화와 유가 철학이 서양에서는 세워지지 않았던 형이상학적 통찰을 제공하는 수단을 가졌는지 보여 주기를 원했다. 그들은 이러한 통찰들이 서양의 과학과 민주주의를 채택하고 이해하는 동안 문화적 자강을 위한 토대를 제공했기 때문에 우리의 존경과 관심을 받아야만 한다고 주장했다.

이러한 그룹 안에서 우리는 도덕-형이상학적 유학자와 실천-문화적 유학자를 구별할 수 있다. 전자는 중국 철학의 기본적인 본체론적이고 우주론적인 시각에 집중했으며 인간의 도덕적 삶에 초점이 맞춰진 실재에 대한 형이상학적 시각을 수립하였다. 방법론상으로 그들은 인류의 도덕적이고 윤리적인 경험에서 출발했으며 이것들을 본체와 작용의 합일이라는 패러다임에 기초한 실재에 대한 형이상학적 이해로 확장하였다. 이렇게 그들은 공인된 전통 안에서 경전 유학과 신유가 철학의 형성을 이끌었던 중국 철학의 중심적인 패러다임을 사용하였다. 반대로 실천-문화적 유학자들은 삶의 형식으로 중국 전통 안의 실천적이고 문화적인 가치들을 관찰함으로써 출발하였고 이러한 실천 안에서 진리와 실재에 도달하는 지혜를 찾아냈다. 이러한 지혜는 서양의 그것과 달랐으며 아마도 보다 나은 성취였다. 이러한 철학자들의 주요 목표는 인간의 삶의 목적을 실현하고 문화적으로 보다 풍요로운 세계를 세우기 위해 중국문화가 어떻게 탐구되고 발전되어야 하는지를 보여 주는 것이었다.

슝스리는 도덕-형이상학적 유학을 대표했고, 리앙수밍은 실천-문화적 유학을 대표했다. 헤겔의 관념론을 받아들였던 허린은 두 분파를 종합하였다. 그는 중국 전통

을 재건하고 재해석하도록 동기를 부여받았지만 육왕학파에 대한 그의 해석 안에 본체와 작용의 합일이라는 패러다임을 적용시키지는 않았다. 또 다른 의미에서 허린은 신 신유학자들과 진위에린, 펑요우란과 같은 서양-중국의 종합자들 사이의 입장을 유지하였다.

현대 신유학자들은 1960년대에 계속해서 발전하였고 그 후 홍콩과 대만에서 그들은 대만-홍콩의 현대 신유학자들 또는 제 2대 현대 신유학자들로 알려지게 되었다. 다시 우리는 도덕-형이상학적 그리고 실천-문화적 분파를 구별할 수 있다. 숑스리를 따르는 모우쫑산은 유학의 도덕 형이상학을 인식과 존재에 대한 포스트 칸트적 체계로 발전시킨 반면 쉬푸꾸안은 중국의 실천적, 문화적 전통의 보편적 지혜를 삶, 도덕 그리고 미학에 대한 철학적인 이해로 신장시켰다. 중국인의 도덕적 삶에 관한 깊은 관심을 가진 탕쥔이는 도덕적 이성에 대한 광범위하고 필수적이지만 변증법적 형이상학적인 시각을 발전시켰다. 탕은 유가의 해석과 이해의 체계 안에서 도덕 형이상학을 실천적 문화적인 지혜와 결합시켰다.

이러한 제 2대의 노력 덕택에 새로운 신유학은 점차 중국인의 세계에서 문화혁명 이후에 중국 철학의 주류에 들어갔는데 그 주류는 중국의 철학 전통의 전 분야에 걸쳐 발전을 고무시켰다.

마지막으로 마르크스주의의 영향 아래에서 중국 철학을 발전시켰던 또는 다른 방식으로 말하면 마르크스주의자, 유가 그리고 도가의 영향 아래에서 중국의 마르크스 철학을 형성했던 중국 철학자들이 있었다. 이들은 정책과 정치적 통제를 위해 실천적인 중국 마르크스주의를 발전시켰던 마오쩌뚱과 같은 그러한 관료적 관념론자 또는 정치적 지도자가 아니었다. 오히려 우리는 세심한 반성적 사고와 비판을 통하여 개념과 원리를 세웠던 철학자들에게 관심을 가진다. 그들의 연구는 진위에린, 펑요우란과 같은 초기 서양-중국의 종합적 사상가들과의 연속성을 보여 주었다. 그들은 마르크스주의적인 시각과 방법론을 유지하면서 중국 철학을 재건하려고 노력하였다. 이러한 마르크스주의와의 결합을 통하여 그들은 아마 1940년대에서 1990년대까지의 많은 다른 중국 철학자들보다 더 문화적으로 대표자였을 것이다. 장따이니엔, 펑치 그리고 리쩌호우는 이러한 그룹의 대표자들이다.

장따이니엔은 그의 분석과 비평에 있어서 중국 철학의 전체 역사를 하나의 이론으로 간주했던 박식한 중국 철학자이다. 그는 그의 형 장선푸로부터 깊은 철학적 통찰을 그리고 신유학의 기철학(氣哲學)으로부터 형이상학적 영감을 얻었다. 이런 의미에서 그는 마르크스주의자라기보다 유학자이다.

펑치 철학의 동기는 마르크스주의보다 펑요우란으로부터 도출되었다. 그는 도가

의 개방 정신을 체현했던 지혜의 이론을 규정하기를 원했다. 그는 지혜의 목표로서 자유를 추구했고 자유와 지혜가 어떻게 공정하고 평등주의적인 사회의 구체적인 개인 안에서 체현될 수 있는지를 이해하기를 원했다. 펑은 현대 중국의 근대화의 맥락 속에서 유교와 마르크스주의를 결합시켰다.

리쩌호우는 마르크스주의의 구조 안에서 문화 혁명에 대항하는 낭만적인 반감을 표시하였다. 미학적이고 도덕적인 가치의 창조를 위한 동기가 되는 힘으로서 인간 주체성의 중요함을 주장하면서 리는 마르크스주의적인 정설의 폐해를 겨냥하는 중국 철학에 대한 새로운 해석을 제안하였다.

나는 다음과 같은 네 가지 주요 분파에 따라 《현대 중국 철학》 안에서 다루어지는 철학자들을 특화시켰다.

1. 서구적 지향
- 계몽 철학: 리앙치차오, 후스, 장똥쑨, 왕꾸어웨이
- 종합의 철학: 진위에린, 펑요우란, 팡동메이

2. 새로운 신유학적 지향
- 도덕-형이상학적 철학: 슝스리
- 실천-문화적 철학: 리앙수밍
- 위의 두 철학 사이: 허린

3. 후기 새로운 신유학적 지향
- 도덕-형이상학적 철학: 모우쫑산
- 실천-문화적 철학: 쉬푸꾸안
- 위의 두 철학 종합: 탕쥔이

4. 중국의 마르크스주의적 지향: 장따이니엔, 펑치, 리쩌호우

우리는 이러한 도식의 변증적이고 논리적인 구조를 검토할 수 있다. 이러한 구조는 서양 철학 패러다임의 도입과 강요에 의해 발생된 갈등을 표현한다. 새로운 신유학은 서양 패러다임의 도전 아래에서 중국 전통의 자연스러운 재탄생과 변형으로 간주될 수 있다. 중국 철학 전통의 깊은 생명력을 반영하는 그것의 능력은 어떻게 새로운 신유학이 20세기 후반 중국 철학의 발전 안에서 증대되는 중요성을 획득했는지를 설명한다. 새로운 신유학의 형성과 연관된 서양과 동양 사이의 변증적인 대립이 있다. 이러한 대립이 해결될 수 있는지의 여부와 어떤 해결이 취할 형식은 중국과 서양 사이의 깊은 상호 작용에 의존한다. 이러한 상호 작용을 통하여 우리는

신 신유학의 뒤에 놓여 있는 보다 많은 것과 칸트, 헤겔, 듀이 그리고 비트겐슈타인과 같은 그러한 서양 인물들의 철학 뒤에 놓여 있는 보다 많은 것을 이해할 수 있다. 이러한 이해를 발전시키는 것이 내일의 도전이다.

이러한 도식 안에서 우리는 어떻게 중국 마르크스주의 철학의 발생을 설명할 수 있을까? 여기에서 우리는 이념으로서 마르크스주의의 순수한 힘은 마르크스주의자의 인문주의적이고 경제적인 철학에 대한 관심을 밀고 나갔는데 그러한 맑시즘은 유교와 인류와 인간 사회에 대한 많은 공통된 관심사를 공유하고 있다고 말할 수 있다. 1930년대에서 1950년대까지 중국에서 유교로부터 마르크스주의로의 정서 변화는 이러한 관심에 의지한다. 마르크스주의는 경제적이고 과학적인 지식에 대한 그것의 주장을 통하여 유교를 넘어섰으며, 과학을 받아들이고 번영을 이루려는 중국인의 요구를 해결하는 것으로 인식되었다. 마르크스주의자의 반제국주의는 서양의 지배에 대항하는 그리고 전통과 현대, 동양과 서양 사이의 대등함과 균형을 추구함에 있어서 자연스러운 무기가 되었다.

마르크스주의는 비민주주의(nondemocracy)의 문제를 불러일으켰는데 그것은 5·4운동의 주류 가치 가운데 하나를 부정했다. 이러한 문제를 해결하는 것은 유교에 대한 관심의 부흥을 위한 하나의 동기가 될지도 모르는데 그것은 인성과 민주주의의 합일을 위한 하나의 지적 토대를 제공하는 것으로 이해될 수 있다.

현대 중국 철학 발전의 계기는 5·4운동이라는 모체와 유교의 패러다임과 과학과 민주주의의 힘인 서양 철학의 패러다임 간의 뚜렷한 대립에 대한 그것의 명료화로부터 시작되었다. 이러한 원천으로부터 우리는 현대 중국 철학의 논쟁점에 대한 변증법적인 이해를 획득할 수 있지만 또한 현대 중국 철학을 상호 패러다임의 갈등을 인식하고 그것의 해결책을 찾으려는 인간의 깊은 철학적 요구를 나타내는 것으로 볼 수 있다. 현대 중국 철학에 대한 충분한 이해를 위하여 우리는 이러한 근본적인 반대로부터 도출된 상관적인 갈등의 원인과 성격을 검토하는 반성의 여러 단계들을 살펴보아야 한다.

우리는 현대 중국 철학을 그것의 발전, 과정, 복귀, 회고 그리고 상호 작용을 반영하고 초기 전통에 대한 그것의 관계와 미래에 대한 그것의 열망을 인식하는 다섯 단계로 검토할 수 있다. 각각의 단계의 대략적인 기간은 다음과 같다.

1. 서양으로부터 새로운 사상을 개척함(1900~1930년대).
2. 신유학 정신 안에서 철학함(1930년대~1950년대).
3. 변증법적 유물론에 대한 이념론적인 노출(1950년대~1980년대).

4. 현대 신유학의 후기 발전(1960년대~1990년대).

5. 중국과 서양 철학을 재해석함(1960년대~현재).

이 책은 처음 네 단계에 주의를 기울였다. 세 번째 단계와 네 번째 단계의 시기에 있어서 중복이 있는데 세 번째 단계는 중국에서 일어났고 네 번째 단계는 대만, 홍콩 그리고 해외에서 일어났다. 이러한 단계들의 논리를 이해하기 위해 우리는 위에서 설명된 현대 중국 철학의 변증적이고 논리적인 구조를 이해해야만 한다.

마르크스주의, 유학 그리고 신유학의 역할

현대에서 중국 철학의 다섯 단계의 발전에 비추어 우리는 다음과 같이 물을 수 있다. 이러한 발전 안에서 마르크스주의와 유학의 역할은 무엇인가? 신유학 또는 마르크스주의가 발전의 핵심적인 원동력인가? 그들의 관계는 어떻게 이해되어야 하는가? 이러한 관계의 현재 상황은 어떠한가? 이러한 물음들에 대한 답은 현대 중국 철학의 모든 다양성의 존재에 대한 사적 확실성과 논리적이고 형이상학적인 근거들을 드러낼 것이다.

유교는 의심의 여지없이 현대 중국의 역사 안에서 자신의 정치적이고 사회적인 작용이 없는 본체의 역할을 수행했다. 1919년 5·4운동 이후 유교 가운데 남겨진 것은 재건에 대한 믿음의 정신과 가능성이었다. 중국은 새로운 작용을 가진 새로운 본체를 찾고 있었다. 지식인들은 삶에 있어서 새로운 신념과 미래에 대한 새로운 희망을 추구했다. 그들은 유교가 그 당시 제공할 수 없었던 정치적 주권과 사회적 정합성을 회복하기 위해 새로운 기능을 찾았다. 마르크스주의는 새로운 작용에 대한 가능성을 가진 새로운 본체의 역할을 수행했다. 마르크스주의는 이러한 역할을 시기적절하게 완수하였다. 그것은 현실에 대한 분명한 이해를 가진 자신의 유기적인 철학 때문에 그렇게 할 수 있었다. 그것은 소비에트 연방을 창설하는데 성공한 과학적 진리라고 주장하는 것과 실용주의적인 계획 덕택에 수용되었다.

많은 점에서 마르크스주의는 유교와 대등함을 유지하면서 유교를 대신할 철학으로 새로운 본체에 대한 기대를 충족시켰다. 마르크스주의는 본체와 작용에 대한 유기적인 체계로서 그것의 역사적 역할에 있어서는 유교와 동등했을 뿐만 아니라 또한 유교의 시각과 이상적인 가치의 일부, 예를 들어 인간의 노동과 사회적 발전에 대한 유교의 신념을 공유했다. 마르크스주의는 엄격한 사회적 조직을 주장했으며 평등과 사회적 정의의 원리를 옹호하면서 강력한 현대 사회와 경제를 세우려고 노력

하였다. 부분적으로 그들의 유교적인 공명 때문에 이러한 특징들은 마오쩌뚱 그리고 덩샤오핑을 포함한 중국의 지식인들의 마음을 강하게 움직였다. 이러한 이유 때문에 현대 중국에서 마르크스주의와 모택동주의의 흥기는 역사적인 우연이 아니다.

유교와 마르크스주의 모두 현대 중국 철학에 있어서 결정적인 중요성을 가졌다. 유교는 중국에서 마르크스주의를 이끌었던 잠재적인 역사의 힘이었고 마르크스주의는 중국의 정치적, 사회적 변화를 이끌었던 실제적인 이념의 힘이었다. 유교는 정치적이고 사회적인 힘으로서가 아니라 이해와 평가의 철학으로서 되돌아왔다. 이러한 복귀에의 바람은 두 가지 조건을 바탕으로 실현될 수 있었다. 즉 유교는 철학적이고 이념적인 중요성을 가져야만 하며 또한 그것은 현대 사회의 요구를 충족시키기 위하여 현대화되어야 한다.

우리가 살펴본 중국 철학자들은 유교가 우주론과 인성(人性) 철학 그리고 도덕 철학으로서 필요하다고 주장했다. 그들은 유교를 현대 유물론 또는 관념론 철학으로 변형시키는 논의를 제출하였다. 이러한 수정은 유교가 중국에서 규범적인 지도원리를 제공하기 위해 다시 나타나도록 할 수 있는 기본적인 요구와 깔려있는 사회적 변화를 뜻한다. 만약 이런 일이 일어났다면 유교는 세계 공동체 안에서 자신의 역할을 획득할 중국을 위한 새로운 정체성을 제공하는 지적 운동과 사회 윤리로서 되돌아왔을 것이다.

이제 우리는 마르크스주의와 유교 사이의 변증법적인 전환의 과정을 살펴본다. 이러한 변증적인 관계 안에는 미래를 위해서 발전하고 상대적으로 자리매김할 하나의 공간을 창조하는 긴장이 있다. 유교의 마르크스주의화와 마르크스주의의 유교화라는 두 가지 동시적인 변형의 형식이 있다. 우리 책의 철학자들 가운데 자유롭고 평등주의적인 시민 사회를 지지했던 펑치는 유가화된 마르크스주의자이다. 마르크스주의적 유물론의 맥락에서 유가의 기(氣)철학을 이해했던 장따이니엔은 마르크스주의화된 유가이다. 리쩌호우는 유가이면서 마르크스주의자(Confucian-Marxist)이다. 그는 어떤 면에서는 유가로 다른 어떤 면에서는 마르크스주의자로 간주될 수 있었다. 이러한 관점에서 우리는 우리가 살펴보았던 모든 학파들 안에서 마르크스주의와 유교의 다양한 결합과 만났다. 마오 자신을 프레드릭 웨이크맨은 니체적 양명주의적 마르크스주의자라고 인정하였다.

마르크스주의와 유교 모두 20세기 중국 역사의 대부분을 통하여 역동적인 힘이었다. 그들의 창조적인 긴장과 변형은 아직 성취되지 않은 자신의 정점을 획득하는 계기를 만들어 냈다. 이것은 중국 사회의 요구에 맞추고 전 인류의 역사를 대표하는 가치의 기준에 맞춘 것을 충분히 확립시켰던 본체와 작용의 유기적인 체계로 평형

상태가 되었을 때 성취될 것이다.

현대 유학의 의미는 인류의 윤리적 가치와 문화적 형식의 재생과 현대 과학, 기술적 문화 내에서 이러한 관심의 위치선정에 있다. 이러한 점에서 현대 유학의 중요성은 세계적이고 시기 적절하지만 도덕 형이상학 또는 우주론에 기초한 것으로서 그것의 가치가 충분히 평가될지의 여부는 해결되지 않은 문제이다.

본체-해석학적 분석과 평가의 기준

현대 중국 철학의 각 갈래가 어떻게 갈등을 빚는 패러다임의 구조 안에서 창조적인 반응과 비판적인 도전을 발전시켰는지를 이해하기 위하여 우리는 그것들을 무엇이 그들과 맞서고 방해하는지에 관하여 본체론적으로 기초지워진 해석학적 풀이를 제공한 것으로 간주해야 한다. 그들의 본체-해석학적 풀이는 물음에 대한 답, 실재와 언어에 대한 분석 그리고 방법과 실천적인 해결책을 찾는다. 본체-해석학적 이해는 철학이 문헌 전통 또는 전통으로부터의 원천들에 기초한 패러다임에 대한 자신의 이해에 비추어 실재와 삶을 해석하는 방법이다. 어떤 중요한 철학 전통도 일종의 문헌 전통이다. 그러나 본체-해석학적 풀이는 무슨 자료를 우리가 사용하든지간에 또 다른 전통 안에 구체적으로 표현된 실재와 삶의 견해에 대한 이해에 도달하려는 시도가 될 수 있다. 사람들은 자신의 전통으로부터 완전히 분리될 수 없기 때문에 본체-해석학적 풀이는 자신의 근본 전통과 해석 대상 전통에 대한 통합과 결합으로 귀결된다. 우리는 각각의 현대 중국 철학자들을 검토함에 있어서 그들의 유형과 노력과 성공의 정도에 따라 다음과 같이 본체-해석학적 기준을 정형화할 수 있다. 우리는 본체-해석학적 이해와 풀이의 여섯 분야—전통, 지평, 방법, 진리, 창조성, 적용—와 연관된 질문을 해도 좋을 것이다.

1. **전통**: 현대 중국 철학자는 유가, 도가 그리고 다른 학파들을 포함하는 중국 철학전통을 어떻게 이해하는가? 이것은 영향사(影響史)에 대한 질문이다.
2. **지평**: 현대 중국 철학자는 어떻게 자신을 고전, 기독교, 현대 또는 당대의 서양 철학 전통과 연관시키는가? 이것은 자기 초월, 비교와 대조, 평가와 통합 그리고 자신의 정체성을 규정짓고 변형시키는 것에 관한 질문이다.
3. **방법**: 현대 중국 철학자에 의해 인정된 방법, 패러다임, 기준 또는 이상은 무엇이며 그것은 그들에 의해 어떻게 적용되고 실천되었는가? 이것은 정당화와 발견 그리고 혁신과 인식에 관한 질문이다.

4. **진리**: 현대 중국 철학자의 작업 안에서 발견되는 궁극적인 진리와 지침이 되는 원리, 시각 그리고 근본적인 가치는 무엇인가? 우리는 그러한 체계로부터 드러나는 실재를 어떻게 서술하는가? 기초가 되는 체계는 무엇이며 어느 정도로 그것은 조직화되는가? 이것은 개념 체계의 성격과 구조 그리고 실재에 대한 그것의 궁극적인 관계에 관한 질문이다.

5. **창조성**: 현대 중국 철학자는 얼마나 창조적이고 혁신적이며 비판적이고 체계적인가? 이것은 중국 철학자의 창조적이고 비판적인 기여를 평가하는 것에 관한 질문이다.

6. **적용**: 현대 중국 철학자는 어떻게 적용을 이해하고 자신의 철학적 실천에 착수하는가? 이것은 일종의 방법과 원리로서 철학의 적용에 관한 질문이다.

전통

우리는 전통에 대한 기준으로부터 시작해도 좋을 것이다. 후스 이외에 현대 시기의 모든 중요한 중국 철학자들은 어떤 방식으로든지 중국 철학 전통으로부터의 본체와 작용의 유기적인 합일(體用合一)이라는 패러다임을 유지하는 데에 관여하였다. 특히, 유학과 신유학은 결국 이해와 해석에 있어서 궁극적인 관심사가 되었다. 그것들은 또한 자기 긍정과 자기 이해를 위한 전거가 되었다. 사회적 삶에 대처하고 윤리적인 자기 수양을 장려하는 방법으로서 유학과 신유학은 조화, 주체적인 참여 그리고 사회적인 실천에 대한 요구를 충족시켰다. 이러한 토대 위에서 리앙수밍은 유학의 합리성을 옹호하였다. 슝스리로 인하여 유학은 《역경(易經)》과 신유학의 문헌을 통하여 궁극적인 실재로의 통찰을 제공하였다. 이것은 덕 윤리와 사회적 삶에 관한 유학의 실천에 있어서 강력한 토대를 제공하였다. 그 전통은 발전했고 강화되었으며 유학과 신유학은 우주의 활동과 개인의 이해에 대한 보다 넓은 체계 안으로 통합되었다. 현대 신유학의 도덕 형이상학과 본체 윤리학은 창조적 도전이 되었다. 이러한 통찰은 모우쫑산과 탕쥔이에 의해 계속되었고 심화되었다. 탕으로 인하여 유학은 헤겔의 변증법을 흡수할 수 있었고 그것의 실천적이고 문화적인 적용에 있어서 헤겔의 변증법을 뛰어넘었다. 모우는 초기에 길잡이로 칸트를 활용했지만 후에 실재와 실천적인 도덕성의 활동에 대한 칸트의 불가지론을 극복했다. 유학과 신유학의 천인합일론의 시각은 창조적이고 비판적인 용도로 활용되었다.

서양의 이론적인 시각에서 보면 실천 이성이 어떻게 무한한 직관을 본체로서의 궁극적인 실재로 드러낼 수 있는지 수수께끼이다. 칸트에게 있어서 인식과 실천은 분리된 양식이다. 그들은 근거에서는 일치하지만 활동에서는 일치하지 않는다. 그러

나 우리의 기본적인 직관은 단지 자아에 대한 두 가지 관점을 제공하는 인식과 실천을 인간의 경험 안에서 통합되는 것으로 나타낸다. 우리는 전통의 사실성(史實性)에서이든지 또는 다양한 이해의 양식 안에서든지 이러한 구분과 그들의 인간적인 합일에 대한 설명을 찾아낼 수 있다.

후스는 전통의 토대를 기반으로 연구하지 않았지만 우리는 듀이에 대한 그의 수동적이고 무비판적인 수용을 강점인 동시에 약점이라고 간주해도 좋을 것이다. 그는 전통으로서 그리고 이해를 위한 토대로서의 중국 철학을 포기했다. 후스는 서양의 철학 전통을 충분하게 이해하지 못했기 때문에 서양의 시각으로부터 실용주의에 대하여 응수할 수 없었고 무조건적으로 듀이의 입장을 수용해야 했다. 그는 중국의 논리 사상을 해석하기 위하여 듀이의 관점과 방법을 사용하였다. 심지어 선종사(禪宗史)에 대한 그의 연구도 선(禪) 또는 도(道)의 심오한 형이상학적 의미를 파악할 수 없었다. 그러나 그는 아마도 무자각적으로 전통의 한 가지 특성, 즉 간결한 표현에 대한 선호를 반영하였다. 그는 듀이의 문제 해결 방법론의 다섯 단계를 두 구절의 문구—대담한 가설을 세우고 면밀히 논증하라(大膽假說, 小心論證)—로 단순화시켰다. 이것은 정감적으로 와닿지만 인식론적으로 정확하지 못하다.

지평

우리는 지평의 문제에 이른다. 진위에린과 펑요우란 모두 논리적이고 개념적인 분석의 방법을 사용함으로써 새로운 지평에 대한 탐구의 모범이 되었다. 후스와 달리 진과 펑은 기본적으로 실재와 가치에 대한 그들 자신의 철학을 세우기 위해 서양의 방법론을 사용하는 데 관심을 두었다. 진은 러셀과 화이트헤드의 《수학원리(Principia Mathematica)》를 《논도(論道)》에서 자신의 분석적-본체론적 이론을 위한 모델로 간주하였다. 진의 방법은 논리적이고 분석적이지만 그의 철학의 본체는 정합적(holistic) 도(道) 개념이었다. 그의 상상력과 분석은 그가 주희의 신유학에서의 리(理)와 기(氣) 개념의 측면에서 도를 정의하는 것을 용납했는데 그것은 리를 가능태의 형상으로, 기를 물질-에너지로 정의했기 때문이다. 그는 도를 가능태의 형상과 물질-에너지의 모든 결합으로 설명하였는데 비록 언제라도 단지 몇몇 형식이 도의 일치, 우연, 조화의 원리에 따라 물질-에너지 안에서 실현될지라도 말이다. 그러나 시간을 넘어서 도는 물질-에너지 안에서 모든 형식을 산출할 것이며 따라서 도의 진화와 운동이 존재한다. 진화를 가지고 진은 한 걸음 나아가 인간의 지능, 마음의 발생 그리고 사회와 문화의 출현을 설명할 수 있었다. 이러한 충분히 혁신적인 철학은 중국의 역(易-변화)의 형이상학과 현대의 논리, 수학 철학을 통합하는 것을 바탕

으로 세워졌다. 논리적인 분석과 개념적 정의를 통하여 그는 실재와 인식에 대한 설득력 있는 철학을 형식화하고 발전시켰다. 비록 많은 것들이 설명되지 않은 채 남아 있지만 진의 철학은 도에 대한 이해에 있어서 새로운 지평으로 이끌었던 지평 융합의 좋은 예이다.

마찬가지로 자신의 신리학을 수립하기 위한 평요우란의 노력을 통하여 새로운 지평의 출현이 있었다. 평은 송명의 리기철학을 재구성하기 위해 논리적 분석과 비판적 합리성의 방법을 사용함에 있어서 진보다 더욱 보수적이었다. 실재론의 모델을 따르면서 그는 진제(眞際)와 실제(實際)를 구분하였다. 진제는 리들을 포함하는 반면 실제는 실제 사물들을 포함한다. 여기서 평은 초월적 형식으로서의 리와 실제 사물들의 물질적 조건으로서의 기는 분리할 수 없다는 것에 따라 송명의 합리주의에서 벗어났다. 또한 도(道)에 대한 진위에린의 형이상학과 달리 평의 철학은 변화의 과정이 부족했다. 평의 대전(大全-큰 전체) 개념은 역동성이 결여된 보편적인 전체로서의 실재에 대한 그의 고도의 개념화를 나타낸다. 이런 이유로 평의 대전은 형성과 변형의 창조적인 과정으로서의 전통적인 태극(太極) 또는 도(道) 개념과 똑같을 수가 없었다. 도(道) 철학의 풍부한 내용에 대한 그의 얇은 평을 분석과 논리를 초월한 실재에 대한 소극적인 접근으로 이끌었다. 적극적인 분석의 방법과 변화하는 실재에 대한 소극적인 접근의 결합을 통하여 평은 중국의 형이상학을 서양의 방법론과 통합하려고 시도하였다. 그러나 이러한 시도는 송명 신유학에서 탐구된 궁극적인 실재에 대한 우리의 깊은 경험을 기술함에 있어서 비판적 이성의 한계에 직면하였다.

장뚱쑨은 중국 불교와 칸트 철학에 기초한 형이상학으로 이끌었던 인식론을 발전시켰다. 그는 인식을 형식으로서의 주관적 개념, 알려지지 않은 실재에 대한 경험으로서의 감각과 문화적 전통에 의해 결정되는 조건들을 결합시키는 구조로 생각하였다. 장에게 있어 인식은 정해진 조건 아래에서 요소들을 모으는 과정에 의해 발생된다. 이러한 설명은 불교의 인연(因緣) 개념에서 나왔는데 그것은 그가 후에 구조 개념으로 발전시켰다. 그는 알려지지 않은 실재에 대한 자신의 이해 안으로 개방과 창조성의 요소를 도입하기 위하여 베르그송의 창조적인 진화 철학을 활용하였다. 따라서 그의 철학은 확실히 중국적 현실 감각과 서양의 인식론으로부터 탄생된 새로운 지평을 제안하였다.

방법

우리는 이제 방법의 문제를 검토한다. 모든 중요한 중국 철학자들은 철학적 방법

의 문제에 관심을 기울였다. 넓은 의미에서 방법에 대한 관심은 진리에 이르고 명확하게 설명하기 위해 요구되는 이성에 대한 관심과 같다고 생각될 수 있다. 하지만 표현될 수 있는 협의의 방법 안에는 두 가지 방식이 있다. 첫째, 분석과 해석을 위한 기술 또는 테크닉(techne). 둘째, 실재와 가치에 대한 기본적인 논쟁점을 재정하는 것에 대한 접근법으로서의 방법. 전자의 의미에서 진위에린과 펑요우란은 방법론을 산출한 서양 전통과는 독자적인 중국의 철학체계 안에 리(理), 기(氣), 도(道)의 개념을 재구성하기 위하여 논리와 분석의 방법을 적용하였다.

후자의 의미에서 방법은 사물들이 질서지워지고, 정의되고 그리고 설명될 수 있는 가능적 또는 실제적으로 세워진 관점과 대등하다. 이런 의미에서 방법은 발견 또는 정당화를 위해 사용될 수 있지만 이것이 가능하기 위해서 그 방법은 실재를 기술하고 논쟁점을 정의내리는 현실적인 철학을 가정해야만 한다. 중국에 도입된 대부분의 서양 철학은 중국 철학에 의해 특징지워진 제문제들을 다루는 방법으로 사용되었다. 따라서 후스는 중국 문화, 문학 그리고 정치학에 대한 자신의 시각을 정형화하기 위해 과학과 실용주의의 방법을 사용하였다. 이러한 문제들에 대한 그의 시각은 인간의 지식과 가치에 대한 실용주의적이고 과학적인 관념들을 전체적으로 포함했던 방법에 의해 형성되었다.

마찬가지로 중국의 마르크스주의적 철학자들은 모든 철학적 견해와 사회적, 정치적인 논쟁점들을 해석하고, 정당화하고, 평가하기 위한 방법으로서 마르크스주의를 사용하였다. 마르크스주의자의 변증적이고 역사적인 분석 방법은 적용되었을 때 실재에 대한 형식적인 분석보다는 실재적인 견해들을 산출할 수 있었던 본체론적이고 가치론적인 전제들 위에 세워졌다. 이것은 명확히 장따이니엔과 리쩌호우의 작업 안에서 예증되었다. 변증법적 유물론자로서 장은 유물론적인 범주와 패러다임의 측면에서 중국 철학의 전체 역사를 해석하였다. 리쩌호우는 그것의 경제적, 정치적 조건으로부터 자유로운 사회를 목표로 했던 미학을 수립하기 위하여 유물론적인 방법론 안에서 개인적이고 문화적인 주체성을 위한 장소를 찾았다. 이러한 경우에 있어서 역사적 유물론이라는 그의 방법은 자신의 출발점인 변증법적 유물론에 반대되는 결론으로 이끌었다.

현대 신유학의 총체 안에서 철학적 해석을 이끌었던 원리는 방법이 아니라 인간의 이상적인 발전에 관한 본체-우주론적 가치론적인 시각이다. 현대 신유학은 방법론적인 관심사를 가졌지만 하늘과 인간의 궁극적인 합일(天人合一)을 성취하는 방법은 그들의 본체론적인 사상에 대해 외적이라기보다 내적이다. 그들의 방법은 궁극적인 실재를 정의내리며 우리로 하여금 이러한 실재에 대한 우리의 이해를 발견하고

정당화하도록 한다. 그들의 방법은 지적인 직관 가운데 하나이며 실재에 대한 우리의 이해보다 앞서거나 분리되지 않는다. 철학적 해석에 대한 이러한 접근은 20세기 초 허린에 의해 처음으로 발전되었다. 헤겔에 대한 그의 지식에 근거하여 그는 절대 정신의 체계로 육왕학파의 심(心)을 이해하는 철학적 계획을 세웠다. 허린에게 있어 가장 큰 중요성을 가졌던 것은 헤겔의 변증법이 아니라 그의 해석과 정당화를 이끌었던 역사적이고 본체론적인 시각이었다.

20세기 중반 제 2대 신유학 가운데 탕쥔이는 인간 마음의 근원적인 본체에 대한 자신의 개념을 규정하기 위하여 절대 정신에 대한 헤겔의 설명을 적용하였지만 헤겔의 변증법을 받아들이지 않았다. 대신에 그가 적용했던 방법은 그의 유심론적인 유가 철학 가운데 변증적이고 반성적인 부분이었다. 마찬가지로 칸트에 맞서고 비판함에 있어서 모우쫑산은 비판적 도덕 이성에 대한 자신의 관점에 기초한 궁극적인 실재에 대한 시각을 발전시켰다. 또한 그의 철학의 발전은 체계에서 벗어난 어떠한 방법보다 그의 해석을 이끌었던 시각에 의지하였다.

중국 문화와 인간의 도덕적 수양에 대한 쉬푸꾸안의 개념은 중국 문화와 유교의 형성에 대한 그의 해석을 이끌었다. 유교에 있어서 인간 안에서 실현되는 도덕적 진리를 깨닫고 정당화하는 것은 외적인 방법이라기보다 자기 반성이고 자기 수양이다. 물론, 우리는 하나의 방법론으로 유가 철학을 해석할 수 있지만 이러한 방법론은 인간의 도덕적 본성과 실천 안에서 그것의 실현을 추구하는 방법이다. 《대학(大學)》에서 요구되는 격물치지(格物致知)는 단지 개념적인 명확함 또는 학습만을 위해서가 아니며 오히려 앎과 행위의 합일적인 체계 안에 명확함과 지식을 통합시킨다. 이것은 인간, 우리의 도덕적 능력 그리고 우리의 도덕적 열망에 대한 철학적 방법이다. 방법에 대한 이러한 이해는 우리로 하여금 궁극적인 진리에 대한 기준을 고찰하도록 이끈다.

20세기 후반에 펑치 또한 방법의 중요성을 강조했다. 그는 구분되는 사물들이 어떻게 통합되는지를 이해하기 위하여 도에 대한 지적 직관의 방법을 주장했으며 돈오(頓悟)의 개념을 채택했다. 그의 방법은 사물로써 사물에 대한 우리의 인식을 방해하지 않으며 또한 과학에 있어서 논리와 관찰의 사용과 충돌하지 않는다. 오히려 장자의 "제물론(齊物論)"에서처럼 그의 방법은 이해와 이타주의의 지혜를 산출하기 위해 모든 사물을 평등하게 대하는 것을 목표로 한다. 이러한 점에서 그는 그의 스승인 펑요우란의 영향을 드러낸다. 더욱 특별히 펑치는 우리로 하여금 이론을 방법과 덕으로 변형시키도록 명했다. 그에게 있어 방법은 인식과 가치에 대한 문제를 해결하고 자유로운 사람이 되기 위하여 도에 대한 지혜를 적용하는 능력이다. 펑의 방

법은 단지 기술이 아니며 도에 대한 우리의 이해와 결합된 이론의 사용으로부터 도출되었다. 방법을 사용하여 우리는 지식과 지혜에 도달하는데 이 방법은 보다 훌륭한 지식과 지혜에 이르기 위한 우리의 방법을 차례로 논증한다. 이러한 변증적인 과정과 해석학적 순환을 드러냄에 있어서 평의 방법으로 이론의 변형은 중국 형이상학 전통에서의 궁극적인 실재에 대한 깊은 이해를 반영하였다.

진리

현대 중국의 모든 철학자들은 궁극적인 진리의 기준에 대하여 특별한 관심을 나타내었다. 심지어 과학적인 성향인 후스의 실용주의조차도 궁극적인 실재에 대한 어떠한 형이상학적 문제들을 고찰하지 않았을지라도 궁극적인 진리를 규정하였다. 처음부터 캉요우웨이는 인류를 위한 궁극적인 진리를 실현했던 유가의 이상향을 표현하려고 노력하였다. 또한 그의 경력 초부터 캉은 자신의 철학의 기초가 되는 실재를 근원적인 일자(一者)와 동일시하였다. 칸트의 영향 아래에서 왕꾸어웨이와 장뚱쑨은 궁극적인 진리는 인식될 수 없다고 주장했지만 이러한 칸트적인 제한은 곧 현대 신유학의 흥기로 거부되었다.

슝스리와 리앙수밍에게 궁극적인 진리는 도덕과 문화에 대한 그들의 철학을 발전시키는 동력이었다. 슝스리는 인간의 마음과 인간의 덕의 수양에 대한 자신의 개념을 정당화하기 위해 본체론과 우주론을 세우는데 그것은 리앙수밍보다 훨씬 더 명확하고 자세했다. 인간의 삶을 고무하고 인간의 본성을 채우는 궁극적인 실재에 대한 그들의 시각은 정확히 인간의 도덕적 발전에 대한 그들의 깊은 관심으로부터 나왔다. 이러한 관점에서 2세대 신유학자들은 해석과 건설이라는 도전적인 임무를 확정하였다. 비록 탕쥔이와 모우쭝산은 매우 다른 이론적인 접근을 했지만 양자의 형이상학은 도덕적 이성의 본체론적인 함의를 탐구하는 것에 기초하였다. 궁극적인 진리에 대한 그들의 시각은 이렇게 다듬어지고 확장되었다.

쉬푸꾸안은 탕쥔이와 모우쭝산의 본체론적인 취지를 받아들이지 않을지도 모른다. 도덕 실천에 대한 강조와 자아 성찰, 자아 발전 그리고 자아 실현에 대한 실존주의적인 우환의식에로의 통찰은 덕을 추구하고 실천하는 것 안에서 인간의 본성과 인간의 마음을 드러내었다. 그에게 있어 이것은 인간에 대한 궁극적인 진리였다.

생명, 창생 그리고 가치 실현에 대한 팡동메이의 철학 안에는 모든 인간의 문화와 역사의 밑에 놓인 궁극적인 진리와 실재에 대한 깊은 의미가 있다. 무엇보다 그는 도(道)와 역(易)의 개념 안에서 모든 사물들 사이의 조화라는 포괄적인 실재를 궁극적인 진리의 척도와 실재로 간주하였다. 《철학삼혜(哲學三慧)》에서 세계의 주요 문화

를 기술함에 있어서 그는 중국의 철학적 지혜는 정확히 광대한 조화(廣大和諧) 안에서 생명의 창생을 나타내는 그것의 능력 안에 놓여 있다고 주장하였다. 이러한 이유로 그는 리앙수밍보다 인도 문화와 철학에 대하여 보다 낮은 평가를 내렸지만 리앙수밍 또는 슝스리보다 중국 불교의 체계에 대하여 훨씬 나은 평가를 나타냈다. 중국 불교 안에서 그는 또한 도가와 유교에서 실현되었던 포괄적인 조화를 발견하였다.

창조성

우리는 이제 창조성의 기준으로 방향을 돌려보자. 초기의 현대 중국 철학은 살아남기 위하여 가장 적합하게 되려고 노력하는 중국인들을 고무시키고 새로운 철학체계를 창조적으로 전개하는 지식인들을 격려함에 있어서 진화 이론의 중요성을 강조하였다. 우리는 우리의 철학이 발전시켜야 했던 바로 그 관점을 포기하는 것과 우리의 이상적인 기준과 목표를 결정했던 확립된 가치에서 벗어나는 것의 어려움을 보았다.

이러한 상황 안에서 창조성의 두 형식이 드러났다. 첫째 형식은 유교 철학이 어떻게 서양의 가치를 채택할 수 있었는지를 이해하기 위하여 유교의 관점에서 논의하였다. 두 번째 형식은 전통적인 관점을 반영했던 형이상학적 견해에 도달하기 위하여 서양의 철학적 방법에서 출발하였다. 탕쥔이는 첫번째 접근의 예가 되었고 진위에린은 두 번째의 예가 되었다. 진은 도(道)에 대한 논리적 정의와 나아가 도철학을 규정하기 위하여 논리적 방법을 사용했던 반면, 탕은 다른 관점을 이해하기 위하여 유교적인 이해를 사용하였다. 과학적인 자연 이성을 수용함에 있어서 그는 도덕적 이성을 경시하지 않으려고 노력하였다.

또한 창조성의 두 번째 형식 가운데 다양함—서양 철학을 본체로 간주하는 것과 중국 철학 안에서 그것의 작용을 찾는 것—이 있다. 이것은 후스와 초기 마르크스주의자인 천뚜시우 그리고 리따자오와 함께 일어났다. 후스는 어떤 중요한 형이상학적 이론도 발전시키지 못한 반면 천과 리는 정치적으로 중국을 지배하게 된 중국적 마르크스주의를 수립하는 것을 도왔다. 이것은 서양 문화를 본체로 중국 문화를 작용으로 받아들이자는 리쩌호우의 제안의 원인이 되었을지도 모르지만 이것은 우리가 그것에 수미일관한 의미를 부여하기에 앞서 철저한 검토를 필요로 한다. 이론상으로 본체와 그것의 작용 사이에는 활력적인 유기적 연결이 있다. 서양 문화의 토대 위에서 중국-서양의 통합에 대한 이론을 이해하지 않는 리의 철학은 중국 문화를 본체로 서양 문화를 작용으로 받아들이자는 제안만큼 무의미하다. 그럼에도 불구하고 기본적인 중국적 시각에 대한 리의 혁신적인 반전은 연구할 가치가 있다.

깊이 영감을 받은 창조적인 시각은 본체와 작용의 하나됨(體用不二)에 대한 슝스리의 주장이다. 비록 송명 신유학 이래로 본체(體)와 작용(用)은 매개가 없이 연관되는 것으로 주장되어 왔을지라도 슝스리 이전의 어떤 중국 철학자도 그 둘의 불가분성에 대한 본체-우주론적인 중요성에 초점을 맞추지 않았다. 이것은 본성 또는 실재에 대한 슝스리의 형이상학적 통찰과 지적 직관을 반영한다. 이러한 통찰의 근원은 슝스리가 공자의 지혜라고 생각했던 창조적인 변화로서의 역(易)에 대한 《역경(易經)》에서의 설명이다. 이러한 통찰은 두 가지 중요한 기능에 공헌한다. 그것은 명백히 자연계의 구체적인 사건들과 형이상학의 궁극적인 실재를 동일시한다. 그리고 그것은 인간의 삶의 도덕적 지혜와 형이상학적 이해를 연결시킨다.

슝스리는 유가의 역(易)의 형이상학을 공자, 자사 그리고 맹자의 주류 전통으로 파악했을 뿐만 아니라 또한 실재와 도덕 사이의 본체론적인 연결고리를 찾아냈는데 그것을 모우쭝산은 '도덕 형이상학'이라고 일컬었다. 도덕 형이상학은 인간의 마음과 본성의 도덕적 발전에 대한 역동적인 내적 경험을 통하여 수립된 형이상학이다. 그것은 인간의 도덕적 자아 실현에 의해 인식되고 계발되는 궁극적인 실재의 본성에 대한 이론이다.

슝스리의 통찰 안에서 충분히 발전되지는 않았지만 암시적인 이러한 유가의 통찰에 대한 많은 암시가 있다. 이 가운데 하나는 필자가 여러 곳에서 논의했던 본체론적인 윤리에 대한 암시이다. 또한 도덕 인식론 또는 도덕 심리학과 구별되는 도덕적으로 해석된 인식론에 대한 암시가 있는데 그것은 인식의 모든 문제를 도덕적 실재로서의 인간의 발전을 반영하는 도덕적 중요성이 부여된 것으로 간주하였다. 아직 확실히 설명되고 탐구되지 않은 도덕 형이상학에 대한 많은 문제들, 예를 들어 내적으로 자기 인식과 자기 초월의 문제 그리고 옳은 것과 그른 것, 성스러운 것과 악한 것 사이의 구별을 확립하지 않은 자기 결정적인 경험에 대한 문제가 있다.

그의 스승인 슝스리의 통찰을 따르는 모우쭝산은 도덕 형이상학의 기본적인 내용에 대한 설명을 발전시켰지만 다른 한편으로 그는 이러한 통찰의 충만한 의미를 탐구하지 않았다. 그는 우리가 도덕적 판단을 중지함으로써 과학을 발전시킨다고 주장하는 '부정' 또는 '감함(坎陷)'에 대한 논의의 여지가 있는 이론을 발전시켰다. 과학 발전의 첫 단계에서는 우리에게 도덕적 판단을 중지할 것을 요구하지만 보다 높은 수준의 과학에서는 지식과 가치의 통합을 위하여 도덕적 판단을 요구한다. 이런 의미에서 자기 자신 또는 자신의 문화를 보다 높은 수준으로 발전시킴에 있어서 인간의 마음에 대한 실제적인 부정은 없다. 모우는 가치 있는 혁신에 대한 책임이 있었지만 주희가 신유가 철학의 주류 밖에 있었다는 그의 주장은 한편으론 의문의 여지

가 있다. 이러한 시각에 의해 제기되는 의문은 우리가 신유학을 포함한 유학의 발전을 직선적인 계승으로 보아야 하는가 아니면 주류의 한 부분이기도 한 다양한 시각들의 차이와 통합의 순수한 과정으로 보아야 하는가이다.

　또 다른 중요한 창조적인 통찰은 팡동메이로부터 나왔다. 또한 《역경(易經)》의 철학에 토대를 둔 그는 삶을 이끄는 무언가를 창생으로 여겼으며 인간의 삶과 문화를 인간의 창조적인 충동의 풍부한 파노라마로 간주하였다. 그의 통찰은 미(美)와 선(善)의 최고 형식을 모든 포괄적인 조화를 성취하고 드러내며 유지하는 능력으로 간주하는 것이었다. 궁극적인 가치 또는 가치의 척도로서 조화를 제안하는 것은 중국 철학을 이해하는 데 있어 중요하다. 그것은 또한 실재와 인간 도덕성의 보편적인 본성을 도덕적으로 해석된 본체론과 본체론적으로 해석된 도덕에 대한 토대로 이해함에 있어 그리고 인간의 모든 문화와 철학 사상을 평가하는 것의 가능성을 제공함에 있어서 중요하다. 물론, 조화의 본성과 조화를 최상의 가치로 간주하는 것의 가능성은 더욱 깊은 논의를 필요로 한다.

　창생이라는 바로 그 원리는 현대 중국 철학의 근본적인 중심이다. 이것은 《역경》연구의 전통으로부터 쉽게 이해될 수 있다. 역(易) 안에서 우리는 변화, 변형, 끊임없는 창생 그리고 변화 안에서의 초월이라는 개념을 발견하지만 창생의 본질은 생명의 산출이다. 생명으로부터 인간의 본성과 인간의 마음이 나온다. 생명의 창생 안에서 신유가 철학자 정호는 인(仁)의 덕을 발견하였다. 인(仁)의 의미에 이러한 새로운 차원을 부여하는 것은 유가 윤리가 한 걸음 나아가 형이상학과의 연결고리를 찾는 것을 가능하게 했다. 이것이 도덕 형이상학이라는 개념의 진정한 시작이다. 장따이니엔은 중국 철학의 발전을 창조적인 종합의 활동을 포함하는 것으로 간주하였다. 창조적으로 된다는 것은 다양한 입장들의 융합에 기초한 새롭고 의미 있는 시각을 형성하는 것이다. 우리의 목적을 위하여 이러한 입장들은 고대와 현대, 중국과 서양이 될 수 있다. 창조적인 종합에 대한 이러한 의미 안에서 많은 중요한 현대 중국 철학은 창조적이다. 예를 들어 우리는 펑요우란을 창조적인 정신을 가진 사람으로 간주할 수 있다. 소극적인 방법에 대한 펑의 창조적인 형식화는 대전(大全)이라는 초월적인 개념의 형성과 천지 정신이라는 개념으로 이끌었는데 그것 모두 도가, 유교, 플라톤 그리고 아리스토텔레스에 대한 펑의 종합을 반영한다.

적용

마지막으로 우리는 실천과 적용의 문제에 이른다. 중국 철학은 전통적으로 사람들이 말하고 믿는 것에 대한 실천의 중요성을 강조하였다. 이것은 또한 공부(工夫)

의 문제로 불린다. 충분히 노력함으로써 우리는 우리가 바라는 목표에 보다 가까이 도달할 것이라고 생각한다. 만약 우리가 아직 완전한 수준에 이르지 못했다면 우리는 충분한 노력을 하지 않았다. 현대 중국 철학에서 공부에 대한 문제는 송명 신유학에서보다 훨씬 적게 제기되었다. 공부에 대한 고찰은 현대 신유학 안에서 내적인 확인에서 외적인 확인으로 그리고 행위와 실천을 자기 스스로 정당화하는 것으로부터 이성과 언어의 범위 내에서 이론적인 정당화에 대한 요구로의 전환이 두드러지게 한다. 이러한 전환은 내면과 행위에 호소하는 통찰을 상실했지만 중요한 형이상학적 문제에서 현대 중국 철학자들은 통찰의 내적인 정당화, 직접적인 체험, 지적 직관에 의거함으로써 실재 또는 도(道)의 경계(境界)에 대하여 말한다.

현대 중국 철학은 관조와 사색에 제한되지 않는다. 그것은 또한 사회적 활동과 이상적인 가치를 실현하기 위한 노력에의 의존을 포함한다. 1957년 '중국 문화 선언'은 문화적인 활동에 참여하려는 철학적 자발성에 대한 중요한 징후이다. 슝스리와 리앙수밍 양자를 불교를 떠나 유교로 이끈 것은 불교의 사회적 활동과 사회적 관심의 부족이었다. 이런 의미에서 유학자 또는 신유학자인 모든 현대 중국 철학자들은 실천과 사회적 활동에 관여하며 단지 일부만이 궁극적인 실재에 대한 관조적 또는 사색적인 자기 증명에 관여한다.

정치적인 활동을 중단하고 자신의 유교적인 계획에 따라서 중국 향촌을 재건하려는 그의 노력은 활동과 실천에 대한 강한 참여를 표현했다. 마찬가지로 홍콩에 정부로부터 독립하고 송대 학원의 모델을 바탕으로 했던 유학의 대학원 과정인 신아 서원(New Asia College)을 창립하기 위한 탕쥔이와 치엔무(錢穆)의 노력은 사회적 실천과 활동에 대한 또 다른 참여를 보여 주었다. 중국의 마르크스주의자들은 마오쩌둥의 《실천론》에서 구체화된 그들이 믿고 말하는 것을 실천하려는 그들의 전념으로 이름을 떨쳤다.

보다 근래에 펑치는 이론을 방법과 덕으로 변형시키고자 하였다. 펑에게 있어서 방법은 지식의 연장이며 덕은 지혜에 따른 실천이다. 둘 다 도(道)에 대한 우리의 지식과 전망 안에서 통합된다. 이론을 덕으로 변형시키는 것은 이론이 방법 또는 직접적으로 전해지는 지식을 산출할 것과 우리가 도(道)안에서 실현되는 이상적인 가치에 대한 시각을 발전시킬 것을 요구한다. 이러한 변형은 일어날 수 있는데 그것은 우리의 지혜가 우리에게 우리가 아는 것을 보다 잘 그리고 보다 자발적으로 실천으로 이행하도록 이끌기 때문이다. 펑은 이상적인 인간은 도에 대한 그들의 전망을 믿고 성취하며 유지해야 한다고 제안하였다. 도에 대한 전망을 행동으로 변형시키는 것은 욕망의 사슬로부터 자유롭고 자신의 자유로운 의지를 통하여 자아 실현을 추

구하는 인간의 특성을 발전시키는 것이다. 펑이 마르스주의와 신유학에 의해 영감을 받았다는 것은 의심의 여지가 없다.

리쩌호우는 유학의 자아수양과 실천의 문제를 건의하기 위하여 마르크스주의자의 언어를 사용했던 또 다른 철학자이다. 실천에 대한 그의 설명은 인간의 주체성에 초점을 맞춘다. 주체성에 대한 그의 마르크스주의적 설명 안에서 리는 인간 주체를 문화, 심리 그리고 경제적 노동의 구조로 이루어졌다고 생각하였다. 리는 인간 주체는 자신의 주체성을 가지고 그의 환경을 바꿀 수 있으며 역사를 변화시키고 심지어 초월할 수 있다고 주장하였다. 이런 점에서 그는 아마도 유가라기보다 마르크스주의자이지만 미(美)를 주체성이라는 가능성의 최고의 실현으로 간주함에 있어서 그는 마르크스주의자라기보다 유가이다. 미는 사물의 본성 안에도 인간의 의식 안에도 있지 않다는 그의 주장에도 불구하고 리는 미는 주체성의 실현이며 이러한 실현을 이끄는 주체적 자유의 형식이라고 주장한다. 그러나 유교를 절대적 자발주의로 간주하는 그의 경향은 오해하기 쉽다. 유가 철학 안에서 명(命)은 사람들이 원할 수 있는 것 또는 성취하기를 바라는 것을 제한한다.

현대 중국 철학에서의 눈에 띄는 특징과 논쟁점

우리의 분석과 해석에 근거하여 우리는 현대 중국 철학의 중요하고 역사적으로 대표적인 여섯 가지 특징을 확인할 수 있다. 이러한 특징들은 우리가 살펴본 철학자들 사이에서 보편적이지 않으며 현대 중국 철학을 유개념으로 정의 내리지 않는다. 그럼에도 불구하고 그것들은 임의로 선정되지 않는데 왜냐하면 그 특징들은 공통의 근원과 공통의 실제 역사를 공유하는 담론에서 발생했기 때문이다. 그것들은 복합적이고 역동적인 체계 안에서의 그들의 상호 뒷받침을 통하여 유기적으로 결합된다. 또한 그들의 상호관계는 본체와 작용, 존재와 인식, 인식과 행위, 행위와 주체 그리고 주체와 객체의 합일이라는 기초가 되는 패러다임에 따라 설명될 수 있다. 그 특징들은 형이상학, 인식론, 윤리학, 가치론, 철학적 인간학 그리고 미학과 같은 그러한 철학 사상의 중요한 구분들에 따라서, 그리고 철학을 이러한 주제 분야들로 구분했던 주체의 관점으로부터 확인될 수 있다. 이러한 특징들은 서양과 현대 중국 철학을 비교함에 있어서 검토하는 문제들과 만약 우리가 우리 자신을 오로지 철학적 비평과 질문의 기초로서 서양 철학에만 한정시킨다면 드러나지 않는 문제들을 지적한다. 궁극적으로 이러한 특징들로부터 발생하는 문제들의 중요성에 대한 평가는 진리, 지식, 인식 그리고 판단에 관한 깊은 반성에 달려 있다.

첫번째 특징은 20세기 거의 모든 중국 철학자들의 마음 한가운데에 깊이 새겨진 지도적 원리로서 변화(易)에 관한 《역경(易經)》 철학의 독무대이다. 《역경》의 영감은 본체와 작용, 현실 그리고 과정에 대한 그것의 본체 우주론적 합일로부터 나온다. 《역경》은 경험된 현실의 상과 사물의 기본적인 본성 안으로의 통찰과 시각을 성취하는 사고 방식을 제공한다. 《역경》 철학은 변화, 일신, 혁신, 변혁, 변형, 자연과 인간의 창조적인 활동, 초월 그리고 복귀에 대한 이해를 제공한다. 그것의 철학적인 역할에 있어서 《역경》은 공자 시대에서부터 계속하여 도가, 신도가, 중국 불교 그리고 신유학을 거쳐 현재에 이르기까지 현실 안으로의 통찰의 근원으로서 작용했다. 마지막 전통 유학자이며 최초의 20세기 유학자인 캉요우웨이는 개혁에 대한 자신의 유가 철학의 토대로서 《역경》을 사용하였다. 그의 제자 리앙치차오는 개혁의 합법성을 정당화하기 위하여 "역(易)은 본체가 없다(易無體)"는 《역경》의 주장을 "사물의 본질이 없는 것"을 보여 주는 것으로 해석하였다.

비록 《역경》에 대한 의거는 많은 철학적 목적을 위하여 사용되었지만 그것의 중요한 작용은 여전히 다른 철학적 주제들이 뿌리를 내릴 수 있는 근본적인 본체론과 우주론을 제공하는 것이다. 따라서 중국의 철학 전통을 보호하거나 부흥시키기 위하여 우리는 20세기 중국 철학자들의 사상에 근본적으로 영향을 미쳤던 《역경》의 형이상학적 시각을 앞지를 수 없다. 《역경》에 대한 가장 강력한 의거는 슝스리부터 발생했는데 궁극적인 실재에 대한 그의 철학은 《역전》의 창조적인 과정 철학에 대한 해석이다. 슝스리는 본체와 작용의 비분리(體用不二)라는 주제를 재발견했고 삶과 실재의 창생에서 그것의 함의를 설명하였다. 그는 또한 이러한 우주론적 통찰을 인간의 마음과 도덕적 덕에 대한 자신의 이해와 연결시켰다.

이것은 현대 유학의 독특하고 영향력 있는 특징으로서 도덕 형이상학의 수립으로 이끌었다. 슝의 《신유식론(新唯識論)》 전개는 패러다임의 변형을 위한 토대로서 그리고 본체 해석학적 이해를 위한 모델로서 《역경》의 본체 우주론적 패러다임의 활력을 증명한다. 이러한 토대 위에서 칸트에 대한 모우쭝산의 비평은 인간에 대한 우리의 도덕적 이해 안에서 경험되고 과학에 의해 우리에게 드러나는 실재를 넘어선 이미 내재적인 실재인 초월적인 것에 대한 인식에 찬성한다. 또한 탕쥔이는 그의 도덕 형이상학적인 마음(心)의 관념을 기술함에 있어 헤겔을 넘어서기 위하여 역(易)에 대한 그의 변증적인 이해를 활용하였다.

리앙수밍은 《역경》의 철학을 많이 사용하지 않았는데 왜냐하면 그는 형이상학적 담론의 중요성에 대해 회의적이었고 형이상학의 근본적인 문제들은 이미 인도와 불교 철학에 의해 해결되었다고 믿었기 때문이다. 리앙수밍의 입장은 그 후 형이상학

적 유교를 거부한 실천 도덕적 유교를 포용했던 쉬푸꾸안에 의해 유지되었다. 리앙 수밍과 쉬푸꾸안을 제외한 모든 다른 유가와 비유가 철학자들은 명백히 변화를 정 의 내리고 도(道)를 이해하기 위하여 역(易)의 철학에 대해 언급하였거나 역(易)에 기초한 통찰을 활용하였다. 유교와 마찬가지로 도가는 실재를 이해함에 있어서 역 (易) 패러다임에 의해 영감을 받았다. 따라서 진위에린과 펑요우란 둘 다 궁극적인 실재에 대한 역(易) 철학과 실재(本體)로서 근원적인 역(易) 개념에 의존하였다. 팡 동메이는 문화와 가치에 대한 자신의 철학 형성을 이끌기 위하여 역(易) 개념과 포 괄적인 조화와 화합의 방법을 사용하였다.

역(易) 패러다임의 존재는 중국 마르크스주의자인 펑치와 장따이니엔의 작품 안 에서 발견될 수 있다. 심지어 리쩌호우 안에서도 《중용(中庸)》과 《맹자(孟子)》 철학 에서 역(易)의 창생에 의거하지 않고 마음의 주체적인 가치인 창생과 객관적인 가 치인 문화에로의 그들의 변형을 이해하는 것은 어려울 것이다.

본체와 작용의 합일 패러다임은 그들의 통합을 이해하는 것에 대한 근본적인 문 제를 포함하여 많은 문제들을 제기한다. 이것은 유기적인 생명의 실재와 생산적이고 창조적인 변화의 과정에로의 근본적인 경험과 통찰을 요구한다. 궁극적인 실재로서 변화하는 도(道)라는 바로 그 생각은 또한 서양의 신에 대한 초월적인 신학과 충돌 할지도 모른다. 신은 도(道)처럼 내재적이고 자연적일 수 있는가? 도는 명확한 분석 적 담론 안에서 일관적으로 이해되고 설명될 수 있는가? 형이상학에 대한 이러한 궁극적인 문제들은 공통의 기준에 의한 해결을 넘어선 것으로 보이며 실재를 향한 우리의 지향에 대한 깊은 이해를 요구한다.

두 번째 특징은 현대 중국 철학이 인간성에 관하여 초점을 맞춘 것이다. 실재의 토대인 역(易) 패러다임을 받아들임으로써 초월적인 신에 대하여 고민할 필요가 없 다. 현대 중국 철학의 전 역사를 통하여 신은 거의 언급되지 않았다. 《역경》의 형이 상학에 대한 현대의 논의들은 신에 대한 문제를 일으키지 않는데 그것은 유교의 도 (道)와 기독교의 신 사이의 논쟁은 일찍이 예수회 선교사들이 중국에 선교하는 기 간 동안 많이 일어났기 때문이다. 명대 신유학자들은 서양 신학의 초월적인 신에 대 한 형이상학적 필요를 인식하지 않았고 대신에 성실함으로 부모와 사람들에게 예를 행함으로써 종교를 실천했다.

이 책에서 논의된 철학자들 사이에서 사회 개혁과 사회적 생존이라는 열의에 찬 주제는 인간의 세계에 관한 그들의 근본적인 관심을 표현한다. 이것은 중국 마르크 스주의의 발전이 바로 그 인간을 중심으로 하는 의식의 반영이었음을 시사한다.

현대 중국 철학의 이러한 인간 중심성이 서양의 종교 철학에 대하여 어떠한 문제

들을 제기할지의 여부는 어떻게 우리가 중국과 서양 철학자들 사이의 대화 안에서 서로를 이해하느냐에 달려 있다. 자기 수양과 자기 변형에 관심을 가짐에 있어서 중국 철학자들은 자연과 궁극적인 실재에 주의를 기울이고 있었고 그 결과 생태학에 있어서는 자연 중심적이고 우주론에 있어서는 도(道) 중심적이거나 우주 중심적이다. 인간 중심성에 대한 그들의 인식은 인간 중심주의가 아닌 오히려 인간, 자연 그리고 하늘의 합일과 유기적 조직으로 향하는 경향을 암시한다. 그것은 자연 또는 하늘과 인간의 상호 창생에 대한 그들의 인식의 반영이며 명확한 표현이다.

세 번째 특징은 도덕 형이상학에 대한 명확한 표현과 발전이다. 윤리와 도덕에 대한 문제들이 인간과 실재의 본성에 대한 고찰과 분리될 수 없음은 분명하다. 이러한 불가분성은 윤리학에 부여된 전통적인 우선 사항으로 중국 철학에 반영되었다. 슝스리, 탕쥔이 그리고 모우쭝산에 의한 도덕 형이상학의 발전은 전혀 우연이 아니다. 그것은 경전 유학 안에 이미 포함되어 있었고 송 명대 신유가 철학의 표면에 보다 근접했다. 만약 서양의 메타 윤리 철학자가 왜 윤리학이 우주론에 연결되어져야 하고 도덕이 도를 향해야 하는지를 묻는다면 유가 철학자는 도덕적으로 되는 것이 존재하는 것이고 존재하는 것은 도덕적으로 되는 것이라는 인간에 대한 근본적인 개념을 반영하는 자명한 직관에 따라서 대답할 것이다. 만약 우리가 인간의 실재에 대한 인식을 가지지 않는다면 우리는 존재와 우리가 존재해야 하는 방식이 연관되어 있음을 이해할 수 없다.

존재와 우리가 존재해야 하는 방식이 독립적인 개념으로서 구별되어져야 한다는 주장은 유교적인 사고방식과 생활방식에서 보면 당황스럽고 이해하기 어렵다. 비슷한 방식으로 도덕적 의식과 행위 안에서 존재를 드러내고 발견하는 도덕 형이상학이라는 주제는 비록 그들이 덕 윤리학을 인정할지라도 서양 철학자들을 당황하게 할 수 있다. 심지어 아리스토텔레스 안에서도 선한 삶과 이성적이고 형이상학적인 삶은 구별되며 등급이 매겨진다. 본체 윤리학적인 도덕 개념과 도덕 형이상학적인 실재 관념은 과학에서 실증주의, 신학에서 초월주의, 철학에서 이원론인 서양 전통과 매우 다르다. 이들 가운데 어떤 것도 존재와 도덕을 연결하고 동일시하지 않지만 그것은 정확히 본체와 작용의 합일에 대한 역(易) 패러다임이 그들의 연결과 동일화를 요구하는 이러한 조건 안에 있다. 이것은 과거든 현재든 중국 철학과 윤리학 그리고 서양 철학과 윤리학의 주류 사이에 논쟁점으로 남아있다.

네 번째 특징은 방법과 진리의 미분(未分)이다. 전통 중국 철학은 도(道) 또는 궁극적인 실재에 접근하고 깊이 고찰함에 있어서 강력한 방법론적 의식을 발전시키지 않았지만 현대 중국 철학은 도(道)의 진리를 명료하게 표현하고 드러내기 위한 방

법을 눈에 띄게 모색했다. 거의 모든 중국 철학자들은 진리를 드러내고 진리에 도달하기 위한 옳은 방법을 탐구하였다.

후스, 진위에린 그리고 펑요우란에게 있어서 방법을 사용하여 우선 성취해야 할 것은 서양 철학의 영향 아래에서의 현대성이라는 목표였다. 모든 서양 철학자들은 앞선 방법을 현대 시기 중국에 소개하였다. 그러나 중국 철학자들에게 있어서 사고 방식으로서의 방법은 진리 그 자체로부터 분리할 수 없다. 본체와 작용의 합일 패러다임 내에서 사고 방식은 진리로 향하는 활동으로서 그 자신을 드러낸다. 따라서 현대 중국 철학에서 방법에 대해 말하는 것은 방법을 사용하여 진리를 탐구하는 것이 진리에 대한 경험과 시각을 방해할지 안 할지의 여부에 대한 하이데거과 가다머의 질문을 유발시키지 않는다. 심지어 방법의 적용하지 않고 진리를 설명하는 것도 방법으로 하여금 어느 지점에서는 버리도록 내버려두었다. 우리는 방법에 대해 열린 공간을 가지는 것, 즉 모든 방법들을 부정하는 방법을 가지는 것을 정당화할 수 있다. 이런 의미에서 현대 중국 철학 안에서 방법의 강조와 방법의 극복은 중국 철학 전통의 심오한 특성을 나타낸다. 방법을 진리로, 진리를 방법으로 변형시키는 현상은 현대 서양 철학과 과학의 의도되지 않은 결과로서 현대 중국 철학에 의해 드러나고 실현된 중국 철학의 창조적인 특징을 나타낸다.

그러나 한 가지 문제가 1930년대 최초의 국제동서철학자회의 이래로 서양 철학자들을 당황하게 하였다. 그 회의에서 중국 철학자들은 도(道)의 실재에 대한 직각을 주장했지만 서양 철학자들은 실재에 대한 이러한 이해와 인식을 이해할 수 없었다. 그 문제는 해결되지 않은 채로 남아 있다. 궁극적인 진리를 실현하는 인간의 마음 (心)에 대한 숭스리의 설명과 무한심에 대한 모우쫑산의 설명 또는 도덕 이성과 정신의 초월적인 변증법에 대한 탕쥔이의 설명 안에서 많은 서양 철학자들은 헤겔 또는 독일 관념론의 반영을 발견하는데 비록 그들이 또한 이데아의 직관에 관한 플라톤의 논증과 신에 대한 순수한 지적 직관에 관한 스피노자의 설명을 상기할 수 있었다 할지라도 말이다. 여기서 우리는 현대 중국과 현대 서양 사이에서와 마찬가지로 서양 철학 내 과거와 현재 사이의 이해의 차이를 확인할 수 있다. 서양 철학은 과학의 영향 하에서 너무 많이 변화했는가? 도(道)의 실재에 대한 중국적 직관은 진정한 통찰인가? 이러한 물음들에 대한 접근은 콰인에 의해 정교하게 다듬어진 실증주의적 인식론의 구조 내에서의 분석과 분석적 이해로 이루어진 연구를 요구한다.

다섯 번째 특징은 중국 철학에 있어서 과학과 과학적 방법론의 공식적인 수용이다. 5 · 4운동 이래 모든 현대 중국 철학자들은 과학과 과학적 방법론의 유효성을 받아들였지만 중국 철학의 범위 안에서의 과학적 지식의 통합은 전혀 해결되지 않았

다. 현대 중국 철학의 정체적 패러다임은 인간의 가치에 대한 관심에 의해 지배된다. 과학의 정당화와 인간성에 대한 과학 충격의 수용 그리고 인간 삶의 조직화는 중요한 논쟁점으로 남아 있다. 후스의 순진한 실용주의적 과학적 방법론은 어떠한 해결책도 제시하지 못했다. 모우쫑산의 감함(坎陷)이론은 도덕과 과학 사이의 충돌을 힘주어 말하였다. 펑치의 지혜로의 변형이론은 어떻게 과학적 지식이 삶의 지혜로 변형되는가의 문제를 감추었다. 펑유우란과 진위에린은 모두 과학을 넘어선 초월을 제안했으며 반면 리앙수밍과 숭스리는 그 문제에 직면하지 않았다. 이러한 역사의 결과는 1920년대 과학과 인생관에 대한 논쟁에서 예증되었듯이 중국에서 철학자들과 과학자들 사이의 깊고도 지속적인 오해로 존재해 왔다. 과학과 기술에 대한 현대의 대중적인 평가는 과학의 실행과 그것의 기술적인 적용의 기초가 되는 인간의 윤리적 가치에 대한 반성을 필요로 하지만 중국 철학은 이러한 반성을 제공하지 않았다. 이러한 논쟁점들은 인식론과 윤리학에 대한 적용과 함께 우주론과 존재론의 수준에서 중국 철학에 대한 혁명적인 재평가를 일으킬 수 있다. 여하튼 과학과 언어에 관한 분석 철학과 과학과 철학의 자연주의적 인식론은 현대 중국 철학을 위한 새로운 도전들의 원천이 될 수 있다. 이것은 또한 이러한 논쟁점들에 대한 후기 실증주의적인 서양의 과학 철학에서의 최근의 접근에 어떻게 대처할 것인지 그리고 어떻게 그것들을 세계화된 철학적 대화 속에 도입할 것인지의 문제를 야기한다.

여섯 번째이며 마지막 특징은 현대 중국 철학에서 광범위한 윤리학에 대한 논의와 대조적으로 권력, 공동선, 자유 그리고 평등의 기본적인 개념들의 측면에서의 정치철학에 대한 자세한 논의의 상대적인 희소성이다. 이러한 희소성은 중국, 대만 그리고 홍콩에서의 정치적 현실의 특징과 정치적 이념의 지배로부터 생겼을지도 모르지만 민주주의의 문제는 5·4운동 이래로 인식되어 왔다. 어떻게 다양한 현대 중국 철학자들의 주요한 지향점이 현대 사회에 있어서 결국 이상으로 끝났는지를 밝히는 것은 흥미로울 것이다. 그들의 현실에 대한 합일적이고 유기적인 관점을 가정하면 신유학자들은 민주주의를 유학의 틀 안에 두어야만 한다. 어떠한 외부적 가치도 가치의 전체 체계 내에서 유기적으로 통합되어짐 없이 이식되거나 강요될 수 없을 것이다. 따라서 서양의 도덕적 또는 정치적 가치는 그것들이 평가되고 받아들여질 수 있기에 앞서 유학의 가치 내에서의 재평가와 통합을 필요로 할 것이다.

마찬가지로 권력, 권리 그리고 정의의 문제는 정체적인 패러다임에 맞도록 변형되어야만 한다. 이것은 또한 서양에 대한 도전—다른 사람에 대한 자신의 존중을 방해하지 않고 자신의 정치적 기준으로 다른 상황을 평가할 수 있는지 없는지—을 제기한다. 어떤 점에서 그리고 어느 정도로 우리는 대외적이고 대내적인 일들에 대

해 다른 기준을 가지는 것을 정당화할 수 있을까? 세계적인 배경 안에서 정치 철학
의 문제들은 이와 같이 현대 중국과 현대 서양 철학 모두에서 제기된다.

훌륭한 대화의 시작과 미래에 대한 전망

20세기 중국 철학은 거의 실질적으로 두 전통의 철학자들 사이의 어떠한 직접적
인 상호작용이 없이 번역과 저서들을 통해 서양 철학과 조우하였다. 비록 듀이와 러
셀이 1920년대 중국에서 강연했다 할지라도 그들의 방문이 두 전통 사이의 상호 이
해를 의미하지 않았다. 그들의 저명함에도 불구하고 서양 철학적 논의의 복잡성은
이 철학자들에 의해 충분히 표현되지 않았다. 중국과 서양 철학자들 사이의 훌륭한
직접적인 대화가 이미 시작되었고 두 전통에서의 철학자들 사이의 보다 깊은 이해
가 이미 나타났다고 말하는 것은 단지 실속없는 과장일 것이다.

우리는 각각의 철학 전통은 과학적 이론처럼 기능함을 알아야 한다. 과학 이론은
이론적으로 조직화되고 이론 의존적인 복합적인 과학적 관찰의 총체에 의해 뒷받침
된다. 콰인이 주장했듯이 과학 이론은 어떠한 모순되는 경험 또는 새로운 관찰을 고
려하여 진리에 대한 그것의 일관성과 주장을 유지할 수 있다. 외적 현실에 직면하는
것은 인식의 전체 체계이며 개념적인 조정은 예외적인 사실에 의한 무효통고에 반
하는 절대적인 이론을 보호하기 위해 여러 방식으로 행해질 수 있다. 비록 우리가
현실에 부합하는 변화를 만들기를 원한다 할지라도 우리는 즉시 이론의 전체를 변
화시킬 수 없다. 전체로서 현실에 대한 인식을 갖는 입장으로부터 자유로운 이론은
없다. 따라서 우리는 콰인의 유명한 노이라트의 배(Neurath's ship)라는 비유처럼 열
린 바다를 항해할 때 점차 점차 배를 수리해 나가야 한다.

이론에 대한 이러한 설명과 점진적인 수리의 비유는 마찬가지로 문화적이고 철학
적인 체계에 적용된다. 우리는 삶의 형식 안에서 통합되는 그것의 문화적 근원과 도
덕적 시각을 가지고 우리의 철학 체계의 정합적인 본성과 역사성을 인식해야 한다.
전체 체계는 현실에 대한 그것의 내적인 조직화와 그것의 반응을 이끄는 우리의 가
치와 함께 경험적으로 근거지워지고 확립된다. 점차적인 수리의 비유는 중국과 서양
철학이 조금씩 적응을 하기 위하여 서로 그들의 교류를 활용할 수 있지만 전체적으
로 한 번에 수정하는 것은 불가능함을 암시한다. 다르게 말하면 다른 사람의 입장을
이해하는 것은 비록 우리가 서 있는 입장이 변화될 수 있다고 할지라도 우리 자신
의 입장에서 보는 것임에 틀림없다. 다른 사람의 입장에 비추어 우리의 입장을 변화
시키는 것은 불가피하지 않다. 왜냐하면 우리는 우리의 이론적인 입장을 유지할 수

있기 때문이다.

정합적인 체계로서 각각의 전통은 그것의 이론적인 전제를 새로운 관찰과 경험들로부터 지킬 수 있다. 따라서 현대 중국 철학과 현대 서양 철학은 내부적인 조정의 토대 위에서 그들의 믿음과 가치의 정수를 유지할 수 있지만 과학 이론들처럼 경직되고 독단적인 보호는 그들의 성장력과 생존을 위협할 수 있다. 조정을 택함에 있어서 철학자들은 정체성, 영향사 그리고 전달의 합리성과 미학적인 선호뿐만 아니라 그들의 선택의 이론적이고 실제적인 결과를 고려해야 한다. 지킬 것을 택하는 데에서 우리는 우리의 삶이 향상되고 고양되기를 원한다. 전통 간의 대화가 많아지고 직면한 쟁점의 범위가 넓어질수록 의미 있는 조정을 하려는 동기가 더욱 커진다. 비록 모든 조정이 현명한 것으로 판명되지는 않을지라도 부단한 교류는 확실히 가치 있을 것이다. 국부적인 조정뿐만 아니라 패러다임의 보다 근본적인 변화는 콰인의 비유를 어기지 않고 이론적으로 가능하다. 그러나 과학에서의 패러다임의 변화와 달리 철학적 패러다임에 있어서의 어떠한 중요한 변화는 내적인 결정과 성과를 거둘 적절한 환경 모두를 필요로 할 것이다.

대화는 하나의 체계 안에서 피상적인 문제들을 명확하게 표현하기 위해 중요하지만 대화는 또한 공통의 관점에 대한 융합 가능성을 만들어 낼 수 있다. 가다머에 의해 제안되었듯이 두 철학자 또는 두 문화는 만약 그들이 실제로 그렇게 하기를 원한다면 서로를 위해 손을 뻗을 수 있을 것이다. 정체론은 자기 중심적이고 폐쇄적인 상대주의 또는 주관주의로 귀착되지 않아도 된다. 어떠한 해결되지 않는 불가통약성(不可通約性)은 존재할 필요가 없다. 이러한 점에 있어서 철학은 표준화된 과학보다 새로운 생각들을 보다 많이 받아들일 수 있다. 문화는 인간의 삶의 공유된 환경 그리고 문제에 접근하고 그 문제를 해결하기 위한 공통의 잣대를 찾으려는 세상 사람들에 의해 어쩔 수 없이 수용된다. 그러나 정합적인 이해에 비추어 우리는 철학 또는 문화가 갑자기 그 본체론과 우주론 안에 구체화된 역사적으로 확립된 실재에 대한 시각을 포기하는 것을 기대할 수 없을 것이다.

신에 대한 신학과 도(道)에 대한 우주론은 실재에 대한 인간 경험의 같은 토대와 범위를 다룸으로써 철학적으로 공존할 수 있을 것이다. 그들의 주장은 이론적으로 모순될 필요가 없는데 그것들은 모순된 결과를 수반하는 것을 피할 수 있었기 때문이다. 개념의 해석과 재해석을 통한 중국과 서양 철학의 중재는 비교적인 그리고 교차 문화적인 철학적 이론화에 대한 끊임없는 요구에 부합할 수 있었다. 각각의 체계 내에서 이러한 변화에 반응하는 전략상의 국부적인 조정과 함께 어떤 명제는 강해질 것이고 다른 명제는 약해질 것이다. 낡은 명제들 가운데 어떤 것은 포기되어지기

보다는 오히려 새로운 생명을 얻을 것이다. 두 체계의 원천으로부터 도출된 새로운 종합은 과학적 인식과 도덕적 전통 둘 다를 수립할 수 있을 것이다.

새로운 철학 사상의 두 영역은 중국 철학을 세계 철학으로 생각한 결과로서 번영할 것이다. 하나는 본체론과 방법론을 넘어서는 해석이며, 다른 하나는 윤리학과 인식론의 세계화이다.

비록 확고한 본체론이 대체될 필요가 없다 할지라도 우리는 항상 우리 자신의 입장에서 또 다른 본체론을 이해하려는 대화에 의해 자극 받게 될 것이다. 그것을 무의미하게 격하시키지 않고 또 다른 본체론을 이해하는 방법은 이해와 해석에 관한 지적인 기술이다. 나는 개념과 원전에 충실한 대화를 통하여 존재 또는 비존재에 대한 다른 개념 또는 다른 체계를 이해하는 것을 본체-해석학이라고 부른다. 도(道), 하늘(天), 리(理)와 기(氣)에 대한 본체-우주론은 서양의 신학적이고 형이상학적인 전통과 함께 긴밀하고도 지속적인 대화에 참여할 수 있다. 본체-해석학은 역동적인 철학적 활동으로 남을 것이다. 중국과 서양 전통의 복잡성을 가정한다면 그것은 여러 형식을 취하고 여러 수준으로 나아갈 것이다.

실천적인 측면에 관하여 우리는 삶과 인간의 생존의 문제에 대처하기 위하여 윤리와 도덕을 필요로 한다. 세계가 좁아지고 과학과 기술이 더욱 강력해질수록 정의와 선을 추구할 필요성은 더욱 절박해진다. 우리가 개념, 명제, 이론 그리고 과학 체계를 판단하기 위하여 이론 철학을 필요로 하는 것처럼 우리는 인간, 동기, 행위, 결과, 실천 그리고 제도를 판단하기 위하여 실천 철학을 필요로 한다. 도덕적인 결심의 산출과 별도로 실천 철학은 우리의 삶을 풍요롭게 하도록 우리를 이끌고 선택과 행복에 관한 우리의 능력을 실현할 수 있다. 우리는 전세계에 대한 결과의 범위 내에서 여러 수준을 토대로 우리의 선택을 행할 것인데 우리는 세계적으로 살아가고 서로 영향을 미치기 때문이다.

우리의 철학과 윤리 모두 그들의 세계적 배경을 인식할 것을 필요로 한다. 우리는 권리, 의무 그리고 도덕과 공리에 관한 공통의 기준을 위하여 세계적 윤리를 필요로 한다. 우리의 전통이 이러한 공통의 기준을 형성하는 것에 기여할 수 있는 방법을 결정하는 것은 문화와 철학의 의무가 된다. 중국 철학적 전통은 유가와 도가의 관점 안의 그 뿌리로부터 도출된 세계적 윤리를 위한 풍부한 원천을 가지고 있다. 현대 중국 철학은 유가의 도덕적 지혜에 주의를 기울여 왔지만 그것은 서양 윤리의 역사와 다양성으로부터 생긴 문제들을 다루지 않았다. '통합적 윤리' 이론은 유학과 신유학의 덕 윤리의 토대 위에서 의무론, 목적론, 공리주의 그리고 권리의 윤리학을 포함함으로써 개인의 도덕적 능력의 내적 발전에 기여할 수 있을 것이다.

우리는 또한 세계 사회를 위한 공통의 시각에 관한 도덕적 규약에 의해 제한된 공동 참여의 공동체를 세우기 위하여 다양한 세계 종교들에 토대를 둔 정당성을 지닌 세계적인 도덕률을 세우려는 한스 큉의 외면적인 탐구에 따를 수 있다. 내면적이고 외면적인 접근 모두 필요하다. 그것들은 서로 보완할 수 있고 한결같은 도덕적 실천을 형성하기 위하여 결합할 수 있다. 현대 유가철학은 세계적 윤리의 형성에 대한 내면적이고 외면적인 접근 모두에 있어서 중요한 역할을 수행할 가능성을 가지고 있다. 도가는 생태와 환경에 관한 윤리적 고찰에서 중요한 역할을 할 수 있다. 도가의 본체-우주론은 도가 윤리뿐만 아니라 또한 세계 전 환경을 이해하는 데도 적절하다.

현대 중국 철학은 형이상학에 대해서 강하고 과학과 민주주의에 대해서 약하다. 그럼에도 불구하고 인간의 마음(心)과 인간의 본성(性)에 대한 그것의 이해를 통하여 그것은 유전 생물학과 그것의 생물 의학적 응용과 같은 그러한 과학 기술적 발전에 맞서는 데에 힘이 되어줄 수 있다. 이러한 분야들은 인간의 삶과 죽음의 형성에 영향을 미치고 심지어 인간 본성의 모습을 변화시키는 그들의 능력을 통하여 가치와 이해에 관한 심각한 문제들을 일으킨다. 이러한 분야에 있어서의 중국 철학의 잠재적 기여는 아직 실현되지 않았는데 그것은 중국 철학자들은 일반적으로 이러한 문제들에 대처하는 것에 관한 그들의 연구의 적절성을 모르기 때문이다. 우리는 권리의 예로 눈을 돌릴 수 있다. 유교가 존 로크의 타고난 권리에 관한 계몽철학을 장려했다고 생각될지도 모르지만 그것은 자신의 현대적 발전에서 이러한 윤리적이고 법적인 사상의 차원에 관한 통찰을 상실했다. 현대 중국 철학은 유가의 국가에 관한 이론의 현대적 재건에서 권리, 의무, 정의 그리고 인간다움(仁)에 관한 정체적 이론을 발전시키도록 도전 받을 수 있다. 중국 철학은 또한 개인과 국가 사이를 중재하는 조직에 관한 이론에 기여할 수 있다. 나의 책《C이론》(1995)에서 나는 고전 중국 철학의 학파들의 개념을 경영, 법인 조직 그리고 결정 산출에 관한 현대적 이론들로 통합하려고 시도하였다.

우리의 정체성을 특징지우는 형이상학적 조망과 시각들 가운데의 대화에서 우리는 적어도 수많은 다양한 지혜와 신념의 체계로부터 도출된 복잡한 공통 세계의 윤리적 가치들 안에서 우리를 행동하도록 허용하는 열려있고 다원적인 풍부함을 가지고 실험할 수 있다.

전통적인 중국문화가 서양 철학에 영향을 미칠 가능성은 크다. 일단 되살아나면 오래된 문명은 새롭고 역동적인 성장을 일으킬 수 있다. 중세 이후 유럽의 부흥은 르네상스, 종교 개혁 그리고 계몽 운동의 창조적인 사상과 혁신적인 제도를 통하여

새로운 문명을 이끌었다.

　현대 중국 철학의 현재 상황은 중세 시기 이후 유럽인들의 사상과 어떤 유사점을 보여 준다. 그것은 전통적인 교조주의의 속박과 정체에서 벗어났으며 자유로운 사상의 열린 무대를 탐험하기를 기대하고 있다. 우리는 르네상스, 종교 개혁, 계몽 운동의 300년에 걸친 창조적인 탐구 업적에 해당하는 집약된 업적을 짧은 시간 내에 보게 될 것이다. 이러한 발걸음은 중국 전통을 쇄신시키고 중국 문명을 되살아나게 할 뿐만 아니라 그것의 여세는 또한 인간적이고 진취적인 사상과 실천의 천하(cosmopolitan world)를 만들기 위하여 서양의 성장과 융합될 수 있다. 중국 철학은 덕과 정의에 대한 세계적 윤리, 도(道)와 신(神)에 대한 세계적 형이상학, 자연주의와 초월에 대한 세계적 인식론, 정의와 조화에 대한 세계적 정치철학, 천재(天才)와 고아(高雅)에 대한 세계적 미학, 소통과 이해에 대한 세계적 논리학, 인간의 복지와 해방에 대한 세계적 과학에 기여할 수 있다. 이러한 혼성의 씨앗은 이미 현대 중국과 서양 철학에 존재하는데 비록 그들의 발전 양식이 세계철학의 고무적인 환경을 기다려야 할지라도 말이다.

참고 문헌

Cheng, Chung-ying(成中英) 1995: 《C이론(C理論)》, 대북(臺北), 동대도서공사(東大圖書
　公司).

찾아보기

474

476

KB040957